LB 13

Reform des Verwaltungsverfahrensrechts

Schriftenreihe der Hochschule Speyer

Band 114

Reform des Verwaltungsverfahrensrechts

**Vorträge und Diskussionsbeiträge
des Forschungsseminars
am Forschungsinstitut für öffentliche Verwaltung bei
der Hochschule für Verwaltungswissenschaften Speyer
vom 3. bis 5. März 1993**

herausgegeben von

Willi Blümel und Rainer Pitschas

Duncker & Humblot · Berlin

Die Deutsche Bibliothek – CIP-Einheitsaufnahme

Reform des Verwaltungsverfahrensrechts : Vorträge und Diskussionsbeiträge des Forschungsseminars am Forschungsinstitut für Öffentliche Verwaltung bei der Hochschule für Verwaltungswissenschaften Speyer vom 3. bis 5. März 1993 / hrsg. von Willi Blümel und Rainer Pitschas. – Berlin : Duncker und Humblot, 1994
(Schriftenreihe der Hochschule Speyer ; Bd. 114)
ISBN 3-428-07942-6
NE: Blümel, Willi [Hrsg.]; Forschungsinstitut für Öffentliche Verwaltung ⟨Speyer⟩; Hochschule für Verwaltungswissenschaften ⟨Speyer⟩: Schriftenreihe der Hochschule . . .

Satz: Werksatz Marschall, Berlin
Druck: Color-Druck Dorfi GmbH, Berlin
Printed in Germany

ISSN 0561-6271
ISBN 3-428-07942-6

Inhaltsverzeichnis

Abkürzungsverzeichnis

a.A.	=	andere Ansicht
a.a.O.	=	am angegebenen Ort
AbfG	=	Abfallgesetz
ABl.	=	Amtsblatt
Abs.	=	Absatz
AfK	=	Archiv für Kommunalwissenschaften
Alt.	=	Alternative
ÄnderungsVO	=	Änderungsverordnung
Anm.	=	Anmerkung
AöR	=	Archiv des öffentlichen Rechts
Art.	=	Artikel
ÄrzteZtg	=	Ärzte-Zeitung
ÄrztlPraxis	=	Ärztliche Praxis
AsylVfG	=	Asylverfahrensgesetz
AT	=	Allgemeiner Teil
AtG	=	Atomgesetz
AtVfV	=	Atomrechtliche Verfahrensverordnung
atw	=	Atomwirtschaft, Atomtechnik
Aufl.	=	Auflage
AuslG	=	Ausländergesetz
Ausschuß-Drs.	=	Ausschuß-Drucksache
AWD	=	Außenwirtschaftsdienst des „BB" (= Der Betriebsberater)
B.W.	=	Baden-Württemberg
BauGB	=	Baugesetzbuch
BauGB MaßnG	=	Maßnahmengesetz zum Baugesetzbuch
BayVBl.	=	Bayerische Verwaltungsblätter
BayVGH	=	Bayerischer Verwaltungsgerichtshof
BB	=	Der Betriebsberater
BBahnG	=	Bundesbahngesetz
BbgStrG	=	Brandenburgisches Straßengesetz
Bd.	=	Band
Beil.	=	Beilage
Beschl.	=	Beschluß
BFHE	=	Sammlung der Entscheidungen des Bundesfinanzhofs
BGBl.	=	Bundesgesetzblatt
BImSchG	=	Bundesimmissionsschutzgesetz
BImSchV	=	Verordnung zur Durchführung des Bundesimmissionsschutzgesetzes

BMI	=	Bundesministerium des Innern
BMU	=	Bundesministerium für Umwelt, Naturschutz und Reaktorsicherheit
BMV	=	Bundesministerium für Verkehr
BNatSchG	=	Bundesnaturschutzgesetz
BR-Drs.	=	Bundesrats-Drucksache
BReg.	=	Bundesregierung
BT	=	Bundestag
BT-Drs.	=	Bundestags-Drucksache
BVerfG	=	Bundesverfassungsgericht
BVerfGE	=	Entscheidungen des Bundesverfassungsgerichts
BVerwG	=	Bundesverwaltungsgericht
BVerwGE	=	Entscheidungen des Bundesverwaltungsgerichts
BWStrG	=	Straßengesetz Baden-Württemberg
BWVP	=	Baden-Württembergische Verwaltungspraxis
bzw.	=	beziehungsweise
C.A.D.A.	=	Commission for Access to administrative documents
C.E.E.	=	Commission de l'equipement electrique
C.E.R.C.	=	Centre d'Etude des Revenus et des Coûts
C.E.R.E.Q.	=	Centre d'Etudes et de Recherches sur les Qualifications
C.R.E.D.O.C.	=	Centre de recherches et de documentation Paris
cf.	=	conferre
Chem.-Ing.-Tech.	=	Chemie-Ingenieur-Technik
cit.	=	cited in
D.D.E.	=	Directions departementales de l'Equipement
DB	=	Deutsche Bundesbahn
dB	=	Dezibel
DEGES	=	Deutsche Einheit Fernstraßenplanungs- und -bau Gesellschaft mbH
ders.	=	derselbe
DIHT	=	Deutscher Industrie- und Handelstag
DISP	=	Dokumente und Informationen zur Schweizerischen Orts-, Regional- und Landesplanung
Diss.	=	Dissertation
DIW	=	Deutsches Institut für Wirtschaftsforschung, Berlin
DJT	=	Deutscher Juristentag
DÖV	=	Die öffentliche Verwaltung
DStZ	=	Deutsche Steuer-Zeitung
DtZ	=	Deutsch-Deutsche Rechts-Zeitschrift
DVBl.	=	Deutsches Verwaltungsblatt
E.N.A.	=	Ecole nationale d'Administration
e.V.	=	eingetragener Verein
ebd.	=	ebenda
ed.	=	editor / edition
EG	=	Europäische Gemeinschaft
ENeuOG	=	Eisenbahnneuordnungsgesetz

EPlVereinfG	=	Entwurf eines Planungsvereinfachungsgesetzes
EuGH	=	Europäischer Gerichtshof
EuGHE	=	Entscheidungen des Europäischen Gerichtshofs
EuR	=	Europarecht
EuZW	=	Europäische Zeitschrift für Wirtschaftsrecht
EVwVfG	=	Entwurf eines Verwaltungsverfahrensgesetzes
EW	=	Elektrizitätswirtschaft
EWGV	=	Vertrag zur Gründung der Europäischen Wirtschaftsgemeinschaft
f.	=	folgende
FAZ	=	Frankfurter Allgemeine Zeitung
ff.	=	fortfolgende
FG	=	Finanzgericht
Fn.	=	Fußnote
FÖV	=	Forschungsinstitut für öffentliche Verwaltung bei der Hochschule für Verwaltungswissenschaften Speyer
FS	=	Festschrift
FStrAbÄndG	=	Gesetz zur Änderung des Fernstraßenausbaugesetzes
FStrAbG	=	Fernstraßenausbaugesetz
FStrG	=	Bundesfernstraßengesetz
GABl.	=	Gemeinsames Amtsblatt
GBl.	=	Gesetzblatt
GenTG	=	Gentechnikgesetz
GenTVfV	=	Gentechnikverfahrensverordnung
GewArch.	=	Gewerbearchiv
GG	=	Grundgesetz
ggf.	=	gegebenenfalls
grds.	=	grundsätzlich
GRUR Int.	=	Gewerblicher Rechtsschutz und Urheberrecht, Internationaler Teil
GVBl.	=	Gesetz- und Verordnungsblatt
HdStR	=	Handbuch des Staatsrechts
HdUR	=	Handbuch des Umweltrechts
HessVGH	=	Hessischer Verwaltungsgerichtshof
Hrsg.	=	Herausgeber
hrsg.	=	herausgegeben
HUAG	=	Hessisches Umweltinformations- und Akteneinsichtsrechtsgesetz
i.Br.	=	im Breisgau
i.d.F.	=	in der Fassung
i.e.	=	id est
I.N.E.D.	=	Institut national d'etudes demographiques Paris
I.N.R.A.	=	Institut national de la recherche agronomique
I.N.S.E.E.	=	Institut national de la Statistique et des Etudes économiques
i.V.m.	=	in Verbindung mit
i.w.S.	=	im weiteren Sinne

id.	=	idem
IFP	=	Institut francais du petrole et annales des combustibles liquides, Paris
insb.	=	insbesondere
IUR	=	Informationsdienst Umweltrecht
JA	=	Juristische Arbeitsblätter
JBl.	=	Juristische Blätter
JöR	=	Jahrbuch des öffentlichen Rechts der Gegenwart
Jura	=	Juristische Ausbildung
JuS	=	Juristische Schulung
JZ	=	Juristen-Zeitung
KfA	=	Kernforschungsanstalt
KfK	=	Kernforschungszentrum Karlsruhe
KJ	=	Kritische Justiz
Komm.	=	Kommentar
KritV	=	Kritische Vierteljahresschrift für Gesetzgebung und Rechtswissenschaft
KrW-/AbfG	=	Kreislaufwirtschafts- und Abfallgesetz
li.Sp.	=	linke Spalte
LplGBW	=	Landesplanungsgesetz Baden-Württemberg
LS.	=	Leitsatz
LT-Drs.	=	Landtags-Drucksache
LuftVG	=	Luftverkehrsgesetz
LVwG	=	Landesverwaltungsgesetz
M-V	=	Mecklenburg-Vorpommern
m.a.W.	=	mit anderen Worten
m.spät.Änd.	=	mit späterer Änderung
m.w.N.	=	mit weiteren Nachweisen
Mass.	=	Massachusetts
MDR	=	Monatsschrift für Deutsches Recht
MedR	=	Medizinrecht
Mio	=	Millionen
MünchMedWochenschr.	=	Münchner Medizinische Wochenschrift
n.F.	=	neue Fassung
n.v.	=	nicht veröffentlicht
Nachw.	=	Nachweis
NJW	=	Neue Juristische Wochenschrift
Nr.	=	Nummer
NRW	=	Nordrhein-Westfalen
NuR	=	Natur und Recht
NVwZ	=	Neue Zeitschrift für Verwaltungsrecht
NVwZ-RR	=	Neue Zeitschrift für Verwaltungsrecht — Rechtsprechungsreport Verwaltungsrecht
NW	=	Nordrhein-Westfalen
NWVBL	=	Nordrhein-Westfälische Verwaltungsblätter
op.cit.	=	opus citatum
OVG	=	Oberverwaltungsgericht

p.	= page
P.T.T.	= Postes, Télégraphes, Téléphones
PBefG	= Personenbeförderungsgesetz
PlVereinfG	= Planungsvereinfachungsgesetz
pp.	= pages
PrGS	= Preußische Gesetzessammlung
PUF	= Presses Universitaires de France, Paris (Verlag)
RB	= Reichsbahn
rd.	= rund
RdE	= Recht der Elektrizitätswirtschaft
Rdnr.	= Randnummer
RIW	= Recht der internationalen Wirtschaft
RIW/AWD	= Recht der internationalen Wirtschaft/Außenwirtschaftsdienst
RL	= Richtlinie
RVO	= Rechtsverordnung
RWI	= Rheinisch-Westfälisches Institut für Wirtschaftsforschung
S.	= Seite
SaarlOVG	= Oberverwaltungsgericht des Saarlandes
SächsNatSchG	= Sächsisches Naturschutzgesetz
SächsStrG	= Sächsisches Straßengesetz
SchrR	= Schriftenreihe
SGB	= Sozialgesetzbuch
SGb	= Die Sozialgerichtsbarkeit
sog.	= sogenannt
Sp.	= Spalte
SRU	= Sachverständigenrat für Umweltfragen
StGR	= Städte- und Gemeinderat
StPO	= Strafprozeßordnung
StrWG-MV	= Straßen- und Wegegesetz des Landes Mecklenburg-Vorpommern
StWStPr	= Staatswissenschaft und Staatspraxis
SZ	= Süddeutsche Zeitung
ThüVBl.	= Thüringer Verwaltungsblätter
TOSCA	= Toxic Substances Control Act
u.a.	= und andere
u.a.m.	= und andere(s) mehr
u.U.	= unter Umständen
UGB	= Umweltgesetzbuch
UGB-E	= Entwurf eines Umweltgesetzbuchs
UPR	= Umwelt- und Planungsrecht
Urt.	= Urteil
UTR	= Jahrbuch des Umwelt- und Technikrechts
UVP	= Umweltverträglichkeitsprüfung
UVPG	= Gesetz über die Umweltverträglichkeitsprüfung
v.	= von

VBlBW	=	Verwaltungsblätter für Baden-Württemberg
VCI	=	Verband der chemischen Industrie
Verw.	=	Die Verwaltung
VerwArch.	=	Verwaltungs-Archiv
VGH B.W.	=	Verwaltungsgerichtshof Baden-Württemberg
vgl.	=	vergleiche
VGT	=	Verkehrsgerichtstag
vol.	=	volume
VOP	=	Verwaltungsführung / Organisation / Personal
VorlThürNatG	=	Vorläufiges Thüringer Naturschutzgesetz
Vr	=	Verwaltungsrundschau
VVDStRL	=	Veröffentlichungen der Vereinigung der Deutschen Staatsrechtslehrer
VwGO	=	Verwaltungsgerichtsordnung
VwPBG	=	Gesetz zur Beschleunigung der Planungen für Verkehrswege in den neuen Ländern sowie im Land Berlin (Verkehrswegeplanungsbeschleunigungsgesetz)
VwPO	=	Verwaltungsprozeßordnung
VwV	=	Verwaltungsvorschrift
VwVfG	=	Verwaltungsverfahrensgesetz
VwVR	=	Richtlinie der Bundesregierung zur Gestaltung, Ordnung und Überprüfung von Verwaltungsvorschriften des Bundes
WaStrG	=	Wasserstraßengesetz
WHG	=	Wasserhaushaltsgesetz
wib	=	Woche im Bundestag
WiVerw.	=	Wirtschaft und Verwaltung
WPflG	=	Wehrpflichtgesetz
WuR	=	Wirtschaft und Recht
WZB-Mitteilungen	=	Wissenschaftszentrum Berlin für Sozialforschung — Mitteilungen
z.B.	=	zum Beispiel
z.T.	=	zum Teil
ZAU	=	Zeitschrift für angewandte Umweltforschung
ZfBR	=	Zeitschrift für deutsches und internationales Baurecht
ZfU	=	Zeitschrift für Umweltpolitik und Umweltrecht
ZParl.	=	Zeitschrift für Parlamentsfragen
ZRP	=	Zeitschrift für Rechtspolitik
ZUR	=	Zeitschrift für Umweltrecht

Vorwort

Im entwickelten europäischen Verwaltungsstaat nimmt das Verwaltungsverfahrensrecht für die Steuerbarkeit gesellschaftlicher Prozesse einen besonderen Rang ein. Als Teil des Allgemeinen Verwaltungsrechts unterliegt es insofern dem ausgreifenden Bedeutungsgewinn des Verfahrensgedankens im Zusammenhang der staatlichen Modernisierung.

Freilich scheinen mit dieser Aufwertung des nationalen (und europäischen) Verfahrensrechts gleichzeitig erhebliche Veränderungsbedarfe der Rechtsdogmatik und -anwendung verbunden zu sein: Das Verwaltungsverfahren sieht sich nicht nur einer wachsenden Zergliederung in bereichsspezifische Verfahrensordnungen ausgesetzt; mehr und mehr häufen sich auch Anfragen, ob die Verwendung der überkommenen „prozeduralen Strukturmuster" des konkreten Verwaltungshandelns (Handlungsformen) dem Stand unseres Wissens um Steuerungszusammenhänge noch entspricht. Handeln und Verfahren der öffentlichen Verwaltung werden schließlich in den letzten Jahren namentlich von der Wirtschaft skeptisch betrachtet, in der die Signale auf „Deregulierung" und „Entbürokratisierung" gestellt sind. Demgegenüber steht das Verwaltungsverfahrensrecht in dem Verdacht, langandauernde Genehmigungsverfahren zu befördern und dadurch die Entscheidungsprozesse in Industrie und Handel unnötig zu behindern. Speziell von dieser Seite her lautet denn auch die Devise, die Verwaltung müsse wirtschaftlicher arbeiten und ihre Verfahren zu diesem Zweck nachhaltig „verschlanken" bzw. beschleunigen.

Nun orientieren sich Verwaltungsverfahren nicht allein am Wirtschaftlichkeitsziel. Ihre Ziel- und Zweckvielfalt ist seit langem bekannt. Dennoch bedeuten die verstärkten Mahnungen nach mehr Verfahrenseffizienz und -effektivität anderes als nur einen bloßen Aufguß vergangener Wirtschaftlichkeitsdiskussionen. Ausmaß, Dichte und Dauer sowie die Formenbindung von Verwaltungsverfahren erweisen sich in einem bislang nicht gekannten Umfang als kostenverursachende Produktionsfaktoren, wie etwa der Blick auf die Atomwirtschaft oder die Gentechnikanwendung lehrt. In letzter Konsequenz vermag die Inanspruchnahme von Verfahrenschancen wohl auch die Wahl der Produktionsstandorte in Deutschland zu beeinflussen. Reformbedarfe begründet darüber hinaus der Umstand, daß sich die öffentliche Verwaltung selbst an der Jahrtausendwende national wie international in einer Umbruchsituation befindet. Das Prinzip des sozialen Verwaltungsstaates gerät in Legitimationsnöte. Zwar steht noch keineswegs fest, wie und wohin sich die „Verwaltung 2000" trotz zahlreicher Vorschläge entwickeln wird. Aber auch dann darf sich eine praxisorientierte Rechts- und Verwaltungswissenschaft keineswegs solchen Entwicklungsphänomenen verschließen.

In ihrer Gesamtheit stellen die skizzierten Veränderungstendenzen das überkommene Allgemeine Verwaltungsrecht und mit ihm das rechtlich geronnene Verwaltungsverfahren einschließlich der Handlungslehre der öffentlichen Verwaltung vor grundstürzende Herausforderungen. Eine Dogmatik des Verwaltungsrechts, die in der Praxis handlungsleitend bleiben will, bedarf nämlich stetiger funktionaler Anpassung. Entsprechende Reformüberlegungen sind denn auch in jüngster Zeit unterwegs. Sie wählen zwar durchaus unterschiedliche Referenzgebiete des Besonderen Verwaltungsrechts für ihre Bemühungen. Und auch wenn diese mitunter eher theoriegeleitet als analytisch-empirisch ansetzen, ist ihnen doch der Wille zu einem zukunftsorientierten Umbau des Allgemeinen Verwaltungsrechts gemeinsam.

In dem Zusammenhang solcher Forschungsanstrengungen stand auch das am Forschungsinstitut für öffentliche Verwaltung bei der Hochschule für Verwaltungswissenschaften Speyer vom 3. bis 5. März 1993 von den Herausgebern durchgeführte Forschungsseminar zum Thema „Reform des Verwaltungsverfahrensrechts". Die Tagung versammelte eine stattliche Schar von Wissenschaftlern, Verwaltungspraktikern, Unternehmensjuristen und Verwaltungsrichtern zu einer intensiven Diskussion über die erwähnten Reformbedarfe und -ansätze. Die auf der Tagung gehaltenen Referate und abgegebenen Kommentare, die Einführung in die Tagungsthemen und die Diskussionzusammenfassungen enthält der vorliegende Band. Seine Herausgabe wird mit der Hoffnung verknüpft, durch den Abdruck der Beiträge die allgemeine Reformdiskussion zu fördern. Die Herausgeber sind sich zugleich dessen bewußt, daß manche zentralen Themen der Diskussion im Seminar nicht aufgegriffen wurden. Aus der gewählten praxisorientierten Diskussionsperspektive sind indessen die vordringlich wichtigen Reformbedarfe behandelt worden.

Ausführliche Berichte über die Veranstaltung erschienen von Ass. iur. Petra Bülow in der Zeitschrift „Umwelt- und Planungsrecht" 1993, S. 245-248 und von Ass. iur. Martin Pfeil, Mag. rer. publ., in der Zeitschrift „Deutsches Verwaltungsblatt" 1993, S. 474-482. Die Herausgeber danken den Autoren der Berichte sowie den Herren Dr. Christian Koch und Ass. iur. Jürgen Wedler herzlich für die Hilfe bei der Vorbereitung der Tagung. Unser Dank gilt ferner den Kollegen und Kolleginnen aus dem Forschungsinstitut, die sich der mühevollen Aufgabe der Diskussionsberichterstattung widmeten, sowie allen Wissenschaftlern und Praktikern, die durch ihre Beiträge am

Forschungsseminar mitgewirkt und diese für die Buchveröffentlichung zur Verfügung gestellt haben. Besonderer Dank gebührt darüber hinaus Frau Bülow, die Redaktion und Herstellung der Druckfassung dieses Tagungsbandes in ihre Hände nahm, das Abkürzungsverzeichnis erstellte und engagiert für die Druckreife sorgte, sowie Frau Irene Eggensberger vom Sekretariat des Forschungsinstituts für die gewissenhafte Erledigung der notwendigen Schreibarbeiten.

Speyer, 1. September 1993 Willi Blümel / Rainer Pitschas

Begrüßung und Einführung

durch den Geschäftsführenden Direktor des Forschungsinstituts für öffentliche Verwaltung bei der Hochschule für Verwaltungswissenschaften Speyer, Universitätsprofessor Dr. Willi Blümel

I. Begrüßung

Meine sehr verehrten Damen und Herren,

zu dem Forschungsseminar über die „Reform des Verwaltungsverfahrensrechts" darf ich Sie alle zunächst in meiner Eigenschaft als Geschäftsführender Direktor im Namen des Forschungsinstituts für öffentliche Verwaltung bei der Hochschule für Verwaltungswissenschaften Speyer sehr herzlich begrüßen. Unter den Veranstaltungen des Forschungsinstituts (FöV) — einer Einrichtung der Blauen Liste nach Art. 91 b GG mit einem Etat (ohne Drittmittel) von 3,5 Millionen DM[1] — nimmt dieses Forschungsseminar einen herausragenden Rang ein. Das zeigt nicht nur die Aktualität des Themas, sondern auch der — wie Herr Prof. Dr. Horst *Sendler* schrieb — „hochkarätige Kreis der Vortragenden und sonst Anwesenden".

Ich begrüße Sie zugleich im Namen der beiden wissenschaftlichen Leiter dieses Forschungsinstituts: das ist neben mir Herr Kollege *Pitschas*. Herr Kollege Pitschas hat sich in besonderer Weise um die nicht einfache Vorbereitung des Seminars verdient gemacht. Hierfür möchte ich ihm an dieser Stelle vielmals danken. Unser gemeinsamer Dank wiederum gilt — auch im Namen des Forschungsinstituts — allen Referenten und den Speyerer Kollegen, welche die Diskussionsleitung übernommen haben. Wir bedanken uns bei Ihnen schon heute, weil nicht alle von Ihnen während des gesamten Seminars anwesend sein können.

Wie sich unser Kreis zusammensetzt, können Sie aus der Ihnen vorliegenden Teilnehmerliste ersehen. Da wir uns weitgehend kennen und weil wir ein dicht gedrängtes Programm haben, werden Sie es uns nachsehen, wenn ich Sie nicht alle namentlich begrüße oder nenne. Ich mache nur zwei Ausnah-

---

[1] Vgl. dazu näher: FöV, Forschung über und für die öffentliche Verwaltung, 10. Aufl. 1993, S. 1 ff., 16 f.

men. Herr Kollege Pitschas und ich bedanken uns erstens sehr herzlich bei Herrn Direktor Dr. Eckart *Sünner*, Leiter des Zentralbereichs Recht — Steuern — Versicherungen der BASF, dafür, daß wir morgen einen Teil unseres Programms in Ludwigshafen durchführen und mit einem gemeinsamen Abendessen auf Einladung der BASF beschließen können. Wir betrachten es zweitens als besondere Auszeichnung, daß Frau Klaudia *Martini*, Umweltministerin des Landes Rheinland-Pfalz, sich morgen vor allem mit einem Statement an unserem Forschungsseminar beteiligen wird.

Weil in dieser Woche in der Hochschule zugleich berufsbegleitende Fortbildungsveranstaltungen stattfinden, beginnen wir unser Seminar heute vormittag in diesem Auditorium Maximum. Heute nachmittag ziehen wir dann in den Hörsaal 1 um. Dort werden wir — zum Mitnehmen — auch Informationsmaterial über das Forschungsinstitut sowie einschlägige Speyerer Forschungsberichte auslegen[2].

II. Zielsetzung des Seminars

1. Die Idee zu diesem gemeinsamen Forschungsseminar über die „Reform des Verwaltungsverfahrensrechts" kam Herrn Kollegen Pitschas und mir Anfang April 1992 am Rande der 60. Staatswissenschaftlichen Fortbildungstagung der Hochschule Speyer. Wir beide sind Leiter einschlägiger Forschungsprojekte am Forschungsinstitut, deren Ergebnisse in diesem Jahr bzw. Anfang 1994 vorliegen werden. Die Laufzeit des Projekts Pitschas/Wedler „Dezentrale Informationsordnung und 'reflexives' Informationsverwaltungsrecht. Konstitutionsrahmen, -bedingungen und -merkmale eines Informationsrechts der öffentlichen Verwaltung" endet am 30.4.1993. Das Projekt Blümel/Bülow über die „Fortentwicklung des Verwaltungsverfahrensrechts unter besonderer Berücksichtigung des Verkehrswegeplanungsbeschleunigungsgesetzes" läuft (mindestens) noch bis 14.8.1993[3]. Eine Beschreibung beider Projekte finden Sie im ausliegenden Arbeitsplan 1993 und Forschungsprogramm 1993-1997 des Forschungsinstituts[4]. Herr Kollege Pitschas und ich gehen davon aus, daß nicht nur die bisherigen Ergebnisse unserer Projekte in dieses Forschungsseminar einfließen, sondern daß umgekehrt auch die Ergebnisse dieses Forschungsseminars noch Berücksichtigung in den in Vorbereitung befindlichen Forschungsberichten finden werden. Im übrigen werden wir bemüht sein, die Ergebnisse dieses Forschungsseminars (Referate und Diskussionsberichte) möglichst schnell zu veröffent-

---

[2] Diese Forschungsberichte können auch beim Sekretariat des Forschungsinstituts bestellt werden.

[3] Inzwischen wurde das Projekt bis 14.2.1994 verlängert.

[4] Vgl. dort S. 97 ff., 100 f.

lichen — was allerdings die aktive Mitarbeit aller Beteiligten voraussetzt. Auch Herr Prof. Dr. *Sendler* hat um eine baldige Veröffentlichung gebeten, damit der Band noch rechtzeitig die Arbeiten der von ihm geleiteten Umweltgesetzbuch-Kommission[5] beeinflussen kann.

2. Schon in unserem Einladungsschreiben an Sie haben Herr Kollege Pitschas und ich darauf hingewiesen, daß drei in der Praxis besonders virulente Problemkreise im Mittelpunkt des Forschungsseminars stehen werden. Zum einen geht es um die dringliche Frage der Vereinheitlichung des Verwaltungsverfahrens angesichts seiner Zergliederung in bereichsspezifische Verfahrensordnungen, wie z.B. nach dem Entwurf eines Umweltgesetzbuchs einerseits, im künftigen Planfeststellungsrecht andererseits. Ein zweiter Problemkreis des Seminars wird sich mit der Bedeutung des Zeitfaktors in der Abwicklung großtechnischer und umweltbezogener Projekte beschäftigen. Es kommt uns dabei insbesondere darauf an herauszuarbeiten, in welchem Maß das Planfeststellungs- und das Anlagengenehmigungsrecht dem Beschleunigungspostulat unterworfen werden dürfen. Ein dritter Problemkreis soll sich schließlich mit dem Wandel der Handlungsformen im Verwaltungsrecht befassen. Hierbei geht es einerseits um die Ausdifferenzierung weiterer Handlungsformen im Verwaltungsinnen- und -außenrecht, andererseits um den Einfluß des Richtlinienrechts der EG im Umwelt- und Techniksektor auf das Vollzugshandeln der nationalen Verwaltung.

Aus dieser Auflistung praktisch wichtiger Probleme des Verwaltungs- und Verwaltungsverfahrensrechts, in Bezug auf die ein prinzipieller Modernisierungsbedarf des gegenwärtigen Rechts ins Auge springt, wird die grundsätzliche thematische Ausrichtung des Forschungsseminars deutlich: es soll sich in Abgrenzung zu mehr theoretisch reflektierten Reformüberlegungen um eine Reformorientierung an Praxisproblemen handeln[6]. Dementsprechend wurden von uns die Einzelthemen formuliert und an Sie als Referenten — Sie sind alle praxisorientierte Hochschullehrer und Praktiker — vergeben.

Da es nicht Sinn meiner Einführung sein kann, mehr oder minder ausführlich auf die Einzelthemen des Forschungsseminars einzugehen, werde ich mich im folgenden auf einige allgemeine Bemerkungen hierzu beschränken und im übrigen in Anknüpfung an das bereits erwähnte Forschungsprojekt Blümel/Bülow einige unserer Überlegungen vortragen.

---

[5] Vgl. auch *Sendler*, Brauchen wir ein Umweltgesetzbuch (UGB)? Wenn ja: Wie sollte es aussehen?, DVBl. 1992, S. 1113 ff.; *Storm*, Empfiehlt es sich, ein Umweltgesetzbuch zu schaffen, gegebenenfalls mit welchen Regelungsbereichen?, ZRP 1992, S. 346 ff.; *Stüer*, 59. Deutscher Juristentag (Bericht), DVBl. 1992, S. 1415 ff. (1418 f.); ferner die Nachweise unten in Fn. 14.

[6] So Herr Kollege *Pitschas* in einem internen Vermerk.

III. Formen des Verwaltungshandelns

1. Aus der Zielsetzung dieses Seminars und aus den Einzelthemen ergibt sich bereits, daß Herr Kollege Pitschas und ich von einem weiten *Begriff des Verwaltungsverfahrens*[7] ausgehen. Zwar wird uns auch das Verwaltungsverfahren im Sinne der Verwaltungsverfahrensgesetze (§ 9 VwVfG, § 8 SGB X) — mit seiner viel kritisierten[8] Beschränkung auf die beiden Handlungsformen des Verwaltungsakts und des öffentlich-rechtlichen Vertrags — beschäftigen. Zu fragen bleibt jedoch, ob die Zeit nicht reif ist für eine übergreifende Regelung des Verfahrensrechts z.B. (auch) derjenigen administrativen Handlungsformen, die wir heute in jeder Vorlesung über die Grundlagen des allgemeinen Verwaltungsrechts unseren Studenten und Hörern bei den Rechtsformen des Verwaltungshandelns — und nicht nur bei den geschriebenen Rechtsquellen — erklären. Ich denke hier vor allem — aber nicht nur[9] — an Rechtsverordnungen, Satzungen und Verwaltungsvorschriften sowie an Pläne[10], die nicht als untergesetzliche Rechtsvorschriften (wie z.B. die Raumordnungspläne und die verbindlichen Abfallentsorgungspläne)[11] erlassen werden (z.B. Flächennutzungspläne)[12]. Wo das — bisher noch zersplitterte und unvollständige — Verfahrensrecht dieser Handlungsformen allerdings seinen Standort haben sollte, ist nicht ausgemacht. Bekanntlich ist im Zweiten Teil (Verwaltungshandeln) des Allgemeinen Verwaltungsgesetzes für das Land Schleswig-Holstein[13] nicht nur das Verwaltungshandeln durch Verwaltungsakt und öffentlich-rechtlichen Vertrag, sondern auch das Verwaltungshandeln durch Verordnung (§§ 53-64) und durch Satzung (§§ 65-70) ausführlich geregelt. Außerdem findet sich in § 71 LVwG eine knappe, aber bisher kaum praktisch gewordene Vorschrift über Bewilligungsrichtlinien. Obwohl im schleswig-holsteinischen Landesverwaltungsgesetz also eine zusammenfassende Regelung der administrativen Handlungsformen — wenn auch unvollständig — gelungen ist, beschreitet der Professoren-Entwurf des Allgemeinen Teils eines Umweltgesetzbuchs (UGB-AT)[14] für den Bereich „Umweltrecht" den Weg einer eigenen (sonder-

---

[7] Vgl. dazu auch *Schmidt-Aßmann*, Verwaltungsverfahren, in: Isensee/Kirchhof (Hrsg.), Handbuch des Staatsrechts der Bundesrepublik Deutschland, Bd. III, 1988, § 70 Rdnrn. 8, 11 (S. 627 ff., 631).

[8] Vgl. dazu (m.w.N.) *Schoch*, Der Verfahrensgedanke im Allgemeinen Verwaltungsrecht (Anspruch und Wirklichkeit nach 15 Jahren VwVfG), Verw. 1992, S. 21 ff. (33 f. m. Fn. 72, 50).

[9] Zu Warnungen usw. vgl. z.B. *Schoch* (Fn. 8), S. 50.

[10] Vgl. dazu auch *Schmidt-Aßmann* (Fn. 7).

[11] Vgl. dazu näher (m.w.N.) *Blümel*, Rechtsschutz gegen Raumordnungspläne, VerwArch. 1993, S. 123 ff.

[12] Vgl. dazu BVerwG vom 20.7.1990, DVBl. 1990, S. 1352 = DÖV 1991, S. 113.

[13] Landesverwaltungsgesetz (LVwG) i.d.F. vom 19.3.1979 (GVBl. S. 181), m. spät. Änd.

gesetzlichen) Normierung des für die einzelnen Handlungsformen geltenden Verfahrensrechts. Während das die Umweltbewilligung (§§ 52, 53, 55, 56) betreffende Bewilligungsverfahren in § 54 in Verbindung mit den §§ 36-43 geregelt ist, beziehen sich die ausführlichen Vorschriften des Zehnten Kapitels über Rechtsetzung und Regelsetzung (§§ 145-162) auf Rechtsverordnungen (§§ 145-154), Verwaltungsvorschriften (§§ 155-160) und Technische Regelwerke (§§ 161, 162). Damit in Zusammenhang stehen die Vorschriften des Neunten Kapitels (§§ 131-144) über die Beteiligung von Verbänden und die Öffentlichkeit von Verfahren.

2. Inzwischen liegen bekanntlich einschlägige Beschlüsse des 59. Deutschen Juristentages Hannover 1992[15] u.a. zur *Normkonkretisierung* (Nrn. 22-24) und zum Verwaltungsverfahren (Nrn. 17-21) vor. Danach ist eine gesetzliche Regelung der Rechtsetzung durch Rechtsverordnungen und Verwaltungsvorschriften in organisatorischer und verfahrensrechtlicher Hinsicht zu empfehlen (Nr. 22). Aus dem Zusammenhang ergibt sich, daß damit die Regelung in einem Umweltgesetzbuch gemeint ist.

Anders verhält es sich dagegen mit den aus meiner Sicht akzeptablen Beschlüssen des Deutschen Juristentages zum *Verwaltungsverfahren* im engeren Sinne: Danach bedürfen die Verwaltungsverfahren zur Gestaltung umweltrelevanter Vorhaben der Vereinheitlichung; Zulassungsverfahren und Öffentlichkeitsbeteiligung sollten weitestgehend gleich geregelt werden (Nr. 17). Von der Einführung eines weithin offenen, nur potentiell bereit gestellten Rechtsinstituts einer Umweltbewilligung sollte abgesehen werden. Die Vielzahl der bestehenden umweltrechtlichen Zulassungstypen sollte nachhaltig auf einige wenige beschränkt werden (Nr. 18). Das gestufte

---

[14] Umweltgesetzbuch — Allgemeiner Teil —. Von *Kloepfer/E. Rehbinder/Schmidt-Aßmann*, unter Mitwirkung von *Kunig*. Im Auftrag des Umweltbundesamtes. Reihe: Umweltbundesamt Berichte, Bd. 7/90, 1990, 2. Aufl. — Vgl. dazu *Kloepfer/Kunig/Rehbinder/Schmidt-Aßmann*, Zur Kodifikation des Allgemeinen Teils eines Umweltgesetzbuches (UGB-AT), DVBl. 1991, S. 339 ff.; *E.-H. Ritter*, Auf dem Weg zu einem Umweltgesetzbuch — eine erste Zwischenbilanz, ZAU 1991, S. 294 ff.; *H.-J. Koch*, Auf dem Weg zum Umweltgesetzbuch, Der Professoren-Entwurf des Allgemeinen Teils eines Umweltgesetzbuchs (AT-UGB), NVwZ 1991, S. 953 ff.; *Schrader*, Zum Entwurf eines Umweltgesetzbuchs, IUR 1991, S. 50 ff.; *Laufs*, Auf dem Weg zur Entwicklung eines Umweltgesetzbuches, ZG 1992; S. 217 ff.; *Hoppe*, Besprechung, DVBl. 1992, S. 578 f.; *ders.*, Die Umweltleitplanung im Entwurf eines Umweltgesetzbuches — Allgemeiner Teil, NJW 1992, S. 1993 ff.; *ders.*, Landschaftsplanung als Umweltleitplanung?, DVBl. 1992, S. 1381 ff.; *Sendler* (Fn. 5); *Erbguth*, Die Umweltleitplanung im Entwurf eines Umweltgesetzbuchs — Allgemeiner Teil —, DVBl. 1992, S. 1122 ff.; *Papier*, Entwurf eines Umweltgesetzbuches — Vom Allgemeinen zum Besonderen Teil —, DVBl. 1992, S. 1133 ff.; ferner *Breuer*, Empfiehlt es sich, ein Umweltgesetzbuch zu schaffen, gegebenenfalls mit welchen Regelungsbereichen?, Gutachten B zum 59. Deutschen Juristentag Hannover 1992, 1992, S. B 14 ff., 92 ff.

[15] Abteilung Umweltrecht. Thema: Empfiehlt es sich, ein Umweltgesetzbuch zu schaffen, gegebenenfalls mit welchen Regelungsbereichen? Vgl. S. 10 ff. (14 f.) der Beschlüsse; ferner *Stüer* (Fn. 5), DVBl. 1992, S. 1418 f.

Zulassungsverfahren durch Vorbescheid und Teilgenehmigung ist einer einheitlichen Regelung (auch für die Planfeststellung) zugänglich (Nr. 19). Und schließlich der wichtige Beschluß Nr. 20: Ein besonderes Umweltverfahrensrecht darf die Einheitlichkeit und Übersichtlichkeit des Verfahrensrechts nicht gefährden. Die verfahrensrechtlichen Regelungen sollten deshalb möglichst weitgehend in den Verwaltungsverfahrensgesetzen getroffen werden[16].

IV. Vereinheitlichung des Verwaltungsverfahrensrechts

1. Mit dem Stichwort „Vereinheitlichung" sind wir bei einem Thema, das uns in Speyer schon vor zehn Jahren (1983)[17] — in Zusammenhang mit einem anderen Forschungsprojekt — auf der von mir geleiteten Verwaltungswissenschaftlichen Arbeitstagung des Forschungsinstituts über „Die Vereinheitlichung des Verwaltungsverfahrensrechts" intensiv beschäftigt hat[18]. Damals habe ich in meiner Einführung (und im Vorwort zum Tagungsband)[19] allerdings darauf hingewiesen, daß es in Zukunft nicht allein um die weitere Vereinheitlichung des Verwaltungsverfahrensrechts gehen kann, sondern das Augenmerk auch auf die *Fortentwicklung* der Verwaltungsverfahrensgesetze des Bundes und der Länder zu richten sei. Demgemäß beschäftigt sich auch das bereits erwähnte Forschungsprojekt Blümel/Bülow mit der Fortentwicklung des Verwaltungsverfahrensrechts. Dieses Seminar wiederum ist der Reform des Verwaltungsverfahrensrechts gewidmet und bezieht daher thematisch sowohl die Vereinheitlichung als auch die Fortentwicklung des Verwaltungsverfahrensrechts ein.

2. Damit kommen wir aber auch im Jahre 1993 nicht an der bereits 1983 auf unserer Verwaltungswissenschaftlichen Arbeitstagung von Herrn Kollegen *Wahl*[20] behandelten grundsätzlichen Frage vorbei, ob der weiteren Vereinheitlichung der Verwaltungsverfahrensgesetze oder dem bereichsspezifischen Verwaltungsverfahrensrecht der Vorzug zu geben ist[21]. Ich will nicht verhehlen, daß — gerade auf dem Hintergrund der bereits verwirklichten oder geplanten Gesetzgebungsvorhaben[22] — meine Präferenz noch

[16] Vgl. dazu auch *Breuer* (Fn. 14), S. B 82 ff.

[17] Über die vielfältigen Vereinheitlichungsbemühungen meines Speyerer Kollegen *Ule* — früher Inhaber meines Lehrstuhls — vgl. (m.w.N.) *Blümel*, Der Gegenstand der Planfeststellung, VerwArch. 1992, S. 146 ff. (146).

[18] Vgl. *Blümel* (Hrsg.), Die Vereinheitlichung des Verwaltungsverfahrensrechts, 1984.

[19] *Blümel* (Fn. 18), S. 5, 17 f. Vgl. dazu auch *Kopp*, Buchbesprechung, DÖV 1987, S. 655 f. (656).

[20] Vgl. *Wahl*, Vereinheitlichung oder bereichsspezifisches Verwaltungsverfahrensrecht, in: Blümel (Fn. 18), S. 19 ff.

[21] Vgl. dazu auch *Schoch* (Fn. 8), S. 33.

[22] Vgl. dazu *Blümel* (Fn. 17), S. 146 f.

immer der Verankerung der erforderlichen Verfahrensvorschriften in den Verwaltungsverfahrensgesetzen selbst gilt. Dabei bin ich mir seit jeher bewußt[23], daß Änderungen und Ergänzungen der Verwaltungsverfahrensgesetze des Bundes und der nun 16 Länder mühsamer sind als bundesgesetzliche Sonderregelungen. Für die auch vom Deutschen Juristentag befürwortete weitgehende Regelung des Umweltverfahrensrechts in den Verwaltungsverfahrensgesetzen sprechen nach meiner Auffassung aber die grundgesetzlichen Kompetenzvorschriften bezüglich des Verwaltungsverfahrens. Dabei verkenne ich natürlich mit Herrn Kollegen *Wahl*[24] nicht die Grenzen einer Vereinheitlichung des Verwaltungsverfahrensrechts über den Weg der Verwaltungsverfahrensgesetze.

3. Im übrigen habe ich aus der Sicht des Jahres 1993 den Eindruck, daß der Gesetzgeber (insbesondere der Bundesgesetzgeber) die Kraft zur weiteren Vereinheitlichung des Verwaltungsverfahrensrechts inzwischen verloren hat. Vielleicht ist der Gesetzgeber sogar, wie vor einiger Zeit Herr Kollege *Kopp*[25] meinte, mit einer solchen Aufgabe weitgehend überfordert. Zwar hatte der Deutsche Bundestag noch bei der Verabschiedung des Verwaltungsverfahrensgesetzes im Jahre 1976 in einer Entschließung die Bundesregierung aufgefordert, binnen 8 Jahren die angestrebte Vereinheitlichung des Verwaltungsverfahrensrechts dadurch zu verwirklichen, daß das entgegenstehende oder gleichlautende Verwaltungsverfahrensrecht bereinigt wird[26]. Die Bemühungen der Bundesregierung bzw. des Bundesgesetzgebers waren auch teilweise erfolgreich, wie die Bereinigungsgesetze des Bundes — Erstes Gesetz zur Bereinigung des Verwaltungsverfahrensrechts vom 18.2.1986[27] und Drittes Rechtsbereinigungsgesetz vom 28.6.1990[28] — zeigen[29]. Auch in den Ländern waren bekanntlich entsprechende Aktivitäten zu verzeichnen[30]. Das Dritte Rechtsbereinigungsgesetz dürfte jedoch für geraume Zeit das letzte Bundesgesetz zur Bereinigung des Verwaltungsverfahrensrechts gewesen sein[31].

Es lohnt sich deshalb, noch einmal daran zu erinnern, daß die Bereinigungsgesetze zur Vereinheitlichung des Verwaltungsverfahrensrechts vor allem dadurch beigetragen haben, daß wenigstens bestimmten Vorschriften

---

[23] Vgl. *Blümel* (Fn. 18), S. 17 f.

[24] A.a.O. (Fn. 20), S. 19 u. pass.

[25] Vgl. *Kopp* (Fn. 19), DÖV 1987, S. 656.

[26] Vgl. dazu näher *Blümel* (Fn. 18), S. 14; ferner *Kopp* (Fn. 19), DÖV 1987, S. 655 f.

[27] BGBl. I S. 265.

[28] BGBl. I S. 1221.

[29] Vgl. dazu zuletzt *Blümel* (Fn. 17), VerwArch. 1992, S. 146; ferner *Ronellenfitsch*, Einführung in das Planungsrecht, 1986, S. 114; *Kopp* (Fn. 19), DÖV 1987, S. 655 f.

[30] Vgl. dazu (m.w.N.) *Blümel* (Fn. 17), VerwArch. 1992, S. 146 (m. Fn. 5).

[31] Vgl. *Blümel* (Fn. 17), VerwArch. 1992, S. 146 f.

der Verwaltungsverfahrensgesetze des Bundes und der Länder durch die Aufhebung sondergesetzlicher Regelungen ein erweiterter Anwendungsbereich (§ 1 VwVfG) erschlossen wurde[32]. Das gilt insbesondere für die Vorschriften der Verwaltungsverfahrensgesetze über das Planfeststellungsverfahren (§§ 72 ff. VwVfG), die inzwischen — abgesehen von wenigen sondergesetzlichen Regelungen — z.B. auch auf das abfallrechtliche Planfeststellungsverfahren (durch Aufhebung der §§ 20-29 AbfG a.F.)[33], das bundesfernstraßenrechtliche Planfeststellungsverfahren (durch Aufhebung der §§ 18-18 e FStrG a.F.), das personenbeförderungsrechtliche Planfeststellungsverfahren (durch Änderung der §§ 28 ff. PBefG a.F.) und auf das bundeswasserstraßenrechtliche Planfeststellungsverfahren (durch Änderung der §§ 14 ff. WaStrG a.F.) Anwendung finden. Nach wie vor in Geltung sind allerdings die Sonderregelungen über die luftverkehrsrechtliche Planfeststellung (§§ 8 ff. LuftVG).

4. Nicht unerwähnt sollte indessen bleiben, daß ausgerechnet durch das Dritte Rechtsbereinigungsgesetz wiederum neue, der Verfahrensbeschleunigung dienende sonderrechtliche Vorschriften, z.B. über die materielle Präklusion (§ 36 Abs. 4 BbG, § 17 Abs. 4 FStrG)[34] und über die Zustellung des Planfeststellungsbeschlusses (§ 36 Abs. 6 BbG, § 17 Abs. 6 FStrG), geschaffen wurden. Das — an sich zu begrüßende — Ziel der Beschleunigung der Verwaltungsverfahren läßt sich nach Auffassung des Bundesgesetzgebers — und darauf ist sogleich noch zurückzukommen — offenbar nur noch durch in hektischer Eile geschaffene sonderrechtliche Verwaltungsverfahrensvorschriften erreichen[35].

Während die bereits erwähnten und weitere neue sonderrechtliche Verwaltungsverfahrensvorschriften die Verwaltungsverfahrensgesetze des Bundes und der Länder bisher unangetastet gelassen haben, wurde das Verwaltungs-

---

[32] Hierzu und zum Folgenden vgl. bereits m.w.N. *Blümel* (Fn. 17), VerwArch. 1992, S. 147 f.

[33] Zur gegenständlichen Einschränkung des abfallrechtlichen Planfeststellungsverfahrens (Genehmigungsverfahrens) auf Deponien vgl. jetzt Art. 6 Nr. 1 (§ 7 Abs. 2, 3 AbfG) des Gesetzes zur Erleichterung von Investitionen und der Ausweisung und Bereitstellung von Wohnbauland (Investitionserleichterungs- und Wohnbaulandgesetz) vom 22.4.1993 (BGBl. I S. 466); § 28 Abs. 2, 3 des Entwurfs eines Gesetzes zur Förderung einer abfallarmen Kreislaufwirtschaft und Sicherung der umweltverträglichen Entsorgung von Abfällen (Kreislaufwirtschafts- und Abfallgesetz — KrW-/AbfG) = Art. 1 des Entwurfs eines Gesetzes zur Vermeidung von Rückständen, Verwertung von Sekundärrohstoffen und Entsorgung von Abfällen, BR-Drs. 245/93, S. 44 f., 155 (Begründung). Dazu *Müllmann*, Die Zulassung von Abfallentsorgungsanlagen nach dem Investitionserleichterungs- und Wohnbaulandgesetz, DVBl. 1993, S. 637 ff. Vgl. im übrigen unten im Text (m. Fn. 52, 61 f., 93 ff., 110 f.).

[34] Vgl. auch § 17 Nr. 1 WaStrG.

[35] Zur Kritik jetzt auch *Wahl*, Die Einschaltung privatrechtlich organisierter Verwaltungseinheiten in den Straßenbau, DVBl. 1993, S. 517 ff. (517).

verfahrensgesetz des Bundes vom 25.5.1976[36] selbst bisher nur marginal, und zwar in § 20 Abs. 5 durch Art. 7 Nr. 4 des Adoptionsgesetzes vom 2.7.1976[37] und (mit Wirkung ab 1.1.1992) in § 12 Abs. 2 (neu) und § 16 Abs. 1 Nr. 4, Abs. 2 VwVfG durch Art. 7 § 3 des Gesetzes zur Reform der Vormundschaft und Pflegschaft für Volljährige (Betreuungsgesetz) vom 12.9.1990[38] geändert — übrigens Änderungen, die der mecklenburg-vorpommersche Gesetzgeber bei der Verlängerung der Geltungsdauer des Verwaltungsverfahrensgesetzes (Gesetz vom 16.12.1992)[39] glatt übersehen hat. Dagegen ist der Entwurf eines Gesetzes zur Änderung verwaltungsverfahrensrechtlicher Vorschriften[40] (§§ 48, 49, 49a, 73, 74 VwVfG) in der vergangenen Legislaturperiode des Deutschen Bundestages erneut gescheitert. Ein entsprechender — abgemagerter — Gesetzentwurf liegt inzwischen dem Deutschen Bundestag wiederum vor[41]. Die in Art. 2 des Entwurfs eines Gesetzes zur Fortentwicklung der Datenverarbeitung und des Datenschutzes[42] vorgesehenen Änderungen des Verwaltungsverfahrensgesetzes des Bundes — § 2, §§ 3 a bis 3 f (neu), §§ 26, 30 VwVfG (Entwurf) — wurden bereits während der parlamentarischen Beratungen des Gesetzentwurfs wieder gestrichen[43].

5. Die mit dem Dritten Rechtsbereinigungsgesetz einsetzende Wende weg von den hier nur skizzierten Reformbemühungen wird mittlerweile durch eine Vielzahl neuer verwaltungsverfahrensrechtlicher Sonderregelungen und Gesetzentwürfe belegt[44]. Beispielhaft genannt seien das Gentechnikgesetz vom 20.6.1990[45] nebst Durchführungsverordnungen, das Umwelthaftungsgesetz vom 10.12.1990[46], das Verkehrswegeplanungsbeschleunigungsgesetz vom 16.12.1991[47], das Stasi-Unterlagen-Gesetz vom 20.12.1991[48], das am kommenden Freitag (5.3.1993) den Bundesrat beschäftigende Investitionserleichterungs- und Wohnbaulandgesetz[49], der Entwurf eines Planungsver-

[36] BGBl. I S. 1253.

[37] BGBl. I S. 1749.

[38] BGBl. I S. 2002.

[39] GVOBl. M-V 1992 S. 719.

[40] BT-Drs. 11/3920.

[41] BT-Drs. 12/2297. Zum Landesrecht vgl. jetzt § 94 SachsAnhVwVfG, §§ 48, 49, 49a, 50 MVVwVfG, §§ 48, 49, 49a, 50 BbgVwVfG.

[42] BT-Drs. 11/4306.

[43] BT-Drs. 11/7235. — Auch die in § 191 Abs. 9 des Entwurfs einer Verwaltungsprozeßordnung (VwPO) — zuletzt BT-Drs. 10/3437, S. 49, 204, 209 f. — vorgesehenen Änderungen des Verwaltungsverfahrensgesetzes sind mit dem Entwurf gescheitert. Vgl. dazu auch *Blümel* (Fn. 18), S. 17 f.

[44] Vgl. dazu bereits *Blümel* (Fn. 17), VerwArch. 1992, S. 146 f.

[45] BGBl. I S. 1080.

[46] BGBl. I S. 2634.

[47] BGBl. I S. 2174.

[48] BGBl. I S. 2272.

[49] Jetzt Gesetz vom 22.4.1993 (BGBl. I S. 1993); vgl. oben Fn. 33.

einfachungsgesetzes[50] sowie die Referentenentwürfe eines Umweltinformationsgesetzes[51], eines Artikelgesetzes zur Novellierung des Abfallgesetzes (Kreislaufwirtschafts- und Abfallgesetz)[52], eines Gesetzes zur Änderung des Atomgesetzes[53] und eines Gesetzes zur Änderung des Gentechnikgesetzes[54]. Dabei ist mir klar[55], daß wir wie bisher auch in den nächsten Jahren mit den verwaltungsverfahrensrechtlichen Sonderregelungen im Bundes-Immissionsschutzgesetz, im Atomgesetz und im Gentechnikgesetz sowie in den einschlägigen Durchführungsverordnungen[56] ebenso werden leben müssen wie mit dem besonderen Asylverfahrensrecht[57]. Auch notwendige Verfahrensregelungen haben im Umwelthaftungsgesetz und im Stasi-Unterlagen-Gesetz durchaus ihren richtigen Platz. Schließlich dürfte es entsprechend dem Beschluß Nr. 21 der Abteilung Umweltrecht des 59. Deutschen Juristentages[58] sachgerecht sein, die EG-Umweltinformationsrichtlinie durch über-

[50] BT-Drs. 12/4328; 12/5284 (Beschlußempfehlung und Bericht des Ausschusses für Verkehr).

[51] Stand: 8.3.1993. Vgl. zu dem Entwurf z.B. (m.w.N.) *Arzt*, Entwurf eines Umweltinformationsgesetzes vorgelegt, ZRP 1993, S. 18 ff.; ferner das Rundschreiben des Bundesministers für Umwelt, Naturschutz und Reaktorsicherheit vom 23.12.1992 zur unmittelbaren Wirkung der EG-Umweltinformationsrichtlinie, jetzt abgedruckt in NVwZ 1993, 657 f. Vgl. im übrigen die Nachweise unten in Fn. 58 f.

[52] Jetzt Gesetzentwurf der Bundesregierung, BR-Drs. 245/93. Vgl. oben in Fn. 33 sowie unten im Text (m. Fn. 61 f.).

[53] Stand: 21.12.1992. Vgl. dazu näher (jeweils m.w.N.) *Greipl*, Schadensvorsorge und „Restrisiko" im Atomrecht, DVBl. 1992, S. 598 ff.; *Lange*, Zur geplanten Novellierung des Atomgesetzes, ZRP 1992, S. 306 ff.; *Wagner*, Konzeptänderung in der nuklearen Entsorgung? (Anmerkungen zur beabsichtigten Novellierung des Atomgesetzes), ET 1992, S. 474 ff.; *ders.*, Gesetzgeberische Vorhaben zur nuklearen Entsorgung, DVBl. 1992, S. 1508 ff.; *ders.*, Die Siebte Novelle zum Atomgesetz, NVwZ 1993, S. 513 ff.; *Stoll*, Die Gleichrangigkeit von integrierter Entsorgung und direkter Endlagerung in der AtG-Novelle (Eine gefällige Sackgasse?), ET 1992, S. 780 ff.; *Pelzer* (Hrsg.), Stillegung und Beseitigung kerntechnischer Anlagen, 1993, passim; *Blümel*, Aktuelle Probleme des Atomrechts, Speyerer Forschungsberichte 119, 2. Aufl. 1993, S. 12 ff., 42; *Sendler*, Buchbesprechung (Lukes, Reformüberlegungen zum Atomrecht, 1991), DVBl. 1993, S. 622; ferner unten im Text (m. Fn. 129).

[54] Vgl. jetzt den Entwurf eines Ersten Gesetzes zur Änderung des Gentechnikgesetzes vom 28.5.1993, BR-Drs. 357/93 = BT-Drs. 12/5145; BR-Drs. 357/1/93, 357/2/93, 357/93 (Beschluß).

[55] Im Anschluß an *Wahl* (Fn. 20), S. 55 f. Vgl. aber auch unten im Text (m. Fn. 104 ff.).

[56] Vgl. dazu z.B. *Rebentisch*, Die Neuerungen im Genehmigungsverfahren nach dem Bundes-Immissionsschutzgesetz, NVwZ 1992, S. 926 ff.; *Vallendar*, Die UVP-Novelle zur 9. BImSchV (Grundlagen und Grundzüge), UPR 1992, S. 212 ff.; ferner die Änderungsverordnung vom 20.4.1993 (BGBl. I, S. 434). Vgl. auch unten im Text (m. Fn. 94, 103).

[57] Vgl. jetzt das Gesetz zur Änderung des Grundgesetzes (Art. 16 und 18) vom 28.6.1993 (BGBl. I S. 1002) sowie das Gesetz zur Änderung asylverfahrens-, ausländer- und staatsangehörigkeitsrechtlicher Vorschriften vom 20.6.1993 (BGBl. I S. 1062). — Zur Sonderregelung des Asylverfahrensrechts vgl. bereits *Meissner*, Asylverwaltungsverfahren, in: Blümel (Fn. 18), S. 187 ff.

[58] Vgl. oben Fn. 15.

greifende umweltrechtliche Normen — also durch Umweltinformationsgesetze des Bundes und der Länder[59] — umzusetzen. Aber hier beginnen dann doch schon mit Blick auf § 29 VwVfG — und auf weitere Vorschriften über das Akteneinsichtsrecht — die Zweifel[60].

Die Zweifel an der Notwendigkeit bereichsspezifischer Regelungen verstärken sich jedoch erheblich bei einer ganzen Reihe aktueller Gesetzesvorhaben. So enthielt z.B. der unausgegorene Referentenentwurf eines Kreislaufwirtschafts- und Abfallgesetzes (Stand: 22.6.1992)[61] in § 28 Abs. 4 Satz 2 eine Ermächtigung der Bundesregierung, durch Rechtsverordnung mit Zustimmung des Bundesrates das Planfeststellungsverfahren zu regeln, obwohl nach § 28 Abs. 4 Satz 1 des Entwurfs für das Planfeststellungsverfahren die §§ 72 bis 78 des Verwaltungsverfahrensgesetzes entsprechend (!) gelten sollen. Während bei der Formulierung dieser Bestimmungen der zuständige Referent zunächst wohl den Überblick verloren hatte — im Investitionserleichterungs- und Wohnbaulandgesetz (Art. 6 Nr. 3)[62] ist der Fehler in unbefriedigender Form behoben —, wird die grundsätzliche Frage nach dem richtigen Weg der Fortentwicklung des Verwaltungsverfahrensrechts erneut aufgeworfen, wenn neue, der Beschleunigung von Genehmigungs- und Planungsverfahren dienende Verfahrensvorschriften geschaffen werden.

V. Beschleunigung der Verwaltungsverfahren

Damit sind wir wieder bei den Sondervorschriften im Verkehrswegeplanungsbeschleunigungsgesetz[63] und im Entwurf eines Planungsvereinfachungsgesetzes[64] sowie in dem am 1.5.1993 in Kraft tretenden Investitionserleichterungs- und Wohnbaulandgesetz[65]. Auch die geplanten — nach meiner Auffassung allerdings verfassungswidrigen — Investitionsmaßnahmenge-

[59] Vgl. oben im Text (m. Fn. 51); ferner Entwurf eines Hessischen Gesetzes über den freien Zugang zu Informationen über die Umwelt (Hessisches Umweltinformations- und Akteneinsichtsrechtsgesetz — HUAG); dazu den Bericht „Hessen plant Gesetz zur Einsicht in Umweltakten“, FAZ vom 27.5.1993.

[60] Vgl. dazu näher (jeweils m.w.N.) *Schoch* (Fn. 8), S. 40 f.; *Blümel* (Fn. 17), VerwArch. 1992, S. 147 (m. Fn. 7); *Erichsen*, Das Recht auf freien Zugang zu Informationen über die Umwelt, NVwZ 1992, S. 409 ff. (413 f., 415); *v. Schwanenflügel*, Die Richtlinie über den freien Zugang zu Umweltinformationen als Chance für den Umweltschutz, DÖV 1993, S. 95 ff.; *Eilers/Schröer*, Der Schutz der betrieblichen Informationssphäre im Umweltinformationsgesetz, BB 1993, S. 1025 ff.

[61] Zum Gesetzentwurf der Bundesregierung (dort Art. 1 § 30) vgl. oben in Fn. 33; ferner unten im Text (m. Fn. 62).

[62] Vgl. oben in Fn. 33, 49 sowie unten im Text (m. Fn. 96 f.).

[63] Vgl. oben im Text (m. Fn. 47).

[64] Vgl. oben im Text (m. Fn. 50).

[65] Vgl. oben in Fn. 33 sowie im Text (m. Fn. 49, 82 ff.).

setze[66], nach denen die Pläne für den Bau/Ausbau bestimmter Verkehrsanlagen nicht mehr durch Verwaltungsakte (Planfeststellungsbeschlüsse oder Plangenehmigungen), sondern durch diese Bundesgesetze selbst festgestellt werden sollen[67], gehören zur Abrundung ebenso in diesen Zusammenhang wie die Einschaltung Privater beim Verkehrswegebau, über die wir kürzlich hier in Speyer ausführlich diskutiert haben[68].

1. Obwohl ich den heutigen Referaten der Kollegen *Bohne*, *Bullinger* und *Steiner* nicht vorgreifen möchte, bewegen mich doch schon jetzt einige allgemeine Fragen. Bekanntlich sollen durch das im Gesetzgebungsverfahren befindliche *Planungsvereinfachungsgesetz*[69] u.a. die 5 Verkehrswegegesetze des Bundes (Bundesbahngesetz, Bundesfernstraßengesetz, Bundeswasserstraßengesetz, Luftverkehrsgesetz, Personenbeförderungsgesetz) umfassend — und zwar jeweils gleichlautend — geändert bzw. ergänzt werden, obwohl drei Gesetze eben erst — im Jahre 1990 durch das Dritte Rechtsbereinigungsgesetz[70] — entrümpelt worden sind. Der Gesetzentwurf greift nach seiner Begründung[71] im wesentlichen auf Beschleunigungsinstrumente zurück, die bereits im Verkehrswegeplanungsbeschleunigungsgesetz für die neuen Bundesländer befristet gesetzlichen Niederschlag gefunden haben. Er enthält aber auch zusätzliche und weitergehende Regelungen. Hier interessieren vor allem die Einführung neuer und die Verkürzung bestehender

---

[66] Vgl. dazu (m.w.N.) *Blümel* (Fn. 17), VerwArch. 1992, S. 147 (m. Fn. 8); *ders.*, Diskussionsbeitrag, in: Stern (Hrsg.), Deutsche Wiedervereinigung, Bd. II: Zur Wiederherstellung der inneren Einheit, Teil 1: Vermögensfragen — Öffentlicher Dienst — Universitäten, 1992, S. 55 ff.; *ders.*, Verkehrswegeplanung in Deutschland, in: Blümel/Magiera/Merten/Sommermann, Verfassungsprobleme im Vereinten Deutschland, Speyerer Forschungsberichte 117, 2. Aufl. 1993, S. 1 ff. (14 ff.).

[67] Vgl. Entwurf eines Gesetzes über den Bau der „Südumfahrung Stendal", BT-Drs. 12/3477; 12/5126 (Beschlußempfehlung und Bericht des Ausschusses für Verkehr); BR-Drs. 422/93, 422/1/93, 422/93 (Beschluß). — Entwurf eines Gesetzes über den Bau des Abschnitts Könnern-Löbejün der Bundesautobahn A 14 Magdeburg-Halle (Saale), BR-Drs. 246/93, 246/1/93, 246/2/93; zu BR-Drs. 246/93: danach ist ein Beschluß des Bundesrates zu dem Gesetzentwurf in der 657. Sitzung des Bundesrates am 28.5.1993 nicht zustande gekommen. — Entwurf eines Gesetzes über den Bau des Abschnitts Wismar West-Wismar Ost der Bundesautobahn A 20 Lübeck-Bundesgrenze (A 11), BR-Drs. 247/93, 247/1/93, 247/2/93, zu BR-Drs. 247/93: danach ist ein Beschluß des Bundesrates zu dem Gesetzentwurf in der 657. Sitzung des Bundesrates am 28.5.1993 nicht zustande gekommen.

[68] Vgl. dazu *Blümel* (Hrsg.), Einschaltung Privater beim Verkehswegebau — Innenstadtverkehr, Speyerer Forschungsberichte 115, 2. Aufl. 1993; *ders.*, Verkehrswegeplanung in Deutschland (Fn. 66), S. 18 ff.; *Wahl* (Fn. 35), DVBl. 1993, S. 517 ff.; die Berichte von *Stüer*, DVBl. 1992, S. 1528 ff., von *Bülow*, LKV 1993, S. 128 f. und von *Pfeil*, DÖV 1993, S. 385 ff.

[69] Vgl. bereits oben im Text (m. Fn. 50, 64).

[70] Vgl. oben im Text (m. Fn. 28 ff.).

[71] BT-Drs. 12/4328, S. 1 f., 17 f.; ferner jetzt BT-Drs. 12/5284 (Ausschußbericht), S. 1, 33.

Fristen für Behörden und Kommunen u.a. im Planfeststellungsverfahren sowie die Einführung der problematischen Plangenehmigung mit Konzentrationswirkung[72] und planungssichernder Instrumente (Vorarbeiten, vorzeitige Besitzeinweisung[73], Veränderungssperre). Nach der Begründung des Gesetzentwurfs liegt ein weiterer Schwerpunkt des Gesetzentwurfs auf der — allerdings nicht vollständig gelungenen — Angleichung der verfahrensrechtlichen Vorschriften der verschiedenen Verkehrswegegesetze. Und dann wird sogar behauptet[74]: „Mit der Angleichung der Rechtsvorschriften der verschiedenen Bundesverkehrswegegesetze leistet der Gesetzentwurf einen Beitrag zur Rechts- und Verwaltungsvereinfachung des Bundes."

Durch das Planungsvereinfachungsgesetz werden die 5 Verkehrswegegesetze des Bundes durch eine Fülle neuer — jeweils gleichlautender — Vorschriften angereichert. Wäre es da nicht sinnvoller, jedenfalls einen Teil dieser Vorschriften — z.B. die Fristenregelungen und die Vorschriften über die (problematische) Plangenehmigung[75] — in den Verwaltungsverfahrensgesetzen des Bundes und der Länder zu verankern? Zumal ja die Länder sonst nicht umhinkommen werden, ihre Landesstraßengesetze und ihre Landeseisenbahngesetze entsprechend zu ändern. Mir leuchtet es jedenfalls nicht ein, daß z.B. die subsidiär geltenden Planfeststellungsvorschriften der Verwaltungsverfahrensgesetze (§§ 72 ff. VwVfG) wieder dadurch ausgehebelt werden, daß erneut sondergesetzliche Regelungen eingeführt werden oder z.B. die Vorschriften der Verwaltungsverfahrensgesetze über das Anhörungsverfahren (§ 73 VwVfG) nur mit einer Fülle von Maßgaben Anwendung finden sollen.

In der Sache selbst habe ich allerdings Zweifel[76], ob es z.B. sachgerecht ist, das neue, noch nicht ausreichend erprobte Rechtsinstitut der Plangenehmigung mit Konzentrationswirkung bundesweit als Dauerrecht einzuführen. Auf dem 30. Deutschen Verkehrsgerichtstag am 30./31.1.1992 in Goslar gehörte ich in dem von Herrn Kollegen *Steiner* geleiteten Arbeitskreis VI „Beschleunigung der Verkehrswegeplanung?" bei der Beschlußfassung zu der Minderheit, die nur einen Teil der empfohlenen Beschleunigungsmaßnahmen befürwortete[77]. Nicht empfohlen wurde von der Minderheit, weitere Regelungen aus dem Verkehrswegeplanungsbeschleunigungsgesetz — wie

---

[72] Vgl. dazu *Blümel*, Verkehrswegeplanung in Deutschland (Fn. 66), S. 8 f.; ferner unten im Text (m. Fn. 75, 76 ff., 109).

[73] Vgl. dazu unten im Text (m. Fn. 79 ff.).

[74] BT-Drs. 12/4328, S. 2.

[75] Vgl. Fn. 72.

[76] Ebenso *Wahl* (Fn. 35), DVBl. 1993, S. 517 (Fn. 5). Vgl. im übrigen bereits oben im Text (m. Fn. 35).

[77] Die Empfehlung ist z.B. abgedruckt in DVBl. 1992, S. 759, BayVBl. 1992, S. 267, UPR 1992, S. 180 f., NVwZ 1992, S. 252 f.

z.B. die Vorschriften über die Plangenehmigung und die vorzeitige Besitzeinweisung — bundesweit einzuführen[78].

Gegen die Regelungen der vorzeitigen Besitzeinweisung in § 18 f FStrG, § 7 VwPBG sowie im Entwurf des Planungsvereinfachungsgesetzes[79] bestehen nach meiner Auffassung im übrigen erhebliche verfassungsrechtliche Bedenken: sie verstoßen nämlich gegen Art. 14 Abs. 1 Satz 1 und Abs. 3 GG (Eigentumsgarantie, Enteignung)[80]. Die bisher allerdings von den Gerichten noch nicht abschließend entschiedene Frage ist Gegenstand einer von mir angeregten, aber noch nicht fertiggestellten Dissertation des — hier anwesenden — wissenschaftlichen Mitarbeiters an meinem Lehrstuhl Assessor Martin *Pfeil*. Ich selbst habe mich zu der Problematik schon ausführlich 1967 in meiner Habilitationsschrift über „Die Planfeststellung im geltenden Recht"[81] geäußert. Daß es sich bei der vorzeitigen Besitzeinweisung als Teil des Enteignungsverfahrens um ein Rechtsinstitut des Enteignungsrechts und nicht des Planfeststellungs- bzw. Planungsrechts handelt, zeigt z.B. im geltenden Recht noch die im Abschnitt „Enteignungsverfahren" angesiedelte Vorschrift des § 116 BauGB. Durch eine bloße Positionsveränderung im Gefüge eines Gesetzes — wie seinerzeit von § 19 Abs. 3 FStrG (a.F.) zu § 18 f FStrG (n.F.) — lassen sich verfassungsrechtliche Zulassungshürden nicht umgehen. Das Referat von Herrn Kollegen *Steiner* dürfte Gelegenheit bieten, in der Diskussion diese spannende Frage zu vertiefen.

2. Der Beschleunigung von Genehmigungs- und Planungsverfahren dienen auch eine Vielzahl neuer Vorschriften in dem bereits erwähnten *Investitionserleichterungs- und Wohnbaulandgesetz*[82]. Da ich nicht davon ausgehen kann, daß Ihnen das Gesetz in der vom Bundestag am 12.2.1993 beschlossenen Fassung[83] bekannt ist — ich kenne sie auch erst seit wenigen Tagen —, möchte ich an dieser Stelle wenigstens einige Bemerkungen zu den vorgesehenen Vereinfachungen und Beschleunigungen bei immissionsschutzrechtlichen Genehmigungen und bei der Zulassung von Abfallentsorgungsanlagen machen[84]. Weitere Vorschläge zahlreicher Kommissionen und Arbeitsgruppen zur Beschleunigung der behördlichen Zulassungsverfahren konnten in dem Entwurf, wie der Bundesrat in seiner am 14.1.1993 beschlossenen

---

[78] Vgl. dazu auch *Blümel*, Verkehrswegeplanung in Deutschland (Fn. 66), S. 12.

[79] Vgl. jetzt auch Art. 5 (Allgemeines Eisenbahngesetz) § 17 des Entwurfs eines Gesetzes zur Neuordnung des Eisenbahnwesens (Eisenbahnneuordnungsgesetz — ENeuOG), BT-Drs. 12/4609 (neu), S. 29 f., 101 = BT-Drs. 12/5014, S. 4 (Verweis), 22 f. (Stellungnahme des Bundesrates), 47 (Gegenäußerung der Bundesregierung).

[80] Vgl. dazu bereits *Blümel*, Verkehrswegeplanung in Deutschland (Fn. 66), S. 10.

[81] Maschinenschrift (vervielfältigt), Bd. 1 (Text), S. 330 ff., Bd. 2 (Anmerkungen), S. 190 ff.

[82] Vgl. oben in Fn. 33 sowie im Text (m. Fn. 49, 65).

[83] BR-Drs. 82/93.

[84] Vgl. dazu auch bereits oben in Fn. 33.

Stellungnahme zum Gesetzentwurf[85] beklagte, wegen der Eilbedürftigkeit der Vorlage des Gesetzentwurfs nicht mehr angemessen eingebracht werden.

Um welche Vorschläge aus der aktuellen Diskussion es geht, hat u.a. Herr Kollege *Bullinger* schon vor einigen Monaten in einem Beitrag über „Aktuelle Probleme des deutschen Verwaltungsverfahrensrechts"[86] unter Bezugnahme auf eigene Arbeiten[87] aufgezeigt. Eine ausführliche zusammenfassende Darstellung der Vorschläge zur Beschleunigung der Zulassungsverfahren findet sich jetzt auch in der Dissertation meines früheren — hier anwesenden — Mitarbeiters Wilfried *Ebling* über „Rechtliche Möglichkeiten der beschleunigten Zulassung von Abfallentsorgungsanlagen"[88].

Dem Deutschen Bundestag war offenbar die Gegenäußerung der Bundesregierung[89] auf die zuvor wiedergegebene Stellungnahme des Bundesrates zu mager: die Gegenäußerung der Bundesregierung verweist im wesentlichen auf die Regelungskompetenz der Länder und die Vorlage einer umfassenden Novelle zum Abfallgesetz[90]. So jedenfalls verstehe ich den Teil (d) der Entschließung des Deutschen Bundestages vom 12.2.1993[91], der sich mit der Dauer der Genehmigungsverfahren befaßt und der wie folgt lautet:

> „Der Deutsche Bundestag sieht in dem Gesetz einen wichtigen Schritt, um die Dauer der Genehmigungsverfahren für Anlagen zu verkürzen. Ein Ergebnis der Anhörungen von Sachverständigen war, daß wesentliche Ursachen für die Dauer von Genehmigungsverfahren auch in den verwaltungsinternen Abläufen bei Genehmigungs- und beteiligten Behörden, aber auch bei den Antragstellern, liegen. Die von der Bundesregierung vorgelegte Novelle der 9. BImSchVO führt mit dem Instrument der Vorbesprechungen ein beschleunigendes Verfahrenselement ein, doch schöpft sie nicht die Möglichkeiten der Verfahrensoptimierung aus.
>
> Der Deutsche Bundestag bittet daher die Bundesregierung, soweit es in der Gesetzgebungszuständigkeit des Bundes liegt, durch ergänzende Regelungen in der 9. BImSchVO oder darauf basierenden Verwaltungsvorschriften in Abstimmung mit den Ländern unter anderem folgende Regelungen für ein effektiveres Verfahrensmanagement — ohne Verlust an Prüfungstiefe — verbindlich festzulegen:

[85] BT-Drs. 12/4208, S. 17.

[86] DVBl. 1992, S. 1463 ff. (Untertitel: „Das Beschleunigungsgebot und seine Vereinbarkeit mit rechtsstaatlichen und demokratischen Verfassungprinzipien").

[87] Vgl. vor allem *Bullinger*, Beschleunigte Genehmigungsverfahren für eilbedürftige Vorhaben (Ein Beitrag zur zeitlichen Harmonisierung von Verwaltung, Wirtschaft und Gesellschaft), 1991.

[88] Vgl. jetzt *Ebling*, Beschleunigungsmöglichkeiten bei der Zulassung von Abfallentsorgungsanlagen, 1993, S. 267 ff.

[89] BR-Drs. 12/4208, S. 28 f.

[90] Vgl. dazu oben in Fn. 33, 52 sowie im Text (m. Fn. 61 f.).

[91] Zu BR-Drs. 82/93.

— Antragskonferenzen mit allen beteiligten Behörden zur Festlegung der notwendigen Unterlagen,

— Einschaltung von zentralen Ansprechpersonen mit Koordinierungsfunktion in der Genehmigungsbehörde (Projektmanager), möglichst auch bei den Antragstellern,

— Sternverfahren bei der Versendung von Unterlagen und Einholung von Stellungnahmen,

— Ämterkonferenzen zur Abkürzung der Beteiligungsverfahren, zur raschen und koordinierten Formulierung von Stellungnahmen und Auflagen und zu deren Erörterung mit dem Antragsteller,

— Vorgabe von kurzen Äußerungsfristen beteiligter Behörden, verbunden mit der Anberaumung von Ämterkonferenzen,

— Vor-Ort-Termine mit allen Beteiligten.

Angesichts der positiven Erfahrungen in den USA sollte auch in der Bundesrepublik Deutschland verstärkt das Mediatoren-Verfahren eingesetzt werden, bei dem ein neutraler Vermittler mit der Verfahrensleitung betraut wird. Hierfür sind die rechtlichen Rahmenbedingungen zu verbessern oder zu schaffen.

Der Deutsche Bundestag fordert die Bundesregierung auf, ihm zur Umsetzung der Vorschläge zu d) bis September 1993 zu berichten."[92]

3. Durch die Änderung des Abfallgesetzes in Art. 6 des Investitionserleichterungs- und Wohnbaulandgesetzes[93] wird vor allem die Zulassung von Abfallentsorgungsanlagen (§ 7 AbfG) grundlegend geändert. Denn die Zulassung von Abfallentsorgungsanlagen wird — bis auf Deponien — in Zukunft nach dem Bundes-Immissionsschutzgesetz und nach der Verordnung über das Genehmigungsverfahren (9. BImSchV)[94] erfolgen[95]. Lediglich für Deponien bleibt es bei der Zulassung durch Planfeststellung oder Plangenehmigung. In diesem Zusammenhang ist es zu der Aufnahme der hier besonders interessierenden — schon zuvor erwähnten[96] — Vorschrift des § 7 b AbfG gekommen, die jetzt lautet:

„Für das Planfeststellungsverfahren gelten die §§ 72 bis 78 des Verwaltungsverfahrensgesetzes[97]. Die Bundesregierung wird ermächtigt, durch Rechtsverord-

[92] Vgl. zu diesen Vorschlägen bereits (m.w.N.) *Bullinger* (Fn. 86), DVBl. 1992, S. 1466 f., 1467 f.; ferner *Schoch* (Fn. 8), Verw. 1992, S. 52 f.; unten im Text (m. Fn. 127).

[93] Vgl. bereits oben in Fn. 33.

[94] Vgl. dazu oben im Text (m. Fn. 56).

[95] Vgl. Bericht des BT-Ausschusses für Raumordnung, Bauwesen und Städtebau, BT-Drs. 12/4340, S. 17; ferner *Müllmann* (Fn. 33), DVBl. 1993, S. 637 ff.

[96] Vgl. oben im Text (m. Fn. 61 f.).

[97] Nach dem ursprünglichen Gesetzentwurf sollten für das Planfeststellungsverfahren die §§ 72 bis 78 des Verwaltungsverfahrensgesetzes „des Bundes" gelten; vgl. BT-Drs. 12/3944, S. 17, 53. Die Worte „des Bundes" wurden jedoch auf Anregung der Bundesregierung ("aus redaktionellen Gründen"!) wieder gestrichen; vgl. BT-Drs. 12/4208, S. 25 f. (26); 12/4317, S. 47; 12/4340, S. 27.

nung mit Zustimmung des Bundesrates weitere Einzelheiten des Planfeststellungsverfahrens, insbesondere Art und Umfang der Antragsunterlagen, zu regeln."

Zur Begründung dieser Vorschrift meint die Bundesregierung[98] lapidar, daß die Verordnungsermächtigung zur bundeseinheitlichen Optimierung der Zulassungsverfahren erforderlich sei. Insbesondere könne so ein „Abgleich" zur Neunten Verordnung zur Durchführung des Bundes-Immissionsschutzgesetzes (Genehmigungsverfahrensverordnung) unter Einbindung der Umweltverträglichkeitsprüfung erfolgen[99].

Da bereits seit dem Bereinigungsgesetz von 1986 auf das abfallrechtliche Planfeststellungsverfahren allein die §§ 72 VwVfG Anwendung finden[100], muß spätestens jetzt auch insoweit mit allem Nachdruck die Frage gestellt werden, warum die Bundesregierung bisher in den verschiedenen Bereichen offenbar keinen Gedanken darauf verschwendet hat, das Planfeststellungsverfahren im Verwaltungsverfahrensgesetz selbst zu optimieren. Erläßt sie die Verordnung nach § 7 b AbfG, dann kommt es erneut zu einer weiteren, nach meiner Meinung überflüssigen Sonderregelung des Planfeststellungsverfahrens.

4. Auf die Vereinfachungen und Beschleunigungen bei immissionsschutzrechtlichen Genehmigungen durch eine Vielzahl von — zum Teil problematischen[101] — Änderungen des Bundes-Immissionssschutzgesetzes[102] und durch die gleichzeitige Novellierung der Verordnung über das Genehmigungsverfahren (9. BImSchV)[103] wird wohl noch in den nachfolgenden Referaten eingegangen werden. Mich bewegt aber bei den *förmlichen Genehmigungsverfahren* z.B. nach dem Bundes-Immissionsschutzgesetz, dem Atomgesetz und dem Gentechnikgesetz[104] in diesem Zusammenhang schon seit langem die übergreifende Frage, ob es nicht doch Möglichkeiten gibt, auch insoweit zu einer Vereinheitlichung und Verankerung der Verfahrensvorschriften in den Verwaltungsverfahrensgesetzen zu gelangen[105]. Wir haben das Problem schon 1983 auf der von mir bereits erwähnten Verwaltungswissenschaftlichen Arbeitstagung über „Die Vereinheitlichung des Verwal-

---

[98] BT-Drs. 12/3944, S. 53; 12/4208, S. 26 f.

[99] Vgl. dazu jetzt auch *Müllmann* (Fn. 33), DVBl. 1993, S. 642 f.

[100] Vgl. dazu bereits oben im Text (m. Fn. 32 f.).

[101] Vgl. etwa die Ersetzung der Sätze 1 und 2 in § 10 Abs. 8 BImSchG (Art. 8 Nr. 3 Buchst. d aa des Investitionserleichterungs- und Wohnbaulandgesetzes) durch den Satz: „Die Zustellung des Genehmigungsbescheids an die Personen, die Einwendungen erhoben haben, kann durch öffentliche Bekanntmachung ersetzt werden." Damit wird z.B. von den Regelungen in § 68 Abs. 2 Satz 2, § 74 Abs. 5 Satz 1 VwVfG abgewichen.

[102] Art. 8 des Investitionserleichterungs- und Wohnbaulandgesetzes.

[103] Vgl. dazu oben im Text (m. Fn. 56).

[104] Vgl. zu diesem Verfahren bereits oben im Text (m. Fn. 44 f., 53 ff.).

[105] Vgl. *Blümel* (Fn. 18), S. 16, 17 f., 201.

tungsverfahrensrechts" ausführlich, insbesondere auf der Grundlage eines Referats von Rechtsanwalt *de Witt* erörtert[106]. Offenbar reichen die nur selten für anwendbar erklärten Vorschriften über das förmliche Genehmigungsverfahren in den §§ 63-71 VwVfG als Angebot nicht aus. Wenn dem aber so ist, dann sollte überlegt werden, den Abschnitt über das förmliche Verwaltungsverfahren in den Verwaltungsverfahrensgesetzen so auszugestalten oder zu ergänzen, daß die Notwendigkeit sonderrechtlicher Regelungen weitgehend entfällt. Auf diesen dritten mühsamen Weg hat Herr Kollege *Wahl*[107] — neben anderen — ebenfalls schon 1983 hier in Speyer aufmerksam gemacht. Ihm schwebt im übrigen, wie er wiederholt ausgeführt hat[108], die Ergänzung der Verwaltungsverfahrensgesetze um einen Verfahrenstyp „komplexe Genehmigungsverfahren" vor. Auf das Referat von Herrn Kollegen *Wahl* dürfen wir deshalb gespannt sein.

VI. Reduzierung der Öffentlichkeitsbeteiligung?

In der Diskussion um die Beschleunigung von Planungs- und Genehmigungsverfahren und während der aktuellen Gesetzgebungsverfahren ist die Frage der Reduzierung der Öffentlichkeitsbeteiligung bisher — soweit ich sehe — nur punktuell thematisiert worden. Das gilt einmal für die Plangenehmigung[109] nach dem Verkehrswegeplanungsbeschleunigungsgesetz und nach dem Entwurf des Planungsvereinfachungsgesetzes, zum anderen für bestimmte Änderungen des Bundes-Immissionsschutzgesetzes (z.B. § 15 Abs. 2)[110] durch das Investitionserleichterungs- und Wohnbaulandgesetz[111].

---

[106] Vgl. *de Witt*, Förmliche Verwaltungsverfahren (atomrechtliches und immissionsschutzrechtliches Genehmigungsverfahren), in: Blümel (Fn. 18), S. 165 ff.

[107] Vgl. *Wahl* (Fn. 20), S. 29 f. (m. Fn. 57).

[108] *Wahl* (Fn. 20), S. 55 ff., 66. Vgl. auch den Diskussionsbeitrag von *Wahl* auf der Hamburger Konferenz über die Reform des Allgemeinen Verwaltungsrechts (22./23.11.1991), wiedergegeben in den Berichten von *Vesting,* DVBl. 1992, S. 134 ff. (135) und von *Klute*, JZ 1992, S. 575 ff. (577).

[109] Vgl. oben im Text (m. Fn. 72, 75, 76 ff.). Bei der Plangenehmigung entfällt nicht nur die Öffentlichkeitsbeteiligung, sondern auch die Verbandsbeteiligung nach § 29 Abs. 1 Satz 1 Nr. 4 BNatSchG.

[110] Vgl. den Ausschußbericht, BT-Drs. 12/4340, S. 19; Beschlußempfehlung, BT-Drs. 12/4317, S. 50; ferner den Bericht „Bürger als 'Störfaktor'" im Planungsverfahren, wib 3/1993, S. 52.

[111] Auch die bereits erwähnte gegenständliche Einschränkung des abfallrechtlichen Planfeststellungsverfahrens auf Deponien — vgl. oben in Fn. 33 sowie im Text (m. Fn. 93 ff.) — führt zum Wegfall der Verbandsbeteiligung (oben Fn. 109) bei der Zulassung von ortsfesten Abfallentsorgungsanlagen. Vgl. dazu jetzt auch *Müllmann* (Fn. 33), DVBl. 1993, S. 641 (m. Fn. 41 f.); ferner die geplante Änderung des § 29 Abs. 1 Satz 1 Nr. 4 BNatSchG durch Art. 14 des in Fn. 33 genannten Gesetzentwurfs, BR-Drs. 245/93, S. 89, 176 (Begründung); BR-Drs. 245/93 (Beschluß), S. 97 (zu Art. 14), 98 (zu Art. 16).

Dabei handelt es sich jedoch nur um den Ausschluß oder die Einschränkung der Öffentlichkeitsbeteiligung in bestimmten Fällen bzw. bei Vorliegen bestimmter Voraussetzungen.

Ein ganz wesentlicher Beschleunigungseffekt könnte jedoch eintreten, wenn man etwa bei den Planfeststellungsverfahren und förmlichen Verwaltungsverfahren generell von der Jedermann- bzw. Popularbeteiligung und der Interessentenbeteiligung[112] absehen und allein zur Betroffenenbeteiligung[113] übergehen würde[114]. Hierauf hatte ich schon früher, vor allem auf der Verwaltungswissenschaftlichen Arbeitstagung 1983[115], unter Bezugnahme auf die reine Betroffenenbeteiligung im Bewilligungsverfahren nach § 9 (in Verbindung mit § 8 Abs. 3) WHG aufmerksam gemacht. Inzwischen wurde allerdings durch Art. 5 des Gesetzes zur Umsetzung der Richtlinie des Rates vom 27.6.1985 über die Umweltverträglichkeitsprüfung bei bestimmten öffentlichen und privaten Projekten (85/337/EWG) vom 12.2.1990[116] dem § 9 WHG der Satz angefügt: „Bei Vorhaben, die nach § 3 des Gesetzes über die Umweltverträglichkeit einer Umweltverträglichkeitsprüfung unterliegen, muß das Verfahren den Anforderungen des genannten Gesetzes entsprechen." Damit wird wiederum auf die Vorschriften des § 9 UVPG (Einbeziehung der Öffentlichkeit) bzw. des § 73 Abs. 3 bis 7 VwVfG verwiesen, die neben den Betroffenen auch diejenigen kennen, deren Belange durch das Vorhaben im übrigen berührt werden (Interessentenbeteiligung)[117]. Hält man sich diese gesetzlichen Querverbindungen vor Augen, dann wird allerdings klar, daß eine generelle Reduzierung der Öffentlichkeitsbeteiligung auf die Betroffenenbeteiligung einen Kraftakt des Bundesgesetzgebers voraussetzen würde. Zuvor wäre natürlich zu prüfen, ob solche Gesetzesänderungen mit der UVP-Richtlinie der EG überhaupt vereinbar wären.

VII. Verwaltungsverfahrensrecht in der EG

Damit sind wir bei dem vorletzten Punkt, den ich an dieser Stelle kurz ansprechen möchte: wie frei ist der Bundesgesetzgeber eigentlich noch bei der Änderung vorhandener und der Schaffung neuer Verwaltungsverfah-

---

[112] Zu den einzelnen Beteiligungsformen vgl. näher *Blümel*, Grundrechtsschutz durch Verfahrensgestaltung, in: Blümel (Hrsg.), Frühzeitige Bürgerbeteiligung bei Planungen, 1982, S. 23 ff. (50 ff.).

[113] Während der Beratungen des Entwurfs eines Investitionserleichterungs- und Wohnbaulandgesetzes sprach sich die BT-Fraktion der CDU/CSU für eine Betroffenenbeteiligung aus. Vgl. dazu den Bericht (Fn. 110), wib 3/1993, S. 52.

[114] Was verfassungsrechtlich zulässig wäre. Vgl. dazu *Blümel* (Fn. 112), S. 50 f. (m. Fn. 163).

[115] Vgl. *Blümel* (Fn. 18), S. 185.

[116] BGBl. I S. 205.

[117] Vgl. dazu näher *Blümel* (Fn. 112), S. 51 f.

rensvorschriften mit Blick auf die EG? Im Schrifttum ist ja — z.B. von den Kollegen *Ehlers*[118] und *Schröder*[119] — im Zusammenhang mit der vieldiskutierten Frage der modifizierten Anwendung der §§ 48, 58, 59 VwVfG bei Gemeinschaftsbeihilfen[120] — festgestellt worden, daß das europäische Verwaltungsrecht das deutsche Verwaltungsverfahrensrecht zunehmend überlagert und verdrängt[121]. Da ich davon ausgehe, daß u.a. Herr Kollege *Papier* auf diese Frage eingehen wird, verzichte ich an dieser Stelle auf weitere Bemerkungen. Wie wichtig das Thema jedoch ist, können Sie schon daraus ersehen, daß auf der nächsten Tagung für Rechtsvergleichung vom 23. bis 26.3.1994 in Berlin im Bereich Öffentliches Recht und Europarecht über die „Vereinheitlichung des Verwaltungsverfahrensrechts in der EG — unter besonderer Berücksichtigung der Regeln über die Sachverhaltsermittlung und die Verteidigungsrechte der Betroffenen" verhandelt wird[122].

VIII. Einsetzung einer Sachverständigenkommission zur Reform des Verwaltungsverfahrensrechts

Nimmt man die Reform des Verwaltungsverfahrensrechts — unser Thema — insgesamt in den Blick, dann zeigt sich, daß eine Vielzahl von Problemen der Lösung harren. Ich konnte hier selbst für den engeren Bereich der Verwaltungsverfahrensgesetze nur einige Vorschriften ansprechen. Bei anderen Vorschriften der Verwaltungsverfahrensgesetze stellt sich die Frage der Fortentwicklung in gleichem Maße[123]. Aber der Blick auf die Verwaltungsverfahrensgesetze allein wäre, wie wir gesehen haben, zu eng. Zu Recht hat daher Herr Kollege *Bullinger*[124] kürzlich darauf hingewiesen, daß sich das deutsche Verwaltungsverfahrensrecht seit dem Ende der achtziger Jahre des 20. Jahrhunderts in einem grundlegenden Wandel befindet. Wenn dem aber so ist, dann stellt sich für mich die Frage, ob es nicht an der Zeit ist, beim

---

[118] Vgl. *Ehlers*, Die Einwirkungen des Rechts der Europäischen Gemeinschaften auf das Verwaltungsrecht, DVBl. 1991, S. 605 ff. (611 ff., 613) = *ders.*, in: Erichsen/Martens (Hrsg.), Allgemeines Verwaltungsrecht, 9. Aufl. 1992, § 3 Rdnrn. 1 ff. (25 ff., 29) = S. 46 ff. (62 ff., 64).

[119] Vgl. *M. Schröder*, Buchbesprechung, DVBl. 1992, S. 1498.

[120] Vgl. dazu auch (jeweils m.w.N.) *Hill*, Einwirkungen europäischen Rechts auf Verwaltungsrecht und Verwaltungshandeln in Deutschland, ThürVBl. 1992 Sonderheft (Dezember), S. 251 ff.; *Happe*, Zur innerstaatlichen Wirkung von Beihilfeentscheidungen gemäß Art. 93 II EWGV, NVwZ 1993, 32 ff.; ferner BVerwG vom 17.2.1993, DVBl. 1993, S. 727 (Vorinstanz: OVG Münster vom 26.11.1991, EuZW 1992, 286).

[121] Vgl. in diesem Zusammenhang auch *Badura*, in: Erichsen/Martens (Fn. 118), § 36 Rdnr. 17 (S. 432).

[122] Vgl. Mitteilungen der Gesellschaft für Rechtsvergleichung Nr. 24/Dezember 1992, S. 15.

[123] Vgl. dazu etwa *Schoch* (Fn. 8), Verw. 1992, S. 49 ff., 53.

[124] Vgl. *Bullinger* (Fn. 86), DVBl. 1992, S. 1463.

Bundesminister des Innern eine Sachverständigenkommission aus Wissenschaftlern und Praktikern zum Thema „Reform des Verwaltungsverfahrens" einzusetzen. Ich habe nämlich den Eindruck, daß der Bundesminister des Innern seit der Vorlage des Dritten Rechtsbereinigungsgesetzes[125] seine Koordinierungsfunktion überhaupt nicht mehr wahrnimmt bzw. nicht mehr wahrnehmen kann. Die neuen Vorschriften zur Beschleunigung der Verfahren werden wieder allein von den Fachressorts gezimmert. Davon abgesehen können wir das Feld nicht ausschließlich z.B. den Kommissionen überlassen, die sich mit der Erarbeitung eines Umweltgesetzbuches[126] befassen. Auch ausländische Erfahrungen sollten bei der Reform berücksichtigt werden. Ich denke dabei nicht nur an den vieldiskutierten „Mediator"[127], sondern auch an die zahlreichen neuen Verwaltungsverfahrensgesetze im Ausland[128] sowie beispielhaft an die kürzlich abgeschlossene Reform des Atomrechts in den USA[129]. Wir hier in Speyer werden uns auf der nächsten Verwaltungswissenschaftlichen Arbeitstagung 1993 vom 25.-27.10.1993 unter meiner Leitung mit dem Thema „Verkehrswegerecht im Wandel" und speziell mit dem neuen Verkehrswegeplanungsrecht beschäftigen.

Mein Vorschlag — den ich zur Diskussion stelle — wäre daher, daß sich eine Sachverständigenkommission zunächst der Reform des Verwaltungsverfahrensrechts insgesamt annimmt und ihre Ergebnisse anschließend einem Bund-Länder-Ausschuß zur weiteren Umsetzung vorlegt. Auch heute lohnt es sich noch, dazu einmal die Begründung zum Musterentwurf eines Verwaltungsverfahrensgesetzes aus dem Jahre 1963[130] nachzulesen. Was damals in den sechziger Jahren möglich war, sollte auch unter den schwierigeren Verhältnissen des ausgehenden Jahrhunderts nicht unmöglich sein.

---

[125] Vgl. dazu oben im Text (m. Fn. 25 ff.).

[126] Vgl. oben im Text (m. Fn. 5, 14).

[127] Vgl. dazu auch oben im Text (m. Fn. 91 f.).

[128] Vgl. dazu z.B. *Badura* (Fn. 121), Rdnr. 16 (S. 431 f.); *Bullinger* (Fn. 86), DVBl. 1992, S. 1463 (Fn. 86), 1468 (m. Fn. 33 ff.); *Shiono*, Anmerkungen zum Entwurf eines Verwaltungsverfahrensgesetzes in Japan, VerwArch. 1993, S. 45 ff.; Entwurf eines allgemeinen Verwaltungsverfahrensgesetzes in Japan (Übersetzung durch *Ködderitzsch),* ebenda, S. 56 ff.; *Bullinger*, Wirtschaftliche Zwecke und rechtliche Neuerungen des bevorstehenden japanischen Verwaltungsverfahrensgesetzes, ebenda, S. 65 ff.

[129] Vgl. dazu *Roser*, Amerika, du hast es besser, atomwirtschaft 1993, S. 41; auch oben in Fn. 53. — Vgl. in diesem Zusammenhang auch *Breuer,* Atom- und Immissionsschutzrecht auf unterschiedlichen Wegen — Vergleichende Betrachtungen zum deutschen, französischen und niederländischen Recht, Jahrbuch des Umwelt- und Technikrechts 1992, S. 155 ff.

[130] EVwVfG 1963, 1. Aufl. 1964, 2. Aufl. 1968, jeweils S. 51 ff.

Aktuelle Ansätze zur Reform umweltrechtlicher Zulassungsverfahren

Von Eberhard Bohne

I. Problemstellung

Die Zulassungsverfahren bilden den Kern des Umweltrechts. Daher ist die öffentliche Kontroverse über die Reformbedürftigkeit der Zulassungsverfahren zugleich Ausdruck des politischen Kampfes um den Stellenwert des Umweltschutzes in der Gesamtpolitik.

1. Reformbedürftigkeit des Zulassungsrechts im allgemeinen

Im Mittelpunkt der Auseinandersetzungen steht die Dauer der Zulassungsverfahren. Die Wirtschaft hält sie für zu lang und sieht hierin eine Gefahr für den Wirtschaftsstandort Bundesrepublik Deutschland. Die Bundesregierung hat sich dieser Meinung angeschlossen und ein umfangreiches Gesetzgebungsprogramm zur Beschleunigung der Zulassungsverfahren für Industrieanlagen, Abfallentsorgungsanlagen und Verkehrsprojekte verabschiedet.

Die Schnelligkeit der Verfahren ist jedoch kein Selbstzweck. Die Entscheidungen müssen auch sachlich richtig sein. Schließlich hat das Verfahrensrecht die Funktion gesellschaftlicher Befriedung zu erfüllen. Wird diese Funktion mißachtet, laufen Beschleunigungsmaßnahmen Gefahr, nichts anderes zu bewirken als die Projekte „beschleunigt" vor die Gerichte zu bringen.

Die Verfahrensdauer ist daher nicht der einzige Ansatzpunkt der Kritik am Zulassungsrecht. So werden auch die Vielfalt und die rechtlichte Unübersichtlichkeit der Verfahrenstypen sowie zahlreiche materiellrechtliche Disharmonien zwischen den verschiedenen Verfahrensarten beklagt. Die meisten Verfahrensunterschiede lassen sich historisch erklären, heute aber immer seltener sachlich rechtfertigen. Die Zersplitterung des Zulassungsrechts gehört zu den Hauptgründen, die für die Notwendigkeit einer Kodifikation des Umweltrechts ins Feld geführt werden[1]. Es wird daher eine

[1] Dazu: *Sendler, Horst*: Brauchen wir ein Umweltgesetzbuch (UGB)? Wenn ja: Wie

materiell- und verfahrensrechtliche Vereinfachung des Zulassungsrechts gefordert, um die Sachgerechtigkeit der Zulassungsentscheidungen zu verbessern, die Wirksamkeit des Gesetzesvollzugs zu erhöhen und die Akzeptanz der Entscheidungen bei den betroffenen Bürgern und in der Öffentlichkeit zu stärken. Der BMU hat im Juli 1992 eine Sachverständigenkommission aus acht namhaften Umweltexperten[2] eingesetzt, die innerhalb von etwa fünf Jahren den Entwurf eines Umweltgesetzbuches vorlegen soll. Wegen der Bedeutung des Zulassungsrechts hat der BMU die Kommission jedoch beauftragt, Vorschläge zur Reform der umweltrechtlichen Zulassungsverfahren bereits Mitte 1994 zu unterbreiten.

Schließlich muß bei allen nationalen Reformbemühungen die Rechtsentwicklung in der EG beachtet werden. Die EG hat mit der UVP-Richtlinie vom 27.6.1985 (85/337/EWG) wichtige Reformimpulse für die Fortentwicklung des deutschen Zulassungsrechts durch das UVP-Gesetz vom 12.2.1990 gegeben. Die Kommission hat am 14.9.1993 einen Richtlinienvorschlag zur Integrierten Vermeidung und Verminderung der Umweltverschmutzung[3] beschlossen, um eine weitere materiell- und verfahrensrechtliche Europäisierung des Zulassungsrechts für Industrieanlagen herbeizuführen.

2. Gesetzgebungsprogramm der Bundesregierung zur Verfahrensbeschleunigung

Die Bundesregierung hat folgende Rechtsetzungsinitiativen ergriffen, um die Zulassung von Investitionen im Industrie-, Entsorgungs- und Verkehrswegebereich zu beschleunigen:

(1) Für den Bereich der östlichen Bundesländer ist am 17.12.1991 das Verkehrswegeplanungsbeschleunigungsgesetz vom 16.12.1991[4] in Kraft getreten, das den Neu- und Ausbau von Bundesfernstraßen, Bundeswasserstraßen, Bundeseisenbahnen, Verkehrsflughäfen und Straßenbahnen erleichtern soll.

sollte es aussehen? DVBl. 1992, 1113 ff. (1116 f.); *Bohne, Eberhard*: Das Umweltrecht: ein „irregulare aliquod corpus et monstro simile", in: Koch, Hans-Joachim (Hrsg.): Auf dem Weg zum Umweltgesetzbuch, 1992, S. 181 ff. (206 ff.).

[2] Prof. Dr. *Sendler*, Präsident des Bundesverwaltungsgerichts a.D. (Vorsitzender), Prof. Dr. *Bulling*, Regierungspräsident Stuttgart a.D., Dr. *Gaentzsch*, Richter am Bundesverwaltungsgericht, Prof. Dr. *Johann*, Immissionsschutzbeauftragter der Mannesmann AG, Prof. Dr. *Kloepfer*, Humboldt Universität Berlin, Dr. *Schweikl*, Umweltbeigeordneter der Stadt München a.D., Dr. *Sellner*, Rechtsanwalt in Bonn, Prof. Dr. *Winter*, Universität Bremen.

[3] Vorschlag für eine Richtlinie des Rates über die integrierte Vermeidung und Verminderung der Umweltverschmutzung, KOM (93) 423, endg. vom 14.9.1993. Dazu kritisch *Sellner, Dieter / Schnutenhaus, Jörn:* Die geplante EG-Richtlinie zu „Integrated Pollution Prevention and Control (IPC)", NVwZ 1993, S. 828 ff.

[4] BGBl. I, S. 2174.

(2) Das Bundeskabinett hat am 9.4.1991 17 Verkehrsprojekte „Deutsche Einheit“ in den östlichen Bundesländern beschlossen, über deren Zulässigkeit ggf. der Deutsche Bundestag durch Investitionsmaßnahmengesetz entscheiden soll. Es handelt sich um 9 Bundeseisenbahnprojekte, 8 Bundesfernstraßen und ein Kanalprojekt. Das Eisenbahnprojekt „Südumfahrung Stendal“ der Strecke Berlin-Oebisfelde wurde im Jahre 1993 durch Bundesgesetz[5] zugelassen.

(3) Der Deutsche Bundestag hat Ende Juni 1993 ein Planungsvereinfachungsgesetz[6] beschlossen, das im wesentlichen die Beschleunigungsregelungen des Verkehrswegeplanungsbeschleunigungsgesetzes auf das gesamte Bundesgebiet ausdehnen soll.

(4) Am 1.5.1993 ist das Investitionserleichterungs- und Wohnbaulandgesetz vom 22.4.1993[7] in Kraft getreten, das durch Änderungen von Baugesetzbuch, Raumordnungsgesetz, Bundesnaturschutzgesetz, Bundes-Immissionsschutzgesetz und 4. BImSchV (Verordnung über genehmigungsbedürftige Anlagen), Abfallgesetz und UVP-Gesetz insbesondere die Zulassungsverfahren für Industrie- und Abfallentsorgungsanlagen beschleunigen soll.

(5) Zur Konkretisierung der Verfahrensänderungen im Bundes-Immissionsschutzgesetz wurde die Verordnung über das Genehmigungsverfahren (9. BImSchV) durch die Änderungsverordnung vom 20.4.1993[8] mit Wirkung vom 1.5.1993 geändert.

(6) Ferner hat die Bundesregierung im Katalog genehmigungsbedürftiger Anlagen der 4. BImSchV durch Änderungsverordnung vom 24.3.1993[9] weitere verfahrensvereinfachende Umstufungen von Anlagen aus dem förmlichen ins vereinfachte Genehmigungsverfahren und Anhebungen von Schwellenwerten für die Genehmigungsbedürftigkeit vorgenommen, die am 1.6.1993 in Kraft getreten sind.

Aus umweltpolitischer Sicht ist die wichtigste Neuerung im Verkehrswegebereich die Einführung einer konzentrierten Plangenehmigung. In der Sache handelt es sich dabei um eine Planfeststellung ohne Öffentlichkeitsbeteiligung. Mit dem Wegfall der Öffentlichkeitsbeteiligung entfällt zugleich die UVP-Pflichtigkeit des Verkehrsprojekts nach dem UVP-Gesetz.

Da die meisten Verkehrsvorhaben nach Anhang I der UVP-EG-Richtlinie UVP-pflichtig sind, darf in der Praxis nur in Ausnahmefällen unter den

---

5 BT-Drs. 12/3477.

6 BT-Drs. 12/4328. Der Bundesrat hat dem Gesetzentwurf in der vom Vermittlungsausschuß empfohlenen Fassung am 5.11.1993 zugestimmt.

7 BGBl. I, S. 466.

8 BGBl. I, S. 494.

9 BGBl. I, S. 383.

Voraussetzungen des Art. 2 Abs. 3 der Richtlinie von der Plangenehmigung Gebrauch gemacht werden. Ferner ist die EG-Kommission über die Ausnahme von der UVP-Pflicht und damit über die beabsichtigte Plangenehmigung vorab zu unterrichten. Wenngleich die Kommission kein Vetorecht besitzt, dürfte dennoch die potentielle Öffentlichkeitswirkung der Notifizierung den Anwendungsbereich der Plangenehmigung im wesentlichen auf Bagatellfälle einschränken. Die Bundesregierung will sich daher um eine Änderung der Richtlinie bemühen, die die Notifizierungspflicht einschränkt[10].

Die wichtigsten Veränderungen, die das Investitionserleichterungs- und Wohnbaulandgesetz für umweltrechtliche Zulassungsverfahren bringt, sind

— die Ersetzung des abfallrechtlichen Planfeststellungsverfahrens durch das immissionsschutzrechtliche Genehmigungsverfahren — hiervon ausgenommen sind lediglich Deponien —,

— die Einschränkung des Anwendungsbereichs der naturschutzrechtlichen Eingriffsregelung nach § 8 BNatSchG im Verhältnis zur Bauleitplanung,

— die Beseitigung der obligatorischen UVP im Raumordnungsverfahren und damit die Rückkehr zum alten Rechtszustand vor 1989.

Es bedarf keines besonderen Scharfsinns, um zu erkennen, daß der Umweltschutz im Rahmen dieses Gesetzgebungsprogramms Federn hat lassen müssen. Auf Einzelheiten der gesetzgeberischen Maßnahmen sowie auf ihre rechtliche und umweltpolische Problematik wird hier nicht weiter eingegangen.

3. Grundsatzfragen der Verfahrensbeschleunigung

Vielmehr sollen zwei empirisch-konzeptionelle Grundsatzfragen der Verfahrensbeschleunigung erörtert werden, die in der öffentlichen Diskussion zu kurz kommen und deren Beantwortung für die Fortentwicklung des umweltrechtlichen Instrumentariums von großer Bedeutung ist.

Die erste Frage lautet:

Warum ist eine Änderung des Verfahrensrechts erforderlich?

Die Frage ist auf die Begründung des Beschleunigungsbedarfs gerichtet.

Die zweite Frage heißt:

---

[10] Siehe die Gegenäußerung der Bundesregierung zur Stellungnahme des Bundesrates zum Entwurf des Planungsvereinfachungsgesetzes, BT-Drs. 12/4328, S. 39. Zur umweltrechtlichen Problematik der Plangenehmigung: *Gassner, Erich*: Umweltaspekte des Verkehrswegeplanungsbeschleunigungsgesetzes unter besonderer Berücksichtigung der Plangenehmigung, Natur und Recht 1992, S. 449 ff.

Gibt es Alternativen zu dem ordnungsrechtlichen Reformansatz, der die fachliche und öffentliche Diskussion beherrscht? Diese Frage zielt auf Investitionsbeschleunigung durch Anreizinstrumente ab.

Unter Zulassungsverfahren sind im folgenden alle Genehmigungs-, Erlaubnis-, Bewilligungs- und sonstigen Gestattungsverfahren zu verstehen, in denen in der Regel durch Verwaltungsakt über die Zulässigkeit von Einzelvorhaben wie Industrieanlagen, Abfallentsorgungsanlagen, Gewässerbenutzungen etc. entschieden wird. Hierzu zählen auch Planfeststellungsverfahren, da ihr Gegenstand ebenfalls die Zulässigkeit von Einzelvorhaben ist. Zulassungsverfahren können sich auch auf Produkte - insbesondere auf Gefahrstoffe - beziehen. Das produktbezogene Zulassungsrecht bleibt im folgenden jedoch ausgeklammert.

II. Beschleunigungsbedarf

Die Frage nach dem Beschleunigungsbedarf der Verfahren ist in drei Unterfragen zu gliedern:

(1) Wie lange dauern Zulassungsverfahren?

(2) Welchen Einfluß hat das Zulassungsrecht auf die Dauer der Verfahren?

(3) Nach welchen Maßstäben ist die Verfahrensdauer zu bewerten?

1. Verfahrensdauer

Kürzlich beklagte sich der Präsident eines einflußreichen Industrieverbandes bitterlich beim Bundeskanzler darüber, daß Planungs- und Genehmigungsverfahren rd. 2 1/2 Jahre dauerten. Diese pauschale Beschwerde ist typisch für die gegenwärtige Kritik an den umweltrechtlichen Zulassungsverfahren. Sie ist aber ebenso sinnlos wie eine Zahlenangabe zur Durchschnittsgeschwindigkeit des deutschen Automobils, die PKW's aller Größenordnungen, Sportwagen und LKW's umfaßte.

a) Verfahrensmerkmale

„*Das*“ Zulassungsverfahren gibt es im deutschen Umweltrecht nicht. Sinnvolle Aussagen zur Verfahrensdauer erfordern daher Differenzierungen zwischen den Verfahrensarten. Wegen unterschiedlicher Rechts- und Verwaltungsstrukturen ist zunächst zu unterscheiden zwischen

— immissionsschutzrechtlichen Genehmigungsverfahren für gewerbliche Anlagen,

— abfallrechtlichen Planfeststellungs- und Genehmigungsverfahren für Abfallentsorgungsanlagen,

— wasserrechtlichen Zulassungsverfahren jeweils für Abwasserbehandlungsanlagen, Rohrleitungsanlagen, Gewässerbenutzungen und Gewässerausbaumaßnahmen und

— soweit landesrechtlich vorgesehen, naturschutzrechtlichen Zulassungsverfahren für bestimmte Eingriffe in Natur und Landschaft.

Innerhalb dieser Grobeinteilung der Verfahrensarten sind für sinnvolle Zeitangaben insbesondere folgende Unterscheidungen unerläßlich:

(1) Neuvorhaben und Änderungsvorhaben, da bei letzteren Standortprobleme meist entfallen;

(2) Verfahren mit und ohne Öffentlichkeitsbeteiligung;

(3) konzentrierte und nichtkonzentrierte Verfahren, da erstere andere öffentlich-rechtliche Entscheidungen einschließen und somit einen umfassenderen Prüf- und Entscheidungsgegenstand aufweisen als nichtkonzentrierte Verfahren;

(4) Dauer informaler Vorverhandlungen vor der Antragstellung und formale Verfahrensdauer von der Antragstellung bis zur behördlichen Entscheidung, weil die formale Verfahrensdauer wesentlich durch informale Vorabklärungen beeinflußt wird;

(5) Verfahren mit und ohne Anfechtung des Zulassungsbescheids durch den Antragsteller oder Dritte, da die Konfliktlösung erst mit der Bestandskraft des Zulassungsbescheides gegeben ist.

Die genaue Analyse der Verfahrensdauer kann weitere Differenzierungen — z. B. nach Wirtschaftszweigen, Anlagentypen oder Investitionsvolumina — erforderlich machen. Insbesondere muß zwischen Verfahren in West- und Ostdeutschland unterschieden werden, wenn für Ostdeutschland besondere Beschleunigungsmaßnahmen gefordert oder mit der Situation in Ostdeutschland Beschleunigungsmaßnahmen für das gesamte Bundesgebiet gerechtfertigt werden. Fest steht jedoch, daß Zeitangaben ohne Hinweise auf die vorgenannten Verfahrensmerkmale für praktische Abhilfemaßnahmen weitgehend unbrauchbar sind.

Wie sieht nun der empirische Befund zur Verfahrensdauer aus?

Tabelle 1 enthält eine Zusammenfassung der von Verwaltung, Wirtschaft und Wissenschaft vorgelegten Daten zur Dauer umweltrechtlicher Zulassungsverfahren. Soweit ersichtlich, gibt es derzeit keine zuverlässigeren Datenquellen als die in der Tabelle aufgeführten.

Die kaum noch überschaubare Anzahl von Arbeitsgruppen- und Kommissionsberichten[11], Verbandsstellungnahmen[12] und Fachveröffentlichungen[13] zur Verfahrensdauer und ihren Ursachen haben überwiegend ein Merkmal gemeinsam: Sie entbehren einer systematisch-empirischen Datengrundlage, die sozialwissenschaftlichen Methodenanforderungen genügt. In den meisten Fällen handelt es sich um organisatorische und rechtspolitische Empfehlungen zur Verfahrensbeschleunigung — also um praeskriptive Aussagen[14] —, die sich auf meist nicht quantifizierte und auch nicht nachprüfbare Praktikeraussagen zur Dauer von Zulassungsverfahren stützen.

b) Daten aus der Verwaltung

Nach der amtlichen Statistik der nordrhein-westfälischen Gewerbeaufsicht dauerten im Jahre 1992 77 % von 1641 Genehmigungsverfahren nicht

[11] Siehe die inhaltlich weitgehend ähnlichen Berichte von: Presse- und Informationsstelle der Niedersächsischen Landesregierung (Hrsg.), Schnellere und kalkulierbare Genehmigungsverfahren: Bericht einer Arbeitsgruppe, 1989; Informationsamt der Landesregierung Nordrhein-Westfalen (Hrsg.): Überprüfung von Genehmigungsverfahren, Bericht einer Arbeitsgruppe 1989; Ministerium für Umwelt, Raumordnung und Landwirtschaft des Landes Nordrhein-Westfalen: Bericht zur Beschleunigung von Genehmigungsverfahren, 1990, LT-Drs. 10/2625 und DASS.: Umweltverwaltung 2000 des Landes NRW, Jan. 1993; Landesregierung von Rheinland-Pfalz, Bericht über die Fortführung der Verwaltungsvereinfachung in Rheinland-Pfalz: LT-Drs. 11/2993 vom 18.09.1989; Gemeinsame Informationsbearbeitungsstelle der Bayerischen Staatsregierung (Hrsg.), Bericht des Normprüfungsausschusses, Beschleunigung von Genehmigungsverfahren für Anlagen 1990; Hessisches Ministerium des Innern/Hessisches Ministerium für Umwelt und Reaktorsicherheit, Bericht der Arbeitsgruppe „Beschleunigung von Genehmigungsverfahren" 1990; 37. Umweltministerkonferenz am 21./22.11.1991: Konzeption für die Beschleunigung von Anlagenzulassungsverfahren, insbesondere im Hinblick auf die neuen Bundesländer, Bericht einer Arbeitsgruppe, 1991; Wirtschaftsministerkonferenz am 25./26.03.1992, Generelle Beschleunigung von Planungs- und Genehmigungsverfahren in der Bundesrepublik Deutschland, Bericht einer Arbeitsgruppe der Wirtschaftsminister der Länder unter Beteiligung des Bundesministers für Wirtschaft und des Bundesministers des Innern, 1992; Ministerpräsidentenkonferenz am 17.06.1993, Beschleunigung von Planungs- und Genehmigungsverfahren, Bericht einer Arbeitsgruppe, 1993.

[12] Industrie- und Handelskammer Hannover-Hildesheim: Schnellere und kalkulierbare Genehmigungsverfahren, 1988; Deutscher Industrie- und Handelstag (DIHT): Dauer von Genehmigungsverfahren, 1988; Verband der Chemischen Industrie (VCI), Stellungnahme zum Entwurf eines Investitionserleichterungs- und Wohnbaulandgesetzes, BT-Ausschuß für Raumordnung, Bauwesen und Städtebau, Ausschußdrucksache Nr. 13, 12. Wahlperiode vom 11.01.1993, S. 91 ff.

[13] Siehe außer der hier zitierten Literatur die umfangreichen Nachweise bei *Rombach, Paul*: Der Faktor Zeit in umweltrechtlichen Genehmigungsverfahren, jur. Diss. Universität Freiburg, 1993 (erscheint im Nomos-Verlag Baden-Baden).

[14] Ein Beispiel hierfür ist der viel zitierte Bericht der Unabhängigen Kommission für Rechts- und Verwaltungsvereinfachung des Bundes: Beschleunigung von Genehmigungsverfahren für Anlagen, hrsg. vom Bundesminister des Innern, 1990. Der Bericht gibt eine Meinungsumfrage bei Experten (120 Antworten) zu 49 Anregungen für Beschleunigungsmaßnahmen wieder (a.a.O., S. 9 ff.); er enthält also keine empirische Erhebung zur Verfahrensdauer und ihren Ursachen.

Tabelle 1: **Durchschnittliche Dauer umweltrechtlicher Zulassungsverfahren in Monaten nach Angaben aus Verwaltung, Wirtschaft und Wissenschaft**

Zulassungsverfahren / Datenquelle		Immissionsschutzrechtliche Genehmigungsverfahren			Abfallrechtliche Zulassungsverfahren			Wasserrechtliche Zulassungsverfahren		
		förmlich (f)	vereinfacht (v)	einschl. Vorverhandlungen	Planfeststellung (P)	Genehmigung (G)	einschl. Vorverhandlungen	mit Öffentlichkeit	ohne Öffentlichkeit	einschl. Vorverhandlungen
Verwaltung	Gewerbeaufsicht NRW[a)]	< 6 : 44% 6 – 12 : 33% > 12 : 22% N = 1641		K. A.						
	Umweltminist. Baden-Württemberg[b)]	9	9	17 (f + v) 19 (f)	26	12	29 (P) 15 (G)	11	5	20 (mit u. ohne Öffent. bet.)

Wirtschaft	DIHT[c)]	9–15	6–8	K. A. (nur Vorverhandlungen: 6–12)	24–30	K. A.*	K. A. (nur Vorverhandlungen 12–36)	24–36		K. A. (nur Vorverhandlungen 12–36)
	Stahl/Betz BASF[d)]	12–17	geringfügig kürzer als f. Verfahren	K. A.	K. A.			K. A.		
Wissenschaft	Steinberg u. a. (Infratest, Industria)	8		K. A.	K. A.			12		K. A.
	Mayntz u. a.[f)]	9	9	18 (f)	K. A.			K. A.	3–8	K. A.

a) Jahresbericht 1992 der Gewerbeaufsicht des Landes Nordrhein-Westfalen – Immissionsschutz. – b) Auszugsweise abgedruckt in: *M. Bullinger,* Beschleunigte Genehmigungsverfahren für eilbedürftige Vorhaben, 1991, S. 132 ff. – c) Dauer von Genehmigungsverfahren, Ergebnisbericht einer Umfrage, 1988 (MS). – d) Genehmigungsverfahren für Chemieanlagen im europäischen Vergleich, Chem.-Ing.-Tech. 65 (1993), S. 31 ff. – e) Zur Beschleunigung des Genehmigungsverfahrens für Industrieanlagen, 1991, S. 51. – f) Vollzugsprobleme der Umweltpolitik, 1978, S. 327, 654.

* K. A. = Keine Angaben

länger als ein Jahr. Die Zahl ist ein Indiz dafür, daß manche Kritik der Dauer von Zulassungsverfahren überzogen ist. Freilich ist der Aussagewert dieser Zahlenangaben begrenzt. Denn die Statistik enthält nicht die eben genannten Differenzierungen zwischen einzelnen Vefahrensarten. So sind aus diesen Zahlen z. B. die Anteile von

— Neu- und Änderungsgenehmigungen,

— Genehmigungsverfahren mit und ohne Öffentlichkeitsbeteiligung sowie

— Genehmigungsverfahren mit und ohne informale Vorverhandlungen

nicht erkennbar. Dieselbe Kritik gilt - mit einer Ausnahme - für die ebenfalls undifferenzierten Zahlenangaben anderer Bundesländer[15].

Eine positive Ausnahme ist die Aktenanalyse von 139 Zulassungsverfahren aus den Bereichen Immissionsschutzrecht (39), Abfallrecht (31), Wasserrecht (27) und Naturschutzrecht (42), die eine Arbeitsgruppe des Umweltministeriums von Baden-Württemberg im Mai 1990 vorgelegt hat[16].

In dieser Analyse wird zwischen

— Verfahren mit und ohne Öffentlichkeitsbeteiligung,

— Verfahren mit und ohne Konzentrationswirkungen und

— informalen Vorverhandlungen und formalen Zulassungsverfahren

unterschieden. Freilich werden die Zeitangaben nur zum Teil auf diese Verfahrensmerkmale bezogen. Ferner ist nicht erkennbar, inwieweit neue Vorhaben und Änderungsvorhaben einbezogen und Zulassungsbescheide angefochten wurden. Unter diesen Einschränkungen sind die in Tabelle 1 dargestellten Zahlen[17] zu interpretieren.

Hiernach bestehen keine dramatischen Zeitunterschiede zwischen der Dauer der verschiedenen umweltrechtlichen Zulassungsverfahren. Bemerkenswert ist, daß

(1) wasserrechtliche Verfahren nicht so schlecht und immissionsschutzrechtliche Genehmigungsverfahren nicht so gut wie ihr Ruf sind, und

(2) abfallrechtliche Planfeststellungsverfahren im Durchschnitt kaum länger dauern als immissionsschutz- und wasserrechtliche Genehmigungsverfahren zusammengenommen.

---

[15] Siehe die Länderberichte in Fn. 11.

[16] Ministerium für Umwelt Baden-Württemberg: Abschlußbericht der Arbeitsgruppe über das Teilprojekt „Beschleunigung von Genehmigungsverfahren im Umweltbereich", 1990, auszugsweise abgedruckt bei *Bullinger,* Martin: Beschleunigte Genehmigungsverfahren für eilbedürftige Vorhaben, 1991, S. 132 ff.

[17] Die Angaben zu naturschutzrechtlichen Verfahren wurden in Tabelle 1 nicht aufgenommen, da sie sich auf landesrechtliche Verfahren beziehen.

Letzteres steht nicht im Einklang mit der verbreiteten Erwartung, daß die Überführung der Abfallentsorgungsanlagen aus dem konzentrierten Planfeststellungsverfahren in die parallelen immissionsschutzrechtlichen und wasserrechtlichen Genehmigungsverfahren die Zulassungsdauer dieser Vorhaben insgesamt wesentlich verkürzen werde. Allerdings ist zu betonen, daß die Datenbasis aus Baden-Württemberg zu schmal ist, um die Erwartungen zu widerlegen, die an die beschleunigende Wirkung immissionsschutzrechtlicher Genehmigungsverfahren im Entsorgungsbereich geknüpft werden.

Insgesamt rechtfertigen die Verwaltungsdaten in Tabelle 1 die kritische Feststellung, daß das Fehlen einer aussagekräftigen, amtlichen Statistik zur Dauer umweltrechtlicher Zulassungsverfahren ein gravierender Mangel ist. Um die Fortentwicklung des Zulassungsrechts, die eine Daueraufgabe des Gesetzgebers ist, auf eine zuverlässige Informationsgrundlage zu stellen, ist es dringend erforderlich, daß die Bundesländer eine bundesweite und aussagekräftige Vollzugsstatistik einrichten.

c) Daten aus der Wirtschaft

Die aussagekräftigste Stellungnahme aus der Wirtschaft stammt vom Deutschen Industrie- und Handelstag (DIHT), der im Jahre 1988 die in Tabelle 1 dargestellten Verfahrensdaten auf der Grundlage einer bundesweiten Umfrage bei 130 Unternehmen vorgelegt hat. Genehmigungsverfahren für Chemieanlagen sollen — wie aus Tabelle 1 ersichtlich[18] — im allgemeinen einige Monate länger dauern als die vom DIHT ermittelten Verfahren. Administrative oder rechtliche Gründe hierfür sind nicht ersichtlich. Vermutlich beruhen die Unterschiede in den Zeitangaben auf Ungenauigkeiten der Datenerhebung.

Unbelegt ist die von Industrievertretern[19] häufig aufgestellte Behauptung, Genehmigungsverfahren dauerten in der Bundesrepublik Deutschland wesentlich länger als in anderen EG-Staaten. Bei Zeitvergleichen wird regelmäßig versäumt, einen Vergleichsmaßstab zu entwickeln. So wird z.B. von *Stahl/Betz* dargelegt, daß das förmliche Genehmigungsverfahren nach dem Bundes-Immissionsschutzgesetz ca. 5 Monate länger dauere als das Geneh-

[18] Ähnliche Angaben (15-18 Monate) machte *Kitzinger* von der Bayer AG für immissionsschutzrechtliche Genehmigungsverfahren in seiner Stellungnahme für die öffentliche Anhörung von Sachverständigen vom 18.1.1993 zum Entwurf eines Investitionserleichterungs- und Wohnbaulandgesetzes (BT-Drs. 12/3944), Teil B Ausschußdrucksache (ohne Nr., Stand: 19.1.1993), S. 200.

[19] *Stahl, Harald/Betz, Monika*: Genehmigungsverfahren für Chemieanlagen im europäischen Vergleich, Chem.-Ing.-Tech. 65 (1993), S. 31 ff.; *Jentzsch, Wolfgang* (Vorstandsmitglied der BASF): Chemiestandort Deutschland — Kriterien für Investitionsentscheidungen, BASF im Dialog, 1992.

migungsverfahren nach dem Environmental Protection Act in England. Dabei bleibt freilich die Tatsache unerwähnt, daß sich dieses Genehmigungsverfahren nur auf Stofffreisetzungen beim normalen Anlagenbetrieb in Wasser, Boden und Luft bezieht und insbesondere die Prüfung von Naturschutz-, Lärm- und Störfallfragen anderen Verfahren überläßt[20]. Der Vergleich von „Äpfeln und Birnen" ist kein Ausnahmefall in der gegenwärtigen Beschleunigungsdiskussion. Vergleicht man die DIHT-Umfrage mit den Daten aus Baden-Württemberg, so zeigen sich — stark vereinfacht — folgende Unterschiede:

(1) Immissionsschutzrechtliche Genehmigungsverfahren sind nach den Daten aus Baden-Württemberg mit durchschnittlich 9 Monaten

— bei Öffentlichkeitsbeteiligung bis zu rd. 6 Monaten kürzer und

— ohne Öffentlichkeitsbeteiligung etwa 1-3 Monate länger

als die Verfahren, auf denen die DIHT-Umfrage beruht.

(2) Die Dauer abfallrechtlicher Planfeststellungsverfahren liegt nach den Daten aus Baden-Württemberg mit ca. 26 Monaten und des DIHT mit 24-30 Monaten in derselben Größenordnung.

(3) Die Dauer wasserrechtlicher Verfahren beträgt nach den baden-württembergischen Daten

— bei Öffentlichkeitsbeteiligung mit rd. 11 Monaten und

— ohne Öffentlichkeitsbeteiligung mit ca. 5 Monaten

weniger als die Hälfte oder gar weniger als ein Drittel der Verfahrensdauer, die mit 24 - 36 Monaten vom DIHT angegeben wird.

Insgesamt ist festzuhalten, daß die Dauer umweltrechtlicher Zulassungsverfahren von der Verwaltung günstiger als von der Wirtschaft dargestellt wird.

Das mag niemanden überraschen. Alle Hoffnung, die „Wahrheit" über die Dauer der Zulassungsverfahren zu erfahren, ruht daher auf der Wissenschaft.

d) Daten aus der Wissenschaft

Leider wird diese Hoffnung bislang enttäuscht. Soweit ersichtlich, gibt es aus neuerer Zeit nur eine verwaltungswissenschaftliche, empirische Untersuchung zur Dauer von Zulassungsverfahren. Es handelt sich um das in

[20] Siehe: Environmental Protection Act 1990 sections 1 (3), (5) und 6 (1), 7 (2) in Verbindung mit „Integrated Pollution Control: A Practical Guide", Guidance issued by the Department of the Environment and the Welsh Office 1993, S. 3 ff.

Tabelle 1 aufgeführte Gutachten der Beratungsfirma Infratest Industria aus dem Jahre 1990[21], das im Auftrag des Bundeswirtschaftsministeriums erstellt wurde.

Auf der Grundlage einer bundesweiten Telefonumfrage bei 200 mittelständischen Unternehmen des verarbeitenden Gewerbes kommt die Studie u. a. zu den in Tabelle 1 dargestellten Ergebnissen:

Immissionsschutzrechtliche Genehmigungsverfahren sind mit einer Durchschnittsdauer von knapp rd. 8 Monaten etwa 4 Monate kürzer als wasserrechtliche Verfahren mit 12 Monaten. Für existenzentscheidende Fälle wurde eine durchschnittliche Verfahrensdauer von etwa 11 Monaten ermittelt. Diese Angaben liegen in der Größenordnung der Zahlen aus Baden-Württemberg.

Freilich besitzen die Umfrageergebnisse des Gutachtens nur eine begrenzte Aussagekraft, da die eben erwähnten Verfahrensdifferenzierungen fehlen, die für belastbare Aussagen zur Verfahrensdauer erforderlich sind.

Außer dem genannten Gutachten gibt es noch eine ältere sozialwissenschaftliche Untersuchung immissionsschutz- und wasserrechtlicher Zulassungsverfahren, die im Jahre 1976 für den Sachverständigenrat für Umweltfragen (SRU) durchgeführt wurde[22]. Nach dieser Untersuchung liegt die durchschnittliche Dauer immissionsschutzrechtlicher förmlicher und vereinfachter Genehmigungsverfahren mit jeweils rd. 9 Monaten in derselben Größenordnung wie die Angaben aus Baden-Württemberg und von Infratest Industria. Die durchschnittliche Dauer wasserrechtlicher Erlaubnisverfahren ohne Öffentlichkeitsbeteiligung entspricht mit 3 bis 8 Monaten eher den baden-württembergischen Daten als den Befragungsergebnissen von Infratest Industria. Auch für diese Studie gilt, daß die Zahlenangaben wegen der schmalen Datenbasis nur eine begrenzte Aussagekraft besitzen.

Als Zwischenergebnis ist festzuhalten: Weder aus der Wissenschaft noch aus Wirtschaft und Verwaltung liegen belastbare Untersuchungen zur Dauer umweltrechtlicher Zulassungsverfahren vor.

2. Dauer verkehrswegerechtlicher Zulassungsverfahren

Am stärksten ist gegenwärtig der politische Druck zur Beschleunigung von Zulassungsverfahren im Verkehrswegebau. Wie ist der empirische Befund in diesem Bereich?

---

[21] Veröffentlicht von den Bearbeitern *Steinberg, Rudolf/ Allert, Hans-Jürgen/Grams, Carsten/Scharioth, Joachim*: Zur Beschleunigung des Genehmigungsverfahrens für Industrieanlagen, 1991.

[22] *Mayntz, Renate/Derlien, Hans-Ulrich/Bohne, Eberhard/Hesse, Beate/Hucke, Jochen/ Müller, Axel*: Vollzugsprobleme der Umweltpolitik, 1978.

Es gibt keine amtliche Statistik für Zulassungsverfahren im Verkehrswegebau. Die Bundesregierung[23] hat auf eine parlamentarische Anfrage folgende Zahlen bekanntgegeben, die sich auf verwaltungsinterne Untersuchungen des Bundesministeriums für Verkehr (BMV) stützen:

Bei Verkehrswegevorhaben beträgt die regelmäßige Dauer

— der Voruntersuchung 30-54 Monate,

— des Raumordnungsverfahrens 18-30 Monate (in besonderen Fällen bis zu 60 Monate),

— des Linienbestimmungsverfahrens 6 Monate,

— der Aufstellung der Planfeststellungsunterlagen 12-36 Monate,

— des Planfeststellungsverfahrens 18-36 Monate (in besonderen Fällen bis zu 120 Monaten).

Diese Zahlenangaben sind freilich wenig ausssagekräftig, weil nicht erkennbar ist, ob sie sich auf Fernstraßen, Wasserstraßen oder Schienenwege beziehen und wie groß die betrachtete Grundgesamtheit ist. Ferner fehlen für eine sinnvolle Interpretation notwendige Differenzierungen[24] wie

— Neubau- oder Ausbauvorhaben,

— Vorhaben mit und ohne Brückenbauwerke,

— Länge der Trassen,

— Anzahl und jeweilige Länge der Planfeststellungsabschnitte eines Vorhabens,

— Art des Geländes (Ebene oder Gebirge).

Im übrigen zeigt ein Vergleich der Zeitangaben der Bundesregierung für Verkehrswegeprojekte mit den Angaben in Tabelle 1 für Abfallentsorgungs-

---

23 Antwort vom 13.5.1992 auf die Große Anfrage des Abgeordneten Dr. Klaus-Dieter Feige und der Gruppe BÜNDNIS 90/DIE GRÜNEN, Die EG-Richtlinie über die Umweltverträglichkeitsprüfung und die Beschleunigung von Genehmigungsverfahren, BT-Drs. 12/2608, S. 4.

24 Der Parl. Staatssekretär im Bundesverkehrsministerium *Carstens* hat auf die Fragen des SPD-Abgeordneten Trappe am 4.2.1993 folgende differenzierteren Zeitangaben gemacht:
Bei Planung und Bau eines 50 km langen Autobahnteilstücks mit Talbrücken in schwieriger Mittelgebirgslage dauern
— Voruntersuchung einschließlich Umweltverträglichkeitsstudie: 36-48 Monate,
— Raumordnungsverfahren einschließlich UVP (der raumbedeutsamen Umweltauswirkungen): 36-48 Monate
— Linienbestimmung: 9-12 Monate,
— Planfeststellungsverfahren einschließlich UVP: 36-48 Monate
— Bau: 60-72 Monate
Stenographischer Bericht der 137. Sitzung des Deutschen Bundestages am 4.2.1993, Plenarprotokoll 12/137, S. 11945.

anlagen, daß die angegebene Durchschnittsdauer verkehrswegerechtlicher Planfeststellungsverfahren von 18-36 Monaten und die Durchschnittsdauer abfallrechtlicher Planfeststellungsverfahren von 24-30 Monaten keine dramatischen Unterschiede aufweisen. Diese Feststellung widerlegt zwar nicht die Notwendigkeit von Beschleunigungsmaßnahmen im Verkehrswegebau; sie relativiert jedoch die verbreitete Behauptung von der überlangen Dauer verkehrswegerechtlicher Planfeststellungsverfahren in Westdeutschland, insbesondere wenn man bedenkt, daß Verkehrswegeprojekte wesentlich großflächiger in die Landschaft eingreifen und somit in der Regel die Rechte und Interessen einer weitaus größeren Zahl von Bürgern berühren als Punktquellen wie Abfallentsorgungsanlagen.

Zuverlässigere Daten als die genannten gibt es nicht[25]. Sozialwissenschaftliche Untersuchungen zur Dauer verwaltungsbehördlicher Verfahren im Verkehrswegebau fehlen. Die öffentliche Diskussion kann sich daher nur auf individuelle Praktikeraussagen stützen, die nicht nachprüfbar sind. Zudem wird häufig nicht zwischen der Dauer verwaltungsbehördlicher Verfahren (Raumordnungs-, Linienbestimmungs-, Planfeststellungsverfahren) und der Dauer der Projektplanung des Vorhabenträgers (z.B. Voruntersuchungen) unterschieden, sondern es wird die Gesamtdauer einzelner Verfahrensabschnitte einschließlich der Projektplanung des Vorhabenträgers angegeben[26]. Unter der Fragestellung der Dauer verwaltungsbehördlicher Verfahren muß diese jedoch von der Dauer der Projektplanung des Vorhabenträgers unterschieden werden.

Angesichts der unzulänglichen Datenlage dürfte nur die Erkenntnis gesichert sein, daß die Zulassung eines Verkehrswegevorhabens von der Einleitung des Raumordnungs- oder Linienbestimmungsverfahrens bis zur Planfeststellung des letzten Bauabschnittes mehrere Jahre in Anspruch nimmt. Es ist offenkundig, daß die Einrichtung einer bundesweiten und aussagekräftigen amtlichen Statistik für Zulassungsverfahren auch im Verkehrswegebau eine dringende Voraussetzung für künftige Reformmaßnahmen darstellt.

---

[25] *Ronellenfitsch, Michael*: Beschleunigung von Verkehrsprojekten, Rechtsgutachten im Auftrag von Deutsche Straßenliga, Hauptverband der Deutschen Bauindustrie, Verband der Automobilindustrie und Verkehrsformum Bahn 1991, S. 41 stellt fest: „Empirische Daten über die Verfahrensdauer aller straßen- und eisenbahnrechtlichen Planungsverfahren liegen nicht vor".

[26] So fehlt z.B. die notwendige Differenzierung in den häufig zitierten Zeitangaben für Straßenbauvorhaben von *Zillenbiller, Hans* (Oberste Baubehörde München): Straßenplanung im Konfliktfeld öffentlicher und individueller Interessen, in: Deutsche Akademie für Verkehrswissenschaft (Hrsg.), 27. Verkehrsgerichtstag 1989, 1989, S. 246 ff., 247.

3. Einfluß des Zulassungsrechts auf die Verfahrensdauer

Welches sind nun die wichtigsten Einflußfaktoren, die das Entscheidungsverhalten der Behörden und damit die Dauer der Zulassungsverfahren bestimmen?

In der bereits erwähnten Untersuchung zum Vollzug von Bundes-Immissionsschutzgesetz und Wasserhaushaltsgesetz für den SRU, die nach wie vor die gründlichste empirische Studie zum Zulassungsrecht darstellt, wurden folgende sechs Variablenkomplexe identifiziert und analysiert[27]:

(1) Merkmale der Zulassungsbehörden und anderer beteiligter Behörden wie Personal, Organisation, technische Hilfsmittel, Aufgabenverständnis etc.,

(2) Merkmale der horizontalen und vertikalen Kompetenzverteilung zwischen den an Zulassungsverfahren beteiligten Behörden und der zwischen ihnen bestehenden Beziehungen,

(3) Merkmale der Beziehungen zwischen Zulassungsbehörden und vorgesetzten Behörden,

(4) Merkmale anderer Akteure wie Vorhabenträger, Gutachter, betroffene Bürger, Öffentlichkeit sowie der zwischen ihnen bestehenden Beziehungen,

(5) Merkmale der Problem- und Entscheidungssituation, z. B. Projekteigenschaften, Vollständigkeit der Antragsunterlagen, Art und Umfang von Umweltbelastungen,

(6) Merkmale des Zulassungsrechts in materieller und verfahrensmäßiger Hinsicht.

Diese Variablenkomplexe bedürfen für eine konkrete Untersuchung der weiteren Operationalisierung.

Die Frage lautet nun, welchen Beitrag die Merkmale des Zulassungsrechts zur Dauer der Zulassungsverfahren leisten.

Keine der vorliegenden Untersuchungen und Stellungnahmen zur Dauer von Zulassungsverfahren befaßt sich in systematischer Weise mit den aufgeführten Variablenkomplexen[28]. Statt dessen werden überwiegend allgemein gehaltene Befragungsergebnisse mitgeteilt oder Einzelaspekte herausgegriffen. Die allgemeine Kritik richtet sich vor allem auf

— Mängel der Organisation und des Verfahrensmanagements der Behörden,

— qualitativ und quantitativ unzureichendes Behördenpersonal,

[27] Siehe *Mayntz u.a.* (Fn. 22), S. 12 f.

[28] Siehe die in Fn. 11-14, 16, 18, 19, 21, 25, 26 zitierte Literatur.

— übermäßige rechtliche Anforderungen an Inhalt und Umfang von Vorhabenunterlagen und

— Unvollständigkeit der Antragsunterlagen des Vorhabenträgers.

Die politische Diskussion folgt den Regeln des „Schwarzen-Peter-Spiels“[29]. Die Länder machen für Verfahrensverzögerungen vor allem die Unvollständigkeit der Antragsunterlagen der Vorhabenträger sowie die wachsende Zahl und Kompliziertheit bundesrechtlicher Regelungen[30] verantwortlich. Die Wirtschaft kritisiert Organisation und Management des Gesetzesvollzugs der Länder[31] sowie ebenfalls Zahl und Kompliziertheit bundesrechtlicher Regelungen.

Der Bund hebt demgegenüber die Unvollständigkeit von Antragsunterlagen der Vorhabenträger und Mängel des Gesetzesvollzugs der Länder als wesentliche Ursachen von Verfahrensverzögerungen hervor.

Jede Seite kann für die eigene Position Einzelbeispiele und subjektive Praktikererfahrungen anführen. Keine Seite kann sich auf zuverlässige empirische Daten und Ursachenanalysen stützen. Dies ist der Nährboden für Vorurteile und politischen Aktionismus.

Zwei Vorurteile verdienen besondere Erwähnung, weil sie sich gegen EG-rechtlich geprägte Kernelemente des modernen Zulassungsrechts richten und sich trotz fehlender Fakten in der politischen Diskussion hartnäckig halten.

Zum einen wird vielfach behauptet, daß die Öffentlichkeitsbeteiligung ein wesentlicher Verzögerungsfaktor für Zulassungsverfahren darstelle. Demgegenüber hat die Untersuchung von Infratest Industria[32] ergeben, daß ca. 80% der befragten Unternehmen hierin keinen Verzögerungsfaktor sehen. Die Hauptursachen für Verfahrensverzögerungen werden auf Mängel der Verwaltungsorganisation und des behördlichen Verfahrensmanagements zurückgeführt. Dieses Ergebnis entspricht der DIHT-Umfrage von 1988[33].

Zum anderen wird häufig die UVP als „Sündenbock“ für Verfahrensverzögerungen angeführt[34]. Hiergegen spricht die Tatsache, daß das UVP-Gesetz für Industrieanlagen erst mit Inkrafttreten der UVP-Novelle[35] der 9.

[29] Dazu bereits *Hartkopf, Günter/Bohne, Eberhard*: Umweltpolitik 1, 1983, S. 123 f.

[30] So z.B. NRW (Fn. 11) 1990, S. 1. Dabei wird verschwiegen, daß die Länder im Bundesrat den bundesrechtlichen Umweltvorschriften zugestimmt und häufig auch noch kräftig „draufgesattelt“ haben.

[31] So z.B. der DIHT (Fn. 12), S. 9 f.

[32] *Steinberg u.a.* (Fn. 21) S. 13.

[33] DIHT (Fn. 12), S. 9 f.

[34] So z.B. der VCI (Fn. 12), S. 91.

[35] Vom 20.3.1992, BGBl. I, S. 536.

BImSchV am 1.6.1992 wirksam geworden ist[36]. Trotz Ablauf der Umsetzungsfrist für die UVP-Richtlinie am 3.7.1988 wurde also in der Bundesrepublik Deutschland bis zum 1.6.1992 keine einzige UVP nach dem UVP-Gesetz in immissionsschutzrechtlichen Genehmigungsverfahren durchgeführt.

In Planfeststellungsverfahren ist das UVP-Gesetz seit dem 1.8.1990 anwendbar. Fragen des Untersuchungsrahmens nach § 5 UVPG oder der medienübergreifenden Bewertung nach § 12 UVPG können in Einzelfällen wegen der noch fehlenden Allgemeinen Verwaltungsvorschrift nach § 20 UVPG zu Meinungsverschiedenheiten und damit zu Verfahrensverzögerungen geführt haben. Freilich gibt es auch Fälle wie das abfallrechtliche Planfeststellungsverfahren für die Müllverwertungsanlage Borsigstraße in Hamburg, das mit UVP — unter Zugrundelegung des Referentenentwurfs der UVP-Verwaltungsvorschrift (Stand: 19.6.1991) — in 21 Monaten abgeschlossen wurde[37].

Bei dieser Sachlage ist festzuhalten, daß die vorliegenden Tatsachen es nicht rechtfertigen, Öffentlichkeitsbeteiligung und UVP zu den sog. „bürokratischen Investitionshemmnissen" des Zulassungsrechts zu rechnen. Die Bundesregierung[38] hat diese Beurteilung der UVP ausdrücklich bestätigt.

Insgesamt lassen die vorliegenden Daten allerdings keine belastbaren Aussagen zum Einfluß des Zulassungsrechts auf die Verfahrensdauer zu. Dies hat vor allem drei Gründe:

(1) Die Zeitangaben zur Verfahrensdauer sind — wie dargelegt — für die verschiedenen Verfahrensarten zu undifferenziert.

(2) Es fehlen systematische Analysen der Variablenkomplexe, die das behördliche Entscheidungsverhalten bestimmen.

(3) Die verwendeten Untersuchungsmethoden sind für eine belastbare Ursachenanalyse behördlichen Entscheidungsverhaltens kaum geeignet. Schriftliche Umfragen, Telefoninterviews oder Aktenanalysen reichen jeweils allein nicht aus, um den komplexen Zusammenhang zwischen Verfahrensdauer und Ausgestaltung des Zulassungsrechts aufzuhellen. Hierzu bedarf es der Kombination verschiedener aufeinander abgestimmter Methoden. In dem erwähnten Gutachten für den SRU wurden ausführliche, halbstandardisierte Experteninterviews bei Behörden, standardisierte schriftliche Befragungen und Aktenanalysen miteinander verbunden[39].

---

[36] Dies ergibt sich aus Art. 14 Abs. 3 des Umsetzungsgesetzes der UVP-Richtlinie vom 12.2.1990, BGBl. I, S. 205.

[37] Siehe den Planfeststellungsbeschluß vom 7.2.1992 der Hamburger Umweltbehörde (Gz. 23/303) nach § 7 Abs. 1 AbfG einschließlich wasserrechtlicher Erlaubnis nach § 7 Abs. 1 i.V.m. § 14 Abs. 1 WHG.

[38] Fn. 23, S. 7.

[39] Siehe zu den Erhebungsmethoden *Mayntz* u.a. (Fn. 22), S. 13 ff.

Bei dieser Sachlage sollte man der verbreiteten These von der Gefährdung des Wirtschaftsstandorts Bundesrepublik Deutschland durch angeblich bürokratische Zulassungsverfahren ebenso skeptisch gegenüberstehen wie der Gegenparole, verfahrensrechtlich sei inzwischen ein Standard erreicht, „der insofern kaum mehr verbesserungsfähig ist, ohne daß rechtsstaatliche Positionen berührt werden“[40].

4. Investitionshemmnisse und Zulassungsverfahren in Ostdeutschland

Der gewaltige Investitionsbedarf in Ostdeutschland zählt zu den Hauptargumenten, mit denen die Notwendigkeit verfahrensbeschleunigender Maßnahmen begründet wird. Die erwähnten Erhebungen zur Verfahrensdauer beziehen sich nur auf Westdeutschland. Systematische Untersuchungen zur Dauer von Zulassungsverfahren in Ostdeutschland liegen nicht vor.

Die *Unabhängige Kommission für Rechts- und Verwaltungsvereinfachung des Bundes*[41] hat jedoch im Jahre 1991/92 eine Befragung ostdeutscher Landesministerien und -behörden, Kommunen, Verbände, Industrie- und Handelskammern und Unternehmen zu bürokratischen und rechtlichen Hemmnissen von Gewerbeansiedlungen durchgeführt, die auch Aufschluß über die Bedeutung von Genehmigungsverfahren als einem möglichen Behinderungsfaktor von Gewerbeansiedlungen gibt.

Gegenstand der Untersuchung sind die Ursachenkomplexe Raumordnungs- und Bauplanungsrecht, Erschließung und Altlastenfreistellung, Eigentumsverhältnisse, Investitionsförderungsprogramme und Genehmigungsverfahren[42]. Auf der Grundlage von 113 Fragebogenantworten und zahlreichen Expertengesprächen kommt die Kommission u.a. zu dem Ergebnis[43],

> daß die tatsächlichen Schwierigkeiten vor Ort in erster Linie darauf beruhen, daß sich die Verwaltungen noch im Aufbau befinden, die von den Ländern und Kommunen zu schaffenden rechtlichen und tatsächlichen Voraussetzungen noch nicht vollständig vorhanden sind und bei Anwendern, Beteiligten und Betroffenen die Unsicherheit beim Umgang mit den neuen Verwaltungsstrukturen und der neuen Rechtsordnung noch sehr groß ist.

Die Genehmigungspraxis spielt in den Antworten der Befragten eine geringere Rolle als die übrigen Ursachenkomplexe, was die Kommission mit fehlenden praktischen Erfahrungen erklärt[44].

---

[40] *Broß, Siegfried*: Beschleunigung von Planungsverfahren, DVBl. 1991, S. 177 (185).

[41] Erleichterung von Gewerbeansiedlungen in den neuen Bundesländern, hrsg. vom Bundesminister des Innern, 1992.

[42] Fn. 41, S. 13 ff.

[43] Fn. 41, S. 20.

[44] Fn. 41, S. 85.

Als verfahrensverzögernd werden insbesondere unklare Behördenzuständigkeiten genannt. Zur durchschnittlichen Dauer immissionsschutzrechtlicher Genehmigungsverfahren wird ein Landesumweltministerium mit der Zeitangabe von 6 Monaten zitiert[45], die unter den westdeutschen Erfahrungswerten liegt.

Diese auf den ersten Blick überraschende Aussage wird durch interne Anhörungen auf Bundesebene von Vertretern ostdeutscher Behörden bestätigt. Verschiedentlich wurde berichtet, daß umweltrechtliche Zulassungsverfahren in Ostdeutschland wegen der bestehenden Notlage in der Regel schneller als in Westdeutschland durchgeführt werden.

Zu ähnlichen Ergebnissen wie die Unabhängige Kommission kommt ein Erfahrungsbericht über den wirtschaftlichen Aufbau in der Stadt Eberswalde-Finow in Brandenburg, der im Jahre 1992 vom industrienahen Institut der deutschen Wirtschaft vorgelegt wurde[46]. Dort werden als Hemmnisse für einen Wirtschaftsaufschwung ungeklärte Eigentumsfragen, Altlasten, Fehlen leistungsfähiger Grundbuchämter und Organisationsmängel der im Aufbau befindlichen öffentlichen Verwaltung genannt. Umweltrechtliche Zulassungsverfahren werden nicht erwähnt.

Zusammenfassend ist festzustellen, daß derzeit keine Erkenntnisse vorliege, nach denen der wirtschaftliche Aufschwung in Ostdeutschland durch umweltrechtliche Zulassungsverfahren behindert wird. Vielmehr bergen umfangreiche Rechtsänderungen die Gefahr der Verfahrensverzögerung in Ostdeutschland, weil sie — wie die Unabhängige Kommission festgestellt hat[47] — die bestehenden Unsicherheiten in der Verwaltung verstärken und zur Demotivierung der Mitarbeiter führen können.

5. Bewertung der Dauer von Zulassungsverfahren

Administrative und gesetzliche Beschleunigungsmaßnahmen setzen Maßstäbe zur Bewertung der Verfahrensdauer voraus. In Anlehnung an die Urfrage der technischen Sicherheitswissenschaft: „Wie sicher ist sicher genug?" lautet die Frage nach der Bewertung der Dauer von Zulassungsverfahren: „Wie schnell ist schnell genug?"

---

[45] Fn. 41, S. 91.

[46] *Beyer, Hans-Joachim/Kösling, Fritjoff*: Ostdeutsche Kommunen im Ringen um Wirtschaftsaufschwung — Erfahrungsbericht anhand der Stadt Eberswalde-Finow, Institut der deutschen Wirtschaft Köln, März 1992.

[47] Fn. 41, S. 28 f.

a) Bewertungsansätze

Da diese Frage in der öffentlichen Diskussion meist nicht gestellt wird, sind auch die Maßstäbe höchst unklar, die zur Bewertung der Verfahrensdauer und zur Rechtfertigung von Beschleunigungsmaßnahmen verwendet werden.

Soweit ersichtlich, hat bislang nur *Ronellenfitsch*[48] die Bewertungsfrage problematisiert. Er schlägt den jeweiligen Verfahrenszweck als Maßstab zur Bewertung der Verfahrensdauer vor:

> Genehmigungsrechtliche Verfahren dauern somit zu lange, wenn sich der in der Genehmigungsentscheidung zum Ausdruck gebrachte Verfahrenszweck schneller erreichen ließe.

Da sich aus Verfahrenszwecken keine allgemeinen Zeitangaben herleiten lassen und unter Fachleuten auch kein Konsens über die einem bestimmten Verfahrenszweck angemessene Verfahrensdauer besteht, läuft der erwähnte Vorschlag auf die tautologische Feststellung hinaus, daß Verfahren nicht schnell genug sind, wenn sie schneller hätten durchgeführt werden können.

Theoretisch kommen als Maßstäbe für die Bewertung der Verfahrensdauer in Betracht:

— die Dauer ähnlicher Verfahren in der Vergangenheit,

— die Dauer ähnlicher Verfahren im Ausland,

— der Konsens von Experten über die angemessene Verfahrensdauer,

— Postulate von Experten zur angemessenen Verfahrensdauer.

Die beiden ersten Bewertungssätze scheiden aus, da es keine zuverlässigen Vergleichsdaten aus der Vergangenheit oder dem Ausland gibt. Der dritte Bewertungsansatz scheitert am fehlenden Konsens der Experten. Bleibt der vierte Bewertungssatz, der meist nicht ausdrücklich formuliert, aber letztlich allen Beschleunigungsmaßnahmen zugrundeliegt.

b) Expertenpostulate als Bewertungsmaßstäbe

In einigen Bundesländern wurden Regelfristen für die Gesamtdauer verschiedener Arten von Zulassungsverfahren und für einzelne Verfahrensschritte innerhalb dieser Zulassungsverfahren vorgeschlagen, die zum Teil deutlich unter den hier dargestellten Zeitangaben zur durchschnittlichen Verfahrensdauer liegen. Insbesondere das Umweltministerium von Baden-Württemberg hat durch Verwaltungsvorschrift[49] zum 1.2.1993 einen um-

[48] Fn. 25, S. 40 f.

[49] Verwaltungsvorschrift zur Beschleunigung von Zulassungsverfahren im Umwelt-

fangreichen Katalog von Regelfristen für einzelne Verfahrensschritte abfallrechtlicher Planfeststellungsverfahren, immissionsschutzrechtlicher Genehmigungsverfahren und wasserrechtlicher Zulassungsverfahren in Kraft gesetzt.

Die Bundesregierung hat im Planungsvereinfachungsgesetz Regelfristen von jeweils 3 Monaten für die Anhörung von Behörden und Öffentlichkeit nach § 73 VwVfG vorgesehen. Durch das Investitionserleichterungs- und Wohnbaulandgesetz wurden in § 10 Abs. 6 a BImSchG Gesamtfristen für das förmliche Genehmigungsverfahren von 7 Monaten und für das vereinfachte Genehmigungsverfahren von 3 Monaten festgelegt.

Die genannten Regelfristen beruhen auf dem Urteil von Verwaltungsexperten über die Angemessenheit der Verfahrensdauer. Die Praxis muß zeigen, ob sich diese Regelfristen als sinnvoll erweisen und als allgemeine Maßstäbe für die Bewertung der Verfahrensdauer eignen.

c) Folgerungen

In der Sicherheitstechnik würde die Frage „wie sicher ist sicher genug?" mit dem Hinweis auf die Anforderungen von Wissenschaft und Technik beantwortet werden. Für Zulassungsverfahren gibt es keinen vergleichbaren Standard. Gleichwohl sind Bundesregierung, Bundestag, Bundesrat, alle politischen Parteien und die Wirtschaft der Meinung, daß die Zulassungsverfahren durch gesetzliche Maßnahmen erheblich beschleunigt werden müssen.

Zu dieser herrschenden Meinung soll hier jedoch die Fußnote angebracht werden, daß

(1) die empirischen Annahmen, auf denen die verbreitete Kritik an der verfahrensverzögernden Wirkung des geltenden Zulassungsrechts beruht, durch die vorliegenden Daten aus sozialwissenschaftlicher Sicht nicht bestätigt werden,

(2) die Maßstäbe zur Bewertung der Verfahrensdauer höchst unklar sind oder auf Expertenpostulaten beruhen, deren praktische Eignung sich erst noch erweisen muß,

(3) diese Wissensdefizite zugleich auch Wissenschaftsdefizite in der Verwaltungsforschung widerspiegeln.

Mit dieser Fußnote soll keineswegs die Notwendigkeit einer Vereinfachung des Zulassungsrechts geleugnet werden. Im Gegenteil — gesetzliche Verfahrensvereinfachungen erscheinen heute dringlicher denn je. Zur Be-

bereich (VwV-Verfahrensbeschleunigung Umwelt) v. 1.12.1992, GABl. v. 29.1.1993, S. 15.

gründung des Vereinfachungsbedarfs soll hier jedoch ein anderer Rechtfertigungsgrund als der der Investitionsbeschleunigung in den Vordergrund gerückt werden.

III. Aufgabenvereinfachungsbedarf

1. Abbau und Vermeidung von Vollzugsdefiziten durch Vereinfachung des Zulassungsrechts

Seit vielen Jahren „pfeifen es die Spatzen von den Dächern", daß bei allen Umweltverwaltungen ein erhebliches Vollzugsdefizit im Überwachungsbereich besteht[50]. Bereits in dem erwähnten Gutachten für den SRU aus der Mitte der 70er Jahre wurde das Fehlen ausreichender behördlicher Überwachungstätigkeiten im Immissionsschutz[51] und im Gewässerschutz[52] deutlich herausgestellt. Hauptursachen für das Überwachungsdefizit waren die Aufgabenüberlastung der Behörden im Verhältnis zum vorhandenen Personal und Mängel in der technischen Ausstattung.

Dieser Befund wurde im Jahre 1991 durch eine umfassende empirische Untersuchung des Kriminologischen Seminars der Universität Bonn zur Überwachungspraxis von Immissionsschutz- und Gewässerschutzbehörden in Nordrhein-Westfalen bestätigt[53]. Zur Illustration des herrschenden Überwachungsdefizits wird in der Studie ein Staatsanwalt mit den Worten zitiert: „Die mangelnde Kontrolle ist ein kriminogener Faktor"[54], wobei Betreiberverhalten ebenso wie Behördenverhalten gemeint ist. Insgesamt wird die Umweltverwaltung als eine „chronische Mängelverwaltung"[55] gekennzeichnet. Dieser Befund dürfte in anderen Bundesländern eher noch ausgeprägter sein als in Nordrhein-Westfalen.

Bei dieser Sachlage und angesichts leerer Kassen muß die Umweltverwaltung nach neuen Wegen suchen, um bestehende Vollzugsdefizite abzubauen und das Entstehen neuer Defizite zu vermeiden. Das bedeutet einmal, daß bestimmte Aufgaben zurückgestellt und die knappen Verwaltungsressourcen auf das Wichtigste konzentriert werden müssen. Das bedeutet ferner, daß alle administrativen und rechtlichen Möglichkeiten auszuschöpfen sind, um

---

[50] Eine instruktive Beschreibung der Vollzugsdefizite gibt *Lübbe-Wolff, Gertrude*: Vollzugsprobleme der Umweltverwaltung, Natur und Recht 1993, S. 217 ff.

[51] *Mayntz u.a.* (Fn. 22), S. 378 ff.

[52] *Mayntz u.a.* (Fn. 22), S. 712 ff.

[53] *Rüther, Werner u.a.*: Die behördliche Praxis bei der Entdeckung und Definition von Umweltstrafsachen, Kriminologisches Seminar der Universität Bonn, Juni 1991, S. 105 ff., 270.

[54] Fn. 53, S. 126.

[55] Fn. 53, S. 270.

den Verwaltungsaufwand für die zu erledigenden Aufgaben zu minimieren. Die Vereinfachung des Zulassungsrechts kann hierzu einen nicht unwesentlichen Beitrag leisten.

2. *Verfahrensvereinfachung durch Aufgabenvereinfachung*

Die getroffenen und noch in der Diskussion befindlichen gesetzgeberischen Maßnahmen verändern grundsätzlich nicht den Inhalt der Verwaltungsaufgaben der Zulassungsbehörden. Sie beschränken sich im wesentlichen darauf, administrative und regulatorische Vereinfachungsspielräume auszunutzen. Ferner wird — außer bei den geplanten Maßnahmegesetzen für Verkehrsprojekte in Ostdeutschland — nicht zwischen wichtigen und weniger wichtigen Vorhaben unterschieden.

Die Folge ist:

— Die Verfahrensbeschleunigung erfolgt nach dem „Gießkannenprinzip"; bestenfalls werden alle Verfahren ein wenig schneller als bisher, aber wichtige Verfahren nicht schnell genug abgewickelt werden.

— Vollzugsdefizite insbesondere im Überwachungsbereich bleiben bestehen.

Unter der politischen Prämisse, daß die personellen, sächlichen und finanziellen Verwaltungsressourcen der Umweltbehörden auf absehbare Zeit nicht wesentlich vermehrt werden, lassen sich vorhandene Vollzugsdefizite nur abbauen und künftige Vollzugsdefizite nur vermeiden, wenn der Aufgabenbestand der Umweltbehörden inhaltlich gezielt vereinfacht wird. Hierbei stellen sich drei Fragen:

(1) Wie lassen sich die Aufgaben der Zulassungsbehörden inhaltlich vereinfachen?

(2) Welche Prioritäten sind bei der Aufgabenvereinfachung zu setzen?

(3) Wer trägt die Risiken der Aufgabenvereinfachung — der Staat oder derjenige, der durch die Aufgabenvereinfachung begünstigt wird?

a) Aufgabenvereinfachung

Die Zulassungsbehörden haben inhaltlich die Aufgaben,

— das Vorliegen der Zulassungsvoraussetzungen zu prüfen und, soweit dies gesetzlich vorgeschrieben ist,

— betroffene öffentliche und private Belange abzuwägen und

— das Verwaltungsermessen auszuüben.

Die radikalste Aufgabenvereinfachung bestünde darin, die umweltrechtliche Zulassungsbedürftigkeit von Vorhaben weitgehend aufzuheben und auf wenige Typen besonders gefährlicher Großvorhaben zu beschränken. Für die meisten Vorhaben würde nur eine Baugenehmigung erforderlich sein. Eine weniger radikale Aufgabenvereinfachung bestünde darin, Umfang und Detailliertheitsgrad behördlicher Prüfungen einzuschränken. Beide Ansätze zur Aufgabenvereinfachung erscheinen aus umweltpolitischer Sicht auf den ersten Blick indiskutabel. Diese Beurteilung könnte sich allerdings dann ändern, wenn es andere Instrumente gibt, die die umweltschützende Funktion der Zulassungsverfahren erfüllen können. Hierauf ist gleich zurückzukommen.

b) Prioritätensetzung

Jeder Autofahrer weiß, wenn alle auf's Gas treten, stehen alle im Stau. Wer Investitionsvorhaben beschleunigen will, muß also Prioritäten setzen. Es gibt zwei grundsätzliche Möglichkeiten, um bei der Vereinfachung von Verwaltungsaufgaben Prioritäten zu setzen: Zum einen könnte man ökonomische, ökologische oder sonstige Kriterien für besonders eilbedürftige Vorhaben aufstellen und für diese Vorhaben den Umfang der behördlichen Prüftätigkeiten einschränken. Zum anderen könnte man die behördlichen Aufgaben — nach dem Motto „Kleinvieh macht auch Mist" — gerade bei der großen Zahl nicht eilbedürftiger, normaler Vorhaben vermindern, um die knappen Verwaltungsressourcen auf die wichtigen Fälle zu konzentrieren. Sicherlich lassen sich beide Möglichkeiten der Prioritätensetzung auch kombinieren.

Bullinger[56] kommt das Verdienst zu, in der Beschleunigungsdiskussion, die sich zunehmend in mehr oder weniger plausiblen Detailvorschlägen zu verlieren droht, am eindringlichsten auf das Grundproblem hingewiesen zu haben, daß eine wirksame Verfahrensbeschleunigung Prioritätenentscheidungen voraussetzt. Da Prioritätenentscheidungen zwangsläufig zu Posterioritätensetzungen und damit zur Beeinträchtigung der Interessen zurückgesetzter Vorhabenträger führt, besteht die Tendenz, sich um Prioritätenentscheidungen zu drücken. Unter dem Zeitaspekt ist es eine Schwäche des geltenden Verfahrensrechts, daß die Bearbeitung von Zulassungsanträgen grundsätzlich nach der Reihenfolge des Eingangs bei der Behörde erfolgen muß und sich nicht nach Dringlichkeitskriterien richtet[57].

Zur Abhilfe schlägt *Bullinger*[58] ein fakultatives Eilverfahren für die Zulassung besonders beschleunigungsbedürftiger Vorhaben vor. Falls abzusehen

[56] Fn. 16, S. 74 ff.

[57] *Bullinger (Fn. 16)*, S. 76 und *ders.*: Beschleunigung von Investitionen durch Parallelprüfung und Verfahrensmanagement, JZ 1993, S. 492 ff. (499).

[58] Fn. 16, S. 77 ff. und Fn. 57, S. 495 ff.

ist, daß die vorgeschriebene oder übliche Bearbeitungsfrist für ein Genehmigungsverfahren oder der durch die Marktverhältnisse gesteckte Zeitrahmen für den Produktionsbeginn einer Anlage nicht eingehalten werden, können auf Antrag oder von Amts wegen mit Zustimmung des Vorhabenträgers bestimmte Eilmaßnahmen von der Genehmigungsbehörde getroffen werden, die dem Vorhaben eine vorrangige Bearbeitung gegenüber anderen Vorhaben sichern. Zu diesen Eilmaßnahmen gehören die Anordnung der Zuständigkeitskonzentration bei parallelen Genehmigungsverfahren, die Einsetzung eines behördlichen Genehmigungs-Projektmanagers, die zeitlich parallele Prüfung der Genehmigungsvoraussetzungen durch die betroffenen Behörden und ein einzelne Prüfschritte begleitender vorgezogener Gerichtsschutz. Die Mehrkosten des beschleunigten Genehmigungsverfahrens muß der Vorhabenträger übernehmen.

Dem Einwand gegen diesen Vorschlag, die Genehmigungsbehörde könne nicht die rechtlich gebotene „kritisch-neutrale Distanz"[59] gegenüber einem Vorhaben wahren, dessen Dringlichkeit sie zuvor bejaht habe, läßt sich mit der organisatorischen Trennung der Zuständigkeiten für die Anordnung der Eilbedürftigkeit und für die Durchführung des Genehmigungsverfahrens begegnen. Die rechtliche Problematik des fakultativen Eilverfahrens liegt aber in der Festlegung materieller, rechtsstaatlich akzeptabler Prioritätskriterien. Allein die Zahlungsbereitschaft eines Vorhabenträgers, die Mehrkosten eines Eilverfahrens zu übernehmen, dürfte als Prioritätskriterium rechtsstaatlichen Anforderungen nicht genügen.

Unter dem Gesichtspunkt der Aufgabenvereinfachung dürfte das vorgeschlagene Eilverfahren kaum eine Entlastung der Umweltbehörden bewirken. Denn es handelt sich um ein ordnungsrechtliches Beschleunigungsmodell. Das bedeutet, daß seine verhaltenssteuernde Wirkung gegenüber dem Vorhabenträger auf Geboten und Verboten und damit letztlich auf staatlichem Zwang beruht. Es erfordert inhaltliche behördliche Prüfungen, damit die erforderlichen Ge- und Verbote festgelegt und notfalls durchgesetzt werden können. Inhaltlich sind die behördlichen Aufgaben im Eilverfahren und im normalen Zulassungsverfahren daher weitgehend identisch. Das Eilverfahren vereinfacht also nicht Inhalt und Umfang der behördlichen Aufgaben, sondern ändert nur Reihenfolge und Ablauf ihrer Erledigung. Für die Vermeidung oder den Abbau von Vollzugsdefiziten ist hierdurch nichts gewonnen. Eine Entlastung der Behörden zwecks Abbaus von Vollzugsdefiziten ist nur durch Verringerung ihrer Genehmigungsaufgaben zu erreichen.

---

[59] *Rombach* (Fn. 13), S. 198 ff.

c) Risikoverteilung

Bei allen Maßnahmen der Aufgabenvereinfachung und Verfahrensbeschleunigung stellt sich die Frage: Wer trägt das Schadensrisiko insbesondere in ökologischer Hinsicht, das durch diese Maßnahmen verursacht wird? In der laufenden Beschleunigungsdiskussion wird diese Frage erstaunlicherweise überhaupt nicht gestellt. Alle setzen stillschweigend als selbstverständlich voraus, daß der Staat und damit die Allgemeinheit oder aber der betroffene Bürger diese Risiken als sozialadäquate Folge der technisierten Zivilisation trägt. So kann ein „beschleunigt" erteilter, unanfechtbarer Zulassungsbescheid nur unter den engen Voraussetzungen der §§ 48 und 49 VwVfG und grundsätzlich auch nur gegen Entschädigung zurückgenommen oder widerrufen werden. Eine öffentlich-rechtliche Störerhaftung des Vorhabenträgers für ökologische Schäden scheidet wegen der erteilten Zulassung aus. Eine zivilrechtliche Haftung des Vorhabenträgers für Gesundheits-, Sach- und Vermögensschädens nach §§ 823 ff. BGB entfällt, weil allein die Verwirklichung eines behördlich zugelassenen Vorhabens kein Verschulden begründet. Soweit Anlagen der Gefährdungshaftung nach dem Umwelthaftungsgesetz unterliegen, dürften Schadenersatzansprüche Dritter in der Regel am erforderlichen Kausalitätsnachweis scheitern. Denn bei Einhaltung der Nebenbestimmungen des Zulassungsbescheids greift die Kausalitätsvermutung des § 6 Abs. 1 UmweltHG zugunsten des Geschädigten nicht ein (vgl. § 6 Abs. 2-4 UmweltHG).

Schließlich werden alle privatrechtlichen Abwehr- und Unterlassungsansprüche nach §§ 906, 1004 BGB gegen den Vorhabenträger durch den Bestandsschutz des Vorhabens ausgeschlossen (vgl. u.a. § 14 BImSchG, § 75 Abs. 2 VwVfG).

Daher ist es erwägenswert, das ökologische Beschleunigungsrisiko demjenigen aufzubürden, der aus der Verfahrensbeschleunigung einen Nutzen zieht. Im folgenden soll ein auf behördliche Aufgabenvereinfachung abzielendes Steuerungsmodell zur Diskussion gestellt werden, das auf einer Kombination von Ordnungsrecht und Haftungsrecht beruht.

IV. Versicherungsmodelle

Die Aufgaben der Zulassungsbehörden lassen sich — wie dargelegt — dadurch inhaltlich vereinfachen, daß

- die Zulassungsbedürftigkeit von Vorhaben aufgehoben oder
- Umfang und Detailliertheitsgrad behördlicher Prüfpflichten vermindert werden.

Diese Aufgabenvereinfachung ist umweltpolitisch nur diskutabel, wenn der Schutz der Umwelt und der Bürger durch andere Instrumente in gleicher Weise gewährleistet wird wie durch das Zulassungsverfahren. Gesucht ist also ein Instrumentarium, das den Vorhabenträger bei der Durchführung seines Vorhabens ebenso wirksam zur Beachtung von Umweltanforderungen motiviert wie die Drohung staatlichen Zwangs, die hinter dem Zulassungsrecht steht.

Durch eine Kombination von Ordnungsrecht und Haftungsrecht läßt sich erreichen, daß der Vorhabenträger, eingeschaltete private Sachverständige und Versicherungsgesellschaften ein wirtschaftliches Eigeninteresse daran haben, daß ein Vorhaben unter Einhaltung der notwendigen Umweltanforderungen zügig verwirklicht wird. Da die Steuerungswirkung des Haftungsrechts entscheidend vom Verhalten der Versicherer geprägt wird, sollen die folgenden Überlegungen als „Versicherungsmodell" bezeichnet werden. Es lassen sich Versicherungsmodelle für Vorhaben mit geringem oder mittlerem Gefährdungspotential und für Großvorhaben mit erhöhtem Gefährdungspotential entwickeln. Die Modelle weisen dementsprechend Unterschiede auf, beruhen aber auf denselben Steuerungsmechanismen.

Zunächst soll das Versicherungsmodell für Vorhaben mit geringem oder mittlerem Gefährdungspotential am Beispiel der genehmigungsbedürftigen Anlagen im Sinne der Spalte 2 der 4. BImSchV beschrieben werden. Es wird hier als Versicherungsmodell I bezeichnet.

1. Versicherungsmodell für Vorhaben mit geringem oder mittlerem Gefährdungspotential (Versicherungsmodell I)

Das Versicherungsmodell I tritt an die Stelle des vereinfachten immissionsschutzrechtlichen Genehmigungsverfahrens im Sinne des § 19 BImSchG. Es gilt grundsätzlich für alle Anlagen, die in Spalte 2 der 4. BImSchV aufgeführt sind.

a) Konzeption

Das Versicherungsmodell I besteht aus folgenden Elementen:

aa) Die Genehmigungsbehörde soll auf Antrag des Vorhabenträgers eine Anlage von der Genehmigungsbedürftigkeit nach §§ 4 und 15 BImSchG befreien, wenn die unter bb) und cc) genannten Voraussetzungen vorliegen. Die materiellen, immissionsschutzrechtlichen Betreiberpflichten, insbesondere nach § 5 BImSchG in Verbindung mit den Ausführungsvorschriften (z.B. TA Luft), bleiben jedoch auch nach Aufhebung des Genehmigungserfordernisses bestehen. Die Befreiung von dem immissionsschutzrechtlichen Genehmigungserfordernis erstreckt sich nicht auf eine mögliche Genehmigungsbedürftigkeit der Anlage nach Baurecht oder anderen Rechtsvorschriften. Die Genehmigungsbehörde kann die Befreiung widerrufen, wenn sie davon Kenntnis erhält, daß immissionsschutzrechtliche Betreiberpflichten, insbesondere solche zum Schutz der Nachbarschaft, nicht erfüllt werden. Durch den Widerruf lebt die Genehmigungsbedürftigkeit der Anlage wieder auf, und ein Genehmigungsverfahren ist durchzuführen. Im übrigen finden die Vorschriften über die behördlichen Befugnisse zum Einschreiten gegenüber genehmigungsbedürftigen Anlagen (z.B. nach § 17 BImSchG) entsprechende Anwendung auf Anlagen, die vom Genehmigungserfordernis befreit sind.

bb) Aufgrund der Befreiung von der immissionsschutzrechtlichen Genehmigungsbedürftigkeit wird die Anlage kraft Gesetzes der Gefährdungshaftung nach § 1 UmweltHG und der Pflicht zur Deckungsvorsorge nach § 19 UmweltHG unterworfen. Die Höhe der Deckungsvorsorge richtet sich nicht nach der (künftigen) Rechtsverordnung zu § 20 UmweltHG, sondern wird von der Genehmigungsbehörde im Einzelfall festgesetzt. Da es sich um eine Anlage mit geringem oder mittlerem Gefährdungspotential nach Spalte 2 der 4. BImSchV handelt, reicht zur Erfüllung der Deckungsvorsorgepflicht der Abschluß einer üblichen Umwelthaftpflichtversicherung aus. Für die Höhe der festzusetzenden Deckungsvorsorge können als Obergrenze die Deckungssummen herangezogen werden, die in den Tarifbestimmungen der Versicherer für vergleichbare Anlagen der Spalte 1 der 4. BImSchV vorgesehen sind.

cc) Der Vorhabenträger ist gesetzlich verpflichtet, mit der Planung, Errichtung, Inbetriebnahme und Überwachung der Anlage einen fachkundigen, zuverlässigen und unabhängigen privaten Sachverständigen zu beauftragen. Der Sachverständige ist für die Prüfung der materiellen, immissionsschutzrechtlichen Betreiberpflichten verantwortlich. Die Verlagerung dieser Prüfung in das Baugenehmigungsverfahren — z.B. im Rahmen der bauordnungsrechtlichen Generalklausel (vgl. § 3 Abs. 1 Satz 1 BauO-NW) — ist gesetzlich auszuschließen. Lediglich die Prüfung arbeitsschutzrechtlicher Belange (durch die Gewerbeaufsicht) wird in das Baugenehmigungsverfahren verlagert, soweit es hierfür kein anderes selbständiges Genehmigungsverfahren gibt. Dies ist bereits herrschende Praxis bei allen Anlagen, die keiner immissionsschutzrechtlichen Genehmigung bedürfen.

b) Funktionsweise

Nach dem Versicherungsmodell I hat der Vorhabenträger die Wahlmöglichkeit zwischen

— einem bestandssicheren, aber — unter Berücksichtigung der Marktverhältnisse — möglicherweise zu spät erteilten Genehmigungsbescheid und

— einer sofortigen Investitionsverwirklichung, die allerdings keinen Bestandsschutz genießt und der umweltrechtlichen Gefährdungshaftung und Nachweispflichten unterliegt.

Es wird Fälle geben, in denen die Durchführung eines Genehmigungsverfahrens für den Vorhabenträger vorteilhafter ist als eine Befreiung von der Genehmigungsbedürftigkeit, z.B. wenn die immissionsschutzrechtliche Genehmigung gemäß § 13 BImSchG andere Erlaubnisse einschließt, die er bei einer Befreiung von der Genehmigungsbedüftigkeit einzeln beantragen müßte. Wenn der Vorhabenträger seine Anlage von der immissionsschutzrechtlichen Genehmigungsbedüftigkeit befreien läßt, wird die Einhaltung der öffentlich-rechtlichen Betreiberpflichten durch die insoweit gleichgerichtete Interessenlage von Vorhabenträger, privatem Sachverständigen und Versicherer gewährleistet.

aa) Der Vorhabenträger hat aus folgenden Gründen ein wirtschaftliches Eigeninteresse daran, daß die öffentlich-rechtlichen Betreiberpflichten bei der Errichtung und beim Betrieb der Anlage erfüllt werden:

— Aus dem Investitionsinteresse ergibt sich die Notwendigkeit, die Anlage in Einklang mit den materiellen, immissionsschutzrechtlichen Anforderungen und damit in tatsächlicher Hinsicht möglichst bestandssicher zu errichten und zu betreiben, um nachträgliche Anordnungen oder Stillegungsverfügungen der Behörden nach §§ 17 bzw. 20 BImSchG sowie Beseitigungs- und Unterlassungsansprüche Privater nach §§ 906, 1004 BGB zu vermeiden.

— Aus dem Interesse nach Versicherungsschutz gegenüber den Risiken der Gefährdungshaftung folgt das Bestreben des Vorhabenträgers, die immissionsschutzrechtlichen Anforderungen einzuhalten. Denn nach den Vertragsbedingungen der Versicherer für die Umwelthaftpflichtversicherung besteht für Schäden aufgrund des Normalbetriebs einer Anlage Versicherungsschutz nur unter der Voraussetzung[60], daß

> der Versicherungsnehmer den Nachweis erbringt, daß er nach dem Stand der Technik zum Zeitpunkt der schadensursächlichen Umwelteinwirkungen unter den Gegebenheiten des Einzelfalles die Möglichkeiten derartiger Schäden nicht erkennen mußte.

---

[60] Rundschreiben H 33/92 M des HUK-Verbandes vom 21.12.1992.

Hinzu kommt, daß der Vorhabenträger bei Verletzung rechtlich vorgeschriebener Betriebspflichten auch die Möglichkeit verliert, die Ursachenvermutung zugunsten des Geschädigten nach § 6 Abs. 1 UmweltHG durch die Gegenvermutung des bestimmungsgemäßen Betriebs der Anlage gemäß § 6 Abs. 2-4 UmweltGH zu entkräften. Das Risiko, Versicherungsschutz zu verlieren und der Ursachenvermutung des § 6 Abs. 1 UmweltHG ausgesetzt zu sein, ist ein starker Anreiz für den Vorhabenträger, bei Errichtung und Betrieb der Anlage alle immissionsschutzrechtlichen Pflichten einzuhalten.

— Schließlich hat der Vorhabenträger ein erhebliches Interesse daran, die negative Publizität gerichtlicher Schadensersatzprozesse oder öffentlicher Diskussionen über die angebliche oder tatsächliche Verletzung von Betreiberpflichten zu vermeiden.

Insgesamt spricht also die Interessenlage des Vorhabenträgers dafür, daß die immissionsschutzrechtlichen Betreiberpflichten auch ohne behördliche Prüfung im Genehmigungsverfahren erfüllt werden.

bb) In dieselbe Richtung geht das Eigeninteresse des privaten Sachverständigen. Schlampereien kann er sich nicht leisten. Seine Reputation und damit sein geschäftlicher Erfolg hängen davon ab, daß die von ihm betreuten Anlagen technisch und rechtlich einwandfrei errichtet und betrieben werden.

cc) Schließlich besitzt der Versicherer an der Einhaltung der immissionsschutzrechtlichen Anforderungen ein Eigeninteresse, um die Schadensrisiken zu minimieren. Aus diesem Grunde prüfen Industrieversicherer die Umweltrisiken — oft durch eigene Sachverständige — sehr genau, für die sie Versicherungsschutz gewähren. Sie wirken ferner durch haftungsrechtliche Ausschlußklauseln sowie durch die vertragliche Festlegung von Prüf- und Überwachungspflichten des Versicherungsnehmers darauf hin, daß die umweltrechtlichen Anforderungen eingehalten werden.

dd) Es besteht also ein dreifaches Eigeninteresse[61] von Vorhabenträger, privatem Sachverständigen und Versicherer, daß die von der Genehmigungs-

[61] Siehe zur indirekten, präventiven Steuerungswirkung des Umwelthaftungsrechts die Bundesregierung, Amtliche Begründung zum Umwelthaftungsgesetz, BT-Drs. 11/7104, S. 14; *Kirchgässner, Gebhard*: Haftungsrecht und Schadensersatzansprüche als umweltpolitische Instrumente, ZfU 1992, S. 15 ff.; *Rohde-Liebenau, Wolfram*: Umwelthaftung als Anreiz zum Umweltschutz, ZfU 1992, S. 299 ff.; *Gerlach, Johann W.:* Das Umwelthaftungsgesetz (UHG) als Instrument des Schadensausgleich und der Umweltvorsorge, in: Fortbildungszentrum Gesundheits- und Umweltschutz Berlin (Hrsg.) Umwelthaftung und Versicherung, UTECH Berlin '93, 1993, S. 33 ff. Demgegenüber sieht *Schmidt-Salzer*, Joachim: Kommentar zum Umwelthaftungsrecht 1992, Einführung Rdnr. 104, im Umwelthaftungsgesetz eine „Verwässerung des Präventivaspekts", weil es zur „Entpersönlichung der Haftung" und letztlich zur Verlagerung der Verantwortung auf das Unternehmen als Organisation und auf die Versicherer führe. Der praktischen Umweltvorsorgewirkung des Umwelthaftungsgesetzes tut allerdings die „entpersönlichte" Vermeidung von Umweltschäden keinen Abbruch, wie die Hinweise von *Schmidt-Salzer* auf das Risk Management der Versicherer selbst zeigen.

bedürftigkeit befreite Anlage immissionsschutzrechtlichen Anforderungen genügt. Das Zusammenspiel von Gefährdungshaftung, Versicherungsbedingungen und Prüfnachweisen durch private Sachverständige bildet ein funktionales Äquivalent für das vereinfachte immissionsschutzrechtliche Genehmigungsverfahren im Sinne des § 19 BImSchG.

ee) Um die Steuerungswirksamkeit des Versicherungsmodells I zu erhöhen, ist ferner zu erwägen, das Modell auf Anlagen von Betriebsstätten zu beschränken, für die nach der Verordnung (EWG) Nr. 1836/93 des Rates vom 29.6.1993 über die freiwillige Beteiligung gewerblicher Unternehmen an einem Gemeinschaftssystem für das Umweltmanagement und die Umweltbetriebsprüfung[62] eine Umweltbetriebsprüfung mit Erfolg durchgeführt worden ist. Danach würde die Option der Befreiung vom Genehmigungserfordernis der §§ 4 und 16 BImSchG nur für Anlagen an Standorten bestehen, für die der Betreiber

— gemäß Art. 3 der Verordnung in Verbindung mit Anhang I eine Umweltpolitik festgelegt sowie ein Umweltprogramm und ein Umwelmanagementsystem geschaffen hat,
— mindestens alle drei Jahre eine Umweltbetriebsprüfung nach Art. 4 in Verbindung mit Anhang II durchführt, die von einem zugelassenen unabhängigen Umweltgutachter nach Anhang III der Verordnung überprüft und für gültig erklärt werden muß,
— jährlich eine Umwelterklärung nach Art. 5 der Verordnung abgibt, die die Ergebnisse der Umweltbetriebsprüfung zusammenfaßt, für die Öffentlichkeit bestimmt und von dem unabhängigen Umweltgutachter für gültig erklärt ist.

Die Umweltbetriebsprüfung soll u.a. sicherstellen, daß bei den teilnehmenden Betrieben die aufbau- und ablauforganisatorischen Voraussetzungen für eine ordnungsgemäße Genehmigungsplanung erfüllt sind. Darüber hinaus erstreckt sich die Umweltbetriebsprüfung gemäß Art. 3 Satz 2 Buchst. a der EG-Verordnung auch auf die Einhaltung der einschlägigen Umweltvorschriften und damit auf die Erfüllung immissionsschutzrechtlicher Betriebspflichten bei Anlagen, für die eine Befreiung vom Genehmigungserfordernis erteilt wurde.

Schließlich ist zu erwägen, ob im Rahmen des Versicherungsmodells I nur solche privaten Sachverständigen tätig werden dürfen, die als unabhängige Umweltgutachter nach der EG-Verordnung zugelassen sind. Freilich müßten im konkreten Fall die Umweltgutachter für die Gültigkeitserklärung der Umweltbetriebsprüfung und für die Fertigung der Genehmigungsunterlagen im Rahmen des Versicherungsmodells I verschiedene Personen oder Organisationen sein, um Interessenkonflikte auszuschließen.

---

[62] ABl. vom 10.7.1993, Nr. L 168/1.

Inwieweit es zweckmäßig ist, das Versicherungsmodell I mit der EG-Verordnung zu verknüpfen, wird sich abschließend erst beurteilen lassen, wenn sich die Inhalte der internationalen Normen für die Umweltbetriebsprüfung im Sinne des Art. 12 der Verordnung und der deutschen Gesetzgebung für die Zulassung von Umweltgutachtern abzeichnen. Das Versicherungsmodell I läßt sich auch ohne diese Verknüpfung bereits heute durch Gesetz verwirklichen.

c) Vereinfachungseffekte sowie Abbau und Vermeidung von Vollzugsdefiziten

Mit der Befreiung von der Genehmigungsbedürftigkeit entfallen die bürokratischen Hemmnisse, die von der Wirtschaft so oft beklagt werden.

Zugleich tritt eine erhebliche Aufgabenentlastung der Umweltbehörden ein. Denn vereinfachte Genehmigungsverfahren im Sinne des § 19 BImSchG stellen den bei weitem größten Anteil der behördlichen Genehmigungstätigkeit dar. Auf diese Weise erhalten die Behörden die Möglichkeit, ihre knappen Verwaltungsressourcen auf wichtige und fachlich schwierige Vorhaben zu konzentrieren. Eine Abwälzung der immissionsschutzrechtlichen Prüftätigkeit auf das Baugenehmigungsverfahren erfolgt nicht, wenn dies durch eine entsprechende gesetzliche Regelung unterbunden wird.

Ferner werden durch das Versicherungsmodell I Verwaltungskapazitäten freigesetzt, um das Vollzugsdefizit im Überwachungsbereich abzubauen. Hierzu trägt insbesondere bei, daß die Vorhabenträger nach dem Versicherungsmodell I verpflichtet sind, ihre Anlagen von privaten Sachverständigen periodisch überprüfen zu lassen und den Behörden entsprechende Prüfnachweise vorzulegen. Dies würde eine ganz erhebliche Verbesserung des bestehenden Zustandes darstellen, bei dem einmal genehmigte Anlagen nachträglich in der Regel nur dann überprüft werden, wenn Drittbeschwerden vorliegen oder Unfälle eingetreten sind.

d) Umweltpolitische und rechtliche Einwände

aa) Gegen das Versicherungsmodell I ließe sich einwenden, daß es die Einhaltung der Betreiberpflichten nach § 5 Abs. 1 BImSchG nicht sicherstellen könne, soweit die Anlage Gerüche, Lärm und sonstige erhebliche Belästigungen und Nachteile oder Beeinträchtigungen des Naturhaushalts (Öko-Schäden) verursacht. Denn in diesen Fällen greift die Gefährdungshaftung nicht ein, weil sie gemäß § 1 UmweltHG auf Personen-, Sach- und hieraus folgende Vermögensschäden beschränkt ist.

Dieser Einwand greift nicht durch, da mit der möglichen Verursachung von Belästigungen, Vermögensnachteilen und Öko-Schäden immer auch die Gefahr von Personen- und Sachschäden gegeben ist. Die Möglichkeit eines ersatzpflichtigen Schadens reicht für die Steuerungswirksamkeit des Versicherungsmodells I aus.

Im übrigen findet zur Vermeidung von Öko-Schäden die Regelung des § 8 BNatSchG im Rahmen des fortbestehenden Baugenehmigungsverfahrens weiterhin Anwendung.

bb) Fraglich könnte sein, ob das Versicherungsmodell I mit den Grundrechten — insbesondere Art. 2 Abs. 2 und 14 GG — vereinbar ist, die auch durch die Einrichtung und Ausgestaltung von Verwaltungsverfahren zu schützen sind[63]. Immerhin verlieren drittbetroffene Nachbarn aufgrund der Befreiung der Anlage vom immissionsschutzrechtlichen Genehmigungserfordernis den Beteiligtenstatus und die damit verbundenen Verfahrensrechte, die sie im Falle eines Genehmigungsverfahrens besessen hätten.

Die grundrechtlichen Bedenken greifen jedoch nicht durch. Denn die Genehmigungsbehörde kann die Befreiung jederzeit widerrufen und die Durchführung eines Genehmigungsverfahrens erzwingen, wenn sie davon Kenntnis erlangt, daß Nachbarrechte nicht ausreichend geschützt werden. Darüber hinaus haben Nachbarn die Möglichkeit, eine vorbeugende Unterlassungsklage nach §§ 906, 1004 BGB gegen den Betreiber der Anlage zu richten. Diese verwaltungs- und privatrechtlichen Instrumente reichen zum Schutz der Grundrechte von Nachbarn aus.

Das Versicherungsmodell I ist nur für solche Anlagen rechtlich unzulässig, für die das EG-Recht ein Genehmigungserfordernis vorschreibt. Dies ist bei den Anlagen in Spalte 2 der 4. BImSchV — mit Ausnahme von Abfallentsorgungsanlagen im Sinne der Abfallrichtlinie vom 18.3.1991 (91/156/EWG) — nicht der Fall.

e) Bewertung

Insgesamt ist das Versicherungsmodell I für den Umweltschutz mit Vorteilen verbunden. Denn es führt zur Konzentration der knappen Verwaltungsressourcen auf wichtige Fälle und ermöglicht im Überwachungsbereich einen Abbau bestehender Vollzugsdefizite. Für die Vorhabenträger bietet das Modell mehr Flexibilität als die herkömmlichen Genehmigungsverfahren und vor allem einen erheblichen Zeitgewinn bei der Verwirklichung von Investitionen. Allerdings ist es mit zusätzlichen Kosten für den notwendigen

[63] BVerfGE 53, S. 30 ff. (65 ff); *Kopp, Ferdinand O.*: Verwaltungsverfahrensgesetz, 5. Aufl., 1991, vor § 1 VwVfG, Anm. 4 c.

Versicherungsschutz und für die Einschaltung privater Sachverständiger verbunden. Schließlich entfällt der Bestandsschutz, den genehmigte Anlagen genießen. Hieraus ergeben sich jedoch keine grundsätzlichen Einwände gegen das Versicherungsmodell I. Da es für den Betreiber lediglich eine Option darstellt, muß er im konkreten Fall entscheiden, ob die Durchführung eines Genehmigungsverfahrens oder das Versicherungsmodell I für ihn vorteilhafter ist.

2. Versicherungsmodell für Vorhaben mit erhöhtem Gefährdungspotential (Versicherungsmodell II)

Bei Anlagen, die wegen ihres erhöhten Gefährdungspotentials einer Zulassung unter Einbeziehung der Öffentlichkeit bedürfen, scheidet die Aufhebung der Genehmigungsbedürftigkeit als Mittel der Aufgabenvereinfachung aus umweltpolitischen und rechtlichen Gründen aus. Vereinfachung der Verwaltungsaufgaben und Investitionsbeschleunigung lassen sich jedoch im Versicherungsmodell II durch eine Modifizierung der Genehmigungsbedürftigkeit erreichen. Das Modell beruht auf dem Grundgedanken, die behördliche ex-ante-Kontrolle des Zulassungsverfahrens für die Errichtung[64] der Anlage in eine ex-post-Kontrolle umzuwandeln und als funktionales Äquivalent für die ex-ante-Kontrolle eine Kombination aus ordnungsrechtlicher „Errichtungsfreigabe", Verursacherhaftung mit obligatorischer Deckungsvorsorge und privaten Sachverständigen einzuführen. Das Versicherungsmodell II ist grundsätzlich auf alle Neu- und Altanlagen im Sinne der Spalte 1 der 4. BImSchV, auf planfeststellungsbedürftige Deponien, Abwasserbehandlungsanlagen im Sinne des § 18 c WHG und auf sonstige Vorhaben anzuwenden, die einer Zulassung mit Öffentlichkeitsbeteiligung bedürfen. Konzeptioneller Ausgangspunkt des Versicherungsmodells II ist die Zulassung des vorzeitigen Beginns eines Vorhabens nach § 15 a Abs. 1 BImSchG, § 7 a Abs. 1 AbfG und § 9 a Abs. 1 WHG.

a) Konzeption

Das Versicherungsmodell II besteht aus folgenden Elementen:

aa) Es wird ein Katalog privilegierter Anlagen festgelegt. Unter der Zielsetzung der Aufgabenvereinfachung und Investitionsbeschleunigung sollte der Katalog möglichst umfassend sein und alle Anlagen der Spalte 1 der

[64] Theoretisch könnte das Versicherungsmodell II auch auf die Inbetriebnahme von Anlagen ausgedehnt werden. Dies würde jedoch EG-rechtlich bedingte Differenzierungen erfordern. Um die Konzeption des Modells nicht zu komplizieren, wird hierauf an dieser Stelle verzichtet.

4. BImSchV sowie alle sonstigen Anlagen enthalten, die einer Zulassung mit Öffentlichkeitsbeteiligung bedürfen. Allerdings könnte der Katalog auch auf Anlagen mit besonders umweltfreundlicher, moderner Technologie beschränkt werden, um neben den Beschleunigungs- und Verwaltungsvereinfachungseffekten zusätzlich einen Anreiz zur umwelttechnischen Innovation zu schaffen.

bb) Die Genehmigungsbehörde soll auf Antrag des Vorhabenträgers die Errichtung der Anlage bereits vor der Stellung eines Genehmigungsantrags vorläufig „freigeben" (Errichtungsfreigabe), wenn die unter cc) bis ee) genannten Voraussetzungen vorliegen. Der Freigabebescheid kann mit Auflagen und Bedingungen versehen und jederzeit widerrufen werden. Er ist öffentlich bekannt zu machen. Die Errichtungsfreigabe erlischt, wenn der Vorhabenträger nicht innerhalb einer bestimmten Frist — z.B. 9 Monate — einen prüffähigen Genehmigungsantrag gestellt hat. Im Anschluß an die Errichtungsfreigabe wird das Genehmigungsverfahren nach Eingang des Genehmigungsantrags wie bisher durchgeführt. Es kann zur Ablehnung und Beseitigung oder zur Modifizierung des Vorhabens führen.

cc) Planung und Überwachung der Anlagenerrichtung sind einem fachkundigen, zuverlässigen und unabhängigen privaten Sachverständigen zu übertragen. Der Sachverständige hat dafür zu sorgen, daß die Anlage so geplant und errichtet wird, daß alle einschlägigen Rechtsvorschriften eingehalten werden und die Anlage im anschließenden Zulassungsverfahren zugelassen werden kann.

dd) Die Anlagenerrichtung darf keinen irreversiblen Zustand schaffen. D.h.: Der alte Zustand muß im Falle einer möglichen späteren Ablehnung des Zulassungsantrages tatsächlich wiederhergestellt werden können.

ee) Der Vorhabenträger muß sich verpflichten[65], alle bis zur Zulassungsentscheidung durch die Errichtung der Anlage verursachten Personen-, Sach- und Vermögensschäden zu ersetzen und, falls die Anlage nicht zugelassen wird, den früheren Zustand wiederherzustellen. Ferner muß der Vorhabenträger die zur Erfüllung seiner Schadensersatz- und Wie-

---

[65] Es handelt sich um eine Verursacherhaftung auf der Grundlage einer Verpflichtungserklärung oder eines Vertrages mit öffentlich-rechtlicher Wirkung für die behördliche Forderung nach Wiederherstellung des ursprünglichen Zustandes und mit privatrechtlicher Wirkung zugunsten Dritter (§ 328 BGB) für die Schadensersatzansprüche Drittgeschädigter. So auch die h.M. für die gleichgelagerte Schadenshaftung nach § 15 a Abs. 1 Nr. 3 BImSchG, § 7 a Abs. 1 Nr. 3 AbfG und § 9 a Abs. 1 Nr. 3 WHG; siehe *Feldhaus, Gerhard*: Bundesimmissionsschutzrecht, Bd. 1 A, Kommentar, 2. Aufl., 1991, § 15 a BImSchG, Anm. 9 a.E.; *Kunig, Philip/Schwermer, Gerfried/Versteyl, Ludger-Anselm*: Abfallgesetz, Kommentar, 2. Aufl., 1991, § 7 a AbfG, Rdnr. 21 ff.; *Gieseke, Paul/ Wiedemann, Werner/Czychowski, Manfred*: Wasserhaushaltsgesetz, Kommentar, 5. Aufl., 1989, § 9 a WHG, Rdnr. 10 ff.; *Breuer, Rüdiger*: Öffentliches und privates Wasserrecht, 2. Aufl., 1987, Rdnr. 273.

derherstellungsverpflichtungen erforderliche Deckungsvorsorge treffen. Dies kann durch Abschluß der üblichen Betriebs- und Umwelthaftpflichtversicherung, ergänzt um die Deckung der möglichen Wiederherstellungskosten, erfolgen.

ff) Die Errichtungsfreigabe unterscheidet sich in zwei Punkten wesentlich von der Zulassung des vorzeitigen Beginns nach § 15 a Abs. 1 BImSchG, § 7 a Abs. 1 AbfG und § 9 a Abs. 1 WHG:

— Sie erfolgt vor, nicht nach der Stellung des Zulassungsantrags;

— sie erfordert keine Prognose der materiell-rechtlichen Genehmigungsfähigkeit des Vorhabens.

Gerade die Pflicht zur Prognostizierung der materiell-rechtlichen Genehmigungsfähigkeit eines Vorhabens hat in der Praxis dazu geführt, daß von der Zulassung des vorzeitigen Beginns — jedenfalls für Industrieanlagen nach § 15 a BImSchG — verhältnismäßig wenig Gebrauch gemacht wird. Denn die Behörden fühlen sich in der Regel erst in der Lage, die Genehmigungsfähigkeit eines Vorhabens zu prognostizieren, wenn das Genehmigungsverfahren soweit fortgeschritten ist, daß praktisch die Genehmigung erteilt werden könnte. Demgegenüber kann sich die Behörde im Versicherungsmodell II auf eine weitgehend formellrechtliche Prüfung der Freigabevoraussetzungen beschränken. Lediglich die Prüfung, ob die Anlagenerrichtung zu irreversiblen Veränderungen des bestehenden Zustands führen kann, besitzt materiellen Charakter. Aber auch insoweit braucht nicht das Vorliegen der Genehmigungsvoraussetzungen, sondern nur die Reversibilität des veränderten Zustands prognostiziert zu werden.

b) Funktionsweise

Ebenso wie im Versicherungsmodell I haben Vorhabenträger, private Sachverständige und Versicherer im Versicherungsmodell II ein wirtschaftliches Eigeninteresse, daß die Anlage im Einklang mit umweltrechtlichen Anforderungen errichtet wird.

aa) Ein rational kalkulierender Betreiber muß aufgrund seines Investitionsinteresses alles daran setzen, daß die Anlage ordnungsgemäß geplant und errichtet wird, damit sie im anschließenden Genehmigungsverfahren genehmigt werden kann. Scheitert das Genehmigungsverfahren, so müßte der Vorhabenträger erhebliche Zeitverzögerungen und den Verlust der Aufwendungen für das vorgezogene Freigabeverfahren hinnehmen. Hinzu kommt das Interesse des Vorhabenträgers, seinen Versicherungsschutz nicht durch eine rechtlich unzulässige Projektplanung zu gefährden sowie die negative Publizität gerichtlicher Schadensersatzprozesse zu vermeiden.

bb) In dieselbe Richtung geht das Interesse des privaten Sachverständigen. Sein geschäftlicher Erfolg hängt von der Zuverlässigkeit der Projektplanung und -überwachung für die freigegebene Anlage ab.

cc) Schließlich wird der Versicherer bestrebt sein, sein Versicherungsrisiko durch genaue Überprüfung der Standortverhältnisse, insbesondere hinsichtlich der Kosten für die mögliche Wiederherstellung des ursprünglichen Zustandes, zu minimieren.

dd) Wie für das Versicherungsmodell I dargelegt, ist darüber hinaus zu erwägen, das Versicherungsmodell II ebenfalls auf Betriebsstätten zu beschränken, die sich erfolgreich einer Umweltbetriebsprüfung nach der o.g. EG-Verordnung vom 29.6.1993 über Umweltmanagement und Umweltbetriebsprüfung unterzogen haben. Dies wäre eine zusätzliche Absicherung gegen Schadensrisiken aufgrund von Planungs- und Organisationsmängeln beim Vorhabenträger.

c) Vereinfachungseffekte sowie Abbau und Vermeidung von Vollzugsdefiziten

Die Ermöglichung einer Errichtungsfreigabe bereits vor der Stellung des Genehmigungsantrags sowie der Wegfall der Pflicht zur Prognostizierung der materiellrechtlichen Genehmigungsfähigkeit des Vorhabens dürften mit erheblichen Beschleunigungseffekten verbunden sein.

Darüber hinaus ist von dem Versicherungsmodell II auch ein verminderter Prüfaufwand der Behörden im anschließenden Genehmigungsverfahren zu erwarten. Denn zum einen werden Vorhabenträger, private Sachverständige und Versicherer aufgrund ihres Eigeninteresses an einer ordnungsgemäßen Anlagenerrichtung für eine sorgfältige Planung des Vorhabens sorgen, so daß sich die Behörden weitgehend auf Plausibilitätsprüfungen beschränken können. Zum anderen dürfte in schwierigen Fällen die Beurteilung einer in der Errichtung befindlichen oder bereits errichteten Anlage leichter sein als die Prüfung von Planungsunterlagen „am grünen Tisch", weil die Prüfung vor Ort am realen Objekt erfolgen kann.

Auf diese Weise werden Verwaltungskapazitäten für den Abbau und die Vermeidung von Vollzugsdefiziten im Überwachungsbereich freigesetzt.

d) Umweltpolitische und rechtliche Einwände

aa) Der mögliche Einwand, im Versicherungsmodell II seien eine ausreichende Gefahrenabwehr und die erforderliche Umweltvorsorge nicht gewährleistet, greift nicht durch. Denn das dreifache Eigeninteresse von Vorhabenträger, privatem Sachverständigen und Versicherer an einer umweltrechtlich einwandfreien Errichtung der Anlage dürfte der Wahrung von Umweltbelangen ebenso wirksam dienen wie die Durchführung eines behördlichen Genehmigungsverfahrens. So ist das Errichtungsrisiko überschaubar. Das Fehlen irreversibler Eingriffe in Natur und Landschaft ist Voraussetzung für die Errichtungsfreigabe. Zudem kann die Behörde jederzeit die Errichtungsfreigabe widerrufen und die Errichtungsarbeiten stoppen.

Die Problematik des Versicherungsmodells II liegt in der Frage, ob die Behörden im Falle einer bereits errichteten, aber später nicht genehmigungsfähigen Anlage das Durchsetzungsvermögen besitzen, den alten Zustand wiederherzustellen. Diesem Problem trägt das Erfordernis einer obligatorischen Deckungsvorsorge Rechnung. Im übrigen entfällt im Versicherungsmodell II ein Hindernis, das in den Fällen des § 15 a Abs. 1 BImSchG, § 7 a Abs. 1 AbfG und § 9 a Abs. 1 WHG die Wiederherstellung des ursprünglichen Zustandes erheblich erschwert. In diesen Fällen hatte die Genehmigungsbehörde die voraussichtliche Genehmigungsfähigkeit der Anlage ursprünglich bejaht und dürfte daher nur in Ausnahmefällen von dieser Beurteilung wieder abweichen wollen. Demgegenüber kann die Genehmigungsbehörde im Versicherungsmodell II die Forderung nach Wiederherstellung des ursprünglichen Zustandes weitgehend unbelastet von einer falschen früheren Prognose durchsetzen.

bb) Grundrechtliche Bedenken greifen gegen das Versicherungsmodell II ebenfalls nicht durch, da die Behörde die Errichtungsfreigabe bei einer möglichen Beeinträchtigung individueller Drittrechte jederzeit widerrufen kann und die Letztverantwortung für die Zulassung der Anlage behält.

Fraglich ist, ob das Versicherungsmodell II mit Art. 2 Abs. 1 Satz 1 der UVP-Richtlinie (85/337/EWG) vereinbar ist, soweit sich die Errichtungsfreigabe auf UVP-pflichtige Anlagen bezieht. Denn diese Vorschrift verlangt, daß „vor der Erteilung der Genehmigung" eine UVP durchgeführt wird.

Die EG-Kommission[66] ist der Auffassung, daß eine UVP vor der Zulassung des vorzeitigen Beginns nach § 7 a AbfG durchgeführt werden muß. Zur Begründung wird ausgeführt, daß

[66] Schreiben vom 6.7.1993 (Nr. SG (93) D/11396) an die Bundesregierung im Rahmen eines Beschwerdeverfahrens.

— die Zulassung des vorzeitigen Vorhabenbeginns den Vorhabenträger „tatsächlich" in die Lage versetze, mit der Ausführung seines Vorhabens zu beginnen, und

— die Prognose der materiellen Genehmigungsfähigkeit im Rahmen der Zulassung des vorzeitigen Beginns auf „derselben Entscheidungsgrundlage" ergehen müsse, wie der nachfolgende Planfeststellungsbeschluß, mithin eine UVP voraussetze.

Aus dieser Auffassung könnte der „Erst-recht-Schluß" gezogen werden, daß das Versicherungsmodell II ebenfalls gegen die UVP-Richtlinie verstößt.

Die Auffassung der Kommission steht jedoch nicht im Einklang mit dem Genehmigungsbegriff in Art. 1 Abs. 2 der Richtlinie, die „Genehmigung" als eine Entscheidung bestimmt, „aufgrund deren der Projektträger das Recht zur Durchführung des Projekts erhält". Nach dieser Begriffsbestimmung kommt es also auf das „Recht" zur Projektausführung und nicht — wie die Kommission meint — auf die „tatsächliche" Ausführung an. Die Zulassung des vorzeitigen Beginns und die Errichtungsfreigabe im Versicherungsmodell II gewähren kein „Recht zur Ausführung" des Vorhabens und fallen somit nicht unter den Genehmigungsbegriff der UVP-Richtlinie. Im übrigen kann dahinstehen, inwieweit die Prognose der materiellen Genehmigungsfähigkeit für die Zulassung des vorzeitigen Beginns eine UVP voraussetzt. Denn diese Prognose entfällt im Versicherungsmodell II. Im Ergebnis ist also die Vereinbarkeit des Versicherungsmodells mit der UVP-Richtlinie festzustellen.

e) Bewertung

Insgesamt ist das Versicherungsmodell II für den Umweltschutz mit Vorteilen verbunden. Es vereinfacht die Aufgabenerledigung für die Behörden und gibt ihnen die Möglichkeit, ihre knappen Verwaltungsressourcen auf wichtige Fälle zu konzentrieren.

Für die Vorhabenträger ist das Versicherungsmodell II mit Haftungsrisiken und zusätzlichen Kosten für private Sachverständige und ggf. zusätzliche Versicherungsprämien verbunden. Dafür bietet ihnen das Modell die Möglichkeit einer erheblichen Investitionsbeschleunigung. Freilich dürfte bei öffentlich kontroversen Vorhaben die Rechtssicherheit einer bestandskräftigen Errichtungsgenehmigung der Frühzeitigkeit einer rechtlich nicht gesicherten Errichtungsfreigabe vorzuziehen sein.

3. Gesamtwürdigung der Versicherungsmodelle I und II

Die vorgeschlagenen Versicherungsmodell führen zu einer teilweisen Privatisierung von Verwaltungsaufgaben und verlagern die ökologischen Risiken der Aufgabenvereinfachung und Investitionsbeschleunigung weitgehend auf die begünstigten Vorhabenträger. Hierdurch entstehen für die Vorhabenträger zusätzliche Kosten und Haftungsrisiken. Auf diese Weise werden jedoch die ökologischen Risiken, die bislang allein der Allgemeinheit aufgebürdet sind, internalisiert und zu einem marktfähigen Gut. Dies entspricht den Grundsätzen der Marktwirtschaft. Ferner schaffen die Versicherungsmodelle Anreize zur sorgfältigen Anlagenplanung und zur kontinuierlichen Eigenüberwachung. Dies würde eine erhebliche Verbesserung des gegenwärtigen Zustands im Bereich der Überwachung darstellen.

Schließlich geben die Versicherungsmodelle der Umweltpolitik die Möglichkeit, den vielen (verdeckten) politischen Versuchen entgegenzutreten, die Uhren im Umweltschutz um 30 Jahre zurückzustellen. Denn wer die Beschleunigungsoption der Versicherungsmodelle wegen der Kosten- und Haftungsrisiken ausschlägt, wird politisch unglaubwürdig, wenn er weiterhin — zu Lasten der Allgemeinheit — den Abbau umweltrechtlicher Zulassungsverfahren fordert.

Neues Verfahrensrecht für Planfeststellung und Anlagengenehmigung — Vereinheitlichung des Verwaltungsverfahrens oder bereichsspezifische Sonderordnung?

Von Rainer Wahl

I. Einleitung

Mein Thema steht in der Kontinuität der Speyerer Tagung von 1983 und des damaligen Obertitels „Vereinheitlichung und Fortentwicklung des Verwaltungsverfahrensrechts“[1]. Wenn es im folgenden um „Neues Verfahrensrecht für Planfeststellung und Anlagengenehmigung“ geht, dann ist damit in besonderer Weise die Fragestellung nach der Stellung dieser Regelungen innerhalb des Kodifikationsanspruchs des VwVfG aufgeworfen. Das mag gegenüber den drängenden Sachproblemen der Gegenwart als minder gewichtiges Problem erscheinen. Auch mag die Fortsetzung und Fortschreibung des Vereinheitlichungsthemas manchen, eben angesichts dieser drängenden Probleme, als Anachronismus erscheinen[2]. Der Bedeutungsverlust des damals dominanten Themas kann aber auch als Beleg für die Kurzlebigkeit mancher Wellenbewegungen dienen und damit zugleich zur Vorsicht mahnen, heute Aktuelles zu überschätzen. Ich fühle mich zu dieser Bemerkung veranlaßt, weil ich damals mit meiner Skepsis gegen eine zu umfassend postulierte Vereinheitlichung allein gestanden hatte, ebenso mit meiner Skepsis gegenüber der Fähigkeit der Gesetzgeber in Bund und Ländern, die VwVfGe in einer kombinierten Aktion zu ändern und damit das VwVfR fortzuentwickeln[3]. Der Rückblick zeigt, daß ich mit dieser Skepsis in einem Ausmaß Recht behalten habe, das nicht glücklich machen kann. Heute ist es eher notwendig, gegenüber einer vielfältigen punktuellen Gesetzgebung für ein Minimum an Vereinheitlichung zu plädieren.

---

[1] *Blümel* (Hrsg.), Vereinheitlichung des Verwaltungsverfahrensrechts, 1984. Auch damals standen die Überlegungen nicht nur unter dem Gesichtspunkt der Vereinheitlichung sondern auch unter dem der Fortentwicklung des Verwaltungsverfahrensrechts.

[2] Die fortdauernde Bedeutung der Vereinheitlichung des VwVfG hat *Blümel* (Fn. 1) einleitend hervorgehoben.

[3] Die unterschiedlichen Auffassungen sind insb. in der Podiumsdiskussion der Referenten (in: Blümel [Fn. 1], S. 200 ff.), aber auch in den Referaten von *Schaefer* (in: Blümel [Fn. 1], S. 67 ff.) und *Dittus* (in: Blümel [Fn. 1], S. 79 ff.) einerseits, *Wahl* (in: Blümel [Fn. 1], S. 19 ff.) andererseits deutlich geworden.

Dazu ist in einem ersten Teil nochmals die Grundsatzfrage der Berechtigung von bereichsspezifischem Verfahrensrecht aufzuwerfen, die dann im zweiten Teil am Beispiel der Genehmigungs- und Planfeststellungsverfahren konkretisiert wird. Der Ausgriff auf die Grundfragen ist bei einer Tagung, bei der es um die Reform des Verwaltungsverfahrensrechts und die Rolle des VwVfG geht, unerläßlich. Diese allgemeinen Überlegungen beziehen sich zunächst nicht auf das aktuelle Beschleunigungsthema. Die Fortschreibung des Vereinheitlichungsthemas ist ein jenseits der Aktualität stehendes Dauerthema rechtlicher Kodifikation — ein Dauerthema, das derzeit zwar im Windschatten liegt, gerade deshalb aber Überlegungen auf Vorrat sinnvoll erscheinen läßt.

II. Allgemeines Verwaltungsverfahrensrecht und bereichsspezifisches Verwaltungsverfahrensrecht

1. Zur Stellung des Verwaltungsverfahrensrechts zwischen dem Verwaltungsprozeßrecht und dem materiellen Verwaltungsrecht

Das Verwaltungsverfahrensgesetz ist eines der erfolgreichsten Gesetze und geradezu zu einem Exportschlager geworden. Dies überrascht nicht, denn in dem weiten, sehr weiten Feld des Verwaltungsrechts ist eine Kodifikation, die mit dem Verfahren einen zentralen Teil erfaßt, besonders strukturierend und verklammernd. Insoweit hat sich das Kodifikationsprinzip bewährt. Mit dem einheitlichen Gesetz sind wichtige Teile der bisherigen allgemeinen Lehren verfügbar geworden, auch von außen relativ leicht studierbar und für eine Rezeption geeignet[4].

Die grundsätzliche Bewährung und der Erfolg der Kodifikationsidee und der Anlage des Gesetzes, etwa auch der Einbeziehung der Annexmaterien, besagen nun andererseits aber nicht, daß kein Änderungs- oder Weiterentwicklungsbedarf bestünde. Im Gegenteil machen — um hier nur dieses zu nennen — der Erfolg und die Prägekraft, die das Gesetz erlangt hat, das Vorhandensein von Defiziten besonders bemerkbar. Was nicht in das VwVfG aufgenommen und in seinen Bannkreis geraten ist, wird damit leicht an den Rand der Aufmerksamkeit, auch und gerade der Aufmerksamkeit für die systematisch-dogmatische Bearbeitung gedrängt. Insofern ist die Frage des richtigen Anwendungsbereichs des VwVfG durchaus wichtig und ihre

[4] Beurteilungen des VwVfG finden sich bei *Hill*, Zehn Jahre Verwaltungsverfahrensgesetz (Speyerer Arbeitsheft 78), 1 ff. und ausführlich im gesamten Aufsatz zu einzelnen Regelungen des Gesetzes; *Obermayer*, VwVfG, 2. Aufl. Einleitung Rdnr. 84 ff.; Rdnr. 91; *Hoffmann-Riem*, Reform des allgemeinen Verwaltungsrechts als Aufgabe — Ansätze am Beispiel des Umweltschutzes —, AöR 115 (1990), 400, 405 f.; *Pitschas*, Verwaltungsverantwortung und Verwaltungsverfahren, 1990, insb. 60 ff., 97 ff.

Beantwortung folgenreich. Der geltende enge Anwendungsbereich, der etwa Verfahren der Normsetzung ausschließt, stellt diese Verfahren auf ein Nebengleis der systematisch-dogmatischen Durchdringung.

Eine andere Frage ist die der formellen Vereinheitlichung des Verwaltungsverfahrensrechts, also die Frage, ob innerhalb des grundsätzlichen Anwendungsbereichs des VwVfG dessen Regelungen abschließend sein oder hinter bereichsspezifischem Verfahrensrecht zurücktreten sollen. Insofern ist zu bemerken, daß die bei Verabschiedung des VwVfG formulierten Vereinheitlichungspostulate in der Praxis in einer ersten Phase der Entwicklung einen begrenzten Erfolg gehabt haben[5]. Auch für die Zukunft bleibt es eine Routine- und Daueraufgabe, den zunächst immer wieder entstehenden Wildwuchs unnötiger Abweichungen von den allgemeinen Regelungen in einem zweiten Schritt zu beseitigen, da die konkrete Gesetzgebung unter ihren politischen (Kompromiß-)Bedingungen immer wieder zu systematisch unnötigen Abweichungen führt.

Daneben bleibt die grundsätzliche Frage, wieviel Allgemeinheit und Abstraktion ein Rechtsgebiet wie das gesamte Verwaltungsrecht erfordert, aber auch erträgt[6]. Es bedarf daher der Klärung, wann ein zu stark forciertes Bemühen um Vereinheitlichung zu unfruchtbaren Abstraktionen und weg von der Rechtswirklichkeit führt. Hinter der Alternative allgemeines oder bereichsspezifisches Verwaltungsverfahrensrecht verbergen sich grundsätzliche Probleme, zu denen ich auf der Tagung von 1983 mit den folgenden Thesen Stellung bezogen habe[7]:

Hinter der Alternative Vereinheitlichung oder bereichsspezifisches Verfahrensrecht[8] (Generalisierung oder Differenzierung) stehen unterschiedli-

[5] Erstes Gesetz zur Bereinigung des Verwaltungsverfahrensrechts vom 18.2.1986 (BGBl. I. S. 265); dazu *Stelkens*, NVwZ 1986, 541 f.; *Bonk*, DVBl. 1986, 485, 489 f.; *Ule*, VerwArch. 76 (1985), 129, 149; *Schaefer*, in: Blümel (Fn. 1), S. 72.

Erstes Rechtsbereinigungsgesetz vom 24.4.1986 (BGBl. I. S. 560); Zweites Rechtsbereinigungsgesetz vom 16.12.1986 (GVBl. I S. 2441); dazu *Stelkens* (Fn. 5), S. 542; *Bonk* (Fn. 5), S. 490. Drittes Rechtsbereinigungsgesetz v. 28.6.1990 (BGBl. I. S. 1221).

[6] Viel Material und Gedanken enthält dazu die dichte Studie von *Steiner*, Zum Anwendungsbereich der verwaltungsverfahrensrechtlichen Regelungen über die materielle Bestandskraft von Verwaltungsakten (§§ 48, 49 VwVfG), VerwArch. 83 (1992), 479 ff.; *Steiner* hat in der Diskussion zu Recht auf den beträchtlichen Umfang des Sonderverwaltungsrechts bei den Rücknahme- und Widerrufsregelungen sowie bei den Nebenbestimmungen zum Verwaltungsakt aufmerksam gemacht.

[7] *Wahl*, Vereinheitlichung oder bereichsspezifisches Verwaltungsverfahrensrecht?, in: *Blümel* (Fn. 1), S. 38-42, sowie 42 ff.; *ders.*, Verwaltungsverfahren zwischen Verwaltungseffizienz und Rechtschutzauftrag, VVDStRL 41, 1983, 171 ff.

[8] Mit bereichsspezifischem Verfahrensrecht ist hier (als inhaltlich definierter Begriff) Verfahrensrecht mit gegenständlich beschränktem Anwendungsbereich gemeint; mit Sonderverwaltungsverfahrensrecht kann man dagegen (möglicherweise mit dem VwVfG übereinstimmendes) Verfahrensrecht außerhalb des formellen Regelungsorts des VwVfG bezeichnen, vgl. *Wahl*, Vereinheitlichung (Fn. 7), S. 30 f.

che Auffassungen über den Standort des Verwaltungsverfahrensrechts im Dreieck: sachlich-inhaltliches Verwaltungsrecht — Verwaltungsverfahrensrecht — Verwaltungsprozeßrecht.

Hinter dem Postulat der weitgehenden Generalisierung des Verwaltungsverfahrensrechts zu einem „allgemeinen Verwaltungsverfahrensrecht" steht die Konzeption eines relativ eigenständigen Verwaltungsverfahrensrechts (im Hinblick auf das inhaltliche Verwaltungsrecht) und die Vorstellung von weitgehenden Gemeinsamkeiten mit dem Verwaltungsprozeßrecht im Sinne eines allgemeinen Verfahrensrechts.

2. Bereichsspezifisches Verwaltungsverfahrensrecht als Widerspiegelung einer engen Nähebeziehung zwischen dem Verwaltungsverfahrensrecht und dem inhaltlichen Verwaltungsrecht

So berechtigt und weiterführend es für die Entwicklung einer generellen Verfahrenstheorie ist, die Eigengesetzlichkeiten von Verfahrensabläufen und die spezifische Bedeutung von Verfahrensrationalität und -gerechtigkeit herauszuarbeiten[9], so wenig darf die zweite Problemschicht des Verfahrensrechts übersehen werden, in der die konkreten Verfahrensordnungen unter der Einwirkung derjenigen materiellen (Interessen)konflikte und Sachlagen, zu deren Bewältigung sie „dienen", einen je besonderen Inhalt annehmen: Die Konzeption des bereichsspezifischen Verwaltungsverfahrensrechts beruht auf dem Verständnis einer engen Nähebeziehung zwischen dem Verwaltungsverfahrensrecht und dem inhaltlichen Verwaltungsrecht; beide werden als Ausdruck gemeinsamer Antworten auf einheitliche Sachprobleme gesehen[10].

So spiegeln sich in den Vorschriften über das Genehmigungsverfahren genau die Regelungsprobleme und Konflikte, die dem materiellen Recht der Genehmigungserteilung zugrundeliegen: sowohl das materielle wie das Verfahrensrecht müssen die unterschiedlichen Interessen und Rechte erstens der Betreiber auf Betätigung ihrer Handlungsfreiheiten, zweitens die Schutzinteressen der Dritten/Nachbarn und drittens die Belange der Allgemeinheit zum Ausgleich bringen. Stets geht es um denselben mehrseitigen Konflikt. Im Verfahrensrecht nimmt er die Gestalt an, daß die Interessen des Betreibers auf Rechtzeitigkeit und Schnelligkeit des Verfahrens den Interessen der Dritten und der Allgemeinheit daran gegenüberstehen, daß das Verfahren genügend Argumentationsraum und Zeit zur Geltendmachung und Verarbeitung ihrer Belange zur Verfügung stellt. Weil sich im Verfahrensrecht die

[9] *Wahl* Art.`Verfahren, Verfahrensrecht', in: Staatslexikon Bd. 5, 7. Aufl. 1989, Sp. 628 ff. — Zur Verfahrensgerechtigkeit *R. Hoffmann*, Verfahrensgerechtigkeit. Studien zu einer Theorie prozeduraler Gerechtigkeit, 1992.

[10] *Wahl*, Vereinheitlichung (Fn. 7), S. 40.

jeweilige Interessenkonstellation der materiell-rechtlichen Regelungen mehr oder weniger auswirkt, erfordert eine Verfahrensordnung häufig darauf bezogene spezielle Regelungen. Daraus begründet sich die bleibende Notwendigkeit des bereichsspezifischen Verwaltungsverfahrensrechts.

3. Das Allgemeine Verwaltungs(verfahrens)recht und das Abstraktions- bzw. Konkretisierungsniveau der mittleren Ebene

Das Plädoyer für ein bereichsspezifisches Verwaltungsverfahrensrecht (bzw. für ein Gegengewicht gegen ein einseitiges Vereinheitlichungspostulat) kann auf verschiedenen Ebenen der Konkretheit ansetzen, so auf der Ebene des jeweiligen speziellen Gesetzes oder auch abstrakter. Im Zusammenhang mit neueren Überlegungen über die Reform des Allgemeinen Verwaltungsrechts und — damit eingelagert Reflexionen über die Funktion des Allgemeinen Verwaltungsrechts — halte ich das Konzept einer Begriffs- bzw. Systembildung auf einer mittleren Ebene der Konkretisierung bzw. Verallgemeinerung für fruchtbar[11]. Damit ist eine Systembildung auf der Ebene oberhalb des einzelnen Gesetzes und unterhalb des tendenziell alle Verwaltungsbereiche ergreifenden Allgemeinen Verwaltungsrechts gemeint. Auf dieser mittleren Ebene der Abstraktion und Konkretion läßt sich vor allem der Aufgabenbezug des Verwaltens am angemessensten in das Verwaltungsrecht einbauen. Angesichts der Vielfalt und beträchtlichen inhaltlichen Differenziertheit der Verwaltungsaufgaben läßt sich die für das Verwaltungsrecht unerläßliche Sach- und Wirklichkeitszugewandtheit nicht generell für alle Verwaltungstätigkeiten erreichen. Auf der mittleren Ebene dagegen verschwimmt der Aufgabenbezug weder in der sehr hohen Abstraktion, noch verliert er sich in der zu großen Konkretion und Spezialität (des einzelnen Verwaltungsgesetzes)[12]. Typische Regelungsprobleme, die aus der Sach-

[11] Dazu *Wahl*, Die Aufgabenabhängigkeit von Verwaltung und Verwaltungsrecht, in: Hoffmann-Riem/Schmidt-Aßmann/Schuppert (Hrsg.), Die Reform des Allgemeinen Verwaltungsrechts, 1993.

[12] Bildhaft und überspitzt gesprochen verbleibt das einzelne Verwaltungsgesetz zu sehr in der Froschperspektive und das Allgemeine Verwaltungs(verfahrens)recht zu sehr in der Vogelperspektive. Beide verfehlen den freien, aber die Konturen klar erkennenden Überblick aus der Warte eines erhöhten Turms. Als erste Annäherung für diese mittlere Ebene lassen sich die Kodifikationsvorhaben und wissenschaftlichen Systematisierungen auf der Ebene von SGB und UGB-Entwurf nennen. — Zur parallelen Situation im materiellen Verwaltungsrecht — sehr hohe Abstraktion der Verwaltungsakts-Lehre, die im Allgemeinen Verwaltungsrecht mit den dort üblichen Unterscheidungen der „Arten der Verwaltungsakte" die Eigenart etwa der Kontrollerlaubnis oder der Befreiung im Ausnahmefall nicht erreicht, *Wahl*, Aufgabenabhängigkeit (Fn. 11), unter IV 5. Dort auch zur bleibenden und unerläßlichen Funktion des Allgemeinen Verwaltungsrechts (insb. seiner Brückenfunktion zum Verfassungsrecht und der Ausbildung der originär verwaltungsrechtlichen Grundinstitute); vgl. auch schon *ders.*, Genehmigungs- und Planungsentscheidung, DVBl. 1982, 51 ff.

struktur resultieren, finden auf der mittleren Ebene ihren adäquaten Ausdruck in dogmatischen Instituten einer „mittleren Reichweite", wie etwa in den hier interessierenden Instituten der Genehmigung oder der Planfeststellung und ihrer Verfahren.

Bezogen auf das Verwaltungsverfahrensrecht spricht nichts dafür, daß sich das rechtlich und rechtspolitisch „interessante" bereichsspezifische Recht auf der Ebene der einzelnen Gesetze findet. Dieses bietet sich zunächst nur pragmatisch oder eher zufällig als der naheliegende Gegenstand der einzelnen gesetzgeberischen Tätigkeit an, inhaltlich ist es aber keinesfalls notwendiger- oder zweckmäßigerweise der sinnvolle Ansatzpunkt von Besonderheiten. Demgegenüber macht die Systembildung auf einer mittleren Ebene mit dem Wort „bereichsspezifisch" ernst, in dem ein einheitlicher, über mehrere Gesetze übergreifender Bereich ins Blickfeld genommen wird, der seinerseits durch gemeinsame Sachstrukturen und gemeinsame Herausforderungen an die rechtliche Regelung bestimmt ist.

Im geltenden Verwaltungsverfahrensrecht findet sich zwischen der gesonderten Regelung im Fachgesetz und der im allgemeinen Teil des VwVfG gesteigerten Abstraktion jene mittlere Ebene. Diese Zwischenebene ist im VwVfG selbst, wenn auch recht unvollkommen, beschritten, nämlich die Herausbildung von konkreten Verfahrenstypen. Für sie stellt das VwVfG in seinen „besonderen Verfahrensarten" eine Art Modellregelung bereit, in dem förmlichen Verwaltungsverfahren der §§ 63 ff. VwVfG und dem Planfeststellungsverfahren der §§ 72 ff. VwVfG. Wenn im folgenden das Konzept der mittleren Ebene der dogmatisch-systematischen Betrachtung des Verwaltungsrechts[13] für das Verwaltungsverfahrensrecht konkretisiert wird, dann wird zugleich die dogmatisch-kodifikatorische Funktion der besonderen Verfahrensarten im Unterschied zu den beiden anderen Regelungsschichten des Verfahrensrechts, nämlich den allgemeinen Vorschriften der §§ 9 ff. VwVfG und den speziellen Verfahrensregeln der einzelnen Fachgesetze, profiliert. Die hier einschlägige Problematik habe ich vor kurzem am Beispiel der Untersuchungsmaxime und ihres Verhältnisses zur Mitwirkung der Beteiligten untersucht[14]. Im Blick darauf läßt sich der Sinn der Herausarbeitung von Verfahrenstypen als Ausdruck der mittleren Ebene der Generalisierung anschaulich machen.

---

[13] Dazu oben Fn. 11.

[14] *Wahl*, Das Verwaltungsverfahren bei Genehmigungsverfahren. Die nachvollziehende Amtsermittlung im UVP-Gesetz, in: Recht und Verfahren, Kolloquium der Rechtswissenschaftlichen Fakultäten der Universitäten Osaka und Freiburg, 1993, S. 155 ff.

4. Die Verfahrenstypen als Institute der mittleren Ebene der dogmatischen Systembildung

Als Folge der Kodifikation im Verwaltungsverfahrensgesetz ist es eine Eigenart des deutschen Verwaltungsverfahrensrechts als einer dogmatisch-systematischen Disziplin, daß es primär allgemeines Verwaltungsverfahrensrecht ist und als solches auch in den Lehrbüchern — bewußtseinsbildend — erscheint. Erörterungen zum Verhältnis Amtsermittlung und Mitwirkung — unserem Exempel — beziehen sich deshalb meist auf die allgemeinen Vorschriften der §§ 22 und 24 VwVfG; sie bewegen sich dementsprechend auch auf einem sehr abstrakten Niveau der dogmatischen Behandlung[15]. Die Rollenverteilung zwischen der Behörde und den einzelnen ist einheitlich umschrieben; der aktive Part ist der ermittelnden Behörde über die Amtsermittlung zugewiesen. Daß sich diese Rollenverteilung bei einem Antragsverfahren anders darstellen kann, kommt nicht zum Ausdruck.

Die dünne Luft der Abstraktion wird auch in den Darstellungen der Literatur zum rechtlichen Verhältnis Untersuchungsmaxime — Mitwirkung der Beteiligten deutlich; in den gängigen Pauschalformeln zu diesem Verhalten[16] wird von der ein konkretes Verfahren strukturierenden Zuordnung der einzelnen Verfahrensrollen wenig sichtbar. Nun kann man natürlich einwenden, daß dies das selbstverständliche Kennzeichen eines allgemeinen Teils sei; Konkretheit sei erst beim Blick auf die einzelnen Gesetze zu erwarten. Aber diesem Blick wird vieles und wichtiges entgehen, wenn nur punktuell und ausschnittweise nach Modifikationen der §§ 24 und 26 VwVfG in den einzelnen Gesetzen gesucht wird. Die eigentliche Bedeutung des bereichsspezifischen Verfahrensrechts erschließt sich häufig erst dann, wenn man in einer umfassenderen Betrachtung die Regelungen für ein Verfahren insgesamt ins Blickfeld nimmt und dabei bestimmte *Verfahrenstypen* unterscheidet. Solche Typen sind mindestens: Verfahren für repressive Überwachungseingriffe, Verfahren der Abgabenerhebung, (Antrags)Verfahren zur Gewährung von Geldleistungen, Genehmigungsverfahren, Planfeststellungsverfahren, Planungverfahren[17].

[15] In den Standardkommentaren findet sich keine Unterscheidung nach Verfahrensarten, insb. gibt es keine besonderen Hinweise auf Antragsverfahren.

[16] Die gängigen Formeln lauten: die Untersuchungspflicht endet dort, wo die Mitwirkung beginnt; der Mitwirkende als bloßer Ermittlungs- oder Erforschungsgehilfe. Dazu *Schromek*, Die Mitwirkungspflichten der am Verwaltungsverfahren Beteiligten — eine Grenze des Untersuchungsgrundsatzes?, 1989, S. 183 ff.; *J.P. Schneider*, Nachvollziehende Amtsermittlung bei der Umweltverträglichkeitsprüfung. Zum Verhältnis zwischen dem privaten Träger des Vorhabens und der zuständigen Behörde bei der Sachverhaltsermittlung nach dem UVPG, 1990, S. 111 ff.; *Wahl*, Genehmigungsverfahren (Fn. 14), S. 161 m.w.N..

[17] Eine (nicht abgeschlossene) Liste solcher Verfahrenstypen könnte umfassen (so schon *Wahl*, Vereinheitlichung [Fn. 7], S. 51): Verfahren für repressive Überwachungsein-

Bei der gebotenen typologischen Betrachtung wird sichtbar, daß in den speziellen Verwaltungsgesetzen häufig nicht nur mehr oder weniger zufällige Varianten zu Einzelregelungen des allgemeinen Verfahrensrechts auftauchen, sondern daß die einzelnen Modifikationen ihre Berechtigung im übergreifenden Zusammenhang eines Verfahrenstyps finden und sich aus der Eigenart des jeweiligen Typs begründen. Gerade beim hier interessierenden Problembereich der Mitwirkung des verfahrensbeteiligten Bürgers bewährt sich der typisierende Zugang; denn offensichtlich wird eine je andere „Mitwirkung" des Beteiligten erwartet, wenn er etwas von der Verwaltung will und deshalb durch seinen Antrag ein Verfahren in Gang setzt oder wenn die Verwaltung repressiv und eingreifend gegen ihn vorgehen will, dies von Amts wegen tut und — natürlich — nur in begrenztem Umfange mit seiner Mitwirkung rechnen kann[18]. So wie im Verwaltungsprozeß die materielle Beweislast, die es auch unter der Herrschaft der Untersuchungsmaxime gibt, bei belastenden Eingriffen und Ansprüchen unterschiedlich geregelt ist[19], so unterscheiden sich auch — als Widerspiegelung dieser im materiellen Recht angelegten „Rollenverteilung"- die verfahrensmäßigen Obliegenheiten des einzelnen im Antragsverfahren und im Verfahren der Überwachung.

Fragt man nicht generell für alle Verwaltungsverfahren und auch nicht völlig atomistisch oder punktuell für jedes beliebige einzelne Verwaltungsverfahren nach dem Verhältnis zwischen Ermittlungstätigkeit der Behörde und Mitwirkung des einzelnen, sondern wirft man diese Frage für einen Verfahrenstyp auf, dann ergeben sich die konkreten und sachhaltigen Verfahrensregeln wie von selbst (richtiger: aus dem zugrundeliegenden materiellrechtlichen Rechtsverhältnis)[20]. Die einzelnen Verfahrenstypen führen von Anfang an zu einer spezifischen Ausprägung der Verfahrensrollen von

---

griffe, Verfahren der Abgabenerhebung, (Antrags-)Verfahren zur Gewährung von Geldleistungen (in der Sozialverwaltung), (Antrags-)Verfahren zur Gewährung von Sachleistungen; Genehmigungsverfahren (und zwar „einfache" Genehmigungsverfahren vom Typ Personalerlaubnis, Anlagengenehmigungsverfahren ohne oder mit hoher Komplexität; Planfeststellungsverfahren, Planungsverfahren; Rechtssetzungsverfahren mit raum- und umweltgestaltendem Inhalt; Prüfungsverfahren.

Aus den im Text erwähnten Gründen sollte man das sog. nicht-förmliche Verfahren nicht als Verfahrenstyp kennzeichnen (so noch in *Wahl*, Genehmigungsverfahren [Fn. 14], S. 167); in der großen Abstraktion dieser Vorschriften wird gerade kein konturierter Verfahrenstyp sichtbar.

[18] Zu den Besonderheiten des Antragsverfahrens unten Fn. 35 und 37.

[19] Die (materielle) Beweislast ist eine materiell-rechtliche Frage (BVerwGE 19, 87, 94). Ungewißheit über die anspruchs(ermächtigungs)begründenden Tatsachen geht im Falle der Leistungsverwaltung zu Lasten des den Verwaltungsakt fordernden Bürgers, im Falle der Eingriffsverwaltung zu Lasten der Behörde. Dazu und zu den gebotenen Modifiktionen *Stelkens/Bonk/Leonhardt*, VwVfG, Kommentar, 3. Aufl. 1990, § 24 Rdnr. 30.

[20] Im einzelnen ist es die These des in Fn. 14 zitierten Aufsatzes, daß bei den einzelnen Verfahrenstypen auch unterschiedliche Gestaltungen des Verhältnisses von Amtsermittlung und Mitwirkung anzutreffen sind.

Behörde und einzelnem. So stehen im Mittelpunkt des Antragsverfahrens die vom Antragsteller vorzulegenden umfangreichen Unterlagen, während das Überwachungsverfahren seine Gestalt von der behördlichen Eigenermittlung her erhält (dazu unten).

5. Der unterschiedliche kodifikatorische Erfolg der „besonderen Verfahrensarten" des VwVfG

Das VwVfG selbst gliedert den Ablauf dieser besonderen Verfahrensarten; es differenziert einzelne Verfahrensschritte, wie das Anhörungsverfahren oder die mündliche Verhandlung, förmlich aus und gibt ihnen eine besondere Kontur. Die aufeinander bezogenen Regelungen prägen die Rollen der Beteiligten im einzelnen aus. Darin wird deutlich, daß Verfahren, wenn sie einen gewissen Umfang und eine bestimmte Komplexität annehmen, eine innere Struktur ausbilden und ausbilden müssen, daß sie ein Ablaufmuster erhalten, das den einzelnen Verfahren einen (in der Zeit) gerichteten Verlauf[21] gibt, in dessen Rahmen auch die einzelnen Rollen und Aktionsanteile der einzelnen Beteiligten eine Kontur erhalten. Die gesetzlichen Regelungen sind anschaulich und konkret, das in ihnen geregelte Verfahren gewinnt eine eigene Gestalt.

Der Regelungsansatz des VwVfG, das allgemeine nicht-förmliche Verfahren durch besondere und konkretere Verfahrenstypen zu ergänzen, ist richtig. Gelungen ist er in der praktischen Durchführung jedoch nur für das Planfeststellungsverfahren, bei dem die §§ 72 ff. VwVfG eine gut bewährte Modellregelung für zahlreiche Fachgesetze geworden sind[22]. Sie haben eine Gravitationskraft entwickelt und in einer ersten Gesetzgebungsphase[23] zur Bereinigung des Verfahrensrechts der Fachplanungsgesetze und damit zu-

---

[21] Oft bekommt der Ablauf eine unumkehrbare (Verfahrens-)Geschichte, dazu *Luhmann*, Legitimation durch Verfahren, 1969, S. 38 f., 43 f.

[22] Modellcharakter weist den Regelungen *Maurer*, Allgemeines Verwaltungsrecht, 7. Aufl. 1990, § 19 Rdnr. 5 zu; *Hufen*, Fehler im Verwaltungsverfahren, 1986, 249 spricht vom Vorratscharakter; umfangreich und differenziert beschreibt Anspruch und Wirklichkeit der Leitbild- und Vereinheitlichungsfunktion der §§ 72 ff. VwVfG *Battis*, Das Planfeststellungsvefahren nach dem Verwaltungsverfahrensgesetz, Die Verwaltung, Bd. 21 (1988), 22 ff.; die überwiegend skeptische Bilanz endet mit der Feststellung, daß die Vorschriften der §§ 72 ff. VwVfG zwar die Grundlage für eine typisierende, die Grundlinien verdeutlichende Systematik der Planfeststellung bilden, daß sie aber — angesichts der ungebrochenen Dynamik der Spezialgesetze — noch nicht das Ordnungssystem sind, das Gegenwarts- und Zukunftsfragen der Planfeststellung gestaltet.

[23] Dies vor allem durch das Dritte Rechtsbereinigungsgesetz v. 28.6.1990 (BGBl. I. S. 1221), durch das zahlreiche Vorschriften in den speziellen Fachplanungsgesetzen gestrichen worden sind (dazu unten II 4). — Zur neueren von der Rechtsvereinheitlichung wieder stark wegführenden Entwicklung unten im Text II 4.

gleich zu deren Integration in das allgemeine Verwaltungsrecht beigetragen[24].

Das mißlungene Beispiel für die modellhafte Regelung eines Typs sozusagen auf Vorrat für den künftigen Fachgesetzgeber ist das förmliche Verfahren der §§ 63 ff. VwVfG. Es sollte seinem Zweck nach ein Modell für komplexere Verfahrensabläufe sein, die ein Bedürfnis nach Strukturierung und nach Ausdifferenzierung der Rollen einer größeren Anzahl von Beteiligten haben. Charakteristisch sind die speziellen Vorschriften gerade für den hier interessierenden Bereich der Ermittlung des Sachverhalts: eingehender und strenger als beim allgemeinen Verwaltungsverfahren werden die Anhörung der Beteiligten und die Mitwirkung von Zeugen und Sachverständigen geregelt. Das förmliche Verfahren nach den §§ 65 und 66 VwVfG regelt ein gerichtsähnliches Verfahren. In der Regel muß eine mündliche Verhandlung durchgeführt werden (§§ 67, 68 VwVfG). Insgesamt zeigt sich die Förmlichkeit des Verfahrens gerade darin, daß für die Erforschung des Sachverhalts besonderer Aufwand getrieben werden muß, nämlich durch den obligatorisch vorgeschriebenen Weg der mündlichen Verhandlung[25].

Im Ergebnis aber haben die §§ 63 ff. VwVfG keine praktische Bedeutung. Die Regelungen müssen ausdrücklich für anwendbar erklärt werden[26], und dies ist bisher kaum geschehen[27]. Insoweit hat der Gesetzgeber selbst den Totenschein für die förmlichen Verfahren gemäß §§ 62 ff. VwVfG ausgestellt. Die Regelungen der §§ 63 ff. VwVfG müssen als mißglückt gelten[28]. Sie enthalten eine Vorratsregelung für Verfahren, für die es in der Praxis kein oder kaum ein Bedürfnis gibt.

---

[24] In die Lehrbücher und Kommentarliteratur ist das Planfeststellungsgebiet, das zuvor ein Spezialgebiet für Experten war, „eingefangen" worden für das allgemeine Verwaltungsrecht und in seinen inneren Beziehungen und seinem Zusammenhang mit diesem gestärkt worden.

[25] Insofern wird der Amtsermittlungsgrundsatz konkretisiert.

[26] Anders beim Planfeststellungsverfahren nach den §§ 72 ff. VwVfG.

[27] Die wenigen Beispiele sind nachgewiesen bei *Stelkens/Bonk/Leonhardt* (Fn. 19), § 63 Rdnr. 12; vgl. auch Rdnr. 14. — Der Grund für den zurückhaltenden Gebrauch der förmlichen Verfahren dürfte darin liegen, daß das den Vorschriften zugrundegelegte Leitbild des gerichtlichen Verfahrens (*Kopp*, VwVfG, 5. Aufl. 1991, § 63, Rdnr. 2) nur selten eine Anwendung im Verwaltungsverfahrensrecht rechtfertigt. Das förmliche Verfahren ist für Bereiche gedacht, in denen die Entscheidungen der Verwaltung u.U. schwerwiegende Eingriffe in die Rechtsphäre des Bürgers enthalten und deshalb erhöhte Rechtsschutz- und Gesetzmäßigkeitsgarantien erforderlich erscheinen (so schon der Musterentwurf, vgl. Nachweise bei *Kopp* a.a.O. Rdnr. 2). Die dafür einschlägigen Fälle waren aber schon vor dem VwVfG spezialgesetzlich geregelt und sind seither nicht von der Modellregelung „eingefangen" worden (vgl. Fn. 29) — wohl deshalb, weil das „Modell" doch nicht ausgeprägt paßgeeignet ist.

[28] So schon *Wahl*, Vereinheitlichung (Fn. 7), S. 50 und *Ule/Laubinger*, Verwaltungsverfahrensrecht, 3. Aufl. 1986, § 19 II 2. Die rechtspolitische Existenzberechtigung ist seit langem umstritten; im einzelnen *Laubinger*, Der EVwVfG, JA 1975, 218 ff.

Die Folgen dieser Fehl-Regelung zeigen sich sogleich im Zusammenhang des Verfahrens-Vereinheitlichungs-Themas. Da die §§ 62 ff. VwVfG eine Modell- oder Vorratsfunktion nicht erfüllen, fällt zugleich ihre mögliche Vereinheitlichungsfunktion aus. Von ihnen geht kein Impuls für eine Vereinheitlichung des Verwaltungsverfahrensrechts aus; das VwVfG besitzt hier keine Prägekraft. Der große Bedarf für einen vom nicht-förmlichen Verfahren abweichenden Typ stärkerer Formalisierung für komplexere Vefahrensabläufe wird außerhalb des VwVfG in der Form eines punktuell auf einzelne Gesetze bezogenen speziellen Verfahrensrechts befriedigt und zwar in zwei Bereichen: zum einen in einer Reihe schon vor dem Erlaß des VwVfG mehr oder weniger förmlich geprägter Verfahren[29], zum anderen im gesamten Genehmigungsrecht. Bei ihm besteht — anders als bei dem uneinheitlichen Feld der ersten Gruppe — eine gemeinsame Sachproblematik, hier zeichnet sich dann auch das Bild eines Verfahrenstyps ab. Wie groß hier der Bedarf an eingehender und spezieller Regelung ist, beweist die große Zahl bereichsspezifischer Verfahrensvorschriften eben bei diesen Genehmigungsverfahren[30]. Eine eigentliche Modellregelung mit Ausstrahlungwirkung auf andere Verfahren gibt es dort nicht, wenn auch das immissionsschutzrechtliche Verfahren eine gewisse Ausstrahlung etwa ins atomrechtliche Verfahren hat. Zu nennen sind hier insbesondere die Verfahrensordnungen für das immissionsschutz- und atomrechtliche Verfahren, die 9. BImSchV[31] und die AtVfV[32] sowie die Gentechnik-Verfahrensverordnung[33]. An der Verbreitetheit von Vorschriften dieser Art wird deutlich, daß ihre Regelungsprobleme vom allgemeinen Verwaltungsverfahren des nicht-förmlichen Verfahrens gerade nicht zutreffend oder ausreichend erfaßt werden. So taucht in den allgemeinen Vorschriften der §§ 24 ff. VwVfG etwa das für Genehmigungsverfahren

---

[29] Überblick über diese sog. förmlichen Verfahren i.w.S. bei *Knack/Busch*, VwVfG, Vor § 63 Anm. 2.1; *Stelkens/Bonk/Leonhardt* (Fn. 19), Rdnr. 10 und 11. Darunter fallen so wichtige und in der Praxis bedeutsame Verfahren wie das Enteignungsverfahren nach §§ 104 ff. BauGB, Verfahren über die Indizierung jugendgefährdender Schriften nach §§ 8 ff. GjS, Musterungsverfahren nach § 19 WPflG, Anerkennungsverfahren von Soldaten nach §§ 9 ff. Kriegsdienstverweigerungs-NeuordnungsG, Verfahren nach den §§ 12 ff. AsylVfG (v. 26.6.1992, BGBl. I. S. 1126), §§ 63 ff. AuslG. — Zu diesen sog. förmlichen Verfahren i.w.S. *de Witt*, in: Blümel (Fn. 1), S. 165 ff.

[30] Neben den Planfeststellungsverfahren sind eben die hier interessierenden Genehmigungsverfahren die am intensivsten durchnormierten Verwaltungsverfahren.

[31] Neunte Verordnung zur Durchführung des Bundes-Immissionsschutzgesetzes (Grundsätze des Genehmigungsverfahrens) — 9. BImSchV vom 18.2.1977 (BGBl. I. S. 274), zuletzt — grundsätzlich — geändert und neu bekanntgemacht i.d.F. vom 29.5.1992 (BGBl. I. S. 1001) wird jetzt erneut geändert, BR-Drs. 869/92 vom 3.12.1992; dazu unten Fn. 41.

[32] Verordnung über das Verfahren bei der Genehmigung von Anlagen nach § 7 des Atomgesetzes (Atomrechtliche Verfahrensverordnung — AtVfV) i.d.F. der Bekanntmachung vom 31.3.1982 (BGBl. I. S. 411).

[33] Verordnung über Antrags- und Anmeldeunterlagen und über Genehmigungs- und Anmeldeverfahren nach dem GenTG vom 24.10.1990 (GenTVfV — BGBl. I S. 2378).

wichtige Verfahrenselement der (im Gesetz im einzelnen näher umschriebenen) Vorlagepflichten und umfänglichen Antragsunterlagen überhaupt nicht auf[34]. Gerade in dieser scheinbar unbedeutenden Regelung aber schlagen sich die Besonderheiten der Antragsverfahren besonders augenfällig nieder: in den oft sehr umfangreichen Vorschriften über die vorzulegenden Unterlagen wird das große Ausmaß deutlich, in dem der Antragsteller seiner initiierenden Verfahrensrolle gerecht werden muß; in diesen Vorschriften verbirgt sich der Sache nach die grundsätzliche Regelung, daß es der Antragsteller ist, der den Hauptbeitrag zur Ermittlung des Sachverhalts leisten muß. Das Antragsverfahren weist im Hinblick auf das Thema: Untersuchungsmaxime — Mitwirkung eine gänzlich andere Struktur auf als die Verfahren von Amts wegen, die Verfahren zur Herbeiführung einer repressiv-eingreifenden Entscheidung. Dem Antragsteller kommt weit mehr als eine „Mitwirkung" an der Untersuchung der Behörde zu; das Antragsverfahren weist ihm die gesamte Initiativfunktion mitsamt der Darlegungs- und Beibringungslast für die für seinen behaupteten Anspruch begründenden Umstände zu[35]. Die Behörde überprüft die vorgelegten Unterlagen, fordert gegebenenfalls zur Ergänzung auf: ihre eigene Ermittlungstätigkeit tritt zurück, jedenfalls bei allen Umständen, die im Einflußbereich des Antragstellers liegen[36].

Im Ergebnis erhält die Untersuchungsmaxime bei Antragsverfahren eine eigene Kontur, wie dieser Verfahrenstyp auch generell seine besonderen Eigenarten hat, die von den allgemeinen Vorschriften des VwVfG nicht erfaßt werden[37]: die Untersuchungsmaxime im Antrags- und Genehmigungsverfahren läßt sich — im Unterschied zur inquirierenden Untersu-

---

[34] Nichts anderes gilt für die Regelungsbedürfnisse bei Antragsverfahren in der Leistungsverwaltung. Auch bei ihnen bestehen spezifische Anforderungen an den Antragsteller im Hinblick auf Vorlage von Unterlagen und Nachweis bestimmter Anspruchsvoraussetzungen.

[35] In der verfahrensmäßigen Rollenverteilung: Erst-Initiative beim Antragsteller und nachfolgende Überprüfung durch Behörde spiegelt sich auch das materiell-rechtliche Grundverhältnis, daß der Antragsteller letzlich handeln und aktiv werden will, seine Handlungsfreiheit ausnützen will, er aber der Handelnde ist und die Behörde (nur) eine Kontrolle auf Rechtmäßigkeit dieses Handelns vornimmt. Auch ist es der Antragsteller, der das entscheidende „Interesse" an der Genehmigung hat.

[36] Das UVPG hat die Obliegenheiten des Antragstellers ausgeweitet auf Umstände außerhalb des Einwirkungsberichs des Antragstellers/Betreibers: er muß jetzt auch die Auswirkungen auf die Umwelt selbst untersuchen und diesbezügliche Unterlagen vorlegen, dazu im einzelnen (und zum Unterschied gegenüber dem Zustand vor dem UVPG) *J.P. Schneider*, (Fn. 16), S. 72 ff., 85 ff., 133 ff.

[37] Zu den Besonderheiten des Antragsverfahren und der Bedeutung der Vorlagepflichten *Wahl*, Genehmigungsverfahren (Fn. 14), S. 167 f., 168 ff. — Indem das VwVfG in einer Allgemeinheit verharrt, die die Besonderheiten der Antragsverfahren nicht erreicht, ist es insoweit nicht repräsentativ für die Vielfalt der Verwaltungsgesetze und Verwaltungsbereiche. Zum Konzept der Repräsentativität *Wahl*, Aufgabenabhängigkeit (Fn. 11), zu dem des Referenzgebietes *Schmidt-Aßmann* (Fn. 11).

chung und vorwiegenden Eigen- und Aktivermittlung bei repressiv-eingreifenden Entscheidungen) — (weitgehend) als nachkontrollierende Untersuchung[38] (und ergänzende Ermittlung) charakterisieren. Für die Genehmigungsverfahren ergibt sich die nicht überraschende und nicht zufällige genaue Parallelisierung dieser Charakterisierung mit der materiellen Kennzeichnung dieser Entscheidungen als Kontrollerlaubnisse[39].

Vor diesem Hintergrund wird deutlich, daß für das nicht-förmliche Verfahren, also für die Standard- oder Normalverfahren nach dem allgemeinen Teil des VwVfG, praktisch nur noch die repressiven Maßnahmen der eingreifenden Verwaltung übrigbleiben. In diesen Bereich des Verwaltungs(verfahrens)rechts sind die Rollen zwischen Verwaltung und einzelnem deutlich: der einzelne ist der Kontrahent der Behörde; ihm gegenüber wird belastend eingegriffen.

Im Lichte dieser Erkenntnis ist es nicht verwunderlich, wenn in den Darstellungen des allgemeinen Verwaltungsverfahrensrechts, die sich bewußt oder unbewußt an dieser Eingriffsituation orientieren, die Elemente des Verfahrens von Amts wegen und insbesondere der Grundsatz der Amtsermittlung und Amtsuntersuchung hervorgehoben werden[40]. Zugleich wird aber deutlich, daß gerade deshalb sowohl die gesetzliche Regelung wie die sie kommentierende Literatur das Verhältnis von Untersuchungsgrundsatz und Mitwirkung der einzelnen nicht in einer wirklichen Allgemeinheit und gelungenen Abstraktion, sondern in einer auf zu schmaler Basis aufbauenden Abstraktion beschreiben[41].

---

[38] Begriffsbildung und Verständnis parallell zu *J.P. Schneider* (Fn. 16), S. 133 ff. und dessen Konzept der nachvollziehenden Amtsermittlung. — Auch wenn hier die umfangreichen Obliegenheiten des Antragstellers zur Beibringung wichtiger Teile des Verfahrensstoffes betont werden, bleibt die Distanz zur und die Unterscheidung gegenüber der Beibringungsmaxime des Zivilprozeßrechts voll erhalten: die Behörde hat das Recht und die Pflicht zu eigenen Ermittlungen, sie kann und muß das (typischerweise bei ihr umfangreich vorhandene) eigene Wissen in das Verfahren einführen.

[39] Dazu *Maurer* (Fn. 22), § 19 Rdnr. 5, und *Wahl*, Genehmigung und Planungsgsentscheidung, DVBl. 1982, 51. — Die Parallelisierung ist ein Beleg für die oben I 2 erwähnte Nähebeziehung des Verwaltungsverfahrensrechts zum materiellen Recht. Zugleich wird deutlich, daß die Unterscheidung zwischen dem Verfahren von Amts wegen und dem Antragsverfahren nicht nur äußerliche Unterschiede im Verwaltungsverfahren, sondern materiellrechtlich verschiedene Grundkonstellationen im Verhältnis Staat-Bürger betrifft (dazu auch oben Fn. 34).

[40] Von daher kann es nicht überraschen, daß diese Darstellungen des allgemeinen Verwaltungsverfahrensrecht diese Elemente eher überzeichnen.

[41] Angesichts dieser hohen Abstraktion kommt es dann zur typischen Folge, daß der Umfang der Ermittlungen nach h.L. ins pflichtgemäße Ermessen der Behörde gestellt ist. Nachweise bei *J.P. Schneider* (Fn. 16), S. 94-111; a.A. *Berg*, Zur Untersuchungsmaxime im Verwaltungsverfahren, Die Verwaltung Bd. 9 (1976), 167 f., dazu grds. *Wahl*, VVDStRL 41 (Fn. 7), S. 173 ff. Da das VwVfG, wie erwähnt, nicht zwischen Antragsverfahren und Überwachungsverfahren unterscheidet, sind damit alle maßgeblichen Unterschiede in der Ermittlungstätigkeit der Behörde zwischen beiden Verfahrensarten der (inhaltlich nicht

Ein anderes Beispiel für die Abstraktheit des allgemeinen Verwaltungsverfahrensrechts ist das Problem der Rechtzeitigkeit der Entscheidung. Auf der allgemeinen Ebene des nicht-förmlichen Verfahrens läßt sich dazu — vermutlich — nicht viel mehr sagen, als der blasse § 10 VwVfG zum Ausdruck bringt, wonach das Verwaltungsverfahren „einfach und zweckmäßig" durchzuführen ist, worunter natürlich auch die Rechtzeitigkeit bzw. Schnelligkeit gehören, ohne daß diese aber ausdrücklich thematisiert worden sind. Konkreteres und damit auch Gehaltvolleres ist dagegen erst auf der mittleren Ebene der einzelnen Verfahrenstypen zu erwarten. Dies geschieht heute im Rahmen der verschiedenen Beschleunigungsnovellen. In ihnen zeigt sich ganz auffällig die dominierende Rolle des bereichsspezifischen Verfahrensrechts im Feld der Genehmigungsverfahren. Die gesamte neuere Beschleunigungs-Gesetzgebung gehört auf die Verlustliste der Verfahrensvereinheitlichung im Rahmen des Verwaltungsverfahrensgesetzes. Darauf ist im zweiten Teil zurückzukommen.

6. Zur rechtspolitischen Notwendigkeit einer Regelung der komplexen Genehmigungsverfahren

Als Fazit der kurzen Analyse ergibt sich: das Verwaltungsverfahrensrecht des VwVfG deckt mit seinen Vorschriften über das sog. förmliche Verfahren den Regelungsbedarf der komplexen Genehmigungsverfahren gerade nicht ab. Die Bestimmungen des §§ 63 ff. VwVfG regeln das falsche Problem bzw. eine praktisch nicht relevante Problemsituation, nämlich ein gerichtsähnliches Untersuchungs- und Beweisaufnahmeverfahren. Die in der Praxis wichtige und ganz anders geartete Verfahrenssituation der komplexen Genehmigungsverfahren ist deshalb auf eine detaillierte Regelung außerhalb des VwVfG verwiesen. Das bereichsspezifische Verwaltungsverfahrensrecht ist nirgends so wichtig wie bei den Genehmigungsverfahren. Diese Situation könnte rechtspolitisch verändert und der Ausstrahlungsbereich des VwVfG verbessert werden, wenn die bestehenden Regelungen über das förmliche Verfahren durch ein Modellregelung für komplexe Genehmigungsverfahren, etwa nach dem Vorbild der Regelungen in der 9. BImSchV[42] ersetzt würden[43]. De lege lata sind dagegen die spezialgesetzlichen Vorschriften der 9. BImSchV oder der AtVfV für den Vergleich mit dem UVPG heranzuziehen,

näher angeleiteten) Formel vom pflichtgemäßen Ermessen der Behörde überantwortet — und damit in Wahrheit ungeregelt.

[42] Vgl. Fn. 31. Die 9. BImSchV ist sozusagen die Stammregelung für die komplexen Genehmigungsverfahren und hat als solche eine Leitbildfunktion.

[43] Neuerdings versucht der Entwurf eines Umweltgesetzbuches die Umrisse eines allgemeinen Zulassungsverfahrens zu formulieren, vgl. dazu *Kloepfer/Rehbinder/Schmidt-Aßmann/Kunig*, Umweltgesetzbuch — Allgemeiner Teil, 1990, § 54 und §§ 36-43; dazu unten II 5.

wenn es um die Verantwortungsverteilung zwischen Vorhabenträger und Behörde im Hinblick auf die Ermittlung des Sachverhalts geht.

Gründe für das Nicht-Aufgreifen der aktuellen Probleme der Genehmigungsverfahren im VwVfG und zugleich Gründe für Regelungen außerhalb sind vielfältig und zwar vielfältig auf dem gesamten Spektrum der Gründe, die schon früher erwähnt worden sind[44]: Ressortegoismen und die darin eingelagerten selektiven Wahrnehmungen von Interessen, sektoral interpretiertes Gemeinwohl sowie kodifikationsbedingte Gründe.

7. Zusammenfassung

a) Das allgemeine Verfahrensrecht des VwVfG (der Regeltyp des nichtförmlichen Verfahrens) weist eine sehr hohe Abstraktion auf, die zugleich zu einer Nicht-Repräsentativität dieser Regelung für die Gesamtheit der Verwaltungsverfahren führt. Die falsche Dominanz der repressiv-eingreifenden Entscheidungen und ihrer Verfahren schlägt sich auch in der allgemeinen (Kommentar)Literatur nieder.

b) Es zeigt sich die Notwendigkeit einer Abstraktion bzw. Konkretion auf der mittleren Ebene, d.h. für Verfahren auf Ebene der Verfahrenstypen.

c) Es besteht ein rechtspolitischer Bedarf einer Modellregelung für komplexe Genehmigungsverfahren.

III. Zur neueren Gesetzgebung im Planfeststellungs- und Genehmigungsverfahrensrecht

1. Gemeinsamkeiten und Unterschiede zwischen Planfeststellungen und Genehmigungen (in materieller und verfahrensmäßiger Hinsicht)

Im zweiten Teil sind die Genehmigungs- und Planfeststellungsverfahren, die in neuerer Zeit immer häufiger unter dem Oberbegriff der Zulassungsverfahren zusammengefaßt werden, näher in den Blick zu nehmen[45] und zwar aus einem doppelten Grund: Zum einen sind diese beiden Entscheidungs- und Verfahrenstypen besonders wichtige Anwendungsfälle für die erwähnte mittlere Ebene der dogmatischen und kodifikatorischen Systembildung, und zwar sowohl in materiell-rechtlicher wie in verfahrensrechtlicher Hinsicht. Zum anderen stehen diese beiden Verfahrenstypen derzeit im Mittelpunkt des Novellierungsinteresses und der Bemühungen um Beschleunigung.

---

[44] *Wahl*, Vereinheitlichung (Fn. 7), S. 32ff.

[45] Dazu im Überblick *Wahl*, Art. „Erlaubnis“ und Art. „Planfeststellung“, beide in: HdUR, Bd. 1, 1986, Sp. 434 und Bd. 2., 1987, Sp. 167ff. (2. Aufl. im Erscheinen).

Die Ausgangslage bei beiden Verfahrenstypen ist jedoch eine unterschiedliche: Für die Planfeststellungsverfahren gibt es eine Musterregelung in den VwVfG, so daß die Frage auftaucht, warum die neueren Änderungen statt im VwVfG in weithin übereinstimmend formulierten Spezialgesetzen geregelt werden. Bei den Genehmigungsverfahren geht es um die umgekehrte Frage, warum die Neuerungen nicht zum Anlaß genommen werden, ein Muster-Genehmigungsverfahren (neuen Zuschnitts) im VwVfG zu verankern.

Die Themenstellung setzt voraus, daß es Gemeinsamkeiten und Unterschiede zwischen Genehmigungen und Planfeststellungen gibt. Dazu einige Vorbemerkungen. Gemeinsam ist beiden, daß sie den Typ der komplexen Verwaltungsentscheidung repräsentieren, der seit langem als Brennpunkt des modernen Verwaltungsrechts bezeichnet wird[46]. Ihr Kennzeichen sind u.a. ihr mehrpoliger Charakter, dem vielfältige kontroverse Interessenkonflikte zugrundeliegen. Es geht um Entscheidungen der verteilenden Verwaltung[47]. Bei ihnen muß die Verwaltung einer Trias von Anforderung gerecht werden: Es geht um öffentliche Belange[48], um Belange des Betreibers/Antragstellers und um Belange Dritter. Insbesondere im Verhältnis zwischen den Betreibern und den Dritten ist eine Ausgleichsentscheidung gefordert, die typischerweise höhere und schwierigere Anforderungen stellt als eine Entscheidung im zweipoligen (Eingriffs)Verhältnis des Staats zum einzelnen, weil eine solche Ausgleichsentscheidung dem einen notwendigerweise das nimmt, was sie dem anderen gibt.

Vor allem sind die komplexen Entscheidungen, was ihr Name besagt, komplexer Natur. Dies ist durchaus folgenreich. Einfache Lösungen sind bei ihnen nicht zu erwarten. Die Komplexität ist nicht hinwegzuzaubern, im Gegenteil kann man geradezu ein Gesetz von der Erhaltung der Komplexität formulieren. Dieses Gesetz steht Bemühungen nicht entgegen, durch sinnvolle Strukturierung von Verfahren diese Komplexität gut und besser als bei anderen Alternativen abzuarbeiten. Es ist aber nicht überflüssig zu sagen, daß die Komplexität als solche, ebensowenig wie die damit verbundenen Interessenkonflikte, nicht zum Verschwinden gebracht werden kann, jedenfalls nicht ohne beträchtliche Einbußen an inhaltlicher Richtigkeit oder an Effizienz. Insbesondere bei komplexen Genehmigungsverfahren gilt es sich zu vergegenwärtigen, daß ihre Größe und ihre Komplexität an die Verwaltung herangetragen werden, daß sie in dem Vorhaben des Betreibers als

---

[46] *Schmidt-Aßmann*, Verwaltungsverantwortung und Verwaltungsgerichtsbarkeit, VVDStRL 34, 1976, 221 ff., 223-225.

[47] Begriff von *Schmidt-Aßmann*, Das allgemeine Verwaltungsrecht als Ordnungsidee und System, 1982, S. 21.

[48] Belange der Allgemeinheit oder des unbenannten Jedermanns; aggregierte Belange der einzelnen.

solchem begründet sind und daß es in ihrer Natur liegt, vielfältige Probleme und Konflikte aufzuwerfen.

Gemeinsam ist den Planfeststellungen und Genehmigungsverfahren, daß sie als komplexe Verfahren einen besonderen Bedarf nach Strukturierung und nach Ablaufmustern haben. Gefordert sind insbesondere Verfahrenselemente der Bündelung, sowie etwa das Anhörungs- oder Erörterungsverfahren, das eine Vielzahl von Anhörungs- und Äußerungsberechtigten zu einem gemeinsamen Dialog zusammen bringt. Die Organisation der verschiedenen Beteiligungen und ihrer Kommunikationsbeiträge ist eine besondere Anforderung an diese Verfahren.

Unterschiede zwischen den beiden Entscheidungstypen Planfeststellung und Genehmigung ergeben sich insbesondere, wenn man ihre Eigenarten und ihren Anwendungsbereich typologisch faßt[49] und deshalb beide vernünftigerweise nicht für beliebig austauschbar hält. Ich greife insoweit frühere Überlegungen zum Unterschied zwischen Genehmigung und Planfeststellung auf[50]. Ich gehe dabei nach wie vor davon aus, daß bei einer Genehmigung typischerweise ein Grundrechtsträger die Verwirklichung seiner grundrechtlich geschützten Freiheiten einfordert und die Behörde gemäß den Gesetzen zu prüfen hat, ob diesem Begehren Rechte Dritter und öffentliche Belange entgegenstehen. Insofern handelt es sich bei der Genehmigung in der Regel um ein mehrpoliges Verhältnis zwischen dem einzelnen, der Verwaltung und anderen einzelnen (Dritten). Bei der Planfeststellung geht es typischerweise um die Verwirklichung öffentlicher Vorhaben durch einen Träger der öffentlichen Verwaltung. Die konkreten Planungen der planaufstellenden Behörde werden von einer (anderen) Stelle der öffentlichen Verwaltung, der Planfeststellungsbehörde, überprüft. Diese hat zu prüfen, ob das Vorhaben in der räumlichen Umgebung ohne Verletzung vorrangiger öffentlicher Belange und ohne Verletzung von Rechten (und ohne ungerechtfertigte Zurücksetzung von Interessen) Dritter zulässig ist.

Die materiellen Unterschiede haben Auswirkungen auf das Verfahrensrecht. Hervorgehoben sei insoweit: Der Genehmigungsempfänger muß sich an die Genehmigungsbehörde wenden, auch bei den einleitenden Überlegungen und Vorgesprächen. Die Genehmigungsbehörde vermittelt und steuert (ggf. über das Scoping, § 5 UVPG) den Kontakt des einzelnen mit den anderen beteiligten Behörden, zum größeren Teil wird sie diese Beteiligungen

[49] Genehmigung und Planfeststellung sind hier in dem Sinne als typische dogmatische Institute verstanden, daß sie ein Set von aufeinander abgestimmten Regeln ausformulieren und dem Gesetzgeber zur Übernahme anbieten. Natürlich kann der Gesetzgeber — im Rahmen von hier im allgemeinen nicht entgegenstehenden verfassungsrechtlichen Regeln — von diesem in der Dogmatik gespeicherten „Vorrat" von Regeln (einen guten) Gebrauch machen oder auch nicht (was meist weniger zu empfehlen ist).

[50] *Wahl*, Planungsentscheidung (Fn. 39), S. 51 ff. sowie die in Fn. 45 zitierten Artikel; ähnlich *Kloepfer/Rehbinder/Schmidt-Aßmann/Kunig* (Fn. 43), S. 271.

selbst vornehmen, weil der Antragsteller als einzelner nicht aus eigener Initiative mit den anderen beteiligten Behörden verhandeln kann und dies in der Praxis wohl auch nicht tun wird[51].

Bei der Planfeststellung kann dagegen die planaufstellende Stelle solche Vorgespräche selbst führen. Sie ist nicht darauf verwiesen abzuwarten, bis die Anhörungsbehörde die anderen beteiligten Behörden zu formellen Stellungnahmen auffordert. In der ersten, oft jahrelang dauernden Phase der Planaufstellung ist Dialogpartner der planaufstellenden Behörde weder die Anhörungsbehörde, viel weniger noch die Planfeststellungsbehörde. Es ist fraglich, ob sie mit Beginn der Planungsphase bei der planaufstellenden Behörde überhaupt über die laufenden Planungsvorhaben informiert wird. Die Anhörungs- und Planfeststellungsbehörde sind also nicht von Beginn des Verfahrens an Herren des Verfahrens, sie haben eine andere Stellung als die Genehmigungsbehörde, die von Anfang an der Ansprechpartner sowohl für den Betreiber, wie auch für Dritte und Naturschutzverbände ist[52].

2. Neues Verfahrensrecht für Planfeststellungen im VwVfG oder in Spezialgesetzen?

Der Stand der Vereinheitlichung des Verfahrensrechts im Bereich der Planfeststellungen läßt auf den ersten Blick auf eine Bewährung der Vorschriften der §§ 72 ff. VwVfG schließen. Es gab seit 1976 nur zwei Änderungen des BVwVfG, durch das Adoptionsgesetz einerseits, das Betreuungsgesetz andererseits. Schon die Zitierung dieser beiden Gesetze zeigt, daß es sich dabei nur um Marginalien gehandelt hat. In einer ersten, inzwischen längst abgeschlossenen Phase hat die Modellregelung des VwVfG eine beträchtliche Integrations- und Anziehungskraft entwickelt, zahlreiche Vorschriften in den Fachplanungsgesetzen sind, vor allem durch das 3. Rechtsbereinigungsgesetz von 1990, zugunsten der Anwendung der §§ 72 ff. VwVfG gestrichen worden[53].

---

[51] In § 2 a I 2 der 9. BImSchV (Fn. 31) heißt es denn auch, daß die Genehmigungsbehörde andere Behörden, deren Aufgabenbereiche berührt werden, zum Scoping-Verfahren heranziehen kann.

[52] Die Anhörungsbehörde steuert die Zusammenstellung des Materials und die Interessenausgleichsprozesse während der Anhörung. Die Planfeststellungsbehörde ist, wenn sie nicht Anhörungsbehörde ist, nur auf die Kontrolle einer fertigen Planung und der vorgelegten Einwendungen beschränkt. — Angesichts dieser zeitlich nur partiellen Verfahrensherrschaft der Planfeststellungsbehörde entsteht die Frage, wer bei einer Planfeststellung als Projektmanager einzusetzen wäre, ein Beamter der planaufstellenden Abteilung oder einer der Planfeststellungsabteilungen.

[53] Das Dritte Rechtsbereinigungsgesetz (Fn. 5) hat Sonderverwaltungsrecht über das Planfeststellungsverfahren im FStrG, WaStrG und im PBefG in beträchtlichen Umfang aufgehoben; vgl. dazu auch BR- Drs. 510/88 vom 4.11.1988, S. 8.

Auf den zweiten, schärferen und aktuelleren Blick ergeben sich doch beträchtliche Vorbehalte gegen die Annahme eines fortgeschrittenen Standes der Vereinheitlichung des Planfeststellungsrechts in den unverändert gebliebenen Vorschriften des VwVfG. Es herrscht keinesfalls ein Stillstand der Rechtsentwicklung, sondern eine Renaissance des Sonderrechts und zwar — was das ganze interessant macht — die kräftige Entfaltung von gleichlautendem Verfahrensrecht in den einzelnen Fachplanungsgesetzen. Typisch dafür ist die beinahe flächendeckende Einführung der materiellen Präklusion in die wichtigsten Fachplanungsgesetze und damit in den Hauptanwendungsbereich der Planfeststellung[54]. Es ist schon ein eigenartiges Gesetzgebungskonzept, wenn im Modellgesetz des VwVfG die materielle Präklusion nicht enthalten war und ist, wenn diese aber als gleichlautendes Recht in die wichtigsten Fachplanungsgesetze eingefügt wird. Besonders delikat ist dies, wenn dies in einem Rechtsbereinigungsgesetz geschieht, das einerseits so kräftige Schritte zur Vereinheitlichung enthielt[55], daß Sondervorschriften in den Fachplanungsgesetzen gestrichen wurden, andererseits aber die wichtigste mitgeregelte materielle Änderung trotz ihres umfassenden Anwendungsbereiches nicht in das VwVfG eingefügt hat, sondern in die einzelnen Fachgesetze. Insoweit drängt sich der Satz auf: Was in zahlreichen Gesetzen gleichlautend geregelt wird, hat die Vermutung für sich, daß es generell im VwVfG geregelt werden könnte, weil vom Anwendungsbereich der Planfeststellungsvorschriften nach dem VwVfG ohnehin kaum noch etwas ausgenommen bleibt.

Die Gründe, die zu diesem bereichsspezifischen Verwaltungsverfahrensrecht geführt haben, sind sicherlich vielfältig. Sie umfassen das ganze Spektrum der schon früher vorgetragenen Gründe. Die Stichworte sind kodifikationsbedingte Hemmnisse (der langsame Geleitzug des Bundes mit

[54] Die materielle Präklusion ist jetzt in § 17 IV FStrG, § 17 Nr. 1 WaStrG, § 36 IV BbG enthalten. Außerhalb der materiellen Präklusion blieben nach dem Dritten Rechtsbereinigungsgesetz etwa die Planfeststellungsverfahren nach dem PBefG; auch für sie sieht jetzt der Entwurf eines Gesetzes zur Vereinfachung der Planungsverfahren für Verkehrswege (Planungsvereinfachungsgesetz- PlVereinfG), BT-Drs. 12/4328, eine Präklusionswirkung in Art. 5 Nr. 3 (Änderung des § 29 IV PBefG) vor.

Auch für die Planfeststellungsverfahren im Atomrecht gilt gem. dem Verweis in § 9 b V Nr. 1 AtG auf die atomrechtliche Verfahrensverordnung die materielle Präklusion.

Im Abfallrecht galt bisher für alle Abfallentsorgungsanlagen die Planfeststellung ohne materielle Präklusion (in Zukunft wird dies nur noch für die Deponien gelten). Im übrigen wird in Zukunft durch die Ersetzung der Planfeststellung durch eine immissionsschutzrechtliche Genehmigung bei den Abfallentsorgungsanlagen (bis auf Deponien), wie sie in Art. 6 Nr. 1 des Entwurfs eines Gesetzes zur Erleichterung von Investitionen und der Ausweisung und Bereitstellung von Wohnbauland (Investitionserleichterungs- und Wohnbaulandgesetz), BT- Drs. 12/3944 (Gesetzentwurf CDU-CSU-Fraktion und F.D.P.); 12/4047, (gleichlautender Gesetzentwurf der BReg.) und 12/4208; 12/4317 und 12/4340 (Ausschußberichte); BR-Drs. 82/93 (Gesetzesbeschluß des BT) vorgesehen ist, ebenfalls die materielle Präklusion gelten.

[55] Siehe oben bei Fn. 53.

den Ländern wegen der notwendigen oder naheliegenden Änderungen von deren VwVfG) bis hin zu den Ressortkonflikten[56].

Auf die Verlustliste der Verwaltungsvereinheitlichung gehört auch die Einarbeitung der Umweltverträglichkeitsprüfung in das Fachplanungsrecht[57]. Wiederum sind die Verfahrensvorschriften der §§ 72 ff. VwVfG nicht geändert worden, obwohl doch ihr größter Anwendungsbereich Vorhaben umfaßt, für die eine Umweltverträglichkeitsprüfung durchzuführen ist. Als Folge ergeben sich schwierige Auslegungs- und Harmonisierungsprobleme im Verhältnis zwischen den §§ 72 ff. VwVfG und den Verfahrensvorschriften des UVPG. So ergibt erst eine eingehende Analyse, daß das Scoping-Verfahren, das § 5 UVPG vorsieht, für Planfeststellungsverfahren nicht gilt[58].

Vollends zu einem Eldorado des bereichsspezifischen Verfahrensrechts werden die zahlreichen neuen Regelungen im Zusammenhang des Entwurfs eines Planungsvereinfachungsgesetzes[59]. Er enthält geradezu als Standardregelung, daß für die fünf wichtigen Fachplanungsgesetze[60] durchweg gleichlautende Regelungen getroffen werden, also auf breiter Front eine Vereinheitlichung der verschiedenen Bundesverkehrswegegesetze vorgenommen wird, daß aber die Frage, ob solche Regelungen nicht ins VwVfG gehörten, überhaupt nicht gestellt wird. Das „Modell"verfahren der § 72 ff. VwVfG spiegelt so weithin einen Rechtszustand vor, der praktisch für die wichtigsten Fälle nicht mehr gilt. Wenn dort z.B. keine Fristen für die einzelnen Verfahrensschritte vorgesehen sind, so geht dies, wenn dieser Entwurf Gesetz geworden ist, an der Realität der Fachplanung vorbei, weil eben in diesen fünf Fachplanungsgesetzen solche Fristen vorgesehen und bereits bestehende verkürzt worden sind.

---

[56] Dazu ausführlich *Wahl*, Vereinheitlichung (Fn. 7), S. 32 ff.

[57] Änderungen der Verkehrsgesetze durch Einfügung des Erfordernis der UVP durch die Art. 7 — 12 des Gesetzes zur Umsetzung der Richtlinie des Rates vom 27.6.1985 über die Umweltverträglichkeitsprüfung bei bestimmten öffentlichen und privaten Projekten (85/337/EWG), (BGBl. I. 205). Das UVPG wurde nicht mit dem VwVfG verzahnt, was durchaus im Rahmen der §§ 72 ff. VwVfG möglich gewesen wäre; auch hätte man die Verfahrensvorschriften der UVP als besonderes Verfahren in einem neuen Abschnitt regeln können. Praktische Probleme hätte dann die Notwendigkeit eines „Geleitzugs" der Änderung des VwVfG des Bundes mit der der Verfahrensgesetze der Länder gebracht.

[58] Die Praxis verneint die Geltung der Scoping-Vorschriften, weil die Konstellation, daß die für das Verwaltungsverfahren zuständige Behörde zu der öffentlich-rechtlichen Körperschaft gehört, die Träger des Vorhabens ist, von § 5 UVPG nicht erfaßt werde. Vgl. den Verweis auf den Entwurf der Verwaltungsvorschriften nach § 20 UVPG bei *Erbguth*, Gesetz über die Umweltverträglichkeitsprüfung, Kommentar, 1992, § 5 Rdnr. 6 a.E.

[59] Entwurf eines Planungsvereinfachungsgesetzes (Fn. 54). Ein beträchtlicher Teil der Neuregelungen entstammt dem Verkehrswegeplanungsbeschleunigungsgesetz (VwPBG) vom 16.12.1991 (BGBl. I. S. 2174) mit einem für die neuen Länder begrenzten Geltungsbereich.

[60] BBahnG, FStrG, WaStrG, LuftVG und PBefG.

Ähnlich verhält es sich mit der Frage der Beachtlichkeit von Abwägungsfehlern. Wiederum schweigt das VwVfG, während die fünf großen Fachplanungsgesetze eine sehr weitgehende (über die §§ 214ff. BauGB hinausgehende) Regelung enthalten[61].

Immerhin führt das Planungsvereinfachungsgesetz zu gleichlautendem Recht in den fünf Gesetzen; materiell ist damit für die Verkehrsplanung Einheitlichkeit hergestellt, jedoch außerhalb des VwVfG. Dies ist, wenn die beste Lösung, die Regelung im VwVfG, nicht erreicht werden kann oder nicht gewollt ist, immerhin noch die zweitbeste Lösung. Ist das Faktum der Vereinheitlichung positiv, verbleiben aber nachteilige und schädliche Folgen für das VwVfG selbst, weil viele seiner Regelungen in den §§ 72ff. zu Phantomregelungen werden, die praktisch keinen Anwendungsbereich mehr haben. Modellregelungen, die praktisch immer als subsidiär zurücktreten, verfehlen ihren Zweck; sie spiegeln etwas vor, was praktisch nicht existiert[62]. Das VwVfG wird insofern uninteressant.

3. Regelungs-Bausteine für Planfeststellungsverfahren

Das Planfeststellungsverfahren ist bislang durch eine jahrzehntelange Tradition und deren Ausformulierung in den §§ 72ff. VwVfG in seinen Regelungs-Bausteinen weithin systematisiert. Neuere Bausteine sind durch die Gesetzgebung der letzten Jahre, durch Elemente der Beschleunigung, durch das 3. Rechtsbereinigungsgesetz hinzugekommen oder werden durch das Planungsvereinfachungsgesetz hinzukommen.

Ausgangspunkt für die gebotene Systematisierung der Elemente ist dabei der Obersatz des Verfahrensrechts: Verfahrensrecht schafft Ordnung, Transparenz und Rechtssicherheit sowie angemessene Schnelligkeit und Effizienz dadurch, daß die Verfahrensabläufe (eine) Struktur erhalten. Diese Anforderung gilt für sämtliche Verfahrensfragen, für die Bestimmung der Rolle der Beteiligten, für die Gliederung des Verfahrens in Abschnitte, für Zwischenstationen und Zwischenentscheidungen und Abschlüsse während des Verfahrens. Insofern deckt sich auch dieses Hauptanliegen des Verfahrensrechts von Anfang an mit Effizienzaspekten und Gesichtspunkten der Rechtzeitig-

---

[61] Die wiederkehrende Formulierung im E PlVereinfG (Fn. 54) lautet: „Mängel bei der Abwägung der von dem Vorhaben berührten öffentlichen und privaten Belange sind nur erheblich, wenn sie offensichtlich und auf das Abwägungsergebnis von Einfluß gewesen sind. Erhebliche Mängel führen nur dann zur Aufhebung des Planfeststellungsbeschlusses oder der Plangenehmigung, wenn sie nicht durch Planergänzung behoben werden können“.

[62] Deshalb sollten sich in Zukunft die Kommentar- und Lehrbuchliteratur nicht nur mit den §§ 72ff. VwVfG, sondern auch mit dem gleichlautenden Verfahrensrecht der fünf Verkehrsplanungsgesetze befassen.

keit, obwohl — was zu betonen ist — in der Gesamtheit der Verfahrensziele andere der Ordnung des Verfahrens dienende Ziele zu berücksichtigen sind, so insbesondere auch die angemessene Wahrnehmungsmöglichkeit für Beteiligtenrechte oder für das Einbringen von Belangen beteiligter Behörden.

Einen Fortschritt hat die neuere Gesetzgebung insbesondere für die Frage erbracht, wann ein Planfeststellungsverfahren erforderlich ist. Die erste Hauptaufgabe des Zulassungsrechts ist es, zu konkretisieren, wann ein bestimmtes Zulassungserfordernis gegeben ist; dies ist die Frage des Planfeststellungsvorbehalts bzw. des Genehmigungsvorbehalts als solchem. Ausdruck eines fortgeschrittenen Entwicklungsstadiums eines Zulassungsrechts ist es, die ein Zulassungsverfahren rechtfertigenden Vorhaben von Bagatellvorhaben abzugrenzen, für die sich der Aufwand des (größeren) Verfahrens nicht lohnt und dieser nicht erforderlich ist[63]. Deshalb gehört es zu den Minimalbestimmungen des Zulassungsrechts, die Fälle zu kennzeichnen, in denen die Planfeststellung (Genehmigung) unterbleiben kann[64].

Berücksichtigt man den komplexen und damit sehr aufwendigen Charakter der hier betrachteten Verfahren, so liegt es nahe, eine Zwischenkategorie für vereinfachte Verfahren — in Relation zu den aufwendigen formalisierten Verfahren — einzuführen[65]. Dies ist die Funktion der neuerdings mit gutem Grund eingeführten Plangenehmigung[66]; sie korrespondiert mit dem vereinfachten Verfahren etwa nach BImSchG.

Ein eigener Regelungskomplex ist selbstverständlich die Frage der Zeitdauer der Verfahren mit ihren möglichen Regelungselementen der Befristung von Verfahrensabschnitten und der Möglichkeit, Verfahrensbeiträge (Einwendungen, Stellungnahmen von beteiligten Behörden) vorzubringen[67].

---

[63] Vorschriften z.B. in § 36 b III BBahnG oder § 17 II FstrG in der Fassung des Entwurfs des Planungsvereinfachungsgesetzes (Fn. 54).

[64] Dies ist im Genehmigungsrecht in weitem Umfang üblich, wie etwa die Vorschriften über die Freistellung von einer Genehmigung im Baurecht zeigen. Im Planfeststellungsrecht bestand insoweit ein gewisser Nachholbedarf und generell dürfte ein Nachholbedarf auch im Recht der EG- Richtlinien bestehen.

[65] Eine Zwischenform stellt es dar, wenn unter gewissen Voraussetzungen von einigen förmlichen Verfahrensteilen befreit wird; in Betracht kommt etwa ein Absehen vom Erörterungstermin.

[66] Z.B. § 36 b BBahnG und § 17 I a FStrG in der Fassung des Entwurfs des Planungsvereinfachungsgesetzes (Fn. 54).

Damit ist nur zum Ob, nicht zum Wie dieses Instituts positiv Stellung genommen. Bedenklich erscheint jedenfalls die Kombination von Verfahrenserleichterungen und Anordnung der Konzentrationswirkung und vor allem des Ausschlusses von privatrechtlichen Einwendungen.

[67] Nach dem Entwurf des Planungsvereinfachungsgesetzes (Fn. 54) sind die folgenden Befristungs- Elemente vorgesehen, BT-Drs. 12/4328, 20:
— eine drei-monatige Frist für die Stellungnahmen von Behörden,
— die Freistellung der Planfeststellungsbehörde von der Berücksichtigung des Behördenvorbringens, wenn dieses nach Ablauf der Frist erfolgt (mit gewissen Ausnahmen)

Solche Fristenregelungen müssen aber systematisch eingebunden werden in den primären Ansatz des Verfahrensrechts, in die Strukturierung der Verfahrensschritte. Fristenregelungen und Beschleunigungsappelle sollen und dürfen nicht losgelöst nur in einer isolierten Betrachtung und in der Absicht diskutiert werden, Zeitbeiträge zu minimieren[68], Beschleunigung ergibt sich vielmehr als notwendige Folge und z.T. als selbstverständliche Folge einer guten Strukturierung der Verfahren und der Verfahrensabschnitte. Erst in dieser Einbindung in den primären Regelungszusammenhang des Verfahrensrechts sind Fristenregelungen sinnvoll und erträglich, bleiben sie in ihrer dienenden Funktion, auf ein gutes Gesamtergebnis des Verfahrens abzuzielen. Verfehlt ist es, ohne Rücksicht auf den Gesamtertrag nur eine Befristungsmaximierung anzustreben.

Regelungsbedürftig ist im weiteren das Gesamtfeld der Verfahrensfehler und ihrer Beachtlichkeit[69]. Hierher gehört auch die Frage des angemessenen Rechtsschutzes mit den Teilelementen der Anordnung der sofortigen Vollziehung und des vorzeitigen Beginns, des Wegfalls des Vorverfahrens, aber auch der Fälle der Beibehaltung des Vorverfahrens und der Entscheidung über die Zahl der Gerichtsinstanzen.

Ein notwendiger Komplex ist außerdem das Umfeld der eigentlichen Planfeststellung, so die Sicherung der künftigen Planung durch die Veränderungssperre, die Möglichkeit von Vorarbeiten, die sofortige Vollziehung, der vorzeitige Beginn und die vorzeitige Besitzeinweisung.

Aus diesen (nicht abschließend aufgezählten) Regelungselementen läßt sich eine Systematik der Verfahrenselemente eines strukturierten Planfeststellungsverfahrens entwickeln.

4 Ausgewählte Probleme der Neuerungen im Planfeststellungsrecht

An dieser Stelle sollen zunächst die Einzelprobleme erörtert werden, während die Grundproblematik des richtigen Ansatzes für die Beschleunigungsvorstellungen abschließend im Zusammenhang auch für die Anlagengenehmigungsverfahren behandelt werden wird.

— eine Frist von einem Monat (nach Einreichung des Plans durch den Vorhabenträger) für die Anhörungsbehörde um die Einholung der Stellungnahmen der Behörden und die Auslegung in den Gemeinden zu veranlassen,
— eine — meist dreiwöchige — Frist für die Gemeinde zur Auslegung des Plans,
— eine Frist von drei Monaten (nach Ablauf der Einwendungsfrist) für den Abschluß der Erörterung durch die Anhörungsbehörde.

[68] Wobei im Ergebnis kein Zeitgewinn erzielt würde, wenn der Verkürzung im Verwaltungsverfahren ein zahlenmäßiges Ansteigen der Gerichtsverfahren folgen würde.

[69] Dazu grundsätzlich *Breuer*, Verfahrens- und Formfehler der Planfeststellung für raum- und umweltrelevante Großvorhaben, in: FS Sendler, 1991, 357.

a) Problematisch erscheint die Gesamttendenz auch beim Planungsvereinfachungsgesetz, das sich in einem Übermaß als Gesetz zur Beschränkung des Rechtsschutzes darstellt. Problematisch ist dies vor dem Hintergrund von Analysen der Verfahrensdauer überhaupt und der Ursachen von langer Verfahrensdauer[70]. Dabei ergibt sich eine auffällige Diskrepanz zwischen Ursachen und Therapievorschlägen[71]. Die Ursachen liegen häufig im inneradministrativen oder in dem der Administration als solcher zuzurechnenden Raum. Dies beginnt mit dem inneradministrativen Management[72] und endet insbesondere in dem langdauernden und komplizierten inneradministrativen Abstimmungsprozeß, vor allem im Stadium der Planaufstellung und der Vorplanungen. In diesem Prozeß spiegeln sich natürlich die materiellen Konflikte dieser komplexen Entscheidungen. Gleichwohl kann gesagt werden, daß der Interessenausgleichungsprozeß im Vorfeld der Planaufstellung, insbesondere im Verhältnis zwischen Bundes- und Landesbehörden und zwischen ihnen und den Kommunen sehr viel Zeit in Anspruch nimmt. Hierauf einen gewissen Zeitdruck auszuüben, dürfte besonders effizient sein. Auch dürfte es durchaus heilsam sein, gewisse Kommunalparlamente unter einen solchen Druck zu setzen, um ihnen die notwendigen Entscheidungen, die sie häufig vor sich herschieben möchten, abzuverlangen[73].

Unabhängig davon, welche Möglichkeiten der Verbesserung und Optimierung es in diesem Stadium der Planaufstellung gibt, erscheint die Tendenz der neueren Gesetze, Beschleunigungen und Beschränkungen in beträchtlichem Umfang beim gerichtlichen Rechtsschutz zu erwarten, in diesem Ausmaß verfehlt. Im einzelnen zählen dazu insbesondere die schon seit

---

[70] Zu beidem statt aller *Bohne*, in diesem Band und *Kuschnerus*, Beschleunigung der Verkehrswegeplanung. Erfahrungen aus der praktischen Abwicklung von Planungen, UPR 1992, 167.

[71] Dazu *Kuschnerus* (Fn. 70), S. 168: „Man hat gelegentlich den Eindruck, als seien hier Leute am Werk, die das richtige Verhältnis von sachgerechter Diagnose und angemessener Therapie verkennen. Sie richten ihre Diagnose an der erwünschten Therapie aus und nicht die Therapie an den Erkenntissen der Diagnose".

[72] Verbesserungsvorschläge gerade für den verwaltungsinternen Bereich sind in den letzten Jahren im Zeichen inneradministrativer Modernisierungsbestrebungen verbreitet, so etwa im Zusammenhang des Projekts Verwaltung 2000 der Landesregierung B.W. in den Jahren 1989-1992; dazu Innenministerium B.W. (Hrsg.), Verwaltung 2000, 3 Bde., 1990; wichtige Materialien sind abgedruckt und nachgewiesen bei *Bullinger*, Beschleunigte Genehmigungsverfahren für eilbedürftige Vorhaben. Ein Beitrag zur zeitlichen Harmonisierung von Verwaltung, Wirtschaft und Gesellschaft, 1991, 15 ff. und im Anhang. — Ausgesprochen auf Verbesserungen im inneradministrativen Bereich zielen auch die Vorschläge im Antrag der SPD-Fraktion: Beschleunigung von Planungs- und Genehmigungsverfahren im Umweltbereich, BT-Drs. 12/3948 (mit einer Auflistung der in Betracht kommenden Verfahrenselemente wie Ämterkonferenz, Sternverfahren, Übertragung von Projekt-Management-Dienstleistungen an externe Beratungsbüros, Aufbau eigener Management-Kapazitäten).

[73] Wenn die beteiligten Kommunen hier strukturell und zwangsläufig in die Position der Verfechter des St. Florians-Prinzips kommen, dann ist es angemessen, einen gewissen Verfahrensdruck zu erzeugen.

längerem verfolgte Tendenz zur Verkürzung des Instanzenzugs (durch Begründung der erstinstanzlichen Zuständigkeit beim OVG/VGH), das immer zahlreicher werdende Entfallen der aufschiebenden Wirkung des Widerspruchs, die Befristung des Antrags auf Wiederherstellung der aufschiebenden Wirkung sowie die Befristung der Angabe von Beschwerdegründen[74]. In diesen Zusammenhang gehören auch die Vorschriften über die Unbeachtlichkeit von Abwägungsfehlern, denn ihre Funktion liegt gerade darin, das Verwaltungsverfahrensrecht vom Rechtsschutz abzukoppeln. Nun ist keineswegs jedes dieser Regelungselemente für sich genommen problematisch oder schädlich; übermäßig den Rechtsschutz behindernd erscheint die Kumulation der Maßnahmen, die etwa beim vorläufigen Rechtsschutz dazu führt, daß der Rechtschutzbegehrende von einem Hindernis auf das andere stößt. Verfehlt ist es insbesondere, wenn (im Zusammenhang des Bauplanungsrechts) die direkte Gleichung aufgemacht wird, daß zur Beschleunigung von Investitionen der Rechtsschutz durch die Normenkontrolle nach § 47 VwGO für fünf Jahre in den neuen Ländern abgeschafft werden soll[75]. Diese einfache Gleichung einer Vorfahrt für Investitionen durch direktes Streichen des Rechtsschutzes ist sozialpsychologisch in höchstem Maße verfehlt. Es stellt sich als eine höchst eigenartige Einübung der neuen Bundesländer in den Rechtsstaat dar, wenn ein Sonderrecht auf diese Weise praktiziert wird.

b) Bemühungen um ein gutes und ausgewogenes Planfeststellungsverfahren dürfen nicht nur auf die Stufe der Planfeststellung selbst fixiert werden. Wenn es, wie hier mehrfach betont, das Hauptanliegen von Verfahrensrecht ist, eine angemessene und wohldurchdachte Strukturierung von komplexen Abläufen und Entscheidungen zu bewirken, dann muß der Blick notwendigerweise und unerläßlich auf die Vorstufe der vorgelagerten Planungen fallen[76]. Das Feld der vorgelagerten Stufe erscheint als ein besonders pro-

[74] Von diesen Elementen ist im VerkehrswegeplanungsbeschleunigungsG (VwPBG) vom 16.12.1991 (BGBl. I. S. 2174), im Entwurf des Planungsvereinfachungsgesetzes (Fn. 54) und in den Änderungen von § 48 VwGO reichhaltig Gebrauch gemacht worden.

[75] So in Art. 11 des Entwurfs eines Investitionserleichterungs- und Wohnbaulandgesetzes (Fn. 54) ursprünglich vorgesehen. Daß diese Absicht in der vom Bundestag verabschiedeten Gesetzesfassung nicht mehr enthalten ist, ist zu begrüßen; gleichwohl zeigt der ursprüngliche Vorschlag den Geist dieser Novellierungsüberlegungen. Nach dem Gesetzesbeschluß des BT ist in Art. 12 eine zeitliche Befristung der Normenkontrolle nach § 47 VwGO auf 3 Monate nach Inkrafttreten der Vorschrift enthalten.

[76] Dort ist auch der Ort, wo den im Text (unter a) erwähnten Schwierigkeiten und Verzögerungen in der Planaufstellungsphase und bei der inneradministrativen Abstimmung mit den Kommunen begegnet werden kann: ein Großteil der notwendigen Vorabstimmungen muß in der vorgelagerten Stufe stattfinden. Die Fragerichtung darf nicht nur sein, den Verfahrensanteil der Kommune im Planfeststellungsverfahren zeitlich zu begrenzen, ihm muß vielmehr der richtige Ort zugewiesen werden, der für viele Frage in der Phase des vorgelagerten Verfahrens als eines selbständigen und strukturierten Verfahrensschrittes liegt.

blemträchtiges, regelungs- und vor allem ordnungsbedürftiges Feld[77]. Es ist nicht gelungen, dieses Vorfeld angemessen zu strukturieren. Am ausgeprägtesten zeigt sich dies bei der Fernstraßenplanung. Hier überschneidet sich das Linienbestimmungsverfahren mit dem Raumordnungsverfahren und der dabei eingeschlossenen Umweltverträglichkeitsprüfung der ersten Stufe. Eine durchdachte und abgestimmte Ordnung ist hier nicht erreicht, aber nirgends dringender erforderlich als in diesen weichenstellenden Phasen des Gesamtplanungsvorgangs.

Auf die Einzelheiten der während des Gesetzgebungsverfahrens noch vielfach veränderten Entwürfe eines Planungsvereinfachungsgesetzes und des Investitionserleichterungsgesetzes[78] kann hier nicht eingegangen werden. Ausschlaggebend ist die Frage nach der Notwendigkeit der vorgelagerten Stufe, die ich uneingeschränkt bejahe. Es ist — um es nochmals zu sagen das Wesen komplexer Verfahren, daß sie komplex sind und deshalb der Strukturierung bedürfen. Es ist kein überflüssiger Formalismus und keine bloße Freude am Erfinden von Verfahrensabläufen, daß sich jahrzehntelang die vorgelagerten Stufen in den Planungsentscheidungen herausgebildet haben. Diese Tradition ist Ausdruck eines in der Natur der Sache liegenden Bedürfnisses. Wenn heute die vorgelagerte Stufe ein Bild der neuen Unübersichtlichkeit bietet, dann muß dies dringend in einem ordnenden Zugriff angegangen werden. Es wäre hingegen ein — verhängnisvoller — Fehler, die vorgelagerten Verfahren als solche entweder abzuschaffen[79] oder in einem gezielten Schlag wesentlich auszudünnen und in ihrem Sachgehalt zu minimieren. Es gilt die einfache Formel: Was nicht im vorgelagerten Verfahren abgearbeitet wird, belastet zusätzlich das Planfeststellungsverfahren. Es gilt das Gesetz von der Erhaltung der Komplexität.

Hervorgehoben werden soll vor allem die heilsame und positive Funktion der Raumordnungsverfahren bei der Auswahl von Alternativen. Um dies zu erkennen, darf man nicht nur auf spektakuläre Verfahren wie bei manchen Müllverbrennungsanlagen schauen, bei der die eigentlichen Probleme im Bereich der Akzeptanz liegen. Aber selbst dort, wo die Verwaltung — wie es immer ist — all das auffangen muß, was sonst im öffentlichen Raum nicht geleistet worden ist, haben Raumordnungsverfahren eine wichtige ordnende Funktion, wie dies derzeit in Baden-Württemberg bei der quälenden Auswahl von Standorten für Müllverbrennungsanlagen der Fall ist.

---

[77] Zu einem Aspekt *Wahl*, Raumordnungsverfahren am Scheideweg, in: FS Sendler, 1991, S. 199ff.

[78] Fn. 54.

[79] Das VerkehrswegeplanungsbeschleunigungsG (VwPBG) vom 16.12.1991 (BGBl. I. S. 2174) hat die Erforderlichkeit des Raumordnungsverfahrens entfallen lassen und es den neuen Ländern freigestellt, ein solches vorzusehen.

5. *Neues Verfahrensrecht für Anlagengenehmigungsverfahren*

Die Änderungsmenge und -geschwindigkeit im Genehmigungsrecht, die die vergangenen Jahre mit sich gebracht haben, sind beträchtlich. Ein kurzer, keineswegs vollständiger Überblick mag dies verdeutlichen. Änderungen brachten insbesondere das

— UVP-Artikel-Gesetz, und von ihm veranlaßt

— die Änderung der 9. BImSchV im Jahre 1992[80]

— das derzeitige Beschleunigungspaket, bestehend aus

  — dem Investitionserleichterungs- und Wohnbaulandgesetz[81],

  — einer erneuten Änderung der 9. BImSchV[82], flankiert von Änderungen der 4. BImSchV (Beschleunigung durch Reduzierung der Genehmigungserfordernisse[83])

— Parallel bzw. außerhalb dieses Pakets werden die grundsätzliche Novellierung des Atomrechts (einschließlich des Verfahrens)[84]

— und die Novellierung des Gentechnikgesetzes[85] vorbereitet.

Die Beschleunigungsmaxime als dominante Zielsetzung schlägt sich in Befristungsregelungen nieder[86]; Genehmigungsfiktionen, die sich hier zu einer „Strafe" zu Lasten Dritter auswirken würden, sind zu Recht nicht vorgesehen[87]. Erleichterungen sind mehrfach vorgeschlagen für Anlagen, die der Bauart nach zugelassen sind und in Übereinstimmung mit der Bauzulassung errichtet und betrieben werden[88]. Erweitert wird die Konzentrations

---

[80] Fn. 31. — An den Zusatzvorschriften für uvp-pflichtige Vorhaben kann die Relevanz des UVP-Gesetzes abgelesen werden; dazu *Wahl*, Genehmigungsverfahren (Fn. 14), S. 173 ff.

[81] Fn. 54.

[82] Entwurf einer Verordnung der BReg. zur Änderung der Verordnung über das Genehmigungsverfahren, BR-Drs. 869/92 v. 3.12.1992.

[83] Entwurf einer Verordnung der BReg. zur Änderung der Verordnung über genehmigungsbedürftige Anlagen, BR-Drs. 870/92 v. 3.12.1992.

[84] Dazu die Vorbereitungsüberlegungen bei *Lukes* (Hrsg.), Reformüberlegungen zum Atomrecht, 1991.

[85] Referentenentwurf eines Ersten Gesetzes zur Änderung des Gentechnikgesetzes, Stand 15.2.1993.

[86] Investitionserleichterungs- und Wohnbaulandgesetz (Fn. 54), Art. 7 Nr. 2 d, Einfügung von § 10 VI a BImSchG: über den Genehmigungsantrag ist nach Eingang des Antrags und der auszulegenden Unterlagen innerhalb einer Frist von sieben Monaten, im vereinfachten Verfahren innerhalb einer Frist von drei Monaten zu entscheiden (mit Verlängerungsmöglichkeiten).

[87] Zu den Problemen der planungsrechtlichen Zulässigkeitsfiktion für Wohnbauvorhaben der gleichnamige Aufsatz von Bönker, DVBl. 1993, 134 ff.

[88] Art. 7 Nr. 1 b Investitionserleichterungs- und Wohnbaulandgesetz (Fn. 54), RVO-

wirkung der immissionsschutzrechtlichen Genehmigung gegenüber wasserrechtlichen Entscheidungen (mit der verbleibenden Ausnahme der Erlaubnisse und Bewilligungen nach den §§ 7 und 8 WHG)[89]. Im übrigen finden sich z.T. marginale bzw. wenn überhaupt, sich nur marginal auswirkende Änderungen des (Massen)Verfahrens[90] im Hinblick auf die Erhebung der Einwendungen, Zustellungen und Bekanntmachungen.

Sinnvoll erscheint die (auf)fordernde Klarstellung über die Pflichten der Behörde in der Phase vor der Antragsstellung. Hier schärft die vorgeschlagene Neuregelung der 9. BImSchV der Behörde ein, daß eine eingehende Erörterung vorgenommen wird, die insbesondere der Klärung dienen soll,

„1. welche Antragsunterlagen bei Antragstellung vorgelegt werden müssen,

2. welche voraussichtlichen Auswirkungen das Vorhaben auf die Allgemeinheit und die Nachbarschaft haben kann und welche Folgerungen sich daraus für das Verfahren ergeben,

3. welche Gutachten vergeben und wie Doppelgutachten vermieden werden können,

4. wie der Terminplan für das Verfahren ausgestaltet werden soll und welche sonstigen Maßnahmen zur Vereinfachung und Beschleunigung des Genehmigungsverfahrens vom Träger des Vorhabens und von der Genehmigungsbehörde getroffen weden können,

5. welche Behörden im Verfahren beteiligt sind.....“[91].

Natürlich waren diese Maximen praktischer Verwaltungskunst bisher der Verwaltung nicht verboten, auch wurden sie schon in gewissem Umfang praktiziert. Gleichwohl erscheint die ausdrückliche Bekräftigung in der Verfahrensverordnung nicht überflüssig, sondern zur Verdeutlichung und Einschärfung des Willens zur inneradministrativen Verbesserung des Zeitablaufs sinnvoll.

Ein nicht zu unterschätzendes Problem stellt im Anlagengenehmigungsrecht die Verbindung zur Planungsstufe bzw. zu einer vorgelagerten Stufe dar. Im Rahmen der Planfeststellung, bei der Verortung von öffentlichen Vorhaben in der räumlichen Umgebung, liegt der Schwerpunkt der Probleme von vornherein bei den räumlich-planerischen Fragen. Bei Genehmigungsentscheidungen (von privaten Vorhaben) ist es ein spezifisches und häufig ungelöstes Problem, wie die gebundene Zulassungsentscheidung verknüpft werden kann mit planerischen Überlegungen. Dabei wird voraus-

---

Ermächtigung und Art 7 Nr. 6, Einfügung von § 23 a, RVO-Ermächtigung für Anzeigeverfahren.

[89] Art. 7 Nr. 3 InvestitionserleichterungsG (Fn. 54), Änderung von § 13 BImschG.

[90] Dazu im einzelnen unten *Ronellenfitsch*, in diesem Bande.

[91] Art 1. Nr. 2 der ÄnderungsVO (Fn. 82).

gesetzt, daß bei Vorhaben einer bestimmten Größenordnung (Großvorhaben) typischerweise planerische Anforderungen an den Standort der Anlage gestellt werden, daß ein Koordinationsbedürfnis in räumlicher Hinsicht besteht. Bei allen Genehmigungsverfahren, die nicht in einer klaren Weise mit einer vorgelagerten Planungsstufe verbunden sind[92], kommt es typischerweise zum — ungelösten — Problem, wie die anlagenbezogene Kontrolle mit der raumbezogenen Prüfung und Problembewältigung kombiniert werden kann. Im hohem Maße problematisch ist insoweit das Zusammenspiel mehrerer Vorschläge im Investitionserleichterungsgesetz. Danach werden einerseits die Genehmigungen für Abfallentsorgungsanlagen, die nicht Deponien sind, als immissionsschutzrechtliche Genehmigungen ausgestaltet[93] (wofür einiges spricht); andererseits wird aber die planungsrechtliche Seite völlig ausgeblendet, indem solche Anlagen nun auch nach § 38 BauGB von dem Anwendungsbereich der bauplanerischen Vorschriften und der Reichweite von Bebauungsplänen freigestellt werden[94]. Dies ist, was hier nicht im einzelnen ausgeführt werden kann, systemwidrig und zugleich unzureichend, da dabei eine Anlage in den Genuß des Privilegs des § 38 BauGB gelangt, ohne ihrerseits in einem planerischen Verfahren überprüft worden zu sein, das zugleich aufnahmefähig ist für eine „Berücksichtigung“ der Belange der Bauleitplanung. Dieser Vorschlag erscheint als eine typische Regelung, die alle Vorteile kombinieren will, dabei über das Ziel hinausschießt und einseitig ist. Überprüfungsbedürftig und wohl unzutreffend ist die Begründung im Entwurf, daß nur bei Deponien ein räumlicher Koordinierungsbedarf bestehe[95].

6. Regelungs-Bausteine für Anlagengenehmigungsverfahren

Nach meinem Plädoyer für eine Musterregelung für förmliche Genehmigungsverfahren im VwVfG geht es nunmehr darum, die einzelnen Regelungs- und Verfahrenselemente solcher Verfahren, ähnlich dem Planfeststellungsverfahren, vorzulegen. Die Überlegungen können hier wesentlich anknüpfen an die Vorschläge im UGB-Entwurf zur dort Umweltbewilligung genannten Genehmigung[96]. Im übrigen ergeben sich die Verfahrenselemente

[92] Zur klassischen Kombination von Planung und Einzelgenehmigung im Baurecht und zur defizitären Situation etwa im Atomrecht *Wahl*, Planungsentscheidung (Fn. 39), S. 56, 60.

[93] Art. 6 Nr. 1 Investitionserleichterungs- und Wohnbaulandgesetz (Fn. 54), Änderung des § 7 AbfG.

[94] Art. 1 Nr. 6 c Investitionserleichterungs- und Wohnbaulandgesetz (Fn. 54), Änderung des § 38 BauGB.

[95] Investitionserleichterungs- und Wohnbaulandgesetz (Fn. 54), BT-Drs. 12/3944, 53.

[96] *Kloepfer/Rehbinder/Schmidt-Aßmann/Kunig* (Fn. 43), S. 59 ff., 259 ff., 270 ff. (zur Umweltbewilligung). Hier geht es allein um die Regelungstechnik eines Modellverfahrens,

aus einer vergleichenden Betrachtung der Anlagengenehmigungsgesetze, an ihrer Spitze des BImSchG, das in verfahrensrechtlicher Hinsicht eine Leitfunktion hat, des Atomgesetzes, des GenTG und in abgeschwächter Form der Landesbauordnungen.

Sinn einer solchen Modellregelung für das förmliche Genehmigungsverfahren ist es, ein Set von Bausteinen für diesen Verfahrenstyp bereitzustellen[97]. Als Modell hätten diese Regelungen die Aufgabe, die komplexen Genehmigungsverfahren in der Art zu strukturieren, wie dies im Planfeststellungsverfahren der Fall ist, insbesondere durch eine Aufgliederung in Verfahrensphasen und eine Strukturierung der Art und Weise, wie die einzelnen Beteiligten in welcher Phase ihre Beiträge zu erbringen haben oder erbringen können (Strukturierung durch Förmlichkeit). Die Modellregelung insgesamt würde die Reduktion der Vielfalt von Einzelregelungen in den Genehmigungsgesetzen anregen und damit zugleich einen kodifikatorischen Beitrag zur Übersichtlichkeit und Transparenz leisten. Gerade beim Zusammentreffen mehrerer Genehmigungsvorbehalte in parallelen Verfahren wäre es ein nicht zu unterschätzender Gewinn, wenn die Verfahrensregelungen aus gleichen Elementen bestünden, Fristen gleich lang wären, und die Vorlagepflichten einander entsprächen.

Terminologisch könnte der neu vorgeschlagene Verfahrenstyp — im Unterschied zum derzeitigen sog. förmlichen Verwaltungsverfahren — förmliches Genehmigungsverfahren oder förmliches Anlagengenehmigungsverfahren genannt werden; der angemessene Regelungsort wären — anstelle der derzeitigen Regelungen — die §§ 63 ff. VwVfG oder eine Einfügung zwischen ihnen und den Vorschriften über das Planfeststellungsverfahren.

Unter Einbeziehung auch anderer Fragestellungen als die der Beschleunigung ergeben sich mindestens die folgenden Verfahrenselemente, wobei die erste Liste die generalisierungsfähigen Institute, die zweite die dem einzelnen Fachgesetz notwendigerweise vorbehaltenen Regelungselemente enthält.

a) Regelungselemente für die Modellregelung des förmlichen Genehmigungsverfahrens:

---

nicht dagegen um den kodifikatorisch geeigneten Ort. Der 59. DJT hat sich in seinen Beschlüssen gegen das Rechtsinstitut einer Umweltbewilligung ausgesprochen, ebenso gegen ein besonderes Umweltverfahrensrecht, das die Übersichtlichkeit und Einheitlichkeit des Verfahrensrechts gefährde; deshalb wurde dafür plädiert, die verfahrensrechtlichen Regelungen möglichst weitgehend in den Verwaltungsverfahrensgesetzen zu treffen (Beschlüsse der Abteilung Umweltrecht Nr. 18 und 20.). Der Text geht ebenfalls davon aus, Regelungen der „mittleren Ebene" im VwVfG selbst zu treffen, eben mit der vorgeschlagenen Modellregelung für ein komplexes Genehmigungserfahren. Wenn aber eine Novellierung der Verwaltungsverfahrensgesetze von Bund und Ländern nicht (rechtzeitig) zu erreichen ist, dann spricht alles für eine Regelung in einem UGB.

[97] Ähnlich die Begründung bei *Kloepfer/Rehbinder/Schmidt-Aßmann/Kunig* (Fn. 43), S. 264, und 270 (dort ausdrücklicher Verweis auf das Vorbild des § 63 VwVfG).

— Unterscheidung zwischen förmlichem Verfahren, vereinfachtem Verfahren und Freistellung von beidem.

— Rechtswirkungen der Entscheidungen im förmlichen und vereinfachten Verfahren (Genehmigungswirkung, Ausschließungswirkung, Konzentrationswirkung, soweit generell regelbar). Sie sind je spezifisch zu regeln, da das förmliche Verfahren eben wegen seiner besonderen Förmlichkeit und den darin zum Ausdruck kommenden gesteigerten Garantien für Rechtmäßigkeit und Rechtswahrung für die Beteiligten weitergehende Rechtswirkungen rechtfertigt (z.B. den Ausschluß privatrechtlicher Abwehransprüche oder eine umfassende Konzentrationswirkung) als das vereinfachte Verfahren[98]; umgekehrt gilt, daß das vereinfachte Verfahren nicht dieselben Wirkungen haben darf wie das aufwendige.

— Strukturierung der Verfahrensschritte. Notwendig ist hier insbesondere der systematische Einbau der UVP-Regelungen in das Modell des förmlichen Genehmigungsverfahrens nach dem Vorbild der 9. BImSchV, weil die meisten Vorhaben im förmlichen Genehmigungsverfahren uvp-pflichtig sind. Deshalb sind notwendige Regelungselemente:
  - Erörterungen vor Antragstellung
  - Unterrichtung über den Untersuchungsrahmen
  - Grundsatzregelung über die Vorlage von Unterlagen
  - und über die Beteiligung anderer Behörden sowie der Öffentlichkeit
  - Ämterkonferenz
  - Gemeinsamer Erörterungstermin[99] mit grundsätzlichen Regelungen zu seinem Ablauf
  - (Materielle) Präklusion
  - Ausschluß des Widerspruchsverfahrens.

— Für das vereinfachte Verfahren sind die Verfahrenselemente zu nennen, die generell (oder unter bestimmten Voraussetzungen) entbehrlich sind.

— Parallele Verfahren (als ein praktisch relevanter Schwerpunkt des Genehmigungsrechts). Im einzelnen lassen sich dabei u.a. Hinweispflichten der Behörde auf Erforderlichkeit anderer Genehmigungen, Hilfeleistung bei anderen Genehmigungen durch Überlassen von Unterlagen usw. regeln. Zweckmäßig sind auch Bestimmungen über Fristen für die Stellungnahme und über eine sternförmige Beteiligung.

— Vorbescheid und Teilgenehmigung.

---

[98] Die derzeitige rechtspolitische Tendenz, die Unterschiede zwischen aufwendigem und vereinfachtem Verfahren bei den Rechtswirkungen einzuebnen, etwa die Plangenehmigung praktisch mit denselben Wirkungen auszustatten wie die verfahrensmäßig aufwendige Planfeststellung, ist verfehlt und abzulehnen. Besondere Rechtswirkungen müssen in und durch Verfahren „verdient“ werden; man kann nicht alles zugleich und zusammen haben: vereinfachtes Verfahren und größtmögliche Wirkungen.

[99] Diesem Vorschlag im UGB-Entwurf (Fn. 43), S. 275 sollte gefolgt werden.

— Vorzeitiger Beginn.

— Generelle Maximen für den inneradministrativen (raschen) Ablauf.

b) Regelungselemente im Genehmigungs-Fachgesetz:

Noch fragmentarischer als bei der eben aufgestellten Liste seien hier als notwendigerweise dem Fachgesetz zu überlassende Regelungen insbesondere erwähnt:

- Umschreibung des Anwendungsbereichs des Genehmigungsvorbehalts
  - für das förmliche Verfahren,
  - das vereinfachte Verfahren und
  - für Freistellungen in Bagatellfällen[100].
- Auflistung der vorzulegenden Unterlagen.
- Regelung der Voraussetzungen, unter denen eine Genehmigung (entweder als gebundene oder als im Ermessen stehende Genehmigung[101]) erteilt wird.
- Regelung der Wirkungen der Genehmigung, vor allem die Konzentrationswirkung im einzelnen.
- Verknüpfung der Einzelgenehmigung mit einer vorgelagerten Planungsentscheidung.

Im weiteren ist noch zu prüfen, ob Regelungen über den Bestandsschutz[102] oder über das Erlöschen der Genehmigung im Grundsatz generalisierungsfähig sind oder ob sie sinnvoll nur im einzelnen Genehmigungsgesetz geregelt werden können.

c) Die Forderung nach einer Modellregelung für die förmlichen Genehmigungsverfahren mag im derzeitigen hektischen Gesetzgebungsbetrieb unzeitgemäß erscheinen. Wenn dazu heute wirklich die Zeit fehlt, dann rächt

---

[100] Angesichts der notwendigerweise typisierenden und damit zu weit greifenden Umschreibung des Genehmigungsvorbehalts gehört es zum Standardprogramm des Genehmigungsrechts, daß in Fällen untergeordneter Bedeutung vom Verfahren freigestellt wird. Diese Regelungstechnik müssen auch die EG-Richtlinien selbst vorsehen, damit in diesen Fällen nicht der Einwand der unvollständigen Umsetzung erhoben werden kann.

[101] Der Genehmigungsanspruch (der Charakter der Genehmigung als gebundene Erlaubnis) ist nicht automatisch mit dem Rechtsinstitut der Genehmigung gegeben, sondern diese wichtige Rechtsfolge ist abhängig von der gesetzgeberischen Ausgestaltung des Eigentums gemäß Art. 14 I 2 GG (bzw. der gesetzgeberischen Ausfüllung des Regelungsvorbehalts nach Art. 12 I GG): Die gesetzgeberische Ausgestaltung, die sich in verfassungsrechtlich geregelten Bahnen bewegen muß, wird in vielen, aber nicht notwendigerweise in allen (wichtigen) Fällen zum Ergebnis führen, daß ein gebundener Anspruch eingeräumt wird; zur Problematik insgesamt *Wahl*, Abschied von den Ansprüchen aus Art. 14 GG, in: FS Redeker, 1993, S. 245 ff.

[102] Zur Gesetzesabhängigkeit des Bestandsschutzes *Wahl* (Fn. 101).

sich nur, daß dieser Komplex nicht schon früher angegangen worden ist. Die Bereitstellung einer solchen Modellregelung bleibt ein Desiderat.

7. Das Beschleunigungsziel im Kontext der anderen Zwecke des Verwaltungsverfahrens

Abschließend sind noch einige grundsätzliche Anmerkungen zu den Beschleunigungsvorhaben der aktuellen Gesetzgebung anzufügen, obwohl diese nicht Schwerpunkt meines Themas sind. Das große Experimentierfeld der neueren Gesetzgebung im Verwaltungsrecht, die Beschleunigung, Vereinfachung, Entlastung und Erleichterung der Verfahren im Rahmen einer überbeschleunigten, aber nicht einfachen Gesetzgebung, spielt sich völlig außerhalb des Verwaltungsverfahrensgesetzes ab. Mit dem Beschleunigungsthema[103] schlägt die Stunde des bereichsspezifischen Verwaltungsverfahrensrechts. Daß das gesamte Beschleunigungsthema am VwVfG vorbeigeht, ist nicht nur ein formeller oder äußerlich bleibender Vorgang, ihm kommt vielmehr eine tiefere Bedeutung insoweit zu, als bei diesem Regelungsansatz das Beschleunigungsthema tendenziell isoliert behandelt wird. Im Gesamtzusammenhang mit dem VwVfG hätte das Beschleunigungsthema den richtigen und zugleich einen größeren Rahmen, nämlich von Anfang an den, daß Beschleunigung eine Maxime von mehreren ist, die nicht verabsolutiert und nicht für sich maximiert werden kann. Im Rahmen des VwVfG und seiner Tradition und Prinzipien wäre von Anfang an deutlich gewesen, daß der Beschleunigungszweck ein Zweck unter mehreren ist, daß sich das Beschleunigungsthema mit den anderen Verfahrenszwecken auseinandersetzen muß und daß es zu einem Ausgleich zwischen den verschiedenen Zwecken kommen muß. Beim jetzigen isolierten Regelungsansatz in Spezialgesetzen besteht die offenbare Gefahr, daß der Beschleunigungszweck verabsolutiert wird und sich die Novellen zu ausgesprochenen Gesetzen gegen den gerichtlichen Rechtsschutz und zum Zurückschneiden von Verfahrensbeteiligungen entwickeln.

Wenn der Zeitbezug des Verwaltungshandelns eine Verwandlung des Verwaltungsrechts seit Ende der 80er Jahre mit sich gebracht hat[104], wäre es gut gewesen, wenn sich diese Bemühungen explizit in einem Diskussionszusammenhang mit den anderen Verfahrenszwecken abgespielt hätten und von Anfang an deutlich gemacht worden wäre, daß das Verfahren wie überhaupt

---

[103] *Brohm*, Beschleunigung der Verwaltungsverfahren, NVwZ 1991, 1025; *Bullinger*, Verwaltung im Rhythmus von Wirtschaft und Gesellschaft, JZ 1991, 53; *ders.* (Fn. 72); *ders.*, Aktuelle Probleme des deutschen Verwaltungsverfahrensrechts. Das Beschleunigungsgebot und seine Vereinbarkeit mit rechtsstaatlichen und demokratischen Verfahrensprinzipien, DVBl. 1992, 1463; vgl. auch die Nachweise in Fn. 105.

[104] So grundsätzlich *Bullinger*, Aktuelle Probleme (Fn. 103).

der Auftrag der Verwaltung einer Vielzahl von Zwecken und Zielen dient und deshalb Beschleunigung nur im Rahmen eines magischen Vielecks verändert werden, insbesondere aber nicht maximiert werden kann[105].

In den Beschleunigungsnovellen taucht mehrfach die Formel auf, die bisherigen Verfahrensbestimmungen könnten entfallen, ohne daß sich materiell-rechtlich etwas ändere. Damit wird die Relevanz von Verfahrensbeteiligung geleugnet. Das mag im einzelnen, genau zu begründenden Fall ausnahmsweise berechtigt sein. Generell widerspricht diese Formel allem, was bisher zu Recht über die Funktion des Verfahrensrechts als Beitrag zur inhaltlichen Richtigkeitsgewähr dargelegt worden ist. Das Verfahrensrecht ist zwar nicht Selbstzweck, es hat die bekannte „dienende" Funktion; damit wird jedoch zu Recht gesagt, daß es zu etwas dient, das nicht beliebig außer acht gelassen werden kann.

Zwei Beispiele mögen dies verdeutlichen. In dem Entwurf eines Maßnahmegesetzes in der Lex-Stendal wird ausgeführt: „Die Anwendung des Investitionsmaßnahmegesetzes ermöglicht es also, auf schnelle Weise alle für die Erstellung der Planunterlagen notwendigen Informationen ohne Durchführung förmlicher Verfahren zu gewinnen, ohne daß in materieller Hinsicht an der Qualität der planerischen Vorbereitung für die Bauzulassung kraft Gesetzes Abstriche gemacht werden müssen"[106]. In dem Entwurf eines Planungsvereinfachungsgesetzes ist, um das zweite Beispiel zu nennen, eine Neuformulierung von § 16 FStrG vorgesehen, in der statt des Einvernehmens mit den Landesplanungsbehörden der beteiligten Länder in Zukunft nur noch das „Benehmen" mit ihnen gefordert wird. In der Begründung[107] heißt es: „Zur verfahrensmäßigen Beschleunigung der Linienbestimmung bei Bundesfernstraßen entfällt das bisher erforderliche Einvernehmen mit den für die Raumordnung zuständigen Ministern. Materiell ändert sich an der Mitsprache der betreffenden Minister nichts; die von diesen vertretenen Belange werden auch weiterhin bei der Entscheidung über die Linienführung berücksichtigt. Der Wegfall der starren Einvernehmensregelung ermöglicht jedoch eine Abstimmung in kürzeren Fristen als bisher".

---

[105] Zu *Bullingers* Formel von der Verwaltung im Rhythmus von Wirtschaft und Gesellschaft (Fn. 103) gilt es anzumerken: es fehlt der Rhythmus mit der Natur. Nimmt man dies hinzu, dann verliert das in der Formel enthaltene Gebot und die Richtungsanzeige an die Verwaltung ihre Eindeutigkeit.

[106] Lex Stendal BR-Drs. 513/92, 8, auch BT-Drs. 12/3477 (beide umfassen mit den entscheidenden Anlagen 736 Seiten!), dazu *Blümel,* Verkehrswegeplanung in Deutschland, in: ders./Magiera/Merten/Sommermann (Hrsg.), Verfassungsprobleme im vereinten Deutschland (Speyerer Forschungsberichte 117), 1993, S. 14ff. und zu den verfassungsrechtlichen Problemen: *Bullinger* (Fn. 103), S. 1467 und *ders.* (Fn. 72); *Ronellenfitsch* und *Stüer*, in: Blümel (Hrsg.), Verkehrswegeplanung in Deutschland (Speyerer Forschungsberichte 105), 3. Aufl. 1993; *Ronellenfitsch*, Maßnahmegesetze zur Beschleunigung von Verkehrsprojekten, DÖV 1991, 771.

[107] BT-Drs. 12/4328, 20.

Auch die Überlegung von Bullinger[108] und Bohne[109] dazu, wer das Risiko der Verfahrensbeschleunigung trägt, implizieren, daß im beschleunigten Verfahren nicht alles so sicher erreicht werden kann wie ohne diese Beschleunigung.

Was den grundsätzlichen Ansatz für die Beschleunigung bzw. Rechtzeitigkeit der Entscheidungen anbetrifft, so gilt es, sich zu vergegenwärtigen, daß im Ansatz auf die Pluralität der Verfahrensziele und auf die Pluralität des Auftrags der Verwaltung gerade dann Bedacht genommen werden muß, wenn der öffentliche Druck so sehr in eine Richtung zielt. Das Beschleunigungsthema ist in den größeren Zusammenhang einzubeziehen, der von der einzelnen Verfahrensbestimmung über ihre Einbindung in einen Verfahrenstyp zu den Verfahrenszielen und zum Auftrag der Verwaltung geht. Dabei ist die Pluralität der Verwaltungsziele und die Pluralität des Verwaltungsauftrags als entscheidender Ansatz herauszustellen. Die Verwaltung selbst ist wie das Verfahren mehrfunktional. Zum Verwaltungsauftrag gehört die Verwirklichung der Rechtmäßigkeit, der Sachrichtigkeit, der Effizienz, der Bürgerorientiertheit, der Offenheit für die Beteiligten und der Rechtzeitigkeit[110]. Insgesamt handelt es sich um ein magisches Vieleck über zahlreichen Konflikten[111]. Magisch ist das Vieleck der Anforderungen deshalb, weil sich — selbstverständlich — nicht alle Anforderungen zugleich maximieren lassen. Vielfältig sind die Anforderungen an die Verwaltung und ihre Verfahren, weil die Rolle der Verwaltung in der Gesellschaft sich nicht auf eine Funktion reduzieren läßt. Die Verwaltung hat nicht nur eine Dienstleistungsfunktion gegenüber den Betreibern[112], sie hat auch die Schutzfunktion für Betroffene und Dritte und die Gewährleistungsfunktion für Belange der Allgemeinheit. Einen Schritt konkreter läßt sich für die aktuelle Diskussion formulieren: Die Verwaltung hat nicht nur für rasche Genehmigungsverfahren im Interesse der Betreiber und der Allgemeinheit am Funktionieren der Wirtschaft zu sorgen, sondern auch für die Sicherung der Umweltbelange, die Interessen derselben Allgemeinheit sind, die sowohl die Funktion der Wirtschaft wie die der Erhaltung der natürlichen Lebensgrundlage will und

[108] (Fn. 72), S. 89 zum verminderten Vertrauensschutz bei den von ihm vorgeschlagenen besonderen Verfahren für eilbedürftige Vorhaben.

[109] In diesem Bande.

[110] *Wahl*, VVDStRL 41 (Fn. 7), S. 157; so auch *Hill*, Das fehlerhafte Verfahren und seine Folgen im Verwaltungsrecht, 1986, 208.

[111] So schon *Wahl*, VVDStRL 41 (Fn. 7), S. 157.

[112] In ähnlichem Zusammenhang der Flexibilitätsinteressen und der Beschleunigungswirkung von informalem Handeln betonen die Autoren des Entwurfs eines UGB: „Gerade im Umweltrecht wird deutlich, daß es nicht Aufgabe der Verwaltung ist, mit wem auch immer 'gemeinsame Sache zu machen'. Neutralität der Verwaltung, Interessenpluralität der Entscheidungsprozesse und die gebotene Berücksichtigung von Drittbelangen müssen die grundlegenden Werte des Verwaltungsverfahrens bleiben“, *Kloepfer/Rehbinder/Schmidt-Aßmann/Kunig* (Fn. 43), S. 260.

wollen muß. Ebenso muß sich die Beschleunigungstendenz mit den berechtigten Anforderungen des Rechtsschutzes durch Verfahren und der Rechtsstaatstradition des VwVfG auseinandersetzen. Mit der zitierten Behauptung in Gesetzesbegründungen, daß Verfahrensregelungen weggenommen werden könnten, ohne das sich etwas ändert, ist dies nicht getan.

Daß die Verwaltung und der Staat generell das Funktionieren der Ökonomie ebenso im Auge behalten müssen wie die Belange der Ökologie, ist in eben solchem Maße ein Allgemeinplatz wie die Maxime, ökonomische und ökologische Anforderungen nicht als Gegensatz zu verstehen, sondern um einen Ausgleich zwischen beiden bemüht zu sein. Offenbar ist jedoch für die Politik und auch für die Gesetzgebungspolitik die Losung, zwei so wichtige Belange gleichzeitig und ausgleichend zu behandeln, nicht ausreichend attraktiv. Die Maxime, beides gleichgewichtig und ausgewogen zu berücksichtigen, erscheint als unentschiedenes Programm, als ein unentschiedenes Sowohl-als-auch. Attraktiver für die Politik ist es, in der einen Situation das eine Ziel, in einer anderen Situation das andere Ziel betont und entschieden herauszustellen. Dies führt zu den typischen Wellenbewegungen der Politik und auch der Gesetzgebungspolitik. So gab es die Partizipationswelle, die dann von einer Phase der verstärkten Umweltgesetzgebung und diese dann im Gegenzug von Beschleunigungsbemühungen zur Erhaltung des Standorts Bundesrepublik abgelöst wurde. Dem offenbar unwiderstehlichen Drang der politischen Programmatik zu solchen Zuspitzungen ist die Beharrlichkeit und das Standvermögen entgegenzusetzen, auf die Berechtigung der jeweils verdrängten Ziele hinzuweisen und eine ausgewogene Verfolgung aller Ziele und damit des gesamten Auftrags der Verwaltung einzufordern.

Das derzeit geübte Verfahren erinnert an das, was man im Zusammenhang der Haushaltsgesetzgebung und der Behebung von Haushaltsproblemen bisweilen die Rasenmähermethode genannt hat[113]: Anstatt bei den materiellen Gründen von zu hohen Staatsausgaben in einzelnen Bereichen analysierend und zurückschneidend anzusetzen, wird über alles ein Rasenmäher gelegt, der allerorts einiges beschneidet. In den neueren Beschleunigungsnovellen werden überall Fristen verkürzt und Verfahrensbeteiligung und Rechtsschutz abgeschnitten, ohne daß eine einleuchtende und nachvollziehbare Analyse der Ursache von zu langer Verfahrensdauer als Grundlage vorhanden ist, ohne daß auch die eigentlichen inhaltlichen Ursachen der langen Verfahrensdauer angegangen werden. Statt dort, wo es nötig ist, auch die Änderung materieller Regelungen in Betracht zu ziehen, werden die zeitintensiven Faktoren außen vor gelassen, das Gesamtergebnis jedoch soll

---

[113] *Siedentopf*, Änderungen der Aufgabenverteilung, der Organisation und der Verfahren der Verwaltung zur Beschleunigung und Verbesserung der Verwaltungsentscheidungen, in: Götz/Klein/Starck (Hrsg.), Die öffentliche Verwaltung zwischen Gesetzgebung und richterlicher Kontrolle, 1985, S. 294.

größere Schnelligkeit gewähren als bisher. Man kann diese Methode auch mit dem Prokrustes-Bett vergleichen: Was zu lang ist, wird ohne große Überlegung einfach abgeschnitten. Statt nach den Ursachen für das Wachstum zu fragen und diese zu beeinflussen, wird durch Fristenregelungen abgeschnitten, was zu lang erscheint.

Ein anderer Ansatz zeigt sich dagegen, wenn auch verspätet, in der Entschließung des Bundestags bei der Verabschiedung des Investitionserleichterungsgesetzes. Darin wird auch das Ausmaß deutlich, in dem ein sachangemessenes erweitertes Konzept an die Probleme herangehen muß, nämlich nicht nur durch die Kürzung von Fristen und die Beschneidung des Rechtschutzes. In der Entschließung[114] heißt es:

„Der Deutsche Bundestag sieht in dem Investitionserleichterungs- und Wohnbaulandgesetz einen wichtigen Schritt um die Dauer der Genehmigungsverfahren für Anlagen zu verkürzen. Ein Ergebnis der Anhörungen von Sachverständigen war, daß wesentliche Ursachen für die Dauer von Genehmigungsverfahren auch in den verwaltungsinternen Abläufen bei Genehmigungs- und beteiligten Behörden, aber auch bei den Antragstellern, liegen. Die von der Bundesregierung vorgelegte Novelle der 9. BImSchVO führt mit dem Instrument der Vorbesprechungen ein beschleunigendes Verfahrenselement ein, doch schöpft sie nicht die Möglichkeiten der Verfahrensoptimierung aus.

Der Deutsche Bundestag bittet daher die Bundesregierung, soweit es in der Gesetzgebungszuständigkeit des Bundes liegt, durch ergänzende Regelungen in der 9. BImSchV oder darauf basierenden Verwaltungsvorschriften in Abstimmung mit den Ländern unter anderem folgende Regelungen für ein effektiveres Verfahrensmanagement — ohne Verlust an Prüfungstiefe — verbindlich festzulegen:

— Antragskonferenzen mit allen beteiligten Behörden zur Festlegung der notwendigen Unterlagen

— Einschaltung von zentralen Ansprechpersonen mit Koordinierungsfunktion in der Genehmigungsbehörde (Projektmanager), möglichst auch bei den Antragstellern

— Sternverfahren bei der Versendung von Unterlagen und Einholung von Stellungnahmen

— Ämterkonferenzen zur Abkürzung der Beteiligungsverfahren, zur raschen und koordinierten Formulierung von Stellungnahmen und Auflagen und zu deren Erörterung mit dem Antragsteller,

[114] Entschließung des BT in der 141. Sitzung vom 12.2.1992 (gem. Beschlußempfehlung in BT-Drs. 12/4217 Nr. 4, Text auch in BR-Drs: zu Drucksache 82/93). Wichtige Elemente davon schon im Antrag der SPD-Fraktion (Fn. 72).

— Vergabe von kurzen Äußerungsfristen beteiligter Behörden, verbunden mit der Anberaumung von Ämterkonferenzen,

— Vor-Ort-Termine mit allen Beteiligten.

Angesichts der positiven Erfahrungen in den USA sollte auch in der Bundesrepublik Deutschland verstärkt das Mediatoren-Verfahren eingesetzt werden, bei dem ein neutraler Vermittler mit der Verfahrensleitung beauftragt wird. Hierfür sind die rechtlichen Rahmenbedingungen zu verbessern oder zu schaffen."

Es bleibt die Hoffnung, daß nach der Entschließung des Bundestages die Rechtspolitik in ruhigere und ausgewogenere Bahnen kommt, wenn die Aufmerksamkeit verstärkt auf inneradministrative Vorgänge, auf Antragskonferenzen, auf die Vorbereitung beim Antragsteller gelegt und zur Prioritätensetzung aufgefordert wird. Vielleicht wird sich das Beschleunigungsthema vor diesem Hintergrund aus den derzeitigen Einseitigkeiten lösen.

Diskussion zu den Referaten von Willi Blümel, Eberhard Bohne und Rainer Wahl

Leitung: Carl Böhret

Bericht von Martin R. Pfeil

In der Diskussion kamen allgemeine Aspekte der aktuellen Beschleunigungsbestrebungen des Bundesgesetzgebers (I.), spezielle dogmatische und systematische Fragen (II.) sowie die von Bohne unterbreiteten konkreten Reformansätze (III.) zur Sprache.

I.

Stelkens kritisierte die gravierenden Eingriffe in die Gerichtsverfassung durch die aktuellen neuen Spezialgesetze. Beschleunigung dürfe nicht zum „Selbstläufer" werden. Das Ergebnis, das einen Entscheidungsprozeß abschließe, stehe in unmittelbarem Zusammenhang mit der Verfahrensdauer. Hoher Standard bedürfe Zeit. *Stelkens* verwies insoweit auf die umstrittenen Städteplanungen nach dem Zweiten Weltkrieg, die teilweise zu schnell durchgeführt worden und deshalb mitunter mißglückt seien. Die eigentliche Kernfrage dürfe sich allerdings gar nicht auf das Verfahren, sondern vielmehr auf die Ausgestaltung der materiellen Maßstäbe konzentrieren.

Wagner gab zu bedenken, daß die Beschleunigungsproblematik verkürzt werde, solange die mit dem Wissenschaftsstandort Deutschland zusammenhängenden Fragen ausgeblendet blieben. Gerade bei Anlagen, die der Verwirklichung neuer Technologien — zum Beispiel der Gentechnik — dienten, seien die Zulassungsschwierigkeiten erfahrungsgemäß am größten. Den natürlichen Vergleichsmaßstab im Hinblick auf die Verfahrensdauer bilde die „Schnelligkeit der anderen", bezogen auf die jeweilige Projektkategorie, deren Genehmigung begehrt werde. In der Schweiz und den USA sei das Zulassungstempo höher als in der Bundesrepublik Deutschland, wo es in diesem Sektor zu beinahe „unheimlichen" Verzögerungen komme. Die materielle Richtigkeit der behördlichen Entscheidung sei zwar durchaus ein gewichtiger Punkt, der bei der Verfahrensgestaltung angemessen zu berücksichtigen sei, es gelte aber auch, ökonomische Aspekte einzubeziehen.

Bohne erkannte den von *Wagner* vorgeschlagenen Vergleichsmaßstab als plausibel an, bestritt indes die Existenz einschlägiger belastbarer empirischer Daten über die Dauer von Zulassungsverfahren und die Gründe für ihre Verzögerung. Bislang liege lediglich eine pauschale Untersuchung der BASF vor. Diesbezüglich eröffne sich für die Forschung ein lohnendes und weites Betätigungsfeld. Davon abgesehen seien Aussagen über die Qualität und den Wert von Zulassungsnormen stets kulturabhängig. So rühme sich zum Beispiel Kalifornien (USA), das „schärfste Umweltrecht" zu besitzen. *Bohne* warf darüber hinaus einen Blick in die Zukunft und verwies auf das von ihm beschriebene „Versicherungsmodell 2", das gerade bei umstrittenen neuen Technologien genügend Innovationsmöglichkeiten biete.

Rebentisch erteilte der von *Blümel* ins Gespräch gebrachten Abschaffung der „Jedermann-Beteiligung" zugunsten einer „Betroffenenbeteiligung" im Rahmen des Zulassungsverfahrens bei bestimmten Projekten zu Beschleunigungszwecken eine Absage. Die Popularbeteiligung habe bislang keine nachweisbare Verlängerung der Verfahren bewirkt. Gründe der Praktikabilität sprächen im Gegenteil nach wie vor dafür, dieses Modell, das einerseits eine Abschichtung des Einwenderkreises nach dem Kriterium der Betroffenheit — und somit Verwaltungsaufwand — vermeide und andererseits eine Informationsmaximierung gewährleiste, beizubehalten.

Böhret gelangte ebenfalls zu dem Ergebnis, daß die Partizipation der Öffentlichkeit nicht für die lange Verfahrensdauer verantwortlich zeichne. Demgegenüber seien die komplizierte Behördenbeteiligung und mangelnde Entscheidungsbefugnis der staatlichen Verwaltungsinstanzen gravierendere Verzögerungsfaktoren. Außerdem sei die Beschleunigungsdebatte Ausdruck versteckter materieller Konflikte. Es frage sich vor diesem Hintergrund, was das Recht ausrichten könne, wenn die Gesellschaft „so ist, wie sie ist".

II.

Steiner mahnte im Zusammenhang mit der Flut spezieller Verfahrensvorschriften in den neuen Fachgesetzen eine „kritische Selbstüberprüfung" von „Rechtsprechung und Literatur" an. Ein möglicher Grund für diese Schwemme an überflüssigen allgemeinen verfahrensrechtlichen Aussagen, die manchmal lediglich den Wortlaut des Verwaltungsverfahrensgesetzes wiederholten, sei die Angst des Gesetzgebers, Judikative und Schrifttum könnten eventuelle Lücken mit ungewolltem Inhalt auffüllen. *Wahl* stimmte diesem Ansatz zu und sprach sich ebenfalls gegen das bloße Abschreiben allgemeiner Normen aus.

Siebelt beurteilte in Übereinstimmung mit *Blümel* die Chancen, das Verwaltungsverfahren in nächster Zukunft effektiv zu vereinheitlichen, skeptisch. Es gebe allein siebzehn verschiedene Verwaltungsverfahrensgesetze im Bund und in den Ländern. In Anbetracht der unterschiedlichen Mehrheitsverhältnisse in den einzelnen Parlamenten und der mangelnden Einigkeit über die richtigen Beschleunigungsrezepte sei die Herausbildung allseits anerkannter uniformer Verfahrenstypen „auf mittlerer Ebene" unwahrscheinlich. *Wahl* bestritt diese Schwierigkeiten nicht. Dennoch sei eine Weiterentwicklung des allgemeinen Verwaltungsverfahrensrechts nicht völlig ausgeschlossen und müsse als Ziel weiterverfolgt werden.

Lorenz warf die Frage auf, ob die vom Investitionserleichterungs- und Wohnbaulandgesetz für Abfallentsorgungsanlagen mit Ausnahme von Deponien vorgesehene Substitution der Planfeststellung durch die (immissionsschutzrechtliche) Genehmigung als „Drittes Modell" neben der reinen Planfeststellung und der reinen Unternehmergenehmigung angesehen werden könne. Ein solches Modell habe zur Folge, daß sich die bisherige Planfeststellung zum grundrechtlichen Anspruch wandle und umgekehrt.

Wahl kritisierte die Tendenz, das Verhältnis zwischen Planfeststellung und Genehmigung als „Verschiebe-Bahnhof" zu betrachten, der bei Bedarf beliebig aktiviert werden könne. Dabei spiele das Problem des „gebundenen Anspruchs" allerdings nicht die entscheidende Rolle. Nicht jede Genehmigung müsse zwingend mit einem gebundenen Anspruch gekoppelt werden. Vielmehr biete Art. 14 Abs. 1 S. 2 GG dem Gesetzgeber abweichende Gestaltungs- und Ausgleichsmöglichkeiten. Für ein entschlacktes Zulassungsverfahren sei praktischer Bedarf vorhanden. Freilich verberge sich hinter dem „unschönen Wort" Plangenehmigung, das in jüngster Zeit immer häufiger in die Fachplanungsgesetze einfließe, typologisch nichts weiter als ein vereinfachtes Planfeststellungsverfahren. Nicht ausreichend geklärt sei in diesem Zusammenhang die Frage der Konzentrationswirkung. *Wahl* brachte nochmals zum Ausdruck, daß er die Beschleunigung von Verwaltungsverfahren als sinnvoll erachte, soweit sie mit Augenmaß und nicht isoliert, das heißt abgelöst von den übrigen Verwaltungszielen, betrieben werde.

III.

Laubinger bezweifelte, daß die von *Bohne* skizzierten Versicherungsmodelle der aus den Grundrechten abgeleiteten Schutzpflicht des Staates genügten. Die komplette Abwälzung des Schadensrisikos auf den Unternehmer könne die weitgehende Ausschaltung der präventiven behördlichen Kontroll- und Eingriffsmöglichkeiten nicht ausreichend kompensieren. Außerdem dürfe eine Errichtungsgenehmigung für eine umweltrelevante Anlage nicht von Sicherheitsüberlegungen getrennt werden.

Stelkens schloß sich dieser Meinung an. Die Gefährdungshaftung des Unternehmers und damit die potentielle Schadensersatzverpflichtung sei nicht gleichbedeutend mit der dem Staat aufgegebenen Wahrung von Allgemeininteressen. Überdies verlagere sich bei den „Versicherungsmodellen" die eigentliche Problematik in das baurechtliche Verfahren.

Bohne widersprach der Analyse *Laubingers*. Eine Verantwortungsverschiebung vom Staat auf den Unternehmer finde nicht statt, da die Behörden weiterhin selbst entscheiden müßten, ob die Voraussetzungen des jeweiligen Befreiungsanspruchs im Einzelfall erfüllt seien. Mithin komme es lediglich zu einer Umverteilung des Risikos. Außerdem bedürfe es einer sorgfältigen Differenzierung zwischen beiden Modellen. Typ 2 gewährleiste für Anlagen mit hohem Gefährdungspotential angemessene staatliche Einflußmöglichkeiten. Typ 1 setze für weniger risikobehaftete Projekte andere Prioritäten und ermögliche das Freiwerden neuer Ressourcen. Im übrigen sei die Unterscheidung zwischen Errichtung und Betrieb einer Anlage keineswegs unbekannt und ein sowohl aus rechtlicher als auch aus technischer Sicht unbedenklicher Anknüpfungspunkt für eine Zulassungsentscheidung.

Bohne stimmte *Stelkens* zwar zu, daß Schadensersatz grundsätzlich lediglich der Restitution diene. Jedoch müsse an der mittelbaren Wirkung einer solchen Schadensersatzverpflichtung in Gestalt der Gefährdungshaftung angeknüpft werden, die erhebliche verhaltenssteuernde Funktionen entfalten könne. *Bohne* verwies in diesem Zusammenhang auf die Entwicklungen im Umwelthaftungsrecht. Die Gefährdungshaftung führe zu einer gesteigerten Sorgfalt sowohl des Betroffenen als auch seines Versicherers. Beide Parteien müßten bestrebt sein, die Wahrscheinlichkeit eines Versicherungsfalls zu minimieren, um dem Gebot effektiven wirtschaftlichen Handelns zu entsprechen und nicht negativ in die öffentliche Diskussion zu geraten. Der eigentliche Restitutionsaspekt trete demgegenüber in den Hintergrund.

Der von *Stelkens* thematisierten Gefahr einer Verlagerung problematischer Aspekte in das baurechtliche Genehmigungsverfahren trat *Bohne* entgegen. Im „Versicherungsmodell 2" bleibe das Zulassungsverfahren letztendlich, wenn auch in modifizierter Form, erhalten. Für „Versicherungsmodell 1" obliege es dem Gesetzgeber, die notwendigen normativen Vorkehrungen zu treffen, um Problemumschichtungen zu vermeiden. Das Baugenehmigungsverfahren sei entsprechend zuzuschneiden.

Rebentisch vermochte den Beschleunigungseffekt bei den „Versicherungsmodellen" nicht zu erkennen. Die behördliche Kontrolle werde lediglich durch eine von privaten Sachverständigen durchzuführende Prüfung ersetzt, die gleichermaßen gewissenhaft sein müsse. Im übrigen sei dem Bundesgesetzgeber die von *Bohne* angeregte Steuerung der in das Bauverfahrensrecht einzubeziehenden Normen aus verfassungsrechtlichen Gründen verwehrt.

Bohne erwiderte, der Bundesgesetzgeber könne entsprechende Regelungen jedenfalls im Abfall- und Immissionsschutzrecht treffen. Für diese Materien sei er unzweifelhaft zuständig.

Schoch machte darauf aufmerksam, daß im Bergrecht eine Planung durch die Unternehmen längst vollzogen werde. Demnach sei der das „Versicherungsmodell“ tragende Gedanke so neu auch wieder nicht.

Bohne bedankte sich für den Hinweis. Allerdings bleibe das Zulassungsverfahren im Bergrecht öffentlich-rechtlicher Natur. Ihm gehe es bei seinen Vorschlägen aber um funktionelle Äquivalente.

Hill sprach sich abschließend dafür aus, die zukunftsträchtigen Überlegungen *Bohnes* weiterzuverfolgen. Die Tendenz gehe dahin, dem Staat die Verantwortung für bestimmte Aufgaben zwar zu belassen, das Risiko der Ausführung aber zu verlagern. Ein Wandel der traditionellen Auffassung manifestiere sich bereits in der Öko-Audit-Verordnung der Europäischen Gemeinschaften und im geplanten Umweltgesetzbuch. Ein weiteres Beispiel bilde der Vorhaben- und Erschließungsplan des Baugesetzbuchs. Umdenken sei gefordert. Allerdings müßten alle neuen Modelle ausreichende rechtsstaatliche Sicherungen aufweisen. Insoweit sei die Innovation begrenzt.

Beschleunigte Genehmigungs- und Planungsverfahren für eilbedürftige Vorhaben

Von Martin Bullinger

A. Gesetzgeberische Großaktionen zur Beschleunigung

I. Die Gesetzgebung

Mit größter Dringlichkeit verabschieden Bund und Länder Gesetze, die darauf abzielen, daß wichtige Investitionen nicht mehr durch langwierige Genehmigungs- und Gerichtsverfahren behindert werden. Über die Notwendigkeit einer solchen Beschleunigung herrscht weithin Einigkeit. Meinungsverschiedenheiten bestehen nur über das Ausmaß und den besten Weg. Dies zeigt der von den Koalitionsfraktionen und der Bundesregierung eingebrachte Entwurf eines Bundesgesetzes zur Erleichterung von Investitionen und der Ausweisung und Bereitstellung von Wohnbauland (Investitionserleichterungs- und Wohnbaulandgesetz). Es sollte ab 1. April 1993 die Planungs- und Genehmigungsverfahren nach dem Baugesetzbuch, dem Bundesimmissionsschutzgesetz und dem Abfallgesetz erheblich straffen[1]. Der Entwurf wurde in seiner beschleunigenden Zielsetzung vom federführenden Bundestagsausschuß für Raumordnung, Bauwesen und Städtebau einhellig gebilligt[2]. Er stieß auch im Bundesrat überwiegend auf Zustimmung und zum Teil sogar auf die Forderung nach weitergehenden Beschleunigungsmaßnahmen[3]. Auf eine Empfehlung des Ausschusses für Umwelt, Naturschutz und Reaktorsicherheit[4], die teilweise einem Entschließungsantrag der SPD-Fraktion des Bundestages[5] Rechnung trug, beschloß der Bundestag gleichzeitig mit dem Investitionserleichterungesetz am 12.2.1993,

---

[1] BT-Drs. 12/3944, beschlossen vom Bundestag am 12.2.1993; der Bundesrat hat am 5.3.1993 den Vermittlungsausschuß angerufen (BR-Drs. 82/93).

[2] Bericht BT-Drs. 12/4340, S. 11 ff.

[3] So nach den Empfehlungen des Bundesratsausschusses für Städtebau, Wohnungswesen und Raumordnung aufgrund seiner Sitzungen vom 11. und 22.12.1992, BR-Drs. 868/1/92 und zu BR-Drs. 868/1/92. Die Anrufung des Vermittlungsausschusses betrifft nur einzelne Beschleunigungsvorschriften, bei denen die Änderungswünsche des Bundesrates nicht berücksichtigt waren.

[4] Bericht des BT-Ausschusses für Raumordnung (Fn. 2), S. 7 f.

[5] BT-Drs. 12/3948.

die Bundesregierung zu bitten, durch ergänzende Regelungen in Abstimmung mit den Ländern weitergehende Möglichkeiten einer Beschleunigung zu nutzen und

„unter anderem folgende Regelungen für ein effektiveres Verfahrensmanagement — ohne Verlust an Prüfungstiefe — verbindlich festzulegen:

— Antragskonferenzen mit allen beteiligten Behörden zur Festlegung der notwendigen Unterlagen,

— Einschaltung von zentralen Ansprechpersonen mit Koordinierungsfunktion in der Genehmigungsbehörde (Projektmanager), möglichst auch bei den Antragstellern,

— Sternverfahren bei der Versendung von Unterlagen und Einholung von Stellungnahmen,

— Ämterkonferenzen zur Abkürzung der Beteiligungsverfahren, zur raschen und koordinierten Formulierung von Stellungnahmen und Auflagen und zu deren Erörterung mit dem Antragsteller,

— Vorgabe von kurzen Äußerungsfristen beteiligter Behörden, verbunden mit der Anberaumung von Ämterkonferenzen,

— Vor-Ort-Termine mit allen Beteiligten.

Angesichts der positiven Erfahrungen in den USA sollte auch in der Bundesrepublik Deutschland verstärkt das Mediatoren-Verfahren eingesetzt werden, bei dem ein neutraler Vermittler mit der Verfahrensleitung betraut wird. Hierfür sind die rechtlichen Rahmenbedingungen zu verbessern oder zu schaffen.

Der Deutsche Bundestag fordert die Bundesregierung auf, ihm ... bis September 1993 zu berichten.“

Damit hat der Bundestag weitreichende Vorschläge für eine beschleunigende Reform der Verwaltungsorganisation und des Verwaltungsverfahrens aufgegriffen, die in den letzten Jahren von Reformkommissionen des Bundes und der Länder[6] sowie von Vertretern der Wissenschaft vorgelegt worden sind[7].

[6] Unter anderem von folgenden Kommissionen: Arbeitsgruppe der niedersächsischen Fachministerien und Staatskanzlei, Bericht „Schnellere und kalkulierbare Genehmigungsverfahren“, hrsg. von der Niedersächsischen Landesregierung 1989; Bericht des Umweltministeriums Nordrhein-Westfalen zur „Beschleunigung von Genehmigungsverfahren“, LT-Drs. 10/2625 und Bericht der Arbeitsgruppe „Überprüfung von Genehmigungsverfahren“, Februar 1989; Bericht der hessischen Arbeitsgruppe „Beschleunigung von Genehmigungsverfahren“, Mai 1990, maschinenschriftl.; Bericht des bayerischen Normprüfungsausschusses „Beschleunigung von Genehmigungsverfahren für Anlagen“, hrsg. von der Gemeinsamen Informationsbearbeitungsstelle der Bayerischen Staatsregierung, Oktober 1990; Bericht der unabhängigen Kommission („Waffenschmidt-Kommission“) für Rechts- und Verwaltungsvereinfachung über „Beschleunigung von Genehmigungsverfahren für Anlagen“, hrsg. vom Bundesministerium des Innern, Bonn, November 1990.

[7] Etwa von *Hoffmann-Riem*, Konfliktmittler in Verwaltungsverhandlungen, Heidel-

II. Der Anlaß

Grundlegende Veränderungen haben stärker ins Bewußtsein gehoben, daß für die Planung und Genehmigung von Investitionen der Faktor Zeit in hohem Maße bedeutsam ist:

1. Die *Wiedervereinigung macht es notwendig*, in der früheren DDR die jahrzehntelang vernachlässigten Investitionen in Verkehrswege, industrielle Anlagen und Wohnungen zeitlich gerafft nachzuholen, um die *neuen Länder* in vertretbarer Zeit an die alten Länder heranzuführen[8].

2. In den *alten Ländern* erschwert es der Zeitbedarf für die Planung und Genehmigung wichtiger Investitionen, Wirtschaftsunternehmen und Arbeitsplätze zu erhalten. Der Wettbewerb vor allem mit anderen EG-Staaten[9], hat durch die wirtschaftliche Stagnation an Schärfe gewonnen. Unabhängig davon läßt es die wachsende Wohnungsknappheit als dringlich erscheinen, die administrative Planung und Genehmigung von Wohnungsbauten zu beschleunigen.

3. Beschleunigungsinstrumente, die zunächst übergangsweise für die rasche wirtschaftliche Belebung der neuen Länder eingeführt waren, werden deshalb nunmehr auch für die alten Länder nutzbar gemacht. Dies gilt nicht nur für die Planung von Verkehrswegen[10], sondern auch für die Bauleitplanung. Das neue Investitionserleichterungsgesetz übernimmt z.B. für die alten Länder befristet den *Vorhaben- und Erschließungsplan*[11], der vom Investor selbst in Abstimmung mit der Gemeinde ausgearbeitet wird. Dieses

---

berg 1989; *Bullinger*, Beschleunigte Genehmigungsverfahren für eilbedürftige Vorhaben, Baden-Baden 1991 (Reihe Verwaltung 2000 Bd. 1) und bei der öffentlichen Sachverständigenanhörung des BT-Ausschusses für Raumordnung, Bauwesen und Städtebau am 18.1.1993, Ausschuß-Drs. 24/12.WP S. 127 ff. und Ausschußbericht BT-Drs. 12/4340 S. 7.

[8] Zu dem daraus folgenden Zwang, Verwaltung und Rechtsprechung zu beschleunigen, etwa *Ronellenfitsch*, DVBl. 1991, 92O; *Tettinger*, DÖV 1993, 236 ff., insb. 238, 242 f.; *Hill*, DÖV 1993, 54, 58 f.

[9] Dazu *Broß*, DVBl. 1991, 177 ff.

[10] Wichtige Beschleunigungsmittel des Bundesgesetzes zur Beschleunigung der Planungen für Verkehrswege in den neuen Ländern und im Lande Berlin (Verkehrswegeplanungsbeschleunigungsgesetz) vom 16.12.1991 (BGBl. I S. 2174) sollen noch vor dem Ende der fünfjährigen Geltungsdauer nach dem Entwurf eines Bundesgesetzes zur Vereinfachung der Planung der Verkehrswege (Planungsvereinfachungsgesetz) vom 6.11.1992 (BR-Drs. 756/92) in die allgemeinen Verkehrswegegesetze des Bundes eingefügt werden. Einer Empfehlung der Verkehrsministerkonferenz folgend, haben auch Länder wie Baden-Württemberg (Gesetz zur Änderung des Landeseisenbahngesetzes usw. vom 25.3.1992, GBl. S. 145) die Beschleunigungsinstrumente bereits für ihre eigenen Verkehrswege übernommen. Vgl. auch Blümel (Hrsg.), Verkehrswegeplanung in Deutschland, Speyerer Forschungsberichte 105, mit Beiträgen und Materialien, 3. Aufl. 1993.

[11] Art. 2 Nr. 2 h des Investitionserleichterungsgesetzes (in der vom Bundestag beschlossenen Fassung). Dazu *Pietzcker*, DVBl. 1992, 658 ff.; *Uechtritz*, DVBl. 1993, 181 ff., m.w.N. und Informationen.

Instrument der Beschleunigung baulicher Investitionen stammt aus der kurzen demokratischen Endphase der DDR[12]. Es war durch den Einigungsvertrag i.V.m. § 246 a Nr. 6 BauGB für die neuen Länder übergangsweise beibehalten worden. Bei der öffentlichen Sachverständigen-Anhörung des Bundestagsausschusses für Raumordnung, Bauwesen und Städtebau am 18. Januar 1993 gab es gewichtige Stimmen dafür, den Vorhaben- und Erschließungsplan auf Dauer in das Bundesrecht einzufügen[13].

B. Bedarfsgerechte Beschleunigung als Verfassungsgebot

Das Ziel der neuen Gesetzgebung, Planungs- und Genehmigungsverfahren für eilige Vorhaben von der Vorbereitungsphase beim Träger des Vorhabens über das administrative Verfahren bis zur rechtskräftigen gerichtlichen Entscheidung so weit wie möglich zu beschleunigen, ist nach neuerer Lehre und Rechtsprechung verfassungsrechtlich vorgezeichnet[14].

Dieses gewandelte Verständnis bricht mit der verengt *materiellen* Theorie vom Rechtsstaat, die sich in Deutschland seit dem Ende des 19. Jh. durchgesetzt hatte. Sie verlangte von einer Verwaltungsentscheidung oder einer sie überprüfenden Verwaltungsgerichtsentscheidung allein oder doch in erster Linie, die Sach- und Rechtslage voll zu ergründen, ohne Rücksicht auf Zeit und Kosten[15]. Noch unter dem Grundgesetz haben Gesetzgebung, Lehre und Rechtsprechung das vorwiegend materielle Rechtsstaatsprinzip weiter ausgebaut, indem sie z.B. von der Bauleitplanung erwarteten, die öffentlichen und privaten Belange vollständig zu berücksichtigen[16]. Die Bedeutung

[12] Bauplanungs- und Zulassungsverordnung vom 20. 6. 1990, 55.

[13] So *Bielenberg* und *Gaentzsch* in ihren Stellungnahmen, Ausschuß-Drs. 24/12.WP S. 21 und 139.

[14] Vor allem aus dem Rechtsstaatsprinzip folgt einmal die Pflicht jeder Behörde, binnen angemessener Frist zu entscheiden (BVerfG, 9.2.1982 — 2 BvL 6/78 u. 8/79 = BVerfGE 60, 16, 41 f.; BVerfG, 26.2.1985 — 2 BvR 1145/83 = BVerfGE 69, 161; so schon *Bachof*, VVDStRL 12 (1954) S. 37, 76. Vgl. auch *Kopp*, Verfassungsrecht und Verwaltungsverfahrensrecht, München 1971, S. 158 (Ableitung aus Art. 19 IV GG) sowie Komm. zum VwVfG Rdnr. 1-3 zu § 10 m.w.N.; ihm folgend *Laubinger*, VerwArch. 73 (1982), S. 60, 82. Zum anderen aber läßt sich daraus die Pflicht des Gesetzgebers ableiten, Vorkehrungen dafür zu treffen, daß auch in schwierigen Verfahren in angemessener Frist entschieden werden kann (BVerfG, 8.7.1982 — 2 BvR 1187/80 = BVerfGE 61, 82, 116, Atomanlagenverordnung). Zu beiden verfassungsrechtlichen Folgerungen näher *Bullinger*, Beschleunigte Genehmigungsverfahren (Fn. 7) S. 33-42, m.w.N.

[15] Zu dieser Verengung gegenüber der ursprünglichen liberalen Rechtsstaatsidee m.w.N. *Bullinger*, JZ 1991, 53 ff., insb. 54 f., 58; *ders.*, Beschleunigte Genehmigungsverfahren (Fn. 7) S. 25.

[16] Beispielhaft für die ältere Rechtsprechung BVerwG, 12.12.1969 — IV C 105.66 = BVerwGE 34, 301, 308 f. Zu den nach der Novellierung des BBauG von 1976 abgeschwächten Anforderungen der Rechtsprechung BVerwG, 9.11.1979 — 4N 1.78 u. 2-4.79 = BVerwGE 59, 87, 103 f.

des Verwaltungsverfahrens für den Rechtsstaat wurde zwar zunehmend erkannt. Das Hauptaugenmerk richtete sich jedoch darauf, Verfahrensprinzipien zu entwickeln, die es erleichtern, die Sach- und Rechtslage umfassend zu ermitteln, z.B. durch Anhörung der Betroffenen. Die Effizienz des Verwaltungshandelns stand nicht im Mittelpunkt des Interesses, am wenigsten seine Beschleunigung[17].

Mit diesem weitgehend zeit- und kostenblinden Verständnis eines vorwiegend materiellen Rechtsstaates blieb unberücksichtigt, daß Verwaltung und Verwaltungsgerichte nach der Verfassung für die Gesellschaft und den Bürger *Leistungen* zu erbringen haben, von denen die Verwirklichung auch der Grundrechte entscheidend abhängt. Leistungen aber müssen so *rechtzeitig* dargeboten werden, wie es ihre Eigenart erfordert. Wer eine Ausfuhrgenehmigung für ein bestimmtes Jahr beanspruchen dürfe, schreibt *Paul Kirchhof*[18], verliere faktisch sein Recht, wenn die Genehmigung nicht vor Ende des Jahres erteilt sei. Eine solche rechtsvernichtende Verzögerung lasse sich nicht mit dem Erfordernis vollständiger Aufklärung rechtfertigen. Das Grundgesetz fordere eine Verfahrensgestaltung mit größtmöglicher (also nicht absoluter) Richtigkeitsgewähr durch eine rechtzeitige („zeitnahe“) Entscheidung.

Das rechtsstaatliche Erfordernis materieller Rechtsrichtigkeit wird damit durch das ebenfalls rechtsstaatliche Erfordernis einer dem Rechtsschutzbedürfnis des Bürgers entsprechend raschen Entscheidung relativiert. *Kirchhof* zielt zwar mit seiner verfassungsrechtlichen Aussage primär auf eine Beschleunigung des verwaltungsgerichtlichen und speziell des finanzgerichtlichen Verfahrens, bezieht aber ausdrücklich das administrative Vorverfahren[19] und sinngemäß auch das administrative Verfahren erster Instanz ein.

Diese Auffassung spiegelt sich auch in der neueren Rechtsprechung des Bundesverfassungsgerichts. Um das Beschleunigungsgebot gleichermaßen auf die Rechtsprechung wie die aktive Verwaltung zu beziehen, wird es vom Zweiten Senat des BVerfG in einer Entscheidung aus dem Jahre 1992[20] nicht aus der Garantie effektiven Gerichtsschutzes nach Art. 19 IV GG abgeleitet, sondern aus der allgemeinen Handlungsfreiheit nach Art. 2 I GG „i.V. mit dem Rechtsstaatsprinzip“. Hier ging es um ein Ordnungswidrigkeitenverfahren, bei dem sowohl administrative wie gerichtliche Maßnahmen als untragbar verzögert zu beanstanden waren. Die umstrittene neuere Rechtsprechung des Ersten Senats des BVerfG hat zwar auf der einen Seite den

[17] Dazu *Bullinger*, Beschleunigte Genehmigungsverfahren (Fn. 7) S. 24-31 und DVBl. 1992, 1463, 1464f. Kennzeichnend für die ältere Ablehung des Effizienzprinzips *Leisner*, Effizienz als Rechtsprinzip, Tübingen 1971, z.B. S. 59.

[18] DStZ 1989, 55.

[19] A.a.O., S. 58.

[20] 2. Kammer, 19. 3. 1992 — 2 BvR 1/91 —, NJW 1992 S. 2472.

Eindruck erweckt, sie wolle dem rein materiellen Rechtsstaatsprinzip folgend noch schärfer als bisher eine vollständige Überprüfung der Verwaltungsentscheidungen in tatsächlicher und rechtlicher Hinsicht durch die Verwaltungsgerichte verlangen, selbst wenn das Gesetz unbestimmte Begriffe verwendet[21]. Auf der anderen Seite wird aber, jedenfalls in den Entscheidungen zur Kapazitätsberechnung in Fächern mit Zulassungsbeschränkung, das Erfordernis verschärfter Gerichtskontrolle unter den Vorbehalt gestellt, die geforderte Kontrollintensität müsse im Prozeß „erreichbar", d.h. eben auch in angemessener Frist zu verwirklichen sein[22]. Damit ist sinngemäß der *Zeitfaktor* verwaltungsgerichtlicher Kontrolle als wesentliches Element eines Rechtsstaats anerkannt, der auch das Verfahren erfaßt. Für die Verwaltungsentscheidungen selbst kann nichts anderes gelten[23].

Die Beschleunigungsgesetzgebung von Bund und Ländern ist also nicht etwa deshalb mit dem Rechtsstaatsprinzip unvereinbar, weil sie die Verwaltung und die Gerichte dazu veranlaßt, dringliche Investitionen so zu prüfen, daß eine Entscheidung in angemessener Frist getroffen werden kann. Wird das Rechtsstaatsprinzip auch verfahrensmäßig verstanden, so gebietet es zwar, unter angemessener Beteiligung der Betroffenen die materielle Rechtsrichtigkeit zu erforschen, andererseits aber auch, dem *zeitlichen Schutzbedürfnis* der Beteiligten entsprechend *rasch* zu entscheiden. Beide Elemente des Rechtsstaatsprinzips sind gegeneinander abzuwägen[24]. Für diese Abwägung ist in erster Linie dem Gesetzgeber ein Gestaltungsspielraum zuzuerkennen[25], der allerdings durch das Übermaßverbot begrenzt wird. Der

---

[21] Grundlegend BVerfG, 27.11.1990 — 1 BvR 402/87 = BVerfGE 83, 130 ff. = JZ 1991, 465 m. Anm. v. *Gusy* (Josefine Mutzenbacher); kritisch etwa *Redeker*, NVwZ 1992, 305 ff.

[22] BVerfG, 22.10.1991 — 1 BvR 393, 610/85 = BVerfGE 85, 36, 58. Zum effektiven Rechtsschutz, den Art. 19 IV GG garantiert, gehört auch seine Abwicklung in angemessener Frist. Dies ist heute anerkannt (vgl. etwa *Schmidt-Aßmann*, Maunz-Dürig, Komm. zum GG, Rdnr. 262 f. zu Art. 19 IV; *Kopp*, Komm. zur VwGO, 8. Aufl. 1989, Rdnr. 11 zu § 1, m.w.N.). Gesetze zur Beschleunigung des verwaltungsgerichtlichen Verfahrens suchen dem Rechnung zu tragen, so das Vierte Gesetz zur Änderung der VwGO vom 17.12.1990, BGBl. I S. 2809.

[23] *Berg* wollte noch 1976 zwar für die öffentliche Verwaltung das Ausmaß der Ermittlungen von der Eilbedürftigkeit der Entscheidung abhängen lassen, nicht aber für die Gerichte (Die Verwaltung 9, 1976, S. 161, 165 ff.). Inzwischen hat sich jedenfalls im Strafprozeß eine Interpretation der gesetzlichen Vorschriften durchgesetzt, die es erlaubt, eine untragbar lange Verfahrensdauer z.B. dadurch zu vermeiden, daß das Verfahren eingestellt wird; vgl. etwa *Kleinknecht/Meyer*, Komm. zur StPO, 40. Aufl. München 1991, Rdnr. 7 zu § 153.

[24] In diesen Abwägungsvorgang müssen je nach der Problemlage noch andere Faktoren einbezogen werden; *Wahl* spricht von einem „magischen Vieleck" (VVDStRL 41 (1984) S. 157). *Berg*, a.a.O., S. 187.

[25] Mit großer Klarheit und Entschiedenheit spricht das BVerfG dem Gesetzgeber in einer frühen Entscheidung (BVerfG, 12.12.1957 — 1 BvR 678/57 = BVerfGE 7, 194, 196 zu § 79 BVerfGG) noch die Befugnis zu, zwischen Rechtssicherheit und materieller Gerechtigkeit als zwei Teilprinzipien des Rechtsstaats zu wählen. Eine in Grenzen bestehende

Zeitfaktor darf also weder, wie in der traditionellen Verwaltungsrechtslehre, prinzipiell unterbewertet werden, noch den Rang eines beherrschenden Maßstabs des Verwaltungshandelns erhalten.

C. Aktuelle und potentielle Mittel zur Beschleunigung

Unter diesen leitenden verfassungsrechtlichen Gesichtspunkten ist die neue Beschleunigungsgesetzgebung zu untersuchen. Dabei schälen sich vier typische Beschleunigungsmittel heraus, die gesondert zu würdigen sind. Zwei davon gehören zum klassischen Instrumentarium: der Wegfall zeitraubender staatlicher Leistungen (I.) und die Fristsetzung (II.). Das Hauptaugenmerk muß sich daher auf die beiden Beschleunigungsmittel richten, mit denen die Gesetzgebung nunmehr wesentlich neue Wege beschreitet: das Nebeneinander unternehmerischer, behördlicher und verwaltungsgerichtlicher Prüfvorgänge statt deren zeitraubender Abfolge (III.) und der Einsatz eines Verfahrensmanagements, vor allem für die Koordination, die im Nebeneinander verschiedener Prüfvorgänge gesteigert notwendig wird (IV.).

Manche Beschleunigungsmittel sind dazu bestimmt oder geeignet, Verfahren von typischer Eilbedürftigkeit generell rascher voranzubringen. Andere können dazu beitragen, individuelle Verfahren von besonderer Eilbedürftigkeit in noch höherem Maße zu beschleunigen.

I. Wegfall staatlicher Leistungen

Investitionen lassen sich rascher verwirklichen, wenn das staatliche Planungs- oder Genehmigungsverfahren ganz wegfällt, wenn einzelne Prüfebenen gestrichen oder wenn die materiellrechtlichen und verfahrensrechtlichen Anforderungen an die Prüfung verringert werden. Von diesen Möglichkeiten machen die neuen Beschleunigungsgesetze regen Gebrauch. Dadurch werden aber die staatlichen Leistungen reduziert, die mit der Planung oder Genehmigung erbracht werden, darunter die Gefahrenprüfung und der Ausgleich widerstreitender Interessen.

Dies ist nicht von vornherein unzulässig. Nicht alle einmal gewährten Leistungen des Verwaltungs- oder Gerichtsschutzes sind verfassungsrechtlich unverzichtbar. So verlangt die Garantie effektiven Rechtsschutzes nicht mehr als eine gerichtliche Tatsacheninstanz. Sie läßt es also zu, daß die Planfeststellung oder Plangenehmigung von Verkehrswegen der erstinstanz-

Gestaltungsmöglichkeit ist dem Gesetzgeber aber auch heute noch zuzubilligen, obwohl die neuere Rechtsprechung des BVerfG dazu neigt, aus einzelnen Teilprinzipien des Rechtsstaatsprinzips linear feste Folgerungen zu ziehen; dazu kritisch *Pieroth*, JZ 1984, 971, 972.

lichen Kontrolle der OVGe oder des BVerwG unterworfen wird[26]. Die administrative Prüfung kann von der umfassenden Planfeststellung auf eine bloße Plangenehmigung zurückgeschnitten werden, jedenfalls für Vorhaben von geringer Gefährlichkeit[27]. Die verfassungsrechtlichen Grenzen sind erst dann erreicht, wenn die staatliche Schutzpflicht für Grundrechte und andere Verfassungswerte nicht mehr gewahrt wäre; dem Gesetzgeber wird aber gerade bei der Erfüllung von Schutzpflichten ein breiter Spielraum eingeräumt[28].

Erscheint die Kürzung von Leistungen aber als von vornherein ungeeignet, den angestrebten Beschleunigungseffekt zu erreichen, wird ihre verfassungsrechtliche Legitimität in Frage gestellt. So wollte der Entwurf des Investitionserleichterungsgesetzes in den neuen Ländern für fünf Jahre das Normenkontrollverfahren gegen Bebauungspläne ausschließen[29]; davon erwartete die Bundesregierung, wie sich aus ihrem Rundschreiben an die Länder vom 13.1.1993 ergibt, einen „Zeitgewinn von durchschnittlich etwa eineinhalb Jahren". Eine Verzögerung von Investitionsverfahren tritt aber überhaupt nur ein, wenn das OVG gemäß § 47 VIII VwGO den Vollzug des Bebauungsplans durch eine einstweilige Anordnung oder durch eine telefonische Bitte aussetzt, der in der Praxis Folge geleistet wird. Bleibt dagegen die Durchführung des Bebauungsplans unberührt, wirkt das Normenkontrollverfahren nicht verzögernd, sondern sogar beschleunigend, wenn erhebliche Zweifel an der Gültigkeit des Bebauungsplans die Investitionsbereitschaft lähmen. Im Rahmen der Anfechtungsklage gegen Vollzugsakte ist ohnehin die Gültigkeit des Bebauungsplans als Vorfrage zu klären. So hätte es genügt, den einstweiligen Rechtsschutz nach § 47 VIII VwGO für Bebauungspläne auf fünf Jahre ebenso auszuschließen wie die aufschiebende Wirkung der Rechtsmittel gegen die Vollzugsakte[30], um den gewünschten Beschleunigungseffekt zu erzielen[31].

---

[26] Wie nach § 5 I des Verkehrswegeplanungsbeschleunigungsgesetzes. Zu den verfassungsrechtlichen Möglichkeiten *Paul Kirchhof* DStZ 89, 55, 60; *Gaentzsch*, Sachverständigenanhörung vor dem BT-Ausschuß für Raumordnung (Fn. 7), Ausschuß-Drs. 24/12. WP S. 144 ff.

[27] So nach § 7 Abs. 3 Abfallgesetz i.d.F. des Art. 6 des Investitionserleichterungsgesetzes in der vom Bundestag beschlossenen Fassung. Fraglich ist aber, ob man der bloßen Genehmigung trotz geringerer Anforderungen mehr oder weniger dieselbe Rechtswirkung zuerkennen kann wie der Planfeststellung; vgl. *Gaentzsch*, a.a.O. (Fn. 13).

[28] Dazu BVerfG, 16.10.1977 — 1 BvQ 5/77 = BVerfGE 46, 160, 164 f. = JZ 1977, 750, 751 li.Sp. (*Schleyer*). Diese Flexibilität berücksichtigen nicht *Klinski/Gaßner*, NVwZ 1992, 235 ff.

[29] Art. 11 Nr. 1.

[30] Art. 12 Nr. 2 a i.V.m. Nr. 3 des Investitionserleichterungsgesetzes in der vom Bundestag verabschiedeten Fassung.

[31] In der vom Bundestag verabschiedeten Fassung des Art. 12 des Investitionserleichterungsgesetzes ist statt dessen, dem Vorschlag des Bundesrats entsprechend, der Antrag auf

Sieht man im Bauplanungsverfahren eines neuen Landes gemäß § 2 II 1 des Maßnahmengesetzes zum Baugesetzbuch von der vorgezogenen Bürgerbeteiligung nach § 3 I des Baugesetzbuchs ab, verspricht sich die Bundesregierung davon nach dem erwähnten Rundschreiben einen „Zeitgewinn (von) 6 bis 8 Wochen". Wenn auf diese Weise aber der Anstoß dazu entfällt, die Bürger schon in einem frühen Stadium für die Planung zu gewinnen (Akzeptanzsicherung)[32], und dadurch das Risiko jahrelanger verwaltungsgerichtlicher Verfahren wächst, verwandelt sich der scheinbare Zeitgewinn in einen Zeitverlust.

Primär müßte versucht werden, die Leistungsfähigkeit und speziell die Beschleunigungsfähigkeit der Verwaltung und der Verwaltungsgerichte zu erhöhen, bevor Leistungen für den Bürger oder die Allgemeinheit etwa auf dem Gebiet des Umweltschutzes gestrichen werden. Der Druck auf die ohnehin unumgängliche Reform der Verwaltungsorganisation und des Verwaltungsverfahrens läßt nach, wenn im Vorfeld jede zeitliche Leistungsschwäche durch Wegfall oder Kürzung der Leistung ausgeglichen wird.

II. Fristsetzung

Auch Fristsetzungen sind zur Beschleunigung nur bedingt geeignet.

Das Investitionserleichterungsgesetz enthält ebenso wie andere neuere Gesetze oder Verwaltungsvorschriften zahlreiche Fristen für behördliche Entscheidungen und Äußerungen. Besonders ausgeprägt bringt etwa die „Verwaltungsvorschrift des baden-württembergischen Umweltministeriums zur Beschleunigung von Zulassungsverfahren im Umweltbereich" vom 1. Dezember 1992[33] einen ausgedehnten Katalog von „Regelfristen" für abfallrechtliche, immissionschutzrechtliche und naturschutzrechtliche Zulassungsverfahren.

Bloße Regelfristen ohne direkte Sanktionen für den Fall der Fristversäumnis haben nur eine *Signalfunktion* für Behörden, Beteiligte und Gerichte. Sie können vor allem dann, wenn jede Fristüberschreitung gegenüber den Beteiligten und den vorgesetzten Stellen gerechtfertigt werden muß, im Einzelfall beschleunigend wirken. Planungssicherheit für die Beteiligten wird eher durch konkrete Entscheidungsfristen bewirkt, die eine Behörde zu Beginn jedes Verfahrens festlegen muß, wie es § 7 II der Neunten Verordnung zur Durchführung des Bundes-Immissionsschutzgesetzes (9. BImSchV)

Normenkontrolle weiterhin zugelassen, aber befristet worden (drei Monate nach Erlaß des Bebauungsplans).

[32] Dies fordert *Würtenberger*, NJW 1991, 257, 261 f.

[33] Baden-württembergisches GABl. vom 29. 1. 1993, S. 15.

sinngemäß vorsieht und das neue japanische Verwaltungsverfahrensgesetz voraussichtlich allgemein vorschreiben wird[34].

Die Fristbestimmungen der neuen Gesetze zeichnen sich dadurch aus, daß sie im wesentlichen auf die gefährliche Schein-Beschleunigung verzichten, die darin besteht, bei Fristablauf die behördliche Genehmigung als erteilt zu fingieren, obwohl die staatlichen Leistungen der Gefahrenprüfung und des Interessenausgleichs überhaupt nicht erbracht worden sind[35].

Allerdings werden von den Beschleunigungsgesetzen die Äußerungsfristen für beteiligte Behörden und Dritte nicht nur verkürzt, sondern verstärkt mit der Sanktion versehen, daß Äußerungen nach Fristablauf nicht mehr berücksichtigt zu werden brauchen[36]. Dies ist aber unbedenklich, wenn die zuständige Behörde verpflichtet bleibt, öffentliche Belange zu beachten, die ihr bekannt sein mußten oder erst nachträglich auftreten[37].

III. Nebeneinander statt Nacheinander unternehmerischer, behördlicher und gerichtlicher Prüfvorgänge (koordinierte Parallelprüfung)

Es mag gelingen, die Genehmigungs- oder Planungsverfahren für eilige Vorhaben durch Fristen effektiv zu verkürzen, obwohl die Personal- und Sachmittel der zuständigen Behörde nicht erhöht werden und die Anforderungen an die Prüfung gestiegen sind. Die Beschleunigung geht aber dann auf Kosten der Prüfintensität, was nach der Entschließung des Bundestages vom 12. Februar 1993 gerade vermieden werden soll. Das Defizit an administrativer Aufklärung kann im übrigen dazu führen, daß die verwaltungsgerichtliche Prüfung mehr Zeit in Anspruch nimmt, der Beschleunigungseffekt also wieder verloren geht. Infolgedessen müßte auch das verwaltungsgerichtliche Verfahren in seinem Zeitaufwand so eingeengt werden, daß die administrative und verwaltungsgerichtliche Überprüfung zusammen rechtzeitig abgewickelt werden können.

Ist es z.B. notwendig, eine neue industrielle Anlage innerhalb von zwei Jahren in Betrieb zu nehmen, damit sie mit ihrer Produktion noch rechtzeitig auf den Markt gelangt, und ist für den Bau ein Jahr zu veranschlagen, so darf die Prüfung des Vorhabens im Unternehmen selbst, bei der Genehmigungsbehörde und bei Gericht insgesamt nicht länger als ein Jahr dauern. Für jede dieser Prüfungsebenen bleibt also im Schnitt ein Zeitraum von vier Monaten.

---

[34] Dazu *Bullinger*, VerwArch. 84 (1993) S. 65, 71.

[35] Kritisch zur Genehmigungsfiktion, unter Hinweis auf ausländische Erfahrungen, *Bullinger*, Beschleunigte Genehmigungsverfahren (Fn. 7) S. 68 ff.

[36] Dies sieht bereits § 2 IV BauGBMaßnG vor.

[37] So sinngemäß etwa § 37 XI des baden-württembergischen Straßengesetzes i.d.F. von 1992.

Erforderte die Prüfung, wenn sie gründlich durchgeführt würde, jeweils ein Jahr, so kann sie in vier Monaten kaum mehr als eine *summarische* Klärung erbringen.

Versucht man also, dem Bedarf an raschen Investitionen durch eine *lineare* Beschleunigung *nacheinander ablaufender* Prüfvorgänge zu entsprechen, so riskiert man Hektik zu Lasten der Qualität. Manche Beobachter sehen in dem immer kürzeren Rhythmus wirtschaftlicher und gesellschaftlicher Veränderungen ohnehin ein *Unheil*, dem der Staat nicht durch rascheres Tätigwerden Vorschub leisten dürfe. Vielmehr müsse er ihm als „katechontische" Kraft durch eine retardierende Verwaltungs- und Gerichtstätigkeit läuternd entgegenwirken[38]. Ein Staat aber, der die heimische Wirtschaftstätigkeit einseitig verlangsamt, setzt seine Stellung im internationalen Wettbewerb und mit ihr den Lebensstandard seiner Bürger aufs Spiel. Eine wirksame internationale Vereinbarung über die Verlangsamung ist kaum zu erwarten. Umsonst haben etwa die großen Elektronikfirmen vor geraumer Zeit versucht, den Produktzyklus von Computern koordiniert zu verlangsamen, um die Entwicklungskosten durch eine genügend lange Verkaufsdauer zu amortisieren. Ein Außenseiter genügte, um das Bremskartell zusammenbrechen zu lassen.

Läßt sich der wirtschaftliche Beschleunigungsbedarf nicht eindämmen, führt eine lineare Beschleunigung der nacheinander ablaufenden Prüfvorgänge aber zu qualitätsmindernder Hektik, so muß man für eilige Vorhaben von der *linearen* zur *parallelen* Beschleunigung übergehen. Die verschiedenen Prüfvorgänge müssen dazu *nebeneinander* statt nacheinander ablaufen, soweit ihre Eigenart es erlaubt. Der Zeitaufwand für die Prüfvorgänge wird dadurch insgesamt verringert, obwohl jeder der Prüfvorgänge ausreichend Zeit erhält. Werden in dem angenommenen Beispiel, in dem die Prüfvorgänge zusammengenommen in einem Jahr abgewickelt sein müssen, die unternehmerische, behördliche und gerichtliche Prüfung gleichzeitig oder zeitlich nur wenig verschoben statt nacheinander in Gang gesetzt, darf *jeder* dieser *parallelen* Prüfvorgänge bis zu einem Jahr dauern, ist also eine gründliche und nicht nur summarische Klärung möglich. Allerdings ist ein Zeitverlust für die notwendige *Koordination* der parallel ablaufenden Prüfvorgänge zu berücksichtigen.

Dieser Umschlag vom Nacheinander in ein Nebeneinander unterschiedlicher Vorgänge oder Vorstellungen ist keine Sondererscheinung, sondern ein verbreitetes Phänomen der *modernen* oder *„postmodernen"* Gesellschaft.

---

[38] *Hasso Hofmann*, JZ 1988, 265, 278; *Schlink*, VVDStRL 48 (1990) S. 235, 259 ff. mit Erwiderung von *Bullinger*, a.a.O., S. 291 f.; *Philippe Delmas*, Le maître des horloges. Paris 1991, insb. S. 79 ff.; *Lorenz Schulz*, in: Ökologie und Recht, hrsg. von ihm selbst, Köln 1991, wobei allerdings sowohl der Beschleunigung wie der Langsamkeit die Wirkung der Unübersichtlichkeit zugeschrieben wird (S. 131, 133).

Wechselte etwa früher die Kleidermode von lang zu kurz und wieder zurück, sind diese Modeformen mittlerweile in eine Koexistenz übergegangen. Die philosophischen und soziologischen Reflexionen über das moderne oder postmoderne „pluralistische" Nebeneinander statt eines Nacheinander verschiedener Zeit- und Wertvorstellungen[39] wären für das rechtliche wie verwaltungswissenschaftliche Verständnis des Zeitfaktors nutzbar zu machen[40].

In der *Technik* und in den *Naturwissenschaften* findet sich verbreitet ein Übergang vom Nacheinander zum Nebeneinander, um Zeit zu sparen oder die Leistung zu erhöhen. So wird in der neueren Informationstechnik z.T. darauf verzichtet, Großrechner linear immer weiter zu beschleunigen, was auf wachsende Schwierigkeiten stößt. Statt dessen werden zahlreiche Rechner parallelgeschaltet. Der Gesamtrechenvorgang wird in Teilvorgänge zerlegt, von denen jeder *gleichzeitig* auf einem der Rechner abläuft. Trotz geringerer Rechengeschwindigkeit dieser parallelgeschalteten Rechner wird so der Rechenvorgang im ganzen rascher abgewickelt. Dabei ist allerdings darauf zu achten, daß nicht die erforderliche Kommunikation und Koordination zwischen den Teilrechnern den Zeitaufwand im Ergebnis erhöht[41]. In ähnlicher Weise werden bei naturwissenschaftlich-technischen Großforschungsprojekten die Fragen, die sich voraussichtlich im Verlaufe der Forschung stellen werden, nach Möglichkeit von Anfang an in Angriff genommen.

Wirtschaftsunternehmen sind vielfältig darauf angewiesen, von linearer Beschleunigung sukzessiver Vorgänge zur wirksameren Beschleunigung durch Parallelisierung dieser Vorgänge überzugehen. So wird etwa aus Japan berichtet, daß für neue Produkte oder Vorhaben im Unternehmen ad-hoc-Gruppen gebildet werden. In diese werden neben den für die Entwicklung und Produktion Verantwortlichen von vornherein die für das Marketing und den Vertrieb Zuständigen mit ihren unterschiedlichen Zielvorstellungen integriert, statt sie nacheinander einzuschalten und dann zur Eile anzutreiben[42]. Bei der Herstellung von Automobilen werden die meisten

---

[39] Für *Luhmann* (Die Knappheit der Zeit und die Vordringlichkeit des Befristeten, in: Die Verwaltung 1, 1968, S. 3, 6f., 24f.) erschien es in einem hoch komplexen Sozialsystem noch als sinnvoll, Wertkonflikte in ein *zeitliches Nacheinander* aufzulösen. Wachsendes Tempo des Wandels trage dann dazu bei, den bisher benachteiligten Vorstellungen eine bessere Chance späterer Durchsetzung zu verschaffen.

[40] Dieser Aufgabe wird sich eine interdisziplinäre Forschergruppe am Frankreichzentrum der Universität Freiburg i.Br. annehmen, in Zusammenarbeit mit französischen und anderen ausländischen Wissenschaftlern.

[41] Diese Informationen, die die Überlegungen zur Beschleunigung von Prüfvorgängen durch parallele Abwicklung angeregt haben, sind *Eric Bullinger* (cand. dipl. ing., ETH Zürich) zu verdanken. Vertieften Aufschluß geben *E. Corcoran* und *K. Solchenbach*, in: Spektrum der Wissenschaft (deutsche Ausgabe von Scientific American), Heft 3 März 1993, S. 82ff., 91ff.

Teile nicht im Werk nacheinander gefertigt und eingebaut, sondern von selbständigen Firmen oder Betriebseinheiten parallel produziert und unter straffer zeitlicher Koordination in parallele Montagevorgänge eingeführt, die dann wiederum zusammenzusteuern sind. Für die Montage selbst wird das starre Nacheinander der Arbeit am Fließband zunehmend zugunsten des Nebeneinander einer Arbeit in eigenverantwortlichen Kleingruppen aufgegeben[43]. Hier werden in flexibler Zusammenarbeit verschiedene Montagevorgänge von mehreren Beschäftigten parallel erledigt, was nicht nur die Qualität erhöht, sondern auch den Zeitaufwand verringern hilft. Die Kontrolle der Fertigung wird nicht ans Ende verlegt, sondern nach Möglichkeit stufenweise in den Fertigungsvorgang einbezogen. Auch das finanzielle „Controlling" des Unternehmens ist möglichst in die finanzwirksamen Operationen integriert, statt ihnen nachzufolgen.

Für die *öffentliche Verwaltung* sieht § 75 des neuen spanischen Verwaltungsverfahrensgesetzes vor, daß Verfahrensabschnitte, deren Eigenart keine sukzessive Abwicklung erfordert, zwecks Beschleunigung parallel durchgeführt werden sollen[44]. Eine solche Vorschrift würde auch in der Bundesrepublik Deutschland auf keine ernstlichen Bedenken stoßen. In der Praxis ist es z.B. ohnehin seit langem üblich, in schwierigen Verfahren die Prüfung durch die Widerspruchsbehörde informell bereits in das Verfahren erster Instanz zu integrieren.

Stärkere Einwände sind zu erwarten, wenn es darum geht, die *verwaltungsgerichtliche Prüfung* eiliger Vorhaben nach Möglichkeit mit der *behördlichen Prüfung* zu synchronisieren und ihr dadurch trotz des Zwangs zur Beschleunigung genügend Zeit für eine gründliche Klärung der Sach- und Rechtslage zu verschaffen. Noch immer ist die Vorstellung zu finden, die verwaltungsgerichtliche Kontrolle setze grundsätzlich eine Entscheidung der Verwaltungsbehörde voraus[45]. Darin schwingt die europäische und vor allem in Frankreich immer noch gepflegte Tradition mit, um der Gewaltenteilung willen könne prinzipiell nur die Anfechtungsklage gegen Verwaltungsentscheidungen zugelassen werden, nicht aber schon im Vorfeld dieser Entscheidungen eine Vornahme-, Unterlassungs- oder Feststellungsklage[46]. Diese klassische

[42] *Peter Odrich*, FAZ v. 2.5.1992, S. 41.

[43] Dazu Badische Zeitung v. 27.5.1992, S. 19.

[44] Vom 27.11.1992, BOC Nr. 285. Fast ebenso schon Nr. 75 des Verwaltungsverfahrensgesetzes vom 17.7.1958.

[45] So etwa *Stelkens* in der Diskussion nach dem Vortrag in Speyer am 3.3.1993.

[46] Dazu die (noch unveröffentlichte) Freiburger Magisterarbeit von *Florence François-Poncet* über „Die Klage auf Vornahme einerAmtshandlung im deutsch-französischen Vergleich", 1993. Allgemein *Jacques Chevallier*, L'élaboration historique du principe de séparation de la juridiction administrative et de l'administration active, Paris 1970. Kritisch zum Ausschluß jeder richterlichen Anordnung an die Verwaltung *Yves Gaudemet* in Mélanges Burdeau, Paris 1977, S. 805 f., freilich im Rahmen einer innerfranzösischen Reflexion.

Einengung der Verwaltungsgerichtsbarkeit ist aber in der Bundesrepublik nach dem Zweiten Weltkrieg aufgegeben worden. Weder die allgemeine Gerichtsschutzgarantie des Art. 19 Abs. 4 GG noch das Gewaltenteilungsprinzip schließen nach dem gewandelten deutschen Verständnis von der Rolle der Gerichtsbarkeit gegenüber der Verwaltung einen *vorgezogenen* Gerichtsschutz aus, der die Prüfung eines eiligen Vorhabens durch das Verwaltungsgericht schon während der Prüfung durch die Verwaltungsbehörde erlaubt. Dies gilt jedenfalls dann, wenn für den vorgezogenen Gerichtsschutz ein Rechtsschutzbedürfnis besteht und die gerichtliche Prüfung nicht von der Sache her auf der behördlichen Prüfung aufbauen muß[47].

Mit noch stärkeren Bedenken ist zu rechnen, wenn die verwaltungsgerichtliche und die behördliche Prüfung noch weiter vorgezogen werden und jedenfalls teilweise schon einsetzen können, während das Unternehmen noch die Zweckmäßigkeit des Vorhabens und die Voraussetzungen für den Genehmigungsantrag prüft. Denn hierdurch werden Verwaltungsbehörden und möglicherweise sogar Verwaltungsgerichte während der Überlegungs- und Planungsphase eines gewinnorientierten Unternehmens in eine „Kooperation" mit ihm hineingezogen, statt in hoheitlicher Distanz ihre Bindung allein an Gesetz und Gemeinwohl zu pflegen und unbefangen zur Geltung zu bringen, wenn der Genehmigungsantrag förmlich gestellt ist. Manche sehen darin die Gefahr kollusiver Rechtswidrigkeit[48]. Dies würde aber allgemein gegen eine Kooperation von Verwaltung und Bürger sprechen, die sich immer mehr als erforderlich erweist, um die Verwaltung handlungsfähig zu erhalten[49]. Schon in der unternehmerischen Prüfphase kann jedenfalls bei eiligen Vorhaben ein rechtliches Interesse daran bestehen, sich mit der zuständigen Genehmigungsbehörde abzustimmen oder eine vorgezogene

---

[47] Verfassungsrechtliche Bedenken gegen eine vorbeugende Unterlassungs- oder Feststellungsklage etwa bei *Schmitt Glaeser*, Verwaltungsprozeßrecht, 11. Aufl. 1992, Rdnr. 313, 366. Literatur und Rechtsprechung begnügen sich im allgemeinen damit, für den vorgezogenen Rechtsschutz gegen einen drohenden Verwaltungsakt ein besonderes Rechtsschutzbedürfnis zu verlangen, um auszuschließen, daß die Voraussetzungen für eine Anfechtungsklage umgangen werden; vgl. etwa *Ule*, Verwaltungsprozeßrecht, 9. Aufl. 1987, § 34 III.

[48] Deshalb lehnt etwa *Burmeister* öffentlich-rechtliche Verträge zwischen Staat und Bürger ab: Referat auf der Tagung der Vereinigung der Deutschen Staatsrechtslehrer in Bayreuth, 1992, Leitsatz 5 b, c (vgl. den Abdruck in DVBl. 1992, 1522; dagegen *Bullinger* in der Diskussion; differenzierend *Krebs* in seinem Mitbericht, etwa Leitsatz 4, DVBl. 1992, 1523).

[49] Zu den Voraussetzungen und Vor- wie Nachteilen einer Kooperation und speziell einer Verhandlungslösung *Ernst-Hasso Ritter*, Das Recht als Steuerungsmedium im kooperativen Staat, in Grimm (Hrsg.), Wachsende Staatsaufgaben — sinkende Steuerungsfähigkeit des Rechts, Baden-Baden 1990, S. 69 ff., insb. S. 98 ff.; *Hoffmann-Riem*, Zeitschrift für angewandte Umweltforschung 1990, S. 19 ff.; *Hoffmann-Riem/Schmidt-Aßmann* (Hrsg.), Konfliktbewältigung durch Verhandlungen, Baden-Baden 1990, mit Beiträgen u.a. von *Hoffmann-Riem*, *Bohne*, *Breuer*, *Brohm*, *Jarass*, *Fujita*, *Steinberg*; Hill (Hrsg.), Verwaltungshandeln durch Verträge und Absprachen, Baden-Baden 1990.

Klärung durch das Verwaltungsgericht herbeizuführen. Stellt sich etwa nachträglich heraus, daß das Unternehmen seine Prüfung nicht auf eine schwer vorhersehbare Rechtsauffassung der Behörde oder des Verwaltungsgerichts ausrichten konnte, verzögert sich die gesamte Abwicklung erheblich.

Ein auch nur teilweise zeitliches Nebeneinander unternehmerischer, behördlicher und gerichtlicher Prüfung ist so bei eiligen Vorhaben grundsätzlich geeignet, Beschleunigung zu bewirken und gleichzeitig die *Qualität* der Prüfvorgänge zu *erhöhen*, also effektiven Verwaltungs- und Gerichtsschutz herbeizuführen. Allerdings bringt das Nebeneinander der Prüfvorgänge gegenüber dem einfachen Nacheinander auch rechtliche Probleme und vor allem ein erhöhtes Bedürfnis nach einer *Koordination* mit sich, die ohne ein *Verfahrensmanagement* kaum zu bewerkstelligen ist (dazu unten IV.). Zehrt der Zeitbedarf für die Koordination den Zeitgewinn auf oder überwiegen sonst schwerwiegende Nachteile die Vorteile, verliert die Parallelisierung ihren Sinn[50]. Ein exzessiver Koordinierungsbedarf läßt sich vermeiden, wenn bestimmte Prüfungsschritte, wie z. B. die technische Begutachtung, nicht nur parallelisiert, sondern für alle Verfahren gemeinsam durchgeführt werden.

Beschleunigung durch ein Nebeneinander von Prüf- oder Planungsverfahren ist *nichts Neues*. Beschleunigende Parallelverfahren wie nach § 8 III BauGB für den Flächennutzungsplan und den Bebauungsplan sind seit längerem anerkannt. Andere Formen eines koordinierten Nebeneinander von Verfahren finden sich in den neueren Gesetzen und Verwaltungsvorschriften, etwa in Gestalt der parallelen Durchführung des Raumordnungs- und Linienbestimmungsverfahrens nach § 2 II 2 des Verkehrswegeplanungsbeschleunigungsgesetzes[51] sowie der laufenden Abstimmung von unternehmerischer und gemeindlicher Planung bei der Ausarbeitung des Vorhaben- und Erschließungsplans[52]. Es geht also nur darum, diese *vorhandenen Ansätze* in ihrem inneren Zusammenhang zu erkennen und *behutsam weiterzuführen*, um jedenfalls *besonders eilige* und wichtige Investitionsvorhaben zu beschleunigen.

Dies sei an einigen Beispielen verdeutlicht:

1. Sternförmige Beteiligung statt Aktenversand

Am anschaulichsten ist der Zeitgewinn, wenn die zuständige Behörde allen anderen Behörden, die am Verfahren zu beteiligen sind, nicht *nachein-*

[50] S.o. zur entsprechenden Problematik bei der Parallelschaltung von Rechnern.

[51] Dazu *Jörg Wagner*, NVwZ 1992, 232, 235.

[52] Art. 2 Nr. 2 h Investitionserleichterungsgesetz.

ander durch einen Aktenboten die Originalakte überbringen läßt, sondern *gleichzeitig* Aktenkopien zur Stellungnahme zuleitet.

Diese *sternförmige* Beteiligung ist von mehreren Reformkommissionen[53] und auch vom Bundestag in seiner Entschließung vom 12.2.1993 gefordert worden. Sie ist in Beschleunigungsgesetzen und Verwaltungsvorschriften z.T. bereits vorgeschrieben[54], aber nur für die Kommunikation *zwischen* Behörden. *Innerhalb* jeder Behörde bleibt es beim sukzessiven Transport der Akte von einem zum anderen Bearbeiter, in der Hierarchie von unten nach oben, von oben wieder nach unten und querlaufend. Innerbehördlich wie schon zwischenbehördlich läßt sich, wenn die Akte gleichzeitig allen Verantwortlichen zugeleitet ist, durch Besprechungen zwischen ihnen rascher ein Gesamtergebnis erzielen. Die erwähnte Entschließung des Bundestages spricht von der Notwendigkeit beschleunigender „Ämterkonferenzen".

2. Zeitliches Ineinandergreifen der unternehmerischen Vorbereitungsphase und des behördlichen Verfahrens

Ein weiterer Zeitgewinn läßt sich erzielen, wenn die administrative Prüfung nach Möglichkeit schon in die Vorbereitungsphase beim Träger des Vorhabens vorverlegt wird, unternehmerische und behördliche Verfahrenszeit also teilweise zusammenfallen.

Bisher ist davon vor allem die Antragsberatung, u.a. in der Form der *(Vor)Antragskonferenz* eingeführt oder als notwendig anerkannt[55], die es der Behörde ermöglicht, ihren Standpunkt schon für die unternehmerische Planung und Vorbereitung zur Geltung zu bringen, gleichzeitig dem Unternehmen Fehlwege erspart und das spätere behördliche Prüfverfahren entlastet. Ein zusätzlicher Zeitgewinn wäre zu erzielen, wenn der *Sachverständige*, den die Behörde später bestellen muß, auf Antrag des Vorhabensträgers bereits *vorweg eingesetzt* und so instandgesetzt würde, eine unternehmensinterne Fehlplanung rechtzeitig zu korrigieren.

Im Bauplanungsrecht bringt es der schon mehrfach erwähnte *Vorhaben- und Erschließungsplan* mit sich, daß der den Plan ausarbeitende Investor sich laufend mit der Gemeinde abstimmen muß. Dieses Ineinandergreifen von behördlicher und unternehmerischer Planungstätigkeit hat sich nach Auf-

[53] Unter anderem von der „Waffenschmidt-Kommission", Bericht, hrsg. vom BMI, 1990, S. 44 ff.

[54] § 3 I des Verkehrswegeplanungsbeschleunigungsgesetzes vom 16.12.1991; Verwaltungsvorschrift des baden-württembergischen Umweltministeriums zur Beschleunigung von Zulassungsverfahren im Umweltbereich vom 1.12.1992 unter I.10.3.

[55] So etwa in der erwähnten Verwaltungsvorschrift des baden-württembergischen Umweltministeriums unter I 6.

fassung der ursprünglich ablehnenden kommunalen Spitzenverbände bewährt[56], könnte also möglicherweise für andere Planungs- und Genehmigungsverfahren übernommen werden.

3. *Vorgezogene gerichtliche Überprüfung*

Darüber hinaus müßte bei eiligen Vorhaben daran gedacht werden, die gerichtliche Prüfung gleichzeitig mit der administrativen Prüfung einsetzen zu lassen. Folgt die gerichtliche Prüfung der administrativen in der üblichen Weise nach, hält sie das Vorhaben auf oder muß sich, wie in einer hohen Zahl von Verwaltungsrechtsstreitigkeiten[57], auf eine summarische Klärung im Verfahren des einstweiligen Rechtsschutzes beschränken. Nur ein *vorgezogener* Gerichtsschutz bringt bei eiligen Vorhaben die Möglichkeit zu gründlicher Klärung, ohne das Vorhaben über den Zeitpunkt seiner Realisierbarkeit hinaus zu verzögern.

Der vorgezogene Rechtsschutz könnte vor allem darin bestehen, daß auf Antrag eines Beteiligten oder der Behörde das Gericht schon zu Beginn des administrativen Verfahrens oder schon während der unternehmerischen Vorbereitungsphase den *Sachverständigen* bestellt, dessen es sich später ohnehin bedienen muß[58]. Für die Genehmigungsbehörde und möglicherweise sogar für das Unternehmen erübrigte es sich dann, eigene Sachverständige monate- oder jahrelang kostspielig einzusetzen. Während der konzentrierten Aufbauphase in den neuen Ländern sind Sachverständige ohnehin immer schwerer zu finden.

In Frankreich ist ein vorgezogener Gerichtsschutz in Ansätzen bereits bekannt. In bestimmten wichtigen Genehmigungsverfahren wird der Untersuchungsführer durch den Präsidenten des Verwaltungsgerichts bestellt. Wegen der dadurch gewährleisteten Unabhängigkeit wird der Bericht dieses Untersuchungsführers auch im späteren Gerichtsverfahren respektiert[59]. In

[56] BT-Ausschuß für Raumordnung (Fn. 7), Ausschuß — Drs. 23/12.WP S. 1 ff. und 187 ff.

[57] So *Schoch*, Vorläufiger Rechtsschutz und Risikoverteilung im Verwaltungsrecht, Heidelberg 1988, S. 21 f., 164 f., 177.

[58] So vorgeschlagen durch den Abschlußbericht der Unterarbeitsgruppe III („Effiziente Verwaltungsverfahren"), S. 10, im „Bericht einer Arbeitsgruppe der Wirtschaftsminister der Länder unter Beteiligung des Bundesministers für Wirtschaft und des Bundesministers des Innern" an die Wirtschaftsministerkonferenz der Länder über „Generelle Beschleunigung von Planungs- und Genehmigungsverfahren in der Bundesrepublik Deutschland", hrsg. vom Ministerium für Wirtschaft, Mittelstand und Technologie Nordrhein-Westfalen, März 1992.

[59] Dazu die Freiburger Dissertation von *Paul Rombach*, Der Faktor Zeit in umweltrechtlichen Genehmigungsverfahren, voraussichtlich Baden-Baden 1993 (Reihe Verwaltung 2000 Bd.4), Teil 1 A II 3 a (3).

bestimmten Fällen tritt das Verwaltungsgericht sogar selbst in das Genehmigungsverfahren ein und entscheidet anstelle der Behörde, wenn diese die Entscheidungsfrist nicht eingehalten hat[60].

4. *Vorgezogene Akzeptanzsicherung in der unternehmerischen Vorbereitungsphase*

Beschleunigend kann es auch wirken, wenn ein Einvernehmen mit den betroffenen Bürgern (Akzeptanz) nicht erst zum frühestmöglichen Zeitpunkt innerhalb des *behördlichen* Verfahrens hergestellt wird[61], sondern bereits zum frühestmöglichen Zeitpunkt innerhalb der *unternehmerischen* Vorbereitungsphase. Dies führt zwar möglicherweise dazu, daß der Antrag bei der Behörde erst später gestellt werden kann, bringt aber die Chance mit sich, das Verfahren insgesamt zu verkürzen, weil Widerstände abgebaut sind. Darauf baut man etwa in Japan[62].

5. *Vorgezogene Ausführung*

Je stärker die behördliche und gerichtliche Kontrolle mit Einschluß der Bestellung von Sachverständigen und die Akzeptanzsicherung in die unternehmerische Vorbereitungsphase vorgezogen werden, desto eher läßt es sich rechtfertigen, den Beginn der Ausführung des Vorhabens schon vor der endgültigen Genehmigung zu gestatten.

Die neuen Beschleunigungsgesetze verstärken zwar die rechtliche Möglichkeit vorzeitiger Ausführung, gewähren aber kaum eine Investitionssicherheit, weil dafür die Grundlage in Gestalt vorgezogener administrativer und gerichtlicher Kontrolle fehlt[63].

6. *Rechnerische Vorwegnahme aller Verfahrensstufen*

Schließlich lassen sich die verschiedenen, normalerweise nacheinander ablaufenden Verfahrensschritte *rechnerisch* vorziehen und in eine einvernehmliche Lösung einbringen.

---

[60] Vgl. *Rombach*, a.a.O. unter A II 3 b.

[61] *Würtenberger* weist noch nicht in NJW 1991, 259, aber in einer späteren, noch unveröffentlichten Untersuchung darauf hin, die Auswertung des Ablaufs von Großprojekten habe ergeben, daß die Beteiligung der Bürger schon in der unternehmerischen Vorbereitungsphase die Akzeptanz erhöhen und Verzögerungen im weiteren Verfahren vermeiden helfe.

[62] Dazu *Bullinger*, VerwArch. 84 (1993), S. 65, 67.

[63] So § 15 a BImSchG i.d.F. des Investitionserleichterungsgesetzes nach dem Beschluß des Bundestages, BR-Drs. 82/93.

Dies kann dadurch geschehen, daß geschätzt wird, welche Wertminderung sich für das Vorhaben mit der Verzögerung durch jede Verfahrensstufe bis zur endgültigen Genehmigung ergibt. Addiert man dazu die voraussichtlichen Kosten jeder Verfahrensstufe, läßt sich ermitteln, welche Investitionen in die Beschleunigung sich in welchem Verfahrensabschnitt für das Unternehmen noch auszahlen. Auf einer früheren Verfahrensstufe vermag das Unternehmen Aufwendungen etwa für den Umweltschutz, die über die gesetzlichen Anforderungen hinausgehen, in größerem Umfang kostenneutral anzubieten als auf einer späteren Verfahrensstufe. Daraus ergibt sich für alle Beteiligten ein Anreiz zu früher Einigung und damit zur Beschleunigung.

IV. Verfahrensmanagement

Eilige Vorhaben durch ein Nebeneinander unternehmerischer, behördlicher und gerichtlicher Prüfung zu beschleunigen (oben III.), macht es zugleich unvermeidlich, von den Funktionsprinzipien herkömmlicher bürokratischer Verwaltung abzuweichen und zum Verwaltungsmanagement überzugehen, um die im Nebeneinander gesteigert erforderliche Koordination zu meistern.

Herkömmliche bürokratische Verwaltung[64] zeichnet sich dadurch aus, daß die Gesetze nach festen Verfahrensstandards gleichmäßig und mit höchstmöglicher Richtigkeitsgewähr ausgeführt werden. Akten werden grundsätzlich in der Reihenfolge des Eingangs unparteiisch und neutral bearbeitet, ob es sich um eine eilige oder nicht eilige, für die Allgemeinheit und den Antragsteller wichtige oder unwichtige Angelegenheit handelt.

Demgegenüber bedeutet Management[65], daß das Verwaltungsziel nach flexiblen Standards, aber einem straffen Zeitplan[66], dabei unter geringstmöglichen Kosten so wirksam wie möglich (d.h. effizient) verfolgt wird. Aktenfälle werden nach Wichtigkeit und Dringlichkeit erledigt. Planung, Ausführung und Kontrolle werden personell und sachlich integriert, Vertre-

---

[64] Dazu *Mitschke*, Wirtschaftliches Staatsmanagement, Baden-Baden 1990, insb. S. 64f., im Anschluß an *Max Weber*; *Bullinger*, JZ 1991, 53, 58.

[65] Dazu *Peter Eichhorn*, Verwaltungsmanagement, in: Eichhorn, Verwaltungslexikon, Baden-Baden 1985, S. 989ff.; *ders.* und *Peter Friederich*, Verwaltungsökonomie I, Baden-Baden 1976, S. 101 ff.; *Reinhard*, Managementkonzeption des öffentlichen Verwaltungsbetriebs, Berlin 1973; *Ulrich-Sidler*, Ein Managementmodell für die öffentliche Hand, Bern 1977; *Reinermann/Reichmann*, Verwaltung und Führungskonzepte, Berlin 1978; *Banner*, Ziel- und ergebnisorientierte Führung in der Kommunalverwaltung, Bd. 14 (1975) S. 22ff.; *Mitschke*, a.a.O. (Fn. 62), S. 66, insb. S. 70 zur Notwendigkeit einer Lockerung der bürokratischen Organisation durch erfolgsbezogene Führungsprinzipien; *Jacques Chevallier* und *Danièle Loschak*, Revue francaise d'administration publique, 1982, S. 679ff.

[66] Zur Bedeutung des Zeitfaktors im Wettbewerb *Stalk/Hout*, Zeitwettbewerb, Frankfurt/New York 1990. Vgl. ferner *Georg Dürig*, Vr 1993, S. 37.

ter entgegenstehender Interessen nach Möglichkeit in Verhandlungen für eine einvernehmliche Lösung gewonnen. Personell sind dafür dynamische Führungspersönlichkeiten erforderlich, denen Leistungsanreize gegeben werden.

Die neuen Beschleunigungsgesetze verlangen der Sache nach, ohne es auszusprechen, für wichtige Beschleunigungsmittel den Übergang zum Management. So erlauben die Verkehrswegebeschleunigungsgesetze die vereinfachte Plangenehmigung statt der umfassenden Planfeststellung, wenn u.a. die Betroffenen zustimmen[67]. Solche Zustimmungserklärungen gehen nicht von selbst ein, sondern müssen aktiv beschafft werden, in der Regel durch Zugeständnisse. Noch deutlicher ist der Übergang zu Managementmethoden beim *Vorhaben- und Erschließungsplan*[68]. Hier werden die Verfahrensschritte der Planung, Ausführung und Finanzierung zu einer Einheit zusammengefaßt und mit Ausnahme der formellen Entscheidungen dem privaten Träger des Projekts anvertraut, der in seinem eigenen unternehmerischen Interesse wirksame Managementmethoden einsetzen wird. Will die Gemeinde ihren Standpunkt im Rahmen der gesetzlich vorgeschriebenen „Abstimmung" effektiv zur Geltung bringen, muß sie ihrerseits einen dynamisch agierenden „Verwaltungsmanager" einschalten.

Verschiedene Typen eines verfahrensbeschleunigenden Managements sind zu unterscheiden: der administrative Projektmanager (1.), der beauftragte private Projektmanager (2.), der Träger des Vorhabens als kooperierender Projektmanager (3.) und der neutrale Verfahrensmittler (4.):

1. Behördlicher Projektmanager

Manche Staaten innerhalb und außerhalb der EG wie etwa Schweden, Frankreich, Großbritannien und Österreich[69] versuchen seit längerem, die öffentliche Verwaltung nach Möglichkeit von der Bürokratie in ein Management zu überführen und dadurch dynamischer und schneller werden zu

[67] So § 6 II baden-württembergisches Landeseisenbahngesetz und § 37 II baden-württembergisches Straßengesetz i.d.F. von 1992.

[68] Art. 2 Nr. 2 h Investitionserleichterungsgesetz.

[69] Für Frankreich *Chevallier* a.a.O. (Fn. 65); Le pari de la responsabilité, Rapport de la Commission „Efficacité de l'Etat", Doc.Franç. 1989, S. 89 ff. (Reformnotwendigkeit, doch keine schematische Übernahme des privatwirtschaftlichen Managements; Ausbildung eines öffentlichen Managements). Für Schweden *Tarschys*, PGOs in Schweden, in: Hood/Schuppert (Hrsg.), Verselbständigte Verwaltungseinheiten in Westeuropa, Baden-Baden 1988, S. 111, 124; *Crozier*, Revue française d'administration publique 1991, S. 349, 354.; *Hans-Heinrich Vogel*, Besonderheiten der öffentlichen Unternehmen (Vortrag auf der Tagung der deutschen und schwedischen Gesellschaften für Rechtsvergleichung in Uppsala, Mai 1992, Manuskript, ergänzt in der Diskussion). Für Großbritannien *Simon A. Booth*, Revue française d'administration publique 1991, S. 367 ff., insb. 368, 373; für Österreich *Dearing*, DÖV 1992, 297 ff.

lassen, statt die Verwaltungsaufgaben, zu deren effizienter Erledigung ein Management erforderlich ist, zu privatisieren.

In Deutschland sind gerade für die Beschleunigung der Planung und Genehmigung eiliger Vorhaben behördliche Projektmanager eingesetzt oder vorgeschlagen worden[70]. Allerdings wird dieser Begriff dabei z.T. als neues Etikett für gleichbleibend bürokratische Strukturen verwendet. Die schon erwähnte Verwaltungsvorschrift des baden-württembergischen Umweltministeriums zur Beschleunigung von Zulassungsverfahren im Umweltbereich vom 1.12.1992 sieht etwa bei „rechtlich und tatsächlich schwierigen Verfahren" eine „Projektgruppe" im wesentlichen aus den für das Vorhaben zuständigen Sachbearbeitern vor und bezeichnet den Leiter dieser Projektgruppe, der wohl aus dem Kreise der Sachbearbeiter zu bestellen ist, als „Projektmanager". Damit wird nur verbal den Reformvorschlägen der Kommission „Verwaltung 2000" entsprochen, die sich die Landesregierung grundsätzlich zu eigen gemacht hatte[71]. Auch die Entschließung des Bundestages vom 12.2.1993 spricht vom Projektmanager als einer „zentralen Ansprechperson mit Koordinierungsfunktion innerhalb der Behörde" und bleibt damit im Rahmen der traditionellen bürokratischen Organisation. Auf der anderen Seite strebt der Bundestag offenbar eine Kooperation des behördlichen „Projektmanagers" mit dem unternehmerischen Projektmanager an. Soll diese Kooperation nicht dem „echten" unternehmerischen Projektmanager das Übergewicht verschaffen, muß „Waffengleichheit" geschaffen und auch auf der Behördenseite ein Projektmanager eingesetzt werden, der aus der herkömmlichen bürokratischen Struktur herausgelöst ist.

2. Beauftragter privater Projektmanager

Erweist es sich als nicht möglich, in die öffentliche Verwaltung selbst die zur Beschleunigung erforderlichen Elemente des Managements einzufügen, müssen diese Elemente von außen beschafft werden.

Dafür gibt es zwei Möglichkeiten. Einmal kann der Auftrag zur Durchführung eines Projektmanagements an private Sachverständige vergeben werden[72]. Zum anderen bietet es sich an, eine von der öffentlichen Hand

[70] Dazu *Bullinger*, Beschleunigte Genehmigungsverfahren (Fn. 7), S. 81 ff. m.w.N.

[71] Abgedruckt bei *Bullinger*, Beschleunigte Genehmigungsverfahren (Fn. 7), S. 128, 130. Im Abschlußbericht der Arbeitsgruppe des baden-württembergischen Umweltministeriums zur „Beschleunigung von Genehmigungsverfahren im Umweltbereich" (abgedruckt bei *Bullinger* a.a.O., S. 132 ff., heißt es noch (Vorschlag 9), bei schwierigen und komplexen Verfahren sei ein Projektmanager einzusetzen. Er sollte wohl mit dem Sachbearbeiter nicht identisch sein.

[72] In dieser Richtung tendiert der Entschließungsantrag der SPD-Bundestagsfraktion, BT-Drs. 12/3948.

gebildete Gesellschaft des Privatrechts wie z.B. eine Entwicklungsgesellschaft einzuschalten, die nach Managementgrundsätzen geführt wird. Die eigentliche hoheitliche Entscheidung verbleibt bei der Behörde.

3. *Träger des Vorhabens als Projektmanager*

Ein anderes Managementmodell, der Praxis längst bekannt, für die herkömmliche Theorie des Verwaltungsrechts aber ein Fremdkörper, ist in Gestalt des schon mehrfach erwähnten *Vorhaben- und Erschließungsplans* eingeführt worden.

Hier wird das Eigeninteresse des Trägers eines Vorhabens eingesetzt, um die Planung, Ausführung und Finanzierung als Einheit dynamisch voranzubringen, in Abstimmung mit der Gemeinde, der die förmlichen Planungsbeschlüsse vorbehalten bleiben. Dieses in hohem Maße beschleunigende Modell erweckt weniger Bedenken, wenn auf Seiten der Gemeinde ein behördlicher Projektmanager eingesetzt wird und auch die gemeindlichen Interessen dynamisch zur Geltung bringt.

Das Modell auf umweltrechtliche Planungs- und Genehmigungsverfahren zu übertragen, wäre der Überlegung wert.

4. *Neutraler privater Verfahrensmittler*

Schließlich ist noch auf das vor allem von *Hoffmann-Riem* befürwortete, aus den USA importierte Modell eines neutralen privaten Verfahrensmittlers hinzuweisen. Es ist nicht zur Beschleunigung gedacht, kann aber diesen Effekt erzielen und wird deshalb von der Entschließung des Bundestages vom 12. 2. 1993 zur Einführung empfohlen[73].

D. Ausblick: Notwendigkeit einer gesetzlichen Öffnungsklausel für alternative Beschleunigungsmodelle

Keines der vier Managementmodelle kann für sich in Anspruch nehmen, das einzige rechtmäßige und praktikable Instrument zur Beschleunigung der Planung oder Genehmigung eilbedürftiger Vorhaben zu sein. Deshalb sollte sich die Beschleunigungsgesetzgebung nicht auf das eine oder andere Modell festlegen, sondern es durch eine experimentelle *Öffnungsklausel* erlauben, den einen oder anderen Weg zu gehen[74].

[73] S. oben A I.

[74] Diesen Vorschlag hat der Verfasser bereits bei der Sachverständigen-Anhörung des BT-Ausschusses für Raumordnung (Fn. 7) unterbreitet.

Die Öffnungsklausel sollte zugleich rechtlich die Möglichkeit eröffnen, verstärkt vom Nacheinander zum koordinierten Nebeneinander oder Miteinander unternehmerischer, behördlicher und gerichtlicher Prüfung eiliger Vorhaben überzugehen. Besonders wichtig wäre es, zu erlauben, daß gerichtliche Sachverständige bereits während des Verwaltungsverfahrens oder der unternehmerischen Vorbereitungsphase bestellt werden können.

Dabei sollte nicht verkannt werden, daß die strukturelle Umstellung der öffentlichen Verwaltung und der Verwaltungsgerichtsbarkeit für Eilverfahren rechtliche und praktische Probleme aufwirft. Sie über die Grenzen hinweg zu erörtern ist bereits in Angriff genommen worden[75]. Weiterer gemeinsamer Anstrengungen wird es bedürfen, um die erforderlichen Strukturänderungen in einen Verfahrensstandard für die Mitgliedstaaten der EG einzubringen[76].

---

[75] Vgl. etwa *Breuer*, in: Jahrbuch des Umwelt- und Technikrechts, 1992, S. 155 ff., u.a. 160, 204 f. Im Rahmen des Frankreichzentrums der Universität Freiburg i.Br. ist am 26./27. Juni 1992 ein Kolloquium mit deutschen, französischen, spanischen, einem schweizerischen und einem polnischen Experten durchgeführt worden. Die Referate werden demnächst veröffentlicht Bullinger (Hrsg.), Von bürokratischer Verwaltung zum Verwaltungsmanagement, Baden-Baden 1993 (Reihe Verwaltung 2000 Bd. 3).

[76] Die Gesellschaft für Rechtsvergleichung wird in ihren Fachgruppen für Vergleichendes öffentliches Recht und Europarecht auf ihrer 100. Tagung im März 1994 in Berlin die Frage einer Vereinheitlichung des Verwaltungsverfahrensrechts in Europa behandeln.

Beschleunigung der Planungen für Verkehrswege im gesamten Bundesgebiet

Von Udo Steiner

I. Planungsrecht für Verkehrswege — Reformbedarf und Reformstand

Die Verkehrssituation in Deutschland als Zustand zu beschreiben und als Zukunft zu entwerfen, kann der Referent seinen Hörern ersparen. Der Sachverhalt ist bekannt: Die Bundesrepublik Deutschland trägt die Verkehrsfolgelasten aller großen politischen Prozesse im Europa der Gegenwart[1]. Ihre Antwort auf diese Herausforderung ist nach wie vor von der Grundentscheidung bestimmt, daß die Vorhaltung eines mehrgliedrigen Verkehrssystems — Straße, Schiene, Wasserwege, Einrichtungen des Luftverkehrs — und teilweise sogar deren Bedienung mit Verkehrsleistungen in Deutschland im Rang einer zentralen staatlichen Aufgabe der Daseinsvorsorge steht[2]. Aus dem Monopol oder Fast-Monopol für Verkehrswege und Verkehrsanlagen erwächst dem Staat und seinen nachgeordneten Gebietskörperschaften eine besondere Garantenstellung für Planung und Bau. Er steht im Verkehrsbereich in einer unmittelbaren Infrastrukturverantwortung. Bei der Bewältigung dieser Staatsaufgabe wächst der politische Druck täglich. Auf diesen Druck will die Bundesregierung auch mit dem Mittel der Umgestaltung des Rechts für die Planung und den Bau von Verkehrswegen und Verkehrsanlagen antworten. „Lean production" oder jedenfalls „lean management"[3] ist als Losung für das deutsche Verkehrswegeplanungsrecht ausgegeben[4]. Die Diskussion um den richtigen Weg konzentriert sich dabei

---

1 Siehe dazu FAZ Nr. 6 vom 8.1.1993, S. 13 (Europas Verkehrswege „im Streß").

2 Dazu näher *Steiner, Udo*: Verkehr und Post, in: HdbStR, hrsg. v. Isensee/Kirchhof, Bd. III, 1988, § 81 Rdnrn. 1, 2 und 8.

3 Zum Ganzen *Bullinger, Martin*: Beschleunigte Genehmigungsverfahren für eilbedürftige Vorhaben, 1991; *ders.*: Aktuelle Probleme des deutschen Verwaltungsverfahrensrechts — Das Beschleunigungsgebot und seine Vereinbarkeit mit rechtsstaatlichen und demokratischen Verfahrensprinzipien —, in: DVBl. 1992, S. 1463 ff.; *Brohm, Winfried*: Beschleunigung der Verwaltungsverfahren — Straffung oder konsensuales Verwaltungshandeln?, in: NVwZ 1991, S. 1025 ff.; *Broß, Siegfried*: Beschleunigung von Planungsverfahren, in: Blümel (Hrsg.), Verkehrslärmschutz — Verfahrensbeschleunigung, Speyerer Forschungsberichte, Bd. 95, 1991, S. 69 ff.; *ders.*: Beschleunigung von Planungsverfahren, in: DVBl. 1991, S. 177 ff.

4 Die bisherigen Arbeiten zu Fragen der Beschleunigung speziell der Verfahren für den

gegenwärtig und bis auf weiteres auf den Entwurf eines Gesetzes zur Vereinfachung des Planungsverfahrens für Verkehrswege (Planungsvereinfachungsgesetz — PlVereinfG) der Bundesregierung[5]. Zu diesem Gesetz hat der Bundesrat Stellung genommen und inzwischen den Vermittlungsausschuß angerufen, mit dessen Empfehlungen vom 5. November 1993 sich gegenwärtig Bundestag und Bundesrat befassen[6]. Der Beschluß des Bundeskabinetts über die Gegenäußerung der Bundesregierung datiert vom 10.2.1993[7]. Das PlanungsvereinfachungsG will das Planungsrecht der Verkehrswege und Verkehrsanlagen auf eine sachlich und räumlich möglichst einheitliche Grundlage stellen. Der Entwurf übernimmt Regelungselemente des schon seit 19. Dezember 1991 in Kraft befindlichen und nach vorläufiger Einschätzung[8] durchaus zeit- und aufwandwirksamen Verkehrswegepla-

---

Verkehrswegebau sind umfangreich, aber (noch) überschaubar. Siehe z.B. *Blümel, Willi*: Verkehrswegeplanung in Deutschland, in: Blümel/Magiera/Mertens/Sommermann, Verfassungsprobleme im vereinten Deutschland, Speyerer Forschungsberichte, Bd. 117, 1993, S. 1 ff.; *Erbguth,* NVwZ 1992, S. 551 ff.; *Kern, Jürgen:* Die (fern-)straßenrechtliche Planfeststellung — Ein Verfahren ohne Ende?, DÖV 1989, S. 932 ff.; *Klinski, Stefan/ Gaßner, Hartmut*: Das Gesetz zur Beschleunigung der Verkehrswegeplanung — Planungsrecht auf Abwegen, in: NVwZ 1992, S. 235 ff.; *Kuschnerus, Ulrich*: Beschleunigung der Verkehrswegeplanung?, in: UPR 1992, S. 167 ff.; *Reinhardt, Rüdiger*: Das Verkehrswegeplanungsbeschleunigungsgesetz, in: DtZ 1992, S. 258 ff.; *Ronellenfitsch, Michael*: Beschleunigung von Verkehrsprojekten, Rechtsgutachten, Juni 1991; *ders.*: Beschleunigungsgesetz — Investitionsmaßnahmegesetze — Die Beschleunigung von Verkehrsprojekten —, in: Blümel (Hrsg.), Verkehrswegeplanung in Deutschland, Speyerer Forschungsberichte, Bd. 105, 3. Aufl. 1993, S. 107 ff.; *ders.*: Der Entwurf eines Gesetzes zur Beschleunigung von Planungen für Verkehrswege in den neuen Ländern sowie im Land Berlin, in: DVBl. 1991, S. 920 ff.; *Stüer, Bernhard*: Rechtsprobleme des Straßenrechts, DVBl. 1992, S. 547 ff.; *Wagner, Jörg:* Verfahrensbeschleunigung durch das Verkehrswegeplanungsbeschleunigungsgesetz, in: NVwZ 1992, S. 232 ff. Vgl. ferner die Beiträge von *Ulrich Kuschnerus, Michael Ronellenfitsch* und *Christian Sailer*, in: 30. Deutscher Verkehrsgerichtstag (VGT) 1992, hrsg. von der Deutschen Akademie für Verkehrswissenschaft e.V., 1992, S. 244 ff.

[5] BR-Drs. 756/92 vom 6.11.1992 — im folgenden (verhältnismäßig) kurz: PlanungsvereinfachungsG.

[6] BR-Drs. 756/92 vom 18.12.1992; BT-Drucks. 12/5763 vom 27.9.1993; siehe auch BT-Drucks. 12/5284 vom 28.6.1993.

[7] Gegenäußerung der Bundesregierung, BT-Drs. 12/4328 vom 11.2.1993, Anlage 3, S. 38 ff.

[8] Einen — notwendig begrenzten — Einblick verdankt der Verfasser den Herren *Klofat, Hannemann* und *Graß* von der DEGES, Herrn *Zahl* vom Ministerium für Stadtentwicklung, Wohnen und Verkehr des Landes Brandenburg und *Herrn Born* von der Hauptverwaltung der DB. Siehe ferner Erfahrungsbericht des BMV zum Verkehrswegeplanungsbeschleunigungsgesetz, in: 41. Sitzung der Unabhängigen Kommission zur Rechts- und Verwaltungsvereinfachung des Bundes am 17.12.1992 in Bonn. Zum Umfang der Befassung des BVerwG mit Verwaltungsstreitverfahren auf Grund des Verkehrswegeplanungsbeschleunigungsgesetzes (Fn. 9) siehe die Mitteilung des Präsidenten des BVerwG, in: SZ Nr. 34 vom 11.2.1993, S. 6. Siehe weiter *Born, Wolfgang/Wittenberg, Klaus-Dieter*: Aktuelle Entwicklungen des Planungsrechts für Bahnanlagen, in: Die Bundesbahn 3/1991, S. 294 ff.

nungsbeschleunigungsgesetzes[9]. Er übernimmt aber auch Vorstellungen und Initiativen aus den alten Bundesländern, insbesondere aus Baden-Württemberg[10] und Bayern[11] sowie Vorschriften aus den Straßengesetzen der neuen Bundesländer[12], die ihrerseits auf den Musterentwurf für ein Landesstraßengesetz zurückgehen[13]. Erwähnt seien als eine Art Zwischenschritt ferner die Empfehlungen des Arbeitskreises VI „Beschleunigung der Verkehrswegeplanung?" des 30. Deutschen Verkehrsgerichtstages 1992 in Goslar[14]. Diese Empfehlungen erscheinen beachtenswert, weil die sie tragende breite Mehrheit von sehr unterschiedlichen beruflichen Positionen her an die Fragen der Verkehrswegeplanung herangegangen ist. Vor allem aber hat „Goslar 1992" deutlich gemacht, daß die in Deutschland beklagte lange Verfahrensdauer beim Bau von Verkehrswegen auf *Mittäterschaft* beruht und nicht nur bestimmten Beteiligten anzulasten ist.

Das Verfahrenskonzept des PlanungsvereinfachungsG will die Verkehrswegeplanung unter Beibehaltung der Entscheidungsziele „Sachrichtigkeit" und „Rechtmäßigkeit" in zeitlicher Hinsicht optimieren. Außer Streit steht, daß Entscheidungen über die öffentlich-rechtliche Zulassung von Vorhaben des Verkehrswegebaus nicht schon deshalb das Siegel deutscher Verfahrens-Wertarbeit verdienen, weil sie lange und manchmal — jedenfalls für den „Outsider" — unvorstellbar lange Zeit in Anspruch nehmen. Wie überall ist aber der Weg zum Ziel im Streit. Es ist für die Gesetzgebung in Deutschland dabei gewiß nicht atypisch, daß die Frage, ob und ggf. wie die angestrebten

---

[9] Gesetz zur Beschleunigung der Planungen für Verkehrswege in den neuen Ländern sowie im Land Berlin (Verkehrswegeplanungsbeschleunigungsgesetz) vom 16.12.1991, BGBl. I S. 2174 — im folgenden: VwPBG — Abdruck der Materialien bei Blümel (Hrsg.), Speyerer Forschungsberichte, Bd. 105, 3. Aufl. 1993, S. 239 ff. Siehe auch Bericht der interministeriellen Arbeitsgruppe zur Prüfung von Möglichkeiten zur Beschleunigung des Baus oder der Änderung insbesondere von Verkehrswegen auf dem Gebiet der ehemaligen Deutschen Demokratischen Republik (mit dem Stand vom 8.1.1991 Ke — 528).

[10] Siehe BWStrG i.d.F. der Bekanntmachung der Neufassung vom 11.5.1992, GBl. S. 329. Zur Begründung: Gesetz der Landesregierung zur Änderung des Landeseisenbahngesetzes, des Straßengesetzes und des Landesenteignungsgesetzes — Gesetz über die Beschleunigung von Planungen zur Verbesserung der Verkehrsinfrastruktur, BW LT-Drs. 10/6327 vom 3.12.1991 sowie *Alexander, Hans*: Neue straßenplanungs- und entschädigungsrechtliche Vorschriften in Baden-Württemberg, in: BWVP 1992, S. 265 ff.

[11] Entwurf eines Gesetzes zur Beschleunigung der Planung von Verkehrswegen des Bundes, Gesetzesantrag des Freistaates Bayern, BR-Drs. 294/91 vom 14.5.1991.

[12] Siehe dazu z.B. §§ 39 Abs. 6 BbgStrG, 45 Abs. 10 StrG-MV, 39 Abs. 9 SächsStrG, § 38 Abs. 8 Thüringer Straßengesetz.

[13] Musterentwurf für ein Länderstraßengesetz, erarbeitet vom Unterausschuß „Länderstraßengesetze" des Länderfachausschusses „Straßenbaurecht", Wiesbaden 1991, abgedruckt in: Blümel (Hrsg.), Verkehrswegeplanung in Deutschland, Speyerer Forschungsberichte, Bd. 105, 3. Aufl. 1993, S. 415 ff.

[14] Siehe 30. Verkehrsgerichtstag 1992, hrsg. von der Deutschen Akademie für Verkehrswissenschaft, 1992, S. 12 ff.; abgedruckt z.B. auch in: NVwZ 1992, S. 252 f.

Beschleunigungseffekte *bundesstaatsneutral* erfolgen können, die besondere politische Aufmerksamkeit der Beteiligten findet[15].

II. Schwerpunktprobleme des Planungsvereinfachungsgesetzes

1. Beschleunigung durch Verkürzung der Behördenfristen

Es liegt nahe, daß der Gesetzgeber, der ein Verwaltungsverfahren beschleunigen will, für die einzelnen Phasen dieses Verfahrens zeitliche Vorgaben gibt und dabei insbesondere den Zeitrahmen für die Verfahrenshandlungen und Entscheidungen der beteiligten Behörden limitiert. Ganz im Vordergrund stehen dabei die Fristen im Zusammenhang mit dem planfeststellungsrechtlichen Anhörungsverfahren nach § 73 VwVfG. Bei der näheren Bestimmung dieser Fristen knüpft der Gesetzgeber des PlanungsvereinfachungsG an die Vorschriften des § 3 des VwPBG an. Zeitgewinn soll aber auch im Zusammenhang mit dem Besitzeinweisungsverfahren erreicht werden[16]. Der Bundesrat hat teilweise — aus der Erfahrung der Verwaltungspraxis heraus — flexible, situations- und sachangepaßte Fristvorgaben vorgeschlagen[17].

Es ist schon aus der Erfahrung des Vollzugs anderer Gesetze mit Höchstfristen für Behörden und auch aus der besonderen Erfahrung mit dem VwPBG bekannt, daß Fristen mit bloßer Appellfunktion und ohne Sanktion nicht wünschenswert streng eingehalten werden. Rechts- und dienstaufsichtliche Mittel gleichen den Mangel an unmittelbaren Sanktionen für Fristüberschreitungen naturgemäß nicht aus. Anders als im allgemeinen Baurecht[18]

---

[15] Dies gilt vor allem für die Frage einer Beibehaltung der Linienbestimmung durch den BMV (siehe dazu unten unter II. 2.). Ein weiterer Punkt ist die Frage, ob im Rahmen der Planfeststellung der Schienenwege der DB deren Dienststelle oder eine Landesbehörde Anhörungsbehörde sein soll. Siehe dazu u. Nr. 7 der Stellungnahme des Bundesrates (Fn. 6).

[16] Siehe z.B. § 36 e des BBahnG in der Fassung des Entwurfs des PlanungsvereinfachungsG. In der Literatur ist vor allem streitig, ob die vorzeitige Besitzeinweisung ein Institut des Enteignungsrechts darstellt und ihre Vornahme daher voraussetzt, daß dem Eigentümer vor dessen Inanspruchnahme ein angemessenes Kaufangebot unterbreitet wird (in dieser Richtung *Blümel, Willi*: Die Planfeststellung, Zweiter Teil: Die Planfeststellung im geltenden Recht, Habilitationsschrift, 1967 (maschinenschriftlich), S. 338 ff.; *ders.*: in: Blümel/Magiera/Merten/Sommermann, Verfassungsprobleme, Fn. 4, S. 10 oder dem Planfeststellungsrecht zuzuordnen ist mit der Folge, daß ein solches Erfordernis entfällt, so *Aust, Manfred*, in: Aust/Jacobs, Die Enteignungsentschädigung, 3. Aufl. 1991, S. 31.

[17] Siehe BR-Drs. 756/92 vom 18.12.1992, u. Nr. 10 b und e, S. 17, 19 und Gegenäußerung der Bundesregierung BT-Drs. 12/4328, S. 38 ff., Anlage 3.

[18] Siehe z.B. BayObLG, Urt. vom 18.1.1991, NVwZ-RR 1992, S. 534; allgemein *Ossenbühl, Fritz*: Staatshaftungsrecht, 1991, S. 43 f. (Amtspflicht zu rascher Sachentscheidung).

entfällt auch der beschleunigende Effekt einer Drohung mit Schadensersatzansprüchen aus Amtshaftung. Sanktionen zur Durchsetzung von Zeitvorgaben im behördlichen Verfahrensgang setzen andererseits voraus, daß die personellen und sachlichen Mittel für eine rechtzeitige Aufgabenerfüllung zur Verfügung stehen. Unter den Sanktionen, die der Gesetzgeber bei Fristüberschreitungen einsetzen kann, gibt es zur Rechtstechnik „Fiktion" bzw. „Anordnung der Unbeachtlichkeit" keine vergleichbar interessante praktische Alternative[19]. Das Traum-Institut zur Herbeiführung einer fristgerechten Entscheidung — die Fiktion der Verwaltungsentscheidung nach ungenutztem Ablauf der Frist — ist dem Gesetzgeber in bezug auf Plangenehmigung und Planfeststellungsbeschluß schon aus politischen Gründen verschlossen. Sie läßt sich aber auch für den Verkehrswegebau aus europarechtlichen und verfassungsrechtlichen Gründen nicht realisieren. Sachverhaltsermittlung und Entscheidungsfindung sind in Planungsangelegenheiten durch das rechtsstaatliche Abwägungsgebot gleichsam symbiotisch miteinander verknüpft. Dies setzt dem Einsatz rechtstechnischer Mittel nach Art von Fiktionen ganz allgemein verhältnismäßig enge Grenzen[20]. Gegenüber dem einfachen Gesetzgeber, dem im 19. Jahrhundert noch die Befähigung zur Verwandlung von Bibliotheken in Makulatur zugestanden wurde[21], sind rechtswissenschaftliche Literatur und Rechtsprechung dank vielfacher grundgesetzlicher Rückversicherung ihrer Rechtsauffassungen weithin gegenüber dem politischen Veränderungswillen der Legislative resistent geworden. Dies gilt auch für das Recht der öffentlich-rechtlichen Zulassung von Vorhaben der Infrastruktur. Der Gesetzgeber des PlanungsvereinfachungsG ist von Risikofreudigkeit bei der Sanktionierung von Fristüberschreitungen im übrigen ohnehin weit entfernt. Die Bundesregierung hat beispielsweise nach Auseinandersetzung mit dem Bundesrat[22] auf eine ursprünglich vorgesehene Sanktion der Fristüberschreitung im Bereich des Raumordnungsverfahrens verzichtet. Zunächst hatte § 6 a Abs. 7a ROG nach der Vorstellung der Bundesregierung heißen sollen:

> „Ist bei Verkehrswegevorhaben des Bundes oder bundesunmittelbarer Planungsträger das Raumordnungsverfahren nicht innerhalb der in Absatz 4 genannten Frist (scil.: sechs Monate) abgeschlossen und das Ergebnis mitgeteilt, so kann

---

[19] Allgemein dazu: *Jachmann, Monika*: Die Fiktionen im öffentlichen Recht (Universität Regensburg, in Bearbeitung).

[20] Die Fiktion einer Verwaltungsentscheidung wird deshalb auch vorrangig bei Mitwirkungsentscheidungen und insbesondere Kontrollgenehmigungen eingesetzt. Siehe z.B. § 5 BauGBMaßnG und dazu *Jäde, Henning:* Das Wohnungsbau-Erleichterungsgesetz: planungsrechtliche Probleme / baurechtliche Genehmigungsverfahren, in: UPR 1991, S. 50 (56ff.).

[21] Siehe *Kirchmann, Julius Hermann*: Die Wertlosigkeit der Jurisprudenz als Wissenschaft, 1847.

[22] BT-Drs. 756/92 vom 18.12.1992, u. Nr. 28, S. 43 f. und Gegenäußerung der Bundesregierung BT-Drs. 12/4328, S. 38 ff., Anlage 3.

davon ausgegangen werden, daß die Planung Erfordernisse der Raumordnung und Landesplanung nicht berührt".

Diese Sanktion ist inzwischen gestrichen. Der Bundesrat hatte eingewandt, sie sei nicht „sachgerecht". Da bei Durchführung eines Raumordnungsverfahrens die Erfordernisse der Raumordnung und Landesplanung offensichtlich berührt seien, würde deren Nichtberücksichtigung im nachfolgenden Zulassungsverfahren zu Abwägungsfehlern führen. Die Äußerung steht beispielhaft für die Grundproblematik der Fiktion öffentlich-rechtlicher Rechtsfolgen im Planungsrecht.

Jedoch findet sich nach wie vor entsprechend § 2 Abs. 4 Satz 3 BauGB-MaßnG im PlanungsvereinfachungsG eine Sanktionsvorschrift, wenn Stellungnahmen von Behörden, deren Aufgabenbereich durch das Vorhaben berührt wird, erst nach der gesetzlichen oder nach der ggf. von der Anhörungsbehörde gesetzten Frist eingehen. Solche Stellungnahmen müssen bei der Feststellung des Planes nicht berücksichtigt werden. Dies gilt allerdings — so die Regelung — nicht, wenn später von einer Behörde vorgebrachte öffentliche Belange der Planfeststellungsbehörde auch ohne ihr Vorbringen bekannt sind oder hätten bekannt sein müssen[23]. Mit dieser Regelung wird also nicht die Zustimmung oder das Einvernehmen der beteiligten Behörde ab einem bestimmten Zeitpunkt fingiert. Eine solche rechtstechnische Lösung wäre wohl auch dem Verfahren der Planfeststellung mit Ersetzungs- und Konzentrationswirkung fremd[24]. Andererseits geht die geplante Regelung über eine rein verfahrensrechtliche Wirkung hinaus. Sie will nicht nur vermeiden, daß der weitere Fortgang des Planfeststellungsverfahrens vom Eingang der Stellungnahme einer beteiligten Behörde abhängt. Die in Frage stehende Regelung erklärt darüber hinaus — in Anlehnung an die sog. materielle Präklusion[25] und im Gesetzentwurf jetzt auch in engem systematischen Zusammenhang mit dieser Regelungstechnik[26] — einen öffentlichen Belang für objektiv-rechtlich unbeachtlich. Ein solches materiell-rechtliches Verständnis der dargestellten Regelung ist freilich nur erlaubt, soweit der Bundesgesetzgeber — unter Beachtung seiner verfassungsrechtlichen und kompetenzrechtlichen Grenzen — über die Beachtlichkeit eines öffentlichen Belangs bei der Abwägung disponieren kann. Belange aus dem Schutzbe-

---

[23] Siehe z.B. § 36 d Abs. 1 Nr. 1 BBahnG i.d.F. des Entwurfs des Art. 1 Nr. 2 des PlanungsvereinfachungsG.

[24] Sie käme in Betracht, wo das Verfahrensrecht im Falle der Plangenehmigung trotz Zuerkennung der Konzentrationswirkung am Einvernehmensprinzip festhält. Siehe z.B. § 38 Abs. 2 Satz 1 BbgStrG. Vgl. demgegenüber § 39 Abs. 2 Satz 1 SächsStrG („Benehmen").

[25] Siehe z.B. § 36 d Abs. 2 i.d.F. des Entwurfs des PlanungsvereinfachungsG.

[26] Der Bundesrat hat diesen textlichen Zusammenhang hergestellt. Siehe BR-Drs. 756/92 vom 18.12.1992 u. Nr. 10 b und Zustimmung der Bundesregierung, BT-Drs. 12/4328, S. 38 ff., Anlage 3.

reich des Art. 2 Abs. 2 Satz 1 GG gehören beispielsweise dazu nicht[27]. Die Dispositionsbefugnis des Gesetzgebers über den öffentlichen Belang ist also das entscheidende Kriterium für die Zulässigkeit einer Unbeachtlichkeitsanordnung und nicht der Gesichtspunkt, ob sich eine Behörde, deren Genehmigung, Erlaubnis, Verleihung etc. auf Grund der Konzentrationswirkung ersetzt wird, verspätet äußert oder verschweigt[28]. Im übrigen stellt die dargestellte Regelung sicher, daß die Planfeststellungsbehörde verspätet vorgetragene öffentliche Belange in jedem Falle berücksichtigen kann. Die Praxis wird zeigen müssen, ob man wesentlich an Zeit gewinnt, wenn man Behörden in der vorgesehenen Weise „präkludiert". Eine „Wunderwaffe" gegen vermeidbare Zeitverluste ist wahrscheinlich nicht zu vermelden.

2. Der bundesstaatliche Brennpunkt: Wegfall der förmlichen Linienbestimmung im Recht der Fernstraßenplanung

Wohl spätestens seit Beginn der Diskussion um Beschleunigungsmöglichkeiten im Recht der Fernstraßenplanung wird die Frage erörtert, ob die Linienbestimmung durch den Bundesminister für Verkehr nach § 16 FStrG zugunsten einer Einsparung an Planungszeit „geopfert" werden kann. Dabei schätzen Bund und Länder das Ausmaß des Zeitgewinns als Folge eines Wegfalls der förmlichen Linienbestimmung unterschiedlich ein. Er dürfte sicher geringer als bisher ausfallen, wenn — was wohl zwischen Bund und Ländern nicht im Streit ist — die Linienbestimmung durch den Bundesminister für Verkehr nach künftigem Recht nicht mehr im Einvernehmen oder auch nur im Benehmen mit anderen Bundesressorts erfolgen muß[29]. Der Goslaer Verkehrsgerichtstag hat sich 1992 in dieser Frage eher unentschieden gezeigt. Seine Empfehlung war es, Linienbestimmungs- und Raumordnungsverfahren „zusammenzuführen"[30].

a) Der Ressortentwurf für ein PlanungsvereinfachungsG mit dem Stand vom 20.10.1992[31] hatte noch für die Schienenwege der Deutschen Bundes-

[27] Dies hängt mit der staatlichen Schutzpflicht zusammen, die das BVerfG aus Art. 2 Abs. 2 Satz 1 GG abgeleitet hat. Siehe zu dieser Rechtsprechung näher *Steiner, Udo*: Der Schutz des Lebens durch das Grundgesetz, 1992, S. 6f. und *Dietlein, Johannes*: Die Lehre von den grundrechtlichen Schutzpflichten, 1992. Vgl. im übrigen im Zusammenhang mit § 2 Abs. 4 Satz 3 Halbsatz 1 und Abs. 5 Satz 3 BauGBMaßnG *Jäde, Henning:* Das Wohnungsbau-Erleichterungsgesetz: planungsrechtliche Probleme / baurechtliche Genehmigungsverfahren, UPR 1991, S. 50 (53).

[28] Siehe dazu *Ronellenfitsch, Michael* (30. VGT/Fn. 4), S. 268.

[29] So jetzt § 16 Abs. 1 Satz 1 FStrG i.d.F. des Entwurfs des PlanungsvereinfachungsG.

[30] Siehe Fn. 14.

[31] Entwurf eines Gesetzes zur Vereinfachung der Planungsverfahren für Verkehrswege (Planungsvereinfachungsgesetz — PlVereinfG) mit dem Stand vom 20.10.1992 (Referat A 30/20.71.10-04).

bahn, die Bundesfernstraßen und die Bundeswasserstraßen in bestimmten Fällen die Linienbestimmung durch förmliches Gesetz vorgesehen. Die Vorschrift, die im Gesetzesentwurf der Bundesregierung jetzt nur mehr in der Begründung erwähnt und nicht mehr im Gesetzestext zu lesen ist, lautete:

> „Bei Bundesfernstraßen von europäischer oder besonderer nationaler Bedeutung kann insbesondere für Vorhaben, die von der Europäischen Gemeinschaft als Vorhaben von gemeinsamem Interesse ausgewiesen sind oder die Gegenstand einer zwischenstaatlichen Vereinbarung sind, die Linienführung durch Bundesgesetz bestimmt werden".

Zur Begründung hatte der Bundesminister für Verkehr ausgeführt, in den Fällen eines gesamtstaatlichen Interesses würde sich eine Entscheidungsfindung in bezug auf die Trasse mit dem Mittel des förmlichen Gesetzes beschleunigen. Auch sei die Trasse frühzeitig und nicht erst im Planfeststellungsverfahren verbindlich festgesetzt. Die Linienbestimmung durch Gesetz könne „vor allem dort in Betracht kommen, wo grundlegende und auch politisch motivierte Meinungsunterschiede der Einleitung bzw. Durchführung eines Raumordnungsverfahrens oder einer verwaltungsmäßigen Linienbestimmung entgegenstehen"[32]. Die verfassungsrechtlichen Fragen eines solchen Weges zur Beschleunigung der Verkehrsplanung brauchen angesichts des gegenwärtigen Standes der Gesetzgebung nicht vertieft zu werden[33]. Teilweise sind sie im übrigen auch anders zu stellen als in den Fällen der sog. Vorhabengesetze nach dem Modell der „Lex Stendal"[34]. So wäre — möglicherweise mit Konsequenzen für die Vorlagefähigkeit nach Art. 100 GG — die rechtliche Betroffenheit von Eigentümern mangels Parzellenschärfe der Linienbestimmung nicht eindeutig festzustellen. Verwaltungsgerichtliche Streitverfahren könnten sich aus der Frage ergeben, inwieweit der durch Bundesgesetz festgelegte Linienkorridor durch die dann im Planfeststellungsverfahren grundstücksgenau festgesetzte Trasse eingehalten worden sei. Diese und andere Fragen können bis auf weiteres eingefroren werden. Es bleibt aber dabei, daß der Bund mit dem Mittel des förmlichen Gesetzes nach wie vor im Bundesfernstraßenbau die Bedarfsfrage beantwortet und die Vorhaben Dringlichkeitsstufen zuordnet[35]. Dieses

---

[32] Siehe zur Begründung des § 16 Abs. 2 FStrG i.d.F. des Ressortentwurfs (Fn. 31), S. 8.

[33] Positiv gestimmt: *Ronellenfitsch, Michael* (Rechtsgutachten/Fn. 4), S. 170 ff.

[34] Siehe BR-Drs. 513/92 vom 14.8.1992; BT-Drs. 12/3477 vom 21.10.1992; kritische Auseinandersetzung mit solchen Vorhabengesetzen insbesondere bei *Ronellenfitsch, Michael*: Maßnahmegesetze zur Beschleunigung von Verkehrsprojekten, in: DÖV 1991, S. 771 ff.; *Stüer, Bernhard*: Investitionsmaßnahmegesetze als Verfassungsproblem, in: DVBl. 1991, S. 1333 ff.; *Würtenberger, Julian*: „Maßnahmegesetze" zur Beschleunigung der Verkehrsplanung?, in: VBlBW 1992, S. 1 ff.

[35] Siehe § 1 Abs. 2 des Fernstraßenausbaugesetzes (FStrAbG) i.d.F. der Bekanntmachung vom 21.4.1986 (BGBl. I, S. 558) und Gesetzentwurf der Bundesregierung für ein Viertes Gesetz zur Änderung des FStrAbG (4. FStrAbÄndG) vom 14.8.1992, BR-Drs. 546/92 vom 14.8.1992.

Planungsmodell sollte außer politischem und verfassungsrechtlichem Streit stehen[36]. Der Gesetzgeber entscheidet auf diese Weise über die sog. Planrechtfertigung (§ 1 Abs. 2 FStrGAbG) und beantwortet damit politisch eine genuin politische Frage, deren bisherige Beurteilung durch die Verwaltungsgerichte[37] trotz des maßvollen Prüfungsmaßstabes die rechtsprechende Gewalt überfordert hat.

b) Die gegenwärtige Diskussion konzentriert sich ganz auf die Frage, ob der Wegfall der Linienbestimmung durch den Bundesminister für Verkehr einen wesentlichen Zeitgewinn bringt, ohne daß der Bund dadurch seinen verkehrspolitisch unbestritten notwendigen Einfluß auf die Linienbestimmung verliert. Dabei ist die Bundesregierung um Problemeingrenzung bemüht. Von Anfang an hat der Bundesminister für Verkehr im laufenden Gesetzgebungsverfahren auf die Linienbestimmung für den Neubau von Ortsumgehungen verzichtet (§ 16 Abs. 1 Satz 2 FStrG i.d.F. des Art. 2 Nr. 1 des PlanungsvereinfachungsG)[38]. Er will auch das ausnahmslose Recht zur Linienbestimmung nur noch für die Bundesautobahnen beanspruchen. Im Falle der Bundesstraßen soll eine differenzierte Regelung eingeführt werden. Nach dem gegenwärtigen Stand der Beratungen kann der Bundesminister für Verkehr — so der Vorschlag der Bundesregierung — hier die Linie bestimmen, „wenn er es für zweckmäßig hält oder eines der beteiligten Länder es verlangt“[39].

Mit rechtswissenschaftlichen Mitteln ist dieser Streit nicht zu entscheiden. Nach der Lektüre von Pro und Kontra bleibt freilich zu fragen, ob nicht die Entscheidungsbefugnisse des Bundes, die ihm auch in bezug auf die Linienbestimmung aus dem Recht der Bundesauftragsverwaltung (Art. 85 Abs. 3 GG)[40] und aus seiner Eigenschaft als Träger der internen Straßenbaulast verfügbar sind, ausreichen, um seine Vorstellungen in dem gebotenen Um-

---

[36] Siehe schon Nr. 8 der sog. Goslaer Empfehlungen (Fn. 14). Eingehend *Ronellenfitsch, Michael* (Rechtsgutachten/Fn. 4), S. 168; *ders.*: 30. VGT (Fn. 4), S. 290 ff.

[37] Siehe zu dieser Rechtsprechung („vernünftigerweise geboten“) *Steiner, Udo,* in: Steiner (Hrsg.), Besonderes Verwaltungsrecht, 4. Aufl. 1992, V Rdnr. 59 i.V.m. Fn. 85. Davon zu trennen ist die Frage der Abwägung und insbesondere der Prüfung entgegenstehender öffentlicher und privater Belange. Siehe dazu statt vieler *Bender, Bernd/Sparwasser, Reinhard*: Umweltrecht, 2. Aufl. 1990, Rdnr. 177 i.V.m. Fn. 68 und *Dürr, Hansjochen*: Aktuelle Fragen der Planfeststellung, in: VBlBW 1992, S. 321 (322).

[38] Eine andere Frage ist es, ob die Planungsentscheidung des BMV nach § 16 FStrG, solange die Bestimmung noch existiert, unabdingbare Voraussetzung für das nachfolgende Planfeststellungsverfahren ist. Siehe dazu *Blümel, Willi*: Die Straßenplanung im System der Raumplanung, in: Bartlsperger/Blümel/Schroeter, Ein Vierteljahrhundert Straßenrechtsgesetzgebung, 1980, S. 309 (317).

[39] Siehe Gegenäußerung der Bundesregierung BT-Drs. 12/4328, S. 38 ff., Anlage 3. — Bei der Linienbestimmung durch den BMV wird es nach dem Vorschlag des Vermittlungsausschusses vom 5. November 1993 bleiben.

[40] Siehe dazu z.B. *Ronellenfitsch, Michael* (30. VGT/Fn. 4), S. 286 und *Broß, Siegfried,* in: v. Münch (Hrsg.), Grundgesetz-Kommentar, Bd. III, 2. Aufl. 1983, Art. 85 Rdnr. 14 ff.

fang durchzusetzen[41]. Die politische Beweislast für die Beibehaltung der Verfahrensstufe „Linienbestimmung" liegt im Zusammenhang mit einem Gesetz, das immerhin unter dem Namen „Planungsvereinfachungsgesetz" antritt, beim Bund[42].

3. Die Behandlung von Fragen des Verwaltungsrechtsschutzes im Planungsvereinfachungsgesetz

Bestimmungen, die unmittelbar oder mittelbar auf das sachliche und zeitliche Ausmaß der richterlichen Kontrolle von Planungsentscheidungen Einfluß nehmen, gehören heute schon traditionell zum Bestandteil aller Gesetze, die eine zügige „Herstellung" hoheitlicher Entscheidungen zum Gegenstand und zum Ziel haben. Diese Feststellung trifft auch für das hier zu behandelnde PlanungsvereinfachungsG zu.

a) Als besonders geschätzter Transfer aus dem BauGB gilt im Recht der Verkehrswegeplanung die Vorschrift über die Erheblichkeit von Abwägungsmängeln (§ 214 Abs. 3 Satz 2 BauGB)[43]. Auch das PlanungsvereinfachungsG übernimmt diese Formel[44], obgleich deren sprachliche Fassung — vergleicht man sie mit der Auslegung durch die Rechtsprechung[45] — nicht mehr das geltende Recht wirklich wiedergibt und nur teilweise auf die behördliche Fachplanung paßt[46]. Ergänzt wird die Formel speziell für die

[41] Zu einem aktuellen Trassierungskonflikt in bezug auf eine Eisenbahntrasse Berlin — München im Raum Coburg siehe SZ Nr. 51 vom 3.3.1993, S. 52.

[42] Das BVerwG, das im Anschluß an *Richard Bartlsperger* (Bonner Kommentar, Art. 90 GG Rdnr. 75, Bearbeitung 1969) von einer natürlichen Bundeskompetenz in bezug auf die Linienbestimmung von Bundesfernstraßen spricht, hat sich nicht mit der Frage auseinandergesetzt, ob die Ingerenzmöglichkeiten des Bundes aus Art. 85 GG ausreichen (Urt. vom 26.6.1981, BVerwGE 62, 342/344 f.).

[43] Siehe z.B. § 37 Abs. 6 des BWStrG in der Änderungsfassung vom 25.2.1992 (Fn. 10).

[44] Siehe z.B. § 36 d Abs. 5 Satz 1 BBahnG i.d.F. des Art. 1 Nr. 2 des Entwurfs des PlanungsvereinfachungsG.

[45] Siehe BVerwG, Urt. vom 21.8.1981, DÖV 1982, S. 280; vom 29.1.1992, NVwZ 1992, S. 662 (663).

[46] „Offensichtlich" im Sinne des § 214 Abs. 3 Satz 2 BauGB soll in der Interpretation durch die Rechtsprechung (Fn. 45) das Mandat der Gerichte und wohl auch der staatlichen Aufsichtsbehörden begrenzen, Motiv- und Vorstellungsforschung in bezug auf die Gemeindevertretung als eines Kollektivorgans zu betreiben (Stichwort: „äußere Erkennbarkeit" von Abwägungsfehlern). Diese Einschränkung ist auf behördliche Entscheidungen nicht ohne weiteres übertragbar. Andererseits kann natürlich „offensichtlich" nicht mit dem Begriff „offenkundig" im Sinne von § 44 Abs. 1 VwVfG identisch sein; sonst wäre die Geltendmachung eines Abwägungsmangels davon abhängig, daß er „evident" im Sinne der allgemeinen Nichtigkeitslehre ist. Es bleibt also vom § 214 Abs. 3 Satz 2 BauGB die Klarstellung, daß nur die „konkrete Möglichkeit" des Einflusses eines Abwägungsfehlers auf das Abwägungsergebnis die Abwägungsentscheidung aufhebbar macht. Dies ist bekanntlich schon jetzt Stand der höchstrichterlichen Rechtsprechung. Siehe BVerwG, Beschl. vom 26.6.1992, DVBl. 1992, S. 1435 Leitsatz Nr. 5 b.

verkehrswegerechtliche Fachplanung durch den Grundsatz, daß selbst erhebliche Mängel bei der Abwägung oder eine Verletzung von Verfahrens- oder Formvorschriften nur dann zur Aufhebung des Planfeststellungsbeschlusses oder der Plangenehmigung führen, wenn sie nicht durch Planergänzung oder durch ein ergänzendes Verfahren behoben werden können. Die Vorschriften der §§ 45 und 46 VwVfG und die entsprechenden landesrechtlichen Bestimmungen sollen unberührt bleiben. Der Gesetzgeber spannt hier also — unabhängig von der Bereitschaft der Verwaltungsgerichte zur Selbstbeschränkung — für die planende Verwaltung ein Netz, das den Sturz vom Seil der höchstrichterlichen Abwägungsartistik abfedert. Auch der Goslaer Verkehrsgerichtstag hat sich für eine solche Regelung ausgesprochen[47].

b) Nicht nur zwischen Bundesregierung und Bundesrat ist die Frage umstritten, ob die Anfechtungsklage gegen den Planfeststellungsbeschluß oder die Plangenehmigung entsprechend dem Leitprinzip des § 80 Abs. 1 Satz 1 VwGO aufschiebende Wirkung haben soll. Für die auf der Grundlage des VwPBG ausgesprochenen öffentlich-rechtlichen Zulassungsakte hat der Gesetzgeber diese aufschiebende Wirkung zu Recht generell ausgeschlossen (§ 5 Abs. 2 Satz 1). Vorhaben im Geltungsbereich dieses Gesetzes kann der Gesetzgeber mit rechtsstaatlichem Anstand besondere Dringlichkeit attestieren, zumal er dies auch nur befristet getan hat (§ 1 Abs. 1). Bei dieser Grundentscheidung muß es bleiben; die Planungsbehörden in den neuen Bundesländern legen darauf zu Recht größten praktischen Wert. In einem PlanungsvereinfachungsG für die gesamte Bundesrepublik, dessen Geltung zeitlich nicht befristet ist, muß die Problematik für den westlichen Teil Deutschlands freilich selbständig beurteilt werden. Hier müssen sich Gesetzgeber und Straßenbauverwaltungen die Frage stellen lassen, ob wirklich für *jedes* Vorhaben, das durch Planfeststellungsbeschluß oder Plangenehmigung zugelassen wird, die besondere Dringlichkeit in der *Sache* und nicht nur unter haushaltswirtschaftlichen oder anderen eher mittelbaren Gesichtspunkten bejaht werden kann. Denn nur die im Vorhaben selbst begründete Dringlichkeit rechtfertigt es, dem Rechtsbehelf des Betroffenen die aufschiebende Wirkung zu versagen. Es erscheint deshalb überzeugend, wenn die Bundesregierung nur bei solchen Vorhaben der Klage die aufschiebende Wirkung gesetzlich versagen will, bei denen dem Vorhaben durch das Fernstraßenausbaugesetz ein vordringlicher Bedarf bescheinigt wird. Eine entsprechende gesetzliche Bedarfsregelung will die Bundesregierung dabei auch für die Schienenwege der Deutschen Bundesbahn herbeiführen[48]. Damit nimmt man zwar ein räumlich und sachlich gespaltenes Planvollziehungsrecht in Kauf; die Bereitschaft zur Differenzierung macht aber eben

[47] Siehe oben Fn. 14.

[48] Siehe Äußerung der Bundesregierung BT-Drs. 12/4328, S. 38 ff., Anlage 3.

auch deutlich, daß man die gewohnten rechtsstaatlichen Standards nur insoweit modifiziert, als dies in der Sache auch wirklich geboten ist. So wesentlich werden ohnehin im Planfeststellungsrecht — anders als im Baurecht mit der dort auch anders strukturierten Rechtsschutz-Klientel[49] — die Unterschiede zwischen Planungsentscheidung mit und ohne gesetzlichen Ausschluß des Suspensiveffekts nicht sein. Denn die möglicherweise mit der gesetzlichen Beseitigung des Suspensiveffekts von Widerspruch und Klage verbundene Erwartung des Gesetzgebers, die Gerichte würden im Rahmen ihrer Entscheidung nach § 80 Abs. 5 VwGO eine „neue" gesetzlich „gestützte" Interessenbestimmung zugunsten des Vorhabenträgers vornehmen, erfüllt sich offenbar nicht[50]. Von einer summarischen Erfolgsprüfung im einstweiligen Rechtsschutz lassen sich die Verwaltungsgerichte nicht abdrängen. In der Hand des Gesetzgebers liegt es nur, ob sie diese summarische Sachprüfung offen oder verdeckt anstellen. Für den Beschleunigungserfolg des Gesetzes viel wichtiger erscheint, daß der Antrag nach § 80 Abs. 5 VwGO auch im PlanungsvereinfachungsG befristet worden ist[51].

III. Konzeptprobleme der sog. Plangenehmigung

1. Die Plangenehmigung, „Hoffnungsträger" der Verfahrensvereinfachung und der Verfahrensbeschleunigung, ist beim Eintritt in das allgemeine Planungsrecht des Verkehrswegebaus in eine konzeptionelle Diskussion geraten[52]. Diese Diskussion betrifft die gesetzliche Fassung des Anwen-

[49] Siehe die Regelungen in § 10 Abs. 2 BauGBMaßnG und zur Praxiserfahrung (Rückgang der Widersprüche) SZ Nr. 36 vom 13./14.2.1993, S. 117.

[50] Siehe aus der Rechtsprechung BayVGH, Beschl. vom 14.1.1991, BayVBl. 1991, S. 275 (276); BWVGH, Beschl. vom 3.6.1991, NVwZ 1991, S. 1004 (1005) sowie OVG Bremen, Beschl. vom 10.12.1990, BRS Bd. 81, 1991, S. 73 (80). Zur Problematik siehe vor allem *Jäde, Henning*: Zur sofortigen Vollziehbarkeit von Baugenehmigungen nach § 10 Abs. 2 BauGB-MaßnahmenG, in: BayVBl. 1992, S. 329 (331) und ausführlich *Schoch, Friedrich*: Vorläufiger Rechtsschutz — Risikoverteilung im Verwaltungsrecht, 1987. — Die im Text getroffene Feststellung gilt allerdings nur für die Fälle vorhabenbezogener Genehmigungen mit Drittwirkung und nicht generell für alle Fälle der gesetzlichen Durchbrechung des Suspensiveffekts von Widerspruch und Anfechtungsklage, wie z.B. nach § 35 Abs. 1 Satz 1 WPflG oder § 80 Abs. 2 Nr. 2 VwGO entspr. (Verkehrszeichen).

[51] Zur Frage, ob der Betroffene über die Befristung des Antrags nach § 80 Abs. 5 VwGO zu belehren ist, siehe BR-Drs. 756/92 vom 18.12.1992, u. Nr. 14/S. 27 f. und Gegenäußerung der Bundesregierung BT-Drs. 12/4328, S. 38 ff., Anlage 3.

[52] Zu den bisherigen Regelungen siehe *Breuer, Rüdiger*: Öffentliches und privates Wasserrecht, 2. Aufl. 1987, Rdnrn. 721 ff. (zu § 31 Abs. 1 Satz 3 WHG); *Friesecke, Albrecht*: Bundeswasserstraßengesetz, Kommentar, 2. Aufl. 1981, Rdnrn. 5, 7, 8 (zu § 14 Abs. 1 Satz 2 BWaStrG) und *Quadflieg, Friedrich*: Recht der Flurbereinigung, unter Mitarbeit von *Michael Ronellenfitsch*, Stand 1989, Rdnrn. 175 ff. (zu § 41 Abs. 4 Satz 1 FlurbG). Allgemein zum Verhältnis von Plangenehmigung und Planfeststellung siehe *Beckmann, Martin*: Verwaltungsgerichtlicher Rechtsschutz im raumbedeutsamen Um-

dungsbereichs. Nicht in Frage gestellt wird im Gesetzgebungsverfahren der Grundkonsens, daß die Plangenehmigung im Verkehrswegebau trotz schmalerer Verfahrensbasis die gleichen Rechtsfolgen wie die Planfeststellung, insbesondere die Konzentrationswirkung, „pleine pouvoir“ also, tragen soll[53]. Bedenken, daß eine Art Asymmetrie zwischen Verfahren und Verfahrensgegenstand dadurch entsteht, daß das Verfahren „schlanker“, die in diesem Verfahren zu treffende Sachentscheidung aber nicht materiellrechtlich entlastet wird, sind im Gesetzgebungsverfahren bisher nicht geäußert worden. Nicht in Frage gestellt ist weiter, daß die Plangenehmigung wie die Planfeststellung auch auf einer Abwägungsentscheidung beruht und deshalb die sorgfältige Ermittlung insbesondere der Umweltauswirkungen voraussetzt. Die Mitwirkung der Fachbehörden, die sich in der Praxis erfahrungsgemäß nicht mit der Rolle domestizierter Amtstiger begnügen, ist eine wichtige Sicherung für die Qualität des Abwägungsmaterials. Keineswegs ist die Plangenehmigung als Umweltoperation mit Lokalanästhesie gedacht. Die in Streit befindliche Konzeptfrage wird im Augenblick zwischen Bundesregierung und Bundesrat ausgetragen. Es darf in Erinnerung gerufen werden: Die Plangenehmigung des VwPBG, die in den neuen Bundesländern offenbar im Ausbaubereich der Verkehrswege eine ganz wichtige Rolle spielt[54], kann an die Stelle eines Planfeststellungsbeschlusses treten, „wenn Rechte anderer nicht beeinträchtigt werden oder die Betroffenen sich mit der Inanspruchnahme des Eigentums oder eines anderen Rechts schriftlich einverstanden erklärt haben und mit den Trägern öffentlicher Belange, deren Aufgabenbereich berührt werden, das Benehmen hergestellt worden ist“ (§ 4 Abs. 1 Satz 1). An dieses Konzept knüpft das Institut der Plangenehmigung im Gesetzentwurf der Bundesregierung für ein PlanungsvereinfachungsG an. Der Bundesrat will jedoch dieses Tatbestandskonzept an zwei Stellen modifiziert sehen[55].

weltrecht, 1987, S. 149 f.; *ders.*: Die Umweltverträglichkeitsprüfung und das rechtssystematische Verhältnis von Planfeststellungsbeschlüssen und Genehmigungsentscheidungen, in: DÖV 1987, S. 944 ff.; *Wahl Rainer*: Genehmigung und Planungsentscheidung, in: DVBl. 1982, S. 51 ff.; zur Plangenehmigung demnächst: *Ringel, Jürgen*: Die Plangenehmigung, Diss. Regensburg 1994.

[53] Die landesrechtlichen Vorschriften über die Plangenehmigung stützen sich, soweit sie für diese auch eine Konzentrationswirkung in bezug auf die nach Bundesrecht notwendigen Entscheidungen beanspruchen, auf eine entsprechende Anwendung des § 100 Nr. 2 VwVfG. Siehe *Alexander, Hans*: Neue straßenplanungs- und entschädigungsrechtliche Vorschriften in Baden-Württemberg, in: BWVP 1992, S. 265 (266).

[54] Die praktischen Anwendungsgebiete der Plangenehmigung des § 4 VwPBG in den neuen Bundesländern sind noch nicht zuverlässig zu überschauen. Immerhin berichtet z.B. die RB, daß sie auf dieser verwaltungsrechtlichen Grundlage die baulichen Maßnahmen zur Sicherung von Kreuzungsanlagen durchgeführt habe. Vgl. auch FAZ Nr. 295 vom 19.12.1992, S. 5 (Plangenehmigung als Grundlage für den Bau von Brücken über — noch nicht vorhandene — Autobahntrassen).

[55] Siehe BR-Drs. 756/92 vom 18.12.1992, u. Nr. 3/S. 6 f. und Nr. 4/S. 8 f.

a) Der Bundesrat verlangt zunächst eine Erweiterung der Tatbestandsvariante „wenn Rechte anderer nicht beeinträchtigt werden". Er stellt sich eine Formulierung vor, die lautet: „wenn Rechte anderer nicht oder *nicht wesentlich* beeinträchtigt werden". Der ersten Fassung — also der der Bundesregierung — entspricht — wie bereits ausgeführt — § 4 des VwPBG, die letztere einem Wunsch der Praxis in den neuen Bundesländern[56]. Diese Praxis möchte sich beispielsweise für das Rechtsinstrument der Plangenehmigung in den Fällen entscheiden können, in denen von einem Grundstück ohne Zustimmung des Eigentümers nur geringfügige Teile durch die Baumaßnahme in Anspruch genommen werden und die Nutzung oder die Nutzbarkeit des Restgrundstückes nicht in Frage gestellt wird[57]. In gleicher Weise will man verfahren, wenn die voraussichtliche zusätzliche Lärmbelastung der Anwohner einer auszubauenden Straße nicht die Schwelle der Wahrnehmbarkeit überschreitet[58]. Konzipiert man die Plangenehmigung in dieser Weise, so muß sie freilich Grundlage einer Enteignung und vorzeitigen Besitzeinweisung sein können. Diese Konsequenzen wären für das PlanungsvereinfachungsG zu ziehen.

b) Der Bundesrat[59] hat weiter vorgeschlagen, daß eine *zusätzliche* Voraussetzung für die Anwendbarkeit der Plangenehmigung in das Gesetz aufgenommen wird. Sie betrifft die Umweltauswirkungen des Vorhabens. Eine Plangenehmigung soll danach nur in Frage kommen, wenn „erhebliche Auswirkungen auf die Umwelt nicht zu besorgen sind". Der Bundesrat will dadurch sicherstellen, daß für Vorhaben mit erheblichen Auswirkungen auf die Umwelt das Planfeststellungsverfahren mit förmlicher Umweltverträglichkeitsprüfung, in den sonstigen Fällen das Plangenehmigungsverfahren ohne förmliche Umweltverträglichkeitsprüfung durchgeführt wird.

Die Bundesregierung hat diesen Vorschlag bisher verhindert[60]. Sie überrascht etwas mit der Begründung, damit würde die Anwendbarkeit der Plangenehmigung reduziert werden. Dieses Instrument sei gerade für solche Fälle gedacht, in denen im Benehmen mit den Umweltbehörden Ausgleichsmaßnahmen für Umwelteingriffe festgelegt werden. Auch würde eine solche Tatbestandsfassung die Entscheidung über die Anwendbarkeit der Plange-

---

[56] Die Straßengesetze der neuen Bundesländer haben für die Plangenehmigung eine entsprechende Fassung vorgesehen. Siehe § 38 Abs. 2 Satz 1 BbgStrG; § 45 Abs. 3 Satz 1 StrWG-MV; § 39 Abs. 2 Satz 1 SächsStrG; § 38 Abs. 2 Thüringer Straßengesetz.

[57] Siehe BR-Drs. 756/92, S. 7 und zur entsprechenden Neufassung des BWStrG *Alexander* (Fn. 53), S. 266. — Der Vermittlungsausschuß hat den Ländervorschlag inzwischen in seine Empfehlungen aufgenommen.

[58] Diese Schwelle wird in der Rechtsprechung bei Straßenverkehrslärm ab einer Erhöhung des Lärmpegels um etwa 3 dB (A) angesetzt. Siehe BVerwG, Beschl. vom 5.10.1990, NVwZ-RR 1991, S. 129.

[59] Siehe Fn. 55.

[60] Siehe BT-Drs. 12/4328 vom 11.2.1993, Anlage 3, S. 38 ff.

nehmigung mit Rechtsunsicherheit belasten. Überraschend ist diese Einlassung deshalb, weil das von den Fraktionen der CDU/CSU und der FDP eingebrachte Investitionserleichterungs- und Wohnbaulandgesetz[61] die Einsetzbarkeit der abfallrechtlichen Plangenehmigung mit der im Bundesrats-Vorschlag beanstandeten Formel „keine erheblichen nachteiligen Auswirkungen auf ein in § 2 Abs. 1 Satz 2 des UVPG genanntes Schutzgut" bestimmt.

c) Der dargestellte Streit zwischen Bundesregierung und Bundesrat um das Tatbestandsmerkmal „erhebliche Auswirkungen auf die Umwelt" ist vor allem vor dem Hintergrund der Notifizierungspflicht des Art. 2 Abs. 3 der EG-Richtlinie über die Umweltverträglichkeitsprüfung zu verstehen[62]. Es ist klar, daß die Umsetzung der EG-Richtlinie grundsätzlich unabhängig davon sein muß, ob der nationale Gesetzgeber die Zulassung von Vorhaben des Verkehrswegebaus einem Planfeststellungsverfahren oder einem Plangenehmigungsverfahren anvertraut[63]. Deshalb ist es wohl unabweisbar, daß in den Fällen, in denen ein Vorhaben der in Anhang I der EG-Richtlinie aufgeführten „Klassen" (Bau von Autobahnen, Schnellstraßen) durch *Plangenehmigung* zugelassen wird, der Notifizierungspflicht nach Art. 2 Abs. 3 der genannten Richtlinie entsprochen werden muß. Folgerichtig und durchaus richtlinienkonform enthält daher der Gesetzentwurf des PlanungsvereinfachungsG eine entsprechende Unterrichtungspflicht[64]; denn durch die Plangenehmigung erhält die zuständige Behörde im Sinne der Richtlinie das „Recht zur Durchführung des Projekts" (Art. 1 Abs. 2). Für *Änderungsvorhaben*, die den oben genannten „Klassen" nicht angehören, trifft diese Feststellung dagegen nicht zu. Hier hat der nationale Gesetzgeber Spielraum. Jedenfalls dann, wenn er den Anwendungsbereich der Plangenehmigung auf bauliche Vorhaben, bei denen „erhebliche Auswirkungen auf die Umwelt nicht zu besorgen sind" beschränkt, besteht kein gemeinschaftsrechtlicher Zwang, die Notifizierungspflicht einfachgesetzlich einzuführen. Denn Ge-

[61] Siehe § 7 Abs. 3 Nr. 2 des AbfallG i.d.F. des Art. 6 Nr. 1 Investitionserleichterungs- und Wohnbaulandgesetzes vom 22. April 1993 (BGBl. I S. 466).

[62] Richtlinie des Rates der Europäischen Gemeinschaften über die Umweltverträglichkeitsprüfung bei bestimmten öffentlichen und privaten Projekten vom 27.6.1985, 85/337/EWG, ABl. Nr. L 175/40 ff. Bedenken gegen die Vereinbarkeit des § 4 des VwPBG mit der UVP-RL z.B. bei *Erbguth, Wilfried/Schink, Alexander*: Gesetz über die Umweltverträglichkeitsprüfung, Kommentar, 1992, Einl. Rdnr. 91 und *Viebrock, Jan*: Beschränkungen der UVP in der Verkehrswegeplanungsbeschleunigung, in: NVwZ 1992, S. 939 (940 f.); kritisch zur rechtlichen Ausgestaltung der Plangenehmigung des § 4 VwPBG *Blümel* (Verfassungsprobleme/Fn. 4), S. 8 f.

[63] Siehe *Bartlsperger, Richard*: Leitlinien zur Regelung der gemeinschaftsrechtlichen Umweltverträglichkeitsprüfung unter Berücksichtigung der Straßenplanung, in: DVBl. 1987, S. 1 (3).

[64] Siehe z.B. § 36 b Abs. 4 Satz 3 BBahnG i.d.F. des Entwurfs des PlanungsvereinfachungsG; dazu Stellungnahme des Bundesrates (Fn. 6), u. Nr. 8/S. 15.

genstand der Richtlinie ist eben die Umweltverträglichkeitsprüfung bei solchen öffentlichen und privaten Projekten, „die möglicherweise *erhebliche* Auswirkungen auf die Umwelt haben" (Art. 1 Abs. 1). Die baulichen Sachverhalte, die nach der Vorstellung des Bundesrates im Verkehrsbereich mit der Plangenehmigung rechtlich bewältigt werden sollen, sind keine Sachverhalte, bei denen „ausnahmsweise" vom Erfordernis der Planfeststellung mit förmlicher Umweltverträglichkeitsprüfung abgewichen werden kann. Sie bewegen sich auf einer anderen Ebene. Art. 2 Abs. 3 EG-Richtlinie paßt seiner Grundidee nach nicht auf sie. Die Vorstellungen der Bundesregierung über den Umfang der Anzeigepflicht gehen deshalb über Art. 2 Abs. 3 der EG-Richtlinie hinaus. In den Fällen, in denen Planfeststellung und Plangenehmigung nach geltendem künftigem Recht entfallen können[65], ist die „Überanpassung" besonders evident.

Dies schließt nicht aus, Art. 2 Abs. 3 der Richtlinie einer Überprüfung durch die Europäische Gemeinschaft zu unterziehen. Inzwischen liegt die politische Absichtserklärung des Bundesministers für Umwelt, Naturschutz und Reaktorsicherheit vor, bei der Kommission der Europäischen Gemeinschaft initiativ zu werden und eine Änderung der Richtlinie mit dem Ziel herbeiführen, daß in allen Fällen der Plangenehmigung nach dem Konzept des § 4 VwPBG und dem jetzt vorliegenden PlanungsvereinfachungsG eine Notifizierungspflicht entfällt[66]. Diese Absicht ist zu begrüßen. Die Erfüllung der Pflicht bewirkt bei allen Beteiligten einen ganz erheblichen Verwaltungsaufwand. Der Verkehr in Deutschland ist auch ein europäischer Verkehr. Seinen quantitativen und qualitativen Ansprüchen durch Verbesserung des Angebots an Verkehrsräumen und Verkehrsmitteln in Erfüllung eben auch gemeinschaftsrechtlicher Verpflichtungen (Art. 129 b-d EG-Vertrag) zu genügen, sollte Deutschland vom europäischen Recht nicht unnötig erschwert werden. Widersprüchlich sind ohnehin die Modalitäten. Einerseits soll die Plangenehmigung in den Fällen zur Verfahrensvereinfachung eingesetzt werden, in denen eine förmliche Umweltverträglichkeitsprüfung mit Öffentlichkeitsbeteiligung nicht angezeigt ist. Andererseits verpflichtet Art. 2 Abs. 3 der Richtlinie in einer nicht sehr klaren Weise die Mitgliedstaaten, die Öffentlichkeit über den Ausnahmesachverhalt zu unterrichten. Bis auf weiteres sollte im übrigen für die Auslegung des Art. 2 Abs. 3 EG-Richtlinie gelten: Zwar sieht diese Vorschrift in Satz 2 lit. c) vor, daß die Kommission vor Erteilung der Genehmigung über die Gründe für die Gewährung dieser Ausnahme zu unterrichten und ihr die Informationen zu übermitteln sind, die der Mitgliedstaat ggf. seinen eigenen Staatsangehörigen zur Verfügung stellt. Ein verfahrensrechtliches oder gar materiellrechtliches Junktim zwi-

[65] Siehe z.B. 36 b Abs. 4 Satz 3 BBahnG i.d.F. den Entwurfs des PlanungsvereinfachungsG.

[66] Dazu Gegenäußerung der Bundesregierung BT-Drs. 12/4328 vom 11.2.1993, Anlage 3, S. 38 ff.

schen der Erfüllung dieser Pflicht und der Erteilung der Plangenehmigung einschließlich ihrer Ausführung ist damit aber nicht hergestellt. Schon gar nicht ist die Erteilung der Plangenehmigung und deren Vollzug von einer (wie auch immer gestalteten) Unbedenklichkeitserklärung der Kommission abhängig. Und schließlich: Art. 2 Abs. 3 der EG-Richtlinie ist — ihre unmittelbare Wirkung unterstellt[67] — keine Norm mit drittschützender Funktion. Er verankert aus öffentlichem Interesse eine Verfahrenspflicht, deren Erfüllung nicht eingeklagt werden kann[68].

d) Das Gesamtsystem der öffentlich-rechtlichen Zulassung von Vorhaben des Verkehrswege- und Verkehrsanlagenbaus — Planfeststellungsbeschluß, Plangenehmigung und Entscheidung über das Unterbleiben von Planfeststellung und Plangenehmigung[69] — bleibt als Ganzes von diesem Streit unberührt. Die Linien zwischen den drei Anwendungszonen würden jedoch juristisch und praktisch wohl anders verlaufen, sofern die Vorstellungen des Bundesrates — wünschenswert — geltendes Recht werden. Es ist nicht zu bestreiten, daß die Feststellung des Verlaufs dieser Abgrenzungslinien im Einzelfall schwieriger zu treffen ist als bei der im VwPBG gewählten Tatbestandskonzeption. Damit freilich zu leben ist die Praxis hier und auch an anderen Stellen gewohnt. Will man die Plangenehmigung auf Dauer in das Recht des Verkehrswegebaus einführen, so lohnt sich die „Investition“ einer die Tatbestandsfragen schrittweise klärenden Rechtsprechung. Der Entscheidung über die Anwendbarkeit der Plangenehmigung ist auch schon im Zusammenhang mit ihrem bisherigen Auftreten in der Rechtsordnung — in den Fällen der Plangenehmigungen „älterer Bauart“ also — die prognostische Einschätzung des Vorliegens einzelner Tatbestandsvoraussetzungen nicht fremd[70]. Zur Klärung dieser Tatbestandsfragen durch die Rechtspre-

[67] Zur Frage der Geltungsqualität des Art. 2 Abs. 3 EG-Richtlinie UVP siehe vor allem *Weber, Albrecht*: Die Umweltrichtlinie im deutschen Recht, 1989, S. 83; *ders.*: Zur Umsetzung der Umweltrichtlinie im deutschen Recht, in: UPR 1988, S. 206 (207).

[68] Die Rechtsprechung befaßt sich zunehmend mit der Frage des drittschützenden Charakters der Vorschriften über die Umweltverträglichkeitsprüfung im deutschen Recht. Siehe BVerwG, Beschl. vom 30.10.1992, BVerwG 4 A 4.92, S. 8 (zu § 11 Satz 1 UVPG); BayVGH, Urt. vom 24.8.1990, BayVBl. 1991, S. 303 (304); Vorlagebeschluß gem. Art. 177 Abs. 2 EWGV vom 5.11.1992, in: DVBl. 1993, S. 165 ff.

[69] Freilich wird die Ausformung der Plangenehmigung als eigenständiges Institut der Vorhabenzulassung zur Überprüfung der Auffassung führen müssen, ob der Verzicht auf die Planfeststellung einen Verwaltungsakt darstellt. Immerhin hat das BVerwG diesen Rechtsstandpunkt damit begründet, der Verzicht auf die Planfeststellung sei in der Sache eine Plangenehmigung (Urt. vom 15.1.1982, BVerwGE 64, S. 325 ff.; siehe dazu Anmerkung *Pausch, Wolfgang*, in: BayVBl. 1982, S. 347 f.). Vgl. hierzu auch *Ronellenfitsch, Michael*: Verzicht auf Planfeststellung, in: Die Verwaltung Bd. 23 (1990), S. 323 (349 ff.). Nach künftigem Planungsrecht sollen die Plangenehmigung und der Verzicht auf die Planfeststellung rechtlich nebeneinander stehen.

[70] Die Notwendigkeit einer Prognose ergibt sich nach bisherigem Recht vor allem bei der Beurteilung der Frage, ob mit Einwendungen zu rechnen ist. Siehe dazu *Breuer* (Fn. 52), Rdnr. 725 und *Hoppe, Werner/Beckmann, Martin*: Planfeststellung und Plange-

chung wird es im übrigen kommen. Denn die oberverwaltungsgerichtliche Rechtsprechung[71] gewährt bis auf weiteres bekanntlich den nach § 29 BNatSchG anerkannten Naturschutzverbänden[72] das Recht, gegen die Plangenehmigung mit der Begründung zu klagen, ihr gesetzliches Mitwirkungsrecht an der Planfeststellung sei verletzt[73], weil im konkreten Fall zu Unrecht ein Planfeststellungsverfahren unterblieben und ein Plangenehmigungsverfahren durchgeführt worden sei. Das Vorläufige Thüringer Naturschutzgesetz vom 28.1.1993[74] bestätigt sogar ausdrücklich diese Rechtsprechung. Sein § 46 über die Verbandsklage formuliert in Absatz 3: Klage- und Antragsrecht eines nach § 29 Abs. 4 BNatSchG anerkannten Verbandes werden nicht dadurch ausgeschlossen, daß an Stelle eines Planfeststellungsbeschlusses „zu Unrecht andere Verwaltungsakte erlassen worden sind, für die das Gesetz keine Mitwirkung der anerkannten Naturschutzverbände vorsieht". Eine entsprechende Regelung enthält das Sächsische Naturschutzgesetz[75]. Die Plangenehmigung ist ein Rechtsinstitut der Wahl. Sie kann, muß aber nicht an die Stelle der Planfeststellung treten. Die Entscheidung für ein Plangenehmigungsverfahren sollte daher so weit als möglich der Einschätzung der zuständigen Behörde im Einzelfall überlassen werden. Da die Rechtsprechung diese Entscheidung sachlich uneingeschränkt kontrollieren kann, weiß die entscheidende Behörde, daß eine fehlerhafte Einschätzung des Anwendungsbereichs ein Bestandskraftrisiko für die Plangenehmigung bedeutet. Sie wird also nicht in die grenzenlose Anwendungsfreiheit entlassen.

Die Verankerung der Plangenehmigung im Verkehrswegebau als Mittel der Vereinfachung des Planungsverfahrens hat praktischen Sinn nur dann, wenn ihr eine gewisse Anwendungsbreite zwischen Planfeststellung und Verzicht auf ein umfassendes öffentlich-rechtliches Zulassungsverfahren

---

nehmigung im Abfallrecht, Rechtsgutachten im Auftrag des Umweltbundesamtes, 1990, S. 112 ff. Zum Risiko der Verwaltung, mangels öffentlicher Auslegung einen nicht bekannten Betroffenen zu übersehen, siehe *Alexander* (Fn. 53), S. 266.

[71] Siehe BayVGH, Beschl. vom 15.4.1991, NVwZ 1991, S. 1009; OVG Lüneburg, Urt. vom 27.1.1992, UPR 1992, S. 394 f.; BWVGH, Beschl. vom 17.11.1992, DVBl. 1993, S. 163 (165); vgl. auch BVerwG, Urt. vom 31.10.1990, NVwZ 1991, S. 162 (164 f.); HessVGH, Beschl. vom 11.7.1988, NVwZ 1988, S. 1040 ff. Gegen eine Verbandsbeteiligung auch in den Fällen, in denen eine Planfeststellung zu Unrecht unterbleibt, *Ronellenfitsch, Michael*: Rechts- und Verwaltungsaspekte der naturschutzrechtlichen Eingriffsregelungen, in: Natur und Recht 1986, S. 284 (290).

[72] Allgemein dazu *Waskow, Siegfried*: Mitwirkung von Naturschutzverbänden in Verwaltungsverfahren, 1990, in: Beiträge zur Umweltgestaltung, Bd. A 119.

[73] In der ostdeutschen Praxis werden die anerkannten Naturschutzverbände auch im Verfahren der Plangenehmigung teilweise informell beteiligt.

[74] Vorläufiges Thüringer Gesetz über Naturschutz und Landschaftspflege (Vorläufiges Thüringer Naturschutzgesetz — VorlThürNatG) vom 28.1.1993, GVBl. S. 57.

[75] § 58 Abs. 3 des Sächsischen Gesetzes über Naturschutz und Landschaftspflege (Sächsisches Naturschutzgesetz — SächsNatSchG) vom 16.12.1992, GVBl. S. 571.

gesichert ist. Sie ist für die Bausachverhalte gedacht, die sich nicht nur als bloße Änderungen oder Erweiterungen vorhandener Trassen von unwesentlicher Bedeutung darstellen, andererseits aber unter dem Gesichtspunkt der Rechtsbeeinträchtigung und der Umweltfolgen nicht so bedeutsam sind, daß sie nur unter förmlicher Einbeziehung des Sachwissens und der Raumkenntnisse der Öffentlichkeit ordnungsgemäß beurteilt werden können. Sieht man dies so, so wird man in den Anwendungsbereich der Plangenehmigung auch solche Fälle einbeziehen können, in denen als Folge der baulichen Maßnahme zwar die Lärmemissionen ansteigen, diese aber nach menschlichem Ermessen durch entsprechende in der Plangenehmigung angeordnete Schutzmaßnahmen unterhalb der durch die 16. BImSchV (sog. Lärmschutzverordnung) gezogenen Grenzen verbleiben. Die Zustimmung der sog. mittelbar Betroffenen wäre unter diesen Voraussetzungen entbehrlich[76]; dieser Personenkreis würde in seinen Rechten nicht oder jedenfalls nicht wesentlich beeinträchtigt werden[77].

2. Die dargestellten Konzeptprobleme der Plangenehmigung verdeutlichen: Die Plangenehmigung kann im Bereich von Ausbauvorhaben durchaus zum „Beschleunigungs-Star" der Verkehrswegeplanung auch im Westen Deutschlands werden. Auf diese Karte kann der Gesetzgeber aber nicht alleine setzen. Er muß auch zugunsten der Planfeststellung ausschöpfen, was an Vereinfachung und Beschleunigung möglich ist, ohne daß der besondere Garantiegehalt des Planfeststellungsverfahrens in Frage gestellt wird. Im Bild gesprochen: Die „alte Dame" Planfeststellung muß ohne Verlust ihrer „Identität" „geliftet" werden. Zu den herkömmlichen und in der Praxis der neuen Bundesländer offenbar mit Erfolg genutzten Elementen — Verzicht auf die öffentliche Auslegung (§ 73 Abs. 3 Satz 2 VwVfG) beispielsweise — kommen nun aus dem PlanungsvereinfachungsG neue Elemente der Verfahrensstraffung hinzu. Dies gilt vor allem für den schon erörterten zeitlichen Ablauf des Auslegungs- und Erörterungsverfahrens und der Möglichkeit des Verzichts auf einen Erörterungstermin bei Änderungsvorhaben[78]. Zumin-

---

[76] Von der Frage, ob im Einzelfall das Instrument der Plangenehmigung in Anspruch genommen werden kann, ist zu trennen, unter welchen Voraussetzungen — auch im Hinblick auf mittelbare Beeinträchtigungen — die erlassene Plangenehmigung rechtmäßig ist. Hier gelten keine anderen Maßstäbe als im Falle des Planfeststellungsbeschlusses auch. Siehe zur Rechtsprechung insoweit BVerwG, Urt. vom 4.5.1988, UPR 1988, S. 346; vom 5.10.1990, NVwZ-RR 1991, S. 118 (125); vom 29.1.1991, NVwZ-RR 1991, S. 601.

[77] Weitergehend *Stüer* (Fn. 4), S. 551: Einwendungen mittelbar Betroffener schließen eine Plangenehmigung nur dann aus, wenn sie — der unmittelbaren Grundstückinanspruchnahme vergleichbar — „schwer und unerträglich und damit enteignend betroffen werden".

[78] Siehe § 36 d Abs. 1 Nr. 4 BBahnG i.d.F. des Entwurfs des PlanungsvereinfachungsG. Zu dieser Abweichung von § 9 Abs. 1 UVPG siehe Bundesrat (Fn. 6), u. Nr. 12/S. 22 und Gegenäußerung der Bundesregierung BT-Drs. 12/4328 vom 11.2.1993, Anlage 3, S. 38 ff. — In der Praxis der neuen Bundesländer wird der im Einzelfall rechtlich zulässige Verzicht auf einen Erörterungstermin freilich verwaltungspolitisch unterschiedlich bewertet. Es

dest solange der Anwendungsbereich der Plangenehmigung als Planungsinstitut mit rechtlicher Unsicherheit behaftet ist, wird sich die Verwaltung immer wieder zur Risikovermeidung auch in solchen Fällen für die Planfeststellung entscheiden, in denen dieses Verfahren nicht erforderlich ist. Schon deshalb müssen die Zeitwerte dieses Verfahrens optimiert werden. Zu überprüfen wäre aber auch über die Ansätze des PlanungsvereinfachungsG hinaus, ob man nicht mit gesetzlicher Hilfe die Vorbehaltsfestsetzung des § 74 Abs. 3 VwVfG erweitert[79]. Möglicherweise steht die Vorschrift und deren Auslegung zu stark unter dem Dogma der „Jetzt- und Sofort-Bewältigung“ aller vorhabensverursachten Probleme. Die Lösung rechtlich und technisch beherrschbarer Folgeprobleme, wie beispielsweise Vorkehrungen zum Lärmschutz, könnte man einer — befristeten — Planergänzung vorbehalten, um den Bau des Hauptwerkes zügig auf den Weg zu bringen. Ist die Nebenentscheidung von der planerischen Hauptentscheidung abtrennbar, so sollte diese Trennung erlaubt sein, ohne daß es i.S. von § 74 Abs. 3 VwVfG darauf ankommt, ob „eine abschließende Entscheidung noch nicht möglich ist“. In der Praxis der neuen Bundesländer versucht man sich teilweise mit einer Kombination von Plangenehmigung und Planfeststellung, um Zeit zu gewinnen. Durch Plangenehmigung wird die Baumaßnahme zugelassen, wenn die Eigentümer für diese Maßnahme ihre Grundstücke zur Verfügung stellen. Die Flächenbestimmung für Ausgleichsmaßnahmen, für die ein entsprechendes Eigentümereinverständnis nicht vorliegt, überläßt man einem späteren mit Enteignungswirkung ausgestatteten Planfeststellungsverfahren. Dies mag man unter rechtlichen Gesichtspunkten kritisieren. Es zeigt sich aber hier wie auch sonst, daß ein starkes Bedürfnis nach einer Art gegenständlicher Abschichtung der Probleme und nicht nur nach einer räumlich-abschnittsweisen Bewältigung der durch eine Planung aufgeworfenen Fragen besteht. Als Faustformel könnte gelten, daß einem Entscheidungsvorbehalt solche Nebenentscheidungen zugänglich sind, die nach bisherigem Recht auf Klage hin in der Form einer Ergänzung zum Planfeststellungsbeschluß erzwungen werden konnten und können[80]. Die Entscheidungssituation wäre — in bezug auf „Ob“ und „Wie“ der Schutzmaßnahme — offenzuhalten, auch wenn *insoweit* offen bleibt, ob die der Hauptentschei-

---

wird argumentiert, man verzichte auf wichtige Informationen, wenn man von einem Erörterungstermin absehe.

[79] Zur Auslegung grundlegend noch immer BVerwG, Beschl. vom 22.3.1973, DÖV 1973, S. 785. Siehe weiter insbesondere Beiträge von *Stefan Paetow* (S. 1/6 ff.) und *Michael Ronellenfitsch* (S. 37/47 ff.) in: Blümel, (Hrsg.), Teilbarkeit von Planungsentscheidungen, Speyerer Forschungsberichte, Bd. 42, 2. Aufl. 1989; *Grupp, Klaus*: Teilbarkeit von Planungsentscheidungen, in: DVBl. 1985, S. 152 (153) sowie *Steinberg, Rudolf*: Das Nachbarrecht der öffentlichen Anlagen, 1988, Rdnrn. 37, 186 f. Aus der Rechtsprechung siehe BVerwG, Urt. vom 18.12.1987, NVwZ 1989, S. 147 ff.; Beschl. vom 5.10.1990, NVwZ-RR 1991, S. 129 (135 f.) und BWVGH, Urt. vom 9.11.1989, NVwZ 1990, S. 994.

[80] Zur Planergänzung siehe näher *Kühling, Jürgen*: Fachplanungsrecht, 1988, Rdnrn. 468 ff.

dung zugrundeliegende Abwägung rechtmäßig ist, *sofern* nur auf Grund des Bauplans und der örtlichen Gegebenheiten sichergestellt ist, daß dem ggf. bestehenden gesetzlichen Schutzanspruch nachträglich genügt werden kann.

IV. Schlußbemerkungen

Der Staat kann nur sehr eingeschränkt Planungen mit den Mitteln der Gesetzgebung beschleunigen. Einfaches Verwaltungsverfahrensrecht bei komplexen Sachverhalten ist eine Illusion. Auch muß eine Verbesserung des politischen und administrativen Rahmens die Bemühungen des Gesetzgebers ergänzen. Andererseits ist es schwerlich zu beanstanden, wenn in einer Situation das Verfahrensrecht des Verkehrswegebaus neu gestaltet wird, in der Verkehrsräume und Verkehrsmittel als Folge staatlich nur schwer beeinflußbarer Mobilitätsentscheidungen der Bürger überfordert sind. Dabei muß der Gesetzgeber wohl an der einen oder anderen Stelle Unordnung in der Systemwelt der Verfahrensjuristen stiften, um Ordnung in den Verkehr zu bringen. Auch kann in einer solchen Situation das Ziel der Beschleunigung Vorrang vor dem Ziel der Einheit des Verfahrensrechts beanspruchen. Deshalb ist es rechtspolitisch hinnehmbar, wenn das Planungsrecht für Verkehrswege aus den Verwaltungsverfahrensgesetzen des Bundes und der Länder teilweise ausbricht und außerhalb dieser Verfahrensgesetze eine „Einheit in der Spezialität" findet. Im Augenblick ist zweifelhaft, ob das Planfeststellungsrecht des Verkehrswegebaus noch einmal zur (begrenzten) bundes- und landesrechtlichen Geschlossenheit der §§ 72 ff. VwVfG auf der Vereinheitlichungsgrundlage des 3. Rechtsbereinigungsgesetzes[81] zurückfindet. Gewiß ist das PlanungsvereinfachungsG als Versuch einer praktischen Antwort auf Zeitprobleme des Verkehrswegebaus ein Situationsgesetz. Aber ein Ende dieser „Situation" ist nicht absehbar.

[81] Drittes Rechtsbereinigungsgesetz vom 28.6.1990, BGBl. I S. 1221; zur Vereinheitlichungsfunktion dieses Gesetzes und zu der bestehenden Gefahr ihres Verlustes siehe *Blümel, Willi*: Der Gegenstand der Planfeststellung, in: VerwArch. Bd. 83, 1992, S. 146 f. und *Zeitler, Herbert*: Aktuelle Probleme des Straßenrechts, in: NVwZ 1992, S. 830 ff.

The „Modernization of the State" in France: From „Users" to Citizens The Case of the Ministère de l'Equipement

Statement

By Pierre Maclouf

The administrative tradition is made out of two elements, a legal one and a sociological one, since Administration may not only be defined as bound by the law, but also as a social structure. If we consider it as the core of the *Rechtsstaat*, Administration is a structure whose action is bound by legal rules. But, as the core of the „statal" part of the *Rechtsstaat*, it is also an autonomous corporate actor which has the power of enacting rules.

Since the times of *Ancien Régime*, the French Public Administration has developed itself by a normative power, aiming at a common good, an idea that appeared in the eighteenth century, precisely at the same time when Friedrich der Große was acting for the common good of his people and creating a kind of proto-Welfare state. This tremendously short historical glance aims to introduce the idea our argument relies upon, i.e. the existence of an autonomy of the State and of the Administration in France, beyond any kind of political regime, whether Monarchy or Republic, Vichy or Gaullism. Whereas, in the German tradition, the modern state was settled by the law (see the concept of the *Rechtsstaat*), in France, the law was made for the State. And that conception of the law gave rise to a particular conception of what a citizen is, from the standpoint of his relationship with Administration, a conception which presently is quickly changing.

My purpose is not to talk about French Public Administration in a general way, but to focus on a case, the ministry of Equipement, which is quite typical of the French administrative structure, and about which I must first say a few words[1].

But my goal here is not to stress a so-called French exception in a culturalist way. My argument stems from the fact that the French state is a case understandable within the broader paradigm of the „differentiated

---

[1] See Appendix I.

state"[2], which is neither the liberal model of the weak democratic state emphasized by Tocqueville, nor the pluralistic model that considers as mere equivalents the whole set of the leading groups. This model of the „differentiated state" relies upon various analytical perspectives, whether philosophical (*G. F. Hegel*), sociological (*M. Weber*) or legal ones. In any case, these perspectives insist upon the separation between the State and society (considered as the whole of the citizens).

My argument will be twofold:

a) the ministry of *Equipement* in France is a typical case for this separation between the State and society;

b) one major characteristic of the present trends inside French Public Administration is the shift from a highly differentiated State and administration to a less differentiated model[3]. The evolution of the relations between Administration and citizens is one of the indicators of this shift.

I shall first examine the two sides of the argument, and then try to test them by focusing on the matter of the share — or the split — of administrative action between two sides, normative and extra-normative.

I. Confronting the two aspects of the argument

1. Facts

— Since 1750 the *Corps des Ponts et Chaussées* has tried to organize the national territory in a very cartesian way. In this project, the State, acting on behalf of the common good, was opposing itself to the people.

— While French Revolution claimed that private property was a sacred, inviolable right (as it is settled in the article 17 of the Declaration of the Rights of Man), the laws for land — being shaped around the opposite idea of public necessity or public utility[4] — were built against private property.

— The great schemes of regional planning that structure the national space, were conceived by this administration, acting on behalf of the State rather than of the citizens'.

---

[2] See *Birnbaum P.*, „L'action de l'Etat, différenciation et dédifférenciation", in Grawitz M., Leca J., „Traité de science politique", vol. 3: pp. 643-682, Paris: P.U.F., 1985.

[3] The point would therefore be to know: — whether this model should be close to the American-style of an agency-made administration, inside a pluralistic society with an heteronomous political power, dependent on the interests of particular groups or areas, — or more liable to be compared to the German model of a strong-legally based political power, based upon a separate *Öffentliches Recht*, within a federal structure.

[4] See article 545 of the Civil Code *(„Code Napoléon")*.

Which indicators can be found to give evidence about the phenomenon of the differentiation of the State?

We shall provisionally let aside the major differentiation within the State itself, between Administration and politics. I shall stress *four marks* of the existence of a differentiated State.

a) Space

Space is a basic element for the existence of a sovereign State. It relies upon the fact that any State must control its space. The constitution of the State is the way the State manages to withhold and bound its own territory.

— Then a „differentiated State" is: a) separated from other organizations, whether or not public, that are acting in the same geographic area and b) in a hierarchical relationship with these organizations. That goes along with a kind of centralization.

— The space is administratively (artificially) organized in a hierarchical, top down way.

b) Men

It was the French sociologist *E. Durkheim* who defined the State as a group of functionnally specialized and specially skilled servants, and *M. Weber* who characterized as „bureaucracy" this class of servants of the modern, rational, legal State.

— Therefore, an indicator of a differentiated State is a bureaucracy, which acts from the standpoint of an universalistic rationality, being separated from private influences. So the fundamental ideal that legitimates a strong State is that of a *dual rationality*, of a division, between two classes of conceptions of the world and of the human relations.

— *Administration is defined by a distance* between its members and the ordinary citizens (the users of public services), who are bearers of private interests, opposed as such to a public interest whose contents only the Administration is able to decide.

c) Rules

A differentiated State is managed by a set of special rules, that are marked out of these that formally shape the relations between private individuals.

— The State is defined by the *specificity of its rules*. According to *M. P. Weil* (one of the most famous contemporary academic French jurists), „the administrative law is the set of rules that define the rights and the duties of Administration“[5]. In France, the administrative law is not submitted to the same rules as the the rest of the law is.

— This particularity of the basic rules is enforced by the *existence of special courts*, which belong to the Administration itself, although they are independent in their decisions.

— These rules are a factor of a very important characteristic of the differentiated State: I named its unity.

d) Action

We shall here make a difference between two points of view. One takes as a standpoint the internal activity of Administration. The other focuses on its relationship with its environment, it is a rather external point of view.

— A differentiated administration acts with discretion. Decisions are taken on the basis of an *a priori* rationality, which, in a very „cartesian“ way, is practically unfolded in a top down way, going from the general matters to the particular ones. *Administration is a closed world.* And jurist *P. Legendre* has named this the „bureaus' government“[6]. This kind of enclosure is still more developed in a ministry like the one I am talking about, which is simultaneously administrative and „technical“. This closed world is at the same time *strongly integrated*, since the various administrative agencies have a high degree of mutual coherence.

— The relationships with the outside are therefore characterized by hierarchy, distance, duality, enclosure, specificity.

These elements shape the relationship between Administration and citizens.

But strong trends which have been developing in the French administrative structure for the past two decades have resulted in important shifts inside the administrative organization, as well as in its external action.

Now I would like to stress some generalities about these changes shortly.

2. Generalities about these changes

When, where and why did they occur? Who carried them on, and what did they consist in?

[5] *Weil P.*, „Le droit administratif“: p. 5, Paris: PUF, 1984.

[6] *Legendre P.*, „Trésor historique de l'Etat en France“: pp. 424 ff., Paris: Fayard, 1992.

a) When?

— They started after the mid-sixties, and during the first half of the seventies. But it was with the political changes that followed President Mitterrand's election in 1981 that they enlarged and grew as to become one major governmental goal. One of the most dramatic ones was the decentralization, something the importance of which cannot be totally grasped in a federal state like the Federal Republic of Germany.

— After he was appointed Prime Minister in 1988, Mr. Rocard decided the „modernization of the public sector“ would be one of his „great works“. A governmental circular about the „renewal of the Public service was issued on February 23rd 1989. After Mr. Rocard resigned in may 1991, this idea was formally maintained as a governmental aim.

b) Where?

— These changes do not affect only the territorial organization of the State. They also, in a still deeper way, relate to the internal organization of work in Administration itself, or to the kind of rules which must organize public action. The old sacro-sanct principle of the equality of all before the law is being questioned. So is the idea that the State should act in an equal, homogeneous way, on the whole territory.

— More, the unity of the administrative structure is shifting to a more diverse, flexible, style of organization. The status of the citizen is one of the components of these changes.

c) Why?

— Beyond the political changes at the head of the Republic, and also more deeply, a will stemmed from inside the State itself, whose rise would make a very interesting research object for administrative science.

— We should make a distinction, among global changes, between those pushed forward from outside (the European community ...) and those rooted in the deep crisis of the Western rationality modern bureaucracy was built on.

— Changes in society: citizens want to be informed at a „real time-pace“ and do not accept the answers to their demands to be delayed. And State thinks of itself as owing to be more „responsive“.

This process, I shall name with P. Birnbaum[7] *the „dedifferentiation of the State“. Which are its consequences upon the State's consideration of citizens?*

[7] *Birnbaum P.*, op. cit.

II. Toward a transformation of the relationship between the State and the „users" of public services

I shall follow three lines of very simple, unpretentious questions, wondering at each time what style of change is happening for what relates to the links between Administration and citizens, through the „dedifferentiation" process.

Who? I mean here: who are the citizens, how does the Administration build its categories of perception?

What? How can we characterize the major shifts ?

How do these changes occur? That question will be answered in part III of this paper, where I shall have a more theoretical argument about the action of the State.

1. Who are the users?

The classical conception does not care about citizens, but about „users", in a rather limitative way.

— This classical conception is in fact very cautious for what is the possibility for citizens to get involved in any kind of control upon Administration. The Constitution does not make allusion to this possibility. Yet, if we follow the 1789 *Déclaration des Droits de l'Homme et du Citoyen*, in its article n° 15, „society has the right to make any public agent responsible for his administration". But obviously, society is something else than the citizen. Administration, as it has previously been argued, is very suspicious about any kind of external influence, and the conception of national sovereignty which prevailed with the Revolution was anything but favourable to the „intermediate bodies".

— There did not exist in France, as it did in Prussia, an early administrative code. Whereas the German tradition built a *Rechtsstaat*, i.e. a State which was made legitimate by the law, the French built a law for the State. That law was not — and this is another difference with the private law — designed *a priori*, but slowly shaped in a judicial way. It was the *Conseil d'Etat* who carefully settled in 1906[8] the right for users to claim against the State, in areas which are now the field of action of the ministry of *Equipement*.

— But here is a paradox for the country of the rights of citizen: this user is in no way comparable to the citizen. Whereas the latter is entitled extended rights, the former is a subject liable to the rights to act devoluted to

[8] Syndicat des propriétaires et contribuables du quartier Croix-de-Seguey-Tivoli, Conseil d'Etat, december 21st 1906.

administration by the polity (i.e. the community of citizens). And here is this French word, which expresses the paternalistic attitude of administrators (as rulers) towards the „ruled ones" („*les administrés*").

Who are these users? They are the beneficiaries of public services: for instance, the users of the public permanent ways are the automobile drivers or the pedestrians. They are rather abstract categories, who meet abstract civil servants in a relationship of distance.

This conception is giving way to another one which is grounded upon the idea of making the administration closer to the citizen.

2. What are the changes?

Three main features can be noticed, that show a „dedifferentiation" of the State.

a) Reducing the distance: the end of „closed office government"

— The distance between civil servants and ordinary people relies upon the idea of an intrinsic distance between „general interest" and particular interests, a distance which is now fading. New rules have been introduced for a material welcome of the users, since the old administrative buildings were reflecting a closed-style of an administration working behind closed doors. That style had therefore an effect on the work of the civil servants as well as on the material organisation of the bureaus; according to a recent report which was made for the ministry of *Equipement*, it is not exceptional to meet users walking or waiting seemingly aimless along corridors. Conversely, the employees specialized in reception feel themselves despised and marginal.

— Personalizing the relationships: a 1985 circular prescribed that the name of the civil servant, who is in charge of examining a file, his office phone number, as well as the name of the service, should be indicated on each document. These prescriptions were revived by the already quoted Prime Minister circular of February 23rd 1989 on the „renewal of the Public service". Similarly, civil servants' names should be indicated on the offices doors and the opening hours should be announced.

b) Reducing the „closure": „Transparency"

— Free access to administrative documents.

A new trend is the end of „closed-office government". Improvements were made to end with absolute administrative discretion, to promote more openness by allowing consultation of administrative documents. The july 17th, 1978 law decided that administrative documents should be freely accessible to those having an interest in them. A non judicial institution was established to enforce these prescriptions: the Commission for Access to administrative documents (C.A.D.A.). Local practice is however ambiguous: on one hand, local administrations try to make communication of documents easier (allowing users to make photocopies). On another hand, local reluctancies stem from the fear that communication of these documents should be asked in a view to put in a claim. Another problem is of technical nature: in the case of road building for instance, it is possible to let people have access to documents that would not be technically definitive. So, this „free access" is rather a „freedom under control".

— „Justifying" administrative acts was made a principle by a July 11th, 1979 law. This leads civil servants to wonder whether they have the right to refuse to give satisfaction to a request, and also to write documents in an understandable way.

— A responsive administration and an „integrated" user.

„User" is no longer seen as a „burden" of administrative action, but as a component of it. His demand is integrated in the elaboration of the great planning schemes, as it was suggested by the instruction of the Minister of *Equipement*, issued on december 15th 1992[9]. The goal for Administration is therefore to put itself in the users' place. That might be named: a „comprehensive administration".

c) Reducing the specificity: a „projective" administration

— Time: Administration has its own way of thinking time, which differs from the way society does. The most common examples are the ones of phone calling without getting an answer, or of the length of time required before getting an answer to a letter. The old bureaucratic attitude was to „let the files drift". The idea would now be to set rules for time to answer. A deeper change is not giving a positive answer to a demand it is not possible to give satisfaction to, but endeavouring to explain how the decision is taken and how it is being implemented (which is another problem than justification).

— More important is the introduction of a „project-based" approach, and of a way of working based on the solution of cases instead of *a priori* „bureaucratic" categories. Usually, road works are open without taking care of the users' reactions. Such attitude is quickly changing. Administration is

[9] This circular is also named „Circulaire Bianco" (from the name of Mr. *J. L. Bianco*, who was Minister for *Equipement* until march 1993, and who issued it). See Appendix II.

having an interest in these reactions and tries to anticipate them: „door-to-door selling“ of the projects, new style of communication ...

These shifts that make Administration become more common have two main consequences. First, the rules that were determined by the distance between the two spheres of State and society tend to be changed, so reducing the administrative specificity. Second, the very concept of „user“ is becoming more and more extensive, including private and public actors, corporate and individuals. New operating concepts such as „partnership“ are being set forward (partnership between the State and other actors). This indicates the shift towards a State which is in a process of dehierarchisation from a territorial point of view.

These changes involve new dimensions of the administrative work, based on a proximity which is not legally framed.

III. Administrative procedures: A dynamic perspective

1. The dual character of Public administration

I presently want to consider these changes a few examples of which were given in a more „dynamic“ way, starting with the very concept of administrative procedures (*Verwaltungsverfahren*), which, although legally based, should not be considered from a merely legalistic point of view.

a) Administrative procedures considered as a guarantee for citizens' rights

Modern Administration was organized in relationship with the rise of the absolutist State[10] and was entirely shaped in order to rule society from the outside, according to what was supposed to be the common good. That common good has been strictly defined by law in Germany (concept of the *Rechtsstaat*). In France, a more abstract and more general conception of the State was prevailing, law being a means for the action of the State, whereas in Germany it is the fundamental ground for the action of the whole executive[11]. But, although they did not grasp in such a proeminent way the attention of jurists, the internal administrative procedures included such guarantees, and were not merely „bureaucratic“ impediments to action. Administrative power was bound by guarantees granted to citizens, the most

[10] Cf. the work (which was published in French) of British historian *R. Bonney*, „L'absolutisme“: Paris, P.U.F., 1989.

[11] Cf. the article 20.3 of the German GG.

famous of which being the main civic liberties[12] which became integrated into the administrative structure itself as binding prescriptions upon the *Beamten's* work. The paradox is that law did insist upon procedures, but passed over their social dimension, and that sociology stressed their importance but defined them either as a mere implement for rationalization[13] or as a difficulty for acting[14].

b) Administrative procedures considered as a social matter

Two reasons make this *Verwaltungsverfahrensrecht* a social matter and not just a legal one.

— First, it is the expression of the protection of the people against the tendency of those in power to expand their rights of control and their ability to rule[15], beyond the legitimate domain of events subject to State intervention, or to expand them while remaining inside the legitimate domain, but spurning the due processes.

— Second, *Verwaltungsverfahrensrecht* is one of the basic elements of Administrative organization, considered not just as a constitutionally based institution, but as what industrial sociology names a „work organization", in other words a *milieu* of work. *M. Weber* already stressed that civil servants were that particular class of workers whose practical activity is directly constrained by legally rooted procedures — a major difference with workers in the private sector. The weberian approach may nevertheless be refined and deepened to analyze the activity of civil servants with the combination of a knowledge of law and of the classical[16] questions of the sociology of work.

---

[12] As they are enumerated in the 1789 *Déclaration des Droits de l'Homme et du Citoyen* and in the „Republican laws" of the beginning of the twentieth century, and in the articles 1 to 19 of the German GG.

[13] As *M. Weber* did in *„Wirtschaft und Gesellschaft"*, Tübingen: Mohr, 1922.

[14] Cf. the „second reading" of *M. Weber* which was made in the United States by sociologist *Robert K. Merton*: cf. „Social theory and social structure", New York: Free Press, 1968.

[15] That idea of the transfer of „rights to act" is a political specification of the general problem of authority relations and authority systems, as it has been analyzed by American sociologist *J. S. Coleman*: „Foundations of Social Theory": pp. 65-90 and 145-174, Cambridge (Mass.): the Belknap Press of Harvard University Press, 1990.

[16] The matters which were discussed on the first day of this *Forschungsseminar* precisely dealt with the interaction between the legal and the sociological aspects of *Reform des Verwaltungsverfahrensrechts*, since the reforms must take place in a structural set of internal actions which are to be analyzed as both unspecific (people work, therefore this work may be analyzed just as any other work) and specific (they work for the State, therefore one cannot escape the legal dimension of this work). A legal reform which would ignore the first fact would fail; but a social or political project of change (cf. in France the „modernization of the Public sector") that would not integrate the fundamental difference

This is the kind of standpoint we shall now adopt to question the present evolutions I previously mentioned“[17].

I shall start my argument, at the present stage of this paper, with the idea of the existence, within administrative action, of two kinds of distinctions:

aa) Public *administration*[18] *must be considered as subject to a double determination*: by law, and this we shall consider as the normative side of administration; by social norms, and this will be considered as the „extra-normative“ side (which does not mean „normless“, but spreading outside the previous scope of public norms, mainly legal as we said).

bb) *Public administration is simultaneously a set of actors performing a social function (theory of the „Administration-function“), and an instrument of the political power (*concept of *Binnenverwaltung).* As such, the *Administration-function* has relationships with its social environment, and the *Binnenverwaltung* is a *milieu.*

— Both these distinctions may be somewhat difficult to understand in Germany, where the degree to which law is a determinant factor of Administration's action is higher than it is the case in France. In this last country, where *Administration* has developed long for its own autonomy, it must act in the respect of legality, although all its action is not determined by law.

— Another difficulty lies in the fact that an important factor of unity of the French administrative system was not only the law, but also the cognitive system, the specific training of servants, the community of project which we might sum as a shared idea of the common good around ideas of rationality and harmony[19].

So, although one principle of working of Administration is law, another principle is its ability to carry an autonomous system of norms[20] for its own

between the Public and the private sectors — an aspect of which being the relationship to the law — would prove to be just idle political talk.

[17] Cf. supra, II-*2*.

[18] What is named in France *l'Administration*: the capital letter for a substantive is seldom used in French, and suggests a sort of dignity: *l'Eglise, l'Etat, l'Administration* ... One shall notice that the „Administration“ is ranking in the same dignity as the State itself.

[19] For further analysis about these distinctions between French and German administrative basis, see Appendix IV.

[20] The concept of „norm“ is used here in its idealistic sense, as it was shaped by American sociologist *T. Parsons*: „the term normative will be used as applicable to an aspect, part or element of a system of action if, and only in so far as, it may be held to manifest or otherwise involve a sentiment attributable to one or more actors that something is an end in itself, regardless of its status as a means to any other end (1) for the members of a collectivity, (2) for some portion of the members of a collectivity or (3) for the collectivity as a unit“ (*Parsons T.*, „The structure of social action“: pp. 74-75, New York: Free Press, 2 vol., 1968; 1st edition, 1937). This sense differs from the legal sense of the term (the binding quality, judicially enforceable, of legally defined rules), and from the

action. And although Administration is supposed to act in conformity with law, the basic principle is that it has the power to take its own decisions and to carry them out. Administration is defined by its prerogatives, the condition of the use of which are thought of as „administrative subjections": the bounden duty to act in conformity with legality on one hand, and the liability to responsibility on the other.

So, if in a formally constitutional way, Administration is an implement for democratically appointed government[21], it has also its own autonomous capacity of action, based on prerogatives that are deeply rooted in the French statal tradition. Its greater sensitivity to social interests than the political system of representation, is paradoxically concomitant with a higher sense of what public interest should be. On one hand, the political system relies upon the abstraction of the citizen who should be able to raise himself above the particular interests of the groups he belongs to (the fiction of the national sovereignty), whereas the civil servants' job is to deal with these same interests in order to implement regulations. But, on the other hand, the behaviour of the elected representatives, who are bound to the political cycle, is determined by the prospect of their reelection, what leads them to arrange in some particular ways the general interest on behalf of which they are supposed to act. So Administration, at once, is in contact with the „real" citizen (the user of public services)[22] and thinks of itself as being in charge of the universalistic goals of the State. Such are the main roots of the autonomy of Public Administration in France[23].

2. Normative and non-normative action in Public Administration

We shall try to connect together our distinction of the double determination and the double substance of administration in order to get a key to analyze the present shifts.

— The reform of administrative procedures cannot be isolated from the general tendency of the raise of non legally determined paths of action, i.e. of procedures the reference of which is not law.

continental sociological sense, mainly due to French sociologist *E. Durkheim* (prescriptive and proscriptive rules of behaviour, the non conformity to which is liable to punishment).

[21] Cf. article 20 of the 1958 French Constitution: „Government has at his disposal the Administration and the military power".

[22] Hence the concept of „*administré*" (i.e. someone who is subject to a particular administrative set of rules), which differs from the concept of „citizen" (the member of the polity, entitled to use all the range of civic rights).

[23] An example of this ability of high civil servants to formulate their own conceptions of public action will be found in Appendix III.

— The legal procedures are a component of the existence of Administration as a social whole, organized by social norms of work, interacting with the legal administrative culture, and being confronted with the raise of another set of norms. They are a part of work norms themselves.

a) The normative dimension is facing the expansion of the extra-normative dimension

A distinction can be made between processes inducing a relative decline of the importance of the normative side of administrative action, and processes leading to the destabilization of the normative edifice. The decline of the normative side of the edifice is threefold.

— The previous stage of adjustment of procedures consisted in democratizing them. In the case of „public inquiries"[24], that was done through reforms that occurred in 1959, 1976, 1983.

— The present stage consists in leaving them aside, or „dejuridifying"[25] procedures. The new reference is „action", aimed at management of projects[26] and at anticipation of social reactions to these projects. Instead of

[24] Very characteristic is the field of public inquiries ("*enquêtes publiques*"), which must be held before all decision of expropriation. According to article 17 of the 1789 *Déclaration des Droits de l'Homme et du citoyen*, „(private) property, being an inviolable and sacred right, no one should be deprived of it, unless public necessity, duly recorded, does obviously require it, and under the condition of a fair and previous indemnity". One will notice the difference between this formulation and the one of article 14.1 & 3 of the German GG.

[25] About this concept, cf. *Teubner G.*, „Juridification: Concepts, Aspects Limits, Solutions": pp. 4-6, in „*Juridification of Social Spheres*: a Comparative Analysis in the Areas of Labor, Corporate, Antitrust and Social Welfare Law", G. Teubner ed.: pp. 3-48, Berlin: de Gruyter, 1987: „Juridification (*Verrechtlichung*) does not only spring from the well known Teutonic tendency towards overregulation (...). Although national divergences exist, the phenomenon is universal, and the debate international and interdisciplinary. (...). In legal discussion, juridification is described primarily as a growth phenomenon. Fear-laden terms such as <flood of norms> or< legal explosion> underline the disquieting effects which the rapid expansion of law has had on the legal profession and the general public alike. (...). The phenomenon of juridification becomes a subject which is analyzable, interpretable and strategically appropriate only when (...) it is identified with the type of modern *<regulatory law>* in which law, in a peculiar fashion, seems to be both politicized and socialized."

So we shall define „de-juridification" (hence the verb „de-juridify"), as the reverse process of juridification, i.e. the tendency of the political power to set himself free of the legal constraint and to replace the universalistic goals of political action which are traditionally materialized through law and legally regulated procedures by a mix of abstract references (these „halo words" criticized by American politist *T. J. Lowi („The end of liberalism:* the Second Republic of the United States", New York: Norton, 1979) and of non-procedural initiatives, in order to get consensus (which differs from the common good of the polity).

[26] For instance the realization of the T.G.V. in France, or of the highway network (i.e.

pushing further the process of involvement of citizens in the public inquiry, the recent trends in politico-administrative conception of project management tend to establish „pre-procedural procedures" located „upstream" of the whole process, in other words a socio-political gearing of projects, that is designed to avoid „opinion unrest" at the further stages, which are the legally organized ones, including the possibility of going to court. A noticeable example of that is the Bianco circular issued on December 22nd 1992 about „the management of the great national projects of infrastructures"[27]. The circular differentiates five stages of the process. These are starting with a public discussion of the main functions of the scheduled infrastructure, taking place before the first technical sketches, and involving the elected representatives, the social and economic actors, and „every citizen" to get available information and to discuss the main perspectives which are at stake in the project, and will afterwards be described by a Government-issued schedule of conditions. Then will follow the laying out studies, and still afterwards, in a third stage, the public inquiry[28]. One may notice that the duly and normatively defined formal procedure itself, is now incorporated in a non-normative processing the substance of which will be locally shaped, the whole process being aimed at the local definition of a consensus.

— An important factor of the remoting of the normative procedures is the current decentralization, since these procedures were organized as guarantees given to citizens facing a highly „differentiated" and centralized State. The idea of „globality", which is put forward as a necessity in the case of the realization of an infrastructure realized on several administrative districts, contributes to the expansion of these extra-normative trends, since the normative procedures are set inside the frame of the local administrative divisions. Normative action is therefore becoming one element among others of the general action of Public administration, instead of constituting the very definition of the State[29].

---

all what the French term as *„grands projets"*) or still, at a more modest level, day-to-day management of the road system.

[27] Cf. Appendix II.

[28] After the „declaration of public utility" (issued by the *Préfet* or the government, after advice of the *Conseil d'Etat*), the following stages will be the publication of the State's commitment for the inclusion of the project in the local area, and the realization of a „social, economical and environmental balance" a few years after launching the supply.

[29] Cf. *Kelsen's 'Reine Rechtslehre'*, in which he emphasizes the „identity of the State and of the law" (par. 41), in a similar way to French Public law theorist *Maurice Hauriou*, according to whom „law is part of the State's very substance, since its <personality> itself stems from the establishment of the legal regime inside the political institution" (*Hauriou M.*, „Principes de droit public", Paris: Sirey, 1916).

b) Unstabilization of the normative system

This setting aside of the normative referential is twinned with a destabilization of the normative system itself.

— That system rested on the possibility of the control of Administration by the „Administrative court“[30]. „Administrative action is unfree: it is bound by the obligation of respecting definite rules of law. Such is the sense of the *principe de légalité*, one of the major pieces of administrative law“[31]. The judge guarantees the effectiveness of this principle. „Mentioning the subjection of administrative action to the judge means recalling the outstanding success which judicial control of administration by administrative courts is constituting“[32]. Whatever the variety of the range of existing techniques of control of administration, judicial control still plays a central part in France, both quantitatively[33] and qualitatively[34].

— Still, the introduction of new ways of accountability[35] results in a decline of case-law efficiency[36]. The State's accountability is so unconnecting itself from administrative liability. The usual concatenation of administrative procedures is overturned by political decisions seeking avoidance of dissent. The stability of the formal regulative system itself is upset by „juridification“, as emphasized the *Conseil d'Etat* in its annual Report for 1991[37]. This may prove to be less protective for the citizen.

[30] The administrative court seats at the local level. At national level is the *Conseil d'Etat*, who is not only a Supreme administrative court, but also an instance of advice to Government.

[31] *Weil P.*, „Le droit administratif“: pp. 79, Paris: P.U.F., 1981.

[32] Id. p. 90.

[33] In 1991, about 100 000 claims were made in front of the ordinary administrative courts (not including the ones made to specialized administrative courts, especially the Commission for refugees). These figures have been multiplied by four since 1968. The current yearly increase rate is 10% (source: *Braibant G.*, „Le droit administratif français“: p. 429, Paris: „Presses de la Fondation nationale des sciences politiques“, 1992).

[34] A very significant dimension of this qualitative aspect is the normative function performed by public case law.

[35] On the changes implied for bureaucratic actors by the call for non judicial accountability of public administration, see *Wirth W.*, „Responding to Citizens' Needs: From Bureaucratic Accountability to Individual Coproduction in the Public Sector: pp. 70-85, in Kaufmann F.X. (ed.), *„The Public Sector:* Challenge for Coordination and Learning“, Berlin: de Gruyter, 1991.

[36] A dramatic example is the case of the governmental decision, (which was taken in november 1991), of delocalizing the *Ecole nationale d'Administration (E.N.A.)* in Straßburg. The Conseil d'Etat annulled the decision on June 4th 1993 on the ground the Government was not competent to take it. Nevertheless, a Government Regional Planning Committee which took place on June 7th decided to hold to a transfer to Straßburg, provided that it would be decided „in the due procedures“.

[37] „De la sécurité juridique“, in *Conseil d'Etat,* Rapport 1991: pp. 15-47, Paris: la Documentation française, 1992. In this analysis, the Conseil d'Etat insists that the

c) The social dimension of procedures

The second dimension we stressed dealt with the place of procedures inside Administration as a social whole, in other words about *Verwaltungsverfahren* considered as norms of work. We should not limit our focus on the cultural dimension of change, but we must consider *Verwaltungsverfahren* as a part of a broader set of rules of work (work norms) and organization. This whole system of rules is currently confronted with contradictory guidelines introduced by the management-style.

— The internal aspect.

Administrative law was a principle of unity between these two dimensions, since the same system of rules established the State's prerogatives and determined public servants' protections and duties. What civil servants are supposed to do at local level is blurring, since the norms, when they still do exist, are becoming vague. Civil servants, accustomed to define themselves as State agents acting on behalf of the normative authority, are supposed to adopt an attitude of permanent arrangement with individuals and local authorities. Administration thinks of itself as a federation of functional actions, rather than as being in charge of rational schemes of planning designed around a central intention.

— At this internal level, can be remarked three kinds of „decohesive" elements inside an ensemble the cohesion of which was formerly given by law:

—— The first one is the reference to a management-style scheme of action, instead of the specificity of references linked with the internal cognitive frame of Public Administration, auto-produced by itself in its own training schools[38] and research institutions[39].

---

proliferation of regulations depreciates law itself („when law is mere gossiping, the citizen pays very little attention to it"). A sensation of legal insecurity not only stems from the addition of texts (in France, according to the *Conseil d'Etat*, roughly 7500 laws are applicable, and also 82 000 national regulations; about 15 000 circulars are issued each year by the central authorities of the state, being reformulated at two or three levels by the State local authorities). It stems also from the frequency of changes. Laws are more and more short-lived. The quality of norms itself is decaying, with the development of a „gas-like" law, deprived of precision. What is remarkable here is this recent discovery by the Conseil d'Etat of a phenomenon long since theorized by German theory of law *(Verrechtlichung).*

[38] The case of the French Postal Administration, which was until a 1990 law a part of the State administration, is worthy of note. The law decided to turn it into an „autonomous operator". Since, the „National school for the Postal administration" (*Ecole nationale supérieure des P. T. T.*), which was founded in 1888, and whose students were partly trained in E.N.A., has added a subtitle to its name: „Management and Networks". The study of law has disappeared from the training programmes, courses of communication and marketing have taken the place of it. At the „Head Office" (they no longer say „*Ministère*", which sounds too administrative), the „*Bureaux*" have disappeared, being replaced by „*Schwerpunkte*".

—— Any kind of work rests on a certain organization of time. The classical organization of time in Administration is shaped by the legal procedures (for instance procedures linked to the budgeting or to the planning processes[40]), which have a social and not purely procedural sense and therefore make the use of time in Administration by no way reducible to the one that is made in the private sector. The shift to an „active“ anticipating and „responsive“ Administration carries the introduction of another use of time, more akin to the „just-in-time“ conception which is currently being developed inside industry.

—— A third element relates to the linear character of procedures rooted in the stability of an *a priori* way of intervention in social reality. Administrative procedures are ranging backward and forward. In the classical administrative model, every action is submitted to a formal recapitulation of previous decisions and actions. Actions are based on a succession of logically chained up and connected legally-framed steps. This style of succession does not allow guidance in an environment-interaction context. In the new work norms system, resting on the model of „action“, initiatives („actions“) find their own justification in themselves. So these new management imperatives may look like ways of „modernization“; they might also deepen the crisis of State intervention.

— From the standpoint of the external effects of the work. The classical model defined „quality“ of action as conformity of implementation to the rule that had been initially set. The new model defines it as the satisfaction of a „social demand“. The case of the „Bianco circular“[41] is quite significant at this point: a balance of the economical, social and environmental impacts of the infrastructure must be realized in the years that follow its launching.

Conclusion

These changes require more than a mere cultural adaptation of administration or than a change of „bureaucratic culture“. The modification of procedures that are a basis of civil servants' work necessarily needs a transformation of the work system itself. That means an adaptation of the training system, of the rythms of action, of the definition itself of what an

[39] Such as scientifically powerful I.N.S.E.E. (Institut national de la Statistique et des Etudes économiques).

[40] For instance, social unrest might lead to a reticent conclusion of the public inquiry, endangering the possibility of inscribing the projected action in the Plan, so postponing it to the next Plan (i.e. five years later), and losing the budget advantages linked with the Plan.

[41] Cf. Appendix II.

action is, of the way of evaluating its results. „Dejuridification" of internal procedures creates a need for coordination.

But adaptation should not be sought through the mere transfer inside Public Administration of management procedures. Similarly, these changes are nowadays being analyzed with the „Public Policies" approach. This may prove more fit for explaining the changes in American statal tradition-rooted administration, than for what relates to the Continental ones.

And it is by relying on our common tradition, both French and German, that we may find the way of a relevant *Reform des Verwaltungsverfahrens-rechts.*

APPENDIX I

The French Ministry for „Equipement"

In a litteral sense, „Equipement" means „supplying": so this department is responsible for supplying the national territory and „organizing" it, caring about urban planning, house building, architecture, road and railway works and operating, air transportation, weather forecasting and problems of the seas. In 1993, the budget of this ministry is 115 billion francs, i.e. roughly 10% of the non-Defence budget of the State. Over 110 000 civil servants work for it, making it the 4th manpower manager of the State. It is present on the whole national territory, with about 100 *Directions départementales de l'Equipement (D.D.E.)*, plus their subdivisions at a local level.

It is in contact with citizens in various ways: managing road security in order to avoid damages, negotiating and maybe conflicting with landowners in the process of road building or improvement, delivering or controlling building authorizations, enforcing the rules on environment. But it is also in contact with local authorities. These contacts have been the matter of some of the most prominent findings in administrative sociology[1]. They have been especially developed and have seen their style deeply converted since the beginning of the eighties, in the context of „decentralization".

This Department was created through the merging, in 1966, of two former ministries, one being in charge of Public works, and the other of Housing. That was a gaullist stake, in the perspective of a powerful „propulsive" State, to settle down the French State on strong pillars, additionnally to the basic French statal infrastructure of *ministères des Finances* and of *Education nationale*. These new pillars were a big united *ministère des Affaires sociales*,

[1] One outstanding work is Grémion P., „Le pouvoir périphérique", Paris, Seuil, 1976.

and the *ministère de l'Equipement*, since a strong France should, in a gaullist perspective, be spatially organized through State intervention. A very characteristic feature is the fact that this Administration is managed at all main decisional levels by the most ancient of all *grands corps de l'Etat*, namely the *corps des Ponts et Chaussées* (litterally: „Bridges and Carriageways").

Ministère de l'Equipement has been an administration directly involved in the reform of administrative procedures, through the problems of road-building, urban planning and housing.

APPENDIX II

Le Ministre de l'Equipement, du Logement et des Transports

Circulaíre n° 92-71 du 15 décembre 1992 relative
à la conduite des grands projets nationaux d'infractures

NOR: EQUR 9210176C

Le Ministre de l'Equipement,
du Logement et des Transports

à

Messieurs les préfets de région
Mesdames et Messieurs
les préfets de département

Les grands projets nationaux d'infrastructure sont nécessaires au développement économique et social de notre pays. Ils constituent des éléments essentiels d'une politique d'aménagement du territoire.

Dans une démocratie moderne, ils ne peuvent être réalisés qu'après un large débat auquel doivent participer tous les partenaires concernés.

La pratique actuelle est orientée principalement vers la recherche du meilleur tracé dans le cadre de la procédure d'utilité publique. Les compléments importants apportés pour la protection de l'environnement naturel par la loi du 10 juillet 1976 relative à la protection de la nature[1], et pour la généralisation des enquêtes publiques par la loi „Bouchardeau" du 12 juillet 1983[2] n'ont pas pour objet et ne permettent donc pas de répondre suffisam-

[1] et son décret n° 77-1141 du 12 octobre 1977 pris pour son application.

[2] et son décret n° 85-453 du 23 avril 1985 pris pour son application.

ment aux questions posées quant à leur intérêt économique et social, ni quant à leur impact en matière d'aménagement du territoire.

La loi d'orientation des transports intérieurs du 30 décembre 1982[3] a affirmé les notions d'efficacité économique et sociale et la nécessaire évaluation multicritères des projets. Mais elle n'a pas précisé l'organisation du débat démocratique.

Ces insuffisances conduisent souvent à la mise en cause de la légitimité des projets et de toute décision de réalisation quelle qu'elle soit.

C'est pourquoi j'ai décidé de préciser les conditions d'un débat transparent et démocratique pour la conception et la réalisation des grandes infrastructures décidées par l'Etat.

Une première phase de débat sur les grandes fonctions de l'infrastructure envisagée doit être organisée dès la conception du projet et en tout cas en amont des études de tracé. Cette phase permettra aux élus, aux forces sociales, économiques, associatives, à chaque citoyen de s'informer et de débattre des enjeux économiques, sociaux, environnementaux du projet. Elle doit préciser les interrogations et les divergences.

A l'issue de cette phase, c'est au Gouvernement qu'il revient d'arrêter les grandes orientations qui seront formalisées dans un cahier des charges rendu public.

C'est à partir de ce cahier des charges que les études de tracé seront engagées. Parallèlement à celles-ci, sera réalisée une synthèse des perspectives régionales et locales d'aménagement et du développement afin de favoriser l'intégration de l'infrastructure dans les territoires concernés et la valorisation de ceux-ci.

Ensuite, sera menée l'enquête publique dans les conditions réglementaires.

A l'issue du processus débouchant sur l'acte déclaratif d'utilité publique, une liste des engagements de l'Etat en matière d'insertion économique et sociale et de protection des espaces concernés sera rendue publique afin d'en permettre le suivi.

Un bilan économique, social et environnemental du projet sera établi par le maître d'ouvrage dans les années qui suivent la mise en service de l'infrastructure.

L'ensemble de ces dispositions seront mises en œuvre sous la responsabilité des préfets concernés. Les responsables régionaux et locaux, politiques, économiques, sociaux, associatifs, seront associés aux différentes phases précédant et suivant l'enquête publique.

---

[3] et son décret n° 84-617 du 17 juillet 1984 pris pour son application.

I. Champ d'Application de la Présente Circulaire

Cette circulaire s'applique aux lignes ferroviaires à grande vitesse et aux autoroutes répondant aux critères fixés par l'article 2 du décret du 17 juillet 1984 pris pour l'application de la LOTI. Ses dispositions pourront être étendues à d'autres grands projets d'infrastructure, les grands aménagements de voies ferroviaires ou routières existantes, aux voies navigables à grand gabarit ...

Elle s'applique à l'ensemble des projets pour lesquels l'enquête préalable à la déclaration d'utilité publique n'a pas été lancée, tout en prenant en compte les études et les débats déjà menés. Pour les autres projets, le préfet coordonnateur de l'enquête publique me proposera les adaptations conformes à l'esprit de cette circulaire.

II. Organiser une Phase de Débat sur l'Intérêt économique et Social Préalable à l'Enquête d'Utilité Publique

Cette phase de débat sera organisée sous la responsabilité d'un préfet coordonnateur que je désignerai.

Le débat portera sur les grandes fonctions de l'infrastructure dans une approche intermodale:

— intérêt économique et socal,
— conditions de valorisation de l'aménagement des territoires desservis,
— impact sur l'environnement humain et naturel des espaces traversés,
— amélioration des conditions de transport de la population.

Lorsque le projet constitue un maillon d'une liaison plus importante, le débat portera sur l'ensemble de l'itinéraire.

Le débat sera lancé à partir d'un document que j'adresserai au Préfet coordonnateur et qui précisera les objectifs visés, l'articulation avec les autres modes de transport, et la durée souhaitable de ce débat.

Il sera organisé avec la participation des différents responsables concernés: politiques, socio-économiques,associatifs (environnementalistes, usagers, riverains ...). Vous apprécierez leur représentativité au regard de la globalité des intérêts en jeu.

Afin d'assurer la transparence du débat, une commission de suivi sera constituée auprès du Préfet coordonnateur jusqu'au lancement de l'enquête préalable à la déclaration d'utilité publique. Cette commission veillera à la qualité et la pertinence des informations portées à la connaissance du public et à l'existence de débats ouverts et pluralistes. Elle pourra faire des suggestions pour la conduite des études et de la concertation. Elle veillera à ce que les questions posées par des partenaires de la concertation recoivent en temps utile des réponses argumentées. Elle pourra proposer d'engager des expertises externes qui seront financées par le maître d'ouvrage.

A l'issue du débat, le Préfet coordonnateur en établira un bilan et me proposera un projet de cahier des charges.

Au terme de cette phase de débat, le gouvernement arrêtera le cahier des charges de l'infrastructure qui sera rendu public. Ce document d'information accompagnera le dossier soumis à l'enquête préalable à la déclaration d'utilité publique.

Le cahier des charges exposera les différentes finalités du projet. Il précisera et justifiera les choix envisagés vis-à-vis des solutions et modes alternatifs. Il identifiera les enjeux d'aménagement et de protection de l'espace devant être pris en compte. Enfin, il fixera les modalités de conduite du projet.

C'est à partir de ce cahier des charges que seront engagées les études de tracé. Ces études pourront être réalisées sur la totalité de l'infrastructure ou décomposées en sous-ensemble homogènes tout en respectant la cohérence d'ensemble.

III. Intégrer les Etudes de Tracé dans une Perspective d'Aménagement des Territoires Concernés

Les grandes infrastructures ont un impact important sur l'aménagement et le développement des territoires traversés et desservis. A l'inverse, elles doivent prendre en compte les politiques conduites par l'Etat dans d'autres domaines ainsi que les projets des collectivités territoriales concernées.

C'est pourquoi il est indispensable que les potentialités créées par cette infrastructure soient identifiées et intégrées dans une synthèse des perspectives d'aménagement faisant apparaître les orientations en matière de développement, de protection et de mise en valeur des territoires.

Cette synthèse est établie en partenariat avec les collectivités territoriales impliquées et doit, dans la mesure du possible, recueillir leur adhésion.

Elle constitue une référence pour les actions susceptibles d'être engagées en accompagnement du projet. En outre, il appartient, le cas échéant, à l'Etat et aux collectivités territoriales concernées de prendre en considération cette synthèse dans les documents d'urbanisme.

Ce processus sera conduit sous la responsabilité du Préfet, le volet aménagement constituant l'un des éléments du choix du „fuseau"; il sera ensuite poursuivi pendant la phase d'avant-projet sommaire.

Les éléments de contenu de cette synthèse, et l'aire géographique concernée devront être précisés dans le cahier des charges du projet.

Le cahier des charges, le bilan du débat et la synthèse des perspectives d'aménagement accompagneront le dossier soumis à l'enquête publique.

IV. Afficher les Engagements de l'Etat et Suivre Leur Mise en Oeuvre

A partir des observations recueillies pendant l'enquête publique et des avis exprimés par la commission d'enquête et le Conseil d'Etat, des modifications, parfois importantes, sont décidées pour améliorer le projet et son insertion (environnement, aménagement du territoire, développement local ...) dans les territoires concernés. Ces modifications ainsi que les principales dispositions en matière d'insertion déjà prévues par le projet soumis à l'enquête seront rendues publiques en même temps que l'acte déclaratif d'utilité publique, permettant ainsi une meilleure information des citoyens et un suivi des engagements de l'Etat.

Chaque Préfet intéressé constituera, avec les responsables locaux concernés (élus, forces sociales, économiques, associations locales), un comité de suivi de la mise en œuvre des engagements de l'Etat. Le maître d'ouvrage rapportera régulièrement devant ce comité.

Le Préfet pourra faire appel à des experts pour évaluer les propositions du maître d'ouvrage, voire les compléter.

Un bilan économique, social et environnemental de l'infrastructure sera établi, par le maître d'ourvrage et présenté au comité de suivi des engagements de l'Etat réuni par le Préfet entre trois ans et cinq ans après la mise en service de l'infrastructure.

Un bilan intermédiaire sera présenté un an après la mise en serivice.

Le Ministre de l'Equipement,
du Logement et des Transports

Jean-Louis Bianco

APPENDIX III

The relationships between Administration and citizens in the case of Ministry of Equipement viewed by a high civil servant[1]

"Today, we are facing a crisis of the French vision of the elected representative, who believes he enjoys a monopoly about public matters. In the end nevertheless, we must do something; there exists an opportunity to create a structure of reflection.

In our Administration — that has come through an evolution for long —, when we talk about the „users" (*Benutzer*), the stake is public policy.

I shall make seven points.

1. The relationship between Administration and the users

We meet problems of knowledge, since we have not the adequate tools to understand the problem of the user. What could be the adequate simplifications to introduce, in order to face complexity? That relationship has become an object for knowledge. In our jobs, we can no longer just count upon formal competence plus abstract knowledge. Knowledge cannot become operative unless the ordinary people are able to understand them. We need skill, and we must mix knowledge (reflection) and learning of skills. So we must learn to convene people of knowledge (researchers, thinkers ...).

2. The legitimacy of public action

This legitimacy might no longer be held on the mere ground we would be nice servants of the legitimate power to whom we submit the decisions he has to take, and so the people will be satisfied. Besides the concrete production, we must produce the processes through which the legitimacy of the State can be built: opening ourselves to society, transparency, acceptance of discussion and of conflict, settlement procedures for conflicts.

The „Bianco circular", which was issued on December 15th 1992[2], is providing a ground for implementation of these orientations. The Prime

[1] How *M. Pierre Mayet*, Vice-President of the *Conseil Général des Ponts & Chaussées*, closed the seminar on „the Administration of Equipement and the citizen as a user", held at the ministry for Research on May 5th and 6th, 1993 (translation by *Pierre Maclouf*).The interest of this publication is that it is a typical example of the way French *Administration* thinks of herself as having to play an active part in reform.

[2] See Appendix II.

Minister has made a proposal to the ministers of Equipement and of Transportation. A major innovative step is the possibility of an alternative management of projects, in order to build their legitimacy. Both ministries held a meeting with the *Conseil d'Etat,* since this matter is at the core of the definition of the State.

3. The user and public policies

It is obvious that the user is a strong source and a powerful motive power for putting the question of the relevance of public policies again. Public policies do not exist, if we except (usual) inaugural addresses, stating that „here is a new public policy“, and, some long time after, a negative balance of that very policy when it has become the „previous policy“. Between these two moments, the public policy has no existence by itself. Either it does not have implements, so it cannot exist, or it has some and then „it's the *Préfet's* job“. There is no public policy unless there are men to make it live, take it on, carry it through. Unlike what is generally believed, evaluation is not the last thing in this chain. The whole management of our affairs, that is at all stages in charge of the relationship with the users, feeds a backward policing starting with the day-to-day street-level adjustments and going as far as the broad elaboration of policy. The stakes our (administrative) organizations have in their actions must be the policies' they are serving ones. Knowledge and information must be widely spread. Adjustments of rules and arrangements about them must be found. A culture of permanent adaptation to this flow of information and new requirements must penetrate Administration. Otherwise no public policy will be possible.

4. Interaction with organization

Someone said that nothing is more valuable than the (model of the) „innovative militant civil servant“. But nothing is more necessary, if he manages to breakthrough, to relay that breakthrough inside the organization, so that ordinary servants should be able to supply, in the long run, the same service with an adjusted quality. At last, this user that is „split“ through our endless dismemberments is the citizen, and this is the reason why the problem does exist. He does not accept the division of policy into fractionned bureaus. He is one. And policy should be one towards him. When the citizen feels he is becoming the master, he cannot but demand that we should break the bureaucratic partitioning. He requires that we should move towards a cooperative culture. It is him who says: *„l'Etat c'est moi“* ...

5. Law

Legal rule is the chief instrument of public policy. It is a *garde-fou*, the fundamental warden of fairness. This principle meets with people's diversity, and this process may work against equality before law. That problem is increasingly being met with: all citizens do not enjoy an equal access to organized society. lt is the Administration that writes the greatest amount of the legal rules: our job[3] is to produce legal rules. Taking account of the user should lead us to reconsider our way of writing of the legal rule.

Some administrative agents become themselves citizens[4] and so get a specific skill, that is a human resource.

When I was Director for Urban Planning[5], we thought that we could try to establish *ombudsmen*, hiring some retired medium-ranking civil servants and ask them a second reading of tough cases. We found ten of them, and it generally worked. The representatives of users' organizations belong to the same class of people, who hold some capitalized knowledge. So, some skilled people exist between Administration and the bare user, that might be mobilized.

6. What about the citizen?

Our society is leaving ever greater quantities of people „outside". This risk is due to the expansion of the causes of social dislocation. Is it possible to prevent the breach of social bonds?

The relationship between a person and a piece of the State is a human relation: someone is talking with someone, giving evidence that the State is an organized entity. This relationship is an end of all our organizations, in this time when social bonds are endangered, when citizenship might get lost. Reintroducing citizenship might become part of our goals: the State makes the citizen so that the citizen should make the State.

---

[3] "Our" is here for: „Administration members".

[4] He refers here to another speaker, who said that public policy implies an encounter between two particular logics: the existential one (the citizen-users') and the institutional one (the agents'). No institutional logic can ever fully take account of any existential one. „Militant" agents, becoming themselves „citizens" inside their own institution, accept to carry both logics, as it was suggested by the work of the sociologist *P. Bourdieu* („Actes de la recherche en sciences sociales", december 1991, pp. 3-5 & 84-94).

[5] Here is mentionned the *Direction de l'Aménagement foncier et de l'Urbanisme*, that was an important direction inside the ministry of *Equipement*, and has been replaced by a *Direction de l'Architecture et de l'Urbanisme*.

7. The elected local representatives

In order to go further on in this field, where we meet the local elected representatives, the legitimacy of the political authority must be involved. We should move forward through political authority's action too."

APPENDIX IV

Outline of a comparison of French and German Administrative Models[1]

Administrative traditions in France and Germany stem from different creations of the State, and from contrasted relationships between States and societies. But these traditions are facing very similar challenges. The aim of this text is to suggest some tracks for further investigation on the differences and the similarities between the current questions raised in both countries about the evolution of Administration and Public law.

I. Distances

1. The substance of administration

a) Structure of implementation or autonomous function in the State

Like in Germany, Administration in France is a structure supposed to implement governmental action by the means of public law. But French legal tradition generally insist on the ambiguity of the term „Administration". On one hand, it is a set of authorities that are in care of public services and local public activities: in other words, the administrative organization of the country. On another hand, it is a range of activities organized by public organizations around the idea of public interest[2]. This distinction has supported the famous dichotomy between „*Administration-organe*" and „*Administration-function*".

[1] This *working paper* was written from what I understood of the discussions which were held in the Forschungsseminar held in Speyer. We shall try to attempt to make a cursory comparison of Administration in France and in Germany, which may help understand the differences and the similarities between the two ways of thinking the problem of *Reform des Verwaltungsverfahrensrechts*.

[2] Cf. a classical Treaty of Administrative law: *Laubadère A. de, Venezia J.C., Gaudemet Y.*, „Traité de droit administratif", vol. 1: pp. 16-18, 11th edition, Paris: L.G.D.J., 1990.

Yet when the French say „*Administration*", they mean three additional elements, the sense of which cannot be grasped without a sociological point of view:

— A group of men: as French sociologist *E. Durkheim* said, a „group of *sui generis* civil servants". This first element is close to traditional legal approaches, such as *L. Rolland's*, who defined Administration as a „special corps, made of the whole of the services which are submitted to a special set of rules regarding its staff's situation, its estates' system of regulation, the kind of courts which are competent for what matters claims against it"[3].

— This group of men enjoys a power of acting on their own to organize society in order to reach what they think is the common good (*intérêt général*). In France, Administration defines itself as „the State", whereas in Germany, there exists a sharp distinction between the concepts of *Verwaltung* and of *Staat; Verwaltung* is by no way an autonomous power[4], but performs the task of implementing legal rules.

— A very important basis for the unity of the „corps" is the existence of a shared cognitive frame, based on a specific system of training[5] and of elaboration of knowledge[6], which enables them to develop an autonomous system of reflection on reality, letting aside the academic styles and ways of thought, or relating to them in a merely instrumental way[7]. In Germany, on the contrary, future top-ranking civil servants are trained in universities (law faculties), as that has been the case for about two centuries.

So *Administration* is a totality, moved by a group of men who share a common *Weltanschauung*. We shall name it a „school"[8]: the „French school of Administration". It is therefore possible in France to write an history of *Administration* which at the same time would be an history of the State, since Administration and State are two very related concepts[9].

---

[3] *Rolland L.*, „Précis de droit administratif"; par. 17, Paris: Dalloz, 1926.

[4] Cf. article 20.3 of the GG.

[5] The most outstanding example being the E.N.A., which is a very specific institution in the Western world. Cf. *König K.*, „Public administration education in Europe: current directions and future perspectives", Speyerer Arbeitshefte, 1979.

[6] Most of the great social and economic research institutions are parts of Administration. The best known case is I.N.S.E.E. But this is also true for C.E.E., C.E.R.C., C.E.R.E.Q., C.R.E.D.O.C., I.N.E.D., I.N.R.A.

[7] The basic material for reflection is the *Rapport* in France (the answer to a question, addressed by Government to a top-ranking civil servant on a specific problem), and the *Gesetzbuch* in Germany.

[8] In the sense of a „school of thought".

[9] The paradox is that *Verwaltungswissenschaft* has for long been a scientific discipline in Germany, whereas *science administrative* did not really spread in France until the 1950s'. There is no real French equivalent of *W. Thieme's* „Verwaltungslehre" (Köln: Carl Heymanns Verlag, 1967).

b) Definitions

These different styles of relationships between State, Administration and society have lead to different conceptualizations. In France, distinction is between *l'Administration* (the whole as it has just been defined, in other words the sum of functions) and *les administrations* (the particular structures, in other words the set of organs, that are considered as merely fulfilling rules-implementing or technical activities, without the same degree of legitimate autonomy). In Germany, a key distinction is made between *Verwaltung* and *Behörde*. A comparison should be made between these different conceptualizations.

2. Determination of administration

a) Law

aa) Constitutional basis

The basis of functional administration are determined by Constitution in Germany: articles 84 ff. of the GG. In France, the only mentions of administration in the constitutional documents are:

— article 20 of the 1958 Constitution: Government has administration at his disposal

— article 13 of the 1789 Déclaration des Droits de l'Homme & du Citoyen (necessity of a common contribution, fairly shared between all citizens, to (public) expenses for administration;

— article 15: society has the right to hold any public agent accountable for his administration[10].

So there is no constitutional definition of administration as a function of the State. And for what relates to Administration as a statal organ, the very idea of *Verwaltungsverfahren* is absent from the French 1958 Constitution[11], and is no more the matter of a systematic and purposive legislation[12].

---

[10] The two first articles quoted refer to the theory of the „administration as an implement“ *Administration-organe*. The third one refers to the theory of *Administration-function*.

[11] Contrary: see article 84. 1 of the GG.

[12] The only systematic text is a november 28th 1983 decree, about relationships between administrations and their „users“.

bb) Regulation by law or regulation by convergence of actions

French Administration is a whole, a unified model, which goes from the top to the bottom and reverse[13]. Whereas the unity of the German administrative system is organized by written law, the civil servants themselves ensure the unity of the French system. Public law itself in France is shaped by the *Conseil d'Etat,* which belongs to Administration; it is partly a case law[14], whereas in Germany Public law is codified.

If we may express ourself with a quick appreciation, we might say that whereas in Germany, only should be done what written law prescribes to do, and everything which is prescribed should be done, in France, where does not exist an Administrative code, all what is not proscribed by law may be done, and what is written may not be done.

b) Context

— In France, the national community is unified by the State, which rests on Administration[15] (identification of Administration with the State[16] and of the State with society). In Germany, the basis for political unity of the national community is the law (principle of the *Rechtsstaat*).

— French *Administration* was designed to ensure national unity, to make nation more homogeneous, to reduce diversity. It had to build itself around principles of centralization and unity[17]. In the whole of Germany, Administration has been built to face the organization of a federal state the components of which are intrinsically diverse.

II. Vicinities

The two systems share a common belonging to the Continental statal tradition, which makes them differ from an American administrative system,

[13] See the possibility of promotion through internal competitive examinations („*concours républicain*").

[14] See *Braibant G.*, „Le droit administratif français": pp. 36-37, Paris: Presses de la Fondation nationale des Sciences Politiques, 1992.

[15] Cf. the idea of „patriotic bureaucracy", that is put forward by French jurist *P.Legendre* („Trésor historique de l'Etat en France: l'Administration classique", Paris: Fayard, 1992).

[16] Cf. the differentiation, which was conceptualized by *Maurice Hauriou*, between the „administrative sovereignty" and the „political sovereignty" of the State („Principes de Droit public", Paris: Sirey, 1916).

[17] "At all levels, writes *P. Legendre* (op. cit., p. 47), our Administration appears to be deeply rooted in the national past".

belonging to a non-differentiated State. The French and the German administrative systems face in common the general transformation of the social system in which had been embedded the growth of administration and of administrative rules:

— decline of the monolithic normative hold of State on a more complex society, a phenomenon to which the process of „juridification“ is not the right answer;

— crisis of the rational linear model of work the *Verwaltungsverfahren* are the administrative aspect of, and introduction of management-style guidance inside Public administration;

— shift of the legitimate as well as of the efficient power away from the nation state („globalization“, expanded normative power of the European Community ...), and mutual communication between societies and national spaces the grasp on which had historically constituted one of the first tasks of administrations.

At these three levels, administrative systems are subject to a confrontation in an „open“ context, instead of being nationally sheltered from outside pressure.

So the present challenges which the French and German administrative systems have to face are very similar. But the starting points are quite different. In a strictly legally determined administration (German case), adjustments to current challenges cannot be designed but through *Reform des Verwaltungsfahrensrechts*. In the French system, a broadly accepted observation (due to the sociologist *M. Crozier*, one of whose books it is the title of), is that „one does not change society through decrees“. In that system resting on a fixed set of attitudes, on autonomous administrative anticipation of State-pursued goals, and on a permanent adjustment of the fulfilled functions to the latter, the tendency is not that of a specific focus on reform of administrative procedures. It is rather to change the goals of action (*Zweckrationalität*), if not to get rid of the procedures (instrumental rationality).

This may provide explanation for the different turn between what is named the *„Modernisation du Service Public“* in France, and what is considered in Germany through the focus of *„Reform des Verwaltungsverfahrensrechts“*. These different turns in answers to the same global challenge result from the differentiation of the initial national stato-administrative structures. On the whole, may be that the French system was fully adapted to an autonomous and highly centralized nation-state, closed on itself, and is not so fit to face the complexity of contemporary situation as the German one is.

Diskussion zu den Referaten von Martin Bullinger und Udo Steiner sowie zu dem Statement von Pierre Maclouf

Leitung: Willi Blümel

Bericht von Petra Bülow

I. Referat Bullinger

1. Zeitproblematik

Schulze-Fielitz führte in die Diskussion mit einer Analyse des Zeitproblems ein, dessen Bewältigung Gegenstand der Reformbestrebungen sei. Der Druck des Weltmarktes zwinge die Wirtschaft, immer schneller Innovationen in Industrieprodukte umzusetzen. Voraussetzung dafür sei ein entsprechend schnelles Reagieren des Staates. Dies gelte für alle Industriestaaten. Die Bewältigung der Wiedervereinigung käme dagegen in der Bundesrepublik als spezielle Situation hinzu. Eine weitere Ursache der Zeitproblematik, die nicht vernachlässigt werden dürfe, liege in der Überlastung des Staates, der nicht mehr in der Lage sei, alle ihm übertragenen Aufgaben vollständig zu lösen.

2. Verfahrensziele

Den gegenwärtigen Reformbestrebungen warf *Pitschas* vor, die Vielfältigkeit der Verfahrensziele nicht zu berücksichtigen. Bedarfsgerechte Beschleunigung könne nie alleiniges Verfassungsgebot sein, sondern müsse mit anderen Verfahrenszielen abgewogen werden. Er wies darauf hin, daß *Maclouf* aus soziologischer Sicht herausgearbeitet habe, daß reine Legalisierungsstrategien, wie sie sich in der Beschleunigungsdebatte andeuteten, dazu tendieren, den Konsensbedarf der Bürgerschaft außer acht zu lassen. Dem Bedarf an Beschleunigung sei daher insbesondere der Bedarf an Konsens gegenüberzustellen.

Laubinger hatte Bedenken, das Beschleunigungsgebot, so wie *Bullinger*, generell aus dem Rechtsstaatsprinzip abzuleiten. Nur aus dem Zusammenwirken des Rechtsstaatsprinzips mit dem materiellen Anspruch eines Bürgers ergebe sich ein Anspruch auf Bearbeitung des Antrags in angemessener Zeit. Somit könne nur die Genehmigung eines privaten Vorhabens unter dem rechtsstaatlichen Beschleunigungsgebot stehen, nicht aber die Zulassung staatlicher Vorhaben.

Wahl verband die Ausführungen von *Pitschas* und *Laubinger* zu der Frage, worin denn der Gewinn der von *Bullinger* vorgenommenen verfassungsrechtlichen Ableitung des Beschleunigungsgebotes liege, wenn sich doch noch weitere Gebote aus dem Rechtsstaatsprinzip ableiten ließen. Entscheidend sei in diesem Falle, so sein Resümee, der Spielraum des Gesetzgebers.

3. Ineinandergreifen privater und staatlicher Planung, Ausführung und Kontrolle

Bedenken begegnete auch der Vorschlag *Bullingers,* die Planung des Antragstellers sowie die Entscheidungen der Verwaltung und der Gerichtsbarkeit parallel zu schalten.

Eine frühzeitige Einschaltung der Behörde in das private Planungsverfahren in Form einer begleitenden Kontrolle ermögliche auch eine inhaltliche Einflußnahme auf die Entscheidung des Antragstellers. Dem Privaten, warnte *Lorenz*, werde dadurch die Möglichkeit, ein Projekt nach seinen Vorstellungen zu entwickeln, genommen. Dies müsse bei der Parallelisierung der Verfahren zumindest gesehen werden.

Stelkens fügte hinzu, daß im Hinblick auf die Akzeptanz der Verwaltungsentscheidung die Neutralität der Verwaltungsbehörde notwendig sei. Wirke die Behörde jedoch schon frühzeitig mit dem Antragsteller zusammen, bestehe aus der Sicht der betroffenen Bürger die Gefahr, daß die Verwaltung die Position des Vorhabenträgers einnehme.

Weik stand dem von *Bullinger* vorgestellten Modell hingegen positiv gegenüber. Auch in den Planungswissenschaften sei bereits diskutiert worden, vom sequentiellen zum synchronen Arbeiten überzugehen. *Weik* konnte hier auf einen erfolgreichen Versuch bei der Umnutzung militärischer Anlagen verweisen, wo alle Entscheidungsträger und Investoren in den Prozeß der Zielfindung eingebunden werden konnten.

Weik stellte ferner fest, daß durch den Übergang zum synchronen Arbeiten eine Erhöhung der Qualität der Entscheidung möglich, ein Zeitgewinn aber nicht zu erreichen sei. Die Koordination spiele beim synchronen Arbeiten eine wesentliche Rolle. Planungswissenschaft und -praxis zeigten deutlich, daß sich erst im Planungsprozeß die Ziele herausbildeten, die koordiniert werden sollen. Daher müsse mehrmals über denselben Tatbestand entschieden werden. Dieser Prozeß benötige aber Zeit.

Unter Hinweis auf das verfassungsrechtliche Gebot der Gewaltenteilung wandten sich *Laubinger* und *Lorenz* gegen die Einbeziehung gerichtlicher Tätigkeit in das Verwaltungsverfahren. Die Verwaltungsgerichtsbarkeit müsse auf jeden Fall eine abgegrenzte Entscheidungskompetenz behalten, um ihren Rechtsschutz- und Kontrollauftrag erfüllen zu können.

Laubinger äußerte zudem die Vermutung, daß die Integration gerichtlicher Tätigkeit in das Verwaltungsverfahren keine Beschleunigung bewirke, sondern im Gegenteil zu einer Verlängerung der Verfahren führen könne, da § 44 a VwGO quasi umgekehrt werde. § 44 a VwGO wolle die Verlängerung der Verwaltungsverfahren durch den Ausschluß verwaltungsgerichtlicher Auseinandersetzungen während des Verwaltungsverfahrens verhindern. Zudem müsse beachtet werden, daß Verwaltungsgerichtsschutz nicht auf Kontrolle der Verwaltung, sondern auf Rechtsschutz des Bürgers gegen die Verwaltung ausgerichtet sei.

Stelkens machte darauf aufmerksam, daß der teilweise Einbau der Verwaltungsgerichtsbarkeit in das Verwaltungsverfahren auch der in § 1 VwGO festgelegten Zielsetzung, die Gerichtsbarkeit aus dem Verwaltungsverfahren herauszuhalten, widerspreche.

4. Verfahrensmanagement

Unter Bezugnahme auf die von *Bullinger* vorgestellten Modelle eines Verfahrensmanagements, sprach sich *Pitschas* für die Einschaltung privater Mittler aus, die zur Überbrückung der Kluft zwischen Bürger und Behörde seiner Ansicht nach geeigneter erscheine als ein behördliches Projektmanagement. Solle die sich aus den Vorschlägen *Bullingers* ergebende notwendige Koordination der Verfahrensabläufe jedoch durch eine Stabstelle erfolgen, so müsse auch den Koordinationskosten Aufmerksamkeit geschenkt werden. Aus der Verwaltungswissenschaft wisse man, daß die Verfügbarkeit über Stabsfunktionen sofort Linienkonflikte hervorrufe und gerade diese Linienkonflikte dann möglicherweise die Koordinationskosten so erhöhten, daß nichts mehr eingespart werde.

Wolle man einen dynamischen Manager, so stimmte *Stelkens* mit *Pitschas* überein, so müsse, wie dies vielfach von Gemeinden schon gehandhabt werde, ein privater Manager eingeschaltet werden, der dann auch dynamisch besoldet werden könne.

Laubinger gab hingegen dem Modell des Mediators keine große Erfolgschance, da er am anders gearteten amerikanischen Verfahren ausgerichtet sei.

5. Sternförmige Beteiligung

In der Einführung des sternförmigen Verfahrens wurde von *Laubinger* eine Beschleunigungschance gesehen, die allerdings erst durch die technischen Möglichkeiten des Kopierens eröffnet worden sei.

Rebentisch äußerte Zweifel daran, daß sternförmige Verfahren die erwartete Leistungsfähigkeit in komplexen Verfahren erbringen würden, da ein entsprechendes Verfahren bereits in § 11 9. BImSchV vorhanden sei. Die Schwächen lägen daher, jedenfalls im Bereich des Bundesimmissionsschutzgesetzes, nicht im normativen, sondern im administrativen Bereich. Die dort wurzelnden Ursachen für die Verzögerungen sollten angegangen werden. Rechtsänderungen hätten dagegen eine begrenzte und zumindest in der ersten Zeit keine beschleunigende Wirkung.

In der Beibehaltung des linearen Verfahrens sah *Stelkens* gegenüber dem sternförmigen Verfahren den Vorteil, daß die nachfolgend zu hörende Behörde, durch die bereits vorliegenden Stellungnahmen eine breitere Grundlage für die eigene Beurteilung habe.

6. Vorgezogene Ausführung

Der von *Bullinger* in Aussicht gestellten erleichterten Möglichkeit des vorzeitigen Beginns der Ausführung des Vorhabens, die durch die vorgezogene Behörden- und Gerichtstätigkeit erreicht werden solle, hielt *Fluck* entgegen, daß die vorhandenen Instrumente wie die Teilgenehmigung und die Zulassung vorzeitigen Beginns in ihrer jetzigen Form ausreichen würden, wenn die entsprechenden Vorschriften nicht durch restriktive Interpretation ad absurdum geführt würden.

7. Reformbedarf aus Sicht der Unternehmen

Für die Unternehmen sei, so *Fluck*, der Gesamtaufwand eines Verfahrens der ausschlaggebende Gesichtspunkt. Dieser hänge nicht nur von der Dauer der Genehmigungsverfahren, sondern auch vom Umfang der zu erstellenden Unterlagen ab. Der Detaillierungsgrad für die Unterlagen habe im Laufe der letzten Jahre ständig zugenommen, wie am Beispiel der Einbeziehung der Umweltverträglichkeitsprüfung in die 9. BImSchV deutlich zu sehen sei. In Verfahren mit Öffentlichkeitsbeteiligung müßten die Unterlagen sehr ausführlich und verständlich formuliert werden. Durch Antragskonferenzen oder vorgelagerte Behördenkontakte könne dieser unternehmerische Aufwand nur zum Teil reduziert werden.

8. *Kooperatives Verwaltungshandeln*

Schulte mahnte an, keine Frontstellung zwischen rechtsförmlichem und kooperativem Verwaltungshandeln aufzubauen. Bei nüchterner Analyse werde man feststellen, daß es weniger Einsatzmöglichkeiten für kooperative Handlungsformen gebe, als man sich vorstelle. Nach einer Typisierung der Einsatzfelder könne eine dogmatische Strukturierung erfolgen.

II. Referat Steiner

1. *Beschleunigungsgesetzgebung*

Auf die von *Steiner* dargestellten Gesetzesentwicklungen eingehend, machte *Stelkens* auf die Gefahr aufmerksam, daß zukünftige Änderungen um so einfacher würden, je mehr die Grundstrukturen der Verfahren verändert würden. Auch frage er sich, weshalb die Beschleunigungsgesetzgebung, wenn sie als Situationsgesetzgebung gesehen werde, auf die alten Bundesländer übertragbar sein solle.

2. *Plangenehmigung*

Die von *Steiner* positiv bewertete Erweiterung des Anwendungsbereichs der Plangenehmigung beruhe, so *Bohne*, auf der unbelegten Annahme, daß die Öffentlichkeitsbeteiligung des Planfeststellungsverfahrens ein wesentlicher Verzögerungsfaktor sei. Vernachlässigt werde dabei aber der Beitrag, den die Öffentlichkeitsbeteiligung des Planfeststellungsverfahrens zur Akzeptanzbildung leisten könne. Ein Verzicht auf Akzeptanzerzielung müsse jedoch durch einen überwiegenden Belang gerechtfertigt werden, der von *Bohne* nicht gesehen wurde.

Kissner bezweifelte, daß die Plangenehmigung eine Zeitersparnis bringe. Die Plangenehmigung sei immer dann zulässig, wenn u.a. keine Enteignung notwendig sei. Der Vorhabenträger müsse daher zuvor Boden aufkaufen, wozu er die Trasse kennen müsse. Die Zeit, die notwendig sei, um die Trasse festzulegen, könne aber ebensogut für die Durchführung eines Planfeststellungsverfahrens genutzt werden.

3. *Wegfall der Linienbestimmung*

Gegen den von *Steiner* geforderten Wegfall der Linienbestimmung wandte sich *Bohne* entschieden, da hier die Gesamtabwägung aller betroffenen

Belange angesiedelt sei, die in der üblichen abschnittsweisen Planfeststellung nicht mehr erfolgen könne. Gegen die aufgezeigte Alternative einer Festsetzung der Linie per Gesetz wandte er sich unter Hinweis auf die verfassungsrechtlichen Bedenken, die gegen solche Maßnahmegesetze bestünden. Insbesondere frage er sich, welche überragenden Belange solche Gesetze rechtfertigen könnten.

Beim Wegfall der Linienbestimmung nehme die Unübersichtlichkeit zu, ergänzte *Wahl* die Bedenken *Bohnes*, da nicht geklärt sei, wie die Befugnisse des Bundes aus der Auftragsverwaltung in dem von den Ländern durchzuführenden Raumordnungsverfahren zur Geltung kommen könnten.

Kissner schloß sich *Steiner* dagegen insoweit an, als er es ebenfalls für sinnvoll hielt, die Linienbestimmung entfallen zu lassen, da der Bund durch das Fernstraßenausbaugesetz die Möglichkeit habe, die Linie mehr oder weniger festzulegen.

4. Gesetzliche Regelung der Folgen von Abwägungsmängeln

Für die Übertragbarkeit des § 214 Abs. 3 BauGB in die Fachplanungsgesetze vermißte *Kissner* eine nähere Begründung. Das Bundesverwaltungsgericht habe den Begriff der „Offensichtlichkeit" des § 214 Abs. 3 BauGB restriktiv ausgelegt. Mängel im Abwägungsvorgang bei der Aufstellung von Bauleitplänen seien danach nur dann offensichtlich, wenn sie nicht den inneren Vorgang der Abstimmung von Ratsmitgliedern beträfen. Gerade dieser Vorgang liege bei Fachplanungen aber nicht vor, so daß es näher liege, an den Begriff der „Offenkundigkeit" des § 44 VwVfG anzuknüpfen. Dann stelle sich aber die verfassungsrechtliche Frage, ob die Aufhebbarkeit eines Planfeststellungsbeschlusses von Fehlern abhängig gemacht werden könne, die den Grad der Nichtigkeit erreichten.

5. Verkürzung des Rechtsschutzes

Stelkens machte in seinem Statement an dem mißglückten Versuch Bayerns, das Widerspruchsverfahren im Baurecht zu streichen, deutlich, daß der Wegfall von Rechtsschutzinstanzen zu keiner Beschleunigung führe. Untersuchungen über die Wirkungen der Neufassung des § 48 VwGO, die einen Großteil der Verfahren dem Oberverwaltungsgericht als erster und einziger Instanz zuweise, gebe es leider noch nicht. Zusammenfassend gab er seiner Sorge darüber Ausdruck, daß die Streichungen der Rechtsschutzinstanzen ausschließlich unter wirtschaftlichen Gesichtspunkten erfolgten.

6. Vereinheitlichung

Da die Reformansätze unter dem jeweiligen Problemdruck einzelner Sachbereiche erfolgten, seien bereichsspezifische Reformen richtig. Für die von *Blümel* angemahnte Vereinheitlichung des Verwaltungsverfahrens sah *Schulze-Fielitz* deshalb jedenfalls mittelfristig keine große Chance, da der Gesetzgeber mit einer übergreifenden Reform überfordert sei. Schließlich sei es auch gefährlich, unerprobte, eventuell fehlerbehaftete Verfahren voreilig im Verwaltungsverfahrensgesetz zu verallgemeinern.

Schulze-Fielitz befürchtete, daß allerdings auch bei einer späteren Vereinheitlichung im Verwaltungsverfahrensgesetz der Beschleunigungsgesichtspunkt noch dominieren werde. Da neben der Beschleunigung u.a. aber auch, wie in der Diskussion mehrfach betont worden sei, Sachgerechtigkeit und Richtigkeit der Entscheidung Kriterien für die Gestaltung des Verfahrensrechts seien, dürfe man allein aus dem Erfolg einer möglichen Beschleunigung in einigen Jahren nicht folgern, daß dies das wahre Modell für die Reform des Planfeststellungsverfahrens im allgemeinen Verwaltungsverfahrensrechts sei.

7. Resümee

Abschließend zog *Kissner* folgendes Resümee: Der Gesetzgeber könne das erhöhte Umweltbewußtsein der Bevölkerung und die in der dichtbesiedelten Bundesrepublik verschärften Raumkonflikte aufgreifen und hohe materiellrechtliche Vorgaben für die Vorhabenverwirklichung aufstellen. Für die Verwirklichung dieser Vorgaben müsse dann aber auch ein entsprechendes Verfahren zur Verfügung stehen. Andernfalls müsse der Gesetzgeber unter Verzicht auf den Akzeptanzeffekt nur einen Teil dieser materiellrechtlichen Vorgaben aufnehmen und könne dann auch die Verfahren entsprechend strukturieren.

III. Stellungnahmen der Referenten

1. *Bullinger* wies in seiner Erwiderung auf die vielfältigen kritischen Stellungnahmen zu seinem Referat zunächst darauf hin, daß er in der Anhörung vor dem Bundestagsausschuß einen Bewußtseinswandel festgestellt habe. So habe beispielsweise der Vorschlag, das Institut des Vorhaben- und Entschließungsplans auf Dauer auf die ganze Bundesrepublik auszudehnen, nicht die erwarteten rechtsstaatlichen Bedenken ausgelöst, sondern sei auf breite Zustimmung gestoßen. Im Vergleich hierzu seien seine Vor-

schläge moderat. Die Alternative zu ihnen sei, wolle man eine Beschleunigung von Verfahren erzielen, das Wegschneiden von Rechtsschutzelementen und damit eine Verkürzung der eigentlichen Funktion von Verfahren. Jede Möglichkeit, die diese Alternative vermeiden helfe, müsse ergriffen werden.

Es sei besser, anstelle übereilter Entscheidungen, in wirklich eilbedürftigen Verfahren, den bei Verwirklichung seiner Parallelschaltungsvorschläge drohenden Verlust von Distanz zwischen Unternehmen, Verwaltung und Gerichtsbarkeit in Kauf zu nehmen, meinte *Bullinger.* Zudem endeten viele Gerichtsverfahren mit dem vorläufigen Rechtsschutzverfahren und der diesem eigenen pauschalen Überprüfung. Diese reiche in den komplexen Verfahren nicht aus, weshalb, wenn keine Verzögerung gewollt sei, eine Vorverlagerung des gerichtlichen Rechtsschutzes stattfinden müsse.

Wenn beschleunigt werden solle, müßten neue Wege gegangen werden. Parallelschaltung und Verfahrensmanagement sollten jedoch nicht auf alle Verfahren angewandt werden. Der Wert der bürokratischen Erledigung sei in den Normalverfahren groß. Wenn sich die Dynamisierung in den Eilverfahren bewähre, könne immer noch an eine Verallgemeinerung gedacht werden.

2. *Steiner* schloß sich in seiner Antwort der Auffassung von *Schulze-Fielitz* an, daß das Planungsvereinfachungsgesetz ein Experimentiergesetz auf Zeit sei. Erst nach seiner Erprobung könne man sagen, was verallgemeinert werden könne. Er verwies darauf, daß die Anwendung des Beschleunigungsgesetzes in den neuen Bundesländern vor allem auf dem Gebiet des Projektmanagements Erfahrungen bringe. Die Vorbereitung durch die DEGES ermögliche beispielsweise, daß Plangenehmigungen in wenigen Tagen erteilt werden könnten.

Den gegen die Plangenehmigung vorgebrachten Einwänden hielt er entgegen, daß die Verwaltung, wenn sie einen Erörterungs- und Befriedungsbedarf in der betroffenen Bevölkerung feststelle, die Planfeststellung auch dann durchführen könne, wenn ihr das Institut der Plangenehmigung zur Verfügung stehe. Akzeptanz sei im übrigen nicht Haupt- sondern nur Nebenziel des Verfahrens. Die Erfahrungen in den neuen Bundesländern zeigten aber, daß auch in Plangenehmigungsverfahren die organisierte Öffentlichkeit informell beteiligt werden könne.

Die von *Wahl* geäußerten Bedenken gegen den Wegfall der Linienbestimmung versuchte *Steiner* durch den Hinweis auszuräumen, daß die Bestimmung der Linie auch im Raumordnungsverfahren möglich sei, da der Vorhabenträger seine Trasse zur raumordnerischen Beurteilung bringe.

Den Ausführungen *Kissners*, die Erheblichkeit von Abwägungsmängeln könne nicht, wie in § 214 Abs. 3 BauGB, von deren Offensichtlichkeit abhängig gemacht werden, sondern müsse sich am Offenkundigkeitsbegriff des § 44 VwVfG orientieren, widersprach *Steiner* entschieden. Ein Planfeststellungsbeschluß müsse bereits bei einem weniger schwerwiegenden Fehler aufhebbar sein.

3. *Maclouf* stellte in seinem Resumee die Verbindung zu Frankreich her, wo die gleiche Diskussion auf der Tagesordnung stehe. Auch in Frankreich gehe es um die Frage, wie die Ziele des Verwaltungshandelns verwirklicht und wie die Instrumente des Handelns aufeinander abgestimmt werden können. Auch das Problem, wie die Bürger in die Gesellschaft integriert werden können, müsse gelöst werden. Am Beispiel der gegenwärtigen Postreform in Frankreich machte er die Schwierigkeiten bei der Umsetzung von Lösungen deutlich. Die Post sei aus dem Staat ausgegliedert und verselbständigt worden. Um die Erinnerung an die staatliche Verwaltung auszulöschen, seien Bezeichnungen geändert worden. Das Gesetz, das die Post als selbständige Organisation konstituiere, enthalte mehrere Seiten mit Bezeichnungsänderungen: Das „Ministerium" sei so beispielsweise zum „Firmensitz" geworden. Der Status der Beschäftigten habe sich ebenfalls geändert. Die Ausbildung, die bisher in einer staatlichen Schule für Führungskräfte in der Postverwaltung erfolgt sei, habe zu einem großen Teil aus der Vermittlung von Recht bestanden. Jetzt hätten sich die Ausbildungsschwerpunkte auf Fächer wie Management, Marketing und Kommunikation verlagert. Hieraus ergebe sich für die Forschung die interessante Frage, wo die Trennung zwischen Privatwirtschaft und öffentlicher Verwaltung gezogen werden könne. Auch müsse der Frage nachgegangen werden, inwieweit Managementstrukturen in die öffentliche Verwaltung integriert werden können und sollen. Zum Abschluß warnte *Maclouf* vor der jedenfalls in Frankreich festzustellenden Tendenz, Forschungsergebnisse über die staatliche Verwaltung aus anderen Ländern, insbesondere aus Nord-Amerika, zu importieren. Denn mit der Übertragung von Ergebnissen, die sich aus spezifischen Situationen in diesen Ländern ergeben, müsse man vorsichtig sein.

Verwaltungsinterne Rechtsetzung — Bedarf und Möglichkeiten ihrer Aufnahme in das Verwaltungsverfahrensrecht?

Von Klaus Grupp

I. Zu Begriff und Erscheinungsformen verwaltungsinterner Rechtsetzung

Eine Betrachtung verwaltungsinterner Rechtsetzung verlangt zunächst begriffliche Klärung, soll der Blick nicht getrübt werden und das Ergebnis trotz aller Bemühungen undeutlich bleiben. Das ist um so erforderlicher, als es offenkundig zu allererst um eine Antwort auf die Frage geht, ob die inneradministrative Normgebung deshalb in das Verwaltungsverfahrensrecht aufgenommen werden soll oder gar muß, weil sie über den Binnenbereich hinaus bedeutsam ist — m. a. W.: ob die verwaltungs*interne* Rechtsetzung gesetzlicher Regelung bedarf, weil sie *Außenwirkung* hervorruft. Mit dieser in sich etwas widersprüchlichen Formulierung wird die aktuelle Problematik angedeutet: Kann und soll die inneradministrative Normgebung außengesteuert werden?

Interne Rechtsetzung der Verwaltung ist keine Erscheinung neuerer Zeit, sondern ein seit alters her bekanntes Phänomen; Hof-, Kanzlei- oder Landschreiberordnungen regelten in großer Zahl bereits im Mittelalter die Organisation und das Verfahren einer sich herausbildenden Verwaltung der Territorialherrscher, in teilweise umfänglichen Instruktionen legten absolutistisch regierende Fürsten Aufbau und Vorgehensweise der Behörden in den entstehenden neuzeitlichen Staaten fest. Spezifisches rechtliches Interesse weckten die vielfältigen Vorschriftensammlungen, Ordnungen, Erlasse usw. als interne verbindliche Normen freilich erst, nachdem neben sie parlamentarisch verabschiedete Gesetze getreten waren, die das Verhältnis zwischen Staat und Bürger regelten. Die von der Verwaltung autonom erlassenen Bestimmungen galten für den als *rechtsfrei* erachteten staatlichen *Innenbereich*, sie waren *Nicht-Recht*, während den Beziehungen zwischen dem einzelnen und dem Staat im *Außenbereich Rechtscharakter* zuerkannt wurde. Obwohl die Vorstellung vom rechtsfreien Innenraum der Verwaltung seit langem überholt ist, wurde die Differenzierung zwischen Innen- und Außenbeziehungen beibehalten — das Verwaltungsverfahren wird in § 9 VwVfG als eine „nach außen wirkende“ Behördentätigkeit gekennzeichnet und der Verwaltungsakt ist nach § 35 Satz 1 VwVfG u. a. charakterisiert durch seine „Rechtswirkung nach außen“, d. h. die Rechtserheblichkeit für den Bürger.

Folgt man diesem Sprachgebrauch, dann ist interne Rechtsetzung der Verwaltung die Festlegung *nur für den staatlichen Innenbereich bestimmter Normen*, die allenfalls akzidentiell Außenwirksamkeit erlangen und deren Zustandekommen somit nicht in das Verwaltungsverfahrensrecht aufzunehmen wäre, selbst wenn dessen Anwendungsbereich auf andere Handlungsformen der Verwaltung als den Verwaltungsakt und den öffentlich-rechtlichen Vertrag ausgedehnt würde. Für die nachfolgenden Betrachtungen ist deshalb — im Interesse der erwähnten Fragestellung — von einem etwas erweiterten Begriffsverständnis auszugehen: Interne Rechtsetzung meint die nicht auf eine spezielle gesetzliche Delegation zurückgehende Statuierung aller derjenigen Normen, die sich die Verwaltung selbst gibt, um die ihr übertragenen Funktionen wahrnehmen zu können[1]. Im folgenden bleibt daher insbesondere die Ausübung übertragener parlamentarischer Gesetzgebungsbefugnisse durch den Erlaß von *Rechtsverordnungen* unberücksichtigt; Gegenstand meiner Überlegungen ist vielmehr die *eigenständige* Regelbildung und —setzung, die die Verwaltung innerhalb des durch Verfassung und Gesetz vorgebenen Rahmens zur Festlegung ihrer Organisation und zur Erfüllung ihrer Aufgaben vornimmt, auch ohne hierzu ausdrücklich ermächtigt zu sein. Gleichfalls außer Betracht bleibt der Erlaß von *Satzungen* durch die mit Autonomie ausgestatteten Selbstverwaltungseinheiten, der teilweise spezialgesetzlich geregelt ist (wie etwa im Baugesetzbuch) und im übrigen seine Ausgestaltung weitgehend in den besonderen Vorschriften der Gemeinde- und Kreisordnungen, der Hochschulgesetze etc. erfahren hat.

Die Zahl der hiernach verbleibenden inneradministrativen Regelungen ist ebenso wie deren Formenvielfalt sehr groß. Zutreffend hat *Ossenbühl*[2] festgestellt, daß weder eine einheitliche Terminologie für diese Normen noch eine Formalisierung ihrer Erzeugung existiert; auch sind die einzelnen Typen bisher noch nicht gänzlich systematisch erfaßt. Verwaltungsinterne Vorschriften treten als Anordnungen, Ausführungsbestimmungen, Dienstanweisungen, Erlasse, Richtlinien, Verfügungen o. ä.[3] in Erscheinung, ohne daß diese *Bezeichnungen* stets einem einheitlichen Schema folgen würden, was vielfach auf Bestrebungen zur Wahrung regional unterschiedlicher Traditionen und teilweise schlicht auf Willkür zurückzuführen sein dürfte. *Form* und *Verfahren* bei dem Erlaß inneradministrativer Normen weisen

---

[1] Vgl. hierzu und zum Folgenden *Fritz Ossenbühl*, Autonome Rechtsetzung der Verwaltung, in: Handbuch des Staatsrechts der Bundesrepublik Deutschland, Bd. III, 1988, S. 425 ff. (426).

[2] Ebd.

[3] Vgl. auch *Ossenbühl*, a.a.O., S. 427.

erhebliche Divergenzen auf, insbesondere im Hinblick auf Art und Ausmaß der Beteiligung Dritter, seien dies andere Ministerien oder Abteilungen derselben Behörde, seien es Außenstehende — wie Interessengruppen, Verbände oder Sachverständige —[4]. Lediglich in bezug auf die *Typologie verwaltungsinterner Vorschriften* besteht in Literatur und Rechtsprechung grundsätzlich Übereinstimmung, wenngleich das Ausmaß untergliedernder Differenzierung variiert und auch die Kriterien einer Systematisierung uneinheitlich und unvollständig sind. Für eine grobe Klassifizierung bietet sich indes die verbreitete, am Zweck der jeweiligen Norm orientierte Unterscheidung in *Organisations- und Dienstvorschriften, gesetzesinterpretierende Vorschriften, Ermessensrichtlinien* sowie *gesetzeskonkretisierende* und *gesetzesvertretende Vorschriften* an. Als gemeinsamer Oberbegriff wird hierfür zumeist die Bezeichnung „*Verwaltungsvorschriften*" verwendet[5], die für diejenigen generell-abstrakten Regelungen steht, die innerhalb der Verwaltungsorganisation von übergeordneten Verwaltungsinstanzen oder Vorgesetzten an nachgeordnete Behörden, Verwaltungsstellen oder Bedienstete ergehen und die innere Ordnung oder das Handeln der Verwaltung betreffen[6]; als spezieller Typus sind daneben teilweise noch die *Sonderverordnungen* angesehen worden[7], die vor allem der Ausgestaltung besonderer Gewaltverhältnisse dienten — etwa als *Anstaltsordnungen* zur Regelung bestimmter Nutzungsverhältnisse —, jedoch zwischenzeitlich weitgehend durch Rechtsverordnungen und Satzungen auf der Grundlage gesetzlicher Ermächtigungen ersetzt worden sind.

II. Regelungen über den Erlaß von Verwaltungsvorschriften

Schon der knappe Hinweis auf die unterschiedlichen Typen inneradministrativer Normen deutet an, welche erhebliche Relevanz den Verwaltungsvorschriften für die öffentliche Verwaltung zukommmt. Die Organisation der Behörden beruht ebenso weitgehend auf diesen Regelungen wie ihr

[4] Vgl. etwa insoweit ebenfalls *Ossenbühl*, a.a.O., S. 458.

[5] Vgl. z. B. *Hartmut Maurer*, Allgemeines Verwaltungsrecht, 8. Aufl. 1992, S. 545; *Ingo Richter/Gunnar Folke Schuppert*, Casebook Verwaltungsrecht, 1991, S. 95; ähnlich beispielsweise *Peter Lerche* in Theodor Maunz/Günter Dürig, Grundgesetz, Kommentar, 1958 ff. (Stand: September 1991), Art. 84 Rdnr. 98 ff.; weitergehende Differenzierung etwa bei *Fritz Ossenbühl*, Verwaltungsvorschriften und Grundgesetz, 1968, S. 250 ff.; *dems.*, Autonome Rechtsetzung, a.a.O. (Fn. 1), S. 433 ff.

[6] Vgl. beispielsweise *Ernst-Wolfgang Böckenförde/Rolf Grawert*, Sonderverordnungen zur Regelung besonderer Gewaltverhältnisse, in AöR 95 (1970), 1 ff. (20); *Maurer*, ebd.; *Fritz Ossenbühl*, Die Quellen des Verwaltungsrechts, in: Hans-Uwe Erichsen/Wolfgang Martens (Hrsg.), Allgemeines Verwaltungsrecht, 9. Aufl. 1992, S. 101 ff. (130); *dens.*, Autonome Rechtsetzung, a.a.O. (Fn. 1), S. 427.

[7] Vgl. z. B. *Böckenförde/Grawert*, a.a.O., S. 21; *Ossenbühl*, Quellen, a.a.O., S. 131; *dens.*, Verwaltungsvorschriften (Fn. 5), S. 23 ff. m. w. N.

Handeln durch sie geleitet wird; der Vollzug von Gesetzen ist vielfach ohne Verwaltungsvorschriften kaum noch möglich. Das gilt für das Bundessozialhilfegesetz in gleicher Weise wie für das Bundes-Immissionsschutzgesetz, für das Ausländergesetz wie für das Bundesfernstraßengesetz und für die Bundeshaushaltsordnung wie für das Einkommensteuergesetz. Die Gründe hierfür liegen auf der Hand; insbesondere das Erfordernis gleichmäßiger Gesetzesanwendung, die Lückenhaftigkeit der Gesetze und die große Unbestimmtheit vieler ihrer Begriffe sowie die Notwendigkeit, außerrechtliche — vor allem technisch-wissenschaftliche, aber auch wirtschaftliche — Kriterien zu berücksichtigen[8], zwingen dazu, zur Gesetzesausführung flankierend Verwaltungsvorschriften zu erlassen, und die Möglichkeit, sie schnell abzuändern und damit neuen Entwicklungen anzupassen sowie für den Einzelfall Abweichungen zu erlauben[9], fördern das Bestreben der Verwaltung, eigengesteuert Recht zu setzen. Sehr treffend hat *Manfred Schröder* hierfür vor wenigen Jahren eine „Faust-Formel" geprägt: „Verwaltungsvorschriften sind das, was die Verwaltungswelt im Innersten zusammenhält"[10].

Es kann deshalb kaum verwundern, daß sowohl im Bund als auch in mehreren Bundesländern Verwaltungsvorschriften über den Erlaß von Verwaltungsvorschriften bestehen[11]. Die *Richtlinie der Bundesregierung zur Gestaltung, Ordnung und Überprüfung von Verwaltungsvorschriften des Bundes (VwVR)* vom 20. Dezember 1989[12] stellt freilich keine umfassende Regelung dar, sondern beschränkt sich auf einige wenige Punkte — in erster Linie eine Notwendigkeitsprüfung, die Bezeichnung und die Gestaltung von Verwaltungsvorschriften, die Kennzeichnung des Verhältnisses zu anderen Vorschriften, die Bekanntmachung und die regelmäßige Überprüfung. In ähnlicher Weise sind die in einigen Bundesländern bestehenden internen Vorgaben lückenhaft, d. h. vornehmlich auf redaktionelle und formale Aspekte des Erlasses von Verwaltungsvorschriften begrenzt[13]. Hingegen hat

[8] Allerdings können technisch-wissenschaftlich geprägte Regelungen gleichermaßen in Rechtsverordnungen getroffen werden, wie das Beispiel der *Sechzehnten Verordnung zur Durchführung des Bundes-Immissionsschutzgesetzes (Verkehrslärmschutzverordnung — 16. BImSchV)* vom 12. Juni 1990 (BGBl. I S. 1036) deutlich belegt, in deren § 3 für die Berechnung des nach § 2 maßgeblichen Beurteilungspegels auf die der Verordnung beigefügten Anlagen verwiesen wird.

[9] Dazu beispielsweise *Ossenbühl*, Autonome Rechtsetzung, a.a.O. (Fn. 1), S. 451 f.; *ders.*, Quellen, a.a.O. (Fn. 6), S. 141.

[10] *Manfred Schröder*, Stand der Dogmatik der Verwaltungsvorschriften, in: Hermann Hill (Hrsg.), Verwaltungsvorschriften, 1991, S. 1 ff. (1).

[11] Vgl. dazu *Ortlieb Fliedner*, Die Richtlinie der Bundesregierung zur Gestaltung, Ordnung und Überprüfung von Verwaltungsvorschriften des Bundes vom 20. Dezember 1989, in: Hermann Hill (Hrsg.), Verwaltungsvorschriften, 1991, S. 31 ff.; *Gabriele Wurzel/Elisabeth Dette-Koch*, Maßnahmen der („alten") Länder zur Verbesserung von Verwaltungsvorschriften, in: Hermann Hill (Hrsg.), Verwaltungsvorschriften, 1991, S. 45 ff.

[12] GMBl. 1990 S. 39; abgedruckt beispielsweise bei *Fliedner*, a.a.O., S. 36 ff.

[13] Vgl. näher *Wurzel/Dette-Koch*, a.a.O. (Fn. 11), S. 50 ff.

Schleswig-Holstein zwar in § 71 LVwG ausdrücklich eine Regelung über *Bewilligungsrichtlinien* aufgenommen, aber für derartige „Anordnungen einer Behörde, die für eine unbestimmte Anzahl von Fällen Voraussetzungen und Umfang der Leistungen eines Trägers der öffentlichen Verwaltung an die einzelne Person festlegen“, ist lediglich die amtliche Bekanntmachung wie für Satzungen vorgeschrieben; im übrigen ist diese erst während der Ausschußberatungen in das Gesetz eingefügte Bestimmung bisher kaum angewandt worden[14].

Einen völlig anderen Charakter weisen die in *einzelnen Bundesgesetzen* enthaltenen Regelungen über Verwaltungsvorschriften auf. Während allerdings § 5 BHO nur festlegt, daß der Bundesminister der Finanzen die Verwaltungsvorschriften zur vorläufigen und endgültigen Haushalts- und Wirtschaftsführung erläßt und § 104 AuslG gemäß Art. 84 Abs. 2 GG den Bundesminister des Innern[15] ermächtigt, mit Zustimmung des Bundesrates allgemeine Verwaltungsvorschriften zu erlassen, bestimmt § 114 Abs. 1 BSHG, daß vor dem Erlaß allgemeiner Verwaltungsvorschriften und der Festsetzung der Regelsätze *sozial erfahrene Personen zu hören* sind, besonders aus Vereinigungen, die Bedürftige betreuen, oder aus Vereinigungen von Sozialleistungsempfängern. Die Norm zeichnet damit bereits eine Grundstruktur vor, die sich in Ermächtigungen zum Erlaß von Verwaltungsvorschriften im Bereich des Umwelt- und Technikrechts teilweise wiederfindet: Wie in § 4 Abs. 5 AbfG und in § 48 BImSchG statuiert, sind vor dem Erlaß allgemeiner Verwaltungsvorschriften die *„beteiligten Kreise“* anzuhören, und § 16 AbfG sowie § 51 BImSchG definieren — wörtlich nahezu vollständig übereinstimmend — diesen Begriff als einen „Kreis von Vertretern der Wissenschaft, der Betroffenen, der beteiligten Wirtschaft, des beteiligten Verkehrswesens und der ... zuständigen obersten Landesbehörden“. In vergleichbarer Weise ist in § 30 Abs. 5 GenTG festgelegt, daß der Erlaß von allgemeinen Verwaltungsvorschriften die Anhörung der „Zentralen Kommission für die Biologische Sicherheit“ gemäß § 4 GenTG voraussetzt, die aus Sachverständigen sowie sachkundigen Personen zusammengesetzt ist, doch ist eine Anhörung dieser Art nicht in allen neueren einschlägigen Gesetzen vorgesehen, wie etwa die Bestimmungen des § 7 a Abs. 1 Satz 3 WHG und des § 20 UVPG belegen.

Demgegenüber enthält der von *Kloepfer, Rehbinder* und *Schmidt-Aßmann* erarbeitete *Entwurf des Allgemeinen Teils eines Umweltgesetzbuches*[16] in

[14] So *German Foerster*, Allgemeines Verwaltungsgesetz für das Land Schleswig-Holstein (Landesverwaltungsgesetz — LVwG —), Kommentar, 1968 ff. (Stand: Dezember 1992), § 71 Erl. 1, 4.

[15] Zur Benennung eines einzelnen Bundesministers als Adressaten vgl. BVerfGE 26, 338 (399); kritisch dazu z. B. *Lerche*, a.a.O. (Fn. 5), Art. 84 Rdnr. 111.

[16] *Michael Kloepfer/Eckard Rehbinder/Eberhard Schmidt-Aßmann*, Umweltgesetzbuch — Allgemeiner Teil — (hrsg. vom Umweltbundesamt), 1991; vgl. dazu *Rüdiger Breuer,*

seinen §§ 155 ff. eine sehr viel weiter gehende generelle Regelung über den Erlaß von Verwaltungsvorschriften für den Bereich des Umweltschutzes. Hiernach soll eine Ermächtigung für die *Festlegung von Grenzwerten für die Qualität der Umwelt, von Anforderungen an Anlagen und Betriebsweisen sowie von Ausnahmen hiervon* durch Verwaltungsvorschrift anstelle einer Rechtsverordnung geschaffen werden, wenn — wie es in § 155 Abs. 1 heißt — „dies erforderlich ist, weil der Stand der wissenschaftlichen Erkenntnisse und der technischen Entwicklung noch nicht hinreichend gesichert erscheint"; darüber hinaus sollen gemäß § 155 Abs. 2 zur Vorsorge gegen Umweltrisiken *Richtwerte für die Beschaffenheit von Wasser, Luft und Boden sowie für die Einwirkungen von Geräuschen und radioaktiven Strahlen* durch Verwaltungsvorschrift festgesetzt werden können. Weiterhin wird (in § 159) für das *Verfahren des Erlasses von Verwaltungsvorschriften* wie bei Rechtsverordnungen die *Anhörung der beteiligten Kreise* — d. h. Vertreter der betroffenen Interessen, insbesondere der beteiligten Wirtschaft und anerkannter Umweltschutzverbände, sowie Vertreter der Wissenschaft und der zuständigen obersten Landesbehörden — und die *Anhörung sachverständiger Ausschüsse* sowie eine *Begründungspflicht* vorgeschlagen, die sich insbesondere auf die Darlegung der wissenschaftlichen Annahmen und Methoden sowie der technischen und wirtschaftlichen Gegebenheiten bezieht; auch sollen Verwaltungsvorschriften *publiziert* werden müssen. Schließlich sieht der Entwurf (in § 160) in ähnlicher Weise wie bei Rechtsverordnungen eine *Pflicht zur periodischen Überprüfung* von Verwaltungsvorschriften daraufhin vor, ob sie noch der Ermächtigung entsprechen, und will sie, sofern sie nicht verlängert werden, nach Ablauf von acht Jahren außer Kraft treten lassen.

Dieses nachdrückliche Plädoyer, Grundlagen für den Erlaß von Verwaltungsvorschriften zu schaffen, gibt gewiß hinreichenden Anlaß, über die Aufnahme derartiger Bestimmungen in das allgemeine Verwaltungsverfahrensrecht nachzudenken. Immerhin enthält selbst der *Entwurf eines japanischen allgemeinen Verwaltungsverfahrensgesetzes*[17] in seinem Art. 4 eine Verpflichtung der Behörden, Richtlinien zur Untersuchung und Bescheidung zu erlassen, wobei als Untersuchungsrichtlinien in Auslegung der Gesetze ergehende behördeninterne Vorschriften verstanden werden, die bestimmen, ob die Erteilung einer Genehmigung notwendig ist und ob der Antrag den gesetzlichen Voraussetzungen entspricht; die Untersuchungsrichtlinien sollen möglichst konkret gefaßt werden oder zumindest angeben, nach welchen Grundsätzen und Gesichtspunkten ein Antrag beschieden

---

Empfiehlt es sich, ein Umweltgesetzbuch zu schaffen, gegebenenfalls mit welchen Regelungsbereichen?, Gutachten B für den 59. Deutschen Juristentag Hannover 1992, Verhandlungen des Neunundfünfzigsten Deutschen Juristentages Hannover 1992, Bd. I (Gutachten), 1992, S. B 3 ff. (B 111 f.).

[17] Vgl. Entwurf eines allgemeinen Verwaltungsverfahrensgesetzes in Japan, abgedruckt in VerwArch. 84 (1993), 57 ff.

wird, und sie sind zu publizieren, sofern dies nicht zu außenpolitischen Schwierigkeiten führt oder sonstige unvermeidbare Hindernisse bestehen. Für das deutsche Verwaltungsverfahrensrecht mögen durchaus abweichende Vorstellungen über den Inhalt entsprechender Bestimmungen gelten, doch muß zunächst geklärt werden, ob es notwendig oder wenigstens nützlich erscheint, derartige normative Grundlagen zu schaffen.

III. Zur Notwendigkeit von Regelungen über die Rechtserzeugung durch Verwaltungsvorschriften

Das Erfordernis, den Erlaß von Verwaltungsvorschriften gesetzlich zu regeln, dürfte jedenfalls bestehen, wenn und soweit es sich bei ihnen um unmittelbar außenwirksame Rechtssätze handelt, die rechtsbeeinträchtigende Wirkung entfalten können, weil nur so dem Grundsatz des Vorbehalts des Gesetzes genügt werden kann; damit wäre auch der schon eingangs angedeutete Widerspruch einer Außenrechtsetzung durch Normgebung im staatlichen Binnenbereich aufgelöst, der Rechtsprechung und Literatur noch immer intensiv beschäftigt.

1. Zur Bindungswirkung von Verwaltungsvorschriften

Unter der Annahme einer strikten Trennung zwischen Innen- und Außenbereich lag es nahe, die *Rechtssatzqualität* von Verwaltungsvorschriften zu leugnen und ihnen damit auch die rechtliche Bindungswirkung abzusprechen. Nachdem diese Zweiteilung überwunden ist, kann der Rechtscharakter der Verwaltungsvorschriften nicht mehr zweifelhaft sein; denn ihre Verbindlichkeit, die sie gegenüber Behörden und Verwaltungsbediensteten äußern, ist allein durch das Recht begründet[18]. Sie sind jedenfalls *Innenrechtssätze*[19], doch ist mit dieser im Schrifttum teilweise betonten Kennzeichnung nur eine begrenzte Aussagekraft verbunden, weil sich nicht übersehen läßt, daß sie ungeachtet dieser Qualifizierung partiell *Außenwirkung* entfalten[20].

Über den *Geltungsgrund der Verbindlichkeit* von Verwaltungsvorschriften im Verhältnis zwischen Staat und Bürger herrscht freilich Streit. Während die Bindungswirkung gegenüber Bediensteten und nachgeordneten Behörden unbedenklich auf die Geschäftsleitungs- und Organisationsgewalt vorgesetzter Stellen und die dieser korrespondierende Pflicht zur Befolgung von

[18] *Maurer*, a.a.O. (Fn. 5), S. 546.

[19] *Maurer*, ebd.; s. auch *Lerche*, a.a.O. (Fn. 5), Art. 84 Rdnr. 94 f.

[20] Vgl. auch *Maurer*, ebd.; *Lerche*, a.a.O. (Fn. 5), Art. 84 Rdnr. 97.

Weisungen zurückgeführt werden kann[21], fehlt eine gleichermaßen einleuchtende Begründung für die Außenwirkung. Überwiegend wird deshalb an die Verbindlichkeit der Verwaltungsvorschriften im Innenbereich angeknüpft und ihre Außenwirkung aus dem Umstand hergeleitet, daß sie Behörden und Bedienstete verpflichten, ihre Aufgaben gegenüber dem Bürger in der festgelegten Weise wahrzunehmen[22]: Die Rechtsverbindlichkeit im Außenverhältnis wird von der herrschenden Auffassung mit Hilfe der „Umschaltnorm"[23] des Art. 3 Abs. 1 GG erreicht, wobei teilweise die *Selbstbindung der Verwaltung* weniger mit dem zurückliegenden gleichartigen Verwaltungshandeln begründet wird als vielmehr mit der in den Verwaltungsvorschriften zum Ausdruck kommenden „antizipierten Verwaltungspraxis"[24]. Um diese wenig überzeugende Fiktion und den Rückgriff auf eine ständige gleichmäßige Verwaltungspraxis zu vermeiden, ist vereinzelt auch der *Vertrauensschutzgedanke* zur Herleitung der Außenwirksamkeit von Verwaltungsvorschriften herangezogen worden[25], doch fehlt es regelmäßig bereits an einem Vertrauenstatbestand, weil der einzelne nicht Adressat der Bestimmungen ist.

Demgegenüber nimmt eine im Vordringen begriffene, namentlich von *Ossenbühl* vertretene Auffassung die *Existenz einer der Exekutive inhärenten Befugnis zum Erlaß* — auch — *außenwirksamer und außengerichteter Verwaltungsvorschriften* an[26]: Verwaltungsvorschriften ergehen, so wird betont, im originären Funktionsbereich der Exekutive, innerhalb dessen die Verwaltung autonom Recht setzen könne, um sich als eigenständige Staatsfunktion zu verwirklichen; die Grundlagen für den Erlaß von Verwaltungsvorschriften bildeten die Organisations- und die Geschäftsleitungsgewalt. Dieser Ansicht ist weitgehend zuzustimmen — in der Tat ist die Verwaltung kaum in der Lage, die ihr verfassungsrechtlich übertragenen Aufgaben wahrzunehmen, wenn sie nicht in Ausübung von Organisations- und Geschäftsleitungsbefugnissen mit *bindender Wirkung* Zuständigkeitsverteilungen vornehmen und eine einheitliche, gleichmäßige Anwendung gesetzlicher Bestimmungen

---

[21] Vgl. etwa *Ossenbühl*, Autonome Rechtsetzung, a.a.O. (Fn. 1), S. 442; *Maurer*, a.a.O. (Fn. 5), S. 553; *Schröder*, a.a.O. (Fn. 10), S. 13.

[22] Beispielhaft *Maurer*, a.a.O. (Fn. 5), S. 554; *Schröder*, a.a.O. (Fn. 10), S. 13ff.; eingehend dazu aus neuerer Zeit *Almut Wittling*, Die Publikation der Rechtsnormen einschließlich der Verwaltungsvorschriften, 1991, S. 216ff. m. w. N.

[23] *Hans F. Zacher*, Verwaltung durch Subventionen, in: VVDStRL 25 (1967), S. 308 ff. (358).

[24] Vgl. BVerwGE 52, 193 (197f.); BVerwG DÖV 1982, 76; DVBl. 1982, 197; s. auch schon BVerwG DÖV 1971, 748. Zu Recht kritisch dazu beispielsweise *Ossenbühl*, Quellen, a.a.O. (Fn. 6), S. 140; *Wittling*, a.a.O. (Fn. 22), S. 218ff.

[25] Vgl. z.B. *Hans Klein*, Rechtsqualität und Rechtswirkung von Verwaltungsnormen, in: Festgabe für Ernst Forsthoff zum 65. Geburtstag, 1967, S. 163ff. (179ff.); OVG Münster GewArch. 1976, 290 (291).

[26] Vgl. z.B. *Ossenbühl*, Verwaltungsvorschriften (Fn. 5), S. 453; *dens.*, Autonome Rechtsetzung, a.a.O. (Fn. 1), S. 440, 457; *dens.*, Quellen, a.a.O. (Fn. 6), S. 142.

anordnen kann oder nicht sicherzustellen vermag, daß von den ihr zukommenden Gestaltungsmöglichkeiten durch die einzelnen Amtswalter in übereinstimmender Weise Gebrauch gemacht wird. Die mit dem Erlaß der Verwaltungsvorschriften eintretende Verbindlichkeit ist rechtlich begründet; es ist originäres Administrativrecht, das als wesensnotwendige Voraussetzung für die innere Ordnung und für das Handeln der Verwaltung keiner ausdrücklichen Grundlage in der Verfassung oder in einfachen Gesetzen bedarf, die zu seinem Erlaß ermächtigt. Das autonom kreierte Administrativrecht ist aber *Innenrecht*; es fehlt an der erforderlichen *Transformation*, die der intern verbindlichen Bestimmung *unmittelbar bindende Rechtswirkung gegenüber dem Bürger* verleiht. Diesem Mangel läßt sich auch nicht mit der im Schrifttum vorgebrachten Erwägung begegnen, bei der Ausführung von Gesetzen schiebe sich zwischen die generell-abstrakte Norm und den Einzelvollzugsakt eine Ebene der Konkretisierung, auf der Rechtsetzung erfolge[27], weil damit noch nichts über die Wirkungsrichtung der so entstandenen Rechtssätze gesagt ist. Das während des verwaltungsinternen Konkretisierungsvorgangs gesetzte Recht ist indes *amtsadressiert*[28], es besitzt keine Außengerichtetheit[29], weil es Entstehen und Inhalt des Einzelvollzugsakts bestimmen soll, der erst die für den Bürger maßgebliche rechtliche Regelung aufweist. Das trifft in gleicher Weise auf die genannten vier Typen der Verwaltungsvorschriften zu:

— *Organisations- und Dienstvorschriften* regeln die innere Ordnung und den internen Dienstbetrieb (Geschäftsverteilung, Arbeitsabläufe, Dienstzeiten usw.); sie treffen damit zwar auch Bestimmungen über Zuständigkeiten und Verfahren, soweit dies nicht durch Gesetz festgelegt ist, richten sich damit aber an Bedienstete sowie nachgeordnete Behörden und bilden entweder tatbestandliche Anknüpfungspunkte für gesetzliche Regeln (etwa über die Beachtung von Zuständigkeiten) oder die Auswirkungen auf den Bürger bleiben lediglich reflexartiger Natur.

— Bei *norminterpretierenden und ermessensdirigierenden Richtlinien* ergibt sich schon aus ihrem Zweck, daß sie den inneradministrativen Entscheidungsprozeß steuern sollen, und der gleichen Zielsetzung dienen *normkonkretisierende Verwaltungsvorschriften*, mit denen offene Gesetzesbegriffe ausgefüllt werden, damit eine sachgerechte Einzelentscheidung getroffen werden kann.

— Selbst *gesetzesvertretende Bestimmungen* — wie Subventionsrichtlinien oder Beihilfevorschriften — bilden lediglich den Maßstab für das Vorge-

[27] Vgl. *Schröder*, a.a.O. (Fn. 10), S. 9.

[28] *Maximilian Wallerath*, Normkonkretisierende Verwaltungsvorschriften, in: NWVBL 1989, 153 ff. (161).

[29] Vgl. auch *Lerche*, a.a.O. (Fn. 5), Art. 84 Rdnr. 95; dagegen *Ossenbühl*, Autonome Rechtsetzung, a.a.O. (Fn. 1), S. 456 Fn. 54.

hen der Verwaltung im Einzelfall, sollen aber nicht unmittelbar das Verhalten des Bürgers lenken.

Diese unterschiedlichen Typen von Verwaltungsvorschriften ergehen in Wahrnehmung originärer Administrativfunktionen, in Ausführung der Gesetze und in Erfüllung eines lediglich gesetzesdirigierten Gestaltungsauftrages. Während es sich zum einen insbesondere um Regelungen handelt, die die organisatorischen Voraussetzungen dafür schaffen, daß — oft rechtlich wirksame — Einzelfallentscheidungen ergehen können, sind es zum anderen vornehmlich die fortschreitende Konkretisierung von Gesetzesbegriffen und die Ausfüllung von Gesetzeslücken, die die Entscheidung im Einzelfall strukturieren und erleichtern. Das gilt gleichermaßen für norminterpretierende und ermessensdirigierende wie für normkonkretisierende Verwaltungsvorschriften, auch für das sog. *administrative Ergänzungsrecht* im Bereich des *Technik- und Umweltrechts*. Die von der Verwaltung gesetzten Regelungen sind (Selbst-)Steuerungsinstrumente, haben allerdings Bestand gegenüber gerichtlicher Kontrolle und mittelbar Außenwirksamkeit, weil und soweit sie darauf beruhen, daß von *Ermessens- und Beurteilungsermächtigungen Gebrauch gemacht* wurde, entfalten im übrigen aber ohne Transformation lediglich inneradministrative Bindung.

Ohne die Außengerichtetheit von Rechtssätzen ist keine Außenbindung möglich[30], es bedarf vielmehr eines nach außen zielenden hoheitlichen Willensaktes[31], doch läßt sich diese Voraussetzung nicht allein durch die Betätigung eines entsprechenden administrativen *Normsetzungswillens* erfüllen — Rechtsbindung kann nur durch einen kompetenzgerechten Willensakt erzeugt werden[32]. Daher genügt der Verweis auf den originären Funktionsbereich der Verwaltung[33] nicht, weil er die Schaffung abstrakt-genereller Regelungen gegenüber dem Bürger aufgrund eigenständiger Befugnis nicht umfaßt, vielmehr hierfür eine Delegation der — parlamentarischen — Rechtsetzungsmacht erforderlich ist. Wenn von Verfassungs wegen die *wesentlichen Entscheidungen vom parlamentarischen Gesetzgeber getroffen* werden müssen[34], so läßt sich daraus nicht folgern — wie es teilweise geschieht[35] —, daß der Gesetzesvorbehalt sich lediglich auf die wesentlichen

[30] *Gunther Schwerdtfeger*, Die lenkende Veröffentlichung von Subventionsrichtlinien — Auslobung und Vertrauensschutz, in: NVwZ 1984, 486ff. (486); zustimmend *Wittling*, a.a.O. (Fn. 22), S. 199, 214.

[31] So auch *Ossenbühl*, Autonome Rechtsetzung, a.a.O. (Fn. 1), S. 449; *ders.*, Quellen, a.a.O. (Fn. 6), S. 140; ebenso *Wittling*, a.a.O. (Fn. 22), S. 199.

[32] Darauf weist *Wittling*, ebd., zutreffend hin.

[33] *Ossenbühl*, Autonome Rechtsetzung, a.a.O. (Fn. 1), S. 457f. (s. auch S. 426).

[34] Vgl. bereits BVerfGE 33, 1 (10), und 33, 125 (158f., 163), sowie insbesondere BVerfGE 33, 303 (337, 346); 34, 165 (192f.); 40, 237 (248ff.); 41, 251 (259f.); 45, 400 (417f.); 47, 46 (48f.); 48, 210 (221); 49, 89 (124ff.); 53, 30 (56); 56, 1 (13); 57, 295 (326f.); 58, 257 (268ff.); 64, 261 (268).

[35] *Schröder*, a.a.O. (Fn. 10), S. 10.

außenwirksamen normativen Regelungen erstrecke, sondern nur entnehmen, daß es nicht stets des förmlichen Gesetzes bedarf, um den Bürger bindende Rechtssätze zu schaffen. Die Existenz des Art. 80 GG belegt dies deutlich und zeigt zugleich den Weg, auf dem die Verwaltung außenwirksame, dem einzelnen gegenüber verbindliche abstrakt-generelle Bestimmungen zu treffen vermag[36]. Damit soll nicht einem *Totalvorbehalt* das Wort geredet werden, doch können Rechtsbeeinträchtigungen nur durch Gesetz oder aufgrund eines Gesetzes erfolgen, wenngleich gewiß weite Bereiche administrativer Tätigkeit existieren, für die es keiner ausdrücklichen gesetzlichen Grundlage bedarf, d. h. — in der Formulierung *Ossenbühls*[37] — „daß der Gesetzesvorbehalt nicht den gesamten Außenbereich abdeckt". Eine Subventionsrichtlinie führt auch, selbst wenn sie veröffentlicht wird, noch nicht zu einer Bindung des Bürgers oder gar zu einer Verletzung seiner Rechte, sondern Rechtswirksamkeit tritt ihm gegenüber erst mit der Einzelfallentscheidung ein, die freilich nach Maßgabe der Verwaltungsvorschrift ergeht, indes prinzipiell umfassend einer Rechtmäßigkeitsprüfung unterliegt. Soll aber rechtliche Verbindlichkeit gegenüber dem einzelnen unmittelbar durch eine von der Verwaltung gesetzte generell-abstrakte Norm erreicht werden, so genügt der Erlaß einer inneradministrativen Regelung nicht — insoweit halte ich die Entscheidungen des Europäischen Gerichtshofs zur TA Luft vom 30. Mai 1991[38] für zutreffend[39] —, vor allem angesichts der leichten Abänderbarkeit und der erleichterten Möglichkeit des Abweichens im Einzelfall als der vielfach betonten spezifischen Vorzüge von Verwaltungsvorschriften[40]; erforderlich ist vielmehr die Wahl der verfassungsrechtlich vorgegebenen Form der Rechtsverordnung (oder — sofern zulässig — der Satzung). Wird hierauf verzichtet, dann können bindende Wirkungen für den Bürger nur über eine „Umschaltnorm" erreicht werden, d. h. über den Rückgriff auf das Gleichbehandlungsgebot, das in Einzelfällen durch das Vertrauensschutzprinzip ergänzt werden mag, was bisher zu praktisch durchaus akzeptablen Ergebnissen geführt hat[41]. Eine Notwendigkeit, gesetzliche Grundlagen für den Erlaß von Verwaltungsvorschriften zu schaffen, besteht mangels deren eigenständiger Außenwirkung indessen nicht[42].

---

[36] Vgl. schon *Hans-Werner Laubinger*, Diskussionsbeitrag, in Verhandlungen des Neunundfünfzigsten Deutschen Juristentages Hannover 1992, Bd. II (Sitzungsberichte), Teil N: Empfiehlt es sich, ein Umweltgesetzbuch zu schaffen, gegebenenfalls mit welchen Regelungsbereichen?, 1992, S. N 190 f.

[37] Autonome Rechtsetzung, a.a.O. (Fn. 1), S. 457 f.

[38] NVwZ 1991, 866 und 868.

[39] Vgl. dazu *Breuer*, a.a.O. (Fn. 16), S. B 63 f. m. w. N.

[40] Vgl. hierzu beispielsweise *Ossenbühl*, Autonome Rechtsetzung, a.a.O. (Fn. 1), S. 451 f.; s. auch *dens.*, Quellen, a.a.O. (Fn. 6), S. 141.

[41] Vgl. *Maurer*, a.a.O. (Fn. 5), S. 559.

[42] Anders beispielsweise *Breuer*, a.a.O. (Fn. 16), S. B 72 ff., jedoch mit dem Ziel, die rechtliche Außenverbindlichkeit zu erreichen.

2. *Verwaltungsvorschriften als Handlungsform der Verwaltung?*

Mit dieser Feststellung ist zugleich die Frage beantwortet, ob die inneradministrative Rechtsetzung in das Verwaltungsverfahrensrecht aufgenommen werden muß, weil sie eine *Handlungsform der Verwaltung* darstellt. Zwar werden Verwaltungsvorschriften in der Literatur mehrfach zu den administrativen Handlungsformen gezählt[43], in einer Reihe mit Rechtsverordnung, Satzung, Verwaltungsakt und (öffentlich-rechtlichem) Vertrag, aber dabei wird meist von ihrer außengerichteten Bindungswirkung ausgegangen. Sieht man als Handlungsformen hingegen nur diejenigen an, die unmittelbare Rechtswirkung gegenüber dem Bürger äußern, so fallen die Verwaltungsvorschriften aus dieser Kategorie heraus und bedürfen hiernach prinzipiell nicht der verwaltungsverfahrensgesetzlichen Regelung.

3. *Das Erfordernis gesetzlicher Regelung von Verwaltungsvorschriften*

Es gibt freilich — das sollte nicht übersehen werden — inneradministrativ wirkende Rechtssätze, die zwar amtsadressiert sind, aber eine spezifische Außenwirkung besitzen: Verwaltungsvorschriften, die nicht an Bedienstete und nachgeordnete Behörden desselben Rechtsträgers gerichtet sind, sondern innerhalb der gegliederten Verwaltung an Stellen eines anderen Rechtsträgers, wie bei der Ausführung von Bundesgesetzen durch die Länder oder im Verhältnis zwischen staatlicher und kommunaler Verwaltung. Um in derartigen Fällen *intersubjektiver Verwaltungsvorschriften*[44] Verbindlichkeit der Regelungen zu erreichen, ist die Ermächtigung zum Erlaß bindender Bestimmungen zu begründen, wie es in Art. 84 Abs. 2 und in Art. 85 Abs. 2 Satz 1 GG oder in § 104 AuslG geschehen ist.

Darüber hinaus ist eine gesetzliche Regelung dann erforderlich, wenn das *Verfahren der inneradministrativen Rechtsetzung* ganz oder teilweise festgelegt werden soll[45]. Sofern der Gesetzgeber beispielsweise eine Anhörung „beteiligter Kreise" vor dem Erlaß von Verwaltungsvorschriften sicherstellen will, muß er dies, wie in § 4 Abs. 5 AbfG oder in § 48 BImSchG, anordnen, und ebenso bedürfen gewollte Beteiligungsmodalitäten der gesetzlichen Statuierung. Ansonsten müßten jedenfalls die Voraussetzungen und das

---

[43] Vgl. z. B. *Willi Blümel,* Begrüßung und Einführung, in diesem Band, S. 19 ff. (22); *Hans-Uwe Erichsen*, Das Verwaltungshandeln, in: ders./Wolfgang Martens (Hrsg.), Allgemeines Verwaltungsrecht, 9. Aufl. 1992, S. 179 ff. (179); *Richter/Schuppert*, a.a.O. (Fn. 5), S. 93 ff.; s. auch *Eberhard Schmidt-Aßmann*, Verwaltungsverfahren, in: Handbuch des Staatsrechts der Bundesrepublik Deutschland, Bd. III, 1988, S. 623 ff. (631); anders etwa *Maurer*, a.a.O. (Fn. 5), S. 545 ff., der sie im Rahmen der Verwaltungsorganisation behandelt.

[44] *Ossenbühl*, Autonome Rechtsetzung, a.a.O. (Fn. 1), S. 439.

[45] Vgl. auch *Breuer*, a.a.O. (Fn. 16), S. B 72 ff., B 111 f.

Verfahren für den Erlaß von Verwaltungsvorschriften durch Gesetz festgelegt werden, wenn ihnen — gleichsam als Rechtsverordnungen „zweiter Klasse“ — unmittelbare Außenwirkung gegenüber dem Bürger zukommen soll, doch gilt dies gerade nicht für lediglich verwaltungsinterne Normen.

III. Zur Nützlichkeit und Möglichkeit von Regelungen über den Erlaß von Verwaltungsvorschriften

Diese Erwägung leitet über zu der Frage, ob und inwieweit es wünschenswert ist, den Erlaß inneradministrativer Rechtssätze gesetzlich zu regeln. Sie läßt sich allerdings im Hinblick auf allgemeine Regelungen nur kurz beantworten.

Sicherlich sind Bestimmungen, die lediglich die Befugnis zum Erlaß von Verwaltungsvorschriften aussprechen, schlechthin überflüssig. Zweckmäßig mag hingegen die in § 8 der Richtlinie der Bundesregierung vom Dezember 1989[46] angeordnete regelmäßige Überprüfung bestehender Verwaltungsvorschriften sein, doch bedarf dies nicht gesetzlicher Regelung. Sinnvoll erscheint es jedoch in vielen Fällen, die in geeigneter Weise vorzunehmende Publikation dieser Rechtssätze vorzusehen — wie es in § 6 der Richtlinie geschehen ist —, sofern die Kenntnisnahme für die Allgemeinheit oder für Kreise, deren Interessen berührt sind, bedeutsam sein kann. Damit wird die Transparenz von Entscheidungsprozessen verbessert, u. U. die Akzeptanz für deren Ergebnisse vergrößert und vor allem dem Bürger erleichtert, sein Verhalten auf künftiges Verwaltungshandeln einzustellen. Indessen zeigt sich hieran bereits, daß eine undifferenzierte Regelung im allgemeinen Verwaltungsverfahrensrecht keine sehr große Aussagekraft aufweisen kann — auch insoweit mögen bereichsspezifische Normen vorzuziehen sein, selbst wenn es kaum erforderlich sein dürfte, nach japanischem Vorbild den Verzicht auf die Bekanntmachung für den Fall außenpolitischer Schwierigkeiten ausdrücklich zu erwähnen. Größer noch sind die Hindernisse, das *Verfahren der inneradministrativen Rechtsetzung* durch allgemeine Gesetzesbestimmungen zweckmäßig zu steuern: Im Bereich des *Technik- und Umweltrechts* halte ich die Beteiligung von Sachverständigen vor dem Erlaß von Verwaltungsvorschriften vielfach für unumgänglich und deshalb entsprechende gesetzliche Anordnungen für überaus nützlich, doch dürfte es nicht immer genügen, lediglich die Anhörung der „beteiligten Kreise“ i. S. von § 16 AbfG und § 51 BImSchG festzulegen; teilweise mögen spezifischere Bezeichnungen sinnvoller sein[47].

---

[46] Vgl. oben bei und mit Fn. 11.

[47] Ähnlich *Breuer*, a.a.O. (Fn. 16), S. B 112.

Im übrigen spricht insbesondere die oft betonte Flexibilität verwaltungsinterner Regelung — die erleichterte Möglichkeit eines generellen Abgehens wie die eines individuellen Abweichens von den selbstgesetzten Bestimmungen[48] — eher gegen die Schaffung eines gesetzlichen Rahmens für die inneradministrative Normgebung, weil er lediglich restringierend wirken kann. In diesem Zusammenhang soll freilich nicht unerwähnt bleiben, daß Rechtsverordnungen sich in ähnlicher Weise durch leichte Abänderbarkeit auszeichnen[49] und auch in ihnen die Berücksichtigung individueller Umstände, vor allem durch die Ermächtigung der Behörden zu Ermessensentscheidungen, ermöglicht werden kann; Beschränkungen ergeben sich insoweit nur daraus, daß bindende Regelungen für den Bürger getroffen werden, doch müßten derartige rechtsstaatlich gebotene Grenzen bei bindenden außenwirksamen Verwaltungsvorschriften gleichermaßen beachtet werden.

Es bleibt ein letzter Aspekt zu erwähnen: die Möglichkeiten einer Aufnahme der verwaltungsinternen Rechtsetzung in das Verwaltungsverfahrensrecht. Insoweit fällt es noch sehr viel schwerer, allgemeine Aussagen zu treffen, die über bare Selbstverständlichkeiten hinausgehen. Allerdings will ich auf eine derartige Bemerkung nicht verzichten: Die im „Professoren“-Entwurf des Allgemeinen Teils eines Umweltgesetzbuches[50] enthaltenen Bestimmungen über den Erlaß von Verwaltungsvorschriften erscheinen in dieser Form weitgehend überflüssig[51]. Mir will nicht recht einleuchten, welchen Sinn es haben soll, zwischen Verwaltungsvorschriften und Rechtsverordnungen säuberlich zu differenzieren, aber die Voraussetzungen für ihren Erlaß und das dabei zu beobachtende Verfahren weitgehend identisch auszugestalten, so daß ohne jeden Gewinn an Flexibilität Rechtssätze mit lediglich interner Bindungswirkung geschaffen werden, wenn der Erlaß außenwirksamer Normen gleichermaßen möglich wäre. Wenn die Aufnahme der verwaltungsinternen Rechtsetzung in das Verwaltungsverfahrensrecht nicht zu besseren Ergebnissen führt, die wohl nur durch bereichsspezifische Regelungen zu erreichen wären, mag man getrost darauf verzichten — dies erhält uns Juristen ein vertrautes Feld für dogmatische Auseinandersetzungen.

---

[48] Hierzu näher z. B. *Ossenbühl*, Autonome Rechtsetzung, a.a.O. (Fn. 1), S. 451 f.; s. auch *dens.*, Quellen, a.a.O. (Fn. 6), S. 141.

[49] Soweit etwa eine flexible Anpassung an gewandelte Verhältnisse durch die vorgesehene Mitwirkung Dritter (vgl. dazu beispielsweise *Fritz Ossenbühl*, Rechtsverordnung, in: Handbuch des Staatsrechts der Bundesrepublik Deutschland, Bd. III, 1988, S. 387 ff. [408 ff. m. w. N.]; s. auch schon *Klaus Grupp*, Zur Mitwirkung des Bundestages bei dem Erlaß von Rechtsverordnungen, in: DVBl. 1974, 177 ff.) erschwert wird, gilt für Rechtsverordnungen nichts anderes als für Verwaltungsvorschriften: Auch deren Abänderbarkeit wird durch Beteiligungs- oder Zustimmungsvorbehalte eingeschränkt.

[50] Vgl. oben bei und mit Fn. 16.

[51] Dezidiert a. A. *Breuer*, a.a.O. (Fn. 16), S. B 111 f.

Entwicklung der Handlungsformen im Verwaltungsrecht — Vom Formendualismus des Verwaltungsverfahrens zur Ausdifferenzierung der Handlungsformen

Von Rainer Pitschas

I. Formendualismus des Verwaltungsverfahrens

1. Verwaltungsakt und öffentlichrechtlicher Vertrag als individualisierte Handlungsformen

Unter den „außengewendeten“ Handlungsformen des Verwaltungsrechts nimmt kraft der Regelungen in den Verwaltungsverfahrensgesetzen (VwVfG) des Bundes und der Länder[1] der *Verwaltungsakt* eine hervorragende Stellung ein. Hierzu zählt gem. § 9 VwVfG jede Verfügung, Entscheidung oder andere hoheitliche Maßnahme, die eine Behörde zur Regelung eines Einzelfalles auf dem Gebiet des öffentlichen Rechts trifft und die auf unmittelbare Rechtswirkung nach außen gerichtet ist. Mit dieser Maßgabe erweist sich der Verwaltungsakt seit langem als ein ebenso unverzichtbares wie geeignetes Instrument der bestandssichernden und verfahrensgesteuerten Regelung öffentlichrechtlicher Sachverhalte. In Verwirklichung der grundgesetzlichen Garantien umfassender Rechtssicherheit und durchgängigen Rechtsschutzes vermag es die Bahnen und Grenzen des staatlichen Wirkens gleichermaßen wie die freie Sphäre der Bürger in der Weise des Rechts präzise zu bestimmen und abzugrenzen. Daneben regelt das Verwaltungsverfahrensrecht ausdrücklich und näher als zweite gesetzlich „vertypte“ Handlungsform den *öffentlichrechtlichen Vertrag*. Seine Existenz beruht nach § 54 VwVfG darauf, daß die öffentliche Verwaltung unter bestimmten Voraussetzungen von einer einseitigen Entscheidung durch Verwaltungsakt absehen und mit dem Bürger statt dessen eine vertragliche Beziehung eingehen darf.

---

[1] Verwaltungsverfahrensgesetz des Bundes (VwVfG) vom 25.5.1976 (BGBl. I S. 1253); die Verwaltungsverfahrensgesetze der Länder weichen nur in einigen Details ohne grundsätzliche Bedeutung vom Bundesrecht ab, sie werden daher in die Zitate der bundesgesetzlichen Verfahrensvorschriften einbeschlossen. Eine gewisse Ausnahme bildet allerdings das Allgemeine Verwaltungsgesetz für das Land Schleswig-Holstein i.d.F. der Bekanntmachung vom 19.3.1979 (GVBl. S. 24); dazu vgl. *Grupp*, in diesem Band, S. 215 ff.

Unbeschadet der vielfältigen Kritik an der unvermindert starken Ausrichtung der gesetzlichen Formenbildung auf das Institut des Verwaltungsakts offenbart dieser in jüngerer Zeit wieder seine gesteigerte Bedeutung für das Verwaltungshandeln. Er bietet sich einerseits als das gegebene Mittel an, die verzweigten Interessengeflechte mehrpoliger Verwaltungsrechtsverhältnisse in eine verläßliche und überschaubare Ordnung zu bringen. In diesem Sinne entfaltet er vor allem stabilisierende Wirkungen in der verteilenden Leistungsverwaltung[2]. Auf der anderen Seite zeigen sich einstweilige bzw. vorläufige Verwaltungsakte[3] auch dazu imstande, durch ihre angepaßte Steuerungsfunktion sog. Wahrscheinlichkeits- und Risikoentscheidungen[4] wirksam Gestalt zu geben.

Anders liegen die Dinge dagegen bei der Handlungsform des öffentlichrechtlichen Vertrags. Nach langwierigen Kämpfen begegnet das im Verwaltungsverfahrensrecht verankerte öffentlichrechtliche Vertragsrecht heute keinen grundsätzlichen Zweifeln mehr[5]. Im Gegenteil entspricht die Möglichkeit der Verwaltung, von der einseitigen Herbeiführung von Rechtsfolgen durch den Erlaß eines Verwaltungsakts abzusehen und statt dessen mit dem Bürger vertragliche Beziehungen auf dem Gebiet des öffentlichen Rechts eingehen zu können, der Ausdehnung der Leistungsverwaltung[6]. Freilich ist der verwaltungsrechtliche Vertrag entgegen der Ansicht mancher keine beliebig einsetzbare Handlungsform und damit ideales Instrument vertraglicher Flexibilitätsvorsorge. Das Verwaltungsverfahrensrecht stellt seine Verwendung durch die „Anbindung" an den Verwaltungsakt unter strenge Voraussetzungen. So bedarf die Entwicklung einer Rechtsgeschäftslehre im öffentlichen Recht noch entsprechend *rechtsstaatlicher* Durcharbeitung. Bloße „Phasenbildung" ersetzt diese nicht[7]. Ebenso zweifelhaft scheint es allerdings, ob die gegenwärtigen rechtlichen Regelungen die Ausbildung eines einheitlichen Verwaltungsvertragsrechts im Hinblick auf die Bedürf-

[2] *Schmidt-Aßmann*, Zur Reform des Allgemeinen Verwaltungsrechts — Reformbedarf und Reformansätze -, in: Hoffmann-Riem/Schmidt-Aßmann/Schuppert (Hrsg.), Reform des Allgemeinen Verwaltungsrechts, 1993, S. 11 ff., 61.

[3] *Kemper*, Der vorläufige Verwaltungsakt, 1990, insbes. S. 31 ff., 159 ff.; w. Nachw. bei *C. Koch*, Vorläufige Verwaltungsakte im Gaststättenrecht, GewArch. 1992, 374 ff.

[4] *Ladeur*, Drittschutz bei der Genehmigung gentechnischer Anlagen, NVwZ 1992, 948 ff., 949 f.; *Pitschas*, Die Bewältigung der wissenschaftlichen und technischen Entwicklungen durch das Verwaltungsrecht, DÖV 1989, 785 ff., 792; *Scherzberg*, Risiko als Rechtsproblem — Ein neues Paradigma für das technische Sicherheitsrecht —, VerwArch. 84 (1993), S. 484 ff., 499 f., 500 ff.

[5] *Krebs*, Verträge und Absprachen zwischen der Verwaltung und Privaten, in: VVDStRL 52 (1993), S. 248 ff.; siehe auch den Bericht von *P. M. Huber*, AöR 118 (1993), S. 289 ff., 304 ff.

[6] *Krebs* (Fn. 5), S. 253 ff. m. zahlr. Nachw.

[7] *Bonk*, in: Stelkens/Bonk/Sachs, VwVfG, 4. Aufl. 1993, § 54 Rdnr. 3 m.w.Nachw.; *Hengstschläger*, Verträge und Absprachen zwischen der Verwaltung und Privaten in Österreich, in: VVDStRL 52 (1993), S. 298 ff., 310 ff.

nisse vertraglich-kooperativen Handelns zwischen Staat und Gesellschaft hinreichend fördern.

2. Rechtsverordnung und Satzung als generalisierte Handlungsformen

Den individualisierten Handlungsformen des Verwaltungsakts und öffentlichrechtlichen Vertrags stehen im überkommen „Außenrecht" der Verwaltung jene Formtypen gegenüber, mit deren Hilfe das Entscheidungshandeln der Verwaltung allgemein programmiert wird, also Entscheidungen über künftige Entscheidungen der Verwaltung im Einzelfall getroffen werden[8]. Zu ihnen zählen namentlich *Rechtsverordnungen* und *Satzungen*. Diese bilden generalisierte Handlungsformen mit Vorrang vor abweichenden Einzelfallentscheidungen. Die in ihnen vertypte Entscheidungssteuerung durch Verwaltungsrechtsetzung ist dabei zum Binnenbereich der öffentlichen Verwaltung hin von solchen Regelungen abzugrenzen, die *innerhalb* der Verwaltungsorganisation von übergeordneten Verwaltungsinstanzen oder — vorgesetzten gegenüber nachgeordneten Behörden oder Bediensteten ergehen und die dazu dienen, Organisation und Handeln der Verwaltung — z.B. Gesetzesvollzug oder Ermessensausübung — näher festzulegen. Die hier vor allem maßgeblichen Verwaltungsvorschriften werden jedoch im folgenden nicht mehr näher behandelt[9].

3. Formentypik des „Außenrechts" als Formendualismus

Die im § 9 VwVfG enthaltene Legaldefinition des Verwaltungsverfahrens beschränkt die öffentliche Verwaltung (zu Unrecht) auf die genannten Handlungsformen des Verwaltungsakts und des öffentlichrechtlichen Vertrags. Eine Ausnahme hiervon bilden auch nicht die Zusagen bzw. *Zusicherungen*, die in § 38 Abs. 1 S. 1 VwVfG eine besondere Regelung gefunden haben. Zwar besteht über die Rechtsnatur der Zusage Streit, doch sollte sie richtiger Ansicht nach als eine spezifische Form des Verwaltungsakts angesehen werden[10].

Insgesamt anerkennt der Gesetzgeber derzeit auf diese Weise lediglich zwei Handlungsformen der Verwaltung als *rechtlich* maßgeblich. Die Viel-

---

[8] *W. Schmidt*, Einführung in die Probleme des Verwaltungsrechts, München 1982, S. 79 ff.

[9] Dazu der Beitrag von *Grupp*, in diesem Band, S. 215 ff., m. w. Nachw.; zahlr. Nachw. zur Verfahrenssteuerung durch Verwaltungsvorschriften im übrigen bei *Pitschas*, Verwaltungsverantwortung und Verwaltungsverfahren, 1990, S. 593 ff., 600 ff., 634.

[10] *H. Meyer*, in: Meyer/Borgs, VwVfG, 2. Aufl. 1982, § 38 Rdnr. 1; *Stelkens*, in: Stelkens/Bonk/Sachs (Fn. 7), § 38 Rdnr. 5.

zahl anderer, fest im Gebrauch der Verwaltungspraxis stehenden Handlungsformen wie z.B. aus generalisierender Perspektive die Rechtsverordnungen oder Satzungen sowie — individualisierend — schlicht hoheitliche Verwaltungshandlungen bzw. das Handeln der Verwaltung in Privatrechtsformen oder gar zusammengesetzte Handlungsformen finden keinen Eingang in die gesetzliche Typologie der Handlungsformen. Es bleibt beim Formendualismus des Verwaltungs- und Verwaltungsverfahrensrechts.

4. Kritik des Formendualismus

Angesichts dieses Befundes verwundert es nicht, daß die Beschränkung des Verwaltungsverfahrens auf zwei Handlungsformen von Anfang an, d. h. seit seiner Kodifizierung auf erhebliche Kritik gestoßen ist. Diese stellte der rechtlichen Regelung die Grundsatzfrage entgegen, „ob und inwieweit es möglich ist, aus der gewachsenen Einheit des Verwaltungsverfahrens (einschließlich seiner materiell-rechtlichen Bezüge), das alle Tätigkeits- und Entscheidungsformen der Verwaltungsbehörden umfaßt, einen — wenn vielleicht auch wichtigen — Teil herauszuschneiden und ihn allein einer gesetzlichen Regelung zu unterwerfen, ohne damit nicht das Verwaltungsverfahren insgesamt, einschließlich der gesetzlich geregelten Teile, in seinem Wesen zu verfälschen und in falsche Bahnen zu lenken“[11].

Knüpft insofern eine erste „Schicht“ der Kritik an der überholten gesetzlichen Fixierung einer Rechtsform des Verwaltungshandelns auf die sog. Eingriffsverwaltung an, so haben sich weitere Rügen auf die Vernachlässigung einer verwaltungswissenschaftlichen Perspektive in der Rechtsformenbildung bezogen. Die Verengung auf die Form des Verwaltungsakts, so heißt es, würde der phasenhaften Gestaltung des Verwaltungsentscheidens als ein Ergebnis arbeitsteiliger Informationsverarbeitungs- und Willensbildungsprozesse widersprechen[12]. Und in der Tat stellt der Umstand, daß die gesetzliche Regelungstypik bislang die *Ergebnisse* des Verwaltungshandelns und nicht den Handlungs- und Entscheidungs*prozeß* zum Gegenstand hat, eine inakzeptable Einseitigkeit verwaltungsrechtlichen Denkens dar. Dieser Mangel hat denn auch — wie bekannt — die grundsätzliche Entfaltung des Verfahrensgedankens im Verwaltungsrecht befördert[13].

---

[11] *Schmitt Glaeser*, Anspruch, Hoffnung und Erfüllung. Das Verwaltungsverfahren und sein Gesetz — eine einleitende Bemerkung, in: FS zum 50-jährigen Bestehen des Richard Boorberg Verlags, 1977, S. 1 ff., 32.

[12] *Schmitt Glaeser* (Fn. 11), S. 36 ff.; anders noch *Brohm*, Die Dogmatik des Verwaltungsrechts vor den Gegenwartsaufgaben der Verwaltung, in: VVDStRL 30 (1972), S. 245 ff., 285 f.

[13] Dazu die Nachw. im einzelnen bei *Pitschas* (Fn. 9), S. 23 ff., 60 ff., 129 ff.; *Schoch*, Der Verfahrensgedanke im Allgemeinen Verwaltungsrecht. Anspruch und Wirklichkeit nach 15 Jahren VwVfG, in: DVerw. 25 (1992), S. 21 ff.

Eine dritte Schicht der Kritik am Formendualismus des Verwaltungsverfahrens setzt in jüngerer Zeit an der tatsächlichen Erscheinungsvielfalt sog. „informaler“ Abstimmungsvorgänge der öffentlichen Verwaltung mit ihrer Umwelt und an den gesellschaftlichen Bedarfen nach staatlicher Prävention und Risikovorsorge an. Die disziplinierenden Folgewirkungen der von den Handlungsformen geleisteten Verknüpfung des Verwaltungshandelns mit dem Verwaltungsrecht zwingen nämlich einerseits die Träger öffentlicher Verwaltung immer wieder dazu, sich gegenüber dem Bürger solcher Verhaltensweisen zu bedienen, die keine unmittelbaren Entscheidungen darstellen, sondern nur einen *tatsächlichen* Erfolg herbeiführen sollen und insofern eben nicht zu rechtlich geregelten, „formalen“ Handlungsformen rechnen. Die Gesamtheit dieser Erscheinungen (Vorverhandlungen, Arrangements, Agreements u.a.m.) wird unter dem Begriff des *informalen Handelns* zusammengefaßt. Er umschließt alle nicht geregelten Tathandlungen, die der Staat anstelle rechtlich geformter Handlungstypen oder Rechtsfolgeentscheidungen wählt, die jedoch den beabsichtigten Erfolg an sich auch in den von der Rechtsordnung bereitgestellten öffentlichrechtlichen oder privatrechtlichen Handlungsformen hätten herbeiführen können. Informales Handeln kennzeichnet damit eine formenreiche, lange Zeit „verschwiegene“, nunmehr aber breit diskutierte Verwaltungspraxis, deren Handlungsarsenal gleichwohl in der Dogmatik des Verwaltungsrechts derzeit kaum vorkommt — sieht man einmal von der Schattenexistenz des sog. *Realakts* ab[14].

Die anhaltende Diskussion um Fragen des informalen Verwaltungshandelns verweist ebenso auf Steuerungsdefizite des förmlichen Verwaltungsverfahrensrechts wie auf Veränderungen der Verwaltungsfunktionen, die wir bisher noch recht unscharf und wohl auch zu eng geführt mit dem Begriff des „kooperativen“ Staates „einzufangen“ versuchen[15]. Immerhin sieht sich damit schon der Blick auf eine weitere und neue Schicht der Kritik am Formendualismus des Verwaltungsverfahrens eröffnet, die das Erscheinungsbild kooperativer und risikoorientierter Strukturen des Verwaltungshandelns in übergreifende Nachfragen zu den *Grundlagen* einer Handlungsformenlehre im Verwaltungsrecht einbettet. Einschlägige Überlegungen sind sich zwar der „Produktivität“ einer Rechtsformenlehre als dogmatischer Ordnungsrahmen des modernen Verwaltungsrechts bewußt. Dennoch führt, so lassen sie erkennen, kein Weg daran vorbei, die defizitären Steuerungslei-

---

[14] Zu dieser Handlungsform näher und schon sehr früh kritisch *P. Krause*, Rechtsformen des Verwaltungshandelns, 1974, S. 56; ihre Entwicklungsbedarfe betont jüngst zutreffend *Schmidt-Aßmann* (Fn. 2), S. 62 f.; die Gesamtheit der Erscheinungsformen findet sich ausgebreitet bei *Erichsen*, Das Verwaltungshandeln, in: Erichsen/Martens, Allgemeines Verwaltungsrecht, 9. Aufl. 1992, §§ 33 ff.

[15] *J. J. Hesse*, Verhandlungslösungen und kooperativer Staat, in: Hoffmann-Riem/Schmidt-Aßmann [Hrsg.], Konfliktbewältigung durch Verhandlungen, Bd. I, 1990, S. 97 ff.

stungen des bisherigen Handlungssystems der öffentlichen Verwaltung in eine umfassende Reform des Verwaltungsrechts einzubeziehen und die „Enge" der konventionellen Rechtsformen aufzubrechen.

Verantwortlich hierfür ist der Modernisierungsdruck auf die öffentliche Verwaltung. Hervorzuheben sind insoweit und mit Blick auf die Verwaltungspraxis wie auf notwendige bzw. bevorstehende Verwaltungsreformen vor allem vier Gesichtspunkte: Zum einen geht es um die „Dialogisierung" des Verwaltungsrechts als Folge seiner zunehmend prozeduralen Gestalt. Daneben tritt die wachsende Komplexität von Verwaltungsaufgaben unter Wahrnehmungsbedingungen der Ungewißheit und Risikosteuerung. Das Verwaltungsrecht und -verfahren „mitten in die heutige Zeit zu stellen" (*H. Peters*) bedingt ferner deren künftige Orientierung an den zentralen Aufgaben einer „Infrastrukturverwaltung." Zu prüfen bleibt schließlich die Rolle, die Information und Kommunikation als Ressourcen einer durch „Verantwortungszentren" handelnden Verwaltung[16] für das zu entwickelnde moderne Verwaltungsrecht einnehmen.

II. Reformbedarfe des Handlungssystems der öffentlichen Verwaltung

1. Modernisierungsdruck der öffentlichen Verwaltung

Das Handlungssystem der öffentlichen Verwaltung — also die Verfahrensweisen, Formen und Maßstäbe, die deren Handeln bestimmen[17] — bildet unter diesen Gesichtspunkten eines der zentralen Gegenstandsfelder aktueller Diskussion um die Reform des Allgemeinen Verwaltungsrechts[18]. Vielfältige Überlegungen hierzu sind allerdings noch ihrerseits einzuweben in die Frage nach der Gestaltung zeitgerechter und funktionaler Verwaltungsstrukturen. Wie nämlich diese zukünftig beschaffen sein sollten, läßt sich bisher nur in schemenhaften Umrissen erkennen[19]. Ob und wie ihre

[16] *Reinermann*, Martwirtschaftliches Verhalten in der öffentlichen Verwaltung, DÖV 1992, 133 ff., 143 f., versucht dagegen — zu Unrecht — den Begriff der „Verantwortung" abzustreifen; das Verwaltungsrecht als zentrale Strukturmaßgabe des Verwaltungshandelns beharrt demgegenüber auf der Verantwortungskategorie.

[17] *Ossenbühl*, Die Handlungsformen der Verwaltung, JuS 1979, 681 ff., 682; *Schmidt-Aßmann*, Die Lehre von den Rechtsformen des Verwaltungshandelns, DVBl. 1989, 533 ff.

[18] Hierzu die Nachw. bei *Di Fabio*, Risikoentscheidungen im Rechtsstaat, 1993; Becker-Schwarze/Köck/Kupka/v. Schwanenflügel (Hrsg.), Wandel der Handlungsformen im Öffentlichen Recht, 1991; *Pitschas* (Fn. 9), S. 617 ff.; *ders.*, Allgemeines Verwaltungsrecht als Teil der öffentlichen Informationsordnung, in: Hoffmann-Riem u.a. (Fn. 2), S. 219 ff., 279 ff.

[19] Vgl. nur die leerformelhafte Zusammenschau aller „denkbaren" Veränderungslinien bei *Frömel*, „Verwaltung 2000" — Neuer Ansatz einer Verwaltungsreform in Baden-Württemberg, VOP 1991, 286 ff.

Entwicklung beispielsweise und vorrangig dem „Rhythmus von Wirtschaft und Gesellschaft" folgen sollte und was diese Festlegung für die Wahrnehmung der Verwaltungsverantwortung bedeuten würde[20], bedarf ebenso weiterer und vertiefter Auseinandersetzungen wie die damit zusammenhängende Frage, welche Schutz- und Steuerungswirkungen das zukünftige Verwaltungsrecht in bezug auf den Einsatz moderner Management-Instrumente, die Qualitätssicherung (auch bei Dienstleistungen), das Controlling und die Dezentralisierung von Ressourcenverantwortung enfalten müßte.

Allfällige Antworten hierauf erzwingt ferner unter Kommunikationsaspekten die heftig geführte Debatte um die *Beschleunigung* der Genehmigung standortgebundener Investitionsvorhaben bzw. der Planung von Verkehrswegen[21]. Die hierzu inzwischen verabschiedeten gesetzlichen Regelungen werden zwar durch die im Zusammenhang des Ausbaus der Verkehrsinfrastruktur aufgekommenen Zweifel an der Verfassungs- bzw. Rechtmäßigkeit von Öffentlichkeits- und Rechtsschutzverlusten bei den Planungen für Verkehrswege in den neuen Bundeländern sowie im Land Berlin eher diskreditiert. Auch das Investitionsmaßnahmen-Recht, also der Versuch des Bundesgesetzgebers, zu schnelleren Entscheidungen über Großinvestitionen im Verkehrsbereich zu gelangen („Investitionsmaßnahmengesetze"), stößt nicht von ungefähr auf vermehrte Kritik[22]. Doch hege ich keinen Zweifel daran, daß (auch) die Beschleunigung des Verwaltungshandelns — und somit die Verkürzung der Kommunikationswege (nicht aber der Kommunikation) im Verwaltungsverfahren — ein unverzichtbares Anliegen der Ausrichtung des Verwaltungsrechts auf die Steuerungserfordernisse und -praktiken einer „Verwaltung 2000" darstellen.

Indessen darf es niemals *nur* darum gehen, zeitliche „Rhythmusstörungen" im Verhältnis einer noch immer bürokratisch gesteuerten Verwaltung zur spätindustriellen Wirtschaftsgesellschaft zugunsten schnellerem behördli-

---

[20] Das wird leider nicht recht klar bei *Bullinger*, Verwaltung im Rhythmus von Wirtschaft und Gesellschaft, JZ 1991, 53 ff., 54 ff.; *ders.*, Beschleunigung von Investitionen durch Parallelprüfung und Verfahrensmanagement, JZ 1993, 492 ff., 497 f., 499 f.

[21] Gesetz zur Erleichterung von Investitionen und der Ausweisung und Bereitstellung von Wohnbauland (Investitionserleichterungs- und Wohnbaulandgesetz) vom 22.4.1993 (BGBl. I S. 466); Gesetz zur Beschleunigung der Planungen für Verkehrswege in den neuen Ländern sowie im Land Berlin vom 16.12.1991 (BGBl. I S. 2174); dazu etwa *Brohm*, Beschleunigung der Verwaltungsverfahren — Straffung oder konsensuales Verwaltungshandeln? NVwZ 1991, 1025 ff.; *Bullinger*, (Fn. 20), S. 492 ff. m.w.Nachw.

[22] Das beginnt allein schon bei der Wirksamkeitsanalyse von sog. Beschleunigungseffekten, vgl. nur *Brohm* (Fn. 21), S. 1027 ff. Im Kern geht es ferner um die Einschränkung von Öffentlichkeitsbeteiligung, also um noch mögliche Verfahrenskommunikation (deutlich statt vieler *Stockburger*, GewArch. 1992, S. 328 ff., 331); gegen deren Abbau aber schon *Pitschas*, Verwaltungsreform in den neuen Bundesländern und technische Infrastruktur, in: Seibel/Benz/Mäding (Hrsg.), Verwaltungsreform und Verwaltungspolitik im Prozeß der deutschen Einigung, 1993, S. 392 ff., 402 f.

chen Handeln und Entscheiden auszuschließen, ohne daraus ersprießende „soziale" Defizienzen zu beachten. Denn Verwaltungsverantwortung läßt sich nicht darauf verengen, prioritär wirtschaftliche Innovationen in kurzer Frist zu ermöglichen. Zwar zählt *wirtschaftliches* Verwaltungshandeln unstreitig zu den unmittelbaren Verfassungserfordernissen; es stellt also keinen Gegensatz zur Verpflichtung der Verwaltung auf Rechtmäßigkeit oder andere Handlungsziele dar. Doch umschließt die Steuerungsverantwortung der öffentlichen Verwaltung als Inbegriff verfassungsrechtlich verträglicher Koordination aller wechselseitigen Rechte und Pflichten von Verwaltung und Bürger auch und zugleich den Auftrag, bei Genehmigungen und anderen Verwaltungsentscheidungen wie durchweg im Verwaltungshandeln *alle* relevanten Interessen zu berücksichtigen und einen *fairen* Interessenausgleich herbeizuführen[23]. Sie erscheint darin zugleich als funktionales Äquivalent für die reduzierte Steuerungskraft des Legalrechts[24]. So verstandener Verantwortung obliegt es denn auch, ein größtmögliches Potential gesellschaftlicher Selbststeuerung zu aktivieren und die dafür notwendige Akzeptanz durch (oft langwierige) Verfahren als Vorklärungs- und Ausgleichmechanismen zu befördern. Dies kann mit hohen Zeitkosten verbunden sein. Doch muß im modernen Verwaltungsstaat der Geltungsanspruch des „Verwaltungsprodukts" diskursiv und wertgebunden begründet werden. Das zeitgemäße und zukunftsweisende Recht der öffentlichen Verwaltung in diesem Sinne ist *kooperatives* und *konsensuales Verwaltungsrecht.* Allein dieses kann seiner Legitimationswirkung heute noch gewiß sein[25].

Daraus folgt nicht nur für das „Beschleunigungsproblem": Strukturellen Konflikten wie dem zwischen legitimationssichernder und rechts- wie sozialstaatlicher Kommunikationsverantwortung einerseits und den Reaktionsbedarfen der gesellschaftlichen Produktions- und Distributionssphäre auf immer schneller wechselnde Marktinformationen bzw. Kostenreduktionserfordernisse andererseits ist nicht schon durch eilfertige eindimensionale Beschleunigungsmaßnahmen, sondern nur durch ein *differenziertes Konzept der Verwaltungs- und Rechtsentwicklung* zu begegnen. Es umschließt unter zunehmendem Kosten- bzw. Qualitätsdruck — beides kann in Widerspruch zueinander geraten (!) — ebenso den Aufbau eines handlungssteuernden Verwaltungsmanagements wie die Überprüfung des zur Verfügung stehenden verwaltungsrechtlichen *Handlungsinstrumentariums.*

---

[23] *Hoffmann-Riem*, Reform des Allgemeinen Verwaltungsrechts als Aufgabe — Ansätze am Beispiel des Umweltschutzes -, AöR 115 (1990), S. 400 ff., 415 f.; *Pitschas* (Fn. 9), S. 319 f., 510 f., 523 ff.

[24] Siehe auch *Schmidt-Aßmann/Groß*, Zur verwaltungsgerichtlichen Kontrolldichte nach der Privatgrundschul-Entscheidung des BVerfG, NVwZ 1993, 617 ff., 624 f.

[25] Deshalb ist Konsenssicherung (trotz „Zeitkosten") ein wesentliches verwaltungsrechtliches Strukturmerkmal der Verwaltungslegitimation, so mit Recht u.a. *Czybulka*, Die Legitimation der öffentlichen Verwaltung, 1989, S. 67 ff.; *Würtenberger*, NJW 1991, 295 ff.

2. *Modernisierungspotentiale des Verwaltungsrechts*

Diese Aufgaben bedingen vor dem Hintergrund des rechtlich verfaßten und sozialstrukturierten Gegenseitigkeitsverhältnisses von Verwaltung und Bürger („Verwaltungsrechtsverhältnis") den Umbau des Verwaltungsverfahrensrechts. Dazu zählt sowohl der Versuch, auf einzelnen „Ebenen" des Verwaltungshandelns eine Typologie von Verwaltungsverfahren unterschiedlich vorstrukturierter „Regelungsdichte" zu entwickeln und in das Allgemeine Verwaltungsrecht einzuführen als auch die Notwendigkeit, parallel dazu neue Entscheidungstypen der Verwaltung in Gestalt ausdifferenzierter Handlungsformen sowie Formen der Verwaltungsorganisation bereitzustellen[26]. Insbesondere die innere Verbindung der Verfahrens- mit der Formenlehre[27] drängt dazu, die Fortentwicklung des Allgemeinen Verwaltungsrechts nicht länger auf immer wieder verfeinernde Überlegungen zum Verwaltungsakt bzw. öffentlichrechtlichen Vertrag zu beschränken, wiewohl auch in dieser Perspektive noch beträchtliche Modernisierungspotentiale des Verwaltungsrechts schlummern. Andere Handlungsperspektiven bieten sich allerdings inzwischen an, um den aktuellen Steuerungsbedarf in Staat und Gesellschaft ergänzend oder auch alternativ wirkungsvoller zu befriedigen.

Die Auseinandersetzung um das Beschleunigungsproblem kennzeichnet in einer Hinsicht diesen Bedarf näher, nämlich als Herausforderung an die *leistende und lenkende Verwaltung*, das Verwaltungshandeln mehr als nur punktuell zu steuern. Es muß vielmehr auf bestimmte *Zielfunktionen* und auf den administrativen Handlungs- und Entscheidungs*prozeß* in seiner umfassenden Komplexität verstärkt ausgerichtet werden. Dies bedeutet, das Verwaltungshandeln jeweils auch im Kontext seiner Entstehungs- und Wirkungsbedingungen sowie unter Bezugnahme auf seinen Ablauf und die Entscheidungsfolgen konkret zu erfassen. Zu fragen ist dann, ob das mit der Wahl der jeweils für einschlägig erachteten Handlungsform zugleich festgelegte Rechtsregime noch immer dazu beiträgt, die zugrundeliegende Verwaltungsaufgabe *wirksam* zu erfüllen. Die oben erwähnten vier Leitgesichtspunkte[28] strukturieren die Antwort hierauf bzw. das Ergebnis. Läßt dieses mangelnde Wirksamkeit der Aufgabenerfüllung erkennen, wären Veränderungen oder Korrekturen vorhandener Handlungsformen als notwendig vorzuschlagen oder *neue* Handlungsformen zur Diskussion zu stellen.

---

[26] *Di Fabio*, Komplexes Verwaltungshandeln und juristische Dogmatik, in: Lorz/Spies u.a. (Hrsg.), Umwelt und Recht, 1991, S. 9 ff., 28 ff., 36 ff.

[27] Dazu näher siehe *Pitschas* (Fn. 9), S. 629 ff.; *Schuppert*, Diskurse über Staat und Verwaltung, in: Staatswissenschaften und Staatspraxis 2 (1991), S. 122 ff., 131 ff.

[28] Oben im Text bei I. 4.

3. Bedeutung und Funktion „exekutiver" Handlungsformen der Verwaltung

Hieran anknüpfend, geht es mir im folgenden darum aufzuzeigen, wie sich die *Handlungsformen* näherhin tatsächlich als veränderungsbedürftig erweisen. *Meine* These ist, daß manche von ihnen bereits jetzt unter den Einflüssen zu changieren beginnen, die sozialstaatlich-steuernde Verwaltungspolitik und die gegenwärtigen Veränderungsprozesse von Staatlichkeit und Recht auf das Handeln und Entscheiden der Verwaltung ausüben. In der Folge dessen muß es in Abkehr vom Formendualismus im geltenden Verwaltungsrecht zu einer Entwicklung neuer und flexibler Handlungsformen kommen. Zur Begründung dieser Notwendigkeit werde ich zunächst (a und b) einen Blick auf Begriff und herkömmliche Bedeutung der administrativen Handlungsformen werfen, um dann gegebene Wandlungserfordernisse und -tendenzen zu skizzieren.

a) Formenbindung der Verwaltung

Für die deutsche Verwaltung bildet traditionsgemäß die „Verwaltungsentscheidung" und namentlich ihre *Form* einen essentiellen Bestandteil des Verwaltungshandelns. Dementsprechend ist unser Verwaltungs- und Verwaltungsverfahrensrecht vorrangig hierauf und kaum auf den Entscheidungs- und Implementations*prozeß* ausgerichtet: „Der Rechtsstaat (hat) nicht bloß die flutende Masse der Verwaltungstätigkeit eingedämmt durch das Gesetz", so notierte noch *O. Mayer* zu Anfang des Jahrhunderts, „sondern er läßt auch noch mittendrin fort und fort feste Punkte auftauchen, welche dem einzelnen Halt gewähren und darüber sicherstellen, wohin es geht"[29]. Diese „Kristallisationspunkte" des Verwaltungshandelns werden als bewußte Entscheidungen der Verwaltung — in der Sichtweise *O. Mayers* als „Verwaltungsakt(e)"[30] — aus dem Handlungszusammenhang herausgehoben und besonderen Rechtsanforderungen unterstellt.

Die *Rechts- bzw. Handlungsform*[31] bietet damit den Anknüpfungspunkt für leitlinienhafte Aussagen der verwaltungsrechtlichen Dogmatik zur Lösung konkreter rechtspraktischer Probleme. Sie stellt dadurch gleichsam einen „konfektionierten Regelungskomplex" (*Ossenbühl*) dar: Zur Bewältigung wiederkehrender Rechtsprobleme steht mit der Handlungsform ein

---

[29] *O. Mayer*, Deutsches Verwaltungsrecht, 1. Bd., 3. Aufl. 1924, S. 92 f.

[30] A.a.O. (Fn. 29), S. 93.

[31] Zur hier bevorzugten Identitätsthese bzw. gegen den synonymen Charakter beider Begriffe, der in der Tat streitig ist, vgl. *Pauly*, Grundlagen einer Handlungsformenlehre im Verwaltungsrecht, in: Becker-Schwarze/Köck u.a. (Fn. 18), S. 25 ff., 31 ff.

bestimmter Normenfundus zur Verfügung, der die Voraussetzungen und Rechtsfolgen des erfaßten Handelns jederzeit greifbar, in Klarheit des Verständigungsgehalts und mit Blick auf die notwendige Gleichförmigkeit der auferlegten Lasten oder gewährten Leistungen regelt[32].

Handlungsformen sind m.a.W. „vertypte Handlungsausschnitte", denen bestimmte *Rechtswirkungen* zugemessen werden und die in dieser Ausformung Verfahrens- und materielles Recht zu einer Einheit zusammenfügen. Demgemäß bilden Handlungsformen zugleich *prozedurale Entscheidungs- bzw. Strukturmuster* die — wie z.B. der Verwaltungsakt oder der öffentlich-rechtliche Vertrag gem. §§ 9, 45 VwVfG — für den Konkretisierungsprozeß einschlägige Verfahrensdirektiven in sich bergen. Das Verwaltungshandelns wird derart „in Form" gebracht, „um damit vorgreifend nicht nur die Beeinträchtigung schutzwürdiger Interessen zu verhindern, sondern auch die positive Erfüllung der Rechtswerte zu gewährleisten"[33]. So beantwortet z.B. die Qualifizierung einer Handlung als *Verwaltungsakt* die Fragen der Entscheidungsbildung und -form, der Bestandskraft, des einzuhaltenden Verfahrens, der Klagearten usw. entweder direkt oder in Rückführung auf die verstreuten Vorschriften des besonderen Verwaltungsrechts. Zugleich soll die angestrebte Formenstrenge des Verwaltungshandelns die System-, Verfahrens- und Handlungsrationalität des politisch-administrativen Systems sichern. Dies geschieht dadurch, daß die Zuordnung spezifischer Rechtsfolgen zu bestimmten Punkten des Verwaltungshandelns den Verwaltungsbehörden ein Grundmaß an Distanz und Überschaubarkeit gegenüber dem Geschehen ermöglicht, woraus sich ihre Steuerungsmacht und die Steuerungsfähigkeit rechtlicher Regelungen überhaupt erst einstellen. Denn nunmehr werden für sie die eigenen Handlungsketten überschaubar und die Entscheidungsfolgen sind leichter abzusehen — eine unabdingbare Voraussetzung im *diskursiven Rechtsbildungsprozeß*[34].

b) Entstehung von Handlungsformen

Die postulierte Ausdifferenzierung weiterer Handlungsformen vermag auf keine eigenständige Formenlehre zurückzugreifen. Nimmt man die überkommenen Handlungsformen des Verwaltungsrechts in den Blick, so zeigt sich vielmehr, daß diese im wesentlichen Produkte einer pragmatisch an Entscheidungsnotwendigkeiten, Rechtmäßigkeitsbedingungen, Rechtsfolgen und Rechtsschutzmöglichkeiten der Eingriffs- und Leistungsverwaltung orientierten Rechtspraxis wie -entwicklung sind. So hat im liberalen Rechts-

[32] *Ossenbühl* (Fn. 17), S. 687; *Pitschas* (Fn. 9), S. 630.

[33] *P. Krause* (Fn. 14), S. 15 f.

[34] *Schmidt-Aßmann* (Fn. 17), S. 534.

staat namentlich die *eingriffswehrende* Eröffnung und Ausgestaltung des Rechtsschutzes unter Berücksichtigung des Umstandes, ob ein *Verwaltungsakt* angegriffen wird oder nicht, dieses Rechtsinstitut in seiner Reichweite geprägt.

Obwohl der Rechtsschutzaspekt heute insofern an Bedeutung verloren hat, macht er doch darauf aufmerksam, daß die Qualifikation bestimmter Handlungsbündel der öffentlichen Verwaltung als „Handlungsform" nicht nur von den angestrebten *Wirkungen*, sondern auch vom *Schutzauftrag* der Formung ausgehen muß[35]. Erst in der Orientierung an *beiden* Qualifikationsmaßgaben offenbaren sich die zentralen Bauprinzipien einer Handlungsformenlehre im Verwaltungsrecht, die im übrigen jedoch gerade nicht aus einem vorgedachten „System" ableitbar ist. An dem Umstand, dies dennoch zu versuchen, kranken deshalb auch Bemühungen, ein „System der Handlungsformen und Fehlerfolgenlehre" miteinander in Beziehung zu setzen[36]. Weder gibt es ein solches deskriptives „Formensystem", noch existiert eine allgemein akzeptierte Fehlerfolgenlehre. Einzuräumen ist allerdings, daß es mit Blick auf die grundlegenden Schutz- und Bewirkungs-(Steuerungs-)aufträge des Verwaltungsrechts Sinn macht, im Zuge rechtskonstruktiver Formenschöpfung die Fehleranfälligkeit des Verwaltungshandelns als ein Geltungskriterium „neuer" Handlungsformen u.a. zu wählen. Aussagen über Fehlerfolgen ergäben dann rechtsdogmatisch einigermaßen leistungsfähige Entwicklungskomponenten für die Formenbildung. So ließe sich z.B. im Rahmen der Entwicklung einer fehlerfolgenzentrierten Gesamtheit von Handlungsformen der *Realakt* mit dem Folgenbeseitigungsanspruch bzw. (sozialrechtlichen) Herstellungsanspruch als Fehlerfolge verknüpfen. In unterschiedlich ausgestalteten Fehlerkonsequenzen läge mithin ein gewichtiges Systematisierungskriterium[37].

Ein solcher Ansatz gliedert sich einerseits in das verwaltungswissenschaftlich begründete Entwicklungsprinzip ein, die formenabhängigen Rechtsfolgen nach Maßgabe der *Wirkungsintensität* und des *Wirkungsumfangs* spezifischer Aktivitätenbündel der Verwaltung zu bestimmen. Hierfür kommen ganz allgemein als Anknüpfungspunkte vorrangig die Aufgaben in Betracht, die der soziale Rechts- und Verwaltungsstaat zu erfüllen hat. Oder m.a.W. formuliert: Handlungsformen sind in Entstehung und Ausprägung durch die *Verwaltungsaufgaben* bedingt[38]. Stellt somit Formendifferenzierung (auch)

---

[35] *Schmidt-Aßmann* (Fn. 17), S. 535.

[36] So *Di Fabio*, System der Handlungsformen und Fehlerfolgenlehre, in: Becker-Schwarze/Köck u.a. (Fn. 18), S. 47 ff.

[37] Das allerdings ist *Di Fabio* (Fn. 36), S. 64 f., einzuräumen.

[38] *H.-J. Koch/R. Rubel*, Allgemeines Verwaltungsrecht, 2. Aufl. 1992, S. 28, 29; verfehlt insoweit jedenfalls das Bemühen *Di Fabios* (Fn. 36), S. 65, zwischen „echten und begrenzten verwaltungsrechtlichen Handlungsformen einerseits und verwaltungswissenschaftlichen Handlungsformen andererseits" zu unterscheiden; beides gehört zusammen: Die

eine Reaktion auf entsprechend unterschiedliche Aufgaben bzw. Aufgabenstrukturen der öffentlichen Verwaltung dar, so kommt es des näheren auf die Funktion an, die einer Handlungsform in bezug auf die spezielle Aufgabenerledigung zukommt. Sie muß eine rechtlich disziplinierende Wirkung entfalten und diesbezüglich in der Festlegung von Rechtsregime und prozeduralem Aktionsmuster geeignet sein, der zweckmäßigen und wirkmächtigen Erfüllung der jeweiligen Verwaltungsaufgabe zu dienen[39]. Dies erfordert den Blick auf die Realbedingungen und *Folgen* der Rechts- und Zweckkonkretisierung, ohne allerdings hierin ein ausschließliches Formungsprinzip zu sehen[40].

Lenkt man den Blick dagegen und andererseits auf die *rechtsstaatliche Funktion* der Handlungsformen, so bringen diese das vielgestaltige Verwaltungshandeln einheitlich „in Form", „um" — erneut sei darauf verwiesen — „damit vorgreifend nicht nur die Beeinträchtigung schutzwürdiger Interessen zu verhindern, sondern auch die positive Erfüllung der Rechtswerte zu gewährleisten"[41]. Doch verändern nicht nur die inzwischen feststellbaren Wandlungen des Rechtsverständnisses eben diesen „geschlossenen" funktionalen Ansatz einer Entwicklung rechtsstaatlich-kompensatorischer Relevanzkriterien der Formenprägung. Die „Prozeduralisierung" des Verwaltungsrechts[42] sowie der auf der öffentlichen Verwaltung lastende Modernisierungsdruck orientieren vielmehr die Handlungsformen immer stärker an den Reaktionsbedarfen des Verwaltungshandelns gegenüber gesellschaftlichen Anforderungen, wie sie derzeit im besonderen Verwaltungsrecht je sektoral das Verwaltungshandeln vorstrukturieren. Pars pro toto gilt dies ebenso für die „Plangenehmigung", die das Planungsvereinfachungsgesetz einführen will, wie für die Reform sektoraler Referenzgebiete, etwa des Krankenversicherungs- oder auch des Umweltrechts[43].

4. Veränderungsbedarfe des Handlungssystems

Hinter diesen Wandlungserfordernissen bzw. -tendenzen geben sich jene bereits angedeuteten vier Entwicklungslinien des sozialen Rechts- und Verwaltungsstaates zu erkennen, deren *Auswirkungen* zu verarbeiten dem Handlungssystem der öffentlichen Verwaltung zukünftig aufgegeben sein wird.

Aufgabenstruktur gilt es zu erkennen und in ihrer zugleich originären rechtlichen Selbstprägung bzw. Formendirektive zu verstehen.

[39] *Ossenbühl* (Fn. 17), S. 681 f.

[40] *Schmidt-Aßmann* (Fn. 17), S. 537.

[41] *P. Krause* (Fn. 14), S. 15 f.

[42] Dazu eingehend *Pitschas* (Fn. 9), S. 80 ff., 126 ff., 146 ff.

[43] Vgl. nur den Entwurf eines Gesetzes zur Vereinfachung der Planungsverfahren für Verkehrswege, BR-Drs. 756/92.

Ein insofern aufgabeninduzierter „Bewirkungsauftrag" des rechtsförmigen Handlungssystems der öffentlichen Verwaltung tritt neben das Anliegen, auch mit neuen Formentypen die Rechtsbelange bzw. die Rechtstellung des Bürgers zu schützen. Das aber führt in Zukunft dazu, *Formen* nicht nur für verbindliche, regulierende Verwaltungsentscheidungen vorzusehen, sondern auch für weitere und anders geartete Verwaltungsvorgänge zu entwickeln, deren Schutz- und Bewirkungs*anspruch* unterhalb dieser Schwelle liegen. Hierzu zählen u.a. schlicht-hoheitliche Tätigkeiten der Verwaltung („Realakte"), konsensuales Verwaltungshandeln und auch aufgabenstrukturbezogene Steuerungsvorgänge der Exekutive, um nur einige zu nennen. Dagegen sind die Formen *verwaltungsinterner* Rechtsetzung bereits vorab behandelt worden[44]; sie werden deshalb in die hiesigen Überlegungen nicht mehr einbezogen.

a) „Prozeduralisierung" des Verwaltungsrechts im kooperativen Staat

Maßgeblich in diesem Sinne erscheint zunächst und einerseits die „Prozeduralisierung" des Verwaltungsrechts. Das prozedurale Rechtsverständnis wirft die Frage auf, durch welche speziellen Rechtsregimes der Tatsache Rechnung getragen werden sollte, daß im materiellen Recht heute weniger denn je die konkreten Verwaltungsentscheidungen fertig ausgeprägt bereit liegen und vom jeweiligen Entscheidungsträger nur aufgedeckt zu werden brauchen. Die Problemstellungen „offener" Rechtnormen fordern im Gegenteil mehr und mehr Interaktionen der Verwaltungsakteure, die nicht nur entlang des Instanzenweges verlaufen, sondern auch horizontaler Informationsbeschaffung dienen und direkten Konsens mit dem Publikum zu erzielen aufgeben. Auf diese Weise offenbaren sich subjektive Sichten der Verfahrensbeteiligten als rechtlich maßgeblich. In einem solchen Sinne dezentrale Rechtserzeugung bzw. „Rechtsbildung" erzwingt dann die ständige Suche nach einem Kompromiß. Sie beruft den *kooperativen Staat*. Seine Verwaltungsverfahren müssen nunmehr auch gegenläufige *private* Interessen abstimmen, Entscheidungslegitimation aufbauen und die „ausgehandelte" Perspektive implementieren[45].

Diese Vorgehensweise formt die Rechtskonkretisierung „zum Dialog"; es entsteht „kooperatives Verwaltungsrecht". Öffentliche Verwaltung hat streitige Sachverhalte „mehr durch Argumente als durch eine endgültige Feststellung aufzuhellen"[46], Risiken abzuklären, Informationen auszutauschen und

[44] Vgl. den Beitrag von *Grupp*, a.a.O. (Fn. 9).

[45] *Hoffmann-Riem* (Fn. 23), S. 412ff., 438ff.

[46] *Schmidt-Aßmann/Groß* (Fn. 24), S. 625.

Vorsorge gegen überraschende Entwicklungen zu treffen. Das rechtsförmige Verwaltungshandeln ist demgemäß in diesen Kontext seiner Entstehungs- und Wirkungsbedingungen einzubetten, d.h. individualisierende wie generalisierende Handlungsformen wären auf die skizzierten und eher „weichen" Anforderungen an korporativistische Kompetenzfestlegung, Verfahrensführung, Rechtsschutz oder auch Staatshaftung maßvoll „einzustimmen". Dabei gilt es zu erkennen, daß die private Teilhabe an der Rechtsbildung *einseitig* administrative Regelungsbefugnisse, aber auch subordinationsrechtliche Vertragsformen zugunsten der Bedürfnisse und Erscheinungsformen dialogischen Handelns immer stärker zurücktreten läßt.

Nicht von ungefähr streift deshalb auch der *Verwaltungsakt* in den letzten Jahren die ihm anhaftenden Schalen eines einseitig-autoritären Befehls ab. Er hat sich von einer ehedem „punktuellen" Momentaufnahme des Rechtsbildungsprozesses zu einer quasi notariellen, möglichst einvernehmlichen Festlegung der jeweiligen konkretisierten Rechtslage „in Zeitabschnitten" gewandelt. Diese *sach- und zeitvariable* Stabilisierung der Rechtsbeziehungen dokumentiert sich in der Verwaltungspraxis etwa an dem Übergang zu vorläufigen Verwaltungsakten, wie wir sie u.a. aus dem Gaststättenrecht kennen, oder in der „vorzeitigen Zulassung" des abfallrechtlichen Planfeststellungsverfahrens[47].

Notwendig erscheint mir bei alledem die Prüfung im Einzelfall, ob durch kooperative Rechtsbildung in Gestalt des informalen Verwaltungshandelns der häufig angestrebte Interessenausgleich „im Schatten des formalen Rechts" wirklich gelingt und dadurch die Verwaltungseffizienz wie der Konsens zwischen Verwaltung und Bürger gesteigert werden kann. Die Integrationswirkung des Einsatzes von „Tauschpotentialen" — und auch die innegehabte Rechtsposition, die man aufzugeben bereit ist, stellt ein solches Potential dar — darf nicht überschätzt werden. Dies gilt auch gegenüber dem Wirken von *Konfliktmittlern*[48]. Und schließlich bleibt die Position der Bürger als Beteiligte im Entscheidungsprozeß und Handlungszusammenhang der vorsorgenden, umverteilenden und entwicklungsplanenden Verwaltung formengesteuert an deren *öffentlichen* Prozeß rückzubinden; subjektive Deutungen dürfen nicht zum allein maßgeblichen Rechtskriterium werden[49].

---

[47] *C. Koch*, a.a.O. (Fn. 3); *Scheier*, Zulassung des vorzeitigen Beginns — Probleme beim Vollzug der §§ 9a WHG, 7a AbfG und 15a BImSchG, NVwZ 1993, 529 ff.

[48] Dazu umfassend die Beiträge in Hoffmann-Riem/Schmidt-Aßmann (Hrsg.), Konfliktbewältigung durch Verhandlungen, Bd. I, 1990.

[49] Näher dazu *Morlok*, Selbstverständnis als Rechtskriterium, 1993.

b) Komplexität der Verwaltungsaufgaben und Entscheiden unter Ungewißheitsbedingungen

Schutz- und Bewirkungsauftrag der Handlungsformen nehmen, wie schon angedeutet, auch und weitgehend Bezug auf die Eigenarten der *Verwaltungsaufgaben*. Diese bestimmen die Antwort auf die Frage *mit*, in welchen Rechtsformen die Verwaltung handeln muß, um die intendierten Wirkungen zu erzielen.

In besonderem Maß sind es die von der planenden, verteilenden, risiko- und konfliktsteuernden Verwaltung zu treffenden sog. komplexen Verwaltungsentscheidungen, die Einzelfallregelungen vorstrukturieren und ihre Akzeptanz bei Erlaß erst noch herstellen müssen. Wir verstehen unter ihnen m.a.W. solche Entscheidungen, die nicht nur punktuell wirken, sondern Interessengeflechte unter Verschränkung der Interessen mit Kettenreaktionen untereinander austarieren. Sie haben weitläufige Folgewirkungen und eine zeitliche Dimension, die Generationen überdauern kann. Ihnen kommt im übrigen ein dynamisches Eingriffs-, Gefährdungs-, Gestaltungs, Umgestaltungs- und Direktionspotential durch die Betroffenheit einer Vielzahl mittelbar und unmittelbar sowie zukünftig beteiligter bzw. berührter Interessen zu. Und schließlich kennzeichnen hohe Prognoseanforderungen nach nicht festgelegten und teilweise ungesicherten Maßstäben, Methoden und Prognoseregeln die komplexe Verwaltungsentscheidung. Typische Beispiele hierfür bilden die Durchführung von Konversionsprojekten zur Bewältigung der Folgen der Abrüstung[50] bzw. die Standortwahl für umweltbedeutsame Großvorhaben[51].

Bislang ist zu ihrer Formung das Institut des *Verwaltungsakts* als Mittel genutzt worden, die diffizilen Interessengeflechte und ungewissen Folgeerwartungen in eine verläßliche und überschaubare rechtliche Ordnung zu bringen[52]. Und in der Tat können etwa Planungsentscheidungen des Umwelt- und Raumordnungsrechts ohne die stabilisierenden Wirkungen gerade des Verwaltungsakts kaum auskommen. Gleiches gilt für die Stufung von Entscheidungszusammenhängen durch Teilgenehmigungen und Vorbescheide; auch diese haben den Charakter von Verwaltungsakten. Doch reicht deren Gestaltungskraft heute nicht mehr aus, komplexes Verwaltungshandeln „in Form" zu bringen. Sektoral-differenzierte Leistungsaktivitäten und die unverzichtbare Konfliktsteuerung durch die öffentliche Verwaltung

---

[50] Siehe dazu u.a. *von der Heide*, Abrüstung als Verwaltungsproblem, DÖV 1993, 510 ff., 512 ff.

[51] *Winkler/Fisch*, Handlungsspielräume im Umgang mit Großprojekten — dargestellt am Beispiel des Planfeststellungsverfahrens zur Flughafenerweiterung Stuttgart, VOP 1991, 68 ff.; siehe ferner die in diesem Band von *Hill* vorgestellten Beispiele, S. 339 ff.

[52] *Burmeister*, Grundgesetzliche Verfahrensstrukturierungsgebote komplexer Verwaltungsentscheidungen, in: Jahrb. des Umwelt- und Technikrechts 1988, S. 121 ff., 122 ff.

bedürfen vielmehr und auf verschiedenen *Ebenen* des komplexen Verwaltungshandelns weitflächiger Abklärung involvierter Interessen, der Entwicklung von Strukturkonzepten, darauf aufbauender systematischer Planung von Verwaltungsaktivitäten, marketingbewußter Öffentlichkeitsarbeit und partizipativer Ausgestaltung. Oberhalb der Schicht individualisierter Begegnung von Verwaltung und Bürgern sieht sich daher die Aufgabe gestellt, jene *komplexen Verfahren* und *Handlungsformen* erst noch zu entwickeln, die diesem „Netzwerk" von Voraussetzungen und Wirkungen des Verwaltungshandelns Rechnung tragen. Ein besonders einprägsames Beispiel für diese Formungsaufgabe bildet die bereits erwähnte *Konversion*, d.h. die Nach-Nutzung militärischer Anlagen und Einrichtungen[53].

Zugrunde liegt dieser Sicht der Dinge allerdings noch immer die Vorstellung von der *Gewißheit* über absehbare Folgen von Verwaltungsentscheidungen. Sie gibt es indessen immer weniger. Zukunftsverläufe sind häufig genug nicht mehr auf lineare Kausalität und Kommunikation bezogen; Entscheidungen der Verwaltung unter Ungewißheit über deren Folgen bzw. schon über den zu regelnden Sachverhalt sind jedenfalls bei komplexen Verwaltungsaufgaben die Regel. Dies hängt damit zusammen, daß beispielsweise moderne Technologien selbst mehr und mehr — und dies gilt vor allem für die Gentechnologie — auf einem anderen Wissenstypus als dem herkömmlichen basieren; sie sind — von der praktischen Erfahrung weitgehend abgekoppelt — auf naturwissenschaftliches Denken gestützt, das sich im methodisch kontrollierten Experiment vollzieht und deshalb auch nicht mehr ohne weiteres wie Erfahrungen mitteilbar ist[54]. In der Folge dessen muß rechtsförmiges Verwaltungshandeln Aufgaben der *Risikobewertung* unter Ungewißheitsbedingungen übernehmen und in verfahrensrechtlichen Anforderungen abarbeiten. Daraus ersprießt der Formentyp der „Vorsorge- bzw. Risikoentscheidung"[55].

c) Funktionale Ausdifferenzierung der Infrastrukturverwaltung

Risikoregulierung durch komplexe Modellbildung kennzeichnet den Gehalt solchen Verwaltungshandelns. Es läßt sich weder als Eingriffs- noch im herkömmlichen Sinne als Leistungsverwaltung begreifen. Dementsprechend „steht" das Handlungssystem der öffentlichen Verwaltung in einem eigenge-

---

[53] Das von der öffentlichen Verwaltung zu initiierende „Netzwerk" beschreiben am Beispiel der Konversion in Rheinland-Pfalz sehr deutlich *Domhardt/Weik*, Zur Erforderlichkeit offener Planungsprozesse — Konversion als Herausforderung an das politisch-administrative System, RaumPlanung 61 (1993), 136 ff.

[54] Vgl. *Ladeur* (Fn. 4), S. 949 f.

[55] Siehe etwa *Hoffmann-Riem* (Fn. 23), S. 442 ff.; *Ladeur* (Fn. 4), S. 959; *Pitschas* (Fn. 4), S. 796, und *ders.* (Fn. 9), S. 271 ff., 705 ff., 718 ff., 734 f.; vgl. ferner *Di Fabio*, a.a.O. (F. 18).

arteten Kontext von Entstehungs- und Wirkungsbedingungen. Die Abwehr von Schäden, die der Allgemeinheit drohen, und die Sicherung der Funktionsvoraussetzungen von Verkehrssystemen und Umweltschutz, aber auch die vernetzten Präventionserfordernisse innerer Sicherheit oder sozialer Betreuung lassen diesen Kontext als „negative" bzw. „positive" Infrastrukturvorsorge benennen. Es handelt sich, so hebt *Faber* mit Recht hervor, um Aufgaben, die „unabhängig von bilateralen Rechtsverhältnissen" bestünden und eine „selbständige Kategorie" des Verwaltungshandelns darstellten. Nicht die Bilateralität, sondern die „Multilateralität ist der eigentliche Gegenstand der Infrastrukturverwaltung"[56].

In bezug auf diesen *Eigensinn infrastruktureller Aufgabenwahrnehmung* fehlt vorerst noch ein „passendes" Arsenal entsprechender Handlungsformen. Deren Entwicklung hätte sich wiederum an den zentralen Aufgaben der Infrastrukturverwaltung und dem ihr gegenüber erforderlichen Rechtsschutz zu orientieren. Dabei bildet zwar die *Planung* ein bekanntes „Kernstück der infrastrukturellen Tätigkeit". Zu ihr zählen aber auch die Genehmigungen von Kern- und Kohlekraftwerken sowie technische Richtlinien im Umweltschutz bzw. die Richtlinien der Bundesausschüsse zur Sicherung der ärztlichen Versorgung nach § 92 SGB V, um nur einige weitere Beispiele zu nennen[57].

Allerdings sieht sich selbst der *(Verwaltungs-)Plan* als eigengeartete und vertraute Handlungsform noch immer in Frage gestellt. Wenn auch tiefgestaffelte Typologien über die verschiedenen Arten von Plänen vorliegen, sind sie doch letztlich nichts mehr als Beschreibungen ohne eigenen kategorialen Gehalt. So wird z. B. der Haushaltsplan durch Gesetz festgestellt (Art. 110 II Satz 1 GG), während der Bebauungsplan als Satzung (§ 10 BauGB) und der Flächennutzungsplan wiederum in der Form eines Ratsbeschlusses ergehen. Für die staatliche Finanzplanung reicht auf Bundesebene ein Beschluß der Bundesregierung aus (§ 9 II Satz 2 StabG). Zahlreiche *Verwaltungspläne*, z. B. über den Bau eines Flughafens oder über die Anlage einer Fernstraße, unterliegen einem förmlichen Verwaltungsverfahren; verwaltungsintern bleibende Planungen sind dagegen kaum je an besondere Formen gebunden. Im übrigen gestalten sich so heterogen wie in der Formgebung auch Inhalt und Bindungswirkung der Pläne. Die Vielfalt der als „Plan" bezeichneten Erscheinungen wird deshalb richtigerweise als Anlaß dazu genommen, ihn aus dem allgemeinen System der Handlungsformen herauszunehmen und als

---

[56] *Faber*, Verwaltungsrecht, 3. Aufl. 1992, S. 162 f.; *ders.*, ebd., S. 337.

[57] Sozialgesetzbuch (SGB) — Gesetzliche Krankenversicherung — i.d.F. des Gesundheitsstrukturgesetzes vom 21.12.1992 (BGBl. I S. 2266); dazu *Pitschas,* Beziehungen zwischen Leistungserbringern und Krankenkassen, insbesondere vertragsärztliche Versorgung, in: Wannagat/Gitter (Hrsg.), Jahrbuch des Sozialrechts der Gegenwart, Bd. 15 (1993), C.II.1., C.III.; vgl. zur „Planung" im übrigen *Faber* (Fn. 56), S. 351 ff.

eine eigene Kategorie insoweit zu betrachten, als er nicht durch Gesetz oder anderswie einer bestimmten Handlungsform zugeordnet ist[58].

Diese Positionsbestimmung sollte indessen nicht daran hindern, erneut über den „Plan" als Handlungsform im Zusammenhang der Infrastrukturverwaltung nachzudenken. Aktuellen Anlaß hierzu gibt der Entwurf des Planungsvereinfachungsgesetzes[59]. Er stattet die nunmehr geschaffene Plangenehmigung mit den Rechtswirkungen der Planfeststellung aus und enthält eine Vorschrift, die sich zentral mit „Planungen" befaßt. Hieran könnte der Versuch anknüpfen, nunmehr auch den (Verwaltungs-)Plan als eigenständige Handlungsform neben dem Verwaltungsakt und dem öffentlichrechtlichen Vertrag im Verwaltungsverfahrensrecht von Gesetzes wegen auszuprägen.

Allerdings wäre hierbei zu berücksichtigen, daß moderne Infrastruktur zunehmend in Kooperation mit gesellschaftlichen Akteuren entwickelt wird, wie sich an der Gründung von Landesentwicklungsgesellschaften, Grundstücksfonds, Technologie- und Gründerzentren u.a.m. zeigt. Diese Art und Weise einer modernen Verflechtung von Staat und Gesellschaft bedingt m.E. die Entwicklung neuer Zonen von Öffentlichkeitskontrolle und -beteiligung. Dies zu versäumen, stellt eines der großen Defizite der gegenwärtigen Beschleunigungsgesetzgebung dar. Es gibt jedenfalls kein Monopol der Verwaltungsträger auf Infrastrukturgestaltung — und sei es auch durch „Planungsgenehmigung". Statt dessen besteht ein Anspruch auf Verwaltungskommunikation durch Publikumsinformationen[60].

d) Information und Kommunikation als Verwaltungsressourcen

Das Ausmaß, in dem Infrastrukturverwaltung auf Kooperation angewiesen ist, verweist zugleich auf die prinzipielle Rolle, die dabei der Information und Kommunikation zwischen den Akteuren zukommt. Das Verwaltungs- und Verwaltungsverfahrensrecht dienen hier als *Gehäuse der Kommunikation.* Zu entwickeln sind daher die rechtlichen Strukturen einer öffentlichen Informationsordnung und entsprechender Verwaltungskommunikation. Nicht von ungefähr setzt deshalb auch das sichtbar werdende gemeineuropäische Verwaltungsverständnis auf den freien Zugang zu Informationen über die Umwelt. Öffentlichkeit wird als „Gegenmacht" zur Verwaltung und zu deren (geschlossenen) Netzwerken mit bestimmten gesellschaftlichen

---

[58] *Faber* (Fn. 56), S. 341 ff.; *Ossenbühl* (Fn. 17), S. 685.

[59] A.a.O. (Fn. 43); vgl. dazu *Blümel*, Verkehrswegeplanung in Deutschland, in: Blümel/Magiera/Sommermann, Verfassungsprobleme im Vereinten Deutschland, Speyerer Forschungsbericht Nr. 117, 2. Aufl. 1993, S. 1 ff., 8 f., 12.

[60] Siehe zu dessen Begründung näher *Pitschas* (Fn. 18), S. 295 ff. m.w.Nachw.

Kräften aufgebaut: Informationen und ihr gegenseitiger Austausch, also Kommunikation, offenbaren sich damit als prägende Elemente eines prozeduralen Verwaltungsrechtsverständnisses, das im kooperativen Staat vermehrt entscheidungslegitimierende Selbstverwaltung, Selbststeuerung und Selbstorganisation bevorzugt. Die strukturelle *Koppelung* dieser ausdifferenzierten Verantwortungen zum Staat wird vor allem informationell gewährleistet. So bilden z.B. im Umweltverwaltungsrecht Umweltinformationen, Umweltbeobachtung und -aufklärung ebenso eigenständige Steuerungsinstrumente, wie im Vertragsarztrecht der „Vorsorgefaktor Information" das Betreuungs- und Leistungshandeln von Krankenkassen und Vertragsärzten strukturiert[61].

Rücken solchermaßen *Information und Kommunikation* in das Zentrum auch des Verwaltungshandelns, dann bedarf es zukünftig sowohl der Entwicklung eines spezifischen Informationsverwaltungsrechts als auch darin eingebetteter informationeller Handlungsformen[62]. Wie schwierig sich indessen dieser Bereich dem „Doppelauftrag" der Formung erschließt, nämlich die Rechtstellung des Bürgers zu schützen und zugleich die Verwaltung in die Lage zu versetzen, ihre legitimen Aufgaben wirkungsvoll wahrzunehmen, zeigt sich etwa an der administrativen Öffentlichkeitsaufklärung. Sie reicht über Hinweise, Empfehlungen und spezielle Aufklärungsmaßnahmen bis hin zu staatlichen Warnungen, ohne daß dafür schon „konfektionierte Regelungskomplexe" zur Verfügung ständen[63].

5. Das Handlungssystem der öffentlichen Verwaltung als Steuerungspotential

Mit diesen wenigen Hinweisen auf die formendifferenzierenden Entwicklungslinien des sozialen Rechts- und Verwaltungsstaates muß es hier sein Bewenden finden. Erkennbar wird allerdings, worum es mir geht: Insofern das Handlungssystem der Verwaltung ein *präventives Steuerungsmuster* verkörpert, lassen sich in wirklichkeitsorientierter Analyse seiner Effekte je spezifische Entwicklungsnotwendigkeiten herauspräparieren, die das „Reformprogramm" des Verwaltungsverfahrensrechts in bezug auf die Veränderungsbedarfe der Handlungsformen schutz- und wirkkräftig ausmachen.

---

[61] Siehe einerseits §§ 106 ff. AT-UGBE (Umweltgesetzbuch-Allgemeiner Teil), hrsg. von Kloepfer/E. Rehbinder/Schmidt-Aßmann, unter Mitwirkung von Kunig, im Auftrag des Umweltbundesamtes, 2. Aufl. 1990; vgl. ferner Arzt, Entwurf eines Umweltinformationsgesetzes, ZRP 1993, 18 ff.; zum „Vorsorgefaktor Information" im Vertragsarztrecht siehe *Pitschas*, (Fn. 57), A.I.5. und B.V.

[62] *Pitschas* (Fn. 18), S. 299 ff.; *Di Fabio*, Grundrechte im präzeptoralen Staat am Beispiel hoheitlicher Informationstätigkeit, JZ 1993, 689 ff., 694 ff.

[63] Begriff nach *Ossenbühl* (Fn. 17), S. 687.

Mit Bedacht verwende ich dabei einen (rechtswissenschaftlichen) *Steuerungsbegriff*, der in seinen Mittelpunkt das Bewirken von Wirkungen durch schutzmächtige rechtsförmige Handlungen rückt. Eingebettet in Verwaltungsrechtsverhältnisse, werden so die Entscheidungen und Handlungen der öffentlichen Verwaltung einem rechts- und sozialstaatlich geordneten Steuerungszusammenhang überantwortet. Auf diese Weise kann auch die Re-Konstruktion von Handlungsformen in den notwendigen *rechtsstaatlichen* Wirkbezug mit den Aufgaben der Verwaltung, deren Zielen und Zwecken, den Akteuren und den Wechselbeziehungen zwischen Verwaltungshandlungen und Handlungs- bzw. Entscheidungsergebnissen gestellt werden[64]. Die dem zugrundeliegende staatswissenschaftliche Methode schuldet allerdings den Nachweis, daß sie in der Lage ist, Brot statt Steine zu geben, will sagen, zur Reform des öffentlichrechtlichen Handlungssystems durch Ausprägung konkreter Formtypen beitragen zu können. Ich will in einigen abschließenden Bemerkungen den Versuch hierzu wagen.

III. Auf dem Weg zu „neuen" Handlungsformen

1. Konsensuales Verwaltungshandeln

a) Komplexe Verwaltungsverträge

Im Vordergrund steht dabei zunächst das dem „prozeduralen" Rechts- und Verwaltungsverständnis ersprießende *konsensuale Verwaltungshandeln*. Ich hatte bereits darauf hingewiesen, daß es seit längerem seinen Ausdruck in der Rechtsform des *öffentlichrechtlichen Vertrags* findet. Freilich ist dieser vornehmlich noch auf bipolare Rechtsverhältnisse ausgerichtet, wiewohl uns etwa das Sozialrecht zu lehren vermag, daß es auch *komplexe Verträge* gibt. Ich erinnere insoweit an das in den § 82 ff. SGB VI geregelte Recht der Gesamtverträge zwischen kassenärztlichen Bundesvereinigungen und den Spitzenverbänden der Krankenkassen (sog. „Bundesmantelverträge")[65]. Der Rechtsschutz des einzelnen Vertragsarztes hiergegen ist ebenso diffus wie deren Zuordnung zum öffentlichen oder Privatrecht. Daher sollte sich die Vertragsrechtslehre auf der Grundlage des jüngst von Krebs hervorgehobenen prozeduralen Ansatzes die weitere Entwicklung dieser Rechtsform unbedingt angelegen sein lassen[66].

---

[64] Zu dieser Funktionsbestimmung eines „rechtswissenschaftlichen" Steuerungsbegriffs in Auseinandersetzung mit sozialwissenschaftlichen Funktionszuweisungen siehe *Hoffman-Riem* (Fn. 23), S. 405 m. Fn. 12; *Pitschas* (Fn. 18), S. 223 f.

[65] Dazu auch die Hinweise bei *Heinze*, Vertragsstrukturen des SGB V, SGb 1990, 173 ff.; *Pitschas* (Fn. 57), C.II.

[66] Ebenso *Schmidt-Aßmann* (Fn. 2), S. 59.

Verträge des öffentlichen Rechts wie die soeben erwähnten wären in der Folge hiervon in einen einheitlichen Typus des *komplexen Verwaltungsvertrags* einzubeziehen. Darüber hinaus wäre dieser in seiner Funktionalität („Flexibilität“) unter Lösung der Bindung an den Verwaltungsakt für den kooperativen Staat fortzuentwickeln. Dementsprechend erscheint mir neben der Regelung seiner Ergebnisbezogenheit die *verfahrensgesetzliche Ordnung* der vertraglichen Aushandlungsverfahren unabdingbar. Dabei geht es nicht nur um die Entwicklung von „Steuerungskreisen“ in den Vertragsbeziehungen, zu denen auch Maßgaben für Leistungsstörungen, den Rechtsschutz bei Vertragsende und den vertraglichen Drittschutz zu zählen hätten. Ebensosehr ist im *sozialen* Rechtsstaat auf die Vertragsmächtigkeit der nichtadministrativen Vertragspartner zu achten[67].

b) Öffentlichrechtliche Schlichtung

Konsensuales Verwaltungshandeln ist allerdings in der Realität häufig unterhalb der Schwelle derzeit rechtlich verbindlicher Formen, wie sie auch der Verwaltungsvertrag darstellt, angesiedelt. Zutreffend findet sich deshalb in der Literatur der Hinweis, daß man heute manchen dieser informalen Handlungen nicht so hilflos gegenüber stände, „wenn neben Verwaltungsakten und Vertragserklärungen auch die sonstigen administrativen Willens- und Wissenserklärungen, die Empfehlungen und schlichten Verlautbarungen nachhaltiger in die Formensystematik eingegliedert worden wären“[68]. Jedenfalls ist der prinzipielle Konflikt zwischen legitimations- und akzeptanzsteigernder Kooperation von Bürger und Verwaltung einerseits sowie Sicherung der Letztverantwortlichkeit öffentlicher Verwaltungen andererseits nicht zu übersehen.

Ich halte es angesichts dessen auch für zweifelhaft, ob der Einsatz von *Konfliktmittlern* und die verbindliche Regelung mittlerunterstützter Aushandlungsprozesse — beispielsweise aus Anlaß abfallrechtlicher Planfeststellungsverfahren — einen erfolgversprechenden Beitrag zur Konfliktlösung bieten wird. Nicht nur gerät der Mittler angesichts vielfacher Koinzidenz von verfahrensauslösender und -entscheidender Behörde in Abhängigkeiten. Weitergehend fehlt es an eigenständigen und unabhängigen Ermittlungsbefugnissen. Auch Rahmenvereinbarungen über den Verfahrensablauf, die z.B. die Funktion des Mittlers für die Beteiligten verbindlich festlegen wollten, wären störungsanfällig. Überdies erscheint es geboten, auch die *rechtlichen Grenzen* des konsensualen Verwaltungshandelns eingehender zu erforschen. Der essentiellen rechtsstaatlichen Bindungen darf sich die Verwaltung auch in Verhandlungslösungen nicht entledigen. Ein *Konsens*

[67] Siehe nur die Hinweise bei *Krebs* (Fn. 5), S. 279 und öfter.

[68] *Schmidt-Aßmann* (Fn. 17), S. 541.

der Partner von Absprachen vermag trotz dezentraler Rechtsbildungskompetenz die endgültige Rechtsstellung nicht allein festzulegen. Gesetzeszweck und Kompetenzverteilung bilden hierbei weitere entscheidende Faktoren. Im übrigen sind neben den Belangen der Betroffenen auch und regelmäßig *weitere* Interessen der Allgemeinheit zu berücksichtigen. Die Gefahr ist nicht von der Hand zu weisen, daß diese bzw. Gemeinwohlinteressen bei einer privaten Mediation vernachlässigt werden könnten[69].

Freilich ist ebensowenig zu übersehen, daß die *dialogische Konfliktlösung* zunehmend an Bedeutung gewinnt[70]. Ich halte deshalb dafür, die Diskussion über privat organisierte Konsensverfahren abzuschließen und statt dessen behördliche Konfliktmittlung als Eigenaufgabe der kommunikativen Verwaltung anzuerkennen sowie „in Form" zu bringen. Hierfür wäre die neue Handlungsform der *Schlichtung* in einem konsensualen Zwischenverfahren unter verstärkter Neutralitätsgewähr für einzurichtende öffentlichrechtliche Schlichtungsstellen zu entwickeln[71]. Es versteht sich von selbst, daß hiervon alle Formen der Verfahrensverantwortung des Staates, die er durch Verfahrens- bzw. Verwaltungsmanagement wahrnimmt[72], abzugrenzen sind.

c) Verwaltungsabstimmung

Vertiefen wir den Blick auf die Wirksamkeitsbedingungen und Schutzbedarfe *konsensualen* Verwaltungshandelns, so läßt sich schließlich erkennen, daß die Öffentlichkeit — zumal bei komplexen Verwaltungsaufgaben und in der Infrastrukturverwaltung — *aktiv* an Informationsverarbeitung und Entscheidungsbildung der Behörden zu beteiligen ist. Schon aus dem Grundgesetz als Verfahrensordnung folgt, daß kein Verwaltungsverfahren ohne Beteiligung der betroffenen gesellschaftlichen Akteure durchgeführt werden darf. Auch die Entwicklung von Infrastruktur durch die öffentliche Verwaltung macht davon keine Ausnahme. Erfolgreiche Kooperation mit den Bürgern und die Entfesselung der Information im kommunikativen Staat einerseits sowie der Bedarf an rechtsstaatlicher Kompensation der Verluste eines effektiven Individualrechtsschutzes andererseits erfordern denn auch, Verwaltungshandeln als einen *öffentlichen Vorgang* rechtlich auszuformen[73].

---

[69] *Brohm* (Fn. 21), S. 1032.

[70] Das ist auch die wichtige Schlußfolgerung in der Rechtsprechungsanalyse von *Schmidt-Aßmann/Groß* (Fn. 24), S. 625.

[71] *Brohm* (Fn. 21), S. 1033; *Pitschas* (Fn. 9), S. 364, 382; anders dagegen *Bullinger,* JZ 1993, 492 ff., 500.

[72] Dazu jüngst wieder *Bullinger* (Fn. 20), S. 498 ff.; zuvor bereits *Pitschas* (Fn. 9), S. 385 ff.

[73] Vgl. näher *Schmidt-Aßmann* (Fn. 2), S. 55 f.

Dies setzt eine *gestufte* Formenvielfalt voraus. Denn dort, wo das Verwaltungshandeln die Individualebene verläßt und sich „Betroffenheit" selbst erst noch diffus zeigt, weil sie — wie z.B. im Zusammenhang landesplanerischer Verfahren — erst noch im „Werden" begriffen ist und sich die Frage stellt, ob auf einer der vorgezogenen Verfahrensstufen private Interessen schon als individuelle Rechtspositionen geschützt sind, verlangen das subjektive Recht und die Wirksamkeits- sowie Konsensbedingungen des Verwaltungsstaates nach breitenwirksamer und auch rechtsschutzsichernder Verfahrenteilhabe solcher „Interessengemeinschaften". Sie ließe sich in die Form einer „Verwaltungsabstimmung" („Verwaltungsreferendum") bringen. Im Zuge der Regionalisierung erscheint es überdies verwaltungspolitisch und legitimatorisch wenig sinnvoll, die Bevölkerungskreise einer Region als „Betroffene" vorbereitender und auf gewisse Weise der Gesetzgebung vergleichbarer Entscheidungen dem individualisierten (Massen-)Verwaltungsverfahren zu unterwerfen[74].

d) Behördliche Beratung und staatliche Informationsakte

Versucht man, auf diese Weise das konsensuale Verwaltungshandeln „in Form" zu bringen, so zeigt sich, daß es unter den gegebenen Veränderungsbedingungen der öffentlichen Verwaltung immer weniger Sinn macht, wahllos deren Wissens- und Willenserklärungen, Vollstreckungshandlungen, Verlautbarungen sowie weiteres auf einen tatsächlichen Erfolg gerichtetes schlicht-hoheitliches Handeln der Verwaltung in einer profillosen Auffangkategorie zusammenzufassen. Vielmehr sind die genannten Verwaltungsaktivitäten und alle übrigen administrativen Tathandlungen mit Blick auf die ihnen jeweils zugemessenen *Wirkintentionen* zu erfassen bzw. zu klassifizieren, um sie dann in genuine Handlungformen einzukleiden.

Im Ansatz verfehlt erscheint mir allerdings der zu diesem Zweck unternommene Versuch, an den „Regelungsgehalt" des schlicht-hoheitlichen Handelns anzuknüpfen, also an ein dem *Verwaltungsakt* zugeschriebenes Strukturierungsmerkmal[75]. Realakte sollen nämlich nach dem Willen der Verwaltung bzw. des Gesetzgebers gerade nicht jenen Bewirkungs- und Rechtsschutzansprüchen unterworfen sein, die — nicht zuletzt wegen seines Regelungscharakters — dem Verwaltungsakt immanent sind. So geht es vielmehr darum, den eigentümlich *indirekten* Steuerungsanspruch zu erfas-

---

[74] In diesem Sinne auch *Roßnagel*, Demokratische Kontrolle großtechnischer Anlagen durch Verwaltungsreferendum, KritV 1986, 343 ff.; siehe ferner *Schmitt Glaeser*, Die Position der Bürger als Beteiligte im Entscheidungsverfahren gestaltender Verwaltung, in: Lerche/Schmitt Glaeser/Schmidt-Aßmann, Verfahren als staats- und verwaltungsrechtliche Kategorie, 1984, S. 35 ff., 84 ff.

[75] So *Robbers*, Schlichtes Verwaltungshandeln, DÖV 1987, 272 ff.

sen, der dem schlicht-hoheitlichen Handeln innewohnt und diesen mit ihm erfließenden spezifischen Rechtsschutzbedarfen zu verknüpfen — solchen, wie sie etwa im Zusammenhang *behördlicher Beratungstätigkeiten* immer wieder offenkundig werden („Neutralitäts- und Gleichheitsproblem")[76]. Das Beispiel der „Beratung" steht im übrigen dafür, daß sich in Anerkennung der Berechtigung „mittelbaren Verwaltens" und „weicher" Kommunikationsvorgänge gerade die Formaspekte der sog. Realakte sehr wohl ebenso schutz- wie wirkungsbezogen entwickeln lassen. Dies hat dann unter Umständen eine steigende „Relevanzfunktion" des Verwaltungsrechts mit Zunahme der Einwirkungsintensität des Tathandelns auf rechtlich geschützte Individualpositionen zur Folge[77].

Ein etwas anders — nämlich wegen ihrer „Breitenwirkung" — zu betrachtendes Beispiel für den zu differenzierenden Umgang mit realbewirkenden Verwaltungshandlungen bilden die „infrastrukturellen" Tätigkeiten der Administrative. Zu ihnen rechnen auch das in jüngster Zeit favorisierte kooperativ-staatsentlastende „Projekthandeln bzw. -management" der Verwaltung[78], vor allem aber die *informierenden* Verwaltungshandlungen. Diese sind als staatliche Informationsakte ein unmittelbarer Ausfluß der Staatsaufgabe „Information und Kommunikation", in deren Wahrnehmung die öffentliche Hand als Garant informierter Eigenverantwortung der Bürger tätig wird. Derartige *Öffentlichkeitskommunikation* ist als zusammengesetzte Handlungsform nicht durchweg dem Vorrang und Vorbehalt des Gesetzes unterstellt. Sie unterliegt im übrigen und in den einzelnen Informationsakten der Öffentlichkeitsarbeit, Publikumsinformation und des Informationszugriffs je spezifischen Verfahrensanforderungen (Verfahrensfairneß, Befangenheitsregelungen, Pflicht zur Vorabinformation etc.)[79].

2. Vorsorgeauftrag der Verwaltungen

a) Vorsorgefunktion der Verwaltung

Die besondere Rolle der Risikoentscheidungen und hierzu erforderlicher Informationen als Verwaltungsressource führt darüber hinaus in der Verwaltungspraxis dazu, sich des Instruments der „Vorsorge" zu bedienen. Diese umfaßt die Gesamtheit derjenigen Verwaltungstätigkeiten, die in Sicherung der für die Bewältigung von komplexen Verwaltungsaufgaben

---

[76] *Weimar*, Ansätze zu einer Rechtsberatungslehre, in: R. Voigt (Hrsg.), Neue Zugänge zum Recht, 1986, S. 123 ff.

[77] Vgl. nochmals *Faber* (Fn. 56), S. 338.

[78] *Reuß*, Aufgabenerledigung durch Projekte in der Verwaltung, VOP 1992, 94 ff.

[79] Näher noch *Pitschas* (Fn. 18), S. 299 ff.

erforderlichen Informationen durch Nutzung entsprechender Quellen unter Knüpfung verwaltungsübergreifender „Informationsnetze" sowie mittels Einsatzes der Informations- und Kommunikations-Technik (IuK-Technik) verrichtet werden[80].

Allerdings bezieht sich ein solcher *Vorsorgeauftrag* der Verwaltung weder nur auf den Gewinn von Informationen noch auf spezielle Verwaltungssektoren. Deutlich wird im Übergang zum sog. Präventionsstaat[81] vielmehr — und vor allem unter den Bedingungen von Entscheidungsungewißheit bei komplexen Verwaltungsaufgaben — eine durchweg neue *Qualität* des Verwaltungshandelns. In Erkenntnis der wachsenden Notwendigkeit von Wahrscheinlichkeits- bzw. Risikoentscheidungen hat nämlich die Verwaltung allenthalben im Aufgabenvollzug „Vorsorge" für ihr Handeln gegenüber dem Eintritt eines prognostizierten Risikos zu treffen. Dies gilt sowohl im technischen Sicherheitsrecht als auch im Immissionsschutzrecht, im Sozialrecht wie im Polizeirecht. „Vorsorge" erweist sich jeweils als *risikogesteuerte Handlungskategorie*[82].

Sie bedarf allerdings erst noch vereinheitlichender rechtlicher Formung. Deren Vorteil läge darin, im Formentypus der „Risikoanalyse" auf einer „mittleren Ebene" ein flächiges Aktionsmuster zu gewinnen, welches Entscheidungsfolgen leichter als Scenario formulieren und einheitlich zugunsten rechtsstaatlicher Distanzierung der Verwaltungsaktivitäten modellieren ließe. Freilich ist ein solches Modell- bzw. Formkonzept nicht einfach zu erarbeiten. Dazu gehört zunächst, das tatsächliche Vorgehen der öffentlichen Verwaltung bei Vorsorgeaktivitäten zu analysieren. So greift z.B. die Fortentwicklung des *Polizeirechts* zum Handlungstyp vorläufiger Regelungen, um in Verdachts- und Ungewißheitslagen materiell vorläufige Maßnahmen in eine adäquate Handlungsweise einzukleiden: Die Polizei gibt über eine Gefahrentwicklung in offenen Entscheidungssituationen eine Wahrscheinlichkeitsprognose ab, mit der sie im Rahmen von Gefahrerforschungseingriffen und Gefahrursachenerforschungsmaßnahmen die Ungewißheit auf die Stufe eines nunmehr rechtlich folgenreichen Geschehens hebt. Erwartete Schadensintensität und der Verhältnismäßigkeitsgrundsatz bestimmen dabei vorerst die zulässige Reichweite des behördlichen Handelns[83].

---

[80] Siehe dazu und speziell mit Blick auf das polizeiliche Vorsorgehandeln *Pitschas/Aulehner*, Informationelle Sicherheit oder „Sicherheitsstaat"?, NJW 1989, 2353ff. m.w.Nachw.

[81] *Denninger*, Der Präventionsstaat, in: *ders.*, Der gebändigte Leviathan, 1990, S. 33ff.

[82] Dazu allgemein *E. Rehbinder*, Das Vorsorgeprinzip im internationalen Vergleich, 1991, S. 7ff., und der schon frühe Versuch von *Ossenbühl*, Vorsorge als Rechtsprinzip im Gesundheits-, Arbeits- und Umweltschutz, NVwZ 1986, 161ff., zu entfalten; für das Polizeirecht vgl. das Lehrbuch von *Gusy*, 1993, Rdnr. 187; *Pitschas*, Fortentwicklung des Polizeirechts und Legitimität des Staates, in: SchrR der Polizei-Führungsakademie, Heft 4/91, S. 7ff., 13ff. Alle Ansätze sind bislang „ungeformt" geblieben.

b) „Konzepte“ für Risikoentscheidungen

Entscheidungen über „Risikovorsorge“ stehen niemals für sich allein. Risiken definieren sich aus der Erkenntnis von Lagen; ihre Bewältigung setzt die sachverständige Beurteilung komplexer Sachverhalte unter wahrscheinlichkeitsgewichteter Einschätzung künftiger Sachverhaltsentwicklungen voraus. Demgemäß verlangen Risikoentscheidungen nach einem übergreifenden „Konzept“. Erst dieses garantiert, so führt das BVerwG zur Vorsorge gegen Immissionen durch Ferntransport von Schwefeloxidimmissionen zu recht aus, „die angestrebte Minderung der Gesamtimmissionen und rechtfertigt die zu diesem Zweck an die einzelnen Feuerungsanlagen gestellten Anforderungen auch unter dem Gesichtspunkt der Verhältnismäßigkeit“[84].

Die damit herausgestellte Handlungsform des *Konzepts* bietet jenen „ganzheitlichen“ Ansatz zur Problembewältigung, auf den die Verwaltungsverantwortung angesichts der nicht-linearen Kausalität komplexer Verwaltungsaufgaben angewiesen ist. Er sichert die Rationalität eines Verwaltungsverfahrens, in dem formale und informale, gewisse und ungewisse Elemente eines gefächerten Interessenausgleichs koordiniert und konsentierte Handlungsstrategien entfaltet werden müssen. Dem *Konzept* als zusammengesetzter Handlungsform entsprießen dann verwaltungsinterne Rechtsetzungen (durch Rechtsverordnung und Verwaltungsvorschriften) ebenso wie Planungselemente, „offenes“ Vorsorgehandeln und Realfunktionen des Projekthandelns (in Gestalt von Informationsakten, Beratungen), aber auch individualisierende Rechtsformen des flexiblen Verwaltungsakts und komplexen Verwaltungsvertrags sowie der Risikoentscheidung.

c) Verfahrensmäßige Strukturierung

Ich habe an anderer Stelle früher darauf hingewiesen, daß diese neue Reichweite der Verwaltungsverantwortung in den Wandel der Dogmatik des Verwaltungsrechts auch die „Führung“ des Verwaltungsverfahrens einbeziehen muß: „Verfahren sind im Blick auf ihre Wirkdimensionen so zu ‚managen', daß möglichst viele der als wichtig erachteten Positiveffekte, wie z.B. Verfahrensgerechtigkeit oder Ergebnisoffenheit, sowohl in der Rationalitäts- als auch in der Legitimations- und Beziehungsdimension herbeigeführt werden“[85].

---

[83] Vgl. auch *Di Fabio*, Vorläufiger Verwaltungsakt bei ungewissem Sachverhalt — Gefahrerforschung als Anwendungsfall vorläufiger Regelungen, DÖV 1991, 629ff.

[84] BVerwGE 69, 37 (44); siehe auch BVerwG, NVwZ 1993, 572ff., 573 zur „konzeptionellen Gesamtplanung“; eine Zusammenschau der Literatur findet sich bei *A. Müller*, Kozeptbezogenes Verwaltungshandeln, Diss. Speyer, 1991.

[85] *Pitschas* (Fn. 9), S. 386.

Diesem spezifischen *Verfahrensmanagement* fallen in bezug auf komplexe Verwaltungsentscheidungen und die Risikoverantwortung der öffentlichen Verwaltung die Funktionen der Steuerung des Aufgabenvollzugs, insbesondere der Koordination und des kooperativen Interessenausgleichs im Rahmen der Konzeptumsetzung zu. Ein entsprechendes Modell läßt sich namentlich im bereits erwähnten „Projektmanagement" finden, das sich speziell für den Einsatz auf dieser „mittleren" Ebene des Verwaltungshandelns (und dann inmitten einer Projektorganisation auf der Stufe der Regierungsbezirke bzw. in der der Ministerialverwaltung) anbietet. In der Konsequenz dessen wäre der Teil VII des VwVfG (§§ 81 ff., 88 ff. a.a.O.) zu revidieren.

Freilich ist vor Euphorie zu warnen. Komplexe Entscheidungssituationen sind nur mit einem entsprechenden Kommunikationsmanagement zu bewältigen, das „seine Zeit" benötigt. Konkretisierungsbedürftige Gesetze, von denen hier die Rede war, tragen die Notwendigkeit von Begründungsdiskursen stets in sich — auch das „Beschleunigungsrecht" macht davon keine Ausnahme. Es bleibt auch unter den Veränderungsbedingungen der „Verwaltung 2000" stets konkretisiertes Verfassungsrecht (*F. Werner*).

Diskussion zu den Referaten von Klaus Grupp und Rainer Pitschas

Leitung: Helmut Quaritsch

Bericht von Christian Koch

Gegenstand der Diskussion waren Aspekte der Handlungsformen, wie sie sich als notwendiges Pendant zur Debatte um Verfahrensvereinheitlichung und Verfahrensbeschleunigung erweisen, zunächst konzentriert auf den verfassungsrechtlichen Rahmen und Abgrenzungsprobleme in den Funktionsbereichen von Verwaltungsvorschriften und Rechtsverordnungen (I.), sodann ausgeweitet auf Fragen der weiteren Durchbildung von Handlungsformen unter den Bedingungen und Herausforderungen des derzeitigen infrastrukturellen Wandels (II.). Denn nehme man den beginnenden Neubau des Verwaltungsverfahrensrechts als Konsequenz zunehmender Ausdifferenzierung des modernen Staates in seinem Aufgabenbezug „Infrastrukturverwaltung", so dürfe ein Wandel in der Funktion von Handlungsformen auch unter Beschleunigungsbedingungen nicht außer Betracht bleiben (*Pitschas*).

Der verwaltungsinternen Rechtsetzung komme gerade im technik(folgen) orientierten Planungsrecht — so *Grupp* — angesichts eines erweiterten Begriffs- und Funktionsverständnisses dieser Handlungsform und im Hinblick auf die vielfaltigen naturwissenschaftlich-technischen wie auch verwaltungsorganisatorischen Anforderungen des Fachplanungs- und Umweltrechts besondere Bedeutung zu; Anknüpfungspunkte im Bundesrecht trügen dem bereits deutlich Rechnung (vgl. z.B. § 4 Abs. 5 AbfG; §§ 48, 51 BImSchG: „beteiligte Kreise"; § 30 Abs. 5 GenTG: Anhörung der zentralen Kommission) und legten Zeugnis ab von der Notwendigkeit, die Rechtsgrundlagen für den Erlaß von Verwaltungsvorschriften weiter auszubauen. Die (mittelbare) Außenwirksamkeit von Verwaltungsvorschriften liege weiterhin in der „Umschaltnorm" Art. 3 Abs. 1 GG begründet. Soweit im Organisations- und Geschäftsleitungsbereich originäre Verwaltungsverantwortung die Basis für Gestaltungsmaßnahmen und Entscheidungen bilde, werde die Funktion der Verwaltungsvorschriften als Selbststeuerungsinstrument der Verwaltung deutlich und entziehe sich wohl gesetzgeberischer Anordnung — so hatte *Grupp* in seinem Referat die Ausgangslage für die

Diskussion umrissen. Verwaltungsvorschriften erweisen sich — auch dies wurde im Verlauf der Diskussion deutlich — vielfach als wichtigstes Handlungsinstrument, wenn die Verwaltung sich anschickt, ihrer eigenständigen Gestaltungsverantwortung aufgabenorientiert gerecht zu werden.

I. Verwaltungsvorschriften und Rechtsverordnung — das Binnenrecht der Verwaltung vor neuen Herausforderungen

Die Diskussion konzentrierte sich nun zunächst auf Einsatzbereiche, Wirkungsweise und formelle Voraussetzungen von Verwaltungsvorschriften in Abgrenzung zu Funktionsbereichen und verfassungsrechtlicher Einbindung der Rechtsverordnung. Die Grenzen zwischen einerseits außenrechtsorientierten und andererseits auf den Binnenraum der Verwaltung beschränkten Funktionsbereichen der Handlungsformen Verwaltungsvorschrift und Rechtsverordnung beginnen zu verschwimmen.

So sprach sich *Laubinger* für einen betonteren Einsatz der Rechtsverordnung aus; wohl fänden sich in Art. 84 ff. GG Hinweise auf Verwaltungsvorschriften, aber es bedürfe zur Begründung von Außenwirkung allenthalben des Umwegs über Art. 3 Abs. 1 GG; bei verstärktem Einsatz der Verwaltungsvorschrift drohe die Gefahr einer Formenvertauschung, weshalb zunächst sorgfältig und in jedem Anwendungsfall der praktische Bedarf der Verwaltung an einem Einsatz des vielfach als „leichter" handhabbar charakterisierten Handlungsinstruments Verwaltungsvorschrift genau geprüft werden müsse. Auch die Rechtsprechung des EuGH zu Verwaltungsvorschriften[1], derzufolge die Umsetzung von Gemeinschaftsrichtlinien in das mitgliedstaatliche deutsche Verwaltungsrecht mittels Verwaltungsvorschrift mangels hinreichender Verbindlichkeit unzureichend sei, spreche dafür, einem rechtlich geprägten Steuerungswillen folgend den Regelungsstoff „in das Gefäß der Rechtsverordnung zurück(zu)schütten". Wolle man hingegen — so *Fluck* — die formellen Anforderungen an Verwaltungsvorschriften weiter steigern, liefen diese Gefahr, ihre Flexibilität einzubüßen. Soweit Bindung erreicht werden solle (etwa auch im Hinblick auf die TA-Luft), möge man sich der Rechtsverordnung bedienen.

Wahl differenzierte zwischen dem diskutierten Aufwand bei Erlaß von Verwaltungsvorschriften (Anhörung beteiligter Kreise, Beteiligung des Bundesrates) in seinen Parallelen zur Rechtsverordnung einerseits und ihrem höheren Grad an Flexibilität andererseits: Der Vorbehalt des Abweichens in besonderen Fällen sei der Verwaltungsvorschrift immanent, und gerade in

[1] Vgl. etwa EuGH, Urt. v. 30.5.1991, EuZW 1991, S. 440 ff.; siehe dazu *Christoph Engel,* Die Einwirkungen des europäischen Gemeinschaftsrechts auf das deutsche Verwaltungsrecht, Verw. 25 (1992), S. 437 ff.

der Auseinandersetzung mit dem EuGH gelte es, die Tragweite des Einzelfallvorbehalts im Umsetzungs- und Implementationsprozeß zu klären; fraglich sei, ob er sich tendenziell als Verschärfung auswirke. Indessen ließe sich auch die Rechtsverordnung mit Einzelfallvorbehalten versehen. Die Frage nach dem tatsächlichen Bedarf für die Verwaltungsvorschrift als eigengearteter Handlungsform müsse neu beantwortet werden. Ein Gegenkonzept könne darauf gerichtet sein, die „Halbherzigkeit" der verwaltungsrechtlichen Dogmatik zu überwinden, die geradezu in ihrer „Lebenslüge", einer allzu konsequent durchgehaltenen Differenzierung von Innen- und Außenrecht, liege. Vielmehr sei die Außenwirkung — regelmäßig — intendiert. Denn mit Verwaltungsvorschriften verbinde sich letztlich der „Auftrag, unfertige Regelungskonzepte in die Außenwirkung hineinzunehmen". Verwaltungsvorschriften entwickelten so maßgeblichen Entwurfscharakter für das Außenrecht.

Nehme man die Tatsache in den Blick, daß mittels Verwaltungsvorschriften etwa im wesentlichen die Antragsvoraussetzungen (gerade in den EDV-gestützten Verwaltungsbereichen) gestaltet würden, zeige sich ein Bedarf an rechtlicher Klärung, an Verrechtlichung; § 24 Abs. 3 VwVfG laufe vielfach tatsächlich leer. Aus gerichtspraktischer Sicht komme es auf die Justiziabilität der Fehlerfolgen an, gerade in dem brisanten Bereich der Verwaltungsvorschriften, der allzu leicht mit dem Vorwurf des „Hineinregierens" der Gerichte in die „Interna" der Verwaltung verknüpft werde, wie *Stelkens* meinte.

Auch *Schoch* bedauerte die „Halbherzigkeit" im Einsatz von Verwaltungsvorschriften. Die Konkretisierung dessen, was alsdann außenrechtsverbindlich angeordnet werden solle, finde sich z.B. gerade im Ausländerrecht vielfach in Verwaltungsvorschriften. Dem Erfordernis eines Gesetzesvorbehalts komme man näher, wenn man die (oft verdeckte) Eingriffsdimension im Sinne von „Wirkung" verstehe. *Schoch* verwies als Beispiel für systembezogene Probleme im Umgang mit Verwaltungsvorschriften zum einen auf § 104 AuslG, demzufolge der Bundesinnnenminister allgemeine Verwaltungsvorschriften zum Ausländergesetz mit Zustimmung des Bundesrates erläßt, zum anderen auf das Beispiel des § 45 Abs. 3 i.V.m. Abs. 1 AuslG.

Paetow sah im Umwelt- und Technikbereich (insbesondere im Hinblick auf Meßverfahren und damit auf die empirische Durchdringung des Entscheidungsstoffes) unverzichtbare — normkonkretisierende — Anwendungsbereiche für Verwaltungsvorschriften, wiewohl nicht verkannt werden solle, daß vielfach auch Rechtsverordnungen in diesem Bereich durchaus geeignete Regelungsmuster bieten könnten, wie das BImSchG zeige. Diese Abgrenzungsprobleme ließen *Hendler* vor der bedenklichen Tendenz warnen, eine eigene Kategorie zwischen Verwaltungsvorschrift und Rechtsverordnung einzurichten; sinnvoller sei es, Kriterien zu entwickeln, nach denen

Verwaltungsvorschriften angesichts bestimmter Besonderheiten in die Form der Rechtsverordnung überführt werden könnten. In der Beurteilung des Einzelfallvorbehalts sei mit Wellenbewegungen zu rechnen: Er eröffne Verwaltungsspielraum, erlaube Erleichterungen und lasse die Berücksichtigung weiterer, im Verhandlungswege erzielter Kompromisse zu (z.B. zeitliche Streckung, Dispense).

Flexibilität und zumindest eingeschränkt auch Wahrung eines Parlamentsvorbehalts ließen sich in rückholbaren Rechtsverordnungen verwirklichen. § 3 Abs. 2 S. 1 UVPG gebe stattdessen (in entgegengesetzter Richtung) — „soweit zwingende Gründe der Verteidigung oder der Erfüllung zwischenstaatlicher Verpflichtungen es erfordern" — die Möglichkeit, die Anwendung des Gesetzes „nach Richtlinien, die im Einvernehmen mit dem Bundesminister für Umwelt, Naturschutz und Reaktorsicherheit festzulegen sind", auszuschließen oder von Ausnahmen abhängig zu machen. Verwaltungsvorschriften entsprächen in ihrem „legislatorischen" Aufwand durchaus der Rechtsverordnung. Maßgebende Differenzierungen lägen im Einzelfallvorbehalt, im Fehlen einer gerichtsbezogenen Bindungswirkung, sowie funktional in der erleichterten Selbstkorrekturmöglichkeit. Zu berücksichtigen sei auch die vielfach auf den Antragsteller hin orientierte Fassung von Verwaltungsvorschriften, der einbezogene Hinweis-Charakter.

II. Ausdifferenzierung der Handlungsformen unter den Bedingungen des Infrastrukturwandels

Die Ausgangslage des zweiten Hauptfeldes der Diskussion zur weiteren Ausdifferenzierung der verwaltungsrechtlich strukturierten Handlungsformen und hieraus sich ergebender Muster für neue Verfahrensstrukturen hatte *Pitschas* u. a. dahingehend entwickelt, der überkommene Formendualismus des Verwaltungsverfahrens habe sich trotz hoher Leistungsfähigkeit des Verwaltungsakts gerade in mehrpoligen Verwaltungsverhältnissen als zu eng erwiesen. Das Augenmerk verlagere sich auf den durchdachten Umgang mit Komplexität, auf Sachverhaltsermittlung und Entscheidungsvorbereitung unter Ungewißheitsbedingungen, auf die phasenhafte Gestaltung, auf den Entscheidungs*prozeß*, auf die verfahrensmäßige Sicherung des tatsächlichen Erfolgs. Die Handlungsformenlehre habe ihrem „Bewirkungsauftrag" gerecht zu werden, nicht zuletzt, indem sie über ihre Funktion, Verbindlichkeit herzustellen, hinausgehend „prozedurale Strukturmuster" anbiete. Offene Rechtsnormen erforderten ein erhöhtes Maß an Interaktion; und nicht zuletzt im Bemühen um Konsens, in der Kompromißorientierung erweise sich eine neue Qualität der Rechtsbildung (Prozeduralisierung des Rechts).

Aus der Komplexität bestimmter Gestaltungszusammenhänge mit hohen Prognoseanforderungen resultierten Überlegungen, Strukturkonzepte, Programme, Planungen deutlicher als eigenständige Handlungsformen zu begreifen und zu ihrer weiteren Ausdifferenzierung zu gelangen; mit dem Modellbegriff der Infrastrukturverwaltung lasse sich dieser neubestimmte Kontext von Entstehungs- und Wirkungsbedingungen zumeist multilateralen Zuschnitts relativ gut umschreiben. Aus den Kooperationserfordernissen ergäben sich sogleich intensivere Informations- und Kommunikationsanforderungen, nicht zuletzt angesichts des zügigen Ausbaus von Öffentlichkeit als Kontrollebene in der EG. So sei auch eine weitere Profilierung des Realakts nach Maßgabe seiner Wirkintentionen (vor allem im Bereich des Informationsverwaltungshandelns) anzustreben. Weiterer Durchdringung bedürfe im übrigen der spezifische Vorsorgeauftrag der Verwaltung, der gerade in seiner Ausprägung als Informationsvorsorge (vor allem als Gefahrerforschungseingriff) auf seine Brauchbarkeit als durchgängiges Rechtsprinzip des Verwaltungsrechts hin untersucht werden müsse.

Die Verbindung von Verfahrens- und Formenlehre unter Einbezug der Diskussion um Maßstabsbildung und Grundstrukturen des Verwaltungsrechtsverhältnisses in einer Prozeduralisierungsperspektive zu sehen, sei — so *Schulte* — zustimmungswürdig. Fraglich bleibe indessen, ob es der Entwicklung eines eigenständigen Informationsverwaltungsrechts bedürfe, und zweifelhaft sei auch die Leistungsfähigkeit des Begriffs „Infrastrukturverwaltung". Hier ergäben sich vor allem typologische Probleme; die Abgrenzung in den Übergangsbereichen zur Leistungsverwaltung werde kaum gelingen, und der Begriff laufe auf eine Vernachlässigung der Bedeutung der Eingriffsverwaltung hinaus. Zur Umschreibung des Begriffs der Infrastrukturverwaltung genügten — wie *Hendler* ergänzte — die bekannten dogmatisch ausgereiften Figuren von Plan, Vorhabengenehmigung und etwa auch technikbezogenen Richtlinien.

Pitschas entgegnete, der Begriff „Infrastrukturverwaltung" empfehle sich zunächst schon als „Kontaktbegriff", erlaube er doch eine angemessene Orientierung an der Verwaltungsrealität. Mit ihm ließen sich Bedingungen der Rechtsentstehung erfassen, eines gestuften Prozesses zunehmender (auch) dogmatischer Durchdringung. Um Realität sogleich dogmatisch auszuprägen, sei der Plan — für sich genommen — nicht geeignet. Die Plangenehmigung allerdings biete — nicht zuletzt abgrenzend — immerhin Ansatzpunkte für eine Neudefinition und Akzentuierung des Plans als Handlungsform. Zwischen dem Grad an Komplexität des planungserheblichen Sachverhalts einerseits und dem Grad an Ausprägung der Rechtsform andererseits könne man ein „inverses Verhältnis" beobachten. Der Konsens als Realerscheinung (das erzielte Ergebnis, trotz streitig gebliebener Auffassungen) sei als solcher noch nicht hinreichend rechtsförmig vertypt. Im Hinblick auf das Desiderat eines Informationsverwaltungsrechts müsse man konstatieren: Die Grenze rechtsgeleiteter Beherrschbarkeit der Ressource

Information sei erreicht, wenn man sich das vorhandene Regelwerk vor Augen führe; das Informationshandeln der Verwaltung (Informationsgewinnung — durchaus auch als Eingriff, Weisen der Selbstdarstellung öffentlicher Verwaltung, aber auch das Einwirken auf die Öffentlichkeit mittels Information mit unterschiedlichsten Intentionen und in verschiedenen Intensitätsgraden) bedürfe der Formung und dogmatischen Durchdringung[2]. Das Verwaltungsreferendum als Abstimmung der Bevölkerung im Einzugsbereich einer Anlage (*Laubinger*) bedeute — so *Pitschas* — einen gewissen Ausgleich für Konturverluste des subjektiven Rechts, indem es mit der Bürgerbeteiligung eine neue Kontrollebene einziehe: die Öffentlichkeit. Das Maß an Konsens sei ständigem Wandel unterworfen und höchst unterschiedlichen Belastungen ausgesetzt, je nach Verwaltungsaufgabe. Hier bedürfe es eines Auffächerns der Konsensbildungsprozesse. Maßvolle rechtsdogmatische Interventionen in das Handeln „im Schatten des Rechts" seien geboten.

[2] Siehe hierzu *Rainer Pitschas,* Allgemeines Verwaltungsrecht als Teil der öffentlichen Informationsordnung, in: Wolfgang Hoffmann-Riem/Eberhard Schmidt-Aßmann/Gunnar Folke Schuppert, Reform des Allgemeinen Verwaltungsrechts. Grundfragen, Baden-Baden 1993, S. 219 ff.

Direkte Wirkung von Richtlinien der EG im Umwelt- und Technikrecht — Verwaltungsverfahrensrechtliche Probleme des nationalen Vollzuges

Von Hans-Jürgen Papier

I. Unmittelbare Geltungskraft und Verbot des Rechtsmißbrauchs

Richtlinien der EG sind gemäß Art. 189 Abs. 3 EWGV grundsätzlich nur für die Mitgliedsstaaten und lediglich im Hinblick auf das zu erreichende Ziel verbindlich. Sie unterscheiden sich dadurch von den Verordnungen der EG, die nach Art. 189 Abs. 2 EWGV allgemeine Geltung haben, d.h. verbindliche und unmittelbare Regelungen für und gegen die Mitgliedsstaaten und die Gemeinschaftsbürger treffen. Die Richtlinien bedürfen also grundsätzlich der Umsetzung in nationales Recht[1], wobei den innerstaatlichen normsetzenden Organen die Wahl der Form und der Mittel überlassen bleiben soll.

Mit dieser, auf den Wortlaut des Art. 189 EWGV rekurrierenden Aussage ist indes der derzeitige Meinungs- und Erkenntnisstand in der Rechtsprechung und Rechtslehre zur Frage der Wirkkraft von EG-Richtlinien nur ganz unvollkommen wiedergegeben: Nach der ständigen Rechtsprechung[2] des Gerichtshofs sind in all den Fällen, in denen Bestimmungen einer Richtlinie inhaltlich als unbedingt und hinreichend genau erscheinen, die einzelnen berechtigt, sich gegenüber dem Staat auf diese Bestimmungen zu berufen, wenn der Staat die Richtlinien nicht fristgerecht in nationales Recht umsetzt oder eine unzutreffende bzw. unvollständige Umsetzung der Richtlinie vornimmt. Der Gerichtshof stützt diese seine Rechtsprechung auf die

---

[1] Nach früherer Rechtsprechung des EuGH folgte die Umsetzungsverpflichtung aus Art. 5 Abs. 1 EWGV — so EuGHE 1978, 1307 (1311); 1986, 1651 (1690) — in neueren Entscheidungen entnimmt er sie unmittelbar Art. 189 Abs. 3 EWGV — EuGH, NJW 1992, 165 — Francovich; vgl. auch *v. Danwitz*, Normkonkretisierende Verwaltungsvorschriften und Gemeinschaftsrecht, VerwArch. 1993, 73 (76 in Fn. 17).

[2] Seit EuGHE 1970, 825 (838) — Leberpfennig; EuGHE 1974, 1337 (1337 f.)= NJW 1975, 2165 L — van Duyn; EuGHE 1982, 53 (70)= NJW 1982, 499 — Becker; EuGHE 1986, 723 = NJW 1986, 2178 — Marshall; EuGHE 1989, 1861 = NJW 1990, 3071 L = DVBl. 1990, 689 (690) — Constanzo; EuGH, NJW 1992, 165 = EuR 1992, 75 — Francovich. In BVerfGE 75, 223 (235 ff.) hat das BVerfG diese Rechtsprechung des EuGH als zulässige richterliche Rechtsfortbildung anerkannt.

Erwägung, daß es mit dem verbindlichen Charakter, den Art. 189 EWGV der Richtlinie zuerkennt, unvereinbar wäre, sollten sich betroffene Personen in keinem Fall auf die in der Richtlinie enthaltene Verpflichtung des Staates berufen können[3]. Ein Mitgliedsstaat, der die in der Richtlinie vorgeschriebenen Durchführungs- oder Umsetzungsmaßnahmen nicht fristgerecht erlassen hat, könne dem einzelnen nicht entgegenhalten, daß er die aus der Richtlinie erwachsenen Verpflichtungen nicht erfüllt habe[4].

Unter vier Voraussetzungen wird danach den Richtlinien vom EuGH eine unmittelbare Wirkung zugebilligt[5]:

1. Der Mitgliedsstaat ist seiner Umsetzungspflicht nicht fristgerecht oder nicht vollständig nachgekommen;
2. die Richtlinie ist inhaltlich unbedingt und hinreichend bestimmt;
3. ihre Anwendung bedarf keines weiteren Ausführungsaktes[6] und
4. die Richtlinie wirkt zugunsten des Gemeinschaftsbürgers und zu Lasten des (säumigen) Staates.

Nach dieser Rechtsprechung kann danach eine direkte oder unmittelbare Wirkung von Richtlinien nur in Betracht kommen, wenn und soweit es um den Gemeinschaftsbürger begünstigende Bestimmungen geht[7], die etwa subjektive Rechte des einzelnen einräumen wollen[8]. Hat ein Mitgliedsstaat eine solche Begünstigung bzw. ein solches Recht zugunsten des Gemeinschaftsbürgers nicht fristgerecht begründet, dann darf er aus diesem Gemeinschaftsrechtsverstoß keine Vorteile ziehen[9]. Die Geltendmachung der fehlenden Umsetzung wird mit anderen Worten als rechtsmißbräuchlich und damit als unzulässige Rechtsausübung des säumigen Mitgliedsstaates angesehen[10].

---

[3] Vgl. neben den Nachweisen in Fn. 2 auch EuGHE 1986, 3855 (3874); 1987, 3969 (3985).

[4] EuGHE 1986, 723 = NJW 1986, 2178 (2180) — Marshall.

[5] Zu den einzelnen Voraussetzungen vgl. *Jarass*, Voraussetzungen der innerstaatlichen Wirkung des EG-Rechts, NJW 1990, 2420 (2422 f.).

[6] Zum Teil wird diese Anforderung schon als eine Frage der Normenklarheit und Bestimmtheit angesehen, vgl EuGHE 1974, 1337 (1348) — van Duyn; 1986, 723 = NJW 1986, 2178 (2180) — Marshall; s. dazu *Jarass* (Fn. 5), NJW 1990, 2420 (2422).

[7] Eine unmittelbare Wirkung zu Lasten des Bürgers scheidet mithin aus, vgl. dazu näher unten.

[8] *Winter*, Rechtsschutz gegen Behörden, die Umweltrichtlinien der EG nicht beachten, NuR 1991, 453; *Pernice*, Gestaltung und Vollzug des Umweltrechts im europäischen Binnenmarkt, NVwZ 1990, 414 (424); *Jarass*, Folgen der innerstaatlichen Wirkung von EG-Richtlinien, NJW 1991, 2665 (2667).

[9] *Winter* (Fn. 8), NuR 1991, 453.

[10] EuGHE 1979, 1629 (1642) — Ratti; *Jarass* (Fn. 5), NJW 1990, 2420 (2422); *Winter* (Fn. 8), NuR 1991, 453; *ders.*, Direktwirkung von Richtlinien, DVBl. 1991, 657 (659).

Dieses „Mißbrauchs-Argument" macht zugleich deutlich, daß auch nach der Rechtsprechung des EuGH von einer umfassenden „Direktwirkung" der Richtlinien und damit von einer weitgehenden Einebnung der Unterschiede zwischen Verordnungen und Richtlinien keine Rede sein kann. Richtlinien wirken grundsätzlich nicht unmittelbar zu Lasten der Gemeinschaftsbürger[11]. Denn ihnen kann ersichtlich nicht der Einwand des Rechtsmißbrauchs entgegengehalten werden[12]. Das bedeutet zum einen, daß Richtlinien keine direkte Wirkung im Privatrechtsverkehr zwischen Privatpersonen entfalten können. Ihnen kommt mit anderen Worten keine „horizontale Wirkung" zu, insoweit ist ein staatlicher Umsetzungsakt unverzichtbar[13]. Denkbar ist also nur eine sog. „vertikale Wirkung" im Staat-Bürger-Verhältnis, wobei aus der Sicht des Gemeinschaftsrechts potentiell verpflichtet nicht nur die Träger der unmittelbaren Staatsgewalt, sondern auch die Träger der mittelbaren Staatsgewalt einschließlich der Gemeinden, Gemeindeverbände und sonstiger juristischer Personen des öffentlichen Rechts sein können[14]. Dies gilt selbst dann, wenn diese Träger öffentlicher Verwaltung nicht hoheitsrechtlich, sondern als Privatrechtssubjekte, etwa als Arbeitgeber[15] oder Betreiber eines privatrechtlich handelnden Unternehmens[16], auftreten.

Der Ausschluß einer „horizontalen Wirkung" der Richtlinien bedeutet auch, daß Richtlinienvorschriften keine Schutzgesetze i.S. des § 823 Abs. 2 BGB darstellen können, auf deren Verletzung durch Private ein deliktsrechtlicher Schadensersatz-, Unterlassungs- oder Beseitigungsanspruch gestützt werden könnte[17].

Auf der anderen Seite kann auch eine vertikale Wirkung der Richtlinien grundsätzlich nur zugunsten des Gemeinschaftsbürgers in Betracht kommen. Richtlinien, die Verpflichtungen des einzelnen gegenüber dem Staat oder staatliche Eingriffsbefugnisse zu Lasten des Bürgers vorsehen, sind aufgrund des tragenden Mißbrauchs-Arguments einer direkten oder unmit-

[11] EuGHE 1986, 723 = NJW 1986, 2178 (2180) — Marshall; EuGHE 1987, 2141 (2159 f.) — Traen; EuGHE 1987, 3969 (3985) = EuR 1988, 391 — Kolpnghuis Nijmegen; a.A. *Richter*, Die unmittelbare Wirkung von EG-Richtlinien zu Lasten Einzelner, EuR 1988, 394 (401 f.).

[12] *Oldenbourg*, Die unmittelbare Wirkung von EG-Richtlinien im innerstaatlichen Bereich, 1984, S. 233 f., 259 f.; *Langenfeld*, Zur Direktwirkung von EG-Richtlinien, DÖV 1992, 955 (958).

[13] EuGHE 1986, 723 (749) — Marshall; 1990 I, 4156 — Marleasing.

[14] EuGHE 1989, 1839 = DVBl. 1990, 689 (690) — Constanzo; 1990 I, 3343 = EuZW 1990, 424 — Forster; vgl. dazu *Pieper*, Die Direktwirkung von Richtlinien der Europäischen Gemeinschaft, DVBl. 1990, 684 (687 f.); *Jarass* (Fn. 8), NJW 1991, 2665; *Fischer*, Zur unmittelbaren Anwendung von EG-Richtlinien in der öffentlichen Verwaltung, NVwZ 1992, 635 (636 f.).

[15] EuGHE 1986, 723 = NJW 1986, 2178 (2180) — Marshall.

[16] EuGHE 1990, 3343 = EuZW 1990, 424 — Forster.

[17] *Pernice* (Fn. 8), NVwZ 1990, 414 (425); *Jarass* (Fn. 8), NJW 1991, 2665 (2669).

telbaren Wirkkraft nicht fähig[18]. Der die Umsetzung jener Bestimmungen unterlassende und insoweit gemeinschaftsrechtswidrig handelnde Staat kann aus diesem Gemeinschaftsrechtsverstoß nicht auch noch Vorteile ziehen und unter Verzicht auf notwendige staatliche normative Umsetzungsakte Leistungs-, Handlungs- oder Duldungspflichten des einzelnen unmittelbar geltend machen[19].

II. Richtlinien mit Doppelwirkung

1. Drittbegünstigende Richtlinien

Vor allem im Bereich des Umweltrechts sind die Probleme, die mit der Geltungskraft von Richtlinien im Zusammenhang stehen, indes noch vielschichtiger. Das beruht insbesondere darauf, daß jene Umweltschutz-Richtlinien vielfach nicht eindeutig dem Gegensatzpaar „begünstigend" oder „belastend" zugeordnet werden können, sondern eine Doppelwirkung entfalten[20]. Der für das deutsche Verwaltungsrecht seit längerem geläufige Aspekt der drittbegünstigenden oder drittschützenden Norm[21] erlangt auch im Gemeinschaftsrecht Bedeutung und sorgt hier in Ansehung der begrenzten direkten Geltungskraft der Richtlinien für beachtliche Verwirrung und Unklarheit[22]. Das gilt jedenfalls für diejenigen Umweltschutz-Richtlinien, die auch auf den Schutz der Gesundheit abzielen. Sie können sich als drittbegünstigende Richtlinien erweisen, weil sie etwa für Anlagenbetreiber oder sonstige Verursacher von belastender Wirkung sind, zugleich aber gegenüber Dritten Begünstigungen enthalten, so daß eine „Berufung" auf sie durch jene Drittbegünstigten über das bestehende staatliche Recht hinaus denkbar sein kann[23].

---

[18] Vgl. die Nachw. in Fn. 11.

[19] *Pieper* (Fn. 14), DVBl. 1990, 684 (686); *Langenfeld* (Fn. 12), DÖV 1992, 955 (959).

[20] Zum Problem der Doppelwirkung von EG-Richtlinien vgl. *Richter* (Fn. 11), EuR 1988, 394 (398ff.); *Krämer*, Zur innerstaatlichen Wirkung von Umweltrichtlinien der EWG, WiVerw. 1990, 138 (152f.); *Breuer*, EG-Richtlinien und deutsches Wasserrecht, WiVerw. 1990, 79 (96f.); *Pernice* (Fn. 8), NVwZ 1990, 414 (425f.); *Winter* (Fn. 10), DVBl. 1991, 657 (663); *ders.* (Fn. 8), NuR 1991, 453f.; *Jarass* (Fn. 5), NJW 1990, 2420 (2422); *ders.* (Fn. 8), NJW 1991, 2665 (2667 f.); *ders.*, Die Vorgaben des Europäischen Gentechnikrechts für das deutsche Recht, NuR 1991, 49 (51); *Langenfeld* (Fn. 12), DÖV 1992, 955 (960f.); *Classen*, Zur Bedeutung von EWG-Richtlinien für Privatpersonen, EuZW 1993, 83 (84ff.).

[21] Vgl. etwa *Kopp*, VwGO, 9. Aufl. 1992, § 42 Rdnr. 43, 79f.

[22] Zum Problem der Doppelwirkung fehlt bislang eine ausdrückliche Entscheidung des EuGH.

[23] Zu denkbaren Fallgestaltungen vgl. *Pernice* (Fn. 8), NVwZ 1990, 414 (425f.); *Jarass* (Fn. 8), NJW 1991, 2665 (2668).

So können Richtlinien normative Genehmigungsvorbehalte vorsehen, die im geltenden nationalen Recht nicht geregelt bzw. umgesetzt sind. Denkbar sind auch weitergehende exekutivische Handlungsermächtigungen in Form von Untersagungsmöglichkeiten, Verbotsermächtigungen, Widerrufsermächtigungen oder Ermächtigungen zu weitergehenden Auflagen oder nachträglichen Anordnungen. Die Umweltstandards, die für die Genehmigungsfähigkeit einer Umwelteinwirkung maßgeblich sind, können, etwa in Form von Grenzwertbestimmungen, schärfer ausgestaltet sein als im nationalen Recht. Denkbar ist auch, daß die verfahrensrechtlichen Anforderungen an eine behördliche Gestattung umfassender, etwa durch weitergehende Beteiligungsrechte Dritter, ausgestattet sind. In all diesen Fällen beinhalten die Richtlinien gegenüber dem Verursacher von Umwelteinwirkungen — gemessen an dem (bisherigen) innerstaatlichen Recht — Belastungen, deren Geltendmachung dem Träger öffentlicher Verwaltung grundsätzlich erst nach einer entsprechenden normativen Umsetzung der Richtlinienbestimmungen in nationales Recht möglich ist. Sehr umstritten und vom EuGH nicht entschieden ist die Frage, ob dies auch angesichts der Drittbegünstigung gelten kann, die von solchen Richtlinien ausgeht und deren Vorenthaltung durch den „säumigen" Staat ihn dem Mißbrauchs-Einwand aussetzen kann[24].

In der Rechtslehre mehren sich die Stimmen, nach denen die direkte Wirkkraft der Richtlinien auch in jenen „mehrpoligen" Verwaltungsrechtsverhältnissen eingreife[25]. Unter der Voraussetzung, daß eine Richtlinienbestimmung eine Doppelwirkung entfalte, also neben ihrer den nationalen Rechtszustand verschärfenden Anforderung Dritte nicht nur faktisch oder reflexweise, sondern vom Normzweck her gesehen gewollt begünstige oder schütze, könne sich der für den Verwaltungsvollzug zuständige Träger öffentlicher Verwaltung nicht auf die fehlende Umsetzung jener Begünstigungen und die gemeinschaftsrechtswidrige Vorenthaltung subjektiver öffentlicher Rechte nationalen Rechts berufen[26].

---

[24] *Langenfeld* (Fn. 12), DÖV 1992, 955 (960) und *Winter* (Fn. 10), DVBl. 1991, 657 (663) sprechen in diesem Zusammenhang von einem „Dilemma".

[25] Bejahend: *Pieper* (Fn. 14), DVBl. 1990, 684 (686); *Krämer* (Fn. 20), WiVerw. 1990, 138 (152f.); *Pernice* (Fn. 8), NVwZ 1990, 414 (425f.); *Winter* (Fn. 8), NuR 1991, 453f.; *ders.*, Die Vereinbarkeit des Gesetzentwurfs der Bundesregierung über die Umweltverträglichkeitsprüfung vom 29.6.1988 mit der EG-Richtlinie 85/337 und die Direktwirkung dieser Richtlinie, NuR 1989, 197 (204ff.); *ders.* (Fn. 10), DVBl. 1991, 657 (663f.); *Jarass* (Fn. 5), NJW 1990, 2420 (2422); *ders.* (Fn. 8), NJW 1991, 2665 (2668); *ders.* (Fn. 20), NuR 1991, 49 (51); *Fischer* (Fn. 14), NVwZ 1992, 635 (638); *Langenfeld* (Fn. 12), DÖV 1992, 955 (961); ablehnend: *Breuer* (Fn. 20), WiVerw. 1990, 96f.; *Ehlers* in: Erichsen/Martens (Hrsg.), Allgemeines Verwaltungsrecht, 9. Aufl. 1991, § 3 Rdnr. 7; *Freyer*, Richtlinienspezifische Probleme am Beispiel der Produkthaftung, EuZW 1991, 49 (52); *Classen* (Fn. 20), EuZW 1993, 83 (85f.).

[26] *Pernice* (Fn. 8), NVwZ 1990, 414 (425f.); *Jarass* (Fn. 8), NJW 1991, 2665 (2668);

Gemeinschaftsbürger begünstigende Richtlinienbestimmungen liegen vor, wenn die Einräumung von Leistungsansprüchen gegen den Staat oder die Beseitigung belastender Regelungen des nationalen Rechts vorgesehen ist. Es spricht aber einiges dafür, solche Begünstigungen auch anzunehmen, wenn unmittelbar auf Eingriffe, Belastungen oder Eingriffs- bzw. Belastungsverschärfungen angelegte Vorschriften gemäß ihrem Normzweck zugleich Dritte in ihren individuellen Rechtsgütern schützen sollen. Ob und unter welchen Voraussetzungen gemeinschaftsrechtliche Normen subjektive Rechte des öffentlichen Rechts Dritter begründen, kann sich nur nach dem Gemeinschaftsrecht selbst beurteilen[27]. Die nationalen Verfahrensgesetze, die grundsätzlich für den Vollzug des Gemeinschaftsrechts und auch für den Rechtsschutz gegenüber nationalen Vollzugsakten maßgeblich sind[28], also etwa die Vorschriften über die Klagebefugnis und die Anfechtungslegitimation Dritter (s. §§ 42 Abs. 2, 113 Abs. 1 VwGO), knüpfen an den Begriff des subjektiven Rechts an, der im Falle gemeinschaftsrechtlicher Grundlagen auch auf dieser gemeinschaftsrechtlichen Normebene fixiert wird[29].

Daß aus einer normativen Drittbegünstigung auch nach dem Gemeinschaftsrecht subjektive Rechte jener Dritten auf Abwehr bzw. auf Schutz folgen können, dürfte in der Literatur unbestritten sein. Teilweise werden die Anforderungen an eine normative Rechtsgewähr sogar für das Gemeinschaftsrecht weniger streng erachtet als nach der deutschen Schutznormlehre[30]. Dies gilt insbesondere für das Verfahrensrecht, bei dem die deutsche Rechtslehre bekanntermaßen mit der Einräumung subjektiver öffentlicher Rechte Dritter große Zurückhaltung übt. In diesem Zusammenhang sei nur daran erinnert, daß das Klagerecht nach französischem Recht, das ein Interesse des Dritten genügen läßt[31], etwas weiter gezogen ist als die Klagebefugnis des deutschen Verfahrensrechts.

2. Keine Belastungswirkungen contra legem et sine lege

Diese Überlegungen scheinen die direkte Geltungskraft drittbegünstigender Richtlinien zu bestätigen. Bei genauerer Prüfung muß indes vor voreili-

Winter (Fn. 10), DVBl. 1991, 657 (661 f.); *ders.* (Fn. 8), NuR 1991, 453 f.; *Fischer* (Fn. 14), NVwZ 1992, 635 (638); *Langenfeld* (Fn. 12), DÖV 1992, 955 (961).

[27] *Winter* (Fn. 8), NuR 1991, 453 (455); *Langenfeld* (Fn. 12), DÖV 1992, 955 (962).

[28] EuGHE 1981, 1805 (1838) — Rewe; *Winter* (Fn. 8), NuR 1991, 453 (455); *Langenfeld* (Fn. 12), DÖV 1992, 955 (962).

[29] Vgl. die Nachw. in Fn. 27.

[30] Vgl. *Pernice* (Fn. 8), NVwZ 1990, 414 (425); *Krämer* (Fn. 20), WiVerw. 1990, 138 (157); *Winter* (Fn. 8), NuR 1991, 453 (455); *Jarass* (Fn. 8), NJW 1991, 2665 (2667); *Langenfeld* (Fn. 12), DÖV 1992, 955 (962); *Classen* (Fn. 20), EuZW 1993, 83 (85).

[31] Vgl. auch *Zuleeg*, Umweltschutz in der Rechtsprechung des Europäischen Gerichtshofs, NJW 1993, 31 (37).

gen Schlüssen und vor einer einseitigen Betonung der Begünstigungswirkung jener doch letztlich ambivalenten, mit Doppelwirkung behafteten Richtlinien gewarnt werden. Der die direkte Regelungswirkung tragende Topos des staatlichen Rechtsmißbrauchs kann allenfalls noch zum Tragen kommen, wenn der Staat im weiteren Sinne mit seinen Einrichtungen, Verhalten oder Unternehmen als Verursacher der Umwelteinwirkungen auftritt und die Belastungswirkung einer Richtlinie sich damit gegen ihn wendet[32]. Problematisch wird die These einer direkten Wirkung drittbegünstigender Richtlinien aber in jedem Fall dann, wenn Privatpersonen von einer unmittelbaren Bindungswirkung betroffen wären. Sie kann der Einwand der rechtsmißbräuchlichen Berufung auf das gemeinschaftsrechtswidrige Unterlassen der Umsetzung nicht treffen[33]. Sie haben aufgrund ihres Grundrechtsstatus ein Recht auf Wahrung der Gesetzmäßigkeit der Verwaltung und damit des Vorbehalts und des Vorrangs des Gesetzes. Daher erscheint es nicht akzeptabel, der zuständigen Verwaltungsbehörde Eingriffsbefugnisse zu Lasten Dritter einzuräumen, für die im geltenden nationalen Recht keine Grundlage vorhanden ist[34], auch wenn eine EG-Richtlinie die legislatorische Begründung solcher normativen Belastungen vorschreibt. Entsprechendes gilt für die Inanspruchnahme eines Genehmigungsvorbehaltes, von Widerrufsermächtigungen oder Ermächtigungen zu nachträglichen Auflagen bzw. Anordnungen. Auch gegenüber einer richtlinienkonformen Verschärfung normativer Standards der Genehmigungsfähigkeit bzw. der Beurteilung exekutivischer Eingriffsbefugnisse wirkt der Grundrechtsschutz des Betreibers in Richtung auf eine Wahrung der Gesetzmäßigkeit der Verwaltung. Eingriffsbefugnisse der öffentlichen Verwaltung gibt es weder contra, noch extra legem noch sine lege. Richtlinien können ohne normativen Umsetzungsakt jenen Gesetzmäßigkeitsanforderungen nicht genügen; sie sind eben keine Verordnungen des Gemeinschaftsrechts und damit keine in jeder Hinsicht unmittelbar[35], d.h. auch als normative Eingriffsgrundlage geltende Rechtssätze.

Dem kann auch nicht der sogenannte „Anwendungsvorrang" des Gemeinschaftsrechts entgegengehalten werden. Nach dem Grundsatz vom „Anwendungsvorrang" geht das primäre und sekundäre Gemeinschaftsrecht der EG zwar dem nationalen Recht der Mitgliedstaaten ohne jede Einschränkung, d.h. auch gegenüber Verfassungsrecht der Mitgliedsstaaten vor[36].

---

[32] S. dazu auch *Jarass* (Fn. 5), NJW 1990, 2420 (2422); *ders.* (Fn. 8), NJW 1991, 2665 (2668); *ders.* (Fn. 20), NuR 1991, 49 (51).

[33] Vgl. die Nachw. in Fn. 12.

[34] In diesem Sinne auch *Classen* (Fn. 20), EuZW 1993, 83 (87).

[35] Nach Art. 189 Abs. 2 EWGV gelten Verordnungen „unmittelbar" in jedem Mitgliedsstaat und stellen daher eine ausreichende Rechtsgrundlage dar, vgl. auch *Geiger*, EG-Vertrag/Kommentar, 1993, Art. 189 Rdnr. 7.

[36] EuGHE 1970, 1125 — Internationale Handelsgesellschaft; *Geiger* (Fn. 35), Art. 5

Nach der in der Literatur[37] teilweise kritisierten Ansicht des BVerfG ergibt sich der „Anwendungsvorrang" für die Bundesrepublik Deutschland aus der grundsätzlichen Verweisung auf den Inhalt des EWG-Vertrages in dem auf Art. 24 Abs.1, 59 Abs. 2 Satz 2 GG beruhenden Zustimmungsgesetz[38] zum EWG-Vertrag bzw. dem darin enthaltenen Rechtsanwendungsbefehl[39].

Dieser Vorrang des Gemeinschaftsrechts ist jedoch nach der Rechtsprechung des BVerfG nicht ohne Grenzen. Schon in seiner Solange I — Entscheidung[40] verneint es die Möglichkeit der Übertragung von Hoheitsrechten nach Art. 24 Abs. 1 GG und damit den Vorrang und die Anwendbarkeit von Gemeinschaftsrecht insoweit, als es „die Identität der geltenden Verfassung der Bundesrepublik Deutschland durch Einbruch in die sie konstituierenden Strukturen aufheben würde"[41]. Damit soll sichergestellt werden, daß das GG in seinen zentralen Verfassungsstrukturen, wie sie insbesondere in Art. 79 Abs. 3 GG niedergelegt und festgeschrieben sind, nicht durch eine Übertragung von Hoheitsrechten nach Art. 24 Abs. 1 GG (Art. 23 GG n.F.) unterlaufen werden kann[42]. Gleichzeitig zählen zu diesen zentralen Verfassungsstrukturen vor allem auch die dem Grundrechtsteil des Grundgesetzes zugrundeliegenden Rechtsprinzipien[43].

Daraus ergibt sich für den Grundsatz vom Vorrang des Gesetzes, der unstrittig in Art. 20 Abs. 3 GG (mit-)enthalten und damit vom Schutz des Art. 79 Abs. 3 GG umfaßt ist, daß dieser auch gegenüber dem Gemeinschaftsrecht Bestand hat. Gleiches gilt aber auch für den Grundsatz vom Vorbehalt des Gesetzes. Zwar ist insoweit strittig, ob er ebenfalls in Art. 20 Abs. 3 GG enthalten und damit vom Schutz des Art. 79 Abs. 3 GG umfaßt ist, oder ob er aus den einzelnen Grundrechtsbestimmungen abzuleiten ist. Hier kommt es auf die Beantwortung dieser Frage jedoch nicht an. Jedenfalls dürfte er als ein zentrales Rechtsprinzip des Grundrechtsteils des GG anzusehen sein[44], der unabhängig von Art. 79 Abs. 3 GG einem Vorrang des

---

Rdnr. 17ff., 34; zum Anwendungsvorrang vgl. auch *Mögele*, Neuere Entwicklungen im Recht der Europäischen Gemeinschaften, BayVBl. 1993, 129 (131f.).

[37] Vgl. *Rojahn*, in: v. Münch (Hrsg.), Grundgesetz-Kommentar, Bd. 2, 2. Aufl. 1983, Art. 24 Rdnr. 19.

[38] Vgl. Art. 1 des Gesetzes vom 27. Juli 1957, BGBl. II, S. 753.

[39] BVerfGE 31, 145 (173f.); 73, 339 (375).

[40] BVerfGE 37, 271 (279f.).

[41] Vgl. auch BVerfGE 58, 1 (40f.); 73, 339 (375f.); ablehnend *Rojahn* (Fn. 37), Art. 24 Rdnr. 29ff., m.w.N.

[42] *Jarass*, in: Jarass/Pieroth, GG-Kommentar, 2. Aufl. 1992, Art. 24 Rdnr. 7; Geiger (Fn. 35), Art. 5 Rdnr. 36; *Maunz*, in: Maunz/Dürig, Grundgesetz, Kommentar, Bd. II, Stand 1964, Art. 24 Anm. 16.

[43] BVerfGE 37, 271 (279f.); 58, 1 (30f.); 73, 339 (376).

[44] Zu diesen Grenzen des Anwendungsvorrangs s. auch *Jarass* (Fn. 42), Art. 24 Rdnr. 8; BVerfGE 37, 271 (280); 58, 1 (30f.); 73, 339 (376).

Gemeinschaftsrechts in Form unmittelbarer Geltungskraft „belastender" Richtlinien entgegenstünde.

Eine Kollision mit dem Gesetzmäßigkeitsgrundsatz scheidet allerdings aus, wenn EG-Richtlinien Umweltstandards, etwa Grenzwerte, bestimmen, die im deutschen Recht nicht rechtssatzmäßig, sondern in technischen Regeln privater Vereinigungen oder in Verwaltungsvorschriften festgelegt sind. In diesen Fällen fehlt der nationalen Grenzwertbestimmung die Rechtssatzqualität und -wirkung, es geht allein um beweisrechtliche Anwendungkriterien für die unbestimmten Rechtsbegriffe des nationalen Gesetzes. Es kann im vorliegenden Zusammenhang dahingestellt bleiben, wie diese Wirkungen sog. technischer Regelwerke im einzelnen zu erklären und zu begrenzen sind. Verschiedene Konstruktionen sind in Rechtsprechung und Lehre entwickelt worden, hingewiesen sei nur auf die Figur des „antizipierten Sachverständigengutachtens"[45] oder der „normkonkretisierenden Verwaltungsvorschriften"[46]. Gleichgültig, wie jene Regeln qualifiziert und in ihrer Wirkkraft begrenzt werden, die Stringenz eines Rechtssatzes kommt ihnen mit Sicherheit nicht zu. Die rechtsanwendenden Organe wenden unmittelbar das Gesetz an und sind unbestritten nicht nur in der Lage, sondern auch verpflichtet, etwa bei verändertem naturwissenschaftlichen oder technischen Entwicklungs- und Erkenntnisstand oder bei Vorliegen besonderer Einzelumstände, in Anwendung des Gesetzes andere Bewertungen oder Maßstäbe zugrundezulegen, als die in den Regelwerken niedergelegten[47].

Wegen dieser fehlenden Rechtssatzqualität nationaler Regelwerke spricht nichts gegen einen allgemeinen Anwendungsvorrang entsprechender Regelwerke in der Form gemeinschaftsrechtlicher Richtlinien. Denn auch in einem solchen Fall setzen sich die rechtsanwendenden Organe nicht über bestehendes nationales Gesetzesrecht hinweg, was wie näher ausgeführt nicht zu Lasten des Gemeinschaftsbürgers ginge, sondern wenden dieses gemeinschaftsrechtskonform an[48]. Zur Ausfüllung und Konkretisierung der unbestimmten Rechtsbegriffe des nationalen Gesetzes werden in Richtlinien festgelegte Grenzwerte etc. herangezogen und damit nationales Gesetzesrecht gemeinschaftsrechtskonform interpretiert, konkretisiert und vollzo-

---

[45] Vgl. etwa BVerwGE 55, 250 (255f.) = NJW 1978, 1450 — Voerde.

[46] BVerwGE 72, 300 (320) = NVwZ 1986, 208 — Wyhl; *Maurer*, Allgemeines Verwaltungsrecht, 8. Aufl. 1992; § 24 Rdnr. 25 a; *Hill*, Normkonkretisierende Verwaltungsvorschriften, NVwZ 1989, 401; *v. Danwitz* (Fn. 1), VerwArch. 1993, 73.

[47] Vgl. BVerwGE 55, 250 (258) = NJW 1978, 1450 — Voerde.

[48] Zur gemeinschaftskonformen Auslegung und Anwendung nationalen Rechts vgl. *Oldenbourg* Fn. 12), S. 164ff.; *Di Fabio*, Richtlinienkonformität als ranghöchstes Auslegungsprinzip?, NJW 1990, 947; *Jarass*, Richtlinienkonforme bzw. EG-rechtskonforme Auslegung nationalen Rechts, EuR 1991, 211; *Langenfeld* (Fn. 12), DÖV 1992, 955 (964f.); *Classen* (Fn. 20), EuZW 1993, 83 (86f.).

gen. Dabei spielt es keine Rolle, daß möglicherweise Regelwerke auf nationaler Ebene vom Gemeinschaftsrecht abweichende Aussagen treffen und ob die Heranziehung gemeinschaftsrechtlicher Regelwerke für die Betreiber oder sonstige Verursacher Einschränkungen oder Belastungen bewirkt, die bei Zugrundelegung der nationalen Regelwerke nicht einträten. Auch in diesen Fällen blieben die Verfassungsgrundsätze der Gesetzmäßigkeit gewahrt, weil die solchermaßen eintretenden Belastungen und Eingriffe nach wie vor ihre Grundlage im Gesetz finden, das allerdings gemeinschaftsrechtskonform zu interpretieren und zu vollziehen ist.

3. „Berufung" auf die Richtlinie

Die wohl in der Literatur inzwischen vorherrschende Auffassung, nach der den drittbegünstigenden Richtlinien ein weitergehender, auch bestehende nationale Gesetze verdrängender Anwendungsvorrang zukomme[49], führt zu unlösbaren Schwierigkeiten, wenn man berücksichtigt, daß der durch die Richtlinien Begünstigte nach der Judikatur des Gerichtshofes sich auf die Richtlinie soll „berufen dürfen"[50]. Was darunter zu verstehen ist, ist sehr umstritten[51]. Nähme man dies wörtlich, so würde das auf eine „Einrede" des Dritten hinauslaufen, die unmittelbare Wirkung der drittbegünstigenden Richtlinie träte also nur und erst dann ein, wenn der Begünstigte dies geltend macht[52]. Eine richtlinienwidrige behördliche Maßnahme, etwa eine Genehmigung von Umwelteinwirkungen Dritter oder ein behördliches Nichteinschreiten gegen Dritte, wäre danach nicht von vornherein und nicht ipso iure rechtswidrig. Dies würde sie erst werden, wenn und soweit sie von begünstigten Dritten angefochten wird[53].

Dies wäre ein geradezu absurdes Ergebnis, könnte doch beispielsweise die Behörde selbst niemals von Amts wegen die Rechtswidrigkeit des Verwaltungsaktes geltend machen und etwa eine Rücknahmeentscheidung nach § 48 VwVfG treffen. Eine solche Entscheidung kann vor allem deswegen angezeigt erscheinen, weil nach der Rechtsprechung des Gerichtshofs ein Mitgliedsstaat all diejenigen Schäden zu ersetzen hat, die den einzelnen aus

[49] Vgl. die Nachw. in Fn. 25.

[50] EuGHE 1982, 53 (71) = NJW 1982, 499 — Becker; EuGHE 1988, 737 (748) = NJW 1986, 2178 — Marshall; EuGHE 1989, 1839 = DVBl. 1990, 689 (690) — Constanzo; EuGH, EuZW 1990, 424 — Forster; EuGH, NJW 1992, 165 — Francovich.

[51] Vgl. dazu *Oldenbourg* (Fn. 12), S. 27ff.; *Jarass* (Fn. 8), NJW 1991, 2665 (2668); *Fischer*, Sind vertragswidrig nicht umgesetzte Richtlinien nur auf Antrag anwendbar?, EuZW 1991, 557 (559ff.); *ders.* (Fn. 14), NVwZ 1992, 635 (637); *Classen* (Fn. 20), EuZW 1993, 83 (84); s. aber jetzt EuGH, EuZW 1993, 60f. — Verholen.

[52] So *Rupp*, Verfassungsprobleme auf dem Weg zur Europäischen Union, ZRP 1990, 1 (3); OVG NW, ZfW 1987, 52; FG München, EuZW 1990, 582 (583).

[53] Vgl. auch *Jarass* (Fn. 8), NJW 1991, 2665 (2669).

der Nichtumsetzung von Richtlinien erwachsen[54]. Auch nationales Staatshaftungsrecht kann zu Schadensersatz- bzw. Entschädigungspflichten den richtlinienbegünstigten Dritten gegenüber führen, wenn und soweit jene wegen des Nichtvollzuges der sie begünstigenden Richtlinie Schäden erleiden[55].

Die Rechtswidrigkeit eines Verwaltungsaktes von der „Berufung" eines Dritten abhängig zu machen, widerstritte m.E. aber auch den Grundstrukturen des geltenden Verfahrensrechts. Nach § 113 Abs. 1 Satz 1 VwGO hebt das Verwaltungsgericht auf eine Anfechtungsklage hin den Verwaltungsakt auf, wenn und soweit er rechtswidrig ist und den Kläger dadurch in seinen Rechten verletzt. Die Anfechtungslegitimation Dritter hängt danach mit entscheidend davon ab, ob und inwieweit der angefochtene Verwaltungsakt objektiv rechtswidrig ist. Zwar reicht die objektive Rechtswidrigkeit allein für die Anfechtungslegitimation des Dritten nicht aus, er muß vielmehr wegen dieser objektiven Rechtswidrigkeit in seinen subjektiven Rechten verletzt sein. Es ist also möglich, daß ein Verwaltungsakt objektiv rechtswidrig, eine subjektive Rechtsverletzung hingegen zu verneinen ist. Umgekehrt kann es aber keine subjektive Rechtsverletzung ohne objektive Rechtswidrigkeit des Verwaltungsaktes geben. Nur soweit der Verwaltungsakt objektiv rechtswidrig ist, kann er überhaupt auch subjektive Rechte Dritter verletzen. Eine Anfechtungslegitimation Dritter ohne objektive Rechtswidrigkeit des Verwaltungsaktes ist nach geltendem Verfahrensrecht somit nicht vorstellbar. Auch dies müßte eigentlich dafür sprechen, richtlinienwidriges behördliches Verhalten konsequenterweise als ipso iure und von vornherein objektiv rechtswidrig zu erachten, was ungeachtet einer „Drittberufung" oder einer „Einrede" des Dritten von Amts wegen zu beachten wäre[56].

Im übrigen sprach auch der EuGH schon in der Rechtssache Constanzo davon, daß „alle Träger der öffentlichen Verwaltung ... verpflichtet" seien, „diese Bestimmungen anzuwenden"[57]; in der kürzlich entschiedenen Rechtssache Verholen wird ausdrücklich festgestellt, daß das Gemeinschaftsrecht ein nationales Gericht nicht daran hindere, die Prüfung der Richtlinienkonformität von Amts wegen vorzunehmen[58].

---

[54] EuGH, NJW 1992, 165 (166f.) — Francovich.

[55] *Jarass* (Fn. 8), NJW 1991, 2665 (2669); *Fischer* (Fn. 14), NVwZ 1992, 635 (638); vgl. auch *Papier*, in: Münchner Kommentar, 2. Aufl. 1986, § 839 Rdnr. 165, wonach jede Verletzung einer bindenden Rechtsnorm eine Amtspflichtverletzung darstellt.

[56] Im Ergebnis ebenso *Oldenbourg* (Fn. 12), S. 30; *Jarass* (Fn. 8), NJW 1991, 2665 (2669); *Winter* (Fn. 10), DVBl. 1991, 657 (664); *Lutter*, Die Auslegung angeglichenen Rechts, JZ 1992, 593 (597 in Fn. 47); *Fischer* (Fn. 14), NVwZ 1992, 635 (637).

[57] EuGHE 1989, 1839 = DVBl. 1990, 689 (690) — Constanzo.

[58] EuGH, EuZW 1993, 60f. — Verholen.

Zieht man diese Konsequenzen, dann wäre jedes behördliche Tun oder Unterlassen, das gegen drittbegünstigende Richtlinien verstößt, objektiv rechtswidrig, und zwar mit allen Konsequenzen in bezug auf die Rücknahme eines rechtswidrigen Verwaltungsaktes (vgl. § 48 VwVfG), den Widerruf wegen Veränderung der Rechtslage (vgl. § 49 Abs. 2 Nr. 4 VwVfG), die Möglichkeit nachträglicher Auflagen oder Anordnungen sowie des behördlichen Untersagens bzw. Einschreitens. Dann aber wären der eigentliche Begründungsansatz und die Legitimationsgrundlage für die unmittelbare Geltung der Richtlinien vollends verlassen. Sie liegen — wie eingangs erwähnt[59] — im Verbot des rechtsmißbräuchlichen Verhaltens des säumigen Mitgliedsstaates. Er soll richtliniengewährte Begünstigungen nicht unter Berufung auf eigenes gemeinschaftsrechtswidriges Verhalten vorenthalten dürfen. Dieser legitimierende Gedanke ginge völlig verloren und würde letztlich geradezu pervertiert, könnte der säumige Mitgliedsstaat aus dem eigenen Gemeinschaftsrechtsverstoß Vorteile ziehen und Eingriffsbefugnisse zu Lasten Dritter unter Überwindung aller Gesetzmäßigkeitsanforderungen reklamieren, die er selbst legislatorisch gar nicht eingeführt hat.

Diese Überlegungen machen deutlich, wie wenig plausibel und begründbar die in der Literatur vertretene These einer unmittelbaren Wirkung drittbegünstigender Richtlinien im Grunde ist. Abgesehen davon führt die Doktrin von der unmittelbaren Wirkung der Richtlinien allgemein zu einer behördlichen Prüfungs- und Verwerfungskompetenz in Ansehung selbst förmlicher Gesetze[60]. Eine solche Kompetenz der Exekutive ist bekanntlich in bezug auf die innerstaatliche Verfassungskonformität von Gesetzen sehr umstritten[61]. Auf innerstaatlicher Ebene bietet sich als Alternative die „Hochreichung" verfassungsrechtlicher Bedenken an die Bundes- oder Landesregierung an, die jeweils die Möglichkeit haben, ein abstraktes Normenkontrollverfahren vor dem Bundesverfassungsgericht nach Art. 93 Abs. 1 Nr. 2 GG einzuleiten[62]. Diese Möglichkeit besteht in Ansehung der Richtli-

---

[59] Vgl. oben I.

[60] Dazu *Winter* (Fn. 8), NuR 1991, 453; *Langenfeld* (Fn. 12), DÖV 1992, 955 (960); *Pagenkopf*, Zum Einfluß des Gemeinschaftsrechts auf nationales Wirtschaftsverwaltungsrecht, NVwZ 1993, 216 (222f.); *Mögele* (Fn. 36), BayVBl. 1993, 129 (132 m.w.N.).

[61] Eine Verwerfungskompetenz der Verwaltung ablehnend BayVGH, BayVBl. 1982, 654; NW OVG, NuR 1982, 202; SaarlOVG, NVwZ 1990, 172; in diesem Sinne auch BVerwG, DVBl. 1989, 662f.; *Schmidt*, Inzidente Prüfung und Verwerfung von Normen im Range unter dem Gesetz durch die Exekutive?, BayVBl. 1976, 1; *Kopp*, Das Gesetzes- und Verordnungsprüfungsrecht der Behörden, DVBl. 1983, 821; *Jung*, Gemeindliche Verwerfungsbefugnis bei rechtswidrigen Bebauungsplänen außerhalb des Verfahrens nach § 2 VI BBauG, NVwZ 1985, 790; bejahend *Piezcker*, Inzidentverwerfung rechtswidriger untergesetzlicher Rechtsnormen durch die Verwaltung, DVBl. 1986, 806; *Volhard*, Amtspflichten bei nichtigen Bebauungsplänen — Zur „Verwerfungskompetenz" der Verwaltung, NVwZ 1986, 105; *Maurer* (Fn. 46), § 4 Rdnr. 46; HessVGH, NVwZ 1990, 885.

[62] Vgl. auch *Hoffmann*, Die Verwaltung und das verfassungswidrige Gesetz, JZ 1961, 193 (202).

nienkonformität nationalen Rechts nicht, weil die Vorlage an den EuGH zur Vorabentscheidung gemäß Art. 177 EWGV nur den Gerichten, nicht aber den Behörden bzw. den Regierungen offensteht[63].

III. Geltung innerstaatlichen Verfahrensrechts

Zweifelsfragen löst der Gedanke des „Berufen-Könnens" des Begünstigten auch unter einem weiteren Aspekt aus: Geht man mit der hier vertretenen Auffassung davon aus, daß der vom EuGH reklamierte Geltungsvorrang von Richtlinien zu einer objektiven Rechtswidrigkeit des diesen Richtlinien widerstreitenden behördlichen Verhaltens führt, so kann diese Rechtswidrigkeit allein nach Maßgabe des nationalen Verwaltungsverfahrens- und Verwaltungsprozeßrechts geltend gemacht werden[64]. Maßgeblich bleiben also auch die nationalen Vorschriften über die Rechtsbehelfe, einschließlich der Zulässigkeitsvoraussetzungen für eine gerichtliche Anfechtung. Das gilt nicht nur in bezug auf Fristen und Vorverfahren, sondern auch für die Klagebefugnis und die Anfechtungslegitimation Dritter. Das Zulässigkeitserfordernis einer Geltendmachung der Verletzung eigener Rechte bleibt also für den Fall wirksam, in dem ein Dritter den Verwaltungsakt wegen Richtlinienwidrigkeit angreift[65]. Durch die Unmittelbarkeit der Geltungskraft von Richtlinien wird es mithin keine prinzipielle Aushöhlung der subjektiv-rechtlichen Orientierung des nationalen Verwaltungsprozeßrechts geben können.

Auf der anderen Seite sind es nicht die Prozeßgesetze, die regeln, ob ein subjektives Recht eingeräumt ist. Das bestimmt in erster Linie das jeweils zur Anwendung gelangende Fachgesetz. Das gilt nicht nur für das nationale Recht, sondern auch bei der Anwendung gemeinschaftsrechtlicher Normen[66]. Auch sie bestimmen letztlich, ob und inwieweit Dritten eine subjektiv-rechtliche Rechtsposition mit individualisiertem Schutz und durchsetzungsfähiger Rechtsmacht eingeräumt sein soll. Sie brauchen sich dabei selbstredend nicht unbedingt an tradierte Kriterien des nationalen Rechts zu halten[67]. Aber auch der gemeinschaftsrechtlich fixierte bzw. zu fixierende

---

63 S. dazu auch *Winter* (Fn. 8), NuR 1991, 453 (454); *Pagenkopf* (Fn. 60), NVwZ 1993, 216 (222 f.).

64 EuGHE 1981, 1805 (1838) — Rewe; *Winter* (Fn. 8), NuR 1991, 453 (454); *Langenfeld* (Fn. 12), DÖV 1992, 955 (962).

65 *Winter* (Fn. 8), NuR 1991, 453 (454 f.).

66 Vgl. oben II.1.

67 *Krämer* (Fn. 20), WiVerw. 1990, 139 (155 ff.); *Winter* (Fn. 8), NuR 1991, 453 (455); *Langenfeld* (Fn. 12), DÖV 1992, 955 (962); *Classen* (Fn. 20), EuZW 1993, 83 (85); *Zuleeg* (Fn. 31), NJW 1993, 31 (37).

Begriff des subjektiven öffentlichen Rechts dürfte nicht uferlos in Richtung auf bloßen Interessen- oder gar Popularschutz ausdehnbar sein[68].

Die grundsätzliche Maßgeblichkeit des nationalen Verfahrensrechts führt auch zur Geltung der Heilungs- und Unbeachtlichkeitsvorschriften, wie sie im deutschen Verfahrensrecht für gewisse formelle Rechtsfehler vorgesehen sind. So kann bei gebundenen Entscheidungen eine Aufhebung des Verwaltungsaktes nicht allein wegen einer Verletzung von Verfahrensvorschriften verlangt werden (§ 46 VwVfG). Enthält eine EG-Richtlinie drittbegünstigende Verfahrensvorschriften, etwa über spezifische Beteiligungsrechte Dritter, so können jene Dritte eine rechtlich gebundene Genehmigungsentscheidung aufgrund des § 46 VwVfG nicht allein wegen Verletzung jener Verfahrensvorschriften mit Erfolg anfechten. Zu den gebundenen Genehmigungsentscheidungen zählen etwa die nach dem Bundes-Immissionsschutzgesetz, dem Gentechnikgesetz und dem Baurecht, während z.B. die atomrechtlichen Genehmigungen, die wasserrechtlichen Gestattungen sowie die Planfeststellungsentscheidungen einen die Unanwendbarkeit des § 46 VwVfG begründenden exekutivischen Entscheidungsspielraum und damit die prinzipielle Relevanz von Verfahrensverstößen eröffnen.

In jedem Fall wird man davon auszugehen haben, daß die Doktrin von der unmittelbaren Geltungskraft der EG-Richtlinien, selbst wenn man sie auf die drittbegünstigenden Richtlinien erstreckte, eine „Berufung" der Drittbegünstigten nur nach Maßgabe des nationalen Verfahrensrechts eröffnet, also z.B. eine Drittanfechtung von Verwaltungsakten nur unter Beachtung der nationalrechtlichen Zulässigkeits- und Begründetheitsvoraussetzungen ermöglicht.

---

[68] So auch *Zuleeg* (Fn. 31), NJW 1993, 31 (37).

Auswirkungen von Richtlinien der EG im Umwelt- und Technikrecht auf den Genehmigungsbedarf innovativer Forschung der chemischen Industrie

Von Eckart Sünner

I. Standortentscheidungen der chemischen Industrie

Die heutige Besichtigung hat — so hoffe ich — Ihnen das Bild eines wohlgeordneten und wohlgerüsteten Unternehmens der Chemie vermittelt. Der Standort Ludwigshafen ist nach wie vor das Herzstück der BASF-Gruppe weltweit. Dennoch unterliegt er mit wachsender Geschwindigkeit einer sich wandelnden Tendenz:

In der Forschung sind weltweit 12.000 Mitarbeiter tätig. Ihre Arbeit führte unter anderem zu einem Bestand von über 50.000 ausländischen und etwa 8.000 inländischen BASF-Patenten.

Schwerpunkt der Forschung bilden die vier großen Laboratorien der BASF Aktiengesellschaft

— Hauptlaboratorium
— Ammoniaklaboratorium
— Kunststofflaboratorium
— Farbenlaboratorium,

die unterstützt werden von der Technischen Entwicklung und den Forschungsdiensten. Hier arbeiten heute noch knapp 9.000 Mitarbeiter, also etwa 75 % der gesamten Forschungsmannschaft. Gegenüber der früher absolut dominanten Stellung der BASF Aktiengesellschaft — und damit des Standortes Ludwigshafen — auf dem Forschungssektor hat sich inzwischen aber eine deutliche Verschiebung ins Ausland, insbesondere die USA, ergeben.

Sie haben heute die Gentechnik in Ludwigshafen besucht. Das neue Gentechniklaboratorium wird bei Boston in USA stehen. Die Entscheidung zugunsten Bostons fiel wegen des günstigen wissenschaftlichen Umfelds, d.h. insbesondere der Nähe zu anderen Forschungseinrichtungen und Universitäten, aber auch wegen der mangelnden gesellschaftlichen Akzeptanz der Gentechnik in Deutschland und der Einengung der Arbeitsmöglichkeiten, womit wir schon fast beim Thema wären.

Die Errichtung des Gentechniklabors in USA steht übrigens beispielhaft für eine ganze Reihe von neuen Beratungs- und Entwicklungszentren im Ausland. Dahinter stehen nicht nur Beschränkungen der Forschung in Deutschland. Vielmehr spielt der Forschungsverbund mit den weltweiten Produktionen eine wichtige Rolle. Es wäre naiv zu glauben, die deutsche Industrie könne im Ausland produzieren, aber im Inland die Forschung betreiben und die Blaupausen für die Anlagen erstellen. Die Umgestaltung der deutschen Industrie in einen High-Tech-Dienstleister wird so nicht stattfinden. Je stärker die Produktion ins Ausland gezwungen werden wird, um so mehr wird auch die Forschung dorthin abwandern. Dies gilt insbesondere dann, wenn ganze Produktionsgebiete aus Deutschland abwandern oder erst gar nicht Fuß fassen. Denken Sie an weite Bereiche der Büro- und Informationstechnik sowie der Opto-Elektronik, für die Deutschland als Produktionsstandort nicht mehr vorhanden ist, und wo — natürlich — auch keine Forschung in Deutschland mehr betrieben wird.

In der Chemie ist der Exodus noch schleichend. Aber auch hier ist die Grenze nahe, an der durch die Summe der weitgehend negativen Standortbedingungen die Produktion vieler Produkte unwirtschaftlich wird und aufgegeben oder verlagert werden muß. Denken Sie nur an die hohen Steuern, die Arbeitskosten, den Umweltschutz, die Energiepreise etc.

Es gibt Beispiele in der Chemie für den Exodus bei den sogenannten Buchstaben-Säuren, den Grundlagen der Farbenchemie, oder bei der Magnet-Beschichtungstechnik. Die — häufig recht undifferenzierten — Angriffe auf die Chlorchemie würden — hätten sie Erfolg — zu einer ganz erheblichen Veränderung der deutschen Chemielandschaft führen.

II. Auswirkungen von EG-Richtlinien

Viele dieser allgemeinen Veränderungen sind bedingt durch Richtlinien der EG oder ihre Umsetzung in Deutschland. Viele dieser Richtlinien befassen sich gar nicht unmittelbar mit der Forschung, sondern wirken nur mittelbar hierauf ein. Vielleicht ist aber die dadurch ausgeübte mittelbare Einwirkung auf die Forschung wichtiger und einschneidender als die Wirkung derjenigen Richtlinien, die sich unmittelbar mit Forschungsinhalten befassen. Denn Genehmigungsbedarf für die Forschung besteht nur da, wo noch geforscht wird. Lassen Sie mich zur Verdeutlichung ein Beispiel aufzeigen:

1. Die Pflanzenschutzmittelforschung

Die EG-Kommission arbeitet seit einiger Zeit im Rahmen der EG-Zulassungsrichtlinie für Pflanzenschutzmittel an sogenannten „Uniform

Principles" oder „Einheitlichen Grundsätzen" für die Zulassung von Pflanzenschutzmitteln in der EG. Der neueste EG-Entwurf für die „Einheitlichen Grundsätze" sieht vor, daß der Grenzwert der EG-TrinkwasserVO für Pflanzenschutzmittel von 0,1 Mikrogramm/Liter für Trinkwasser auf das Grundwasser ausgedehnt wird. 0,1 Mikrogramm pro Liter ist gleich 0,1 Gramm auf 1 Mio Liter oder ein Stück Zucker auf ein kleines Tankschiff. Die Zulassung eines Pflanzenschutzmittels wäre ausgeschlossen, wenn als Folge einer sachgerechten Anwendung und Ausbringung des Mittels dieser Grenzwert im Grundwasser — durch Versickerung, Auswaschung etc. — überschritten würde.

Ich will nicht mit Ihnen über Sinn und Unsinn des festgelegten Trinkwassergrenzwertes und dessen Übertragung auf das Grundwasser streiten. Der Grenzwert im Trinkwasser war schon bei seiner Festlegung nicht wissenschaftlich begründet, sondern an der Nachweisgrenze orientiert. Mit seiner Ausdehnung auf das Grundwasser würde insoweit für das gesamte Grundwasser Trinkwasserqualität vorgeschrieben.

Für die Pflanzenschutzmittel-Forschung bedeutet dies, daß Neuentwicklungen, die diesen Grenzwert überschreiten, keine Chance auf Zulassung haben. Allein wir haben uns deshalb in der jüngeren Vergangenheit entschieden, 30 Wirkstoffsubstanzen nicht weiterzuentwickeln. Das Pflanzenschutzentwicklungs-Potential wird deutlich eingeschränkt. In Deutschland sind ohnehin nur noch ungefähr 180 Substanzen als Pflanzenschutzmittelwirkstoffe zugelassen, in der EG sind es ca. 700, weltweit noch erheblich mehr. In Deutschland sind wir übrigens dabei, auf die „Einheitlichen Grundsätze" noch erheblich draufzusatteln: Der Bund-Länder-Arbeitskreis Qualitätsziele (BLAKQZ) hat vorgeschlagen, den Trinkwassergrenzwert für Pflanzenschutzmittel als Zielvorgabe auch für Oberflächengewässer zu übernehmen.

Sie könnten nun fragen: Nun gut, wenn die Anwendung solcher Mittel in Deutschland nicht mehr möglich ist, so sind damit doch Forschung und Produktion nicht verboten. Warum forscht und produziert die BASF nicht für den Export? Diese Frage verkennt die Wichtigkeit des Heimatmarktes. Hier — im Heimatmarkt — besteht die beste Markteinführung, der größte Bekanntheitsgrad, der weiteste Abnehmerkreis. Hierauf beruht auch die angestrebte Wirtschaftlichkeit für ein neues Produkt. Allein Forschung und Entwicklung eines neuen Pflanzenschutzmittels dauern heute 5 — 10 Jahre und kosten pro Substanz durchschnittlich über 100 Mio DM. Hinzu kommen Anlagen- und Produktionskosten. Diese können in der Regel nur durch eine Vermarktung im Heimatmarkt gesichert eingebracht werden. Der Export ist ein zwar sehr wichtiger, aber doch nur ein Zusatzaspekt. Wo dies allerdings im Einzelfall einmal anders ist, wo dem Auslandsmarkt — etwa den USA — das entscheidende Gewicht zukommt, wird es auch vernünftiger sein, dort Forschung und Produktion anzusiedeln, die dann gleich auf die dortigen Gegebenheiten abgestimmt werden können und keine Zusatzausgaben für lokale Feldversuche und Reregistrierungen (Wiederholung der Registrierung des Heimatmarktes im Auslandsmarkt) bedingen. Es ist relativ müßig, in Deutschland Pflanzenschutzmittel für Citrusfrüchte zu erforschen oder in Deutschland die Zulassung hierfür zu betreiben. Dennoch trägt dies der Industrie dann den Vorwurf ein, sie würde für Entwicklungsländer Pflanzenschutzmittel herstellen und vertreiben, die nicht einmal in Deutschland zugelassen wären.

Ähnliche Konsequenzen gelten übrigens für weite Bereiche des Umweltschutzes, ob er nun von Brüssel initiiert ist oder direkt von Bonn kommt.

Soweit zum „Exodus“ bzw. zum schleichenden „Exodus“ in der Chemie.

2. Die Gentechnik

Geradezu ein Paradebeispiel des „Gar-nicht-erst-Fuß-fassens“ eines Arbeitsgebietes ist die Gentechnik. Die Hoechst AG hat 6 Jahre erfolglos versucht, ihre gentechnische Anlage zur Herstellung von Humaninsulin in Frankfurt in Betrieb zu nehmen. Die Anlage, die etwa 100 Mio DM gekostet hat, ist seit langem fertig. Ihre Inbetriebnahme wurde von Bürgerinitiativen bis Anfang diesen Jahres gestoppt. Die Konkurrenten wie die US-Firma Eli Lilly oder die dänische Novo-Nordisk produzieren dagegen seit langem Humaninsulin auf gentechnischer Basis und machen damit — wie man in der Branche hört — glänzende Geschäfte. Eli Lilly will sogar extra eine Fabrik bauen, um die stürmische Nachfrage aus Deutschland zu befriedigen, allerdings im französischen Straßburg, wo es viel Westwind und wenig Bedenken gegen die Gentechnologie gibt.

Die Firma Hoechst hat sich inzwischen entschlossen, eine weitere gentechnische Produktion, den blutgerinnungshemmenden Wirkstoff „Herudin“ statt bei ihren Marburger Behringwerken in Romainville bei Paris von ihrer Beteiligungsgesellschaft Roussel-Uclaf fertigen zu lassen. In der aufgelegten Zeitungsnotiz heißt es im übrigen:

> „Roussel-Uclaf arbeite bereits intensiv auf dem Gebiet gentechnisch hergestellter Arzneimittel, verfüge über ein biotechnologisches Forschungszentrum und über geeignete freie Gebäude, wo derzeit die nötigen Anlagen installiert würden.“

Quod erat demonstrandum! Forschung und Produktion werden im Ausland zusammengefaßt. Die deutschen Gesellschaften und die deutsche Volkswirtschaft haben das Nachsehen. Dabei ist es letztlich egal, ob Erschwernisse der Produktion in Deutschland diese zum Exodus veranlassen und die Forschung nachzieht oder ob dies umgekehrt ist. Gentechnische Produktionsstätten gibt es in Deutschland ganze zwei, in USA Hunderte, in

Japan ca. 130, in der EG mehrere Dutzend und davon im kleinen Dänemark immerhin sieben.

Sie mögen fragen, was hat das Ganze mit Auswirkungen von EG-Richtlinien auf den Genehmigungsbedarf innovativer Forschung zu tun? War nicht das Gentechnikgesetz bereits vorhanden, bevor Brüssel Richtlinien hierzu erließ und gelten diese nicht in der EG wie in Deutschland gleichermaßen? Nun, dies stimmt, wenn auch nur zum Teil. Das Gentechnikgesetz wurde begleitend zur Erarbeitung einschlägiger EG-Richtlinien konzipiert und der Entwicklung in Brüssel laufend angepaßt[1]. Man kann deshalb sagen, daß das Gentechnikgesetz eine zeitgleiche Umsetzung der im Entstehen begriffenen EG-Richtlinien war. In anderen EG-Staaten hat die Umsetzung dagegen viel länger auf sich warten lassen bzw. steht immer noch an.

Zum Teil wurde seitens der Bundesregierung der Inhalt der Richtlinien auch gezielt beeinflußt, um eine Grundlage für die in der deutschen Gesetzgebung gewünschten Maßnahmen zu erhalten, so etwa die Möglichkeit der Mitgliedsstaaten, die Anhörung der Öffentlichkeit oder bestimmter Gruppen vor behördlichen Entscheidungen vorzusehen. Das Gentechnikgesetz läßt deshalb grundsätzlich soviel zu, wie die EG-Richtlinien erfordern. In den anderen EG-Staaten — nicht aber außerhalb — müßten aufgrund der Richtlinien die gleichen Beschränkungen gelten, wenn man diese gleichzeitig und in gleich strengem Maßstab umgesetzt hätte. Das hat man aber nicht!

In Deutschland kommt allerdings die Wahrnehmung schärferer Sicherheitsbedingungen und insbesondere die Möglichkeit für Anlieger und Bürgerinitiativen hinzu, alle Rechtsmittel auszuschöpfen. Sie erinnern sich vielleicht noch, daß im Rahmen der Verhandlungen um den Vier-Mächte-Status von Berlin die Formel von der „strikten Anwendung und vollen Umsetzung" der getroffenen Regelungen geprägt wurde. Damals zum Wohle der Menschen, um alle Verbesserungen, die erzielt waren, auch auszuschöpfen. Inzwischen scheinen wir in der strikten Anwendung und vollen Umsetzung von Regelungen einen Wert für sich zu sehen, ohne auf die Wirkungen, das Resultat solchen Tuns, zu achten. Dies gilt auch für die Gentechnik-Richtlinien und das Gentechnikgesetz. Wir sind inzwischen soweit, daß sich 644 Hochschullehrer der Chemie, Biochemie und Lebensmittelchemie zusammengefunden und in einem offenen Brief ihre Sorge um die wissenschaftliche Forschung auf dem Chemiegebiet geäußert haben. Unmittelbarer Anlaß war die Abwanderung der Gentechnologie.

Hier nun — zur Untermauerung — noch ein Beispiel der Auswirkungen der EG-Gentechnik-Richtlinien auf den Genehmigungsbedarf in der Forschung. Dazu ist besonders ein Fall geeignet, wo das deutsche Recht noch eine kleine Umsetzungslücke aufweist:

[1] *Hirsch, Günter*, Gentechnikgesetz, Komm., München 1991, Einl. Rdnr. 24.

In der EG-Richtlinie über die Anwendung gentechnisch veränderter Mikroorganismen im geschlossenen System, der sogenannten System-Richtlinie, werden Arbeitsgänge des Typs A, die privilegiert sind, und solche des Typs B unterschieden. Die Arbeiten für Forschungs- und Entwicklungszwecke zählen zu dem privilegierten Typ A, allerdings nur dann, wenn sie in „kleinem Maßstab" durchgeführt werden. Als Maßstab für den kleinen Maßstab werden 10 l Kulturvolumen oder weniger genannt. Für diese Arbeitsgänge des Typs A (nach dem Sprachgebrauch der EG-Systemrichtlinie) ist bei erstmaligen Arbeiten der Gruppe I eine Anmeldung, für weitere Arbeiten lediglich eine Aufzeichnung erforderlich. Arbeiten der Gruppe II unterliegen — erstmalig — der Genehmigung, bei weiteren Arbeiten der Anmeldung. Bei Arbeiten des Typs B unterliegen die weiteren Arbeiten dagegen der erneuten Anmeldung bzw. Genehmigung.

Nach § 3 Nr. 5 des deutschen Gentechnikgesetzes und der überwiegenden Praxis ist der kleine Maßstab dagegen grundsätzlich nicht auf Forschungs- und Entwicklungszwecke zu beziehen. Das heißt konkret, daß Entwicklungs- und Forschungsarbeiten auch in einem größeren Maßstab, z.B. in 50-l-Fermentern, unter erleichterten Voraussetzungen möglich sind. Dies ist insbesondere bei industriellen Forschungs- und Entwicklungsarbeiten von großer Bedeutung.

Eine zukünftige EG-rechtskonforme Anpassung oder Auslegung des Gesetzes würde dazu führen, daß Forschungsarbeiten im größeren Maßstab unter den Begriff der „gentechnischen Arbeit für gewerbliche Zwecke" fielen und dann für *erstmalige Arbeiten* eine Anlagengenehmigung, in den Sicherheitsstufen 2 bis 4 verbunden mit einer Öffentlichkeitsbeteiligung, und für *weitere Arbeiten* in der Sicherheitsstufe 1 eine Anmeldung und in den Sicherheitsstufen 2 bis 4 eine erneute Genehmigung erforderlich wäre. Demgegenüber wäre nach dem EG-Recht in der Sicherheitsstufe 1 auch für erstmalige gewerbliche Arbeiten lediglich eine Anmeldung erforderlich. Die Anmeldung erstmaliger Arbeiten ist mit einer Wartefrist von drei Monaten, die Anmeldung weiterer Arbeiten mit einer Wartefrist von zwei Monaten verbunden.

Was bedeutet nun diese, für den nicht näher mit der Materie Vertrauten eher verwirrende Differenzierung in der Praxis?

Je höher der Verfahrensaufwand, desto teurer wird die Forschung, je länger der Zeitaufwand, um so später sind Ergebnisse zu erwarten, um so mehr geraten wir im internationalen Wettbewerb ins Hintertreffen.

Die bisherige deutsche Regelung (bloße Aufzeichnung bei weiteren Forschungsarbeiten der Sicherheitsstufe 1) ist aus Sicht der Industrie sachgerecht, mehr als 80 % der gentechnischen Forschung findet in der Sicherheitsstufe 1 statt. Der nach EG-Recht erforderliche Aufwand, für jede weitere

Arbeit in einer bereits angemeldeten Anlage erneut ein Anmeldeverfahren zu durchlaufen, wird in der Forschung als nicht sachgerecht und dem möglichen Risiko als nicht angemessen erachtet. Noch schlimmer wird es, wenn in Deutschland sogar die Genehmigungspflicht bei erstmaliger Anwendung droht. Aus Sicht der Gentechnikfachleute wird im übrigen auch auf der Sicherheitsstufe 2 ein Anzeige- oder Anmeldeverfahren für weitere gentechnische Arbeiten als völlig ausreichend erachtet.

Ich möchte nun hier im einzelnen nicht darauf eingehen, inwieweit manche der Probleme, die zu Verzögerungen im Anmelde- und Genehmigungsverfahren oder zu einem zu starken bürokratischen Aufwand in der Forschung führen, im Gentechnikgesetz oder in den aufgrund dieses Gesetzes ergangenen Rechtsverordnungen bzw. im Vollzug der Länder angelegt sind. Festzustellen ist jedoch, daß das EG-Recht Änderungen weitgehende Grenzen setzt[2]. EG-rechtlich nicht zulässig ist es, die Anmeldung, die verbunden ist mit einer Wartefrist von drei Monaten, durch eine bloße Anzeigepflicht zu ersetzen, nach deren Erfüllung unmittelbar mit der Arbeit begonnen werden könnte. Auch die in der politischen Diskussion befindliche Erleichterung für weitere gentechnische Arbeiten der Sicherheitsstufe 2, bei der auf eine Anmeldepflicht verzichtet werden soll, ist mit den Vorgaben des EG-Rechts leider nicht vereinbar. Wird hier nicht Abhilfe geschaffen — die mittlerweile auch vom offiziellen Bonn gefordert wird — muß sich die Forschung andere Wege und andere Forschungsplätze suchen, um mit der weltweiten Konkurrenz Schritt zu halten.

Lassen Sie mich in diesem Zusammenhang noch kurz zwei andere Themen ansprechen:

Die EG-Richtlinie über gentechnische Arbeiten im geschlossenen System nennt in Art. 19 Abs. 4 bestimmte, den Behörden mitgeteilte Informationen, die nicht vertraulich behandelt werden können. Dazu gehört u.a. die Beschreibung der gentechnisch veränderten Organismen. Daß aber auch die Struktur von gentechnisch veränderten Organismen geheimhaltungsbedürftig sein kann, wird bereits daran deutlich, daß es nunmehr möglich ist, genetisch veränderte Organismen patentieren zu lassen[3]. Dies gilt etwa für genetisch veränderte Mäuse („Havard-Krebsmaus"), die besonders leicht an Krebs erkranken und deshalb wichtig für die Krebsforschung sind. Wenn allerdings bereits die Entwicklungsarbeiten zur Herstellung solcher Organismen nicht mehr vertraulich behandelt werden können, wird damit der

[2] Vgl. Beschlußempfehlung und Bericht des Ausschusses für Forschung, Technologie und Technik-Folgenabschätzung, BT-Drs. 12/3658 und Änderungsantrag der SPD-Fraktion, BT-Drs. 12/3696.

[3] Vgl. dazu Vorschlag für eine EG-Richtlinie über den rechtlichen Schutz biotechnologischer Erfindungen, KOM (88) 496 endg./SYN 159 und dazu *Leskien,* IUR 1992, S. 207 ff.; *Vossius/Schrell,* GRUR Int. 1992, S. 269 ff.

Geheimnisschutz, der einem Unternehmen den nötigen Wettbewerbsvorteil sichert, gefährdet.

Dies gilt um so mehr, als die „EG-Richtlinie über den freien Zugang zu Informationen über die Umwelt" jedermann ohne Nachweis eines berechtigten Interesses das Recht des Zugangs zu solchen bei den Behörden vorhandenen Informationen über die Umwelt öffnet. Nach der in den zuständigen Umweltministerien des Bundes und der Länder vertretenen Ansicht soll diese Richtlinie seit 01.01.93 mangels deutscher Umsetzung unmittelbar anwendbar sein. Zwar sieht sie die Möglichkeit vor, daß die Mitgliedsstaaten Ausnahmen vom Informationszugang regeln, um Betriebs- und Geschäftsgeheimnisse einschließlich des geistigen Eigentums zu schützen. Da die Systemrichtlinie jedoch die Vertraulichkeit der Beschreibung eines gentechnisch veränderten Organismus nicht unter Schutz stellt, ist zu befürchten, daß auch solche Informationen dem Informationszugang eines jeden unterliegen und damit auch dem Konkurrenten.

Lassen Sie mich dieses Kapitel mit einem kleinen Erlebnis abrunden: In unserem Aufsichtsrat sitzt Prof. Dr. Eigen, Nobelpreisträger für Chemie, Ordinarius an der Universität Göttingen. Er erzählte kürzlich, daß an seiner Fakultät ein junger deutscher Wissenschaftler über ein gentechnisches Thema promoviert habe. Ich beglückwünschte ihn und fragte, wie dies denn angesichts der Restriktionen der Forschungsarbeiten auf diesem Gebiet überhaupt möglich gewesen sei. Die Antwort war einfach: Der junge Mann hatte zwar seine Arbeit in Deutschland geschrieben und dort die theoretischen Fragestellungen untersucht. Die praktischen Versuche, die gentechnischen Experimente also, hatte er aber alle in Spanien, an der Universität Barcelona, durchgeführt. Grundlage war eine persönliche Verbindung seines Doktorvaters. Ist das der Weg, wie wir zukünftig wissenschaftlichen Nachwuchs ausbilden?

3. Das Chemikalienrecht

Soweit zur Gentechnik. — Lassen Sie uns nun noch einen Blick auf einen anderen Regelungskreis der EG und die damit verbundenen Wirkungen auf die innovative Forschung und auf bestehende Genehmigungspflichten werfen: Das EG-Chemikalienrecht und als dessen Teil die *Regelungen zur Einstufung, Verpackung und Kennzeichnung gefährlicher Stoffe*. Hier existiert seit 1967 eine Richtlinie über die Einstufung, Verpackung und Kennzeichnung gefährlicher Stoffe.

Diese Grundrichtlinie hat mittlerweile die 7. Änderung erfahren, wobei von ausschlaggebender Bedeutung die 6. Änderung war. Auf der 6. Änderungsrichtlinie beruht zu einem großen Teil das deutsche Chemikaliengesetz vom 16.09.1980.

Die 7. Änderungsrichtlinie muß bis zum 31. Oktober 1993 in deutsches Recht umgesetzt werden. Sie enthält eine Vielzahl von kostentreibenden Verschärfungen, insbesondere in dem Bereich, der sich mit der Anmeldung neuer Stoffe — insbesondere Forschungs- und Entwicklungsprodukten — befaßt.

Lassen Sie mich dies am Beispiel der Zwischenprodukte näher erläutern:

Zwischenprodukte sind Produkte, die bei einem chemischen Unternehmen hergestellt werden, dann an ein weiteres Unternehmen geliefert werden, das diese Produkte mittels chemischer Reaktionen weiterverarbeitet und so ein Endprodukt herstellt. Das bedeutet, Zwischenprodukte gelangen nicht in die Hände des Endverbrauchers.

Der Markterfolg neuer Zwischenprodukte hängt entscheidend davon ab, ob das Endprodukt des Kunden (neue Wirk-/Werkstoffe) letztlich zur Marktreife gelangt. Ein sehr großer Teil der innovativen Forschung führt leider nicht zu der gewünschten Markteinführung, weil sich der Stoff selber nicht als brauchbar erwiesen hat oder das Endprodukt beim Kunden aus den verschiedensten Gründen nicht marktfähig ist. Aus diesem Zusammenspiel ergibt sich zugleich, daß Zwischenprodukte im Regelfall in enger Abstimmung mit den Kunden entwickelt werden. Das heißt, nach einer ersten Forschungsphase werden dem Kunden Mustermengen zur Verfügung gestellt, die er testet. Solche Mustermengen können vom Grammbereich bis in den Tonnenbereich gehen. Der Kunde kann Versuche im Laboratoriumsmaßstab durchführen, aber auch bereits im Maßstab von Technika.

Bei der Forschung und Entwicklung von Zwischenprodukten ist es damit zwingend erforderlich, gegebenenfalls größere Mengen von neuen Stoffen in den Verkehr zu bringen. Die Dauer der Entwicklung kann sich dabei über viele Jahre erstrecken; bei Agrochemikalien und im Pharmabereich sind sieben Jahre und mehr keine Seltenheit. Der Erfolg bleibt dennoch ungewiß.

Dieses Prognose-, Mengen- und Zeitproblem kollidiert mit den Bestimmungen der 7. Änderungsrichtlinie bzw. z.T. schon heute mit Bestimmungen des geltenden Chemikalienrechts. Das liegt daran, daß der deutsche Gesetzgeber bereits in der ersten Novelle zum Chemikaliengesetz von 1990 Verschärfungen vorgenommen hat, die nunmehr das EG-Recht zum Teil nachvollzieht.

Diese Rechtslage führt dazu, daß auch für Forschungszwecke jedenfalls bei Abgabe von Mengen von über 100 kg/Jahr eine eingeschränkte Mitteilung an die Behörde durchzuführen ist. Die Mitteilungskosten werden geschätzt auf 60.000,-- bis 80.000,-- DM/Stoff. Zudem gilt die Mitteilungspflicht nur für die Höchstdauer von einem Jahr und — nach neuem EG-Recht — als Ausnahme für ein weiteres Jahr. Da aber die Entwicklungszeiten der Zwischenprodukte meist länger sind, wird es — selbst bei Mengen unter

1 t — erforderlich, eine eingeschränkte chemikalien-rechtliche Anmeldung des Stoffes durchzuführen. Erhöht sich die Abgabemenge auf über 1 t/Jahr, so ist eine uneingeschränkte Anmeldung erforderlich. Die Kosten belaufen sich dann auf mindestens 200.000,-- DM. Man wird sich deshalb oft schon in einem sehr frühen Entwicklungsstadium überlegen müssen, ob sich die Weiterentwicklung eines Zwischenproduktes lohnt. Viele Kunden verlieren ihr Interesse an solchen Entwicklungen, wenn sie mit den Kosten konfrontiert werden. Der Fortschritt wird gehemmt. Der Standort Deutschland und Europa wird benachteiligt. Denn etwa in den USA ist die Situation wesentlich günstiger: Hier besteht für Forschungs- und Entwicklungszwecke grundsätzlich keine Mitteilungs- oder gar Anmeldepflicht.

Ein letztes, mehr ethisches Problem sei nur erwähnt: Unnötige Mitteilungen und Anmeldungen führen nach geltender Rechtslage zu einem erheblichen Einsatz von Tierversuchen, die vergeblich sind.

4. Das Patentrecht

Sie sehen, daß die innovative Forschung auf zahlreichen Gebieten durch EG-Richtlinien oder die Art ihrer Umsetzung Beschränkungen unterliegt, die die forschende Industrie im Wettbewerb mit Nicht-EG-Ländern — oder solchen EG-Ländern, die es mit der Umsetzung oder der Gesetzeskontrolle nicht so genau nehmen — wesentlich behindern. Ich möchte meinen heutigen Vortrag aber nicht beschließen, ohne aufzuzeigen, daß aus Brüssel auch Gutes kommen kann.

Gemeint ist die Verordnung über die Schaffung eines ergänzenden Schutzzertifikats für Arzneimittel von 1992.

Die Forschung nach neuen Arzneimitteln ist außerordentlich teuer und aufwendig. Sie übertrifft noch die bereits genannten 100 Mio DM für eine Pflanzenschutzmittel-Substanz um ein Erhebliches. Es ist deshalb wichtig, daß der Forscher Patentschutz für sein Produkt erhält, um vor Plagiaten, Nachahmungen von Herstellern, geschützt zu sein, die diese Aufwendungen nicht hatten und entsprechend günstiger produzieren und anbieten können.

Diesen Schutz erhält er auch nach deutschem wie nach europäischem Patentrecht für — ich glaube — 20 Jahre ab Anmeldung. Die Anmeldung muß dabei so früh wie möglich erfolgen, um den Erfindungsvorsprung — und damit die Patentfähigkeit — zu sichern. Das Problem war nun, daß mit der Patentanmeldung noch lange kein marktgängiges Produkt vorhanden ist. Vielmehr muß ein Arzneimittel noch eine Vielzahl von langwierigen Laborprüfungen, Tierversuchen, klinischen Tests etc. durchlaufen, ehe es die Genehmigung zum Inverkehrbringen erhält. Nicht selten ist der Patentschutz dann bereits weitgehend verstrichen, die Amortisierung der Forschungskosten gefährdet oder gar unmöglich.

Hier nun schafft die Verordnung Abhilfe, indem sie ein das Patent ergänzendes Schutzzertifikat für Arzneimittel einführt. Der Patentinhaber wird materiell so gestellt, als würde das Patent am Tag der Zulassung noch eine Restlaufzeit von 15 Jahren haben. Sollte also beispielsweise die Entwicklung eines Arzneimittels bis zur Zulassung 10 Jahre Patentanmeldung für den Wirkstoff betragen haben, dann ist der Zulassungsinhaber noch weitere 15 Jahre geschützt. Faktisch wird seine Patentstellung dann auf 25 Jahre verlängert.

Auch bei dieser sicherlich sinnvollen und von der Forschung sehr begrüßten Regelung ist allerdings anzumerken, daß die EG auch hier nicht das Recht der Erstgeburt für sich in Anspruch nehmen kann. Vielmehr hatten andere Staaten — u.a. die USA — ihr Patentrecht bereits entsprechend geändert, d.h. den Patentschutz verlängert. In der VO-Begründung heißt es deshalb:

> „Die jetzige Situation bringt die Gefahr mit sich, daß die in den Mitgliedstaaten gelegenen Forschungszentren nach Ländern verlagert werden, die bereits jetzt einen größeren Schutz bieten."

Damit schließt sich der Kreis und mir bleibt nur noch, Ihnen für Ihre Aufmerksamkeit zu danken!

Reform des Verwaltungsverfahrensrechts

Statement

Von Klaudia Martini

I.

Es ist eine erstaunliche Tatsache, daß ein zunächst so sprödes Thema wie das Verwaltungsverfahren zu einem Politikproblem ersten Ranges hat werden können. Maßgeblichen Anteil hieran hat die Umweltpolitik. Denn es sind die Verwaltungsverfahren mit umweltpolitischem Gehalt oder zumindest umweltpolitischem Bezug, an denen die örtlichen Konflikte aufbrechen, in denen die Interessen hart aufeinanderstoßen, an denen die breite Öffentlichkeit nachhaltig Anteil nimmt. Weiter noch: an den umweltrelevanten Verwaltungsverfahren und den hieraus folgenden Entscheidungen erweist sich, wie in sonst keinem anderen Bereich, die Macht oder die Ohnmacht von Gruppeninteressen, von Öffentlichkeitsdruck und von staatlicher Führungskraft.

Wie in einem Brennspiegel laufen etwa in den atomrechtlichen oder verkehrsrechtlichen Verfahren die Zielkonflikte unterschiedlicher Politikkonzepte, ja, die Konflikte der modernen Gesellschaft zusammen. Nicht umsonst haben verschiedene Auseinandersetzungen an den Grundfesten des Rechtsstaates und der Demokratie gerührt. Bedrängende Poltikthemen wie „Aufbau Ost“ und „Standort Deutschland“ haben in die Frage nach adäquaten Entscheidungsverfahren zusätzliche Aktualität, gelegentlich auch nur Tagesaktualität, hineingetragen.

Es ist und bleibt Aufgabe des Verfahrensrechts, für die Auseinandersetzungen Formen bereitzuhalten, in denen die Konflikte ausgetragen und in angemessener Zeit akzeptierte Entscheidungen herbeigeführt werden können. Dies bedeutet zugleich, daß auch und insbesondere im öffentlichen Verfahrensrecht eine Verhältnisbestimmung zwischen staatlicher Entscheidungshoheit und gesellschaftlicher Freiheit vorgenommen wird. In dieser Hinsicht ist es am Ende gar nicht mehr erstaunlich, daß das Verwaltungsverfahrensrecht zu einem Politik- und eben auch zu einem Reformthema hat werden können.

Dies ist denn auch das Thema des heutigen verwaltungswissenschaftlichen Seminars. Die Dimension des Themas bedeutet zum einen, daß die übergreifende gesellschafts- und rechtspolitische Dimension bei aller Betrachtung im einzelnen nicht ausgeblendet bleiben darf, daß aber zugleich eine sachliche Beschränkung, zumal in einem kurzen Statement, unumgänglich ist.

Ich will daher nur einige wenige Gedanken in die Diskussion des Seminars einbringen.

II.

Es war zunächst keine umweltpolitische Konzeption, die in das Verwaltungsverfahrensrecht die Öffentlichkeitsbeteiligung eingebracht hat. Die Öffentlichkeitsbeteiligung war gedacht als Betroffenenbeteiligung und daher sowohl Ausdruck eines demokratietheoretischen wie grundrechtstheoretischen Konzepts. „Legitimation durch Verfahren" und „Grundrechtsschutz durch Verfahren" sind die hierzu entwickelten wissenschaftlichen Begriffe. Der Gedanke einer inhaltlichen Qualifizierung von Verwaltungsentscheidungen durch externen Sachverstand trat hinzu. Dieses Konzept, im umweltrechtlichen Bereich verbunden mit hohen Umweltqualitätsstandards, war und ist, dies möchte ich nachdrücklich hervorheben, Ausdruck einer hochentwickelten politischen und rechtlichen Kultur. Es war, und dies darf ich hinzufügen, zugleich Gegenstand allgemeinen politischen Konsenses.

Das partizipatorische Konzept hat jedoch, und dies hat die Entwicklung gezeigt, partiell auch zu unvorhergesehenen Verzerrungen geführt. In dem Augenblick, in dem ein Verwaltungsverfahren zum Anlaß und sozusagen Einfallstor einer Fundamentalopposition wird, indem Bürgerbewegungen mit Masseneinwendungen in das Verfahren hineindrängen, wird ein Verwaltungsverfahren von innen her aufgesprengt und um seine Zielrichtung gebracht. Für die öffentliche Verwaltung verliert das Verfahren jede Praktikabilität. Ja, ich gehe noch weiter: Es wird in einigen Fällen zu einem nicht mehr beherrschbaren Ereignis, bei dem bereits geringe förmliche Fehler die Drohung mit dem Schwert der Rechtswidrigkeit beinhalten. Für Antragsteller, um deren Verfahren und damit auch berechtigte Interessen es geht, wird das Verfahren zu einer nicht mehr kalkulierbaren Größe.

Genau dies hat dann auch zu nachhaltiger Kritik, insbesondere von industrieller Seite her, geführt. Sowohl rechtsstaatliches und demokratisches als auch effektives und raschest mögliches Verwaltungshandeln gehören zu den wesentlichen, nach der Rechtsprechung des Bundesverfassungsgerichts notwendigen Elementen einer funktionsfähigen Verwaltung.

Gesetzgebung und Rechtsprechung sind vor diesem Hintergrund zu nachhaltigen Änderungen veranlaßt. Dies insbesondere auch deswegen, weil ein derart verändertes Verwaltungsverfahren sich im gerichtlichen Verfahren fortsetzt. Die eingeführten Änderungen und Restriktionen des Verwaltungsverfahrens sind bekannt: strengere Formalisierung des Verfahrens, Präklusionsvorschriften, Verkürzung des Rechtsweges. Weitergehende Schritte stehen aktuell an: Herausnahme verschiedener Verfahren aus der Öffentlichkeitsbeteiligung oder schlichtes Ersetzen des Verwaltungsverfahrens durch das Gesetz. Gerade auch diese Thematik wird ja im derzeitigen Seminar behandelt.

Meine Frage zu diesem Komplex ist nun die: Ist es denn richtig, auf zugegebenermaßen feststellbare Verzerrungen des Verfahrens so zu reagieren, daß man den Rechtsschutz durch Präklusion, Verkürzung der Rechtswege, durch Gesetzesbeschluß statt Verwaltungsakt beschneidet? Und: Gilt denn das Konzept der Betroffenenbeteiligung und der fachlichen Qualifizierung nichts mehr?

Es ist gewiß ein politischer Zielkonflikt, einerseits aus demokratietheoretischen Gründen eine breite Rückbindung der betroffenen Bevölkerung an öffentliche Entscheidungen herbeizuführen, andererseits die Investitionsinteressen der öffentlichen Hand und privater Unternehmen kurzfristig realisieren zu wollen. Ich meine, wir müssen diesen Konflikt ehrlich aushalten. Dem Verwaltungsverfahren können und dürfen wir diese Konfliktdimension nicht nehmen.

III.

Der Ansatzpunkt für die Konfliktlösung liegt daher meines Erachtens weniger in der Behandlung der Ergebnisse des Verfahrens, sondern im Zustandekommen der Verfahrensergebnisse. In den meisten Verwaltungsverfahren mit umweltpolitischem Gehalt geht es um die Anwendung unbestimmter Rechtsbegriffe oder um Planungsentscheidungen. Der Inhalt unbestimmter Rechtsbegriffe wie „Stand der Technik“ oder „Risikovorsorge“ ist ausfüllungsbedürftig; wie auch auf diesem Seminar behandelt, wird die Lücke häufig durch Verwaltungsvorschriften gefüllt. Bei Planungsverfahren steht am Ende das Planungsermessen, das große Entscheidungsspielräume enthält. Nun sind es aber gerade diese Entscheidungsspielräume, um deretwillen die Betroffenen beteiligt, die Öffentlichkeit hinzugezogen, Experten befragt werden. Daher muß durch Dialog, durch offene Verhandlungsführung, dann aber auch durch inhaltliche Abstimmung der Entscheidungsspielräume im Verfahren das erarbeitet werden, was als Ausübung des Planungsermessens akzeptiert wird.

Ich bin der Auffassung, daß Verfahrensmanagement größere Chancen hat als zu weitgreifende Verfahrensförmlichkeit. Derartige Kooperationsformen, dies weiß ich sehr wohl, haben ihre sachlichen und rechtlichen Grenzen, insbesondere dann, wenn massiver Grunddissens besteht. Andererseits aber scheint mir das hier liegende Verfahrenspotential bei weitem noch nicht voll ausgeschöpft. Gewiß wären, je nach Sachlage, einem Einwender, einem Antragsteller größere Freiheiten zuzugestehen, wäre ihm größeres Vertrauen, größere Toleranz entgegenzubringen; läßt sich jedoch eine Akzeptanz erreichen, endet das Verfahren in überschaubarem Zeitraum und ohne gerichtliches Nachspiel.

Aus verwaltungswissenschaftlicher und aus rechtswissenschaftlicher Sicht liegen hierzu Vorschläge vor, wie sie etwa Thomas Würtenberger, Winfried Brohm oder Martin Bullinger, sicher mit aller Vorsicht, formuliert haben. So könnte denn größere Flexibilität an die Stelle von Verfahrensförmlichkeit treten und so könnte vielleicht auch eine Öffentlichkeitsbeteiligung im wahrsten Sinne des Wortes erreicht werden, die nicht in Verfahrensherrschaft der Öffentlichkeit umzuschlägt.

IV.

Flexibilität und Kooperation im Verwaltungsverfahren setzen freilich voraus, daß die öffentliche Verwaltung, die ein derartiges Verfahren im Wege des Managements zu bewältigen hat, dies dann in der Tat auch kann. Hier sind nun gewiß Fragezeichen zu setzen. Aber wenn über eine Reform des Verwaltungsverfahrensrechts nachgedacht wird, warum soll dann nicht zugleich über eine Reform der Verwaltung selbst nachgedacht werden?

Damit weitet sich das Thema aus, aber wie ich meine, notwendigerweise: Über das Verwaltungsverfahren kann nicht losgelöst von den tatsächlichen Bedingungen reflektiert werden, unter denen die öffentliche Verwaltung als eine der maßgeblichen Subjekte des Verwaltungsverfahrens steht. Hier tun sich dann aber auch neue Konflikte auf: Eine öffentliche Verwaltung, die einerseits unter dem finanzwirtschaftlichen Diktat der Mittel- und Stelleneinsparung steht und der insbesondere über die Rechtsetzung der Europäischen Gemeinschaft zunehmend neue Aufgaben zuwachsen, und die andererseits den lohnpolitischen Verteilungskämpfen ausgesetzt ist, wird kaum den Freiraum gewinnen, Verwaltungsverfahren in dem von mir skizzierten, vielleicht idealen Sinne zu praktizieren.

Wir werden an diesen Rahmenbedingungen zunächst wenig ändern, aber wir müssen darüber nachdenken. Dieses Nachdenken kann auch dazu führen, daß man öffentliche Aufgabenbereiche, die derzeit im Wege öffentlicher Verfahren erledigt werden, stärker auf Private überträgt, oder die Eigenverantwortung der an einem Verfahren Beteiligten stärkt. Vielleicht auch dadurch, daß man ordnungsrechtliche Genehmigungsverfahren teils durch finanzielle Anreizsysteme, teils durch Stärkung der Selbst- und Eigenkontrolle ergänzt oder teils ersetzt. Damit weitet sich die Betrachtung zu einer Diskussion der Stellung der öffentlichen Verwaltung und ihrer Handlungsformen überhaupt.

Dies geht, ohne daß ich dies jetzt weiter ausführen kann, weit über das Thema des Seminars hinaus, oder vielleicht gerade mitten hinein. Ohne eine Klärung dieser Frage jedoch bleibt vieles sinnvoll Diskutierte ohne praktische Auswirkung.

Diskussion zu den Referaten von Hans-Jürgen Papier und Eckart Sünner sowie zu dem Statement von Klaudia Martini

Leitung: Siegfried Magiera

Bericht von Matthias Niedobitek

Die Diskussion behandelte zunächst ausführlich die von *Papier* aufgeworfenen Rechtsprobleme der Direktwirkung von EG-Richtlinien (I.), sodann den Einfluß von EG-Richtlinien auf die innovative Forschungstätigkeit der chemischen Industrie, wie er von *Sünner* beschrieben worden war (II.), und schließlich die Ausführungen von Frau *Martini* zur Bedeutung und zu den Problemen der Öffentlichkeitsbeteiligung im Verwaltungsverfahren (III.).

I.

a) Einleitend hob *Magiera* hervor, daß der Gedanke des „Rechtsmißbrauchs" seitens des Staates, den *Papier* als tragenden Gedanken der Direktwirkung von EG-Richtlinien herausgestellt hatte, insbesondere dann Probleme aufwerfe, wenn ein Bürger aufgrund einer noch nicht umgesetzten Richtlinie den Erlaß einer behördlichen Maßnahme begehre, die einen anderen Bürger belaste. In diesem Fall gehe es nicht nur um das Verhältnis des Bürgers zum Staat, sondern zugleich um die Beziehung zweier — gleichberechtigter — Bürger mit widerstreitenden Interessen untereinander. Der EuGH habe sich zur Direktwirkung von Richtlinien in diesem Fall noch nicht geäußert. Er habe aber in der Rechtssache Francovich[1] beim Fehlen der Direktwirkung eine Schadensersatzpflicht des Staates und damit eine weitere gemeinschaftsrechtliche Sanktion für das Unterlassen der rechtzeitigen und vollständigen Umsetzung von Richtlinien in das nationale Recht anerkannt, die die vom Bundesverfassungsgericht als „neue Sanktionskategorie" bezeichnete[2] Möglichkeit der Berufung auf die Direktwirkung von Richtlinien ergänze.

---

[1] Verb. Rs. C-6/90 und C-9/90, Urt. v. 19.11.1991, Slg. 1991, I-5357.

[2] BVerfGE 75, 223/242.

Generelle Bedenken gegen die vom EuGH entwickelte Figur der Direktwirkung von Richtlinien erhob *Laubinger.* Damit habe der EuGH die Richtlinie praktisch der Verordnung gleichgestellt und mithin gegen den Wortlaut des EWG-Vertrages verstoßen. Den Richtlinien eine Direktwirkung zuzuerkennen, sei nicht der richtige Weg, um den durch die unterlassene Umsetzung begangenen Vertragsverstoß eines Mitgliedstaats zu ahnden. Hier sei vielmehr — neben einem ebenfalls in Betracht zu ziehenden Schadensersatzanspruch gegen den Staat — auf das Vertragsverletzungsverfahren nach Art. 169 EWGV zurückzugreifen. Dieses Ergebnis lege auch die Parallele zur Rahmengesetzgebung im deutschen Recht nahe. Hier würden bei einer Änderung rahmenrechtlicher Vorschriften des Bundes die in Ausführung des ursprünglichen Rahmengesetzes ergangenen landesrechtlichen Bestimmungen auch nicht automatisch, d. h. ohne Zutun des Landesgesetzgebers, an die neue Rechtslage angepaßt. Hinzu komme, daß es schwierig zu beurteilen sei, wann eine EG-Richtlinie begünstigend und wann belastend wirke.

Magiera räumte ein, daß die Konstruktion einer Direktwirkung von EG-Richtlinien rechtsdogmatisch nicht ohne weiteres einleuchte. Auch der Bundesfinanzhof sei in dem Urteil vom 25. April 1985[3] noch der Auffassung gewesen, der EuGH habe mit der Anerkennung einer Direktwirkung von Richtlinien seine Befugnisse überschritten. Immerhin habe aber das Bundesverfassungsgericht in seinem Beschluß vom 8. April 1987[4] die Auslegung des EuGH gebilligt: Sie halte sich im Rahmen des durch das Zustimmungsgesetz zum EWG-Vertrag abgesteckten Integrationsprogramms. Zudem sei es dem von einer Richtlinie begünstigten einzelnen nicht zumutbar, die Durchführung eines Vertragsverletzungsverfahrens abzuwarten, dies umso weniger, als das geltende Gemeinschaftsrecht selbst im Fall eines erfolgreichen Vertragsverletzungsverfahrens keine Sanktionen vorsehe, die den Staat zur Anpassung seiner Rechtsordnung an das Gemeinschaftsrecht bewegen könnten. Abhilfe werde in diesem Punkt erst der Maastrichter Vertrag über die Europäische Union bringen, der in Art. 171 des EG-Vertrages die Möglichkeit der Erhebung von Pauschalbeträgen und Zwangsgeldern vorsehe.

Papier stimmte den Ausführungen *Magieras* zu und bestätigte, daß die Idee einer Direktwirkung von EG-Richtlinien für den deutschen Juristen befremdlich wirke. Er selbst könne dem EuGH aber insoweit folgen, als dieser die Direktwirkung von solchen Richtlinien anerkenne, die den einzelnen begünstigten und sich nur — vertikal — im Verhältnis zum Staat auswirkten. Kaum lösbare Probleme entstünden allerdings, wenn eine Richtlinie Maßnahmen vorsähe, die einen einzelnen begünstigten und zugleich

[3] BFHE 143, 383.

[4] BVerfGE 75, 223.

einen anderen belasteten, mithin eine Doppelwirkung entfalteten, wie es gerade im Umweltbereich häufig zu beobachten sei. Über diesen Fall habe der EuGH zwar noch nicht entschieden, er wage aber die Hypothese, daß der EuGH auch hier eine weite Auslegung vornehmen und die Direktwirkung von Richtlinien befürworten würde. Einer solchen Auslegung, so *Papier*, könne er sich aber nicht anschließen. Bewirke die Direktwirkung von Richtlinien eine Belastung Dritter, so müsse sich der Grundsatz der Gesetzmäßigkeit der Verwaltung, der auch auf der Ebene des Gemeinschaftsrechts zu beachten sei, gegenüber dem Mißbrauchsgedanken durchsetzen.

Im Ergebnis stimmte *Siebelt* dieser Auffassung mit der Erwägung zu, bei in EG-Richtlinien vorgesehenen Maßnahmen mit Doppelwirkung sei es Aufgabe des nationalen Gesetzgebers, den Konflikt zwischen den widerstreitenden Interessen zu regeln. Die Umsetzung in nationales Recht sei in diesen Fällen notwendige Voraussetzung für eine Anwendung der Richtlinienbestimmungen.

b) *Bohne* erörterte am Beispiel der Richtlinie des Rates über den freien Zugang zu Informationen über die Umwelt[5] (Umweltinformationsrichtlinie), deren Direktwirkung von der Bundesregierung befürwortet worden sei, ein weiteres aus der Direktwirkung von EG-Richtlinien resultierendes Problem. Unklar sei, ob der aus der Richtlinie folgende Informationsanspruch im Falle seiner Direktwirkung ohne Einschränkung erfüllt werden müsse oder ob die in der Richtlinie vorgesehenen Ausschlußtatbestände, die nicht dem Schutz von Interessen Dritter dienten, im Rahmen der Direktwirkung berücksichtigt werden könnten. In der Praxis könne man sich damit behelfen, die Anwendung der Ausschlußtatbestände davon abhängig zu machen, ob der Zweck der Richtlinie, der hier in einem wirksamem Umweltschutz bestehe, dies erfordere. Insbesondere bei freiwillig gelieferten Umweltinformationen müsse daher der Informationsanspruch der Richtlinie ausgeschlossen werden können.

Papier vertrat die Auffassung, eine Richtlinie müsse als Einheit betrachtet werden. Entweder sie sei insgesamt, d. h. auch im Hinblick auf die vorgesehenen Ausschlußtatbestände, nicht unmittelbar vollziehbar und entbehre dann der direkten Wirkung, oder sie entfalte insgesamt Direktwirkung. Eine Aufspaltung komme nicht in Betracht. Wenn eine Richtlinie Rechte gewähre, dann nur nach Maßgabe der in der Richtlinie vorgesehenen Beschränkungen. *Schoch* ergänzte, man könne hier zur Veranschaulichung die aus der deutschen Verwaltungsrechtsdogmatik bekannte Konstruktion des negativen Tatbestandsmerkmals heranziehen.

Dem hielt *Bohne* entgegen, der EuGH erkenne durchaus auch einzelnen Teilen von Richtlinien Direktwirkung zu, gehe somit keineswegs davon aus, daß eine Richtlinie stets als Einheit zu betrachten sei. Daraufhin erläuterte

[5] Richtlinie vom 7.6.1990, ABl. EG L 158/56.

Fluck, daß die in der Umweltinformationsrichtlinie vorgesehenen Ausschlußtatbestände nicht zwingend vorgeschrieben seien, sondern daß es in das Ermessen der Mitgliedstaaten gestellt worden sei, die Ausschlußtatbestände in das nationale Recht zu übernehmen. In diesem Fall, so führte *Magiera* aus, müsse der durch eine Richtlinie begründete Anspruch ohne die dort vorgesehenen Ausschlußtatbestände gewährt werden, da die Richtlinie die Begünstigung uneingeschränkt gewähre. Solange der nationale Gesetzgeber die Richtlinie nicht umgesetzt und von der Möglichkeit, Ausschlußtatbestände einzuführen, Gebrauch gemacht habe, gebe er nicht zu erkennen, daß er den durch die Richtlinie vorgesehenen Anspruch einschränken wolle. Anders sei dies aber, wenn ein Ausschlußtatbestand bereits in der Richtlinie selbst zwingend vorschrieben sei.

c) Die Frage nach den Adressaten und der praktischen Gewährleistung der Direktwirkung von EG-Richtlinien brachte *Hennecke* in die Diskussion. In seinem Hause habe man das Problem der Gewährleistung der Direktwirkung der Umweltinformationsrichtlinie in der Weise gelöst, daß man die nachgeordneten Behörden im Wege einer Verwaltungsvorschrift angewiesen habe, den Informationsanspruch der Richtlinie nur unter Beachtung der Ausschlußgründe zu erfüllen. Das Instrument der Verwaltungsvorschrift werfe aber Probleme auf, da viele Informationen von Institutionen vorgehalten würden, die zwar staatlich beherrscht, aber privatrechtlich organisiert seien, wie etwa kommunale Versorgungsbetriebe oder Wirtschaftsförderungsgesellschaften, und mithin nicht der Direktionsgewalt seines Ministeriums unterstünden.

Papier ergänzte dazu aus rechtlicher Sicht, daß der EuGH den Begriff des Staates weit auslege und darunter nicht nur die juristischen Personen des öffentlichen Rechts, sondern alle dem Staat zuzurechnenden Einrichtungen fasse, auch wenn sie privatrechtlich organisiert seien. In ähnlicher Weise schließe das Bundesverfassungsgericht die Grundrechtsfähigkeit privatrechtlicher Kapitalgesellschaften aus, wenn sie mehrheitlich in öffentlicher Hand seien. Hierzu wies *Magiera* auf die Besonderheit hin, daß nach Europäischem Gemeinschaftsrecht die Gemeinden als staatliche Stellen nicht nur Adressat der Direktwirkung von Richtlinien sein, sondern sich auch — insofern abweichend von dem Verständnis der deutschen Rechtsordnung — wie ein Bürger auf die Direktwirkung berufen könnten.

Ergänzend führte *Magiera* aus, das Gemeinschaftsrecht verpflichte alle staatlichen Stellen, d. h. neben den Gerichten auch die Verwaltungsbehörden, die Direktwirkung von Richtlinien zu beachten. Die dafür erforderlichen Kenntnisse des Gemeinschaftsrechts müßten den öffentlichen Bediensteten durch Fortbildungsmaßnahmen der zuständigen Stellen vermittelt werde. Hier leiste das Land Rheinland-Pfalz Vorbildliches. Frau *Martini* wandte ein, es könne nicht allein die Aufgabe der zuständigen Landesbehörden sein, die öffentlichen Bediensteten im Bereich des Europäischen Gemeinschaftsrechts fortzubilden. Vielmehr müßten dabei alle öffentlichen Stellen und gesellschaftlichen Gruppen zusammenwirken.

II.

a) Die Diskussion um die Auswirkungen von EG-Richtlinien auf die innovative Forschungstätigkeit der chemischen Industrie war vor allem dem Gentechnikrecht gewidmet. *Papier* und *Fluck* konstatierten Abweichungen des deutschen Gentechnikrechts von den entsprechenden EG-Richtlinien, die sich als Erleichterungen gegenüber dem EG-Recht darstellten. *Fluck* erläuterte, das deutsche Gentechnikgesetz sei zeitgleich mit den EG-Richtlinien zur Gentechnik entstanden und mit diesen abgestimmt worden. Die Abweichungen von den Richtlinien seien bewußt vorgenommen worden. Hier sei die Frage, ob gegenüber dem Staat das Mißbrauchsargument eingreife oder aber eine richtlinienkonforme Auslegung des deutschen Rechts vorzunehmen sei. In der Verwaltungspraxis werde überwiegend allein das deutsche Recht angewandt, während in der Literatur eine richtlinienkonforme Auslegung, die mit dem Phänomen der Direktwirkung von Richtlinien Verwandtschaft aufweise, bevorzugt werde.

Papier vertrat demgegenüber die Auffassung, die Anwendung der durch das EG-Recht verschärften Anforderungen komme vor einer korrekten Umsetzung der Richtlinien in das nationale Recht nicht in Betracht. Das Instrument der Richtlinie solle den Mitgliedstaaten bei der Umsetzung Spielräume belassen. Andernfalls könnte der Gemeinschaftsgesetzgeber gleich Verordnungen erlassen. Hierzu bemerkte *Magiera*, daß die Kommission tatsächlich zunehmend den Erlaß von Verordnungen vorschlage.

b) An *Sünner* gewandt, warf *Bohne* die Frage auf, weshalb die chemische Industrie, insbesondere die BASF, nicht in Brüssel ihren Einfluß auf die Gestaltung der als einschränkend empfundenen Richtlinien geltend gemacht habe. Die chemische Industrie habe seines Wissens eine hervorragende Interessenvertretung bei der EG, was sich darin zeige, daß sein Ministerium manche Entwürfe der EG schneller von Seiten der chemischen Industrie als von den offiziellen Stellen erhalte. *Sünner* maß dem Einfluß der chemischen Industrie auf Gesetzgebungsvorhaben der EG dagegen eine weit geringere Bedeutung bei. Der Umstand, daß die chemische Industrie frühzeitig über Informationen verfüge, lasse keine Rückschlüsse auf ihren Einfluß auf Rechtsetzungsvorhaben der EG zu.

c) Eine weitere von *Bohne* angesprochene Frage betraf die von *Sünner* beschriebenen Tendenzen der Abwanderung innovativer Forschung der chemischen Industrie in die USA aufgrund der dort günstigeren Gesetzeslage. Wie es komme, wollte *Bohne* wissen, daß in den USA über den Toxic Substances Control Act (TOSCA) geklagt und auf die insoweit vorteilhaftere Situation in Europa verwiesen werde und daß auch der amerikanische Präsident Clinton gerade für den Bereich des Umweltrechts auf die vorbildliche Gesetzeslage in Deutschland hingewiesen habe.

Dies erklärte *Sünner* damit, daß es tatsächlich einige Punkte gebe, in denen die Gesetzeslage in Deutschland günstiger sei. Es sei nur natürlich, daß jede Seite auf die Vorteile der jeweils anderen hinweise. Im übrigen teile er nicht die Auffassung der EG-Kommission, die Wettbewerbsfähigkeit sei gerade durch Umweltschutz zu erhöhen. Zudem handele es sich bei den durch die Erfordernisse des Umweltschutzes geschaffenen Arbeitsplätzen nicht um hochwertige Stellen.

Die Probleme, die der chemischen Industrie in Europa entstünden, fuhr *Sünner* fort, resultierten u. a. aus völlig unrealistischen Grenzwerten. Im Bereich des Trinkwassers etwa werde der Grenzwert an der Nachweisgrenze orientiert. Dies habe zur Folge, daß bei einer Verfeinerung der Analysemethoden die Grenzwerte stets weiter sänken. Es sei bemerkenswert, daß die Grenzwerte der Weltgesundheitsorganisation wesentlich über den in Europa geltenden lägen. Hinzu komme, daß nur ein geringer Teil des Trinkwassers tatsächlich getrunken werde. Daher sei zu überlegen, ob den Haushalten nicht verschiedene Wasserqualitäten für unterschiedliche Zwecke zur Verfügung gestellt werden sollten. Jedenfalls sei die Erstreckung der für das Trinkwasser geltenden Anforderungen auf die Qualität des Grundwassers höchst problematisch, da das Grundwasser schon ohne künstliche Belastungen viele Schadstoffe enthalte. Allgemein dürfe nicht der Fehler gemacht werden, bei der Gesetzgebung im Umwelt- und Technikbereich die wirtschaftliche Dimension einer Verschärfung der Gesetzeslage für die chemische Industrie zu unterschätzen.

d) Auf die unbefriedigende Behandlung sog. Zwischenprodukte, die *Sünner* in seinem Vortrag angesprochen hatte, kam *Wahl* zu sprechen. *Sünner* habe den Handel mit Zwischenprodukten als Teil des Innovationsprozesses dargestellt. Die gesetzlich vorgeschriebenen Verfahren habe er als zu langwierig für die Erfordernisse der Forschung dargestellt. Angesichts der Mengen, in denen Zwischenprodukte hergestellt würden, hielt es *Wahl* für schwierig, den Bereich der Forschung von dem Bereich gewerblicher Betätigung abzugrenzen. Jedenfalls könne man aber der chemischen Industrie möglicherweise dadurch helfen, daß man von dem Erfordernis einer Anmeldung für Zwischenprodukte absehe, dafür aber eine Gefährdungshaftung einführe. Dessenungeachtet schienen ihm die bürokratischen Anforderungen bei Forschungen im Bereich der Sicherheitsstufe 1 nicht überzogen.

Sünner übte daraufhin insbesondere Kritik an den zu beachtenden Anmeldeverfahren. Eine Prüfung durch die Behörden finde hier nicht statt, die

Anmeldungen würden nur gesammelt und abgelegt. Dennoch müsse man als Antragsteller etwa drei Monate bis zum Beginn der angemeldeten Vorhaben warten. Dies leuchte ihm nicht ein. Was die Mengen angehe, in denen Zwischenprodukte hergestellt würden, handele es sich um nicht mehr als etwa eine Tonne, die zudem nicht an eine Vielzahl von Kunden verteilt, sondern regelmäßig nur einem industriellen Abnehmer zur Verfügung gestellt würde. Dem von *Wahl* angesprochenen Gedanken einer Gefährdungshaftung, verbunden mit entsprechenden Erleichterungen für die chemische Industrie, könne er nahetreten.

III.

An das Statement von Frau *Martini* anknüpfend, erläuterte *Stelkens* die Gründe, die zur Einführung der Öffentlichkeitsbeteiligung in das Verwaltungsverfahrensgesetz geführt hätten. Dabei hätten nach seiner Erinnerung die von Frau *Martini* betonten Werte der Legitimation durch Verfahren oder des Grundrechtsschutzes durch Verfahren keine Rolle gespielt. Vielmehr hätten allein Gründe der Praktikabilität eine Öffentlichkeitsbeteiligung im Verwaltungsverfahren erfordert. Man habe es der Verwaltung ersparen wollen, zwischen den materiell Betroffenen und den Nichtbetroffenen differenzieren zu müssen. Im übrigen lasse sich nicht feststellen, daß die Dauer von Verwaltungsverfahren gerade mit der Öffentlichkeitsbeteiligung begründet werden könne. Hier seien andere Gründe maßgebend.

Frau *Martini* dankte *Stelkens* für seine Bemerkungen, die verdeutlicht hätten, daß auch Gründe der Praktikabilität für die Einführung der Öffentlichkeitsbeteiligung eine Rolle gespielt hätten. Dies widerspreche jedoch nicht ihren Ausführungen, da es stets auch ein allgemeines Anliegen gewesen sei, das Verwaltungsverfahren rechtsstaatlich und demokratisch auszugestalten. Frau *Martini* stimmte *Stelkens* darin zu, daß die Verfahrensdauer nicht maßgeblich von den Verfahrensbeteiligten zu verantworten sei, sondern insbesondere von politischen Instanzen, etwa von den Gemeinde- und Kreisräten. Skeptisch äußerte sie sich zur Rechtsstaatlichkeit des Verwaltungsverfahrens im Falle von Masseneinwendungen. Bei zuweilen bis zu 40 000 Einwendungen könne schon fast von einem Mißbrauch gesprochen werden. Eine solche Anzahl von Einwendungen könne die Verwaltung nicht ohne externe Hilfe bewältigen. Zudem wachse mit der Menge der Einwendungen das Risiko, Einzelheiten zu übersehen, und dadurch die Gefahr formell rechtswidriger Entscheidungen. Die Voraussehbarkeit und Verläßlichkeit von Verwaltungsentscheidungen werde beeinträchtigt. Letztlich zeige sich darin, daß auch ein Zuviel an Verfahren eine Einbuße an Rechtsstaatlichkeit bewirken könne.

Verfahrensrechtliche Reformfragen im Atom-, Immissionsschutz- und Gentechnikrecht

Von Michael Ronellenfitsch

A. Einleitung

I. Thematische Vorbemerkung

Das Thema *„Verfahrensrechtliche Reformfragen im Atom-, Immissionsschutz- und Gentechnikrecht"* verspricht nur Ertrag, wenn man es *über den reinen Verfahrensablauf* hinaus in einem *umfassenden* Sinn begreift.

Zwar könnte man lange und in allen Einzelheiten über den „Grundrechtsschutz durch Verfahren"[1], über den Umfang von Antragsunterlagen, über rechtliches Gehör und Erörterungstermine, über Massenverfahren, Verbandsbeteiligung,

---

[1] Vgl. nur *Blümel,* Grundrechtsschutz durch Verfahrensgestaltung, in: ders. (Hrsg.), Frühzeitige Bürgerbeteiligung bei Planungen, 1982, S. 23 ff.; *Burmeister,* Grundgesetzliche Verfahrensstrukturierungsgebote komplexer Verwaltungsentscheidungen UTR Bd. 5, 1988, S. 122 ff., (135 ff.); *Degenhart,* Das Verwaltungsverfahren zwischen Verwaltungseffizienz und Rechtsschutzauftrag, DVBl. 1982, 872 ff.; *Dolde,* Grundrechtsschutz durch einfaches Verfahrensrecht?, NVwZ 1982, 65 ff.; *Goerlich,* Grundrechte als Verfahrensgarantien, 1981; ders., Nachbarschutz durch Verfahrensrechte, DÖV 1982, 631 ff. (633 ff.); *Grimm,* Verfahrensfehler als Grundrechtsverstöße, NVwZ 1985, 865 ff.; *Häberle,* Grundrechte im Leistungsstaat, VVDStRL 30 (1972), 43 ff. (86 ff.); ders., Verfassungsprinzipien „im" Verwaltungsverfahrensgesetz, in: Schmitt Glaeser (Hrsg.), Verwaltungsverfahren, Festschr. f. den Boorberg-Verlag, 1977, S. 47 ff. (92 ff.); Held, Der Grundrechtsbezug des Verwaltungsverfahrens, 1984; *Hesse,* Bestand und Bedeutung der Grundrechte in der Bundesrepublik Deutschland, EuGRZ 1978, 427 ff.; *Hill,* Das fehlerhafte Verwaltungsverfahren und seine Folgen im Verwaltungsrecht, 1986, S. 36 ff.; *Hufen,* Heilung und Unbeachtlichkeit grundrechtsrelevanter Verfahrensfehler?, NJW 1982, 2160 ff.; *Laubinger,* Grundrechtsschutz durch Gestaltung des Verwaltungsverfahrens, VerwArch. 1982, 60 ff.; *von Mutius,* Grundrechtsschutz contra Verwaltungseffizienz im Verwaltungsverfahren?, NJW 1982, 2150 ff.; *Ossenbühl,* Grundrechtsschutz durch Verfahrensrecht, in: Festschr. f. Eichenberger, 1982, S. 193 ff.; *ders.,* Verwaltungsverfahrensrecht zwischen Verwaltungseffizienz und Rechtsschutzauftrag, NJW 1982, 456 ff.; *Redeker,* Grundgesetzliche Rechte auf Verfahrensteilhabe, NJW 1980, 1593 ff.; *Ronellenfitsch,* Die Durchsetzung staatlicher Entscheidungen als Verfassungsproblem, in: Börner (Hrsg.), Umwelt, Verfassung, Verwaltung, VEnergR 50, 1982, S. 13 ff. (28 ff.); *Schenke,* Das Verwaltungsverfahren zwischen Verwaltungseffizienz und Rechtsschutzauftrag, VBlBW 1982, 313 ff.; *Schmidt-Aßmann,* Verwaltungsverfahren, in: HdStR III, 1988, § 79 Rdnrn. 15 ff.; *Wahl/Pietzcker,* Verwaltungsverfahren zwischen Verwaltungseffizienz und Rechtsschutzauftrag, VVDStRL 41 (1983), 151 ff. (166 f.); 193 ff. (207 ff.).

behördliche Mitwirkungshandlungen, Präklusionsfristen, Umweltverträglichkeitsprüfung[2] und was sonst noch alles räsonieren. Aber das anspruchsvolle Etikett „Reformfragen" verdienen solche Überlegungen erst, wenn die Verfahrensmodalitäten nicht isoliert gesehen werden.

1. Verfahren und Sachentscheidung

Verfahren sind nämlich regelmäßig nicht Selbstzweck[3], sondern dienen einer Sachentscheidung. Der das Verfahren abschließende Hoheitsakt ist notwendiger *Bestandteil des Verfahrens*[4]. Der Hinweis, daß „Verwaltungsverfahren" nachfolgend im Sinne des § 9 Halbsatz 2 VwVfG verstanden werden, wäre aber zu formalistisch. Für die Finalität der Verwaltungsverfahren ist nicht nur von Interesse, daß eine Sachentscheidung getroffen wird, sondern worüber eine Sachentscheidung getroffen wird.

---

[2] *Beckmann,* Rechtsschutz Drittbetroffener bei der Umweltverträglichkeitsprüfung, DVBl. 1991, 358 ff.; *Dohle,* Anwendungsprobleme eines Gesetzes zur UVP (UVPG), NVwZ 1989, 697 ff.; *Erbguth,* Das UVP-Gesetz des Bundes: Regelungsgehalt und Rechtsfragen, Die Verwaltung 1991, 283 ff.; *Erbguth/Schink,* Gesetz über die Umweltverträglichkeitsprüfung, Komm., 1992; *Feldmann,* UVP-Gesetz und UVP-Verwaltungsvorschrift, UPR 1991, 127 ff.; *Gassner/Winkelbrandt,* Umweltverträglichkeitsprüfung in der Praxis, 1990; *Jarass,* Grundstrukturen des Gesetzes über die Umweltverträglichkeitsprüfung, NuR 1991, 201 ff.; *Knöchel,* Die Umweltverträglichkeitsprüfung bei Vorhaben des untertägigen Steinkohlenbergbaus, NWVBL 1992, 117 ff.; *Lange,* Rechtsfragen der Umweltverträglichkeitsprüfung für die Genehmigung oder Zulassung eines Projekts, DÖV 1992, 780 ff.; *Schink/Erbguth,* Die Umweltverträglichkeitsprüfung im immissionsschutzrechtlichen Zulassungsverfahren, DVBl. 1991, 413 ff.; *Sittel-Czypionk,* Umsetzung der Umweltverträglichkeitsprüfung im Städtebau, DÖV 1992, 737 ff.; *Soell/Dirnberg,* Wieviel Umweltverträglichkeit garantiert die UVP?, NVwZ 1990, 705 ff.; *Steinberg,* Die gestufte Umweltverträglichkeitsprüfung im Raumordnungsverfahren, NuR 1992, 164 ff.; *ders.,* Rechtsfragen der raumordnerischen Umweltverträglichkeitsprüfung, DÖV 1992, 321 ff.; *Storm/Bunge,* Handbuch der Umweltverträglichkeitsprüfung, Losebl.; *Weber/Hellmann,* Das Gesetz über die Umweltverträglichkeitsprüfung (UVP-Gesetz), NJW 1990, 1625 ff. Zur Methodik *Dreißigacker/Bückmann,* Ökologische Folgenbewertung, 1991.

[3] So weit dürfte auch die von *Pitschas,* Verwaltungsverantwortung und Verwaltungsverfahren, 1990, selbst als Paradigmenwechsel eingestufte Neukonzeption der Verwaltungsverfahren nicht reichen.

[4] Nur deshalb durfte etwa der Bundesgesetzgeber im Verwaltungsverfahrensgesetz den Verwaltungsakt und öffentlich-rechtlichen Vertrag mitregeln. Auf den Mischcharakter des Verwaltungsakts stellt ab *Lerche,* in: Maunz/Dürig, Komm. z. GG, Art. 84 Rdnr. 40. Die §§ 35 ff. VwVfG behandeln aber nicht nur die „prozeduralen" Konsequenzen des Verwaltungsakts. Für einen weiten Begriff des Verwaltungsverfahrens hat sich das Bundesverfassungsgericht (Urt. vom 10.12.1980) ausgesprochen: „Vorschriften über das Verwaltungsverfahren im Sinne von Art. 84 Abs. 1 GG sind danach jedenfalls gesetzliche Bestimmungen, die die Tätigkeit der Verwaltungsbehörden im Blick auf die Art und Weise der Ausführung des Gesetzes einschließlich ihrer Handlungsformen, die Form der behördlichen Willensbildung, die Art der Prüfung und Vorbereitung der Entscheidung, deren Zustandekommen und Durchsetzung sowie verwaltungsinterne Mitwirkungs- und Kontrollvorgänge in ihrem Ablauf regeln" (BVerfGE 55, 274, 320 f.).

2. Technologiekontroverse

Über verfahrensrechtliche Reformfragen im Atom-, Gentechnik- und Immissionsschutzrecht läßt sich sinnvoll nur nachdenken, wenn man sich vor Augen hält, auf was *für Vorhaben* sich das „Verfahrensrecht" konkret bezieht. Danach betreffen die Reformfragen, um einige Beispiele zu nennen, die Zulassungsverfahren für Brennelementlager, für Anlagen zur Erzeugung gentechnisch veränderter Organismen, für chemische Fabriken[5] oder für Müllverbrennungsanlagen. Es geht somit ausnahmslos um *kontroverse Vorhaben.* Die Reformfragen der Verwaltungsverfahren ergeben sich zum Teil aus dieser Kontroverse und müssen ihr Rechnung tragen.

Den nachfolgenden — nur skizzenhaften — Bemerkungen zur Technologiekontroverse sei ein methodischer Hinweis auf *Carl Schmitt* vorangestellt[6]. *Carl Schmitt* argumentierte mit *Grenzbegriffen*[7]: Land und See[8], Ausnahmezustand[9], das Freund-Feind-Kriterium zur Kennzeichnung des Politischen[10] usw. Diese Vorgehensweise ist oft mit dem Einwand angegriffen worden, im pluralistischen Rechtsstaat komme es primär auf den Interessenausgleich in Normallagen an[11]. Aber auch in Normallagen muß bei kollidierenden

---

[5] Zu den jüngsten Hoechst-Unfällen FAZ 48/ 26. 2. 1993, S. 4; 64/ 17. 3. 1993, S. 16.

[6] Der Hinweis entspricht dem genus loci, hat sich doch die Hochschule in Speyer in den vergangenen Jahren zu einem Schwerpunkt der Carl-Schmitt-Forschung entwickelt. Vgl. namentlich Quaritsch (Hrsg.), Complexio Oppositorum — Über Carl Schmitt, 1988; s. auch *Ule,* Carl Schmitt, der Rechtsstaat und die Verwaltungsgerichtsbarkeit, VerwArch. 1990, 1 ff.; *ders.,* Zum Begriff des Kronjuristen, DVBl. 1993, 77 ff. Daß das *Werk* Schmitts nicht totgeschwiegen werden kann und sollte, bedarf keiner Rechtfertigung; vgl. auch *Thiele,* Buchbesprechung zur 2. Aufl. der Festschrift für Carl Schmitt zum 70. Geburtstag, DVBl. 1990, 790 f. Auch wer, wie ich selbst, dem Positivismus zuneigt, muß anerkennen, daß gerade Schmitt dessen Schwachpunkte offengelegt hat; vgl. auch *Korioth,* Erschütterungen des staatsrechtlichen Positivismus im ausgehenden Kaiserreich, AöR 1992, 212 ff.; zu weitgehend wiederum *Fezer,* Wider eine neopositivistische Begrifflichkeit im Recht Zur Wiederbelebung von Windscheids Begriffsjurisprudenz als liberalem Rechtsstaatsdenken im Neopositivismus, JuS 1993, 103 ff. Im übrigen besteht zu den Verstrickungen Schmitts im Dritten Reich noch erheblicher Forschungsbedarf; vgl. *Rüthers,* Carl Schmitt im Dritten Reich 1989; *Bendersky,* Carl Schmitt. Theorist for the Reich, 1983. Mit — sozialistisch eingefärbten — primitiven Sippenhaftvorstellungen ist es jedenfalls nicht getan; so aber *Wesel,* Buchbesprechung, KJ 1988, 473 ff.

[7] Vgl. nur *Carl Schmitt,* Politische Theologie, 2. Ausgabe, 1934, S. 11. Aus dem Sekundärschrifttum *Schwab,* The Challenge of the Exception, 1970; *Beneyto,* Politische Theologie als politische Theorie, 1983.

[8] *Carl Schmitt,* Staatliche Souveränität und freies Meer, in: Das Reich und Europa, 1941, S. 79 ff.; wiederaufgegriffen in ders., Theorie des Partisanen, 2. Aufl., 1975, S. 72 ff.

[9] *Carl Schmitt,* Die staatsrechtliche Bedeutung der Notverordnung, insbesondere ihre Rechtsgültigkeit, 1931 = Verfassungsrechtliche Aufsätze aus den Jahren 1924-1954, 3. Aufl., 1985, S. 235 ff.

[10] *Carl Schmitt,* Der Begriff des Politischen, 1932 (Nachdruck 1987), S. 26 ff.

[11] Vgl. *E. Bloch,* Naturrecht und menschliche Würde, Werke Bd. 6, 1961, S. 172: *P. Schneider,* Ausnahmezustand und Norm. Eine Studie zur Rechtslehre von Carl Schmitt,

Interessen irgendwann einmal eine Entscheidung gefällt werden, die allerdings häufig auf einen Kompromiß hinauslaufen wird[12].

Bei den meisten großtechnischen Vorhaben sind dagegen Kompromißlösungen nicht möglich. In der Technologiekontroverse befinden wir uns nicht in einer Normallage.

Das ist nichts Neues. Die Entwicklung der Technik wurde schon immer mehr oder weniger stark durch Restriktionen gehemmt[13]. Technik verstand man als frevelhafte Überlistung der Natur. Erst die Verbindung von Humanismus, Handwerkertum und Frühkapitalismus machte die Entwicklung der in enger Verknüpfung zur Naturwissenschaft stehenden modernen Technik möglich, die den Menschen über die Natur triumphieren ließ, und der wir es verdanken, daß wir so leben, wie wir leben, in vielen Fällen, daß wir überhaupt leben. Die Skepsis gegenüber der technischen Entwicklung bestand aber zumindest latent immer fort. Die Gründe hierfür sind vielfältig. Im Vordergrund stehen die unbestreitbaren negativen Folgen der Technologieanwendung, Ängste, die durch eine forcierte Katastrophenberichterstattung über großtechnische Unfälle und Umweltzerstörungen gespeist werden. Unterschwellig dürfte auch das schlechte Gewissen eine Rolle spielen, daß es sich in den westlichen Industrienationen einigermaßen zivilisiert und menschenwürdig leben läßt; an die Stelle der anachronistischen Furcht vor dem Neid der Götter[14] ist der fiktive Neid der Entwicklungsländer getreten[15]. Ferner ist es für die deutsche Kulturtradition typisch, der Technik und Ökonomie mit Aversion zu begegnen. Sozial- und Geisteswissenschaftler, aber auch Juristen, halten sich für berufen, aus einer Position ignoranter Überheblichkeit heraus, die Risiken der Technik zu be- und verurteilen[16]. Offenkundig wünschen sich viele eine postindustrielle Zeit und halten damit faktisch die Rückkehr in eine vorindustrielle Zeit für erstrebenswert.

Aus der Sicht der Technikkritik sind wir in eine Grenzsituation geraten[17]; nicht die Naturgesetze, sondern die Sozialverträglichkeit soll die Grenzen

---

1957; *H. Hofmann,* Legitimität gegen Legalität, 1964. Vgl. aber auch aus neuerer Zeit *Vesting,* Erosionen staatlicher Herrschaft. Zum Begriff des Politischen bei Carl Schmitt, AöR 1992, 4 ff.

[12] Vgl. bereits *Ronellenfitsch,* Die Mischverwaltung im Bundesstaat, 1975, S. 85 mit Fn. 129.

[13] Einzelheiten bei *Ronellenfitsch,* Die Bewältigung der wissenschaftlichen und technischen Entwicklung durch das Verwaltungsrecht, DVBl. 1989, 851 ff. (853 ff).

[14] Am eindrucksvollsten wird die Furcht der Griechen vor dem Neid der Götter geschildert von Aischylos, der zeigt, wie Agamemmnon, von Klytaimnestra empfangen, über den von ihr ausgelegten Purpurteppich seinem Untergang entgegengeht. „Völlig blind für sein Schicksal" wird Agamemmnon von Aischylos übrigens nicht charakterisiert (so aber *Schwinge,* in: Lexikon der antiken Welt, dtv-Ausgabe, 1969, Bd. 1 S. 85). Er möchte seinen Pfad nicht mit verhaßtem Tuch belegt sehen ("Zu solchen Ehren lädt man nur die Götter ein"), gibt dann aber doch mit Unbehagen — gleichsam mit dolus eventualis — seiner Gattin nach ("Trifft mich aus fernem Götteraug' nur nicht der Neid").

[15] Vgl. *Schoek,* Der Neid und die Gesellschaft, 3. Aufl. 1973, S. 231.

[16] Vgl. *Steinbuch,* Das große Unverständnis der Technik und seine Folgen, in: Menne (Hrsg.), Philosophische Probleme von Arbeit und Technik, 1987, S. 143 ff.

[17] *Jaspers,* Die Atombombe und die Zukunft des Menschen, 1958, S. 37 ff.

der Technik bestimmen[18]. Damit gewinnen Begriffspaare wie „Ökologie und Ökonomie“ Freund/Feind-Charakter[19]. Dies wirkt sich auf die Qualität der Entscheidungen aus, welche in die eine oder andere Richtung zu treffen sind. In der Technologiekontroverse stoßen unterschiedliche Wertvorstellungen aufeinander. Eine Verfassungsordnung, welche die Pluralität konkurrierender Wertüberzeugungen zuläßt[20], tut sich mit dem Ausgleich dieser Werte schwer. Können dem Grundgesetze keine Wertehierarchien entnommen[21] oder unterschoben werden[22], so ist der Gesetzgeber aufgerufen, den Ausgleich vorzunehmen[23]. Den Ausgleich nahm die Gewerbeordnung des Norddeutschen Bundes vom 21. 6. 1869[24] in Fortentwicklung des Gewerbesteueredikts vom 28. 10. 1810[25] und der preußischen Gewerbeordnung vom 17. 1. 1845[26] vor, indem sie sich einerseits — in damals avantgardistischer Weise — zur Gewerbefreiheit bekannte und damit auch die Nutzung der Technik freigab, andererseits gefährliche Anlagen einer intensiven Kontrolle unterwarf[27]. Dieser Kontrolle dienen gefahrenbezogene Genehmigungserfordernisse. Danach ist das Vorliegen persönlicher und sachlicher materieller Genehmigungsvoraussetzungen in formalisierten Genehmigungsverfahren zu überprüfen. Der Kontrollzweck ist allerdings in den Genehmigungsvor-

---

[18] Vgl. auch Jungermann (Hrsg.), Die Analyse der Sozialverträglichkeit für Technologiepolitik, 1986.

[19] Vgl. auch — aus anderer Perspektive — *Vesting,* Politische Einheitsbildung und technische Realisation, 1990, S. 44 ff. Um nicht mißverstanden zu werden: Natürlich liegt es auf der Hand, daß Umweltschutz auch ökonomisch wirtschaftlich ist oder sein kann; vgl. nur *Wolf von Amerongen;* Umweltschutz als Unternehmer-Aufgabe, 1984. Darum geht es im vorliegenden Zusammenhang aber nicht. Andererseits ist aus rechtlicher Sicht Skepsis gegenüber dem „ökologischen Umbau der Industriegesellschaft“ angebracht. Gegenposition etwa *Ritter,* Von den Schwierigkeiten des Rechts mit der Ökologie, DÖV 1992, 641 ff.

[20] Vgl. auch *Mayer-Maly,* Werte im Pluralismus, JBl. 1991, 681 ff.

[21] Vgl. im Anschluß an *Smend,* Verfassung und Verfassungsrecht, 1928, S. 164: BVerfGE 6, 55 (72); 6, 386 (388); 7, 198 (205); 10, 59 (81); 12, 205 (259); 20, 162 (175); 21, 362 (371 f.); 24, 367 (389); 25, 256 (263); 30, 173 (188 ff.); 33, 303 (330 f.); 35, 79 (114); vgl. auch *Hesse,* Grundzüge des Verfassungsrechts der Bundesrepublik Deutschland, 18. Aufl., 1991, Rdnr. 299; *Stern,* Idee und Elemente eines Systems der Grundrechte, in: HStR V, 1992, § 109 Rdnr. 50.

[22] Zur Kritik grundlegend *Forsthoff,* Die Umbildung des Verfassungsgesetzes, in: Festschr. f. Carl Schmitt 1959, S. 35 ff. = Rechtsstaat im Wandel, 2. Aufl. 1976, S. 130 ff.; *Goerlich,* Wertordnung und Grundgesetz, 1973.

[23] BVerfGE 45, 272 (289); 80, 182 (186).

[24] BGBl. 1869, S. 245.

[25] PrGS 1810, S. 79. Vgl. zum historischen Kontext auch *Vogel, Barbara,* Allgemeine Gewerbefreiheit, Die Reformpolitik des preußischen Staatskanzlers Hardenberg (1810-1820), 1983.

[26] PrGS 1845, S. 41.

[27] *Becker-Marx,* Planen im offenen System, Raumforschung und Raumordnung 1989, 22 ff. (23). Vgl. auch *Ehlers,* Wirtschaftsaufsicht, in: Achterberg/Püttner, Besonderes Verwaltungsrecht, Bd. 1, 1990, 1/2 Rdnr. 166.

aussetzungen kaum noch klar erkennbar. Die Genehmigungsvoraussetzungen sind sogar oft so gefaßt, daß sie in Wahrheit keinen Interessenausgleich darstellen. In solchen Fällen flüchtet sich der Gesetzgeber in unbestimmte Rechtsbegriffe und Generalklauseln und schiebt den Schwarzen Peter für die Genehmigung kontroverser Vorhaben der Exekutive und der Gerichtsbarkeit zu. Gleich wie Exekutive und Rechtsprechung nunmehr entscheiden, setzen sie sich aus der Sicht der unterlegenen Interessengruppe dem Verdacht aus, „Partei" zugunsten der anderen Gruppe genommen zu haben. Verwaltung und Rechtsprechung verlieren dadurch ihre Befriedungsfunktion[28]. Die Neigung der Exekutive und Rechtsprechung wächst, ähnlich wie der Gesetzgeber, einer eindeutigen Entscheidung auszuweichen, sich in Verfahrensfragen zu flüchten oder dritte Streitschlichter heranzuziehen. Dadurch gewinnen Verfahrensfragen ein Gewicht, das ihnen von der Sache her nicht zukommt. Verfahrensgestaltung und Sachentscheidung konvergieren[29].

II. Folgerungen

1. Zwischenergebnis

Die Verwaltungsverfahren des Atom-, Gentechnik- und Immissionsschutzrechts können folglich nicht unabhängig von den Sachentscheidungen gesehen werden, denen die Verwaltungsverfahren dienen. Diese Sachentscheidungen haben die Zulassung oder Versagung von kern- und gentechnischen sowie sonstiger emittierender Vorhaben zum Inhalt. Fraglich ist daher, welche Funktion die Verwaltungsverfahren bei der Sachentscheidung erfüllen. Reformbedürftig sind sie nur, wenn sie den ihnen zugedachten Zweck nicht erfüllen. Die verfahrensrechtlichen Reformfragen im Atom-, Gentechnik- und Immissionsschutzrecht lassen sich damit als erstes Zwischenergebnis wie folgt präzisieren:

Erstens: Welche Schwierigkeiten bestehen bei der Zulassung von Vorhaben nach dem Atom-, Gentechnik- und Immissionsschutzrecht, die durch Reformen behoben werden könnten?

Zweitens: Inwiefern wirkt sich die Verfahrensausgestaltung negativ auf die Sachentscheidung über die Zulassung solcher Vorhaben aus?

---

[28] Vgl. *Rüthers*, Institutionelles Rechtsdenken im Wandel der Verfassungsepochen, 1970, S. 53.

[29] Die nähere Begründung, insbesondere die Fortführung des Ansatzes, daß der Verwaltungsvorbehalt Verwaltungsverantwortung impliziert, der sich die Verwaltung nicht durch eine Flucht in die Verfahren entziehen kann, sowie die Auseinandersetzung mit dem konträren Ansatz von *Pitschas* (Fn. 3), bleibt einer gesonderten Untersuchung vorbehalten.

Drittens: Welche Verbesserungen sind möglich, falls die Verwaltungsverfahren ihren Zweck nicht erfüllen?

Viertens: Wie sehen unter dem vorgenannten Aspekt die aktuellen Reforminitiativen aus?

Fünftens: Wie sind diese Reforminitiativen zu bewerten?

2. *Vorgehensweise*

Es liegt auf der Hand, daß in einem kurzen Beitrag nicht alle Fragen abgearbeitet werden können. Daher werden die erste und zweite Frage, d.h. die Schwierigkeiten bei der Zulassung emittierender Vorhaben einschließlich des Verfahrensaspekts, gemeinsam und zudem nur kursorisch behandelt. Die dritte Frage nach den Verbesserungsmöglichkeiten wird ebenfalls in diesem Zusammenhang nur gestreift. Wichtiger erscheint ein Überblick über die gegenwärtigen Reformbestrebungen in den einzelnen Sachgebieten, den eine kritische Würdigung abschließen soll.

B. Reformdiskussion

I. Befund

Die Realisierung umweltrelevanter Vorhaben auf den Gebieten des Atom-, Gentechnik- und Immissionsschutzrechts bereitet schon seit längerer Zeit Schwierigkeiten[30]. Teils führt der Widerstand, auf den solche Vorhaben treffen, dazu, daß sich die Vorhaben überhaupt nicht verwirklichen lassen, teils dauern die Zulassungsverfahren für derartige Vorhaben so lange, daß für den Vorhabenträger untragbare Investitionsrisiken entstehen. Beide Schwierigkeiten hängen in der Regel zusammen. Zulassungsverfahren einschließlich der gerichtlichen Kontrolle ziehen sich zumeist wegen des Widerstands Dritter in die Länge; durch allzu lange Verzögerungen werden Vorhaben endgültig zum Scheitern gebracht. Diesen Schwierigkeiten versucht man beizukommen, indem man nach Möglichkeiten sucht, die Zulassungsverfahren zu beschleunigen und bzw. oder indem man sich bemüht, die Akzeptanz der Vorhaben zu verbessern.

[30] Vgl. den Überblick bei *Ronellenfitsch,* Durchsetzung (Fn. 1), S. 13 ff.

II. Beschleunigungsdiskussion

1. Beschleunigungsnotwendigkeit

Die Schwierigkeiten bei der Realisierung umweltrelevanter Vorhaben werden vorwiegend unter dem *Zeitaspekt* gesehen. Die Beschleunigung der Planung und Zulassung von Großvorhaben ist schon seit Mitte der siebziger Jahre ein Modethema[31]. Dabei wird die Notwendigkeit von Verfahrensbeschleunigungen als Prämisse der Beschleunigungsdiskussion nicht mehr näher hinterfragt. Mehr noch: Der Beschleunigungsdiskussion sind endlich Taten gefolgt. Aber die Diskussion dauert an[32], vor allem, weil man sich ohne zureichende Diagnose über die Therapie streitet. Die Diagnose gilt als ausgemacht, *daß* die Genehmigungsverfahren für umweltrelevante Vorhaben zu lange dauern. *Warum* die Verfahren zu lange dauern, ist umstritten. Nun dauern umweltrechtliche Genehmigungsverfahren nur dann zu lange, wenn sich der in der Genehmigungsentscheidung zum Ausdruck gebrachte *Verfahrenszweck* schneller erreichen ließe[33]. Der Verfahrenszweck bei den jeweiligen umweltrelevanten Genehmigungsverfahren ist, was oft übersehen oder kaschiert wird, nicht identisch. Es macht einen Unterschied, ob Vergabeentscheidungen über Konzessionen getroffen werden, eine planerische Abwägung durchzuführen ist oder nur eine präventive Kontrolle stattzufinden hat.

Bei immissionsschutz-, atom- und gentechnikrechtlichen Unternehmergenehmigungen stellt sich weder die Bedarfsfrage noch die Frage nach der Planrechtfertigung. Im Vordergrund steht der *Kontrollzweck.* Gemeinsam ist den Genehmigungsentscheidungen für umweltrelevante Vorhaben die potentiell drittbelastende Wirkung. Demzufolge ist in den Genehmigungsverfahren eine Betroffenen- und Öffentlichkeitsbeteiligung durchzuführen. Über die Funktion der Öffentlichkeitsbeteiligung in Genehmigungsverfahren herrscht aber dann schon wieder Streit. Vorliegend wird an der früher

---

[31] Die Verfahrensbeschleunigung stand auch im Mittelpunkt des Speyerer Forschungsseminar über die Verkehrswegeplanung im Oktober 1991, so daß auf das dort Ausgeführte verwiesen werden kann; vgl. *Ronellenfitsch,* Beschleunigungsgesetz — Investitionsmaßnahmegesetze — Die Beschleunigung von Verkehrsprojekten, in Blümel (Hrsg.), Verkehrswegeplanung in Deutschland, Spey. Forschungsberichte 105, 3. Aufl., 1993, S. 107 ff.; ferner *Bullinger,* Beschleunigte Genehmigungsverfahren für eilbedürftige Vorhaben, 1991; *ders.,* Aktuelle Probleme des deutschen Verwaltungsverfahrensrechts — Das Beschleunigungsgebot und seine Vereinbarkeit mit rechtsstaatlichen und demokratischen Verfahrensprinzipien, DVBl. 1992, 1463 ff.

[32] Einen aktuellen Überblick über den Diskussionsstand vermittelt die Dissertation von *Ebling,* Beschleunigung der Zulassungsverfahren von Abfallentsorgungsanlagen, Berlin 1993.

[33] Einzelheiten bei *Ronellenfitsch,* Statement, in: Der Regierungspräsident Düsseldorf, Beschleunigung von Genehmigungsverfahren, workshop-dokumentation 1990, S. 44 ff.

geäußerten Ansicht festgehalten, daß die Öffentlichkeitsbeteiligung in den verschiedenen Verfahren unterschiedliche Aufgaben erfüllt[34]. Bei Unternehmergenehmigungen soll die Öffentlichkeit zunächst — auch im Sinne eines Aufgebotsverfahrens — über das Vorhaben informiert werden. Die Information hat auch disziplinierenden Charakter, da sich aus Beteiligungsrechten Beteiligungslasten ergeben. Nicht zuletzt dadurch wird die Informationsbasis der Genehmigungsbehörden und Antragsteller verbreitert[35]. Schließlich hat die Öffentlichkeitsbeteiligung für die Betroffenen Rechtsschutzfunktion. Generell soll die Öffentlichkeitsbeteiligung dem Interessenausgleich in mehrpoligen Rechtsverhältnissen dienen (Befriedungsfunktion). Neben dem Kontrollzweck des Genehmigungsverfahrens steht folglich der Befriedungszweck. Genehmigungsverfahren dauern somit zu lange, wenn sich Kontrollzweck und Befriedungszweck schneller erfüllen ließen.

2. Verzögerungsgründe

Empirischen Daten über die Verfahrensdauer aller atom-, immissionsschutz- und gentechnikrechtlichen Genehmigungsverfahren liegen nicht vor. Aber es gibt zahlreiche Einzelbeispiele für Verfahren, deren Dauer sicherlich nicht mit dem Kontrollzweck gerechtfertigt werden kann. Die Gründe für die zu lange Verfahrensdauer können im Verantwortungsbereich von Antragsteller und Genehmigungsbehörden liegen, wobei wechselseitige Schuldzuweisungen nicht unüblich sind. Dies soll hier nicht vertieft werden. Denn in erster Linie verantwortlich für die Dauer der Verfahren sind nach Bekundungen aller Betroffener der immense Prüfaufwand, die kaum noch überschaubaren materiell-rechtlichen Vorgaben, aber eben auch die Ausgestaltung der Verfahren.

Die Verfahren dauern nicht zuletzt deswegen so und zu lange, weil sie von Vorhabengegnern genutzt werden, um auf jede erdenkliche Weise Widerstand gegen die Vorhaben zu leisten. Am ehesten Erfolg verspricht hier der Rechtsschutz vor den Verwaltungsgerichten, selbst dann, wenn die Vorhabengegner letztlich unterliegen. Die administrativen Genehmigungsverfahren sind dann der Sache nach nur Vorverfahren gerichtlicher Genehmigungsverfahren. Schon vor Jahren konstatierte *Ossenbühl,* daß die wichtigsten umweltrelevanten Genehmigungen der gerichtlichen Bestätigung be-

[34] *Ronellenfitsch,* Funktionen der Öffentlichkeitsbeteiligung im Verwaltungsverfahren um großtechnische Anlagen, in: FÖV/KfK (Hrsg.), Die Öffentlichkeitsbeteiligung bei der Genehmigung von umweltrelevanten Großvorhaben, Bd. 1, Spey. Forschungsberichte 70, 1988, S. 5 ff. (5).

[35] Vgl. bereits *Blümel,* Funktion und Ausgestaltung der Öffentlichkeitsbeteiligung im atomrechtlichen Genehmigungsverfahren, in: Lukes (Hrsg.), Fünftes Deutsches Atomrechts-Symposium, 1977, S. 223 ff.

dürfen[36]. Verwaltungsgerichte zeigen verständlicherweise wenig Neigung, sich näher mit technischen Fachfragen zu beschäftigen. Viel leichter läßt sich prüfen, ob die Genehmigungsverfahren korrekt durchgeführt wurden. Die Genehmigungsbehörden wiederum sind bestrebt, ihre Genehmigungsentscheidungen gerichtsfest abzufassen. Folglich werden nicht nur die Genehmigungsverfahren mit Akribie durchgeführt. Vielmehr wird jeder Prüfungsvorgang so dokumentiert, daß er den Gerichten vorgelegt werden kann. Durch den Kontrollzweck ist dies alles nicht geboten. Die Sicherheit einer technischen Anlage hängt nicht davon ab, wie gut die Genehmigungsentscheidung begründet wurde. Vom Kontrollzweck her gesehen dauern umweltrelevante Genehmigungsverfahren länger als nötig. Verantwortlich ist die Furcht vor Widerständen. Die lange Verfahrensdauer könnte mithin nur durch den Befriedungszweck gerechtfertigt sein. Das legt es nahe, nach Beschleunigungsmöglichkeiten durch Reduzierung des Widerstands gegen umweltrelevante Vorhaben zu suchen.

III. Akzeptanzdiskussion

1. Akzeptanzverbesserung

In der Beschleunigungsdiskussion sind Forderungen nach Maßnahmen zur Akzeptanzverbesserung verbreitet. In dem Antrag der Bundestagsfraktion der SPD vom 9. Dezember 1992 zur Beschleunigung von Planungs- und Genehmigungsverfahren im Umweltbereich[37] heißt es beispielsweise:

> „Akzeptanz schaffende bzw. Akzeptanz verbessernde Maßnahmen sind von erheblicher Bedeutung für die Beschleunigung von Planungs- und Genehmigungsverfahren. Der Bürger spielt in Planungs- und Genehmigungsverfahren eine zentrale Rolle: indem er sein Wissen, seine Interessen und seine Anregungen möglichst frühzeitig in den Planungs- und Genehmigungsprozeß einbringt, schafft er erst die Voraussetzungen für sozialverträgliche Entscheidungen.
>
> Die Art der Beteiligung des Bürgers ist entscheidend für die Akzeptanz. Die Gestaltung der Mitwirkung ist deshalb ein wesentlicher Beitrag, um der wachsenden Staats- und Politikverdrossenheit entgegenzutreten. Den Bürger als scheinbaren 'Störfaktor' aus dem Planungs- und Genehmigungsverfahren möglichst herauszuhalten, wäre dagegen kontraproduktiv und ist mit einer auf Konsens angelegten Demokratie nicht vereinbar."

Als Leitsatz für die Überprüfung der gegenwärtigen Planungs- und Genehmigungsverfahren wird sodann formuliert:

---

[36] Die gerichtliche Überprüfung der Beurteilung technischer und wirtschaftlicher Fragen in Genehmigungen des Baus von Kraftwerken, DVBl. 1978, 1 ff.

[37] BT-Drs. 12/3948.

„Verbesserte Akzeptanz durch ausreichende Beteiligung der betroffenen Öffentlichkeit.

Dem Deutschen Bundestag steht als Leitbild der kooperative Staat vor Augen, der keine Erzwingungs- sondern eine Integrationsstrategie der widerstreitenden Interessen verfolgt.

Jedes Unternehmen braucht auch Planungssicherheit bei Investitionsentscheidungen. Dies ist um so besser zu erreichen, je früher alle — gegebenenfalls strittigen — Interessen gezwungen werden, an einen Tisch zu kommen. Akzeptanz ist die beste Versicherung für Gerichtsfestigkeit von Verwaltungsentscheidungen.

Eine bloße Berücksichtigung von Planungs- und Genehmigungsverfahren, bei der lediglich real existierende Streitigkeiten in nachfolgende Gerichtsverfahren verlagert werden, wäre kontraproduktiv.“[38]

Zu Verbesserung der Akzeptanz ist der SPD-Fraktion freilich nicht eben viel eingefallen. Vorgeschlagen werden die Verankerung des Umweltschutzes als Staatsziel im Grundgesetz, die Einführung der Verbandsklage, die Stärkung der Mitbestimmung im innerbetrieblichen Umweltschutz sowie die aktive Konfliktvermittlung[39].

Vor allem aus sozialwissenschaftlicher Sicht werden seit längerem etliche Vorschläge zur Akzeptanzverbesserung umweltrelevanter Vorhaben gemacht[40]. Häufig lassen sich diese Vorschläge indessen verfassungsrechtlich nicht umsetzen. Namentlich die soziologische Forschung ist überwiegend auf einen Wandel der sozialen Verhältnisse und damit zugleich auf eine Veränderung des Normbestands angelegt. Vorschläge zur Akzeptanzverbesserung laufen dann häufig darauf hinaus, die Rechtsordnung per se in Frage zu stellen. Die Reform der Genehmigungsverfahren dient dazu, unter Verstoß namentlich gegen Art. 12 und 14 GG die Genehmigungsfähigkeit von Vorhaben zu beseitigen. Werden dagegen sozialwissenschaftliche Vorschläge zur Verbesserung der gesellschaftlichen Akzeptanz kontroverser Vorhaben im juristischen Schrifttum aufgegriffen, so geschieht das unter der Prämisse, daß solche Vorhaben rechtlich an sich zulässig sind[41]. Die „Ob“-Entscheidung über das Vorhaben ist getroffen; es kann folglich nur noch darum gehen, die Auswirkungen des Vorhabens so überschaubar und erträglich zu machen, daß es von den Betroffenen akzeptiert wird. In diesem Sinne dürften auch die Vorschläge der SPD-Fraktion zu verstehen sein. Aus

---

[38] BT-Drs. 12/3948, S. 3.

[39] BT-Drs. 12/3948, S. 6 f.

[40] Vgl. nur *Gloede,* Kernenergie und Müllverbrennung als Konfliktthemen, KfK-Nachr. 2/1990, S. 59 ff.

[41] Vgl. *Benda,* Zur gesellschaftlichen Akzeptanz verwaltungs- und verwaltungsgerichtlicher Entscheidungen, DÖV 1983, 305 ff.

soziologischer Sicht greifen solche Vorschläge zu kurz, weil sie die Frage der Sozialverträglichkeit des Vorhabens schlechthin ausblenden. Vorhaben, die auf massiven Widerstand stoßen, gelten dabei automatisch als sozialunverträglich. Während aus soziologischer Sicht das Vorhaben als inakzeptabel zu verbieten ist, verliert aus rechtlicher Sicht die Akzeptanz des zuzulassenden Vorhabens ihre Bedeutung. Hier gilt es, die Verwirklichung eines materiell rechtmäßigen Vorhabens sicherzustellen[42]. Vorschläge zur Akzeptanzverbesserung sind daher *rechtlich* nur relevant, wenn sie erstens die prinzipielle Zulässigkeit und Notwendigkeit von kerntechnischen, gentechnischen und sonstigen emittierenden Anlagen nicht in Frage stellen und wenn zweitens Kompromisse noch möglich sind. Im juristischen Schrifttum ist das auch klar erkannt[43]. Angesichts der in den vergangenen Jahren im Atom-, Gentechnik- und Immissionsschutzrecht ausgeweiteten Betroffenen- und Bürgerbeteiligung und der offensiven Informationspolitik der Behörden kann man jedoch wohl davon ausgehen, daß in der Öffentlichkeitsbeteiligung keine Ursache für Akzeptanzdefizite mehr liegt. Vielmehr spricht alles dafür, daß wir uns nicht mehr in der erwähnten Normallage befinden. Bei näherem Zusehen verfolgen die meisten Vorschläge zur Akzeptanzverbesserung in der Technologiekontroverse dann doch das Ziel, die Grundsatzfragen erneut aufzuwerfen („nachfassen"). Erweiterte Bürgerbeteiligung und Vorverlagerung von Mitwirkungsrechten sollen nicht Genehmigungsentscheidungen, auf die ein Rechtsanspruch besteht, transparenter machen und diese optimieren. Vielmehr dient die Öffentlichkeitsbeteiligung dazu, die Vorhaben selbst noch einmal in Frage zu stellen. Unter dem Signum der Akzeptanzverbesserung wird eine plebiszitäre Technologiepolitik betrieben. Folglich wird aller Voraussicht nach hier durch die Ausweitung der Öffentlichkeitsbeteiligung keine Akzeptanzverbesserung eintreten. Der Beschleunigungseffekt wäre zumindest ungewiß. Demgegenüber wäre mit wesentlich größerer Gewißheit mit weiteren Verzögerungen zu rechnen.

2. Mediation

Ähnliche Erwägungen sprechen gegen die *Konfliktmittlung.* Die Konfliktmittlung[44] ist ein Re-Import aus dem anglo-amerikanischen Rechtskreis. Für

---

[42] Zutreffend *Röken,* Gesetzesgehorsam und Gesetzesakzeptanz, DÖV 1989, 54 ff.

[43] Vgl. *Würtenberger,* Akzeptanz durch Verwaltungsverfahren, NJW 1991, 257 ff. (259): „Akzeptanz von Verwaltungsentscheidungen in einer pluralistischen Demokratie und in einem Milieu der Toleranz bedeutet damit: Auch derjenige, der aus besserer Einsicht die Verwaltungsentscheidung ablehnt, bleibt gleichwohl bereit, diese als noch vertretbare Problemlösung anzuerkennen".

[44] Einzelheiten bei *Ronellenfitsch,* Konfliktmittlung aus Anlaß von Genehmigungs- und Planfeststellungsverfahren, in: Hoffmann-Riem, Konfliktbewältigung durch Verhandlun-

das deutsche Genehmigungsrecht wurde der Konfliktmittler mit Tendenzen in Verbindung gebracht, die tradierten Rechtsformenlehren um das informale Verwaltungshandeln zu erweitern[45]. Auch das ist nicht neu. Schon immer haben Antragsteller bei den Behörden „vorgefühlt", ehe sie teure Investitionsentscheidungen trafen. Das hat zu Klagen geführt, die Vorhabenbetroffenen würden in ihren Abwehrmöglichkeiten beschnitten, die Öffentlichkeitsbeteiligung würde unterlaufen u. dgl.[46] und den Ruf nach einem Konfliktmittler laut werden lassen. Den Unternehmern wurde der Konfliktmittler mit der verbesserten Akzeptanz ihrer Vorhaben schmackhaft gemacht. Nun ist der Befund gewiß richtig, daß der Staat auf die Kooperation der Gewaltunterworfenen angewiesen ist, und daß Befehl und Zwang häufig untaugliche Mittel zur Errichtung des gewünschten Erfolgs sind. Bei Genehmigungsbehörden und Antragstellern keimte sogar die Hoffnung auf, durch eine Schlichtung könne die Totalblockade von Vorhaben verhindert werden. Diese Hoffnung trügt aber in Freund-Feind-Konstellationen. Voraussetzung einer Konfliktmittlung ist u.a.[47], daß es unterschiedliche Möglichkeiten der Konfliktlösung gibt, eine Vermittlung in Betracht kommt, ein neutraler Konfliktmittler von den Konfliktparteien akzeptiert wird und die vermittelte Konfliktlösung die Konfliktparteien bindet. Diese Voraussetzungen sind in der Technologiekontroverse zumeist nicht erfüllt. In Grenzsituation sind Alles-oder-nichts-Entscheidungen zu treffen, neutrale Konfliktmittler werden sich hierbei kaum auffinden lassen. Vor allem sind bindende Entscheidungen Dritter über Unternehmergenehmigungen rechtlich unhaltbar. Hier gibt es nichts zu optimieren; hier muß von der allein zuständigen Genehmigungsbehörde entschieden werden.

IV. Folgerungen

Als zweites Zwischenergebnis kann festgehalten werden: Über die verfahrensrechtlichen Reformfragen im Atom-, Gentechnik- und Immissionsschutzrecht bestehen keine präzisen Vorstellungen. Als Hauptschwierigkeit bei der Zulassung von Vorhaben aus diesem Bereich hat man zwar den

gen, 1990, S. 185 ff.; *Brohm,* Verwaltungsverhandlungen mit Hilfe von Konfliktmittlern, DVBl. 1990, 321 ff.

[45] *Hoffmann-Riem,* Konfliktmittler in Verwaltungsverhandlungen, 1989, S. 1 ff.; ferner *Holznagel,* Konfliktlösung durch Verhandlungen, Diss. Hamburg 1989; ders., Der Einsatz von Konfliktmittlern, Schiedsrichtern und Verfahrenswaltern im amerikanischen Umweltrecht, Die Verwaltung 1989, 421 ff.; *Passavant,* Mittlerunterstützte Kooperationsverfahren im öffentlichen Recht, Jura 1986, 614 ff.; *ders.,* Mittlerunterstützte Kooperation in komplexen Verwaltungsprojekten, DÖV 1987, 516 ff.

[46] Vgl. *Hoffmann-Riem,* Selbstbindungen der Verwaltung, VVDStRL 40 (1982), S. 187 ff.

[47] *Ronellenfitsch,* Konfliktmittlung, S. 189 f.

Zeitaufwand der Zulassungsverfahren erkannt. Einig ist man sich auch, daß der Zeitaufwand gesenkt werden soll. Streit herrscht aber, wieso die Verfahren länger als nötig dauern und wie man sie verkürzen könnte. Dadurch sind wir in ein Dilemma geraten. Da ersichtlich der Widerstand Drittbetroffener die Verfahren verzögert, will man dem Widerstand mit Mitteln der Akzeptanzverbesserung beikommen. Das ist ein nobles Anliegen, führt aber dort nur zu zusätzlichen Verzögerungen von Verfahren, wo keine Konsensmöglichkeit besteht. Solche Verzögerungen bedeuten praktisch oft die Verhinderung des Vorhabens. Dies wirft die Frage nach dem Verhältnis von Verfahrensgestaltung und Sachentscheidung auf. Zu prüfen, welche Verbesserungen möglich sind, ist Aufgabe aller Beteiligten und nicht zuletzt des Gesetzgebers. Daher ist anschließend zu erörtern, welche Verbesserungen die aktuellen Reformvorhaben bringen oder auch nicht bringen.

C. Einzelne Materien

I. Überblick

1. Unternehmergenehmigung

Bei den Anlagengenehmigungen des Atom-, Immissionschutz- und Gentechnikrechts handelt es sich um Unternehmergenehmigungen. Die Unternehmergenehmigung ist ein Instrument des überkommenen Polizeirechts. Sie hat sich aus der polizeilichen Oberaufsicht entwickelt[48], auf welcher die heutige Kontrollerlaubnis[49] bzw. das präventive Verbot mit Erlaubnisvorbehalt[50] beruht. Gefahrenträchtige, an sich zulässige Verhaltensweisen und Anlagen werden zu Kontrollzwecken verboten. Dem Verbot korrespondierte eine Erlaubnispflicht bei positivem Ausgang der Kontrolle. Polizeiliche

---

[48] Hierzu *Ronellenfitsch,* Zum normativen Regelungsgehalt der Stillegung und Beseitigung kerntechnischer Anlagen, in: Pelzer (Hrsg.), Stillegung und Beseitigung kerntechnischer Anlagen, 1992, (im Druck), Fn. 27.

[49] Vgl. bereits *Froelich* in: Scholz (Hrsg.), Handbuch des gesamten öffentlichen Grundstücksrechts, 1932, S. 63 ff., 77.

[50] *O. Mayer* , Deutsches Verwaltungsrecht, 1. Bd., 3. Aufl., 1923, S. 239 ff.; *Thoma,* VerwArch. 1927, 247 ff. Aus dem neueren Schrifttum *Friauf,* Das Verbot mit Erlaubnisvorbehalt, JuS 1962, 424 ff.; *Mußgnug,* Der Dispens von gesetzlichen Vorschriften, 1964; *Pietzner,* Das Verbot mit Erlaubnisvorbehalt, JA 1973, 691 ff., 763 ff.; *Schwabe,* Das Verbot mit Erlaubnisvorbehalt, JuS 1973, 133 ff.; *Gusy,* Verbot mit Erlaubnisvorbehalt — Verbot mit Dispensvorbehalt, JA 1981, 80 ff.; *Maurer,* Allgemeines Verwaltungsrecht, 8. Aufl. 1992, § 9 Rdnr. 51 ff.

Erwägungen, insbesondere der Schutz der Nachbarschaft, aber auch Bestandsschutzinteressen des Gewerbetreibenden spielten eine Rolle bei der Ausgestaltung der Grundform der Unternehmergenehmigung in § 16 GewO.

2. *Kontrollerlaubnis*

Die Normstruktur bei präventiven Verboten ist eindeutig: Auf der Tatbestandsseite stehen die Genehmigungsvoraussetzungen; die Rechtsfolge ist eine gebundene Entscheidung[51]. Diese Normstruktur wurde in den vergangenen Jahren jedoch dadurch verwässert, daß zahlreiche wirtschaftsverwaltungs- und umweltrechtliche Genehmigungspflichten raumrelevante Vorhaben zum Gegenstand haben. Dadurch erhalten die Unternehmergenehmigungen einen planungsrechtlichen Einschlag[52]. Bei Erteilung der Genehmigung besteht dann in gewissem Umfang planerische Gestaltungsfreiheit oder Planungsermessen[53]. Forderungen, Kontrollerlaubnis und Fachplanungsentscheidung stärker aneinander anzugleichen[54] und die Gebundenheit der Genehmigungsbehörde zu relativieren, haben gleichwohl nur rechtspolitischen Charakter und sind zudem verfassungsrechtlich bedenklich. § 7 Abs. 2 AtG, der ein präventives Verbot mit Erlaubnisvorbehalt normiert und dennoch einen Ermessensspielraum eröffnet, blieb vom Bundesverfassungsgericht nur mit Rücksicht auf die Sonderstellung des Atomrechts verfassungsrechtlich unbeanstandet[55]. Im übrigen schafft das bei der Genehmigung kerntechnischer Anlagen bestehende Versagungsermessen nicht Entscheidungsalternativen auf der Rechtsfolgenseite, sondern ermächtigt die Genehmigungsbehörde zu einer Erweiterung der tatbestandlichen Genehmigungsvoraussetzungen[56]. Dennoch spielte die Frage der Einführung eines Versagungsermessens auch im Gentechnikbereich im Gesetzgebungsverfahren eine erhebliche Rolle. Man glaubte, eine Parallele zu kerntechnischen Anlagen ziehen zu müssen, da mit der Gentechnik ebenfalls Neuland betreten werde[57]. Diese Ansicht war offenbar eine Fernwirkung der spekta-

[51] BVerfGE 8, 71 (76); 20, 150 (158); 34, 165 (200); 41, 378 (399); 46, 120 (157); 49, 89 (145); 50, 256 (263); 51, 1 (41).

[52] Grundlegend *Badura,* Die Standortentscheidung bei der Unternehmergenehmigung mit planungsrechtlichem Einschlag, BayVBl. 1976, 515 ff.

[53] *Ronellenfitsch,* Vorüberlegungen zur Bereinigung des luftrechtlichen Verfahrensrechts, DVBl. 1984, 501 ff. (503).

[54] Vgl. etwa *Wahl,* Genehmigung und Planungsentscheidung, DVBl. 1982, 51 ff. Kaum weiterführend *Börger,* Genehmigungs- und Planungsentscheidungen unter dem Gesichtspunkt des Gesetzesvorbehalts, 1987.

[55] BVerfGE 49, 89 (145 f.).

[56] *Ronellenfitsch,* Das atomrechtliche Genehmigungsverfahren, 1983, S. 350 ff.

[57] Vgl. *Hirsch/Schmidt-Didczuhn,* GenTG, 1991, § 13 Rdnr. 51.

kulären Fehlentscheidung des HessVGH vom 6.11.1989[58]. Der HessVGH hatte das Gefahrenpotential auf dem Gebiet der Kernenergie mit demjenigen der Gentechnologie verglichen und beanstandet, daß anders als im Hinblick auf die „Nutzung der Atomenergie" der Gesetzgeber seinerzeit für die Gentechnologie angeblich keine Grundentscheidung in einem förmlichen Gesetz getroffen habe[59]. Abgesehen davon, daß vom HessVGH die Wesentlichkeitstheorie[60] gegen die Grundrechte gerichtet und damit selbst bei Grundrechtskollisionen auf den Kopf gestellt wurde — jede grundrechtlich gewährleistete Betätigung ist erlaubt, solange der Gesetzgeber die Betätigung nicht in verfassungskonformer Weise eingeschränkt hat — hinkt der Vergleich der Gentechnologie mit der friedlichen Nutzung der Kernenergie. Die friedliche Nutzung der Kernenergie mußte zugelassen werden, weil sie nach AHK-Gesetz Nr. 22 verboten war, bis die Organe der Bundesrepublik abweichende Regelungen trafen[61]. Die Genforschung war dagegen auch vor Inkrafttreten des GenTG keineswegs verboten (Art. 5 Abs. 3 Satz 1 GG). Dies galt in gleicher Weise für die kommerzielle Nutzung der Forschungsergebnisse (Art. 12 Abs. 1 GG, Art. 14 Abs. 1 GG). Die Forderung nach einem speziellen Gesetz für die Gentechnik war gleichwohl weit verbreitet[62]. Bei der Formulierung der Genehmigungsvoraussetzungen des § 13 GenTG ließ sich der Gesetzgeber daher zu Recht von der Argumentation des HessVGH nicht beeindrucken, sondern orientierte sich an § 6 BImSchG.

Sind die gesetzlichen Voraussetzungen der Genehmigung erfüllt, so besteht ein subjektives öffentliches Recht bzw. ein Rechtsanspruch des Antragstellers auf Erteilung der Genehmigung[63].

---

[58] NVwZ 1990, 276 = NJW 1990, 336 m. Anm. *Deutsch* = DVBl. 1990, 63 = UPR 1990, 33 = JZ 1990, 88 m. Anm. *Rupp* = JuS 1990, 588 *(Murswiek)*; zu dieser Entscheidung *Bizer,* VGH Kassel stoppt Gentechnik, KJ 1990, 126 ff.; *Eiberle-Herm,* Gentechnologie und Parlamentsvorbehalt, NuR 1990, 204; *Hirsch,* NJW 1990, 1445; *Rose,* Gentechnik und Vorbehalt des Gesetzes, DVBl. 1990, 279 ff.; *Sendler,* Gesetzes- und Richtervorbehalt im Gentechnikrecht, NVwZ 1990, 231 ff.; *Graf Vitzthum,* Gentechnik und Umweltschutz, VBlBW 1990, 48 ff.; *Zuck,* MDR 1990, 680 ff.; auch *Ronellenfitsch,* Stellungnahme für den Hess. Minister für Umwelt und Reaktorsicherheit zum Beschluß des Hessischen Verwaltungsgerichtshofs vom 6. November 1989 — 8 TH 65/89, 1989 (n.v.); ferner VG Frankfurt vom 3.2.1989, NVwZ 1989, 1097.

[59] NVwZ 1990, 278.

[60] Vgl. nur *Ossenbühl,* Vorrang und Vorbehalt des Gesetzes, in: HbStR III, 1988, § 62 Rdnrn. 41 ff.

[61] Vgl. Art. 1 des Überleitungsvertrages.

[62] Vgl. nur *Kloepfer/Delbrück,* Gentechnikrecht zum Schutze der Umwelt, UPR 1989, 281 ff.; *Lerche,* Verfassungsrechtliche Aspekte der Gentechnologie, in: Lukes/Scholz, Rechtsfragen der Gentechnologie, 1986, S. 88 ff.; *Nicklisch,* Rechtsfragen der Biotechnologie, Forum für interdisziplinäre Forschung 1989, 51 ff.; *ders.,* Rechtsfragen der modernen Bio- und Gentechnologie, BB 1989, 1 ff.

[63] *Graf Vitzthum/Geddert-Steinacher,* Der Zweck im Gentechnikrecht, 1990, S. 20 ff., 24; *Fritsch/Haverkamp,* Das neue Gentechnikrecht der Bundesrepublik Deutschland, BB 1990, Beil. 31, S. 9.

3. Genehmigungsverfahren

Bereits das gewerberechtliche Genehmigungsverfahren war stark formalisiert. Dem Antrag mußten die Unterlagen beigefügt werden, die ein vollständiges Urteil über die zu erwartenden Nachteile, Gefahren oder Belästigungen ermöglichten[64]. Das Unternehmen mußte nach § 17 Abs. 2 Satz 1 GewO öffentlich bekanntgemacht werden. Verfahrensmängel konnten insoweit von Drittbetroffenen angefochten werden[65]. Es fand eine vierzehntägige Einwendungsphase statt. Die Einwendungsfrist war nach § 17 Abs. 2 Satz 2 GewO „präklusivisch", was als Präklusion im materiellen Sinne verstanden wurde[66]. Auch ohne gesetzliche Regelung erkannte zudem die Rechtsprechung die Zulässigkeit gestufter Verfahren an[67].

II. Atomrecht

1. Bisherige gesetzliche Regelung

Bei der Regelung der atomrechtlichen Unternehmergenehmigung orientierte sich der Gesetzgeber an der Genehmigung nach § 16 GewO. Die Genehmigungspflicht betrifft alle Formen des Umgangs mit kerntechnischen Anlagen. Das Bild der kerntechnischen Anlagen prägen Kernkraftwerke. Auf sie sind die Sicherheitsstandards bezogen, die in subjektiven und objektiven Genehmigungsvoraussetzungen ihren Niederschlag gefunden haben. Durch Erweiterungen des § 7 Abs. 1 AtG und durch die Genehmigungspraxis wurden in den vergangenen Jahren Anlagen und Verhaltensweisen, die sicherheitstechnisch wenig miteinander zu tun haben, den gleichen Anforderungen unterworfen.

Hierfür zwei *Beispiele:*

Zum einen hat der Gesetzgeber durch die 3. Atomrechtsnovelle von 1975 reichlich unvermittelt[68] Brennelementfabriken den Kernkraftwerken gleichgestellt, was zu Ungereimtheiten und unbedachten Übergangsregelungen führte[69]. Die Genehmigungspraxis bemühte sich, etwaige Sicherheitsdefizite

---

[64] BVerwG vom 29.11.1955, BB 1956, 91.

[65] OVG NW vom 3.2.1960, GewArch. 1960, 252.

[66] BVerwG vom 22.6.1959, BVerwGE 9, 9; vom 14.4.1967, BVerwGE 26, 302; vom 10.4.1968, BVerwGE 29, 282; vom 29.9.1972, DVBl. 1973, 645 m. Anm. *Zuck;* vgl. auch *Blümel,* Unwirksamkeit der gewerberechtlichen Ausschlußfrist für Einwendungen gegen genehmigungspflichtige Anlagen, BB 1963, 882 ff.

[67] BVerwG vom 29.3.1966, BVerwGE 24, 29.

[68] Vgl. BT-Drs. 7/3125, S. 3.

[69] Vgl. auch BT-Drs. 7/3269.

durch sog. Vorabzustimmungen zu schließen[70], wurde dafür zum Dank aber als Hanauer-Atom-Maffia stigmatisiert. Zum anderen werden die Genehmigungsvoraussetzungen, die auf die Errichtung und den Betrieb von Kernkraftwerken zugeschnitten sind, nicht — wie es § 7 Abs. 3 Satz 2 AtG vorschreibt — sinngemäß, sondern unmittelbar auf die Stillegungsgenehmigung angewandt, obwohl keine Kompatibilität besteht[71].

Wie erwähnt ist im Atomrecht die Kontrollerlaubnis systemwidrig als Ermessensentscheidung ausgestaltet. Das verleitet viele dazu, politische Wunschvorstellungen in die Ermessensentscheidung hineinzupacken. Das Ermessen wird jedoch, wenn überhaupt, allein durch den Kontrollzweck legitimiert.

Das im Auftrag des Bundes durchzuführende atomrechtliche Genehmigungsverfahren ist das formalisierte Verfahren schlechthin. Nach der bei Großprojekten üblichen informellen Vorlaufphase beginnt es mit der Einreichung des Antrags bei der Genehmigungsbehörde. Dem Antrag sind die Unterlagen beizufügen, die zur Prüfung der Genehmigungsvoraussetzungen erforderlich sind, namentlich der Sicherheitsbericht und die Kurzbeschreibung. Sodann beteiligt die Genehmigungsbehörde die betroffenen Drittbehörden und leitet mit der Bekanntmachung der Antragsunterlagen die Öffentlichkeitsbeteiligung ein. Nach der Bekanntmachung des Vorhabens beginnt eine zweimonatige Auslegungs- und Einwendungsphase. Einwendungsberechtigt ist jedermann im In- und Ausland. Mit Ablauf der Auslegungsfrist sind alle Einwendungen, die nicht auf besonderen privatrechtlichen Titeln beruhen, ausgeschlossen (materielle Präklusion). An die Auslegungsphase schließt der berüchtigte Erörterungstermin an, der häufig zum Happening verkümmert. Sobald die Öffentlichkeitsbeteiligung abgeschlossen ist und die Stellungnahmen der beteiligten Drittbehörden vorliegen, erfolgt die abschließende Prüfung der Genehmigungsvoraussetzungen.

Die Genehmigungsentscheidung wird regelmäßig nicht als Vollgenehmigung erteilt. Üblich sind der Bauerrichtungsfolge entsprechende Verfahrensstufen, für die Teilgenehmigungen ausgesprochen werden, welche eine vorläufige positive Gesamtbeurteilung des Vorhabens erfordern[72].

---

[70] Vgl. *Ronellenfitsch,* Die Zulässigkeit sogenannter Vorabzustimmungen zu genehmigungspflichtigen Tätigkeiten bei Brennelementfabriken, et 1986, 797 ff.

[71] Vgl. *Ronellenfitsch,* Schlußfolgerungen und Thesen zur Stillegung kerntechnischer Anlagen, in: Blümel/Wagner (Hrsg.), Technische und rechtliche Fragen der Stillegung und Beseitigung nuklearer Anlagen in der Bundesrepublik Deutschland, 1993, 149 ff. (153); *Kurz,* Normative Anforderungen an die Stillegung und Beseitigung nuklearer Anlagen, ebd., S. 37 ff. (58 ff.); *Rebentisch,* Überlegungen zu atomrechtlichen Nachsorgepflichten, DVBl. 1992, 1255 ff. (1258 f.); *Petrasch/Lukacs,* Planungsinstrumente für die Stillegung von Kernkraftwerken, atw 1991, 548 ff.; *Raum/Schmid,* Erfahrungen aus Begutachtungsverfahren für Stillegungen, atw 1991, 551 ff. Siehe auch VGH Bad.-Württ. vom 26.6.1992, DVBl. 1992, 1242 LS.

Dreh- und Angelpunkt der nuklearen Kontroverse ist die Entsorgungsfrage[73]. Für das nukleare Endlager ist ein Planfeststellungsverfahren vorgeschrieben, dessen Durchführung aus politischen Gründen immer wieder sabotiert wird.

2. Reformfragen

Die Bundesregierung beabsichtigt das Atomgesetz zu novellieren[74], wobei der Hinweis, das Gesetz sei seit nunmehr 15 Jahren im wesentlichen praktisch unverändert geblieben, als Legitimation wohl kaum ausreicht[75]. Vorgesehen ist, den Förderzweck in § 1 Nr. 1 AtG und alles was damit zusammenhängt zu streichen, die normativen Grundlagen der Genehmigungserteilung zu konkretisieren und im Bereich der Entsorgung die Möglichkeit für eine direkte Endlagerung radioaktiver Abfälle gesetzlich zu verstärken. Der Knackpunkt der geplanten Novelle dürfte die Privatisierung des Endlagers sein. Flankiert durch das Gutachten einer Expertengruppe[76] wird der Eindruck vermittelt, als sei die Zeit für eine Novellierung des Atomgesetzes reif. Um Beschleunigungen auch bei der Realisierung des Endlagers geht es letztlich nicht, sondern um die Realisierbarkeit schlechthin. Unter Verzicht auf die Darstellung von Einzelheiten wird daher die Atomgesetznovelle als Paradigma für die Akzeptanzdiskussion behandelt. Die Novellierung des Atomgesetzes ist nämlich nur vor dem Hintergrund verständlich, daß die großen Parteien nicht zu einem engergiepolitischen Konsens zurückfinden können. Auf gesellschaftspolitischer Ebene war und ist die friedliche Nutzung der Kernenergie bekanntlich seit jeher umstritten[77]. In Deutschland

---

[72] Hierzu BVerwG vom 19.12.1985, BVerwGE 72, 300 (312); vom 4.7.1988, BVerwGE 80, 21; vom 9.9.1988, BVerwGE 80, 207; vom 13.7.1989, DVBl. 1990, 58; vom 7.6.1991, DVBl. 1992, 51; OVG RhPf vom 24.5.1991, DVBl. 1992, 57; vgl. auch *Rumpel,* Abschied von der Freigabepraxis im atomrechtlichen Genehmigungsverfahren — Eine Bestandsaufnahme nach der Mülheim-Kärlich-Entscheidung des BVerwG, NVwZ 1989, 1132 ff.

[73] Vgl. zuletzt BVerwG vom 25.6.1992, DVBl. 1992, 1236; ferner *Wagner,* Gesetzgeberische Vorgaben zur nuklearen Entsorgung, DVBl. 1992, 1508 ff.; *Ronellenfitsch,* Umweltbewußtsein im Wandel: Die nukleare Kontroverse, Manuskript der Sendung des Süddeutschen Rundfunks vom 18. 11. 1992.

[74] Vgl. Referentenentwurf eines Siebenten Gesetzes zur Änderung des Atomgesetzes vom 21.12.1992 — RS I 1 — 11322-3/2; ferner BMU (Hrsg.), Pläne für die Novellierung des Atomgesetzes, Umwelt 1991, 74; *Töpfer,* Die Pläne der Bundesregierung zur Novellierung des Atomrechts, in: Lukes/Birkhofer (Hrsg.), Neuntes Deutsches Atomrechts-Symposium, 1991, S. 9 ff.; *Hohlefelder,* Zeitgemäße rechtliche Grundlagen der Kernenergienutzung, BMU-Pläne zur Novellierung des AtG, et 1991, 401 ff.; vgl. auch *Kuhnt,* Aktuelle Rechtsfragen der Energiewirtschaft, RdE 1992, 125 ff. (129 f.).

[75] *Töpfer,* aaO (Fn. 74), S. 16.

[76] Lukes (Hrsg.), Reformüberlegungen zum Atomrecht, 1991.

[77] Vgl. *Wünschmann,* Unbewußt dagegen? — Die Kontroverse um Atomkraft und Technik, 6. Aufl., 1990; nur *Barbara Wörndl,* Die Kernkraftdebatte — eine Analyse von

entstand aus der Anti-Atomkraft-Bewegung eine allgemeine Umweltbewegung, die — über die Partei der GRÜNEN hinaus — mehr oder weniger auch in den großen Volksparteien Fuß fassen konnte[78]. Einige Bundesländer betreiben ausdrücklich den „Ausstieg" aus der Kernenergie. Die Befürworter einer friedlichen Nutzung der Kernenergie befinden sich demgegenüber seit einiger Zeit in der Defensive[79]. Offenbar glauben sie nunmehr, die Akzeptanz der Kernenergie erhöhen und dadurch einen Rest an Offensivkraft behalten zu können, indem sie „Verbesserungen" des Atomrechts ankündigen[80]. Die Gegner der Kernenergie bedienen sich ebenfalls rechtlicher Mittel. Da gesellschaftspolitische Auseinandersetzungen mit Vorliebe vor den Gerichten ausgetragen werden, werden alle Rechtsbehelfe gegen Errichtungs- und Betriebsgenehmigungen für kerntechnische Anlagen ausgeschöpft. Hauptangriffsziel sind mittlerweile nukleare Endlager[81]. Darüber hinaus häufen sich Klagen, die auf die Aufhebung bestehender Genehmigungen gerichtet sind. Da hierfür keine Rechtsgrundlagen bestehen, will man ebenfalls das Atomgesetz ändern. Sowohl Befürworter wie auch Gegner der friedlichen Nutzung der Kernenergie erwecken dadurch den unzutreffenden Eindruck, das rechtliche Instrumentarium des Atomgesetzes sei unzureichend und überholt.

Risikokonflikten und sozialem Wandel, 1992. Allgemein *Wolfgang D. Müller,* Die Geschichte der Kernenergie in der Bundesrepublik Deutschland, 1990.

[78] Vgl. den von der SPD eingebrachten Entwurf eines „Kernenergieabwicklungsgesetzes" vom 9.12.1986, BT-Drs. 10/6700. Der Vorsitzende der IG Bergbau und Industrie *Berger* äußerte nicht zu Unrecht, daß die SPD mit dem von ihr geforderten völligen Verzicht auf die Kernenergie nicht regierungsfähig sei; vgl. FAZ 46 / 24.2.1993, S. 14.

[79] Symptomatisch ist, daß das Hauptaugenmerk der Auseinandersetzung auf sog. „Ausstiegsstudien" gerichtet wird; vgl. nur die beiden Prognos-Studien: „Auswirkungen alternativer Kraftwerksparkstrukturen auf die Stromerzeugungskosten und die wirtschaftliche Entwicklung in der Bundesrepublik Deutschland", 1986 sowie „Rationelle Energieverwendung und -erzeugung ohne Kernenergienutzung: Möglichkeiten sowie energetische, ökologische und wirtschaftliche Auswirkungen", 1987; ferner KfA Jülich, Folgewirkungen eines Ausstiegs aus der Kernenergie, Jül-Sez-358, 1986; RWI, Qualitative und quantitative Abschätzung der kurz- und langfristigen Wirkungen eines Verzichts auf Kernenergie, 1986; AGEP, Strombedarfsdeckung in der Bundesrepublik Deutschland mit und ohne Kernenergie, 1987; IFP, Energie- und volkswirtschaftliche sowie ökologische Folgen eines sofortigen oder schrittweisen Verzichts auf Strom aus Kernkraftwerken in der Bundesrepublik Deutschland unter besonderer Berücksichtigung Bayerns, 1987; DIW, Möglichkeiten und Konsequenzen eines Ausstiegs aus der Kernenergie, 1987; *Müller-Reißmann/Schaffner,* Stromversorgung ohne Kernenergie — Konsequenz des Kernenergieausstiegs, 1986; *Schmitt,* Die Kosten eines Ausstiegs aus der Kernenergie, 1986; *Schefold,* Szenarien zum Ausstieg aus der Kernenergie, 1987; auch *Brüderlin,* Ausstieg aus der Kernenergie ist nicht zu verantworten, Int. Energieforum 2/1988; S. 14ff.

[80] Vgl. etwa die Erklärung des umweltpolitischen Sprechers der FDP-Fraktion *Baum,* wonach die „Atomnovelle" die Chance für einen parteiübergreifenden Konsens über die zukünftige Rolle der Kernenergie bieten könnte, zit. nach EW 1992, 1681 f.

[81] BVerwG vom 9.3.1990, BVerwGE 86, 54. Vgl. auch *Huntemann,* Recht der unterirdischen Endlagerung radioaktiver Abfälle, 1989.

Dies ist jedoch keineswegs der Fall. Einen Anlaß oder eine Notwendigkeit zur Novellierung des Atomgesetzes sehe ich im gegenwärtigen Zeitpunkt nicht[82]. Reformbedürftig ist nicht das Atomrecht; reformbedürftig ist lediglich seine Handhabung. Die von der Bundesregierung angestrebte Akzeptanz der Kernenergie[83] läßt sich jedenfalls durch eine Novellierung des Atomgesetzes gewiß nicht erreichen. Hierzu müßte erst die Freund-Feind-Konstellation aufgelöst werden. Die Novellierung des Atomgesetzes schafft keinen energiepolitischen Konsens[84], sondern setzt diesen voraus.

III. Immissionsschutzrecht

1. Bisherige gesetzliche Regelung

Das aus den frühen 70er Jahren stammende Bundes-Immissionsschutzgesetz[85] ist ein — gewissermaßen anti-autoritär erzogener — Abkömmling der Gewerbeordnung. Es gilt für genehmigungsbedürftige (§§ 4 ff.) und nicht genehmigungsbedürftige Anlagen (§§ 22 ff.). Sein Schwerpunkt liegt im Bereich der Eingriffsverwaltung. Die §§ 4 ff. BImSchG, welche die §§ 16 ff. GewO ersetzten, folgen dem auf der Gewerbefreiheit beruhenden Modell der Kontrollerlaubnis. Hieran hat sich — auch aus verfassungsrechtlichen Gründen — bis heute nichts geändert. Versuchen, über den planungsrechtlichen Einschlag einiger Genehmigungsvoraussetzungen, die immissionsschutzrechtliche Genehmigungsentscheidung für eine Abwägung von Umweltbelangen zu öffnen[86], ist entschieden entgegenzutreten. Genehmigungspflichtig sind solche Anlagen, die auf Grund ihrer Beschaffenheit oder ihres Betriebs in besonderem Maße geeignet sind, schädliche Umwelteinwirkungen hervorzurufen oder in anderer Weise die Nachbarschaft zu gefährden, erheblich zu benachteiligen oder erheblich zu belästigen[87]. Anlagen, die nicht gewerblichen Zwecken dienen und nicht im Rahmen wirtschaftlicher Unternehmungen Verwendung finden, bedürfen der Genehmigung nur, wenn sie in besonderem Maße geeignet sind, schädliche Umwelteinwirkungen durch Luftverunreinigungen oder Geräusche hervorzurufen[88]. Um Zweifelsfragen auszuschließen, ist die Bundesregierung befugt, den Katalog der genehmi-

---

[82] Die vom Deutschen Atomforum gegen die Reform des Atomgesetzes erhobenen Bedenken (vgl. EW 1992, 1628 f.) sind berechtigt.

[83] *Töpfer,* aaO (Fn. 74), S. 17.

[84] Einseitig freilich auch Deutsches Atomforum (Hrsg.), Energiekonsens — die Kernenergie gehört dazu, in: Analysen Heft 29, September 1991.

[85] BImSchG vom 15.4. 1974 (BGBl. I S. 721). Vgl. auch BT-Drs. VI/2868; 7/179.

[86] Vgl. oben bei Fn. 54.

[87] § 4 Abs. 1 Satz 1 BImSchG.

[88] § 4 Abs. 1 Satz 2 BImSchG.

gungspflichtigen Anlagen zu bestimmen[89]. Diesem Zweck dient die 4. BImSchV[90]. Die Genehmigungspflicht betrifft die Errichtung und den Betrieb der Anlagen. Nach § 15 Abs. 1 Satz 1 BImSchG bedarf auch die wesentliche Änderung der Lage, der Beschaffenheit oder des Betriebs einer genehmigungsbedürftigen Anlage der Genehmigung. In diesem Zusammenhang kann nach § 15 a BImSchG der vorzeitige Beginn zugelassen werden. Das Genehmigungsverfahren[91] für Anlagen wurde in Anlehnung an das atomrechtliche Verfahren geregelt. Rechtsgrundlage sind § 10 BImSchG und die 9. BImSchV. Nach der Vorlaufphase beginnt auch hier das förmliche Verfahren mit Antragstellung und Einreichung der Unterlagen. Sodann erfolgen Bekanntmachung des Vorhabens, Beteiligung der Drittbehörden, einmonatige Auslegungsphase und die Einwendungsphase. Die materielle Präklusion tritt nach § 10 Abs. 3 Satz 4 BImSchG ein. Erörterungstermin, Sachprüfung und Verfahrensabschluß erfolgen in der für das Atomrecht dargestellten Weise[92]. Hinsichtlich der Bekanntmachung der Vorhaben und Zustellung der Entscheidung im Beitrittsgebiet brachte der Einigungsvertrag vom 31.8.1990 (BGBl. II S. 889, 1114) einige Modifikationen[93]. Die immissionsschutzrechtliche Unternehmergenehmigung entfaltet in dem durch § 13 BImSchG bezeichneten Umfang Konzentrationswirkung und gemäß § 14 BImSchG Ausschlußwirkung gegenüber privatrechtlichen Abwehransprüchen. Sie kann als Vollgenehmigung erteilt werden oder — im gestuften Verfahren — als Teilgenehmigung oder Vorbescheid[94].

2. Reformfragen

Eine Reform des immissionsschutzrechtlichen Genehmigungsverfahrens bringt das *Investitionserleichterungs- und Wohnbaulandgesetz,* das der Bundestag am 12. Februar 1993 beschlossen hat[95]. Der Bundesrat rief zwar am 5.

[89] § 4 Abs. 1 Satz 3 BImSchG.

[90] Vierte Verordnung zur Durchführung des Immissionsschutzgesetzes (Verordnung über genehmigungsbedürftige Anlagen — 4. BImschV) vom 24.7.1985 (BGBl. I S. 1586). Vgl. auch Entwurf des Länderausschusses für Immissionsschutz von Verwaltungsvorschriften zur Vierten Verordnung zur Durchführung des Bundes-Immissionsschutzgesetzes, NVwZ 1991, 853.

[91] Hierzu *Pütz/Buchholz,* Die Genehmigungsverfahren nach dem Bundes-Immissionsschutzgesetz, 4. Aufl., 1991. Vgl. auch *Harder,* Das immissionsschutzrechtliche Genehmigungsverfahren. Ein bürokratisches Investitionshemmnis?, 1987; *Rebentisch,* Die Neuerungen im Genehmigungsverfahren nach dem Bundes-Immissionsschutzgesetz, NVwZ 1992, 926 ff.

[92] Vgl. oben II 1.

[93] § 10 Abs. 3 Satz 3, Abs. 4 Nr. 4, Abs. 8 Satz 2 BImSchG.

[94] §§ 8, 9 BImSchG.

[95] BR-Drs. 82/93; ferner BT-Drs. 12/3944; 12/4047; 12 /4208.

März 1993 den Vermittlungsausschuß an[96]. Gleichwohl bestehen realistische Hoffnungen, daß das Gesetz doch noch zustande kommen wird.

Der Entwurf der Bundesregierung vom 3. 12. 1992[97] verwendet die geläufigen Argumente aus der Beschleunigungsdiskussion.

Seine *Zielsetzung* lautet:

„Die Erleichterung und Beschleunigung von Investitionen ist vor allem in den neuen, aber auch in den alten Ländern eine wichtige Voraussetzung für den wirtschaftlichen Aufschwung und die Schaffung von neuen, wettbewerbsfähigen Arbeitsplätzen. Zu den dafür maßgeblichen Rahmenbedingungen gehören auch die gesetzlich vorgeschriebenen Planungs- und Genehmigungsverfahren für gewerbliche und industrielle Vorhaben. Diese Verfahren sind einerseits Voraussetzung für eine geordnete Entwicklung, sie können andererseits aber zu Investitionshemmnissen führen, wenn die dabei aufzustellenden Prüfungen zu umfangreich sind und einen zu langen Zeitraum in Anspruch nehmen. Dies gilt in besonderem Maße unter den Bedingungen der neuen Länder, deren Verwaltungen noch im Aufbau sind und mit einer Vielzahl ungewohnter Vorschriften und Verfahrensanforderungen konfrontiert werden. Aber auch in den alten Ländern ist die Dauer von Planungs- und Genehmigungsverfahren ein Standortfaktor, der im internationalen Wettbewerb zunehmend an Bedeutung gewinnt.

In den alten und neuen Bundesländern besteht zugleich ein erheblicher Mangel an ausgewiesenem und verfügbarem Wohnbauland als Voraussetzung für einen verstärkten Wohnungsbau zur Deckung der erheblich gestiegenen Wohnungsnachfrage. Das städtebauliche Planungsrecht nimmt bei der Ausweisung und Bereitstellung von Wohnbauland eine wichtige Rolle ein. Die dabei einzuhaltenden Verfahren und Prüfungen — auch aus anderen Rechtsbereichen — sind zum Teil derart umfangreich und kostenaufwendig geworden, daß dies zu Lasten des Planungsgeschehens insgesamt geht.“[98]

Als *Lösung* sah der Gesetzentwurf nicht nur Erleichterungen und Beschleunigungen im Bau- und städtebaulichen Planungsrecht, sondern auch Vereinfachungen und Beschleunigungen bei immissionsschutzrechtlichen Genehmigungen und bei der Genehmigung von Abfallentsorgungsanlagen vor.

Die Beschleunigungen bei den immissionsschutzrechtlichen Genehmigungen lassen sich wie folgt skizzieren:

— Die Änderung des BImSchG betrifft zum einen die Genehmigungspflicht.

---

[96] FAZ 55/6.3.1993, S. 4.

[97] Entwurf eines Gesetzes zur Erleichterung von Investitionen und der Ausweitung und Bereitstellung von Wohnland (Investitionserleichterungs- und Wohnbaulandgesetz, BR-Drs. 868/92).

[98] BR-Drs. 868/92, S. 1 f.

In § 4 Abs. 1 Satz 2 fügte der Regierungsentwurf die Formulierung ein: „Mit Ausnahme von Abfallentsorgungsanlagen“[99]. Der Bundesrat schlug vor, die Verordnungsermächtigung zur Bestimmung genehmigungspflichtiger Anlagen dahingehend zu erweitern, daß die Genehmigungsplicht bei Vorliegen von Bauartzulassungen entfällt[100]. Weiter wurde Satz 1 um den Halbsatz ergänzt: „sowie von ortsfesten Abfallentsorgungsanlagen zur Lagerung oder Behandlung von Abfällen“[101].

Wichtig ist hier vor allem der Entwurf einer Verordnung zur Änderung der 4. BImSchV[102], der bestimmte Anlagen von der formalisierten Genehmigungspflicht ausnimmt, der mit dem Beschleunigungsanliegen gerechtfertigt wird, seine Begründung aber durch den „Wegfall des besonderen Gefährdungspotentials infolge der technischen Entwicklung“ erfährt[103].

— Zum anderen wird das Genehmigungsverfahren modifiziert. So sind die Sonderbestimmungen für die neuen Bundesländer entfallen. Einwendungen gegen das Vorhaben können generell nicht mehr zur Niederschrift der Behörde erhoben werden[104]. Der Regierungsentwurf wollte die §§ 17 und 19 VwVfG für unmittelbar, § 18 VwVfG für entsprechend anwendbar erklären[105]. Der Bundesrat wies dagegen zutreffend darauf hin, daß die Anwendung der §§ 17 bis 19 VwVfG zu keiner Erleichterung der Zulassungsverfahren geführt hat[106]. Der Bundestag schloß sich gleichwohl dem Regierungsentwurf an[107]. Weiter wurde eine Regelfrist von sieben Monaten, bzw. im vereinfachten Verfahren von drei Monaten für die Entscheidung über den Genehmigungsantrag vorgeschrieben, die in Ausnahmefällen um drei Monate verlängert werden kann[108]. Die für die neuen Bundesländer vorgesehene öffentliche Bekanntmachung des Genehmigungsbescheids auch außerhalb von Massenverfahren wurde auch auf das Gebiet der alten Länder übernommen[109]. Ferner liegt ein Entwurf einer Verordnung zur Änderung der 9. BImSchV vor[110]. Verbessert werden die Regelungen über die Antragsberatung. Im übrigen werden die Änderungen des § 10 BImSchG umgesetzt. Die Konzentrationswirkung der immissionsschutzrechtlichen Genehmigungs-

[99] BR-Drs. 868/92, Art. 7 Nr. 1.
[100] BR-Drs. 868/92 (Beschluß), S. 48.
[101] Art. 8 Nr. 1 a).
[102] BR-Drs. 870/92.
[103] BR-Drs. 870/92, S. 9.
[104] Art. 8 Nr. 3 a).
[105] BR-Drs. 868/92, S. 49, 159.
[106] BR-Drs. 868/92 (Beschluß), S. 49.
[107] Art. 8 Nr. 3 c).
[108] Art. 8 Nr. 3 d).
[109] Art. 8 Nr. 3 e).
[110] BR-Drs. 869/92.

entscheidung umfaßt nunmehr alle wasserrechtlichen Entscheidungen mit Ausnahme der wasserrechtlichen Ausnahmen und Bewilligungen. Einer ausdrücklichen Normierung der Gegenausnahme für die Eignungsfeststellung nach § 19 h Abs. 1 Satz 1 WHG bedarf es nicht mehr[111]. Im Hinblick auf die Entscheidung über die Änderungsgenehmigung blieb es bei der Regelfrist von sechs Monaten[112]. Der Verzicht auf eine erneute Öffentlichkeitsbeteiligung nach § 15 Abs. 2 BImSchG wurde erleichtert. Der vorzeitige Beginn einer wesentlichen Anlagenänderung ist mit Rücksicht auf europarechtliche Vorgaben der Errichtungsphase zugeordnet. Einen vorzeitigen Betrieb glaubte man nicht zulassen zu dürfen. Als Kompromiß wird die Möglichkeit eröffnet, den vorzeitigen Probebetrieb zuzulassen, indem dieser kurzerhand der Errichtung zugeordnet wird („einschließlich des Probebetriebs")[113]. Einen qualitativen Sprung (in die richtige Richtung) bedeutete der Vorschlag des Bundesrats, den vorzeitigen Beginn auch auf Neuanlagen auszudehnen[114]. Begrüßenswert war ferner, daß der vorzeitige Beginn auch im berechtigten Interesse des Unternehmers zugelassen werden sollte[115]. Diese Vorschläge vermochten sich aber leider nicht durchzusetzen[116].

Von erheblicher Tragweite ist die *Änderung des Abfallgesetzes.* Die Errichtung und der Betrieb von ortsfesten Abfallentsorgungsanlagen oder von Anlagen zur Lagerung oder Behandlung von Abfällen sowie die wesentliche Änderung einer solchen Anlage oder ihres Betriebes bedürfen der Genehmigung nach dem BImSchG. Die abfallrechtliche Planfeststellung ist nur für Deponien erhalten geblieben[117]. In der Sache bedeutet das eine Bestätigung derjenigen, die die abfallrechtliche Planfeststellung als rudimentäre Unternehmergenehmigung qualifizierten, der subjektive Rechte des Unternehmers entsprachen[118]. Die vorschnelle Preisgabe der privatnützigen Planfeststellung durch das Bundesverwaltungsgericht[119] wurde vom Gesetzgeber korri-

---

[111] Art. 8 Nr. 4.

[112] Der Regierungsentwurf wollte § 10 Abs. 6 a Satz 2 und 3 für entsprechend anwendbar erklären; vgl. BR-Drs. 868/92, S. 51, 163. Hiergegen wandte sich der Bundesrat, vgl. BR-Drs. 868/92 (Beschluß), S. 49. Der Bundestag beließ es bei der Fassung des Regierungsentwurfs, führt aber im neugefaßten Absatz 2 die saldierende Betrachtungsweise ein, Art. 8 Nr. 5.

[113] Art. 7 Nr. 5.

[114] Vgl. BR-Drs. 349/92.

[115] BR-Drs. 868/92 (Beschluß), S. 50.

[116] Vgl. Art. 8 Nr. 6.

[117] Art. 6.

[118] Vgl. *Ronellenfitsch,* Standortwahl bei Abfallentsorgungsanlagen: Planfeststellungsverfahren und Umweltverträglichkeitsprüfung, DÖV 1989, 737 ff. (746).

[119] Urt. vom 9.3.1990, BVerwGE 86, 44 = DVBl. 1990, 588 m. Anm. *Weidemann;* vgl. auch *Kühling,* Fachplanungsrecht, 1988, Rdnr. 20. Die Privatnützigkeit schließt nicht aus, daß der private Unternehmer zugleich im öffentlichen Interesse handelt; vgl. auch BVerwG vom 7.7.1978, BVerwGE 56, 110, (119 f.). Die dem Vorhaben entgegenstehenden

giert. Mit der Begründung hat es sich der Gesetzgeber freilich recht einfach gemacht[120]. Bereits begonnene Planfeststellungsverfahren sind, wenn die Vorhaben bereits bekanntgemacht sind, nach dem alten Recht zu Ende zu führen[121].

IV. Gentechnikrecht

1. Bisherige gesetzliche Regelung

Die wichtigsten Rechtsfragen der Gentechnik können hier nur angedeutet werden. Das Gentechnikrecht ist jünger als die Gentechnik. Abgesehen von internationalen Regelungen, die nur sinngemäß herangezogen werden konnten[122], lief die gentechnische Forschung in Deutschland gleichwohl nicht im rechtsfreien Raum ab. Sinngemäß galten die Vorschriften für vergleichbare biologische und chemische Forschungsvorhaben. Namentlich das BImSchG konnte für Anlagen, in denen gentechnische Arbeiten durchgeführt wurden, angewandt werden[123], wurde jedoch vom HessVGH zu Unrecht für unzureichend erklärt[124]. Dies zwang den Gesetzgeber zu einem Schnellschuß. Das Gentechnikgesetz sollte die Kontrolle von unbekannten Risiken gewährleisten[125] und zugleich die Gentechnik ermöglichen[126]. Deswegen stehen

---

Rechtspositionen sind dann nicht von vornherein unüberwindbar. Auch zugunsten Privater kann aus Gründen des Gemeinwohls enteignet werden. Bei der privatnützigen Planfeststellung entfällt dagegen das Erfordernis der Planrechtfertigung. Vgl. bereits BVerwG vom 10.2.1978, BVerwGE 55, 220; die in dieser Entscheidung angedeutete reduzierte Rechtsstellung des privaten Unternehmers führt zu einer Fehlentwicklung, die im Urt. des BayVGH vom 20.12.1988 (DVBl. 1989, 526 LS) ihren Höhepunkt fand. Die Korrektur durch das BVerwG (vgl. bereits Urt. vom 4.5.1988, BVerwGE 79, 318, 322) und sodann BVerwGE 86, 44 war geboten, schießt aber über das Ziel hinaus, weil sie den privaten Unternehmer den gleichen planerischen Bindungen unterwirft wie staatliche Vorhabenträger. Beispielsweise wird man den privaten Vorhabenträgern die Suche nach Standortalternativen in der Regel nicht abverlangen können.

[120] Lapidar heißt es: „Die Zulassung von Abfallentsorgungsanlagen — bis auf Deponien — folgt dem immissionsschutzrechtlichen Genehmigungsverfahren, weil diese Anlagen mit den Produktionsanlagen des Bundes-Immissionsschutzgesetzes vergleichbar sind.", vgl. BR-Drs. 868/92, S. 157.

[121] Art. 7.

[122] Richtlinie des National Institute of Health von 1976, welche als Grundlage diente für die europäischen Richtlinien, für die „Richtlinie zum Schutz vor Gefahren durch in-vitro-neukombinierte Nukleinsäure" vom 21.3.1978.

[123] Dies bestätigt § 41 GenTG; vgl. auch VG Neustadt v. 16.12.1991, NVwZ 1992, 1008.

[124] Beschl. vom 6.11.1989. Vgl. Fn. 58.

[125] Vgl. auch *Richter,* Gentechnologie als Regelungsgegenstand des technischen Sicherheitsrechts, 1989.

[126] *Kaiser-Bauer/Dederichs,* Schutz von Mensch und Umwelt. Das Gentechnik-Gesetz. Konzeption, Presse- und Informationsamt der Bundesregierung, 1990.

Schutz- und Förderzweck nebeneinander. Insgesamt läßt sich § 1 GenTG als Präambel verstehen, die aussagt, daß eine sicherheitstechnisch kontrollierte Gentechnik rechtlich durchaus erwünscht ist. Da schon diese Aussage politisch umstritten war, klammerte man Reizthemen wie die Humangenetik aus[127]. Der Regierungsentwurf wollte auch die Genehmigung der Errichtung und des Betriebs gentechnischer Anlagen weiterhin unter das BImSchG fallen lassen. Dafür hätte das GenTG durch Rechtsverordnung auf andere

---

[127] Vgl. *Albrecht,* Biotechnologie — Perspektive für demokratischen, sozialen und internationalen Fortschritt?, Forum für interdisziplinäre Forschung 1/1989, S. 3 ff.; *Benda,* Erprobung der Menschenwürde am Beispiel der Humangenetik, „Das Parlament", Beil. 3, 1985, S. 18 ff.; *ders.,* Bericht über die Interministerielle Kommission „In-vitro-Fertilisation, Genom-Analyse und Gentransfer", in: Lukes/Scholz, Rechtsfragen der Gentechnologie, 1986; *Bettendorf,* Reproduktionsmedizin im Spannungsfeld zwischen Moral, Ethik und Recht, Frauenarzt 1989/4, S. 327 ff.; *Bleicher,* Biotechnologie: Zukunftschancen mit Risiken. Gewerkschaftliche Monatshefte 1984, 581 ff.; Braun/Mieth/Steigleder (Hrsg.), Ethische und rechtliche Fragen der Gentechnologie und Reproduktionsmedizin, 1987; *Classen,* Gentechnologie, Reproduktionsmedizin und Völkerrecht unter besonderer Berücksichtigung des internationalen Menschenrechtsschutzes, MedR 1988, 275 ff.; *van den Daele/Müller-Salomon,* Die Kontrolle der Forschung am Menschen durch Ethikkommissonen, 1990; *Dellweg,* Biotechnologie, 1987; *Eser,* Recht und Humangenetik, in: Koslowski/Kreuzer/Löw (Hrsg.), Die Verführung durch das Machbare, 1983, S. 57 ff.; *Gründel,* Ethische Grenzen der Biotechnologie, Forum für interdisziplinäre Forschung 1/1989, S. 17 ff.: *Günter/Keller,* Fortpflanzungsmedizin und Humangenetik? Strafrechtliche Schranken? Tübinger Beiträge zum Diskussionsentwurf eines Gesetzes zum Schutz von Embryonen, 1991; *Hepp,* Aufgaben der Ethik-Kommission einer medizinischen Fakultät, MünchMedWochenschr. 1991, 87 ff.; *Hoffmann,* Biotechnik, Gentherapie, Genmanipulations-Wissenschaft im rechtsfreien Raum, JZ 1986, 253 ff.; *Jonas,* Technik, Ethik und biogenetische Kunst. Betrachtungen zur neuen Schöpferrolle des Menschen. Festvortrag. Jubiläumsveranstaltung 100 Jahre Hoechst Pharma, 29. Mai 1984; *Juvan,* Reproduktionsmedizin: Aus gutem Grund kein liberales Recht, ÄrzteZtg 1989/128, S.3 ff.; *Keller/Günther/Kaiser,* Embryonenschutzgesetz, Komm. 1992; *Kollek,* Sicherheitsphilosophien: Erfassung und Bewertung gentechnischer Risiken, in: Grosch/Hampe/Schmidt, (Hrsg.), Herstellung der Natur ?, Stellungnahmen zum Bericht der Enquete Kommission „Chancen und Risiken der Gentechnologie", 1. Aufl. 1990, S. 82 ff.; *Lenk,* Erweiterte Verantwortung. Natur und künftige Generationen als ethische Gegenstände, in: Gedächtnisschr. f. Marcic 1983, S. 833 ff.; Lundsteen/Piper (Hrsg.), Automation of Cytogenetics, 1989; *Müller/Ruedin,* Laborkinder. Risiken der Fortpflanzungs- und Gentechnologie beim Menschen. Vorschläge für die Bekämpfung von Mißbräuchen, Der schweizer. Beobachter, 1986; *Murken,* Pränatale Diagnostik und Gentechnologie, in: Lukes/Scholz (Hrsg.), Rechtsfragen, S. 36 ff.; Nicklisch, Rechtsfragen der moderenen Bio- und Gentechnologie, BB 1989, 1 ff.; *Püttner/Brühl,* Verfassungsrechtliche Probleme der Fortpflanzungsmedizin und Gentechnologie, JA 1987, 289 ff.; *Rosenblatt,* Biotopia. Die genetische Revolution und ihre Folgen für Mensch, Tier und Umwelt, 1988; *Ruderisch,* Rechtliche und rechtspolitische Fragen der Humangenetik, ZRP 1992, 260 ff.; *Stellpflug,* Embryonenschutzgesetz in England, Frauenarzt 1992, 197 ff.; *Scholz* Instrumentale Beherrschung der Biotechnik durch die Rechtsordnung, in: Bitburger Gespräche, 1986, Bd. I, S. 59 ff.; *ders.,* Verfassungsfragen zur Fortpflanzungsmedizin und Gentechnologie, in Festschr. f. Lukes 1989, S. 203 ff.; Seesing (Hrsg.), Technologischer Fortschritt und menschliches Leben. Die Menschenwürde als Maßstab der Rechtspolitik T. 2: Rechtspolitische Grundsätze von CDU und CSU zur Gentechnik am Menschen, 1988; Zimmerlin (Hrsg.), Dürfen wir, was wir können?, 1985.

— nicht gentechnische — biotechnische Verfahren und Arbeiten mit vergleichbarem Risiko ausgeweitet werden können. In Abweichung vom EG-Recht[128], dagegen dem Vorbild das BImSchG und AtG folgend, wurde jedoch die tätigkeitsbezogene Konzeption des Regierungsentwurfs aufgegeben. Schwerpunkt des Gesetzes bilden nunmehr gentechnische Arbeiten in gentechnischen Anlagen, was an sich sinnvoll ist, aber trotzdem zu zahllosen Zweifelsfragen geführt hat[129]. Am problematischsten ist hingegen die Sicherheitseinstufung. Die vier Sicherheitsstufen in § 7 Abs. 1 GenTG mögen gängige Praxis sein. Die Praxis in Dogmatik umzusetzen, ist aber häufig sehr schwierig. Auch beim GenTG war der Gesetzgeber wohl überfordert. Auf den ersten Blick ist die Regelung für die Gesetzesanwendung kaum tauglich. Welcher Jurist kann schon etwas mit den Formeln „geringes“ Risiko, „mäßiges“ Risiko und „hohes“ Risiko anfangen und wann ist von überhaupt keinem Risiko auszugehen, wo doch schon nach den Kriterien der Wahrscheinlichkeitsrechnung immer von der Zahl 1, also immer von einem, wenn auch minimalen Risiko auszugehen ist? Das Genehmigungsverfahren ist nach dem Vorbild des immissionsschutzrechtlichen, früher des gewerberechtlichen, Genehmigungsverfahrens formalisiert. Ihm ist eine Vorberatung des Genehmigungsantrags vorgeschaltet. Bestehen Realisierungschancen des Vorhabens, dann werden die erforderlichen Unterlagen zusammen mit dem Antrag eingereicht. Damit hat das förmliche Genehmigungsverfahren begonnen. Nunmehr können die mitberührten Behörden eingeschaltet und kann das Vorhaben öffentlich bekanntgemacht werden. Mit der Bekanntmachung beginnt die Öffentlichkeitsbeteiligung, in deren Rahmen eine Auslegungs- und Anhörungsphase stattfindet[130]. Die Erörterung der Einwendungen erfolgt in einem Erörterungstermin. Sobald die Öffentlichkeitsbeteiligung abgeschlossen ist und die Stellungnahmen der beteiligten Drittbehörden vorliegen, findet die endgültige Sachprüfung statt. Den regelmäßigen Abschluß des Verfahrens bildet die Stattgabe oder Ablehnung des Antrags.

2. Reformfragen

Die bisherige Handhabung des Gesetzes hat gezeigt, daß die Anforderungen zu hoch angesetzt waren[131]. Der Schutzzweck wurde übererfüllt; der

[128] Vgl. auch *Jarass,* Die Vorgaben des Europäischen Gentechnikrechts für das deutsche Recht, NuR 1991, 45 ff.

[129] Vgl. nur *Turck,* Der Anlagenbegriff nach dem Gentechnikgesetz, NVwZ 1992, 650 ff.

[130] Hierzu *Hirsch/Schmidt-Didczuhn,* Gentechnik und Öffentlichkeit, DVBl. 1991, 428 ff.

[131] Vgl. auch *Winnacker,* Zum Gentechnik-Gesetz: Bonner Bürokraten — tödlich für den Fortschritt!, ÄrztlPraxis 1992, 28 ff. Gegenposition: *Ladeur,* Gefahrenabwehr und Risikovorsorge bei der Freisetzung von gentechnisch veränderten Organismen nach dem Gentechnikgesetz, NuR 1992, 254 ff.

Förderzweck kam zu kurz. Dies ergab eine Sachverständigenanhörung vor den zuständigen Ausschüssen des Deutschen Bundestags im Februar 1992[132] und ist Tenor eines Bundestagsbeschlusses vom 12. November 1992, welcher fordert, das GenTG dem heutigen Kenntnisstand anzupassen[133]. Anpassungsbedarf besteht auch mit Rücksicht auf europarechtliche Vorgaben[134]. Seit dem 15. 2. 1993 liegt der Referentenentwurf eines Ersten Gesetzes zur Änderung des GenTG vor, der u. a. Verfahrensstraffungen vorsieht (Verkürzungen im Anmelde- und Genehmigungsverfahren in den Sicherheitsstufen 1 und 2, Möglichkeit des vorzeitigen Baubeginns, Aufhebung des Anhörungsverfahrens in den Sicherheitsstufen 1 und 2 und Verbesserung der Konzentrationswirkung). Daneben wird der Anwendungsbereich des Gesetzes konkretisiert. Will man wirklich den „Standort Deutschland" auf dem Gebiet der Gentechnologie schützen, greifen diese Reformandeutungen zu kurz, selbst wenn der Vorstoß des Landes Berlin erfolgreich sein sollte, den „kleinen Maßstab" als Unterscheidungskriterium von gentechnischen Arbeiten zu Forschungs- und zu gewerblichen Zwecken fallen zu lassen[135]. Immerhin: Obwohl die Akzeptanzdefizite im Gentechnikbereich evident sind[136], wird nicht das Heil in erweiterten Öffentlichkeitsbeteiligungen und Streitschlichtungen gesucht, sondern in der Straffung des Prüfungsaufwands. Der Reformweg ist richtig; lediglich die Reformschritte sind zu zaghaft[137].

D. Ergebnisse und Ausblick

I. Ergebnisse

Abschließend soll zunächst auf die Ausgangsfragen eingegangen werden.

Erstens: Hauptschwierigkeit bei der Zulassung von Vorhaben nach dem Atom-, Immissionsschutz- und Gentechnikrecht ist in der Tat die lange Verfahrensdauer. Diese Schwierigkeit ist Reformen durchaus zugänglich.

Zweitens: Die Verfahrensausgestaltung wirkt sich negativ auf die Sachentscheidung aus, wenn sie weder einen Sicherheitsgewinn bringt, noch zur besseren Akzeptanz der Vorhaben beiträgt.

---

132 Vgl. BT-Drs. 12/3658.

133 Vgl. auch *Knoche,* Auslegungsprobleme des Gentechnikrecht, DVBl. 1992, 1079 ff.

134 Vgl. *Herdegen,* Die EG-Gentechnikrichtlinien und das deutsche Gentechnikgesetz, RIW/AWD 1992, 89 ff.

135 Vgl. Entwurf eines Antrags des Landes Berlin vom 25.1.1993, SenSoz V C 1.

136 Vgl. die Ausführungen von Minister *Wissmann* auf der Pressekonferenz im März 1993, zit. nach Berliner Morgenpost vom 17. 3. 1993, S. 2.

137 Einzelheiten demnächst *Ronellenfitsch,* Vorüberlegungen zur Reformbedürftigkeit des Gentechnikrechts, Vortrag auf dem 1. Berliner Gentechnik Forum am 25. 3. 1993.

Drittens: Verbesserungen sind auf administrativer Ebene, aber auch beim Antragsteller möglich. Hiervon war hier nicht zu handeln. Verbesserungen können auch auf normativer Ebene erfolgen. Dies hat der Normgeber endlich erkannt.

Viertens: Die aktuellen Reforminitiativen zielen entweder auf eine bessere Akzeptanz der Vorhaben (Atomgesetz) oder auf die Verfahrensausgestaltung (BImSchG, GenTG). Das Verhältnis von Verfahren und Sachentscheidung wird nur am Rande berücksichtigt.

II. Schlußbemerkung

Die Beantwortung der *fünften* Frage erfordert eine knappe Schlußbemerkung. Maßnahmen zur Akzeptanzverbesserung stoßen in Grenzsituationen ins Leere. Hier müssen *Entscheidungen* in die eine oder andere Richtung getroffen werden. Man kann sich durchaus fragen, ob Vorhaben nicht unterbleiben müssen und unter Beachtung verfassungsrechtlicher Vorgaben verboten und verhindert werden dürfen. Dann muß das aber gleich geschehen. Ein Tod bislang zulässiger Vorhaben auf Raten ist unzumutbar. Sind Vorhaben dagegen prinzipiell erlaubt, dann müssen sie nicht nur zugelassen werden, wenn der Kontrollzweck erfüllt ist. Vielmehr ist es Aufgabe der Staatsgewalt, ihre Durchsetzung gegen alle illegalen Widerstände zu gewährleisten. Die vergebliche Suche nach Akzeptanz greift in Rechtspositionen der Antragsteller ein.

Die *Novelle des Atomgesetzes* ist vor diesem Hintergrund schon konzeptionell *verfehlt.*

Was das *Bundes-Immissionsschutzgesetz* und das *Gentechnikgesetz* angeht, sind die skizzierten Reformen äußerst bescheiden.

Den richtigen Ansatzpunkt hat man bisher nicht klar genug wahrgenommen oder jedenfalls nicht konsequent genug verfolgt. Heute geht es nicht mehr nur um die Beschleunigung der Verfahrensabläufe, sondern um die Erleichterung der Vorhaben durch Reduzierung der Kontrollintensität[138] und der technischen Standards (Stichworte: Deregulierung; Wegfall von überholten Genehmigungsvorbehalten). Einige marginale Änderungen weisen allerdings in die richtige Richtung. Mit Rücksicht auf die aktuelle wirtschaftliche Situation dürfte die Zeit für Verfahrensbeschleunigungen bei der Genehmigung technischer Vorhaben fast schon wieder abgelaufen sein. Bei Vorhaben auf den Gebieten des Atom-, Immissionsschutz- und Gentechnikrechts — und nicht nur bei diesen! — kommt es nicht mehr nur auf

[138] Vgl. etwa *Schwab, Joachim,* Möglichkeiten der Kontrollrestriktion und der Verfahrensbeschleunigung bei der gerichtlichen Überprüfung der Genehmigung nach § 6 BImSchG, de lege lata oder de lege ferenda, Diss. Münster 1986.

Zeitgewinn an. Vielmehr muß generell die Realisierbarkeit von solchen Projekten (namentlich aus Kostengründen) gewährleistet werden. Die Projekte müssen nicht nur schnell, sie müssen überhaupt durchgeführt werden. Es genügt daher nicht, die Projektzulassungsverfahren schneller zu machen. Die Verfahren sind vielmehr unter Beachtung des Kontrollzwecks zu vereinfachen und zu verbilligen. Diese Aufgabenstellung nehmen die angedeuteten Reformen nur unzulänglich in Angriff. Die Reformvorschläge können daher nur Vorgeplänkel der bevorstehenden Auseinandersetzung um die Sicherheits- und Umweltstandards auf europäischer Ebene, um die Kontrollintensität im internationalen Vergleich, sein[139]. Erst wenn die Reformdiskussion auf dieser nächsten Stufe geführt wird, werden *echte Reformfragen* des Atom-, Immissionsschutz- und Gentechnikrechts zu beantworten sein.

[139] Vgl. etwa *Schlette,* Die verwaltungsgerichtliche Kontrolle von Ermessensakten in Frankreich, 1991.

Diskussion zum Referat von Michael Ronellenfitsch

Leitung: Rainer Pitschas

Bericht von Alexander Kurz

Die insgesamt sehr engagiert geführte Diskussion drehte sich vor allem um die Akzeptanzdiskussion, die Wahl der rechtlichen Instrumentarien sowie um einzelne Aspekte der anstehenden Reformen.

Wahl übte starke Kritik an dem von *Ronellenfitsch* dargestellten Freund-Feind-Kriterium auf die Akzeptanzproblematik bei der Zulassung technischer Großprojekte. Gerade die wissenschaftliche Diskussion müsse dort existierende Interessenlagen und Konfliktpotentiale aushalten. Schließlich sei es vorrangige Aufgabe der Exekutive und der Legislative, solche Konfliktlagen auszugleichen. *Wahl* warnte in diesem Zusammenhang davor, die wissenschaftliche Diskussion zu sehr mit politischen Problemlagen zu belasten.

Hien stimmte der grundsätzlichen Kritik von *Wahl* an der Akzeptanzdiskussion zu. Die zu starke polarisierende Darstellung von Interessenlagen berge die Gefahr in sich, daß vorhandenes Potential für Akzeptanzverbesserungen nicht ausgeschöpft werden könne, wenn Betroffenen von vornherein bestimmte Positionen zugeschrieben würden. Gerade am Beispiel der Gentechnik gibt es aus Sicht von *Hien* noch viel Potential zur Akzeptanzverbesserung. Insofern sei die von *Ronellenfitsch* gewählte Darstellung einer „Entweder/Oder-Situation" zu apodiktisch. Die praktische Bedeutung der Diskussion, inwiefern anstelle des Planfeststellungsbeschlusses vermehrt die Plangenehmigung oder die Unternehmergenehmigung Anwendung finden sollte, wurde von *Hien* in Zweifel gezogen. Aus seiner Sicht ergäben sich beim „Wie", im Hinblick auf die inhaltlichen Anforderungen und den Vollzug praktisch wohl keine wesentlichen Änderungen.

Für *Stelkens* machte das Referat von *Ronellenfitsch* deutlich, daß gerade bei problematischen technischen Großprojekten bereits die Gesetzgebung auf mangelnde Akzeptanz treffe. Hier bestehe im politischen Raum ein erhebliches Konfliktpotential, das der Lösung auf der legislativen Ebene bedürfe. Da eine solche allenfalls partiell stattfinde, würden die Problemlagen ins Verwaltungsverfahren übertragen. Eine solche Verlagerung in die jeweilige Entscheidungsebene sei daher grundsätzlich mit polarisierenden Konfliktlagen befrachtet. Der Ausgleich und die Lösung dieser Problematik werde deshalb im Einzelfall der Exekutive zugeschoben, obwohl dies nicht deren vordringliche Aufgabe sei. Schließlich müsse in den allermeisten problematischen Fällen die Justiz eine endgültige Entscheidung über die betroffenen Vorhaben treffen. Auf diesem Wege verlagere sich das letztlich im politischen Raum angesiedelte Problem in die Entscheidungshoheit der Justiz. Zur Verbesserung dieser bedenklichen Entwicklung forderte *Stelkens* den Gesetzgeber auf, klare materielle Vorgaben zu schaffen. Als Beispiel nannte *Stelkens* das Verhältnis zwischen § 35 Abs. 1 BauGB und den Absätzen 2 ff. dieser Vorschrift.

Als Antwort auf die Diskussionsbeiträge von *Wahl, Hien und Stelkens* führte *Ronellenfitsch* aus, daß selbstverständlich die allermeisten Verfahren und Entscheidungen in der „Normallage" zu sehen seien. Dies ändere aber nichts daran, daß beim Streit um Großprojekte, insbesondere in den Bereichen des Abfall-, Immissionsschutz-, Gentechnik- und Atomrechts sehr häufig Fundamentalpositionen aufeinanderträfen, so daß bei diesen Vorhaben kein Konsens hergestellt werden könne. Die Reform- und Strukturdiskussion müsse gerade diese problematischen Verfahren betrachten, analysieren und daraus Schlußfolgerungen ableiten. *Ronellenfitsch* wies in diesem Zusammenhang nochmals darauf hin, daß die am Ende des Entscheidungsprozesses stehende Entscheidung schließlich auch vollziehbar und durchsetzbar sein müsse. Dies sah *Ronellenfitsch* vor dem Hintergrund der Gesetzeslage in dem betroffenen Rechtsgebiet. Wenn der Gesetzgeber grundlegende positive Entscheidungen für eine bestimmte Technologie getroffen habe, müsse grundsätzlich auch der Vollzug von Einzelentscheidungen, die auf dieser gesetzlichen Grundlage ergangen seien, ermöglicht werden. Die Darstellung von Freund-Feind-Positionen sei weder diskriminierend, noch abwertend zu verstehen. Sie diene lediglich der plastischen Beschreibung von Grenzsituationen, denen das Verfahrensrecht ausgesetzt sei. Hier müsse — unabhängig von der Konsens- und Akzeptanzproblematik — irgendwann eine Entscheidung getroffen werden. Die Tatsache, daß in vielen Fällen das Bundesverwaltungsgericht die letzte Entscheidung über die Angelegenheit treffen müsse, bemängelte *Ronellenfitsch* ebenfalls.

Im übrigen wies der Referent noch darauf hin, daß die Akzeptanzdebatte keinesfalls mit der Polarisierung Industrie/Bürgerinitiativen gleichgesetzt werden dürfe. Vielmehr käme gerade den Naturschutzverbänden in dieser Gemengelage eine außerordentlich wichtige Rolle zu; *Ronellenfitsch* bezeichnete deren bisherige konstruktive Tätigkeit in den neuen Bundesländern als sehr positiv.

Pitschas lenkte die Diskussion zur Frage, welche konkreten Reformanliegen an das Verwaltungsverfahren zu stellen seien. Hier sähe er zwei Hauptzwecke, auf die abgestellt werden müsse, und zwar zum einen eine Kontrollaufgabe und zum anderen eine Befriedungsfunktion. Die Kontrolle könne nur punktuell, hier einzelfallbezogen, erfolgen, wobei *Pitschas* den Begriff der Kontrolle als verfahrensmäßig ausgedrückte Steuerung definierte. Es käme also entscheidend darauf an, wie die Kontrollfunktion des Verwaltungsverfahrens gedacht sei, um daran anschließend das Verfahrensrecht reformierend weiterzugestalten. Im Bereich der Befriedungsfunktion zweifelte *Pitschas* an der Tauglichkeit der Mediation als Konfliktlösungsmodell. Es sei bei dieser Problematik zu überlegen, welches Instrumentarium zu nutzen bzw. zu entwickeln wäre, um vorhandene Akzeptanzpotentiale auszuschöpfen bzw. Akzeptanz generell zu verbessern.

Rebentisch kam in seinem Beitrag nochmals kurz auf die Freund-Feind-Problematik zu sprechen. Er sehe im Referat von *Ronellenfitsch* keine so starke Polarisierung, wie sie von einigen Diskussionsteilnehmern herausgestrichen würde. Im übrigen stimmte *Rebentisch Ronellenfitsch* darin zu, daß letztlich zu beachten sei, daß das Verfahren der Durchsetzung des materiellen Rechts diene.

Die anstehende Reformierung des Abfall- und Immissionsschutzrechts durch das Investitionserleichterungs- und Wohnbaulandgesetz begrüßte *Rebentisch.* Insbesondere die Abschaffung des Planfeststellungsbeschlusses für weite Teile abfallrechtlicher Anlagen sei sehr zu begrüßen, zumal das Planfeststellungsverfahren im Abfallgesetz vom Gesetzgeber nicht durchdacht ausgestaltet gewesen sei. Zur Begründung seiner Auffassung stellte *Rebentisch* die bisherige Gesetzesentwicklung im Abfallrecht dar und kam zu dem Ergebnis, daß das Planfeststellungsverfahren im Abfallrecht bereits historisch als Mißgriff angelegt gewesen sei. Zu den Ausführungen von *Hien* ergänzte *Rebentisch,* daß Elemente der Verfahrenssteuerung im Vollzug häufig nicht genutzt würden. So würden z.B. die Mindestanforderungen an die Einstufung als Einwendung im Verwaltungsverfahren oft nicht beachtet. *Rebentisch* mahnte hier nochmals an, den Sinn und Zweck des Verfahrens — Durchsetzung des materiellen Rechts — nicht aus den Augen zu verlieren.

Munk beklagte bezüglich der Akzeptanzfrage, die aus seiner Sicht resignative Position der Referenten. Es sei zu bedenken, daß die Ausblendung fundamentalistischer Positionen in der Vergangenheit zu den heute zu konstatierenden Schwierigkeiten geführt habe. Aus dieser Erfahrung heraus wachse das Unbehagen gegen technische Großprojekte, das derzeit vor allem im Abfallbereich festzustellen sei. Aus der Praxis des Landes Rheinland-Pfalz berichtete *Munk,* daß eine sachlich-informative Öffentlichkeitsarbeit der Verwaltung nicht zu unterschätzen sei. Die ständige Gesprächsbereitschaft und Diskussion mit Kritikern, auch aus dem Bereich der „Fundamentalopposition", seien sinnvoll und unabdingbar. Abschließend gestand *Munk* in seinem Beitrag jedoch zu, daß in vielen Fällen klarere Vorgaben und Entscheidungen des Gesetzgebers die Problemlagen entschärfen könnten.

Flock bestätigte die Einschätzung von *Munk* bezüglich der Wirksamkeit und Notwendigkeit einer sachlichen und effektiven Öffentlichkeitsarbeit. Es hätte bei einigen Verfahren immerhin erreicht werden können, daß nur ein sehr geringer Prozentsatz an Gegnern übrigbleibe. Allerdings reiche das Verfahren allein nicht zur Herbeiführung von Akzeptanz aus.

Lorenz griff in seinem Beitrag den von *Ronellenfitsch* beschriebenen ordnungsrechtlichen Aspekt der Kontrollerlaubnis heraus. Zur Fortentwicklung stellte er diese Grundstruktur der Genehmigungen in Frage und regte an, den Gedanken der öffentlichen Sache zukünftig stärker in den Vordergrund zu stellen. Hier habe die Rechtsprechung des Bundesverfassungsgerichts zum Atomrecht wertvolle Hinweise geliefert, die bisher zu wenig beachtet würden. Dies gelte auch für den Gesetzgeber. Nach einer abschließenden, kurzen Stellungnahme von *Ronellenfitsch,* die die wesentlichen Elemente der Diskussion nochmals aufgriff, dankte *Pitschas* den Referenten und allen Diskussionsteilnehmern für ihre Beiträge.

Integratives Verwaltungshandeln — Neue Formen von Kommunikation und Bürgermitwirkung

Von Hermann Hill

I. Beobachtungen

„Etwas geht seinen Gang" könnte man in Anlehnung an einen Dialog aus einem zeitgenössischen Schauspiel von Beckett sagen[1], wenn man die gegenwärtige Verwaltungsrealität an vielen Orten und in verschiedenen Bereichen beobachtet. Bewegung und Unruhe ist in die öffentliche Verwaltung gekommen. Im Vorfeld und Umfeld von Verwaltungshandeln finden sich eine Vielzahl von Beispielen sozialer Innovationen, die auf neuartige Weise versuchen, die Lösung gesellschaftlicher Probleme voranzubringen.

Diese Beispiele möchte ich im folgenden unter dem Begriff *„Integratives Verwaltungshandeln"* zusammenfassen. Es handelt sich bei diesen Beispielen um neue Formen von Kommunikation und Bürgermitwirkung, die dazu beitragen wollen, einerseits die Handlungsunfähigkeit der Verwaltung in vielen Bereichen, andererseits die zunehmende Staatsverdrossenheit der Bürger abzubauen und statt dessen die Integration in den Staat zu fördern. Unter integrativem Verwaltungshandeln verstehe ich danach ein Verwaltungshandeln, das darauf abzielt, durch eine angemessene Mitwirkung am Verfahren und der Vorbereitung von Entscheidungen, den Bürger in den Staat zu integrieren.

1. Regional- und Stadtentwicklung

Im Anschluß an den Chemie-Brand von Schweizerhalle am 1. November 1986 wurde das sog. *„Basler Regio Forum"* gegründet[2]. Gespräche zwischen Menschen aus verschiedenen gesellschaftlichen und beruflichen Verhältnissen, Gruppen und Altersstufen sollten zur Bewußtseins- und Meinungsbil-

[1] *Sloterdijk,* n: ders. (Hrsg.), Vor der Jahrtausendwende: Berichte zur Lage der Zukunft, Bd. 2, 1990, S. 706 (718); *Selle*, DISP 106, S. 34.

[2] *Arras/Bierter*, Welche Zukunft wollen wir? Drei Szenarien im Gespräch, 1989; *Arras/Arras/Bierter*, Abschlußbericht zum „Basler Regio Forum" — Ein gesellschaftliches Experiment, November 1989.

dung in der Region Basel darüber beitragen, welche Zukunft aus welchen Gründen wünschenswert sei. In Workshops, Seminaren und Zukunftsforen, an denen insgesamt rund 500 Personen aktiv teilnahmen, wurden verschiedene alternative *Zukunftsszenarien*[3] und eine Vielzahl möglicher Projektideen erarbeitet. An den einzelnen Workshops und Seminaren beteiligten sich auch Mitglieder der Kantonsregierungen, an den Foren zusätzlich Mitglieder der beiden Kantonsparlamente.

In der Bundesrepublik werden vielerorts sog. *Regionalkonferenzen*[4] durchgeführt. Die Moderation liegt zumeist bei den staatlichen Mittelinstanzen (Regierungspräsidenten). Diese Gesprächsrunden dienen der Organisation des Dialogs zwischen den beteiligten Gruppen aus Wirtschaft, Wissenschaft, Gewerkschaft, Kammern und Politik zur Erarbeitung integrierter Regionalprogramme und -konzepte der Wirtschafts- und Strukturpolitik. In verschiedenen Formen (vgl. etwa Internationale Bauausstellung Emscher Park[5]) wird die Umsetzung der Konzepte und Leitbilder[6] durch konkrete Projekte durchgeführt.

In den neuen Ländern haben sich, nach dem Vorbild des sog. Runden Tisches[7] aus der Endzeit der ehemaligen DDR, inzwischen ähnliche Institutionen in Form sog. *regionaler Aufbaustäbe*[8] herausgebildet.

Insbesondere auf kommunaler Ebene wird seit Jahren an verschiedenen Stellen das Modell der „*Planungszelle*“[9] als sog. partizipative Politikberatung praktiziert. Je 25 nach dem Zufallsprinzip ausgesuchte Einwohner eines bestimmten Wohnbereichs erarbeiten dabei sog. Bürgergutachten. Ähnliche Formen stellen die sog. *Zukunftswerkstätten*[10] dar, bei denen von bestimmten Problemen im Bereich der Planung, der Sozial- und Jugendarbeit sowie der

---

[3] Institut für Landes- und Stadtentwicklungsforschung des Landes NRW (Hrsg.), Szenarien in der Stadtentwicklung, 1989; *Arras*, Vr 1987, 187; *ders.*, DISP 103, S. 35 (38).

[4] *Ritter*, in: Grimm (Hrsg.), Wachsende Staatsaufgaben — Sinkende Steuerungsfähigkeit des Rechts, 1990, S. 69 (89 ff.); vgl. noch Ministerium für Wirtschaft, Mittelstand und Technologie des Landes NRW (Hrsg.), Regionalisierung, Dezember 1992.

[5] *Kilper*, Das Politikmodell IBA Emscher Park, Institut Arbeit und Technik im Wissenschaftszentrum NRW, Gelsenkirchen, Dezember1992; vgl. im übrigen: *Hartmann*, Die Beziehungen zwischen Staat und Wirtschaft, Diss. Speyer 1993.

[6] Vgl. auch Postulat Rhinow vom 18.9.1990 an den Bundesrat: „Leitbild Schweiz“; *Streich*, AfK 1986, 24.

[7] *Thaysen*, ZParl 1990, 71, 257; *Günther*, in: Thaysen/Kloth (Hrsg.), Wandel durch Repräsentation — Repräsentation im Wandel, 1992,S. 162 ff.

[8] FAZ vom 1.12.1992.

[9] *Dienel*, Die Planungszelle, 1978, 2. Aufl.1991; *ders.*, in: Sarcinelli (Hrsg.), Demokratische Streitkultur, 1990, S. 121 ff.;*ders.*, in: Die Bürger und ihre Stadt, Wien 1991,S. 361 ff.

[10] *Jungk/Müllert*, Zukunftswerkstätten, 1981;*Müllert* und *Lechner*, in: Menschenbeben, Loccumer Protokolle 61/90, S. 117 ff., 123 ff.; vgl. auch *Beywl*, S. 203 ff. zur sog. responsiven Zukunftsforschung.

Erwachsenenbildung Betroffene als Experten in eigener Sache Beiträge zur Gestaltung von künftigen Verhältnissen erarbeiten.

2. *Abfallwirtschaft*[11]

Im November 1990 wurde durch das niedersächsische Umweltministerium der *Münchehagen-Ausschuß*[12] als „Runder Tisch" zur Behandlung aller Fragen, die sich im Zusammenhang der Sanierung der *Sonderabfalldeponie* Münchehagen ergeben, eingerichtet. Aufgabe des Ausschusses ist es, durch direkte Diskussion zwischen allen beteiligten Seiten Optionen für eine einvernehmliche Sanierung der Sonderabfalldeponie zu entwickeln sowie die laufenden Arbeiten zu begleiten.

Der Ausschuß besitzt verschiedene Organe, vor allem das Münchehagen-Plenum und den Vermittlungsausschuß, deren Zusammensetzung, Aufgaben, Arbeitsweise und Verhältnis zur Verwaltung durch eine vom niedersächsischen Umweltministerium in Kraft gesetzte Geschäftsordnung geregelt wird. Die Sitzungsleitung in beiden Gremien wird von einem vom Plenum gewählten *Mediator*[13] wahrgenommen. Ansprechpartner für den Münchehagen-Ausschuß auf Seiten der Behörden ist der zuständige Projektkoordinator bei der Bezirksregierung. Der Vermittlungsausschuß kann die Umweltministerin direkt anrufen.

Als besonders bemerkenswerte Ergebnisse sind bisher ein Grundkonsens über Zielsetzung und Richtung der Arbeiten zur Sicherung und Sanierung der Sonderabfalldeponie sowie eine Verständigung über ein schrittweises, aufwärtskompatibles Vorgehen zur Sicherung und Sanierung der Altlast Sonderabfalldeponie Münchehagen erzielt worden.

Ein zweites umfassendes Mediationsverfahren im Bereich der Abfallwirtschaft findet seit 1991 im *Kreis Neuss* zur Erstellung eines integrierten *Abfallwirtschaftskonzeptes*[14] statt. Das Verfahren wird vom Wissenschafts-

---

[11] Der Rat von Sachverständigen für Umweltfragen, Abfallwirtschaft, Sondergutachten, September1990, S. 101 ff.; *Wiedemann/Femers/Heunen*,Bürgerbeteiligung bei entsorgungswirtschaftlichenVorhaben, 1991; *Hauber/Haaks/Vogel*, Abfall-Ingenieur-Bürger, 2. Aufl. 1992.

[12] *Striegnitz*, in: Callies/Striegnitz (Hrsg.), Um den Konsens streiten. Loccumer Protokolle 12/89, S. 101 ff.; *ders.*, IUR 1990, 43; *ders.*, ZAU 1990, 51.

[13] *Hoffmann-Riem/Schmidt-Aßmann,* Konfliktbewältigung durch Verhandlungen, Bände 1 u. 2, 1990; *Holznagel,* Konfliktlösung durch Verhandlungen, 1990; *Gaßner/Holznagel/Lahl,* Mediation, 1992; *Zilleßen/Barbian* sowie *Fietkau/Weidner*, Aus Politik und Zeitgeschichte, B 39 — 40/92, S. 14 ff. bzw. S. 24 ff.; *Kostka*, Die Verwaltung 1993, 87 (99).

[14] *Loschelder*, in: Minister für Umwelt,Raumordnung und Landwirtschaft NRW (Hrsg.), Das neue Abfallwirtschaftsrecht, 1989, S. 55 ff.; *Schinck*, WUR 1990, 142; *ders.*, ZUR 1990, 1 (4f.); *Nies-Macher*, StGR 1991, 276; *Doose*, Der Städtetag 1992, 672.

zentrum Berlin[15] begleitet und ausgewertet. Bisher wurde Konsens über einen Fragenkatalog zum Abfallwirtschaftskonzept, über zu vergebende Gutachten und zu beauftragende Gutachterinstitute erzielt.

3. Verkehr

„Da das Verkehrsgeschehen einerseits von den von der Kommune gesetzten Rahmenbedingungen, andererseits aber auch wesentlich von den Notwendigkeiten und dem Verhalten der Bürger und der Wirtschaft abhängt, die mit den Folgen leben müssen, kann die Frage der Zielfindung, des für die Zukunft Wünschbaren, nicht mehr allein von der Verwaltung und von externen Fachleuten beantwortet werden." So steht es in einem Papier vom 12.3.1992, das den Titel „Selbstverständnis und Verfahrensvereinbarungen" trägt und die Geschäftsgrundlage des *Verkehrsforums Heidelberg*[16] darstellt.

Dieses versteht sich als neues Modell der Bürgermitwirkung, das auf repräsentativer Grundlage ermöglichen soll, allen im Stadtleben wirkenden und am künftigen Verkehrsgeschehen interessierten Gruppen, sich mit ihren Kenntnissen, Ansichten und Wünschen an einem gemeinsamen Meinungsbildungsprozeß zu beteiligen. Die Sitzungen des Verkehrsforums werden von einem neutralen Moderator bzw. Mediator geleitet. Das Verkehrsforum hat inzwischen Vorschläge für einzelne Planfälle sowie ein Verkehrsleitbild erarbeitet.

4. Industrieansiedlung

Im Rahmen des Modellprojektes „Bürgerbeteiligung bei Industrieansiedlung" hat das Öko-Institut Darmstadt im Auftrag des Kreises Birkenfeld (Rheinland-Pfalz) im März 1992 ein *Bürgerbeteiligungsmodell* für zukünftige Industrieansiedlungen entwickelt[17]. Dieses sieht eine Diskussion der verschiedenen Standpunkte in Form mehrseitiger Gespräche zwischen betroffenen Bürgern, Behörden und Industrie vor.

Die Federführung für die Durchführung des Modells liegt bei der Kreisverwaltung, die gemeinsamen Gespräche sollen von einer unabhängigen Person (Konfliktmittler, Mediator) geleitet werden. Zur Transparenz des Beteiligungsverfahrens und der Erhaltung der Glaubwürdigkeit aller betei-

---

[15] Vgl. WZB-Mitteilungen 53 (September 1991), S. 5; 58 (Dezember 1992), S. 24.

[16] Vgl. Stadt Heidelberg (Hrsg.), Verkehrsforum Heidelberg, Dokumentation der vorläufigen Arbeitsergebnisse März 1991 — August 1992.

[17] *Führ/Sailer*, Öko-Institut e.V. Darmstadt: Bürgerbeteiligungsmodell Ökom Park, März 1992.

ligten Gruppen soll der Verhandlungs- und Entscheidungsfindungsprozeß in einer klar strukturierten Form ablaufen.

5. *Altlastensanierung*

Im Bereich der Sanierung kommunaler Altlasten wird die Errichtung einer sog. *Sanierungsgemeinschaft*[18] als Organisations- und Kooperationsform sowie Kommunikationsplattform gefordert. Verfahrensmodalitäten sowie inhaltliche Anforderungen an Sanierungsgemeinschaften sollen vom Gemeinderat in Satzungsform geregelt werden. Sobald ein Verdacht auf Bodenkontaminationen auftritt, soll mit einfachem Ratsbeschluß eine Sanierungsgemeinschaft eingerichtet werden. Sie soll neben den ständig vertretenen politischen Parteien und Umweltverbänden fallbezogen mit Betroffenen und Verursachern des Sanierungsfalls gebildet werden.

Die Sanierungsgemeinschaft erarbeitet den Entwurf eines Sanierungsplanes mit Unterstützung und Beratung durch die Verwaltung und unter Hinzuziehung privater Gutachter. Dieser Entwurf wird anschließend öffentlich ausgelegt und in einem Erörterungstermin mit der Öffentlichkeit erörtert. Nach entsprechender Änderung bzw. Ergänzung wird der Entwurf des Sanierungsplanes dem Gemeinderat als *Beschlußvorlage* unterbreitet. Nach Beschluß durch den Gemeinderat wird der Sanierungsplan im Sinne eines informellen städtebaulichen Rahmenplanes genutzt[19].

II. Bedarf

Die angeführten Beispiele sind äußerst vielfältig. Sie lassen sich indes beliebig vermehren. So könnte man etwa noch im Bereich des Umweltschutzes auf neuartige Vollzugsnetzwerke zur Umsetzung landwirtschaftlicher Gewässerschutzprogramme[20] oder auf sog. Brückeneinrichtungen und inter-

---

[18] *Claus*, Sanierungsplanung, in: Rosenkranz/Einsele/Harreß (Hrsg.), Bodenschutz, 1988; Modell weiterentwickelt von *Discher/Kraus*, Sanierung bewohnter Altlasten, 1991, S. 152 ff.; dazu *Mussel/Philipp*, Beteiligung von Betroffenen bei Rüstungsaltlasten, Gesamthochschule Kassel, Oktober 1992, S. 69 ff.; vgl. auch*Foth/Peter/Sonnabend,* Entwicklung eines Beteiligungsmodells im Sanierungsprozeß einer Rüstungsaltlast, Gesamthochschule Kassel, August 1992.

[19] Vgl. dazu: Der Rat von Sachverständigen für Umweltfragen, Altlasten, Sondergutachten, Dezember 1989, S. 28, 220.

[20] *Knoepfel*, KritV 1989, 73 zur Situation in der Schweiz; zu weiteren internationalen Ansätzen der Konfliktbewältigung vgl. *Zilleßen/Dienel/Strubelt*(Hrsg.), Die Modernisierung der Demokratie, 1993; sowie *Renn/Webler,* GAIA 2/92, 84.

mediäre Organisationen im Gesundheits- und Sozialbereich[21] oder auf „höherer Ebene" auf konzertierte Aktionen und Solidarpakt hinweisen. Alle Beispiele zeigen *Defizite* von herkömmlichen Verfahrens- und Entscheidungsmustern auf, die sich im Hinblick auf unterschiedlich verflochtene Probleme der Realität und gewandeltes Bewußtsein der Bürger zunehmend als ineffektiv erweisen.

Die *Versuche* in den vergangenen Jahren, durch systemimmanente Weiterentwicklungen im Bereich der Öffentlichkeitsarbeit, einer frühzeitigen und umfassenden Information und intensiveren Bürgerbeteiligung, vor allem bei Planungen, sowie Änderungen im Verwaltungsverfahren[22] vorhandene Defizite auszugleichen bzw. abzumildern, waren nur teilweise erfolgreich.

Kritisiert wird, das Staats- und Verwaltungsrecht sei noch zu sehr von einem überkommenen Trennungsdenken von Staat und Gesellschaft, öffentlich und privat geprägt und würde Innovationen der Verwaltungsrealität zu wenig aufgreifen sowie vorhandene Interdependenzen, Wechselwirkungen und übergreifende Zusammenhänge zu wenig berücksichtigen[23]. Die Verwaltung sei zu binnenorientiert und ihr Vollzug einseitig staatszentriert, sie verfolge eine Strategie des „decide — announce — defend"[24] und erwarte, daß einseitig getroffene Entscheidungen von den Betroffenen gleichsam geduldet würden. Dabei werde übersehen, daß ohne die Beteiligung von Betroffenen gefaßte Entscheidungen nicht mehr autoritär und gegen den Willen von Interessen- und Bürgergruppen durchgesetzt werden könnten[25].

Das *Verhaltensmuster* der Verwaltung sei überwiegend reaktiv. Die Verfahren verliefen einseitig hierarchisch, linear und passiv, häufig seien gerade das Behördenverhalten und die Verfahrensausgestaltung durch die Behörde Ursache für Widerstände und Proteste[26]. Insbesondere die Erörterungstermine in umweltrelevanten Großverfahren würden von beiden Seiten als Enttäuschung erlebt. Die Einwender beklagten, mit ihrem Vorbringen nicht ernst genommen zu werden, die Behörde verhielte sich häufig lustlos und

---

21 *Selle* in: Trojan/Hildebrandt (Hrsg.), Brücken zwischen Bürgern und Behörden, 1990, S. 54 ff.; *ders.*, Mit den Bewohnern die Stadt erneuern. Der Beitrag intermediärer Organisationen zur Entwicklung städtischer Quartiere, Beobachtungen aus sechs Ländern, 1991.

22 *Blümel* (Hrsg.), Frühzeitige Bürgerbeteiligung bei Planungen, 1982; Die Öffentlichkeitsbeteiligung bei der Genehmigung von umweltrelevanten Großvorhaben, Speyerer Forschungsberichte Nr. 70, Bd. 1 u. 2, 1988; *Würtenberger*, NJW 1991, 257 (259); *ders.*, in: Zilleßen/Dienel/Strubelt (Fn. 20), S. 72 (78ff.).

23 *Ladeur*, NuR 1989, 66 (69).

24 *Zilleßen*, in: Zilleßen/Dienel/Strubelt (Fn. 20) S. 36.

25 WZB-Mitteilungen 58 (Dezember 1992), 24; *Discher/Kraus* (Fn. 18), S. 166.

26 *Discher/Kraus* (Fn. 18), S. 98; *Vowe*, Der Städtetag 1992, 627 (628); *Neuschwinger/Noeke*, Entsorgungspraxis Spezial, Nr. 3, 1990, S. 3; vgl. auch Der Rat von Sachverständigen für Umweltfragen (Fn. 19), S. 29.

desinteressiert, habe angeblich schon alles vorentschieden. Die Behörden beklagten den großen Aufwand, der im Hinblick auf unproduktive Beiträge und Beharren auf ideologischen Positionen nicht gerechtfertigt sei[27].

Im Ergebnis führt dies zu *„verfahrenen Verfahren“*[28]. Keiner hat die Macht, etwas zu erreichen, aber alle haben die Macht, sich gegenseitig zu blockieren. Dabei wären durchaus Chancen zur Zusammenarbeit vorhanden, wenn es gelänge, hinter den vertretenen *Positionen* die eigentlichen *Interessen* und Anliegen[29] zur Sprache zu bringen. Zügigere Entscheidungsverfahren und verbesserte Wettbewerbsbedingungen sind im Interesse der Investoren. Aus Sicht der betroffenen Bürger, Bürgerinitiativen und Umweltgruppen liegt die Chance darin, eine aktive Rolle im gemeinsamen Entscheidungsprozeß spielen zu können, statt lediglich reaktive Stellungnahmen zu fertigen Plänen abzugeben.

Zeitgenössische Verwaltungsentscheidungen zeichnen sich dadurch aus, daß man immer wieder „Beteiligte“ zusammenbringen muß, um von Fall zu Fall zu „Lösungen“ zu gelangen, die oft auf einer „Berücksichtigung unterschiedlicher Interessen“ aufbauen und für die es keine eindeutigen Vorbilder gibt[30]. Wenn bisher *Entscheidung* häufig als Kunst des Segmentierens gesehen wurde[31], so muß Verwaltungsentscheidung in Zukunft eher als Kunst des Zusammenbringens aller (relevanten) Interessen zur gleichberechtigten und gleichzeitigen gemeinsamen Erörterung der Probleme und Bewertung möglicher Lösungsalternativen verstanden werden.

Die Verwaltung ist sowohl aus Gründen der Informationsbeschaffung, der Komplexität und Dringlichkeit der Probleme als auch der *Akzeptanz* auf die Kooperation mit den Betroffenen, Interessierten und Kritikern angewiesen. Diese stellt sich gewissermaßen als „versteckte Ressource“[32] dar. Zugleich ist das Engagement dieser Personen und Gruppen unterstützungsbedürftig[33].

---

[27] *Hoffmann-Riem*, Konfliktmittler in Verwaltungsverhandlungen, 1989, S. 51; *Steinberg*, in: Hoffmann-Riem/Schmidt-Aßmann (Fn. 13), Bd. 1, S. 295 (311); *Schmidt-Aßmann*, in: Hoffmann- Riem/Schmidt-Aßmann (Fn. 13), Bd. 2, S. 9 (21); *Holznagel*, in: Becker-Schwarze, u.a. (Hrsg.), Wandel der Handlungsformen im öffentlichen Recht, 1991, S. 99 (101); *Würtenberger*, NJW 1991, 257 (261); *Gaßner/Holznagel/Lahl*, Mediation, 1992, S. 14.

[28] *Wolf*, in: Hoffmann-Riem/Schmidt-Aßmann (Fn. 13), Bd. 2, S. 129 (137).

[29] *Hoffmann-Riem*, in: Callies/Striegnitz (Fn. 12), S. 9 (24); *Gaßner/Holznagel/Lahl* (Fn. 27), S. 38.

[30] *Klages*, in: Goller u.a. (Hrsg.), Verwaltungsmanagement, B 1.2, August 1992, Rdnr. 5.

[31] *Hoffmann-Riem* (Fn. 29), S. 26.

[32] *Hill*, VVDStRL 47 (1989), 172 (194); *ders.*, DVBl. 1989, 321 (326).

[33] *Selle*, Mit den Bewohnern die Stadt erneuern, 1991, S. 105.

III. Ziele und Funktionen

Zwar läßt integratives Verwaltungshandeln in den dargestellten neuen Formen gewisse Erinnerungen an Vorstellungen von Demokratisierung und Partizipation und daraus resultierende Beteiligungsformen der 70er Jahre (Planungs- oder Sanierungsbeiräte, Anwaltsplanung, Gemeinwesenarbeit, Bürgerinitiativen, Bürgerforen, etc.[34]) aufkommen. Viele Funktionen, die damals etwa der bürgerschaftlichen Mitwirkung an der städtebaulichen Planung zugemessen wurden[35], sind auch bei den neuen Formen vorhanden.

Jedoch ist der zeitgeschichtliche Hintergrund ein anderer, Herausforderungen und Problemdruck, etwa durch ökologische und soziale Entwicklungen, sind gewachsen und die beteiligten Akteure (Staat, Bürger, gesellschaftliche Institutionen) haben sich gewandelt. Ging es in den 70er Jahren noch um Kanalisierung teilweise überbordender Demokratisierungs- und Reformeuphorien, stand die Emanzipationsfunktion (von der Fremdbestimmung zur Selbstbestimmung) im Vordergrund, so sind Staats-, Demokratie- und Politikverdrossenheit die meistzitierten Begriffe zu Beginn der 90er Jahre, geht es jetzt gerade in anderer Richtung um eine Wiedergewinnung von Bürgerengagement und eine Reintegration in den Staat.

Hierzu muß versucht werden, Verwaltungshandeln zu öffnen, die Entscheidungsvorbereitung zu dezentralisieren, Dialogforen in Alltagsnähe zu schaffen, die soziale Reichweite durch Einbeziehung möglichst vieler Bürger zu erhöhen[36] und damit „kommunikative Resonanz“[37] herzustellen. Über die Rechtsanwendung *mit* dem Bürger, durch die Gelegenheit, „Staat zu üben“, erwächst eine neue Dimension im Zusammenwirken zwischen der den Staat vor Ort im Alltag repräsentierenden Verwaltung und dem Bürger als Souverän, Veranstalter und Teilhaber am Staatsganzen.

Aus der Sicht des *Rechtsstaates* kommen dem integrativen Verwaltungshandeln vor allem Rationalitäts-, Effektuierungs-, Garantie-, Entlastungs- und Kontrollfunktionen zu. Die umfassende Aufbereitung des Sachverhaltes, die Einbeziehung, Klärung und Abstimmung aller relevanten Interessen dienen der Verbesserung der Entscheidungsgrundlagen. Die Gleichzeitigkeit der Interesseneinbringung und ihre Verarbeitung in projektorientierten Dialogen dienen der problemadäquaten Bewältigung komplexer Sachlagen.

Integratives Verwaltungshandeln verbessert die *Erfolgschancen* staatlichen Handelns. Die Optimierung der Zusammenarbeit und Entscheidungs-

---

[34] Vgl. etwa Überblick bei *Hendler*, Die bürgerschaftliche Mitwirkung an der städtebaulichen Planung, 1977, S. 117; *ders.*, Der Städtetag 1980, 402.

[35] *Hendler* (Fn. 34), S. 21 ff.

[36] Vgl. etwa *Mussel/Philipp* (Fn. 18), S. IV, 74, 141; *Foth/Peter/Sonnabend* (Fn. 18), S. XV.

[37] *Hill,* JZ 1993, 330 (334).

findung führt dazu, daß die gesetzlichen Ziele schneller, wirksamer und ökonomischer erreicht werden[38]. Die Kombination verschiedener Phasen und Formen des Verwaltungshandelns in sog. Konzepten[39] (einschließlich einer Bündelung und Kollektivierung von Beratungsleistungen) führt zu einer Erleichterung und Verbesserung des Vollzugs und läßt weitere Anschlußmöglichkeiten (etwa die Verknüpfung von Staatsinformation und Unternehmensinformation[40]) zu.

Die Einbeziehung von Folgen und Wirkungen, die wechselseitige Verhältnismäßigkeit und Abgestimmtheit der Rechtsbetroffenheiten verstärkt die rechtsstaatliche Garantiefunktion. Die Interessenklärung, die Beschaffung von Konsens und der Vollzugstest im Vorfeld der staatlichen Entscheidung führen zu einer Entlastung der Staatstätigkeit. Die Mitwirkung der Betroffenen dient zusätzlich der vorauswirkenden Kontrolle und Verbesserung der Qualität des Verwaltungshandelns[41].

Integratives Verwaltungshandeln hat daneben eine Fortschreibung der *demokratischen Infrastruktur*[42] zur Folge. Staatszwecke, Staatsorganisation und Staatshandeln werden nicht, wie üblich, fragmentiert, sondern ganzheitlich erlebt und dadurch transparent. Die integrationsfördernden Effekte der Beteiligung und Kommunikation dienen der Legitimation, Rechtfertigung und Bewährung des Staates, die sich fallweise bestätigt, wiederholt, vertieft und damit verfestigt.

Integratives Verwaltungshandeln verleiht nicht nur dem Staatsbürger eine neue Qualität, sondern dient auch der Optimierung der Funktionserfüllung der vollziehenden Gewalt im *demokratischen Rechtsstaat*. Durch die Rückgabe von Souveränität, die Anstiftung zur Demokratie, die demokratische Ermächtigung des Bürgers finden die Verwaltungen und ihre Mitarbeiter ein neues Funktions- bzw. Rollenverständnis.

Aus individueller *grundrechtlicher Sicht* führt integratives Verwaltungshandeln zum selbstverantwortlichen Erkennen, Wahrnehmen und Gestalten von Freiheitsräumen, aber auch ihrer Abgrenzung zu anderen Freiheitsräumen und ihrem Zusammenhang im Rahmen einer Gemeinwohlverantwortung[43].

---

[38] *Würtenberger*, NJW 1991, 257 (263).

[39] *Hill*, in: Ellwein/Hesse (Hrsg.), Staatswissenschaften: Vergessene Disziplin oder neue Herausforderung? S. 55 (63 f.); *ders.*, JZ 1993, 330 (335); *A. Müller*, Konzeptbezogenes Verwaltungshandeln, 1991.

[40] *Hill*, ThüVBl., Sonderheft, Dezember 1992, S. 252 (254).

[41] Zum Gedanken der Qualität durch Kommunikation und gemeinsames Lernen vgl. *Hill*, in: Hill/Klages (Hrsg.), Spitzenverwaltungen im Wettbewerb, 1993, S. 13 (30); zur Funktion einer externen Qualitätskontrolle vgl. *Mussel/Philipp* (Fn. 18), S. 145.

[42] *Dienel*, in: Die Bürger und ihre Stadt (Fn. 9), S. 361 (363).

[43] *Hill* (Fn. 41), S. 20.

Aus *sozialstaatlicher Sicht* führt das Erlebnis gemeinsamen Erarbeitens von Problemzusammenhängen und Lösungen zur Erkenntnis der Notwendigkeit sozialverträglichen Zusammenlebens, zum Lernen von Solidarität und Rücksichtnahme und zur Aktivierung von Gemeinwohlenergie. Die projektorientierte Gestaltung von Lebenszusammenhängen, Umweltbezügen und Entwicklungskonzeptionen wirkt auch im räumlichen, alltäglichen Umfeld identitätsstiftend.

Die *Funktionen* und Vorteile integrativen Verwaltungshandelns liegen demnach auf der Hand: Gegenüber formal-einseitigem Verwaltungshandeln verbessert es die Akzeptanz und die Erfolgschancen im Vollzug. Gegenüber bilateralem, informalem bzw. kooperativem Verwaltungshandeln sichert es Transparenz und Ordnungsgemäßheit des Verfahrens sowie die Einbeziehung von „Dritten“[44]. Im Verhältnis zu abstrakt gesetzten repräsentativen Entscheidungen einerseits und binär getroffenen Volksentscheiden[45] andererseits läßt es eine ganzheitliche konkrete Projektbearbeitung mit differenzierenden und ausgleichenden Lösungen zu. Es stellt daher in verschiedener Hinsicht einen „dritten Weg“ dar.

IV. Bedenken

Die *Rechtsdogmatik* darf diese Entwicklung der Lebenswelt nicht außer acht lassen. Sie muß vielmehr versuchen, diese neuen Formen ergänzend zu den herkömmlichen Handlungs- und Entscheidungsformen der Verwaltung behutsam in das Rechtssystem zu integrieren und, soweit notwendig, Warntafeln aufzustellen sowie Disziplinierungs-, Sicherungs- und Garantieschranken einzubauen.

Tendenziell ist anzumerken, daß die bisherige Rechtsdogmatik sich zeitweise sehr stark auf rechtsstaatliche Ansätze und Elemente konzentriert hat[46]. Daher ist für die zukünftige Entwicklung eine Aktivierung des demokratischen Elements[47] im Sinne einer wechselseitigen Zuordnung beider Staatsziele und eines Ausbaus des *demokratischen Rechtsstaats* gefordert.

---

[44] Zu den Chancen und Gefahren beider Handlungsweisen vgl. *Hill*, DVBl. 1989, 321 (325 ff.).

[45] Zur Diskussion um die Einführung plebiszitärer Elemente im Grundgesetz vgl. *Schmitt Glaeser*, in: Festschrift Lerche, 1993, S. 315; *Preuß*, ZRP 1993, 131; zu plebiszitären Entwicklungstendenzen auf Landesebene vgl. *Jung*, JöR 41 (1993), 29.

[46] Vgl. etwa *Blümel*, in: Festschrift Forsthoff, 2. Aufl. 1974, S. 9 (23, 33, 35); *Brohm*, DVBl. 1990, 321 (327).

[47] *Würtenberger*, NJW 1991, 257 (263); vgl. auch *Brohm*, VVDStRL 30 (1972), 245 (269 f. mit Fn. 69).

1. Legitimation

Auch das demokratische Prinzip läßt es indes, wie das BVerfG[48] in der Entscheidung zum Wahlrecht für Ausländer zu den Hamburger Bezirksversammlungen ausdrücklich klargestellt hat, im Bereich der Verwaltung nicht beliebig zu, anstelle des Gesamtstaatsvolkes jeweils einer durch örtlichen Bezug verbundenen, gesetzlich gebildeten kleineren Gesamtheit von Staatsbürgern Legitimationskraft zuzuerkennen. Dies bedeutete eine Ausgliederung aus der einheitlichen Staatsgewalt. Insofern kann eine autonome Gruppenlegitimation die *volkslegitimierte Staatlichkeit* nicht ersetzen, zumal bei Gruppen, die inkonsistent zusammengesetzt sind und interessengeleitet entscheiden[49].

Eine besondere sozio-ökonomische Quelle funktionaler Legitimation[50], die aus einer sachlichen Kompetenz oder sozialen Repräsentanz, d.h. aus einem problembezogenen Zusammenwirken aller relevanten Interessen am konkreten Fall, abgeleitet wird, kann daher *verfassungsrechtlich* nicht zu einer allgemeinverbindlichen Wirkung führen. Art. 20 Abs. 2 S. 1 GG hat nicht zum Inhalt, daß sich die Entscheidungen der Staatsgewalt von den jeweils Betroffenen her zu legitimieren haben; vielmehr muß die Staatsgewalt das Volk als eine zur Einheit verbundene Gruppe von Menschen zu ihrem Subjekt haben[51].

Andererseits ist zu berücksichtigen, daß aus dem Bereich des demokratisch zu legitimierenden Handelns bloß vorbereitende und rein konsultative Tätigkeiten grundsätzlich ausscheiden[52]. Verdichtet sich die unverbindliche, bloß beratende Mitwirkung im Sinne einer Entscheidungshilfe zur *Mitentscheidung*, so wird staatliche Herrschaft ausgeübt, die stets demokratisch, d.h. vom Staatsvolk legitimiert sein muß. Haben jedoch die Aufgaben einen besonders geringen Entscheidungsgehalt, so mag dafür eine demokratische Legitimation ausreichen, bei der einzelne Legitimationselemente zurücktreten. Auch dies kann jedoch nur unter besonderen Voraussetzungen in Betracht kommen[53].

Unter diesem Aspekt ist von Bedeutung, daß die dargestellten Maßnahmen und Entscheidungen der interessengeleiteten, gemischt privat- öffentlichen Gremien lediglich im *Vorfeld* der Verwaltungsentscheidung Geltung beanspruchen, indem sie im Wege einer Vorverständigung diese vorbereiten wollen. Hinzu kommt, daß diese Gremien jeweils aus konkretem Anlaß von

[48] BVerfGE 83, 60 (75); *Schmidt-Aßmann*, AöR 116 (1991), 329 (350).

[49] Vgl. hierzu die Bedenken von *Brohm*, DVBl. 1990, 321 (328).

[50] *Ritter* (Fn. 4), S. 104.

[51] BVerfGE 83, 37 (51); *Schmidt-Aßmann*, AöR 116 (1991), 329 (348).

[52] BVerfGE 47, 253 (273); 83, 60 (74); BVerwG, BayVBl.. 1992, 565 (567).

[53] BVerfGE 83, 60 (74); *Jestaedt*, Der Staat 1993, 29.

der Verwaltung beauftragt werden, lediglich virtuell und nicht dauerhaft institutionalisiert vorhanden sind und nur projektbezogen arbeiten.

Für die Beurteilung, ob bei der Ausübung von Staatsgewalt ein hinreichender Gehalt an demokratischer Legitimation erreicht wird, haben die verschiedenen Formen der Legitimation staatlichen Handelns Bedeutung nicht je für sich, sondern nur in ihrem Zusammenwirken. Entscheidend ist ein bestimmtes *Legitimationsniveau*[54]. Unter diesem Aspekt ist zu berücksichtigen, daß die vom Parlament abgeleitete Legitimation der Verwaltungsentscheidung um so schwächer wird, je mehr Entscheidungsspielraum der Verwaltung zuwächst[55]. Insofern kann die Mitwirkung der fallbezogenen Interessenträger an der Vorbereitung der Verwaltungsentscheidung im Vorfeld durchaus eine gewisse demokratische Ergänzung der Verwaltungslegitimation darstellen[56].

2. *Verfahrensverantwortung*

Es wird geltend gemacht, daß sowohl Sachverhaltsermittlung als auch Interessenklärung und -ausgleich sowie Konsensgewinnung *hoheitliche Aufgaben* darstellten und deshalb alle Verfahrensphasen in alleiniger Verantwortung der öffentlichen Verwaltung bleiben müßten[57]. Sieht man indes eine Parallele zum Verhältnis Vertretungskörperschaft — Verwaltung im Verfahren zum Erlaß eines Bebauungsplanes, so ist klargestellt, daß nicht sämtliche Verfahrensschritte zwingend in die Kompetenz der Vertretungskörperschaft fallen[58]. Noch weitergehend läßt es das Baurecht mit der Figur des Vorhaben- und Erschließungsplans inzwischen zu, daß wesentliche Verfahrensschritte insgesamt von Privaten durchgeführt werden[59].

Möglicherweise ist eine Rechtsauffassung, die alle Verfahrensphasen zwingend staatlicher Verantwortung unterstellen will, zu sehr aus der Perspektive der gerichtlichen Funktion geprägt. Die *Funktion der Gerichte* zur neutralen objektiven Streitentscheidung erfordert eine vollständige und unmittelbare Verfahrensverantwortung. Die Funktion der Verwaltung ist indessen nicht auf die nachträgliche Entscheidung eines vorhandenen Streits ausgerichtet, sondern dient vor allem der Erfassung der Sach- und Interes-

---

[54] BVerfGE 83, 60, Ls. 2 und S. 72.

[55] *Zilleßen* (Fn. 24), S. 35.

[56] Vgl. auch schon *Brohm*, VVDStRL 30 (1972), 245 (269, 279).

[57] *Brohm*, DVBl. 1990, 321 (326); *ders.*, NVwZ 1991, 1025 (1032); *Kunig/Rublack*, Jura 1990, 1 (3, 5, 9); *Holznagel*, StWStPr 1990, 241 (252).

[58] BVerwGE 79, 200; *Schmidt-Eichstaedt*, DVBl. 1992, 652 (656).

[59] Dazu *Weidemann/Deutsch*, NVwZ 1991, 956; *Söfker*, ZfBR 1992, 149; *Pietzcker*, DVBl. 1992, 658.

senrealität sowie der zukunftsgerichteten Gestaltung und Herbeiführung einer aktuellen neuen Lösung[60].

Im übrigen wäre zu überlegen, ob nicht auch im Zusammenhang mit Entscheidungsverfahren, ähnlich wie im Bereich der Leistungs- und Infrastrukturverwaltung gefordert, die Verwaltungstätigkeit auf ihren hoheitlichen Kern zurückzuführen ist, indem sich die Verwaltung strategisch auf die Ausrichtung und Anordnung wesentlicher Verfahrensteile beschränkt. In diesem Sinne einer *funktionellen Reduktion* der Steuerungsleistung und Konzentration auf die eigentlichen Funktionen hätte etwa die Abgabe von Kompetenz im Vorfeld der Entscheidung eine Erweiterung und Wiedergewinnung von Entscheidungsspielraum (etwa erweiterte Sichtweise durch Einbeziehung aller relevanten Interessen, Aufbereitung von Alternativen, Akzeptanz gefundener Kompromisse etc.) und damit Entlastungs- und Rationalitätsgewinne zur Folge. Kompetenzabgabe in diesem Sinne ist daher nicht gleichbedeutend mit Abgabe und eventuell Verlust von Entscheidungsmacht, da die Kompetenz- Kompetenz bei der Verwaltung verbleibt[61].

3. Entscheidung

a) Entscheidungspflicht der Verwaltung

Informale Verfahrensweisen sind nach der Entscheidung des BVerwG[62] im Verfahren um den Bau des Flughafens München II nützlich und geboten, um einen sachgerechten Verfahrensablauf zu ermöglichen. Sie finden ihre *Grenzen* dort, wo die Behörde durch ihre Verfahrensgestaltung eine im Gesetz nicht vorgesehene Bindung, mag diese auch weitgehend nur faktischer Natur sein, selbst eingeht. Die Behörde hat die sachbezogene Abwägung selbst zu treffen, sie darf den Abwägungsvorgang dabei nicht zu einem Aushandeln der zu beachtenden Belange degenerieren lassen. Rechtlich zu beanstanden ist eine Verfahrensweise dann, wenn die verfahrensrechtlich geordneten Entscheidungsebenen nicht mehr getrennt, einseitig Absprachen über die weitere Verfahrensgestaltung getroffen und der Gestaltungsspielraum der Behörde von vornherein durch aktive Einflußnahmen sachwidrig eingeengt wird. Die Behörde verliert dann die erforderliche innere Distanz und Neutralität zu dem Vorhaben, über das zu entscheiden allein ihr gesetzlich aufgetragen ist.

---

[60] Zu den funktionsspezifischen Besonderheiten der Verwaltungsentscheidung vgl. etwa *Hill*, in: Götz/Klein/Starck, Die öffentliche Verwaltung zwischen Gesetzgebung und richterlicher Kontrolle, 1985, S. 236 ff.

[61] Vgl. *Klawitter*, in: Bußhoff (Hrsg.), Politische Steuerung, 1992, S. 193 (226); *Discher/Kraus* (Fn. 18), S. 160.

[62] BVerwGE 75, 214 (231).

In einem anderen Fall hat das BVerwG[63] entschieden, daß die Gemeindeverwaltung nach nordrhein-westfälischem Recht in Vorbereitung eines Gemeinderatsbeschlusses über die Auflösung einer Schule die abwägungserheblichen Belange zusammenstelle und einen Entscheidungsvorschlag mache, verletze nicht die von der Rechtssprechung in dem o.g. Flughafen-Fall aufgezeigten Grenzen anderweitiger Beratung und Information des Entscheidungsträgers.

Schließlich heißt es in einem weiteren Fall des BVerwG[64], eine gemeindliche Satzung sei nicht deswegen ungültig, weil an der dem Satzungsbeschluß des Gemeinderats vorangegangenen Beschlußfassung in der Mehrheitsfraktion des Rates kommunale Wahlbeamte (hier: bayerische berufsmäßige Gemeinderatsmitglieder) als stimmberechtigte Fraktionsmitglieder beteiligt gewesen seien. Das BVerfG[65] hat diese Entscheidung unter Hinweis auf die politische Verantwortung von Mandatsträgern, denen es obliege, zu entscheiden, ob sie einem Fraktionsbeschluß auch dann folgen, wenn sie die Auffassung der Fraktion in der Sache nicht teilen, gebilligt.

Unter Beachtung dieser Grundsätze ist zunächst zu fragen, wie weit die *Entscheidungspflicht* der Verwaltung reicht und wann eine unzulässige „Flucht aus der Verantwortung" vorliegt. Indessen müssen bei dieser Frage auch die faktischen Möglichkeiten und Ressourcen der Entscheidungsfindung beachtet werden. Wenn nach der Entscheidung des BVerfG[66] zur Raketenstationierung die organisatorische und funktionelle Trennung der Gewalten auch darauf abzielt, daß staatliche Entscheidungen möglichst *richtig*, d.h. von den Organen getroffen werden, die dafür nach ihrer Organisation, Zusammensetzung, Funktion und Verfahrensweise über die besten Voraussetzungen verfügen, so kann man fragen, inwieweit diese Grundsätze ggf. auch für die Zusammenarbeit zwischen staatlichen Entscheidungsträgern und gesellschaftlichen Gruppen bzw. Individuen herangezogen werden können[67].

In vielen Fällen vergibt die Verwaltung Aufträge an private Personen oder Gremien, sei es zum Parlaments- oder Straßenbau, zur Erarbeitung eines Bebauungsplanentwurfs an private Planungsbüros, zur Erstellung eines Vorhaben- und Erschließungsplans an private Vorhabenträger o.ä. Eine *Auslagerung der Entscheidungsvorbereitung* bis hin zur faktischen Vorverbindlichkeit stellt es auch dar, wenn etwa im Bereich der *Technik* sachverstän-

---

[63] BVerwG, DVBl. 1992, 1025.

[64] BVerwG, BayVBl. 1992, 565.

[65] BVerfG, BayVBl. 1993, 210.

[66] BVerfGE 68, 1 (86).

[67] Ähnlich *Schmidt-Aßmann* (Fn. 27), S. 9 (16) unter Berufung auf das Wyhl-Urteil des BVerwG, BVerwGE 72, 300 (317); vgl. auch *Bullinger*, bei *Pfeil*, DVBl. 1993, 474 (476) zum Ineinandergreifen staatlicher und privater Planung.

dige Personen oder Gremien hinzugezogen werden. In diesem Fall sucht die Verwaltung sich fachlich abzusichern und zu entlasten durch die Heranziehung technischen Sachverstandes, über den sie selbst nicht verfügt.

Warum soll sie nicht zur Herbeiführung von *Sozialverträglichkeit* und Akzeptanz ihrer Entscheidung, die sie allein nicht beschaffen kann, den Sachverstand der Betroffenen in eigener Sache heranziehen und sich auch insofern gewissermaßen durch die Bürger und die Vertreter der relevanten Interessen beraten lassen? Warum soll sie nicht, soweit im Rahmen der gesetzlichen Vorgaben zulässig, von vorneherein ihr Handeln auf Konsensorientierung anlegen und damit zugleich die Erfolgschancen ihres Handelns sowie die allgemeine Zustimmung zu ihrer Funktion der Ausübung von Staatsgewalt im Sinne einer Integration der Bürger in diesen Staat erhöhen?

b) Keine unzulässige Bindung oder Vorabfestlegung

Allerdings muß sich die Verwaltung die Befugnis zur endgültigen und letztverbindlichen Entscheidung vorbehalten[68]. Dabei muß ihr noch ein substantieller Entscheidungsspielraum verbleiben. Eine Bindung oder Vorabfestlegung käme grundsätzlich einem *Abwägungsdefizit* gleich. Nach der sog. Flachglas-Entscheidung des BVerwG[69] entspricht eine Abwägung, die deshalb unvollständig ist, weil ihr planerische, sich aus rechtlichen oder tatsächlichen Gründen bindend auswirkende Festlegungen vorangegangen sind, nicht den gesetzlichen Vorschriften.

Auch Vorentscheidungen können indessen sachgerecht, im Interesse effektiver Planung geboten sein. Ein auf diese Weise entstehendes Abwägungsdefizit kann unter Umständen dadurch ausgeglichen werden, daß die Vorwegnahme der Entscheidung sachlich gerechtfertigt war, bei der Vorwegnahme die planungsrechtliche Zuständigkeitsordnung gewahrt wurde und die vorweggenommene Entscheidung auch inhaltlich nicht zu beanstanden ist, d.h. ihrerseits dem Abwägungsgebot genügt. Im Schrifttum[70] wird zusätzlich noch verlangt, daß die von der Planungsentscheidung betroffenen Bürger zuvor Gelegenheit zur Interessenartikulation gehabt haben müssen.

Unter diesem Aspekt kann die Entscheidung eines interessenbesetzten Gremiums, auch wenn sie im Auftrag der Verwaltung erfolgt, nur eine *Empfehlung* bzw. Beschlußvorlage darstellen. Indem sie allerdings die Entscheidungsgrundlagen aufbereitet und abstimmt, kann sie wesentliche Vorleistungen erbringen. Die gutachterliche Empfehlung müßte sodann von der

---

[68] *Kunig*, in: Hoffmann-Riem/Schmidt-Aßmann (Fn. 13), Bd. 1, S. 43 (62); *Schmidt-Aßmann* (Fn. 27), S. 9 (27).

[69] BVerwGE 45, 309 (321).

[70] *Schulze-Fielitz*, Jura 1992, 201 (207).

Verwaltung *umgesetzt*[71], d.h. mit der Verleihung hoheitlicher Wirkung und Verbindlichkeit versehen werden.

Eine solche Vorstellung der Verleihung hoheitlicher Wirkung und Verbindlichkeit gesellschaftlich getroffener Abmachungen wäre nicht ungewöhnlich (vgl. etwa die Verbindlicherklärung von Tarifverträgen[72]). Ebenso bedürfen etwa auch durch Beschluß der Landesregierung im internen Bereich der Verwaltung zustande gekommene Entwicklungspläne der Verbindlicherklärung durch Rechtsverordnung, um im Außenverhältnis Rechtswirksamkeit zu erlangen (vgl. etwa §§ 5, 6 LplG BW).

c) Teilnahme von Mitgliedern der zur Entscheidung berufenen Verwaltung

Soweit in solchen Gremien auch Mitglieder der zur Entscheidung berufenen Verwaltung mitwirken, könnte ihre *Neutralität und Distanz* zu dem Vorhaben und damit die Unbefangenheit ihrer abschließenden Umsetzungsentscheidung gefährdet sein. Anders als das Gericht ist jedoch eine gewisse Involviertheit der Verwaltung bei der Entscheidungsfindung nie völlig auszuschließen. Sie ist auch bis zu einem gewissen Grade zur sachkundigen Prozeßbegleitung und -steuerung erforderlich. Die Verwaltung ist, anders als der Richter, zur Jetzt-Entscheidung und zu einer umfassenden Abwägung aller Belange verpflichtet.

Sie ist dabei involviert durch konkrete Pflichten, dividiert in Fachbelange mit Fachinteressen[73], vernetzt durch übergreifende Belange, Strukturen und Handlungsformen, und hat sogar die Pflicht, mit in die gesellschaftlichen Bereiche hineinzugehen, um Prozesse zu erkennen und ggfs. zu korrigieren, Weichen zu stellen, zu informieren, zu helfen und nicht faktisch vollendete Tatsachen zuzulassen, um später nur ohnmächtig einer Konfrontation gegenüberzustehen und gegensätzliches eigenes Verhalten rechtfertigen zu müssen. Berührungsangst aus Distanz kann daher auch Steuerungsverlust bzw. *Verlust der Handlungskompetenz*, und damit Minderung von Erfolgschancen, bedeuten.

Andererseits ist bei dieser Art von „teilnehmender Verwaltung" jeweils eine besondere Verantwortung und Zurückhaltung, ggfs. verbunden mit zusätzlichen Transparenz- und Sicherungsvorkehrungen, erforderlich. *Verhaltensleitlinie* könnte etwa sein: Die zur Entscheidung berufene Verwaltung soll, wenn sie sich an einer kooperativen Problemaufbereitung und Konsensfindung im Vorfeld beteiligt, in diesem Verfahren nicht entscheiden, sondern

---

[71] Dazu *Schmidt-Aßmann* (Fn. 27), S. 9 (16 ff., 27); *Holznagel* (Fn. 27), S. 99 (114 ff.).

[72] BVerwGE 80, 354.

[73] *Bryde/Haverkate*, VVDStRL 46 (1988), 181 (182)/217 (219).

informieren und sich selbst Kenntnisse der Interessen und Motive der Beteiligten erwerben. Sie soll schon getroffene Entscheidungen sowie ihre weiteren Absichten und Optionen, aber auch Wissens- und Konsensdefizite offenlegen, ohne sich schon abschließend festzulegen.

d) Gleichheitsgrundsatz bei der Rechtsanwendung

Soweit einer fallbezogenen, vorbereitenden Konkretisierung Bedenken aus dem Gleichheitssatz entgegenstehen könnten[74], sei nur darauf hingewiesen, daß eine lokale, projektbezogene Differenzierung und Konkretisierung allgemeiner normativer Vorgaben auch im herkömmlichen Verwaltungsvollzug stattfindet und im Hinblick auf unterschiedliche Sachverhalte auch notwendig ist. Diese Konkretisierung dient darüber hinaus zugleich der situativen Weiterentwicklung der Norm in einem wechselseitigen Prozeß der Rechtsetzung und Rechtsanwendung.

Hält sich die fallweise Konkretisierung im Rahmen der normativen Vorgaben, ist es im Hinblick auf Gleichbehandlungsgrundsatz und Gewaltenteilung nicht zu beanstanden, wenn sie in erster Linie die Umstände des konkreten Falles im Auge hat und nicht, wie das Handeln des Normgebers, zuallererst an allgemeinen, über den Einzelfall hinausweisenden, Kriterien orientiert ist.

e) Gemeinwohlverantwortung der Verwaltung

Schließlich bleibt das Bedenken, daß in der Zusammenarbeit des Gremiums zwar ein Ausgleich der beteiligten Partikularinteressen erfolgen kann, dieser aber zugleich Gefahr läuft, die übergreifenden Gemeinwohlinteressen zu vernachlässigen[75]. Nun ist zwar das Gemeinwohl nicht „einfach da“[76] und jederzeit abzurufen, sondern es bedarf jeweils einer prozessualen Konkretisierung und Neubestimmung. Nicht selten können auch Behörden dazu neigen, vorrangig „ihren“ gesetzlichen Auftrag zu verwirklichen[77]. Unterschiedliche Fachbehörden bringen unterschiedliche Interessen ein, so daß auch das „öffentliche Interesse“ jeweils einer neuen Abwägung bedarf. Soweit eine Stelle der Verwaltung selbst Antragsteller und Vorhabenträger ist, tritt die Verwaltung (bzw. ein Teil von ihr) sogar als Partei in einem entsprechenden Verfahren auf.

---

[74] Vgl. etwa *Kunig/Rublack*, Jura 1990, 1 (10).

[75] *Brohm*, DVBl. 1990, 321 (327); *ders.*, NVwZ 1991, 1025 (1032).

[76] *Gusy*, ZfU 1990, 353 (358).

[77] *Scheelhaase*, Der Städtetag 1992, 645 (646); *Gusy*, ZfU 1990, 353 (358).

Dennoch wäre zu überlegen, inwieweit der Verwaltung vor der Umsetzung der Gremienentscheidung noch eine spezifische *Gemeinwohlprüfung* einzuräumen ist[78]. Hierbei zeigt sich ein Dilemma. Einerseits macht es wenig Sinn, die Entscheidungsfindung vollständig nachzuvollziehen. Dadurch würde nicht nur die durch die Vorentscheidung gewonnene Entlastung, sondern auch die Motivation der Teilnehmer zur Mitwirkung an dieser Vorentscheidung zunichte gemacht. Andererseits muß aus verfassungsrechtlichen Gründen an der Letztentscheidungskompetenz der Verwaltung festgehalten werden.

Eine Entscheidung der Verwaltung, die sich lediglich auf die Kontrolle evidenter Verfassungs- oder Gemeinwohlverstöße (z.B. Verstoß gegen das Willkürverbot) beschränken würde, wäre danach ebenso unangemessen wie eine bloße Rücksichtnahme auf einvernehmlich gewonnene Entscheidungsinhalte[79]. Der Verwaltung muß daher zumindest die Einbeziehung breiterer Gesichtspunkte des Allgemeinwohls und damit die Möglichkeit der Kontrolle und Nachsteuerung verbleiben.

Denkbar wäre daher, bei der Umsetzungsentscheidung der Verwaltung eine Gemeinwohlprüfung entsprechend der gerichtlichen Kontrolle von Verwaltungsentscheidungen im Hinblick auf *Abwägungsfehler* vorzunehmen. Diese könnte ergänzt werden durch die Kontrolle der Einhaltung bestimmter (vorgegebener oder selbst gesetzter) Verfahrensregeln. Bei Vorliegen von Abwägungsfehlern müßte der Verwaltung das Recht verbleiben, „Spruchreife“ herzustellen sowie Folgen des Fehlers durch Abwandlungen, Ergänzungen oder Nachbesserungen zu korrigieren. Kompetenz- oder funktionsrechtliche Bedenken wie im Verhältnis Verwaltung — Gericht bestehen insofern nicht[80].

Weitergehend käme in Betracht, die Verwaltung zu verpflichten, eine Abweichung von der Empfehlung bzw. Beschlußvorlage des Gremiums schriftlich zu begründen. Soweit zur Gemeinwohlprüfung ein *besonderes* (förmliches) *Verfahren* erforderlich ist, könnte u.U. eine Anrechnung von Verfahrensschritten ähnlich § 3 Abs. 1 S. 2 Nr. 3 BauGB vorgesehen werden.

---

[78] *Hoffmann-Riem*, in: Hoffmann-Riem/Schmidt-Aßmann (Fn. 13), Bd. 1, S. 13 (40); *Schmidt- Aßmann*, in: Hoffmann-Riem/Schmidt-Aßmann (Fn. 13), Bd. 2, S. 9 (27); *Würtenberger*, NJW 1991, 257 (262).

[79] *Kunig/Rublack*, Jura 1990, 1 (9).

[80] *Hill*, Das fehlerhafte Verfahren und seine Folgen im Verwaltungsrecht, 1986, S. 477 ff. zur Folgenzuordnungskompetenz des Gerichts bei Abwägungs-, Ermessens- und Verfahrensfehlern der Verwaltung.

V. Hinweise für die weitere Entwicklung

1. Verhältnis Bürger — Staat/Verwaltung

Eine zentrale Aufgabe des modernen Staates liegt darin, die Kommunikation prinzipiell möglichst vieler Akteure zu erhalten und zu fördern[81]. Diese Kommunikation führt nicht nur zum Abbau von Komplexität, zu Transparenz und zur Einbeziehung neuen Wissens, sondern vor allem zur politisch-demokratischen Integration des Bürgers.

Die Komplexität moderner Entscheidungen in vernetzten System- und Interessenzusammenhängen bedarf der dogmatischen Entsprechung und Wechselwirkung, etwa durch Anerkennung neuer *kommunikativer Strukturen* (Organisations-, Handlungs- und Entscheidungsverfahren). Der Bürger verfügt zudem über wesentliche *Ressourcen*, wie etwa Informationen, Vollzugsbedingungen und — hilfen, Nutzenpotentiale, Engagement und Akzeptanz, über die die Verwaltung nicht verfügt, auf die sie aber bei ihrer Entscheidungsfindung angewiesen ist[82].

Struktur- und ressourcenbedingt wird daher die Erfüllung von Staatsaufgaben in vielen Fällen zur *Gemeinschaftsaufgabe* zwischen Staat und Bürger[83] und bedarf einer kooperativen Abstimmung über Informationen, Verfahren und inhaltliche Konzeptionen[84]. Neuere, insbesondere von der Europäischen Gemeinschaft initiierte Entwicklungen, wie etwa die Umwelt-Informations- Richtlinie, tragen dazu bei, daß das Interesse, die Aufmerksamkeit und die Mitwirkung des Bürgers immer stärker auch zu einer Kontrolle der Verwaltung mit herangezogen werden[85].

2. Begriff und Funktion des subjektiv-öffentlichen Rechts

Die traditionelle Rechtsdogmatik geht von Rechtspositionen aus, die dem Bürger hoheitlich verliehen und staatlich relativ fest umgrenzt definiert sind, ohne daß er an ihrer Konkretisierung mitgewirkt hat[86]. Recht und Rechte strukturieren sich jedoch in einem allmählich verdichtenden Prozeß[87], wobei

---

[81] *Klawitter* (Fn. 61), S. 221.

[82] Vgl. schon *Hill*, DVBl. 1989, 321 (326).

[83] *Hill*, DÖV 1993, 54 (57).

[84] Zu Informationen vgl. *Hill*, JZ 1993, 330 (334); zu Verfahren vgl. *Hill*, VOP 1993, 15 (19); zur kooperativen Entwicklung und Gestaltung von Rechtsverhältnissen vgl. *Hill*, NJW 1986, 2602 (2609); vgl. auch *Ritter* (Fn. 4), S. 69 (94).

[85] *Scherer*, NVwZ 1993, 11 (15).

[86] *Kunig* (Fn. 68), S. 43 (56).

[87] *Ritter* (Fn. 4), S. 69 (102 f.).

im Hinblick auf eine dem Grundgesetz entsprechende Freiheit auch eine selbstverantwortliche Prägung und Entwicklung eigener *subjektiver Rechte* geboten ist. Dabei darf die Kooperations- und Integrationsfunktion der Grundrechte[88] im Spannungsverhältnis von Freiheit und Bindung (Art. 2 Abs. 1 GG und Art. 1 Abs. 3 GG) sowie im Hinblick auf einen verhältnismäßigen Ausgleich mit dem Wohl der Allgemeinheit (vgl. etwa Art. 14 Abs. 3 GG) nicht rein rechtstheoretisch, sondern kann nur vor ihrem realen Hintergrund im Hinblick auf die Vorgänge der Interessenerfassung und — darstellung[89] im *Vorfeld der Rechtsentstehung* verstanden werden.

Dem trägt die Rechtsordnung dadurch Rechnung, daß sie auch das Umfeld des Rechtskerns zunehmend in ihre Wahrnehmung einbezieht und es mit rechtlichen Folgen verknüpft. Rechtlich geschützte *Interessen* haben in der Rechtsprechung eine kontinuierliche Erweiterung erfahren (etwa Gebot der Rücksichtnahme[90]). Die abstrakte Normenkontrolle vor den OVGs hat gemäß § 47 Abs. 2 S. 1 VwGO lediglich das Vorliegen eines *Nachteils* zur Voraussetzung[91]. Bei der Aufstellung der Bauleitpläne sind gemäß § 1 Abs. 6 BauGB die öffentlichen *und* privaten *Belange* gegeneinander und untereinander gerecht abzuwägen. Bei der Ausgestaltung von Rechten und Pflichten im Sozialrecht soll gem. § 33 SGB AT auch den *Wünschen* des Berechtigten oder Verpflichteten entsprochen werden, soweit sie angemessen sind. Die Kennzeichnungspflicht bei Altlasten in Bebauungsplänen gem. § 9 Abs. 5 Ziffer 3 BauGB macht nicht am polizeirechtlichen Gefahrenbegriff halt, sondern umfaßt auch die Einbeziehung von *Risikopotentialen* unterhalb der Gefahrenschwelle[92]. Auch der *Vorsorge*gedanke im Umweltschutz greift weit über den Schutz subjektiver Rechte hinaus[93].

3. Funktionales Zusammenwirken zwischen Gesetzgebung und Verwaltung

Dem Gesetzgeber obliegt die Funktion der grundsätzlichen Ordnung und Steuerung des staatlichen Zusammenlebens. Der Funktionsauftrag der Verwaltung geht dahin, praktikable, tragfähige und umsetzungsfähige Lösungen für die Alltagsfragen des Zusammenlebens zu finden. Alle staatlichen Funktionen dienen letztlich dem Ziel der Verwirklichung des demokratischen Rechtsstaates und der Integration des Bürgers in den Staat.

---

[88] *Hill*, VVDStRL 47 (1989), 192 (194); *ders.*, JZ 1993, 330 (331).

[89] Hierzu *Hoffmann-Riem* (Fn. 78), S. 13 (24); *Schmidt-Aßmann* (Fn. 78), S. 9 (19 f.).

[90] BVerwGE 52, 122 (129 ff.); 78,40 (43).

[91] BVerwG, NVwZ 1993, 468, 470.

[92] Der Rat von Sachverständigen für Umweltfragen (Fn. 19), S. 219.

[93] Vgl. etwa *Hoppe/Beckmann*, Umweltrecht, 1989, § 5 Rdnr.. 16,20.

Die Aufgabe des Gesetzgebers kommt in einer *Bereitstellungsfunktion*[94] (gegenüber Verwaltung und Bürger) und einer *Instandsetzungsfunktion*[95] (gegenüber dem Bürger) zum Ausdruck. Dem Gesetzgeber obliegt die Aufgabe des „Bewirkens". Er hat das Vollzugsfeld zu bestellen und Sorge zu tragen, daß Verwaltungshandeln und Bürgerhandeln ermöglicht werden. Die Verwaltung hat, näher an der Realität als der Gesetzgeber, auf konkrete Problemlösungen „hinzuwirken".

Ermächtigt und umgrenzt durch den gesetzlichen Auftrag kann die Verwaltung Kompetenz und Entscheidungsanteile von außen einholen. Diese Befugnis, Unteraufträge zur Interessenklärung, Konfliktbereinigung und Konsensbeschaffung zu erteilen, könnte in Anlehnung an die sog. normative Ermächtigungslehre[96] als *„exekutive Ermächtigungslehre"* verstanden werden.

Die Befugnis hierzu läßt sich, soweit sie nicht ausdrücklich gesetzlich eingeräumt ist (etwa durch § 5 UVPG[97] oder §§ 6, 54 Abs. 4 UGB-E[98]), nur durch eine Gesamtschau vorhandener gesetzlicher Elemente gewinnen. Als solche Vorstufen einer Ermächtigung zur integrativen Rechtsentwicklung könnten etwa die Vorschriften über die Vorgabe von Leitbildern und Zielen (vgl. etwa § 14 Abs. 2 S. 1 AbfG[99]), die Anhörung beteiligter Kreise (vgl. etwa §§ 48, 51 BImSchG[100]), die Beteiligung der Träger öffentlicher Belange (vgl. § 4 BauGB) oder die Mitwirkung von Verbänden (§ 29 BNatSchG) als gruppenlegitimierte Repräsentanten öffentlicher Interessen[101] herangezogen werden.

Im Hinblick auf die Bereitstellungs- und Instandsetzungsfunktion des Gesetzgebers ist an eine Entbindung der Verwaltung und der Rechtsadressaten von der Ausschließlichkeit von Form und Verfahren[102] und an eine

---

[94] Zur Bereitstellungsfunktion des Rechts vgl. ausführlich *Schuppert*, in: Hoffmann-Riem/Schmidt-Aßmann/Schuppert (Hrsg.), Reform des allgemeinen Verwaltungsrechts, 1993, 65 (96 ff.).

[95] *Hill*, JZ 1993, 330 (332) zur demokratischen Instandsetzung des Bürgers in Anlehnung an die angelsächsischen Begriffe enabling/empowerment.

[96] *Schmidt-Aßmann*, in: Maunz/Dürig/Herzog/Scholz, GG, Art. 19 Abs. 4, Rdnr.. 185; *Hill*, NVwZ 1989, 401 (403).

[97] Zum sog. Scoping-Verfahren vgl. *Nisipeanu*, NVwZ 1993, 319. Hier können gem. § 5 S. 2 UVPG auch Dritte hinzugezogen werden.

[98] Dazu vgl. *Kloepfer/Rehbinder/Schmidt- Aßmann/Kunig,* UGB, AT, 1990, S. 155 ff. zu § 6 (Kooperationsprinzip) und S. 275 zur Ermächtigung an die Länder in § 54 Abs. 4, vorzusehen, daß die zuständige Behörde die Vorbereitung und Durchführung des Erörterungstermins unbeschadet ihrer Verfahrensverantwortung einem unbeteiligten Dritten (Verfahrensmittler) anvertrauen kann.

[99] Dazu *Atzpodien*, UPR 1990, 7; *ders.*, DVBl. 1990, 559; *Jekewitz*, DÖV 1990, 51; *Brohm*, DÖV 1992, 1025 (1033).

[100] *Schutt*, NVwZ 1991, 10.

[101] BVerwG, DVBl. 1991, 214 (216 f.).

Bindung an *Zwecke*, Aufgaben sowie *Ergebnisse* und Wirkungen zu denken[103]. Das heißt, daß bestimmte im Gesetz vorgesehene Formen und Verfahren lediglich beispielhaft oder musterhaft als Angebotsset für Rechtsanwendung und Rechtsverwirklichung zu verstehen sind. Entscheidend wäre demnach nicht die Einhaltung bestimmter Formen und Verfahren, sondern ein Zweck-Ergebnis-Denken, das sich auf der Grundlage gesetzlich vorgegebener Zwecke unter Einschluß aller Rechte und Interessen an Lösungen bzw. intendierten Wirkungen orientiert (*Effektivitätsgebot*).

Wird auf diese Weise die Erfüllung einer öffentlichen Aufgabe der Verwaltung im Ergebnis vorgegeben, so kann sie fallbezogen maßgeschneiderte Problemlösungen entwickeln. Dies fördert das *Denken in Alternativen* und läßt Kombinationen sowie Kompensationen, Belastungsausgleiche und weiterführende Maßnahmen zur Zielerreichung im Rahmen eines Gesamtkonzeptes zu[104].

Neuere gesetzliche Regelungen gehen in diese Richtung. Etwa wenn inhaltliche Toleranzzonen für die Entscheidungsfindung eingeräumt werden, wie bei der Befreiung von Festsetzungen des Bebauungsplanes gem. § 31 Abs. 2 BauGB, die etwa u.a. zulässig ist, wenn die Abweichung städtebaulich vertretbar ist und die Grundzüge der Planung nicht berührt werden. Abweichungen oder Heilung durch Zweckerreichung[105] sowie gesetzliche *Kompensationslösungen*[106] erwachsen ähnlichen Grundsätzen, ebenso wie im Bereich des Verfahrens das sog. Verfahrensermessen oder Verfahrensartermessen[107].

Nimmt man die Bereitstellungsfunktion, das Verfahrensartermessen, das Instrumentenwahlermessen[108] und Organisationsformenermessen[109] zusammen, so ergibt sich für die Verwaltung ein neuartiges ganzheitliches *Strukturermessen*, das dazu dienen soll, gesetzlich intendierte Lösungen zweck- und sachgerecht (bestmöglich) zu erreichen.

Auf dieser rechtsdogmatischen Grundlage könnte integratives Verwaltungshandeln eine grundsätzliche Absicherung erhalten. Die gerichtliche

---

[102] *Hill*, NJW 1986, 2602 (2610); *ders.*, DÖV 1987, 885 (891); *Bullinger*, bei Pfeil, DVBl. 1993, 474 (477).

[103] *Badura*, DÖV 1966, 631; *Hill*, NJW 1986, 2602 (2604); *ders.* (Fn. 41), S. 13 (26 f.).

[104] *Hoffmann-Riem* (Fn. 78), S. 13 (37 ff.); *ders.*, in: Koch (Hrsg.), Auf dem Weg zum Umweltgesetzbuch, 1992, S. 108 (122 ff.); *Gaßner/Holznagel/Lahl*, Mediation, S. 57 ff.

[105] *Hill*, NJW 1986, 2602 (2610); vgl. auch § 214 Abs. 1 S. 1 Nr. 3, letzte Alt. BauGB "Hinweiszweck".

[106] *Rehbinder*, in: Kimminich/von Lersner/Storm (Hrsg.), Handwörterbuch des Umweltrechts, Bd. I, 1986, Sp. 930 ff.; *Kloepfer*, Umweltrecht, 1989, § 4 Rdnr.. 223 ff.

[107] *Hill*, NVwZ 1985, 449; *ders.*, DÖV 1987, 885 (891).

[108] Zu Flexibilisierungen bei der Wahl der Instrumente vgl. *Hill*, DÖV 1987, 885 (889).

[109] Zum Handlungsspielraum der Verwaltung bezüglich der Organisationsform, vgl. *Ehlers*, in: Erichsen/Martens, Allgemeines Verwaltungsrecht, 9. Aufl. 1992, § 1 Rdnr.. 20,25; *Maurer*, Allgemeines Verwaltungsrecht, 8. Aufl. 1992, § 3 Rdnr. 9.

Kontrolle würde sich dann darauf beschränken, ob von dem Ermessen im Hinblick auf die gesetzlichen Ziele (Sachziele, Bürgerintegration, etc.) fehlerhaft Gebrauch gemacht (etwa die Bedeutung der Ziele für sich oder in ihrem Verhältnis verkannt) oder die Ermessensgrenzen überschritten worden wären.

4. Rechtsstaatliche Sicherungen

Die konkrete Realisierung der Vorfeldentscheidung in interessenbesetzten Gremien und Verfahren könnte durch eine *rechtliche Grundordnung* ihrer Binnenstrukturen zusätzlich rechtsstaatlich abgesichert werden[110]. Zunächst wäre ein Errichtungsbeschluß des zuständigen Verwaltungsorgans als konstitutiver Organisationsakt mit der Verleihung von Rechtsvorbereitungsmacht und dem konkreten Auftrag zur Interessenklärung, Konfliktbereinigung, Konsensfindung und Beschlußvorlage erforderlich. Die Institutionalisierung bestimmter Organe, ihre Zusammensetzung durch Delegierte, die Regelung ihres Verfahrens durch eine Geschäftsordnung wären weitere Merkmale.

Bevor das „Bürgergutachten“ bzw. die entsprechende Beschlußvorlage als Empfehlung dem zuständigen Verwaltungsorgan zur abschließenden Entscheidung vorgelegt würde, wäre eine Offenlegung bzw. Veröffentlichung erforderlich. Darin wären auch Inhalt und Ausmaß der Mitwirkung staatlicher Vertreter zu kennzeichnen. Dem staatlichen Umsetzungsakt müßte eine Gemeinwohlprüfung durch die entscheidende Behörde vorausgehen.

Auch der Bebauungsplan bedarf im übrigen (gemäß § 11 Abs. 1 BauGB) der Genehmigung bzw. Anzeige an die staatliche Aufsichtsbehörde, obwohl eine demokratische Legitimation des Entscheidungsorgans gem. Art. 28 Abs. 1 S. 2 GG und ein verfassungsrechtlicher Regelungsauftrag aus Art. 28 Abs. 2 GG vorhanden sind.

5. Anwendungsfelder

Der hohe Komplexitätsgrad, etwa umweltrelevanter Projekte und Verfahren, gibt jedem Verfahren eine eigene Individualität. Die Vielfalt der Problemlagen, örtlichen und sachlichen Besonderheiten und Interessen läßt es daher nicht zu, integratives Verwaltungshandeln durchgehend und abschließend zu normieren. Vielmehr sind die unterschiedlichen Funktionsgewinne verschiedener, einschließlich herkömmlicher, Verfahren situativ differenziert und komplementär einzusetzen. Gerade weil insofern auch schon eine

---

[110] Einzelne der skizzierten Elemente sind in den oben dargestellten praktizierten Formen teilweise schon enthalten.

bereichsspezifische Normierung (z.B. in Abfall- und Altlastengesetzen) möglicherweise zu weitgehende Festlegungen erbringt, scheint es überlegenswert, Grundstrukturen integrativen Verwaltungshandelns in die *allgemeinen Verwaltungsverfahrensgesetze* aufzunehmen.

Dies könnte etwa durch eine ergebnisorientierte, §§ 10, 40 VwVfG übergreifende, Generalklausel, eine allgemeine Öffnungs- oder Experimentierklausel, vergleichbar § 54 Abs. 4 UGB-E, Erweiterungen bestehender Regelungen, etwa der §§ 81 ff., 88 ff. VwVfG, oder punktuelle Ergänzungen, etwa beim Erörterungstermin gemäß § 73 Abs. 6 VwVfG, geschehen.

Diskussion zum Referat von Hermann Hill

Leitung: Rainer Pitschas

Bericht von Jürgen Wedler

I. Das Modell des integrativen Verwaltungshandelns im Vergleich

Die Diskussion eröffnete *Hendler* mit der Frage nach dem Verhältnis des Konzeptes des integrativen Verwaltungshandelns zu dem der sich seit Ende der 60er Jahre und über einen weiten Zeitraum der 70er Jahre erstreckenden Partizipationsdiskussion. In Frage zu stellen sei die Position von *Hill*, es handle sich beim integrativen Verwaltungshandeln nicht nur um Demokratisierung und Partizipation und nicht um bloße Bürgeranhörung und -beteiligung, sondern um Mitwirkung, was qualitativ etwas anderes sein solle. *Hendlers* Einschätzung ging vielmehr dahin, zwischen den Überlegungen von *Hill* und der früheren Partizipationsdiskussion bestehe eine große Sachverwandtschaft. Zwar habe es damals nicht die Begriffe des Konfliktmittlers oder des Mediators gegeben, aber immerhin sei schon die Institution des Anwaltsplaners (Advocacy Planning) behandelt worden, wonach durch Einschaltung Dritter, Konfrontationen zwischen Betroffenen und der öffentlichen Verwaltung aufgelöst werden sollten, die den Fortgang von Entscheidungsprozessen lähmten. Man habe sich auch dort Gedanken gemacht, inwieweit die Betroffenen an den Entscheidungen der öffentlichen Verwaltungen teilhaben dürften, so z.B., ob vielleicht eine negative Stellungnahme des früher sogenannten Beirats oder des von Hill sogenannten Forums einen Suspensiveffekt oder eine Neubefassung auslösen könnte. Also sei es desgleichen schon damals um die Frage gegangen, wie Mitwirkung oder Beteiligung der Betroffenen in die konkreten Entscheidungsprozesse eingebunden werden könne. Die wegen anderweitiger Probleme (Nachrüstungsdebatte, Kernenergiedebatte, Umweltschutz) Ende der 70er Jahre abgebrochene Diskussion sei mit dem Auftreten neuer Akzeptanz- und Legitimationskrisen nun wieder aufgekommen. Von *Hill* werde nur die alte Partizipationskonzeption auf neue Problemlagen zurechtgeschnitten und in das Konzept des integrativen Verwaltungshandelns eingebaut.

II. Verlagerung von Entscheidungsverantwortungen

Laubinger erweiterte diesen historischen Zugriff: Nach den napoleonischen Kriegen zu Beginn des 19. Jahrhunderts sei es ebenso Ziel der Hardenbergschen und Steinschen Reformen gewesen, den Bürger durch Integration in die Verwaltung selbst an den Staat heranzuführen. Residuen dieser Bewegung hätten sich bis heute erhalten. Nicht nur auf kommunaler Ebene, sondern auch im staatlichen Bereich gebe es eine ganze Reihe von Gremien, in denen Bürger an staatlichen Entscheidungen mitwirkten, so beispielsweise ersichtlich an den §§ 81 ff. VwVfG betreffend ehrenamtlich Tätige in der Verwaltung. Das VwVfG habe also bereits für die Integration der Bürger Vorsorge getroffen. Andererseits gehe es aber auch um die Mitwirkung der Bürger als Außenstehende der Verwaltung. Auch hier hätten die Betroffenen und weitergehende Kreise — bspw. in Planfeststellungsverfahren — die Möglichkeit, auf staatliche Entscheidungen Einfluß nehmen zu können. Der Vorschlag von *Hill* sei nun gewissermaßen ein Zwischenstück. Es sei keine volle Integration in die Verwaltung und auch nicht das Einwirken von außen beabsichtigt, sondern es sei an eine Vorbereitung staatlicher Entscheidungen gedacht. Aber hier würden doch eine ganze Reihe von Problemen auftreten, insbesondere bei der Frage der Verantwortung. So stelle sich das Problem, ob Verantwortungen verschoben würden, wenn die Verwaltung die Beschlüsse der vorbereitenden Gremien (blindlings) abwickele. In diesem Zusammenhang wies er auf den verwaltungswissenschaftlichen Begriff der „Stäbe“ hin. Stäbe seien aus der Linie herausgenommen, sie hätten keine Anweisungsbefugnis und würden auch keine eigenen Entscheidungen treffen, sondern sie bereiteten Entscheidungen der Linienstellen vor. Hier sei allerdings zweifelhaft, ob eine Differenzierung zwischen der Entscheidungsfällung und der Entscheidungsvorbereitung überhaupt theoretisch möglich sei. Wenn man Gremien einsetze, die Entscheidungen vorbereiteten, würden Informationen gesammelt und gefiltert und diese dann so geformten Informationen an die entscheidenden Stellen weitergegeben. Dies seien dann aber bereits eindeutige Vorentscheidungen — möglicherweise sogar apokryph — der Gremien, deren demokratische Legitimation außerordentlich problematisch sei und die nur schlecht zur Verantwortung gezogen werden könnten. Das gleiche Problem tauche dann auch bei *Hills* Vorschlag auf.

Blümel ging auf die Funktion der Planungszelle ein, mit der er sich in seinem Forsthoff-Festschriftbeitrag „Demokratisierung der Planung oder rechtsstaatliche Planung?“ bereits sehr kritisch auseinandergesetzt habe. Die Vorstellung, mit ihr auch nur irgendetwas bewirken zu können, habe sich als illusorisch erwiesen. *Hill* greife dennoch dieses Modell der Planungszelle von Peter Dienel im Jahre 1993 wieder auf. Fraglich sei dann aber, ob z.B. bei der Bauleitplanung de lege lata mit diesem Gedanken der Planungszelle Bürgermitwirkung vorangetrieben werden könne. So sei doch heute ein Bebauungsplan wegen der vielen Ausnahmegenehmigungsmöglichkeiten praktisch gar nicht mehr verbindlich und die Abweichung faktisch die Regel. Es sei sehr zweifelhaft, ob man dann noch Bürger dazu animieren könne, Bauleitpläne vorzubereiten, wohlwissend, daß diese Vorschläge wohl nicht entsprechend umgesetzt würden. Zum Problem der Verfahrensverantwortung bei Einschaltung Privater verwies *Blümel* auf das Beispiel der Verkehrswegeplanung in Ostdeutschland. Hier würde nun alles von einer GmbH gemacht, was sonst der Verwaltung obliege. Das gehe erschreckenderweise soweit, daß von diesen GmbHs sogar Widerspruchsbescheide erlassen würden. Wolle man dies, sei jedoch mit Vehemenz darauf zu bestehen, daß zumindest der Gesetzgeber solche privaten Gesellschaften etwa im Wege der Beleihung mit dieser Funktion betraue.

Auch *Hill* hielt das Instrument der Planungszelle für problematisch, so z.B. wenn sich 20 oder 25 nach dem Zufallsprinzip ausgewählte Bürger mit zwei Prozeßbegleitern zusammensetzten, die jedoch aufgrund ihres Kenntnisvorsprunges die Ergebnisse präformierten. Und an *Laubinger* gewandt betonte er, er habe keine Integration des Bürgers in die Verwaltung, sondern in den Staat gemeint. Desweiteren sei die Einholung privaten Sachverstandes z.B. im Recht der Technik bereits die Regel. Wenn man ebenso hier die strenge verfassungsrechtliche Meßlatte anlege, wäre auch dies verfassungwidrig, weil hier de facto private Sachverständigengremien entscheiden würden. Auch bei Bebauungsplanvorhaben würden eher private Planungsbüros und nicht der Gemeinderat oder die -verwaltung die Inhalte des Bebauungsplans festlegen. Schließlich müsse man das Modell des integrativen Verwaltungshandelns unter dem Aspekt der Kontroll- und Befriedungsfunktion sehen, was dazu führe, die bisherigen verfassungsrechtlichen Maßstäbe neu zu überdenken.

Anknüpfend an das Konzept des integrativen Verwaltungshandelns, das von einem hohen Maß an Partizipationsfähigkeit und -bereitschaft des Bürgers ausgehe, stellte *Sommermann* die Frage, ob nicht der Schwerpunkt auf die Integration derer gesetzt werde, die im Gegensatz zu anderen in der Lage seien, an diesen Verfahren aktiv zu partizipieren. Dann könne aber das Gemeinwohlerfordernis zu sehr in den Hintergrund treten. Wenn dagegen das Gemeinwohl im Vordergrund stehen solle, dann müßten doch alle relevanten Belange Berücksichtigung finden und somit die umfassende Bürgerintegration das Ziel sein. Weitergehend sei notwendigerweise zu fragen, wie es mit der Kontrolldichte der Gerichte aussehe, denn wenn Integration das eigentliche Hauptanliegen sei, dann müsse es wohl auch so sein, daß bestimmte Belange weniger als andere berücksichtigt werden könnten.

III. Effizienz durch Integration

Aus der Praxis der Normenkontrollverfahren wies *Schmaltz* darauf hin, daß etwa ein Drittel der Verfahren nicht auf der schwierigen Problemlage, sondern allein auf einem Mangel an integrativem Verwaltungshandeln im Vorfeld oder während des (Bauleit-)Verfahrens beruhe. Wenn nun heute aus Gründen der Beschleunigung darüber nachgedacht werde, die vorgezogene Bürgerbeteiligung abzuschaffen, dann könne dies so nur als „hirnrissig" bezeichnet werden. Andererseits würden sich auch zeitliche Vorgaben auf ein integratives Verwaltungshandeln kontraproduktiv auswirken. Zudem müsse man sich über die Intensität der Einbindung der Bürger genau im Klaren sein. Weite man sie über das hinaus, was man heute aus der Bauleitplanung kenne, könne bei Fehlschlägen der Frust und die Staatsverdrossenheit der Bürger stark zunehmen.

Aus der Perspektive der Vorhabenträgerseite vertrat *Rebentisch* die Meinung, daß die Ideen des Modells eines integrativen Verwaltungshandelns bereits in den atomrechtlichen und immissionsschutzrechtlichen Verfahrensregelungen der Öffentlichkeitsbeteiligung unter Berücksichtigung des verfahrenssteuernden materiellen Rechts eingebunden seien. Denn das materielle Recht steuere die Art, Gegenstand und auch das Programm des Verwaltungsverfahrens und damit die Bürgerinteressen doch sehr intensiv. Ganz bewußt handele es sich bei einem Teil der Öffentlichkeitsbeteiligungsverfahren auch nicht um Anhörungsverfahren, sondern gerade um Erörterungsverfahren, in denen es um die Optimierung behördlicher Entscheidungsgrundlagen durch Partizipation an der Sachverhaltsermittlung gehe. Die Rechtsschutzgewährleistungsfunktion der vorzeitigen Öffentlichkeitsbeteiligung sei deswegen auch nur eine Teilfunktion. Als Beispiel für die mangelnde Steuerungsfähigkeit des Verfahrensrechts nannte *Rebentisch* die Umweltverträglichkeitsprüfung (UVP), die inzwischen nun sogar verschiedene Stufen aufweise. Dies habe nichts mehr mit der dienenden Funktion des Verfahrens zu tun. Statt einer Instrumentendiskussion bedürfe es vielmehr einer Zieldiskussion. Seiner Meinung nach sei so auch die Diskussion um die Einführung marktwirtschaftlicher Instrumente zu einer reinen Instrumentendiskussion verkommen. Die anzustrebende Flexibilisierung des Verwaltungshandelns sei jedoch nur dann produktiv, wenn die Zieldiskussion konkret geführt werde. Das integrative Verwaltungshandeln erwecke bei ihm allerdings den Anschein, daß es nur um alternative Instrumente und weniger um eine optimale Zielerreichung gehe.

Hill verwies darauf, daß genau diese Zieldiskussion im Mittelpunkt seiner Überlegungen stehe, denn es gehe um die Relation zwischen beabsichtigten Zielen einerseits und tatsächlichen Ergebnissen und Wirkungen andererseits. Es komme ihm auch nicht auf ein bestimmtes Verfahren oder auf eine bestimmte Handlungsform an, sondern auf die Optimierung der Zielfunktion des Verwaltungsverfahrens. Deswegen habe er von einer Bereitstellungsfunktion des Verwaltungsverfahrens bzw. von einem Instrumentenset gesprochen. Dagegen sei das materielle Recht nicht so fest greifbar, um von seiner umfassenden Steuerungsfähigkeit ausgehen zu können, denn das Gemeinwohl könne nicht so einfach aus dem materiellen Recht abgerufen werden. Vielmehr würden sich Grundrechte und ihr materielles Umfeld erst prozessual entwickeln. In diesem Zusammenhang würde dann gefordert werden, die Verbandsklage einzuführen, weil so eher bestimmte Interessen nicht unberücksichtigt blieben. Richtiger sei es jedoch, im Vorfeld der Verwaltungsentscheidung eine Interessenintegration zu suchen. Deswegen sei auch nicht zu befürworten, im Rahmen der Beschleunigungsdiskussion Öffentlichkeitsbeteiligungen abzuschaffen. Wenn es gelänge, vorher die Interessen abzuklären und zu integrieren und einen möglichst weiten Konsens zu finden, könne das eine oder andere gerichtliche Verfahren vermieden werden. Langfristig gesehen könnten daher solche Kooperationsformen zu einem Zeitgewinn führen.

IV. Notwendigkeit und Intensität rechtsstaatlicher Verfahrenssicherungen

Das Modell des integrativen Verwaltungshandelns fand grundsätzliche Zustimmung bei *Schoch,* denn Reformbestrebungen könnten nicht darauf hinauslaufen „den Bürger abzuschaffen"; nicht umsonst beginne der Grundrechtskatalog in Art. 1 GG mit der Stellung des Bürgers. Er äußerte jedoch Bedenken im Hinblick auf die von *Hill* vorgestellten Verfahrenssicherungen. Seiner Meinung nach handele es sich nur um theoretische Sicherungen, die sich in der faktischen Konsequenz nicht auswirkten. Hier stelle sich die Frage, ob mit in das Recht einzubauenden Begriffen wie „Entscheidungsverantwortung" oder „Abwägung" nicht über das Ziel hinausgeschossen werde. Vielmehr bedürfe es zunächst der Überlegung, ob und ggfls. inwieweit schon das bestehende Verfahrensrecht in der Lage sei, diese Gedanken aufzunehmen. Dies habe dann den Vorteil einer systemimmanenten Fortentwicklung und führe nicht zu einem ansonsten wohl stattfindenden Bruch zum bestehenden Verfahrensrecht.

Grupp empfand die Sicht von *Hill* als zu einseitig. Er stellte die Frage nach denjenigen Betroffenen, die im „Abstimmungsverfahren" unterlägen und dann aber nicht die Entscheidung akzeptierten. Könne man denjenigen dann die Klagemöglichkeit unter Negierung ihres subjektiv-öffentlichen Rechts nehmen und würde damit nicht ein neuer Konflikt aufgebrochen werden? Zudem wies *Grupp* auf die Rechtsprechung des Bundesverfassungsgerichtes hin, in der konsultative Volksentscheidungen für unzulässig gehalten worden seien.

Hill gab in seiner Antwort zu bedenken, daß seit der angesprochenen Bundesverfassungsgerichtsentscheidung Entwicklungen in der Akzeptanzdiskussion, im Wertewandel und im Verhältnis Bürger/Staat weitergegangen seien. Außerdem sei doch fraglich, ob die Verwaltung immer in der Lage sei, alleine bessere Entscheidungen zu treffen als die geballte Zusammenfassung aller relevanten Interessensträger. *Hill* konzedierte, daß es ein gewisser Schwachpunkt seines Modells sei, daß man niemand zwingen könne, durch die Beteiligung auf seine verfassungsmäßigen Rechte zu verzichten. Aber diese Gefahr bestehe doch noch vielmehr, wenn die Verwaltung hoheitlich-einseitig die Entscheidungen treffe. Die Chance seines zur Diskussion gestellten Modells sehe er darin, einen möglichst weitgehenden Konsens erzielen zu können. Dies zeige sich auch gerade in seinen dargelegten Beispielen aus der Verwaltungspraxis.

Maclouf ging zunächst auf die Hauptunterschiede zwischen dem Konzept der Partizipation und dem der Integration ein. Das Konzept der Partizipation habe die Einbindung organisierter Interessen zum Ziel gehabt, während sich das Konzept der Integration auf das Individuum beziehe. Ein weiterer Unterschied sei der Umstand, daß das Konzept der Partizipation von der Perspektive der Verwaltung aus entwickelt worden sei, während das Konzept der Integration insbesondere auf ein neues subjektives Recht der Bürger auf Zugang zu Informationen beruhe. Am Beispiel von Frankreich würden die weiteren gedanklichen Ansätze des Integrationskonzepts sichtbar. Einerseits werde an die Implementationsforschung angeknüpft, wonach bestimmte Politikfelder, insbesondere im Sozial- und Bildungsbereich, ohne aktive Integration und Zusammenarbeit mit den Adressaten nicht erfolgversprechend auskämen. Andererseits erhebe jedoch das Integrationskonzept den Anspruch der Kooperation auch an der Entscheidung selbst. Dies sei jedoch sicherlich weniger realistisch, weil der Bürger kein gleichwertiger Kooperationspartner für die öffentliche Verwaltung sei. Und dieses Konzept, das dennoch zur Zeit von der französischen Verwaltung bevorzugt werde, fände seine Auswirkungen in Verträgen zwischen den Bürgern und dem Staat. Es sei schließlich Ausdruck der Leitvorstellung einer kooperativen, auf Partnerschaft beruhenden Staatspraxis. Das Problem sei aber, daß dieses Konzept nicht hinreichend präzisiert sei. Dies führe zu einer Ausweitung informalen Verwaltungshandelns, das im Widerspruch zum Anspruch auf Rechtssicherheit stehe.

Hill betonte, daß es bei seinem Konzept nicht um Mitentscheidung, sondern um Vorbereitung der Entscheidung ginge. Aber auch dies setze einen Anspruch der Bürger auf Zugang zu Informationen voraus, der nicht mehr im Ermessen der Behörde stehen könne. Bei diesen Informationsansprüchen müsse es sich um die Kombination zwischen einerseits einem Akteneinsichtsrecht und andererseits einem Auskunftsrecht, bei dem ein zusätzliches Moment der Beratung und der Abstimmung mit dem Bürger hinzukomme, handeln. Den von *Maclouf* angesprochenen Bedenken gegenüber informalem Verwaltungshandeln könne — wie in seinen vorgestellten Praxisbeispielen — durch Einführung von Geschäftsordnungen begegnet werden. Zu überlegen sei natürlich, ob diese Sicherungen ausreichten oder ob man noch mehr an rechtsstaatlicher Substanz dort einbringen müsse. Der Grad der Formalisierung des informalen Verwaltungshandelns sei schließlich zwischen dem Erfordernis der Flexibilität, um Verkrustungen und Bürokratisierungen zu vermeiden und dem Erfordernis der Rechtssicherheit auszubalancieren.

Verzeichnis der Referenten und Diskussionsleiter

Prof. Dr. Willi Blümel

Prof. Dr. Carl Böhret

Ministerialrat Dr. Eberhard Bohne

Prof. Dr. Dr. h. c. Martin Bullinger

Prof. Dr. Klaus Grupp

Prof. Dr. Hermann Hill

Prof. Dr. Pierre Maclouf

Prof. Dr. Siegfried Magiera

Staatsministerin Klaudia Martini

Prof. Dr. Hans-Jürgen Papier

Prof. Dr. Rainer Pitschas

Prof. Dr. Helmut Quaritsch

Prof. Dr. Michael Ronellenfitsch

Prof. Dr. Udo Steiner

Direktor Dr. Eckart Sünner

Prof. Dr. Rainer Wahl

136,–